Die Reihe Funk-Kolleg
im Fischer Taschenbuch Verlag
wird herausgegeben von
Prof. Dr. Gerd Kadelbach

Über dieses Buch

Das zweibändige Werk »Funk-Kolleg Geschichte« beruht auf den 30 Sendetexten des gleichnamigen Funk-Kollegs, die im Winter 1979/80 und im Sommer 1980 über den Süddeutschen Rundfunk (federführend), den Südwestfunk, den Saarländischen, den Hessischen Rundfunk und Radio Bremen ausgestrahlt worden sind. Das Funk-Kolleg Geschichte hat einen außerordentlich starken Widerhall gefunden. Daher werden, einem vielfach geäußerten Wunsch entsprechend, die Sendetexte in den vorliegenden Bänden veröffentlicht. Sie liegen in leicht überarbeiteter Form vor. Sie sind nicht allein für die ehemaligen Kollegiaten, sondern über deren Kreis hinaus für ein breiteres Publikum gedacht. Der Vortragscharakter ist gewahrt. Anmerkungen und Literaturlisten sind den Texten hinzugefügt worden.

Die Vorträge vermitteln sowohl geschichtliche Kenntnisse als auch Fragestellungen, Richtungen und Positionen der Geschichtswissenschaft in der Vergangenheit und vor allem in der Gegenwart. In einem ersten Teil wird gezeigt, daß Grundgegebenheiten menschlicher Existenz wie z. B. Geburt und Tod, Geschlechtsdifferenzierung, Verhältnis von Arbeit und Freizeit durch geschichtliche Betrachtung in ihrer Konstanz und in ihrer Wandlung verständlich gemacht werden können. In einem zweiten, von geschichtstheoretischen Beiträgen umrahmten Hauptteil wird durch Darstellung großer Epochen ein weltgeschichtliches Verständnis vorwiegend unseres Kulturkreises von den vorderorientalischen Hochkulturen bis zur gegenwärtigen Weltpolitik, einschließlich der Geschichte der deutschen Nation, aufgeschlossen.

Die Herausgeber

WERNER CONZE, geb. 1910, Studium der Geschichte, Habilitation 1940, außerordentlicher Professor in Göttingen, 1946, Münster, 1951, ordentlicher Professor in Münster, 1956, Heidelberg, 1957. Bis zu seiner Emeritierung 1979 Direktor im Historischen Seminar und im Institut für Sozial- und Wirtschaftsgeschichte der Universität Heidelberg.

KARL-GEORG FABER, geb. 1925; Studium der Geschichte, Geographie und Anglistik; nach mehrjähriger Tätigkeit in der außeruniversitären Forschung und an verschiedenen Hochschulen seit 1976 Professor für neuere Geschichte an der Universität Münster.

AUGUST NITSCHKE, geb. 1926. Studium der Geschichte, Historische Hilfswissenschaften, Philosophie. 1952–56 am Deutschen Historischen Institut in Rom; Habilitation 1958 für Mittlere und Neuere Geschichte an der Universität Stuttgart; seit 1970 Direktor des neu gegründeten Historischen Instituts und der Abteilung Historische Verhaltensforschung am Institut für Sozialforschung.

Funk-Kolleg Geschichte

Band 2

Das Funk-Kolleg Geschichte ist eine Veranstaltung im Medienverbund, die

- vom Süddeutschen Rundfunk, Südwestfunk, von Radio Bremen, dem Hessischen Rundfunk, Saarländischen Rundfunk sowie vom Westdeutschen Rundfunk,
- dem Deutschen Institut für Fernstudien an der Universität Tübingen,
- den Volkshochschul-Landesverbänden Baden-Württemberg, Bremen, Hessen, Rheinland-Pfalz, Saarland und Nordrhein-Westfalen,
- den Kultus- und Wissenschaftsverwaltungen der genannten Länder,
- den Wissenschaftlichen Hochschulen der beteiligten Länder

durchgeführt wurde.

Wissenschaftliche Leitung:
Professor Dr. Werner Conze
Professor Dr. Karl-Georg Faber
Professor Dr. August Nitschke

Fischer
Taschenbuch
Verlag

Funk-Kolleg Geschichte

Band 2

Herausgegeben von Werner Conze,
Karl-Georg Faber und August Nitschke

Mit Beiträgen von

Werner Conze
Helmut Castritius
Karl-Georg Faber
Dietrich Geyer
Volker Hentschel
Detlef Junker
Heinrich Lutz
Gottfried Niedhart
Friedrich Prinz
Rolf Reichardt
Ernst Schulin
Hermann Strasburger

Fischer
Taschenbuch
Verlag

Originalausgabe
Fischer Taschenbuch Verlag
Mai 1981

Umschlagentwurf: Rainer Winter

Fischer Taschenbuch Verlag GmbH, Frankfurt am Main

Gesamtherstellung: Hanseatische Druckanstalt GmbH, Hamburg
Printed in Germany
1680-ISBN-3-596-26859-1

Inhalt

Epochen der Geschichte

13. Helmut Castritius

Entstehung und Abfolge der Hochkulturen als weltgeschichtliche Epoche*

Seit der ›Gründerzeit‹ der Archäologie im späten 19. Jahrhundert[1] werden durch die Arbeit der Archäologen neue und ständig weitere Horizonte der menschlichen Vor- und Frühgeschichte erschlossen. Für die lebhafte Anteilnahme eines breiten Publikums an diesem Entdeckungs- und Erforschungsprozeß und dessen scheinbar unersättliche Lust an alten Kulturen sind die Besucherzahlen der Wanderausstellungen in den großen und manchmal auch kleinen Städten Europas ein durchaus zuverlässiger Gradmesser. Von der Etruskerausstellung des Jahres 1955 angefangen jagen sich die durch internationale Museen und Sammlungen beschickten Ausstellungen bis auf den heutigen Tag, deren vorläufiger Höhepunkt die Tutanchamun-Ausstellung im Britischen Museum in London darstellte, durch dessen Pforten insgesamt 1,6 Millionen Besucher drängten, um die Schätze aus dem Grab des goldenen Königsknaben zu bewundern und sich davon faszinieren zu lassen. Brennende Neugier und anscheinend grenzenloses Interesse am Vergangenen und Untergegangenen einerseits, Verlust an Geschichtsbewußtsein, wie empirische Untersuchungen zweifelsfrei ermittelt haben, andererseits – wie verträgt sich dies? Diese Frage drängt sich auf Grund der genannten Fakten geradezu auf, sie zu beantworten ist jedoch eher die Aufgabe des Sozialpsychologen als des Historikers. Jedenfalls wird dieser zunehmend der von ihm als lästig empfundenen Pflicht enthoben, sich für seine Beschäftigung gegenüber der Öffentlichkeit rechtfertigen zu müssen.

Den ersten wirklichen Kulturformen der Menschheit und deren Höhepunkt in einer von Bevölkerungen Vorderasiens und Ägyptens getragenen hochkulturellen Entfaltung seit dem Ende des 4. Jahrtausends v. Chr. geht bereits eine nach Hunderttausenden von Jahren zählende, möglicherweise eine Million Jahre und mehr in Anspruch nehmende Entwicklung des *Menschen* voraus, die in einem weiteren Sinn durchaus zur Menschheitsgeschichte gehört. In der Forschung hat sich jedoch aus arbeitsökonomischen und wissenschaftstheoretischen Gründen eingebürgert, diesen Prozeß als menschliche *Vor*geschichte[2] zu begreifen und die eigentliche Geschichte mit der

Herausbildung und Blüte der Hochkulturen einsetzen zu lassen.

Für den auf Grund der schmalen, zufälligkeitsabhängigen Quellenbasis schwer faßbaren Vorgang der Menschwerdung selbst und damit für die Definition des Menschen bezeichnet die Anthropologie folgende Merkmale als konstitutiv: den aufrechten Gang, die zunehmende Befähigung zur geistigen Bewältigung der Existenzprobleme als notwendige Folge physischer Unterlegenheit bzw. mangelnder körperlicher Spezialisierung, den Werkzeuggebrauch *und* die Werkzeugherstellung, das Leben in Gruppen und die Entwicklung einer lautlichen Kommunikation mit Signal- und Symbolcharakter, die wir Sprache nennen.

Den entscheidenden Umbruch und die Voraussetzung der hochkulturellen Entfaltung brachte der Übergang der umherstreifenden jägerischen und sammlerischen Gruppen, die auf das bloße Überleben bedacht waren, von einer nur ausbeutenden Lebensweise zur erzeugenden und schließlich zur Seßhaftigkeit.

Vor- und Frühformen eines seßhaften Bauerntums treten uns etwa seit dem Ende des 8. Jahrtausends im Gebiet von Jericho[3] entgegen, von den verschiedenen teilweise wesentlich älteren Formen des Pflanzertums etwa in Südasien einmal ganz abgesehen. Gordon Vere Childe[4] hat den Vorgang der Seßhaftwerdung des Menschen, der diesen vom Ausbeuter der Natur zu ihrem Partner und teilweise Beherrscher werden läßt, als ›neolithische Revolution‹ bezeichnet. Für die den frühesten Kulturen zuzuordnenden Zentren von Ackerbau und Viehzucht ist das *Vermeiden* der Stromtäler charakteristisch, während andere für die Hochkulturen typische Merkmale wie die Vorratswirtschaft und die planmäßige Nutzung der natürlichen Umwelt in Ansätzen bereits begegnen. Kulturen, denen nach unserem Verständnis die Qualität einer Hochkultur zugesprochen werden kann, sind geographisch keineswegs auf den vorderasiatisch-nordostafrikanischen Raum beschränkt gewesen. Eine vergleichbare, wenn auch zeitlich jüngere Hochzivilisation stellt die chinesische Hochkultur[5], noch dazu als eine Stromtalkultur, dar, und auch die Kulturen Alt-Amerikas[6] – Azteken/Mayas in Mexiko/Guatemala; Inkas in Groß-Peru – verdienen den Rang einer Hochkultur, wenn auch deren Träger ihre großen zivilisatorischen Leistungen ohne die Nutzung der Metalle und die Verwendung des Rades und des Pfluges vollbringen. Eine Beschränkung auf die altorientalischen Hochkulturen – und dabei auf deren beiden wichtigste Vertreter, der Zivilisationen des Zweistromlandes und Ägyptens –

und auf die minoisch-mykenische Kultur läßt sich damit hinreichend begründen, daß die europäisch-abendländische Zivilisation ihre Impulse allein aus diesem Hochkulturkreis empfangen hat, daß die Kontinuitätslinien, soweit sie überhaupt feststellbar sind, von Vorderasien/Ägypten in die übrigen mittelmeerischen Länder und deren Randzonen gezogen werden müssen.

Die mehr als drei Jahrtausende vom Ende des 4. bis zum Anfang des 1. Jahrtausends, der mit der Inkubationszeit für die archaische Periode Griechenlands gleichzusetzen ist, stellen den zeitlichen Rahmen für den bereits geographisch umrissenen Kreis der Hochkulturen dar, die in ihren strukturellen Merkmalen, ihrer Verursachung und ihren konkreten Erscheinungsformen behandelt werden sollen.

Merkmale des altorientalischen Hochkulturkreises

Der Grad der Intensität und Verwirklichung der in dem Merkmalkatalog genannten Erscheinungen kann in den einzelnen Gebieten des Vorderen Orients durchaus verschieden sein, als unverzichtbar haben die Ausbildung einer zentralisierten, politische Macht ausübenden Steuerungsinstanz, die sich der Schrift zu bedienen weiß, eine differenzierte gesellschaftliche Arbeitsteilung, die Nutzung technischer Innovationen und die dadurch herbeigeführte Produktivitätssteigerung sowie mehr oder weniger ausgeprägte Klassenverhältnisse, die damit grob gekennzeichnet werden können, daß sich eine Minderheit der Gesellschaft die von ihrer Mehrheit erwirtschaftete Überschußproduktion aneignet, zu gelten. Im einzelnen sind folgende Merkmale hervorzuheben, die in ihrer Verbindung die Hochkultur konstitutieren:

1. Die Ansiedlung größerer Gruppen von Menschen in den Schwemmländern bzw. Flußtalregionen oder in deren unmittelbarer Nachbarschaft. – Vom 2. Jahrtausend an bilden sich jedoch auch in Landschaften, die nicht diese geophysikalischen Bedingungen aufweisen, Hochkulturen; so etwa in ausgesprochenen Hochlandregionen wie Anatolien, Iran, dem heutigen Nordjemen, das das Alte Testament Reicharabien[7] nennt. Die Wohn- und Lebensweise ist verschieden: im Zweistromland haben die Ausgräber stadtartige Anlagen mit in Lehm-Ziegel-Bauweise erstellten Hochhäusern ans Tageslicht gebracht, im Niltal herrscht die dörfliche Lebensweise vor, Mischformen begegnen in anderen hochkulturellen Gebieten (Palastarchitektur mit um-

gebender Handwerkersiedlung, die Bauern leben verstreut auf Einzelhöfen oder in kleinen Dörfern).

2. Die Verwendung und Nutzung technischer Innovationen für die Allgemeinheit, nicht lediglich zur Deckung spezieller, für die Gesamtgesellschaft unerheblicher Bedürfnisse. Daß das Kriterium ›allgemeine Verwendung von Innovationen‹ wichtig ist, mögen folgende beiden Beispiele verdeutlichen: Das Rad war den präkolumbischen Kulturen Alt-Amerikas im Prinzip bekannt, wie Gegenstände der Kleinkunst unter Beweis stellen, es wurde jedoch nicht zum Transport genutzt; der Antike war die Befestigungsschraube durchaus vertraut, sie wurde jedoch lediglich bei der Schmuckherstellung verwendet, diente somit ausschließlich dem Geschmack und den überzogenen Bedürfnissen einer übersättigten Oberschicht.[8]
   Solche allgemein genutzten technischen Neuerungen sind Pflug, Rad, Wagen und die Töpferscheibe; hinzu kommen Weiterentwicklungen schon länger bekannter und angewandter Techniken wie etwa die des Steinschliffs bei der Gefäßherstellung und in der Siegel- und Steinschneidekunst, der sog. Glyptik. Die Verwendung von Nichtedelmetallen wie Kupfer und Zinn und deren Legierung, der Bronze, zu Gebrauchsgegenständen und Waffen setzt beträchtliche Erfahrungen in der Metallurgie voraus; Bronzeguß und -verarbeitung haben in dieser Epoche einen solchen Grad der Vervollkommnung erreicht, daß sie nach der Bronze benannt werden kann *(Bronzezeit)*.
   In den einzelnen historischen Landschaften des altorientalischen Hochkulturkreises treten diese Kenntnisse und ihre Nutzanwendung in unterschiedlicher Zeitstellung auf; so begegnen Rad und Wagen in Ägypten wesentlich später als in den Staaten des Zweistromlandes, wo sie spätestens seit dem Anfang des 3. Jahrtausends nachweisbar sind.
   Mit Erfindung und Verwendung des Hakenpfluges[9] tritt an die Stelle des Hackbaus der Saatfurchenbau, durch den vor allem eine beträchtliche Steigerung der Getreideernte möglich geworden ist. Mit diesem Pflugbau steht auch eine intensive Großviehzucht in Verbindung, die der Ergänzung und teilweisen Ersetzung der menschlichen Arbeitskraft dient. Die Einführung der schnell laufenden, von Hand gedrehten Töpferscheibe im 3. Jahrtausend schließlich ermöglicht durch die Verkürzung der Arbeitsgänge auf einen einzigen die Massenproduktion von Keramik.

3. Die teilweise oder vollständige Lösung zahlenmäßig nicht unerheblicher Bevölkerungsteile von der Nahrungspro-

duktion, die wiederum deutlich über das hinausgeht, was zur unmittelbaren Existenzsicherung der Produzenten benötigt wird. – Diese Freistellung ist Ausdruck einer gesellschaftlichen, sich immer weiter ausdifferenzierenden Arbeitsteilung, die sich wie in Mesopotamien auch als Arbeitsteilung zwischen Stadt und Land darstellen kann. Dabei verstärkt und beschleunigt die permanente Erzeugung von Überschuß in der Nahrungsproduktion den Prozeß der Arbeitsteilung und der Ausbreitung einer gewerblichen Wirtschaft. Die sozio-ökonomische Struktur der Städte und Königsresidenzen ist durch ein vielgestaltiges Spezialistentum aus Handwerkern, Händlern und Gewerbetreibenden, Künstlern, Technikern, Schreibern und Lehrern gekennzeichnet.

4. Die Aneignung der Überschußproduktion durch eine Minderheit der Gesellschaft ist in Form von Herrschaft und politischer Macht institutionalisiert. – Die regimentsfähigen, herrschaftsausübenden Schichten sind von unterschiedlicher Herkunft und Zusammensetzung: Priesterkasten in den Städten des Zweistromlandes in der Frühzeit, Könige und Militärkasten/Beamtenschaften in Assur und Ägypten, präfeudale Eliten wie im mykenischen Griechenland und im Hethiterreich. Damit sind Frühformen von Klassenverhältnissen gegeben.
5. Ausschlaggebender als die Verwendung neuer Gerätschaften ist für die Ertragssteigerung beim Anbau von Getreide und Früchten jedoch die *Bewässerungswirtschaft,* deren Kennzeichen komplizierte und weitverzweigte, teilweise auch unterirdische Kanalsysteme sind.

   Im Nilland beruht sie auf Naturbeobachtung und -erkenntnis, dem Wissen um die Ursachen und Folgen der jährlichen Nilschwelle. Dieses Wissen wird in die Praxis der Kanalisierung und Verteilung des Nilwassers und des von ihm mitgeführten fruchtbaren Schlammes umgesetzt; auch gelingt es, durch die Erfindung sinnreicher Schöpfgeräte höher gelegene Gegenden in ertragreichen Ackerboden zu verwandeln.

   Ebenso bedarf das regenarme südmesopotamische Schwemmland der Bändigung wie der Speicherung und Verteilung der von den Flüssen Euphrat und Tigris herangeführten Wassermassen in einem durchdachten, aber arbeitsaufwendigen Kanalnetz.

   Wo Flußwasser nicht oder nur in geringen Mengen zur Verfügung steht, muß Regenwasser gesammelt und für die langen Trockenperioden aufbewahrt werden: so ist die

Voraussetzung für die hochkulturelle Entfaltung und Blüte Südarabiens (Reicharabien) seit dem Beginn des 1. Jahrtausends v. Chr. die Anlage von künstlichen Becken und Staudämmen, die es ermöglichen, das Regenwasser zu sammeln und zur Bewässerung zu verteilen; der Verfall des Staudamms von Marib im 6. Jahrhundert n. Chr. bedeutet für den südarabischen Raum das Ende seiner hochkulturellen Blüte.

6. Die Bewässerungswirtschaft und die damit untrennbar verbundene Bewirtschaftung der menschlichen Arbeitsleistung erfordern eine differenzierte, arbeitsteilig organisierte Regierung und Verwaltung sowie einen Verteidigungsapparat zur Abwehr der äußeren Feinde; dieser Herrschaftsapparat kommt ohne statistische Hilfsmittel nicht mehr aus.
7. Die Erfindung und Verwendung der Schrift[10] als statistisches Hilfsmittel und später zu immateriellen geistigen Zwecken ist eine *Konsequenz* hochkultureller Entfaltung und ihrer Behauptung; die Agrarbürokratien und Handelsaristokratien bedürfen ihrer zur Bewältigung der zunehmenden Aufgaben in Verwaltung und Wirtschaft.
   Noch vor dem Ende des 4. Jahrtausends erfinden die Sumerer eine Wort-Bildzeichen-Schrift, die in der Folgezeit immer abstrakter ausgestaltet wird und sich zur Keilschrift entwickelt. Die in den mesopotamischen Kulturraum und seine Randgebiete vorstoßenden anderssprachigen Völker übernehmen das entwickelte, aus einer komplizierten Verbindung von Wort- und reiner Silbenschrift bestehende sumerisch-babylonische Keilschriftsystem, das es im übrigen auch ermöglicht, wirkliche, zusammenhängende Texte, nicht nur Auflistungen zur Buch- und Rechnungsführung, niederzuschreiben. Inwieweit für die Schrifterfindung in Ägypten Impulse aus dem Zweistromland ausschlaggebend gewesen sind, ist umstritten; die kombinierte Wortzeichenschrift des Hieroglyphensystems dürfte jedenfalls später – und ohne Vorstufen – als die sumerische Wort-Bildzeichen-Schrift entstanden sein.
8. Hoher Stand der Wissenschaften und der Literatur; Sternkunde und Himmelsbeobachtung, die Mathematik[11] sind im Zweistromland begründet und zur praktischen Nutzanwendung weiterentwickelt worden. Letzte hat etwa den Lehrsatz des Euklid von den rechtwinkligen Dreiecken vorweggenommen und konnte den Zahlenwert von π annähernd genau bestimmen; die Berechnung und Einteilung von Vollwinkel, Erdkreis und Himmelskugel in Grad,

Minuten und Sekunden beruht auf dem babylonischen Sexagesimalsystem und ist von daher übernommen. Ihre praktische Nutzanwendung fanden die astronomisch-mathematischen Erkenntnisse in der Vorausberechnung besonderer Gestirnekonstellationen und der Mond- und Sonnenfinsternisse und in den Ansätzen einer Hochseeschifffahrt, wie sie vor allem im Pharaonenreich mit See-Expeditionen an die Somaliküste und in die offenen Ozeane hinaus betrieben wurde.[12] Die Wissenschaftlichkeit der Himmelsbeobachtung wurde allerdings zu Sterndeutung und Wahrsagerei pervertiert, die Bezeichnungen *mathematicus* und *Chaldaeus*[13] wurden zu Synonyma für Magier, Wahrsager, Horoskopsteller, Astrologe.
Vom Reichtum des Geisteslebens legen die in ihrem Bestand durch Neufunde noch wachsenden sog. Nationalliteraturen der Sumerer, Babylonier, Assyrer, Ägypter, Hethiter, Hurriter ein beredtes Zeugnis ab: Annalistik und Geschichtsschreibung, Mythen, Hymnen und Epen (Gilgamesch-Epos), höfische und politische Dichtung, ›Weisheitsliteratur‹ und theologische Werke, Märchen und schöngeistige Literatur und nicht zuletzt die Fachschriftstellerei zur Medizin, Jurisprudenz, Ökonomie ermöglichen einen vertieften Einblick in die Bewußtseinsstrukturen, in die religiösen Vorstellungen, in Weltsicht und Selbstverständnis der Träger der hochkulturellen Epoche, ab und an auch einmal in die Nöte und Ängste der kleinen Leute.

9. Ein Hochstand der materiellen Kultur, wie er in den Relikten einer monumentalen Architektur und in der plastischen Reichskunst altorientalischer Herrschergeschlechter noch heute deutlich faßbar ist. Für die pyramidalen Grabbauten, die Tempel und mehrstufigen Tempeltürme (Zikkurate), für die Paläste samt deren Ausschmückung müssen Baumaterial und Werkstoffe wie Stein und Harthölzer, Elfenbein, Edelsteine und -metalle von weit her herangeführt, teilweise auch importiert werden. Ein gut funktionierendes Transportsystem und weite Räume einbeziehende Handelsbeziehungen sind für die Importe von Baumaterial und Werkstoffen unabdingbare Voraussetzungen. – Auf gleich hohem handwerklich-künstlerischen Niveau befindet sich die Kleinkunst mit den Erzeugnissen der Glyptik und der Siegelherstellung. Das Rollsiegel[14] zur Versiegelung von Gefäßen ist wie die Schrift eine Erfindung der Sumerer.
10. Für das Bodenrecht besonders in Mesopotamien, aber auch im alten Ägypten, ist das Prinzip des primären Grundeigen-

tums charakteristisch. Das heißt: das Land (oder zumindest sein wertvollster Teil) gilt juristisch als Eigentum einer zentralen Macht, die uns als theokratische Monarchie entgegentritt und mit Hilfe von bürokratischen oder priesterlichen Eliten eine Art Monopolwirtschaft organisiert und betreibt. Die wirtschaftliche Bedeutung des Privatbesitzes, der nicht fehlt, ist zeitweise demgegenüber vergleichsweise gering.

11. Rechtssicherheit und Rechtsgleichheit, wie sie sich besonders in den Rechtskodifizierungen der Sumerer und Babylonier (Codex Hammurabi) niedergeschlagen haben, werden mit wirtschaftlicher und sozialer Ungleichheit als durchaus vereinbar empfunden; der König wacht als oberster Gerichtsherr über die Rechtsfindung.
12. Der sich geradezu als autonomer Prozeß verselbständigende Zwang zur Funktionalität der hochkulturellen Gesellschaften eröffnet zahlreiche Möglichkeiten des sozialen Aufstiegs, ohne dabei die Klassenverhältnisse und die Klassenstruktur grundsätzlich in Frage zu stellen. Vehikel der sozialen Mobilität, die natürlich auch eine Mobilität nach unten ist, sind die Bildung via Bürokratie, der Reichtum via Käuflichkeit von Ämtern und Positionen etwa in langen Perioden der ägyptischen Geschichte und zu allen Zeiten der Militärdienst.
13. Die Orientierung des Menschen im privaten wie öffentlichen Bereich an einer unsichtbaren immateriellen Welt und der dieser immanenten heiligen, vorgegebenen und unumstößlichen Ordnung, die als das wahre Sein gegenüber der Welt des Erscheinenden begriffen wird. Diese Orientierung an einem als unableitbar gedachten Urphänomen, das seinerseits Lebensführung und Kultur beeinflußt, wenn nicht bedingt, nennen wir Religion. Ihre Charakteristika sind Vielgötterei, Hierarchie der Götter und deren Differenzierung nach unterschiedlichen Qualitäten und Funktionen, Jenseitsglaube, Abhängigkeit der Menschen von den Göttern bei gleichzeitiger Einbindung beider in eine heilige und geheime Ordnung.
14. Eine Staatsdoktrin, nach der der Herrscher Inkarnation oder Stellvertreter des Götterkönigs und damit Garant der gerechten Weltordnung ist. Wir können von einer sakralen Form von Herrschaft und ihrer Legitimation sprechen; sie wuchert nicht ganz selten zur Selbsterhebung des Königs zum Reichsgott aus. – Vor allem im Zweistromland ist diese Staatsdoktrin zu Weltherrschaftsanspruch und Weltreichsideologie ausformuliert; bei den Assyrern hat dies seit dem

12. Jahrhundert v. Chr. dazu geführt, in ›Heiligen Kriegen‹ grausamster Folgerichtigkeit – mit Massenexekutionen, Verwüstungen und Deportationen ganzer Völker – die Weltherrschaft im Rahmen der Ökumene-Weltinsel[15] des Hochzivilisationskreises verwirklichen zu wollen.

Die geistigen und/oder materiell-naturgegebenen Bedingungen für die hochkulturelle Entfaltung

Die feststellbare zeitliche und räumliche Staffelung innerhalb des altorientalischen Hochkulturkreises wirft die Frage nach den stimulierenden Einflüssen und Kontakten auf, die die Entstehung und Verursachung der einzelnen Hochkulturen erklären könnten. Indes wird auch bei der Annahme der ausschlaggebenden Wirkung stimulierender Kontakte auf die Bildung einer Hochkultur das Problem als solches nicht gelöst, lediglich in der Weise reduziert, daß man *ein* Erklärungsmodell für die Genese einer einzigen (Ausgangs-)Hochkultur innerhalb des genannten Hochkulturkreises zu suchen hat. Man wird jedoch von vornherein in Betracht ziehen müssen, daß untereinander sehr ähnliche, dabei ungleichzeitig verlaufende Entwicklungen und Erscheinungsformen unabhängig voneinander in historischer Eigenständigkeit entstanden sein können.
Der erstaunliche Vorgang der Seßhaftwerdung des Menschen und seines damit einsetzenden, unaufhaltsam erscheinenden Aufstiegs zur hochkulturellen Blüte und Entfaltung hat bereits im klassischen Altertum zu Erklärungsversuchen angeregt und ist seitdem als erkenntnislohnende Aufgabe der jeweiligen Forschergeneration gleichsam mit in die Wiege gelegt worden. Viele der bisher formulierten Erklärungsmodelle weisen jedoch schwerwiegende Mängel auf und können einer empirischen Überprüfung nicht standhalten oder lassen sich als einseitig interessengebundene, ideologieüberfrachtete Deutungen aufdecken. Das gilt für die Umwelttheorie, wie sie schon in der Antike vorgestellt wurde, und für die Thesen, die auf der rassengeschichtlichen Betrachtungsweise oder auf Eroberer- und Elitetheorien beruhen, aber auch für die marxistische Auffassung, nach deren auf einen strikten Geschichtsdeterminismus weisenden Formationenlehre die Epoche der altorientalischen Hochkulturen eine notwendige Stufe auf dem letztlich als unaufhaltsam gedachten Weg der Menschen zur klassenlosen Gesellschaft ist.
Davon heben sich die Erklärungsmuster deutlich ab, die den entscheidenden Anstoß zur Entstehung der Hochkulturen mit

Veränderungen in den mentalen Strukturen und Dispositionen des Menschen in Verbindung bringen. Das gilt für das Modell von der Herausforderung des Menschen und seiner schöpferischen Antwort des englischen Kulturtheoretikers und Geschichtsphilosophen Arnold Joseph Toynbee[16] und ebenso auch für die Theorie der sozialen Evolution,[17] die die Kategorie der Bewußtseinsbildung und damit -veränderung in Rechnung stellt und die Evolution des technologischen Systems von einem Lernprozeß verursacht sein läßt. Man kann dagegen einwenden, daß bestimmte Lernprozesse und Erfahrungen nur unter ganz besonderen Bedingungen und an ganz bestimmten Örtlichkeiten gemacht werden können, unter anderen Bedingungen und in anderen Gebieten jedoch nicht. Damit kommt zweifellos auch ein Moment des Zufälligen in die Geschichtsbetrachtung und -deutung hinein, das jedem Geschichtsdeterminismus letztlich zuwiderläuft.
Es ist überhaupt sehr die Frage, ob man eine für alle Hochkulturen gleichmäßig geltende Entstehungsregel formulieren kann. Andererseits ist es unbefriedigend, wenn man es bei der Feststellung der anthropologischen Grundgegebenheit beläßt – die nicht in Abrede gestellt werden soll –, daß der Mensch zur Anverwandlung und geplanten Veränderung der natürlichen Umwelt für seine eigenen Zwecke fähig ist, und darin ein ständigen technischen Fortschritt und Veränderung bewirkender Antrieb der menschlichen Geschichte liegt (Werner Conze). Man wird vielmehr doch so weit gehen und damit spezifizieren können, daß die primären nicht abgeleiteten Hochkulturen als das Ergebnis geglückter, nach Erkenntnis- und Lernprozessen autonom unternommener Experimente, die durchaus mit einem starken Risiko verbunden waren, aufzufassen sind (Alfred Heuß[18]), hochkulturelle Entfaltung also nicht wegen, sondern *trotz* der gleichen anthropologischen Grundgegebenheit. Diese erfolgreichen Experimente gingen mit einer eminenten Erweiterung von Macht und ihrer Institutionalisierung in Form von Herrschaft einher und stellen sich damit als soziale Spezialisierung dar.

Hochkulturen und Staatenbildungen des altorientalischen Kulturkreises

Nach der Darlegung der den Hochkulturen gemeinsamen Züge und Erscheinungsformen und der Behandlung des Problems ihrer Bedingung und Ermöglichung sollen am Beispiel der Staatenbildungen im Zweistromland und Ägyptens hochkulturelle Staatlichkeit und Staatsdogma, sozio-ökonomische Realität, Religiosität und geistiges Leben vorgeführt werden. Eine solche Beschränkung ist um so mehr statthaft, als es außer Zweifel steht, daß von diesen beiden Hochzivilisationszentren stimulierende Einflüsse und Kontakte auf eine ganze Reihe örtlich benachbarter und zeitlich später anzusetzender Hochkulturen ausgingen. Die Indus-Kultur,[19] Elam,[20] die Handelsaristokratien von Mari und Ebla,[21] das Hethiter-Reich[22] in Anatolien und die Reiche der Hurriter-Mitanni[23] und der Assyrer[24] sind – was wesentliche Bestandteile von Herrschaftsorganisation und Gesellschaftsordnung, technische Standards und geistigen Zuschnitt betrifft – ebenso bereits Nachfahren der primären Kulturen des Zweistrom- und des Nillandes wie die späten Stadt- und Staatsbildungen im vorderasiatischen Raum in der ersten Hälfte des 1. Jahrtausends. In dieser sekundären, abgeleiteten Tradition steht neben Israel,[25] den Städten Phönikiens,[26] dem neubabylonischen[27] und dem medisch-persischen Reich[28] auch die Hochzivilisation in Südarabien, das Reich der legendenumwobenen Königin von Saba.[29]

Zweistromland

Die Stadtstaaten des Landes Sumer,[30] der südmesopotamischen Schwemmlandebene, die wir Babylonien nennen, weisen bereits in der sog. frühgeschichtlichen Periode Altmesopotamiens (ca. 3300 – 2900) alle wesentlichen Kriterien auf, die wir als für eine Hochkultur konstitutiv ermittelt haben. Die Herkunft ihrer Träger, der Sumerer, ist ungeklärt. Sollten sie Zuwanderer gewesen sein, ragen sie zumindest teilweise noch in die urgeschichtliche Phase Altmesopotamiens (ca. 5000 – 3300) hinein. Die in drei Entwicklungsstufen – Eridu, Uba'id, Uruk – untergliederte Phase ist durch Seßhaftigkeit der Bevölkerung, hohen Entwicklungsstand der Keramik, die auf einer langsam drehenden Scheibe verfertigt und auf langen Seereisen bis hin zur Halbinsel Katar exportiert worden ist, durch dörfliche Siedlungsweise und durch Kultbauten, die sich wie in Eridu im äußersten Süden Babyloniens als Vorstufe des Tempelturms, der Zikkurat, präsentieren, deutlich gekennzeichnet. Der Übergang zum eigentlichen hochkulturellen Stadium noch vor dem Ende des 4. Jahrtausends geschieht relativ bruchlos, nachdem das Wagnis von Ansiedlung, Seßhaftigkeit und dazu notwendiger Bewässerungswirtschaft geglückt ist. Noch am Ende der frühgeschichtlichen Periode dringen aus dem Wüstensteppengebiet Nordarabiens – nach anderer Auffassung aus den syrischen Halbwüsten – semitische Volksgruppen in

Südmesopotamien ein und bewirken im nördlichen Teil von Babylonien politische Umwälzungen; diese semitischen Gruppen werden als Akkader bezeichnet. Nach der Mitte des 3. und zu Beginn des 2. Jahrtausends folgen weitere Einwanderungswellen semitischer Völkerschaften wie der Amurriter und Kanaanäer, die jeweils assimiliert werden.
Die Zentren der hochkulturellen Entfaltung im Lande Sumer verdienen bereits die Bezeichnung Städte: sie sind in der Regel durch Zusammenwachsen mehrerer dörflicher Siedlungen entstanden, nicht ummauert, ihre sakrale Großarchitektur ist Ausdruck ihrer politisch-ökonomischen Struktur. Eine politische Zusammenfassung und damit die Überwindung der Kleinstaaterei sind nicht gelungen, vielleicht auch gar nicht angestrebt und versucht worden. Neben Uruk mit seinem Anu-Tempel, dem wohl ein Ehrenprimat zuzusprechen ist, sind als Stadtstaaten Eridu, Ur, Lagasch/Girsu, Umma, Nippur als Kultmetropole mit dem Sitz des Götterkönigs des sumerischen Reichspantheons Enlil und in Nordbabylonien Kisch und Sippar zu nennen. In diesen Städten – die Forschung nennt sie auch Tempelstädte – ist der Tempel des jeweiligen städtischen Hauptgottes der Kristallisationspunkt des öffentlichen und privaten Lebens. Das gesamte Fruchtland und die Viehherden gehören ihm bzw. dem Stadtgott, alle berufliche Tätigkeit ist auf ihn bezogen, wird von der Tempelverwaltung koordiniert und gelenkt. An ihrer Spitze steht der ›Mann im Netzrock‹ – so erscheint er auf Rollsiegeln –, den man mit dem überlieferten Titel ›en‹ (Herr, Priesterherr) für den Stadtherrn in Uruk gleichsetzt. Daneben begegnen die Titel ›ensi‹ und ›lugal‹, ohne daß sich dahinter wirkliche qualitative Neuerungen verbergen; beide implizieren vielmehr die Verwalter- und Stellvertreterstellung des Stadtherrn für den Hauptgott der Stadt. Schrift und Rollsiegel erleichtern die vielfachen Aufgaben der umfangreichen wirtschaftlichen Aktivitäten der Tempel. Dabei scheint es auch zu einem militärisch-wirtschaftlichen Ausgreifen sumerischer Tempelstädte nach dem zentralen Mesopotamien gekommen zu sein; dies wird aus Fundstücken echt babylonischer Herkunft in jenem Raum geschlossen. Für das Ende der frühgeschichtlichen Periode folgert man vor allem aus Verfallserscheinungen der bildenden Kunst einen gewissen Zusammenbruch der sumerischen Hochkultur, für den man die massive akkadische Einwanderung verantwortlich macht. Die sumerische Königsliste – sie ist rund 1000 Jahre jünger – verwendet bereits für diese Zäsur das in einer Schwemmlandkultur besonders einprägsame Bild der ›Flut‹ und setzt damit Naturkatastrophen und durch Zuwanderungen verursachte Störungen der

politisch-gesellschaftlichen Ordnung gleich. Daß die Sintfluterzählung der elften Tafel des auf eine sumerische Vorlage zurückgehenden Gilgamesch-Epos[31] den biblischen Bericht bis in die Details vorwegnimmt, mag der folgende Auszug lehren:

Utnapischtim sprach zu ihm, zu Gilgamesch:
»Ein Verborgenes, Gilgamesch, will ich dir eröffnen,
Und der Götter Geheimnis will ich dir sagen.
Schurippak – eine Stadt, die du kennst,
Die am Ufer des Euphrats liegt –
Diese Stadt war schon alt, und die Götter darinnen,
Eine Sintflut zu machen, entbrannte das Herz den großen Göttern:
Miteinander berieten sich ihr Vater Anu,
Enlil, der Held, der sie berät,
Ihr Minister Ninurta, ihr Deichgraf Ennugi,
Ninigiku-Ea hatte mit unter ihnen gesessen;
Ihre Rede gab einem Rohrhaus er wieder:
›Rohrhaus, Rohrhaus! Wand, Wand!
Rohrhaus, höre, Wand, begreife!
Mann von Schurippak, Sohn Ubar-Tutus!
Reiß ab das Haus, erbau ein Schiff,
Laß fahren Reichtum, dem Leben jag nach!
Besitz gib auf, der Seele erhalt das Leben!
Heb hinein allerlei beseelten Samen ins Schiff!...‹«[32]

Der babylonische Noah überlebt mit seiner Familie und seinen Haustieren die zerstörerische Flut, von deren Ende er sich dadurch vergewissert, daß er drei Vögel aussendet, von denen einer nicht mehr zurückkehrt, ein Beweis dafür, daß wieder trockenes Land existiert.

Die großen Themen der sog. frühdynastischen Periode (bis ca. 2350/2340) sind der Ausgleich zwischen akkadischem Nord- und sumerischem Südbabylonien, wobei der ethnische Hintergrund sicher noch viel komplizierter ist, als es diese einfache Formel ausweist, der Schutz des Hochkulturbereichs gegen die Nomaden Nordarabiens und Nordsyriens und gegen die Bewohner der anatolisch-iranischen Gebirgsregionen – gleichzeitig ein Ansatzpunkt für einen universalen Herrschaftsanspruch –, die Versuche einer politischen Zusammenschließung der theokratischen Stadtstaaten Babyloniens und der Kampf gegen die Säkularisierungstendenzen in (Stadt-)Staat und Gesellschaft. Mit den Antworten auf diese Probleme sind die entscheidenden Voraussetzungen für die Begründung eines Ökumene-Weltreiches unter Sargon von Akkade (ca. 2340–2284) geschaffen.

Innerhalb des zustande gekommenen sumerisch-akkadischen Ausgleichs überwiegt zunächst das sumerische Element, Babylonien wird jedoch zweisprachig (als Volkssprache verschwindet das Sumerische dann um 1900). Die vielen kriegerischen Konflikte der Zeit haben ihre Wurzeln nicht in ethnischen Gegensätzen, sondern in dem von da an immer wiederkehrenden Gegensatz von geradezu kosmischen Dimensionen, dem gleichsam ewigen Kampf zwischen bäuerlich-städtischer, seßhafter auf der einen und nomadisierender Bevölkerung auf der anderen Seite. In dieser Auseinandersetzung ergreifen die früher angekommenen semitischen Gruppen jeweils eindeutig Partei gegen ihre nachdrängenden Stammesverwandten aus den Grenzzonen. Auch der Trend zur politischen Zusammenfassung ist nicht etwa aus dem besonderen ›Nationalcharakter‹ der Akkader oder der Sumerer erklärbar, eher ist es ein Zug der Zeit, die durch die geographische Situation bedingte Vielstaaterei und Isolation zu überwinden. In diese Richtung gehende Entschlüsse von Führerpersönlichkeiten und ihrer Anhängerschaften mögen zusätzlich eine Rolle gespielt haben. Die Stadtherren von Kisch, von Uruk – Gilgamesch –, von Lagasch und von Umma haben Babylonien zu einen versucht und damit das ›Weltreich‹ der Sargoniden im Ansatz vorweggenommen. Die ebenfalls im Rahmen des sumerisch-akkadischen Ausgleichs zu sehenden Strukturveränderungen in den Tempelstadtstaaten – Auseinandertreten von Oberpriester und König, Ausbreitung des privaten Landbesitzes und überhaupt des Privateigentums – hat am Ende der Periode der Stadtherr von Lagasch, Urukágina, mit einem konservativen, teilweise aber auch erstaunlich modern anmutenden Programm rückgängig zu machen versucht. Seine Gesetze bekämpfen vor allem alle Säkularisierungstendenzen, in Form eines Vertrages mit dem Stadtgott Ningirsu wird der Versuch unternommen, die Königswirtschaft, die sich zu Lasten der Tempelwirtschaft etabliert hat, auf ein vertretbares Maß zurückzudrängen und damit den ideell bestehenden Vorrang des Stadtgottes wieder in die politisch-soziale Wirklichkeit umzusetzen. Dabei richten sich die sozialen Reformgesetze gegen das mächtig gewordene Priestertum, das seine Stellung zur wirtschaftlichen Ausbeutung und Unterdrückung breiter Bevölkerungsschichten ausgenutzt hat. Unter dem Motto der Wiederherstellung der guten alten, gottgewollten Ordnung heißt es in dem Dokument:

»[...] Als Ningirsu, der Krieger Ellils (Enlils), Urukágina das Königtum von Lagasch verliehen hatte, und als er inmitten von 36 000 Menschen hatte wohnen lassen seine Macht, hat er die alten Bestimmungen wiederhergestellt, und das Wort, das sein König Ningirsu ausgesprochen hatte, ließ er im Lande wohnen. [...] Im Hause des Ensi und im Felde des Ensi setzte er Ningirsu, ihren Herrn, ein. [...] In den Grenzen des Gebietes Ningirsus bis zum Meer gab es keinen Aufseher mehr.

Wenn ein Toter in das Grab gelegt wurde, so hat der Priester drei Urnen Bier als sein Getränk, 80 Brote als seine Speise, ein Bett und ein Böckchen für sich genommen. [...] Der Priester keines Ortes drang in den Garten der Mutter des Armen ein. [...] Wenn das Haus eines Großen neben dem Haus eines Untertanen des Königs gelegen ist, und dieser Große sagt: ›Ich will es kaufen‹, wenn er es kauft, so möge jener ihm sagen: ›Zahle in gutem [...] Gelde‹ [...] Er sprach und die Kinder von Lagasch befreite er von Dürre, von Diebstahl, von Mord, [...] er setzte ein die Freiheit. Der Waise und der Witwe tat der Mächtige kein Unrecht an. Mit Ningirsu hat Urukágina diesen Vertrag geschlossen. [...]«[33]

Der Trend der Zeit hin zu einem verweltlichten und zentralisierten Beamtenstaat ist dadurch jedoch nicht entscheidend aufgehalten worden. Mit Sargon von Akkade (ca. 2340–2284) hat sich das Königtum unter Zurückdrängung der Tempel und ihrer Priesterschaft verselbständigt. In seiner Geburtslegende begegnet wie bei Moses, Kyros und den mythischen Gründern Roms das Märchenmotiv der Aussetzung des Königkindes, sicher ist, daß Sargon zu den semitisch sprechenden Gruppen in Nordbabylonien gehört, von dort nimmt er seinen unaufhaltsam scheinenden Aufstieg bis hin zum Gründer eines Weltreiches, das seinen Zeitgenossen nicht Phantom und bloße Propaganda, sondern politische Wirklichkeit gewesen ist. Dessen archäologisch noch nicht erfaßte Hauptstadt Akkade – wohl am Euphrat in der Nähe der alten Stadt Sippar gelegen – ist das politisch-militärische Zentrum eines Staatsgebildes, das neben dem Sumer-Hochkulturland im Süden Assyrien und das südiranische Elam ebenso umfaßt wie Teile Syriens, den Libanon und Kilikien; von Ägypten abgesehen ist damit die Kernzone der bekannten Ökumene politisch zusammengeschlossen. Für diese Expansion sind wirtschaftliche Überlegungen, deren Ausgangspunkt die Rohstoffarmut Babyloniens ist, von ausschlaggebender Bedeutung; die ausgedehnten und intensiven Handelsbeziehungen nach Zypern, nach Ostarabien und dem Gebiet der Indus-Kultur fügen sich gut in diesen Erklärungsrahmen ein. In der Titulatur der Akkade-Könige wird ihr Weltherrschaftsanspruch deutlich faßbar; es begegnen Formeln wie ›König der vier Ufer der Welt‹ und ›König aller Könige‹; sie sollen eine neue Qualität des Herrschertums begründen. In diesen Zusammenhang gehört auch die Selbsterhebung des Königs zum Reichsgott, die die später in der Geschichte so gängige Verbindung von Weltherrschaft und Gottkönigtum bereits vorwegzunehmen scheint. Die Vergöttlichung der lebenden Herrscher bleibt jedoch in Babylonien zum Unterschied zu Ägypten Episode, sie ist wohl von den Sargoniden zur

Legitimation einer Herrscherstellung und Herrscheraktivität bemüht worden, die wie ein Schock auf die Zeitgenossen gewirkt haben dürften und mit gewaltigen Veränderungen im öffentlichen wie privaten Bereich verbunden gewesen sind: in Stichworten sind das die Zurückdrängung der theokratischen Monopolwirtschaft zugunsten der Palast- und Privatwirtschaft, die Umschichtung der Eigentumsverhältnisse in Richtung auf vermehrten Privatbesitz, die Einführung der akkadischen Schriftsprache in die Verwaltung, in der Außenpolitik Militärexpeditionen, die oft gleichzeitig Wirtschaftskriege sind wie die Feldzüge nach dem ›Zedernwald‹ und dem ›Silbergebirge‹.

Die 200 Jahre der Akkade-Zeit sind für den vorderasiatischen Raum politisch-ideell wie materiell-künstlerisch normen- und formgebend gewesen. Selbstherrliches Königtum, Überhöhung des lebenden Herrschers in eine übermenschliche Sphäre, Weltreichsidee und Universalmonarchie, Beamtenstaat, Großplastik und Siegelkunst, in allen diesen Erscheinungen ist das Reich der Sargoniden vorbildhaft, haben die Nachfolgestaaten und -gesellschaften die damals gewonnenen Einsichten und Erfahrungen immer wieder übernehmen und aktualisieren können.

Eine gewisse Reaktivierung sumerischer Vorstellungen und Traditionen erlebt das Ende des 3. Jahrtausends unter der sog. 3. Dynastie von Ur, der vom Süden Babyloniens aus vorübergehend die politische Zusammenfassung der wesentlichen Teile des mesopotamischen Hochkulturraumes gelingt. Das ständige Nachstoßen westsemitischer, »amurritisch-kanaanäischer« Bevölkerungsgruppen in den sumerisch-akkadischen Hochzivilisationsbereich stärkt die partikularen Tendenzen und verhilft in der sog. altbabylonischen Zeit (ca. 2000–1600) der Vielstaaterei wieder zum Durchbruch. Lediglich unter Hammurabi von Babylon (1792–1750) ist ganz Mesopotamien vom Persischen Golf bis zur Syrischen Wüste für kurze Zeit geeint; nach der Zerstörung Babylons und der Festsetzung des westiranischen Bergvolkes der Kassiten in Babylonien scheidet dieser Raum für fast ein Jahrtausend aus dem Konzert der Großmächte Vorderasiens aus, um im neubabylonischen Reich des Nebukadnezar (605–562) für wenige Jahrzehnte noch einmal die Rolle der Führungsmacht zu übernehmen.

In diese tausend Jahre, in denen das südliche Mesopotamien fast zur politischen Bedeutungslosigkeit verurteilt ist, aus der es sich lediglich unter Nebukadnezar kurzzeitig erhebt, fallen auch Baubeginn und Vollendung eines architektonischen Wunderwerkes, der Zikkurat des Stadtgottes von Babylon Marduk; der alttestamentlichte Bericht vom Turmbau zu Babel (1. Mose

11, 1–9) stellt einen Reflex dieser Pionierleistung dar, deren Ausmaß erst nach der Freilegung der Ruinen Babylons durch deutsche Archäologen unter der Leitung Robert Koldeweys in den Jahren 1899–1917 erkennbar geworden ist. Der einst siebenstufige Turm, auf dessen oberster Etage der Hochtempel des Marduk stand, hatte eine Grundfläche von 91,5 x 91,5 m und erreichte im fertigen Zustand – wohl unter Nebukadnezar – eine ebensolche Höhe wie Breite. Sein Kern bestand aus luftgetrockneten Ziegeln, denen ein dicker Mantel von gebrannten Ziegeln vorgeblendet war. Alexander der Große (König 338–323 v. Chr.) soll 600 000 Tagelöhne gezahlt haben, um das damals bereits verwitterte Ziegelmassiv abzutragen und einem geplanten Neubau Platz zu schaffen. Daß die Ruine heute gleichsam im Negativ erscheint, ist die Folge des Vorhabens Alexanders.
Die Vorbildhaftigkeit von Errungenschaften des sumerisch-semitischen Babyloniens für spätere Gesellschaften und Kulturen steht auch für den Bereich des Rechts außer Zweifel: die Sumerer haben die Tradition königlicher Rechtsverordnung begründet und damit für die Rechtssicherheit in einem besonderen Maße gesorgt, Hammurabi von Babylon hat sie weiter vervollkommnet, allerdings unter Anwendung des den westsemitischen Völkern eigenen Talionsprinzips (›Auge um Auge, Zahn um Zahn‹). Schlüsselsatz der teilweise sehr fragmentarisch überlieferten Gesetzbücher ist die Formel ›Gerechte Ordnung im Land setzen‹, aus der die Intentionen der Gesetzgeber deutlich hervorgehen. Für das sumerische Straf- und Privatrecht sind das nahezu völlige Fehlen der Todesstrafe, die annähernd gleichberechtigte Stellung der Frau und das Prinzip der Schadenswiedergutmachung bezeichnend; den ›Codex Hammurabi‹ nur nach der Härte der darin verfügten Strafmaße zu beurteilen, wäre zweifellos verkehrt, enthält er doch eine ganze Reihe sehr modern und human anmutender Bestimmungen, etwa den gesetzlichen Schutz des Schuldners, der unverschuldet in eine Notlage geraten ist.

Ägypten

Die ägyptische Hochkultur[34] in Nilstromtal und -delta steht an Alter, Rang und Bedeutung gleichberechtigt neben der des Zweistromlandes, bezüglich ihrer Dauer und ungebrochenen Kontinuität übertrifft sie letzte deutlich. Für die Zeit vom Beginn des 3. Jahrtausends bis zum Jahre 30, das das Ende der ägyptischen Selbständigkeit bringt, sind die Strukturen und Institutionen von Staat und Gesellschaft in ihrem Kern unverändert, haben sich die wesentlichen Elemente der ägyptischen Glaubensvorstellungen behauptet. Für diesen ganzen Zeitraum gelten Konstanten wie die, daß die Reichseinigung immer vom Süden, von Oberägypten, ausgeht, wie die Form des Doppelkönigtums über Ober- und Unterägypten trotz einheitsstaatlichen Charakters, oder wie die Auffassung von der göttlichen Natur des Herrschers, qualitativ unverändert. Den entscheidenden Bruch, das Ende des historischen Kontinuums, bringt erst die islamische Eroberung des Nillandes.

Neben die Frage des ›Wie‹ der hochkulturellen Entfaltung und Organisation tritt die nach ihren Bedingungen und Auslösern, und zwar in der doppelten Fragestellung nach den etwaigen anstoßgebenden Impulsen aus dem südlichen Mesopotamien und in dem Problem eines möglichen ursächlichen Zusammenhangs zwischen Hochkulturstadium und Reichseinheit als dessen historischer Voraussetzung. Man neigt heute mehr dazu, die Eigenständigkeit der ägyptischen Hochkultur, aus den Grundlagen und Wurzeln der ägyptischen Vorzeit, und damit eine zeitlich nahezu parallele, aber voneinander unabhängige Entwicklung zur mesopotamischen Hochzivilisation anzunehmen; andererseits wird häufig der Auffassung das Wort geredet, die Großstaatsbildung sei die entscheidende Voraussetzung für die hochkulturelle Entfaltung gewesen. Dieses Ursache-Wirkungs-Verhältnis umzukehren, die Reichseinigung als eine *Konsequenz* eines ersten Hochkulturstadiums im oberen Niltal anzusehen, scheint jedoch mindestens ebenso wahrscheinlich und berechtigt zu sein. Die Reichseinigung ist ein Vorgang, der über ein Jahrhundert in Anspruch nimmt, in seine frühe Phase um 3000 fallen auch die Erfindung der Hieroglyphen-Denkmalschrift und ihrer hieratischen Kursive und deren Verwendung.

Die Einteilung der ägyptischen Geschichte in die Perioden des Alten, Mittleren und Neuen Reiches samt deren Zwischenzeiten, die jeweils gleichzeitig Perioden des Niedergangs sind, entspricht dem altägyptischen Geschichtsbild; die weitverbreitete Dynastieneinteilung geht jedoch erst auf eine Sicht der ägyptischen Geschichte in frühptolemäischer Zeit (1. Hälfte des 3. Jh.s) zurück und ist nicht mehr als ein Gliederungshilfsmittel des historischen Stoffs, das über die Bedingungen und Zusammenhänge der historischen Entwicklung und des Wandels wenig aussagt, überdies dem ägyptischen Denken auch fremd ist.

In der spezifisch ägyptischen Sichtweise ist der Herrscher – er wird seit dem Neuen Reich Pharao, d.i. ›das große Haus‹, genannt – Garant der von den Göttern gesetzten Weltordnung,

Ma'at, und er kann diese Aufgabe deshalb erfüllen, weil er nach dem Königsdogma die Inkarnation des universal gedachten Himmelsgottes Horus ist. Mit der 4. Dynastie, der Herrscherfamilie der Pyramidenbauer, setzt zwar ein Prozeß der Vermenschlichung des Herrschers ein – aus dem König als dem fleischgewordenen Himmelsgott wird der menschliche Sohn eines göttlichen Vaters, des Sonnengottes Rê –, die Göttlichkeit des Königtums und damit die Gottkönigsschaft seiner Träger sind jedoch lediglich relativiert, nicht aufgegeben worden, insofern der König als Inhaber der göttlich aufgefaßten Institution Königtum vom Herrscher als lebendem Menschen mit allen seinen menschlichen Eigenschaften unterschieden wird. Mit seinem Tod ist der König dann ganz und gar Gott. Soweit es Kulte für die lebenden Herrscher – wie etwa im Neuen Reich – gibt, gelten sie den göttlichen Eigenschaften des Königs. In der Person des Herrschers ist nach ägyptischer Auffassung also Menschliches und Göttliches eine unlösbare Verbindung eingegangen, die mit dessen Tod in einer ungeteilten Göttlichkeit aufgeht. Die Vorstellung vom König als dem Vollzieher der göttlichen Weltordnung hat auch die Konsequenz, daß theoretisch alles durch ihn geschieht, daß er zusammen mit den Tempeln der Eigentümer des gesamten Fruchtlandes ist und daß die Bauernbevölkerung in einen der Leibeigenschaft vergleichbaren Status gerät. So gesehen ist der zentralisierte, mit Hilfe einer differenzierten und zahlenmäßig starken Bürokratie verwaltete ägyptische Staat in seiner strengen Ausrichtung auf das von den Göttern eingesetzte Königtum lediglich Ausfluß der ägyptischen Königstheologie und -ideologie; die Privatisierung von Grund und Boden und die Verselbständigung von Beamten, Individuen und ganzen Personengruppen sind durch dieses Staatsdogma in der politischen Wirklichkeit jedoch nicht verhindert worden.
Organisation und Institutionalisierung der Bewältigung der großen Gemeinschaftsaufgaben etwa in der Wasserbauwirtschaft stehen am Anfang der hochkulturellen Entfaltung und einer effizienten Staatlichkeit; die Orientierung an den materiellen Bedürfnissen tritt jedoch hierbei zunehmend in den Hintergrund. Gemäß den Dogmen der voll ausgebildeten ägyptischen Hochreligion, in der der Jenseitsglaube immer mehr an Boden gewinnt und mit der Ineinssetzung des verstorbenen Herrschers mit dem Fruchtbarkeits- und Unterweltsgott Osiris seine abschließende Form findet, ist die Gemeinschaft verpflichtet, in monumentalen Grab-und Tempelbauten der völligen Durchdringung von politischem und religiösem Leben sichtbaren und bleibenden Ausdruck zu geben. Die Pyramiden-

Grabbauten – der größte ist die Cheops-Pyramide mit einer ursprünglichen Höhe von 146 m und 2,3 Millionen verbauten Kalksteinblöcken von jeweils 2,5 t Gewicht – sind zur Hauptsache von der ägyptischen Bauernbevölkerung in den Überschwemmungsmonaten gebaut worden, in denen die Feldarbeit geruht hat und das Baumaterial verhältnismäßig leicht auf dem Wasserweg hat herbeigeschafft werden können. Von rücksichtsloser Ausbeutung riesiger Sklavenmassen zu sprechen wäre fehl am Platz, ja die an den Pyramiden arbeitenden Scharen sind aus den staatlichen Magazinen ausreichend versorgt worden, wie es dem Fürsorgeethos der Herrscher des Alten Reiches entsprach. Die monumentale Bautätigkeit der Pharaonen ist die andere Seite eines zentral gelenkten Arbeitseinsatzes, der keineswegs auf Kosten der für die Ernährung unabdingbaren Wasserbauarbeiten gegangen ist, vielmehr lediglich ein zur Verfügung stehendes Arbeitspotential zur Erfüllung sittlich-religiöser Forderungen unter vergleichsweise erträglichen Bedingungen eingesetzt hat[35].
Leitmotive ägyptischer Religion und Glaubensüberzeugung für alle Schichten der Bevölkerung sind das Suchen nach Gott, der in einer Vielzahl selbständiger Gestalten faßbar gemacht, aber durchaus als Einheit gedacht wird, und die Frage nach dem Jenseits, die von dem Grundgedanken des leiblichen Fortlebens nach dem physischen Tod ausgeht. Man geht dabei sogar soweit, die wichtigste Phase des Lebens *nach* dem Tod des Menschen anzusetzen, und versucht, mit den Mitteln der Kunst für die gedachte Realität einer überhöhten ewigen Existenz nach dem Tod den Lebenden bereits eine Vorstellung davon zu vermitteln. Das außerordentlich fruchtbare Kunstschaffen der Ägypter, das in so vielen Beispielen auf uns gekommen ist, erklärt sich nicht zuletzt aus diesem Glauben an die der irdischen Welt überlegene Jenseitswelt und an die vegetative Unsterblichkeit des Menschen. Durch magische Identifikation mit dem Unterwelts- und Totengott Osiris hofft der ägyptische Mensch auf Weiterleben und Auferstehung analog dem Schicksal des Gottes. In den sog. Sargtexten, deren Niederschrift nach dem Ende des Alten Reiches beginnt, kommt diese Vorstellung etwa in folgenden Formulierungen zum Ausdruck:

»Ich lebe, ich sterbe, ich bin Osiris. Ich bin hervorgekommen aus dir, ich bin eingetreten in dich, ich bin fett geworden in dir, ich bin gewachsen in dir, ich bin in dich gefallen, ich bin auf meine Seite gefallen. Die Götter leben von mir. Ich lebe, ich wachse als [der Korngott] Nepre, der die Toten [mit sich] herausnimmt. [Der Erdgott] Geb hat mich verborgen. Ich lebe, ich sterbe. Ich bin die Gerste – nicht vergehe ich.«[36]

Es lassen sich allerdings auch rationalisierende Kritik an diesen Überzeugungen und Absagen an den überlieferten Totenkult und den damit verbundenen Aufwand fassen. Sie entstammen freilich einer politisch wirren Zeit, und in wieder streng religiös empfindenden Epochen der ägyptischen Geschichte hat man sie zurückgewiesen.
Von Theben in Oberägypten nimmt im 16. Jahrhundert die Befreiung von der Fremdherrschaft der Hyksos ihren Ausgang und mündet direkt in die imperiale Expansion des Neuen Reiches ein, die von Herrschern der 18. und 19. Dynastie getragen wird, mit Thutmosis I. (1505–1493) einsetzt und unter Ramses II. (1290–1224) zu Ende geht. Es ist dabei um die Realisierung eines Anspruchs gegangen, der mit der ägyptischen Königsauffassung vom Beginn der Reichseinigung an bereitsteht. Im 15. Jh. ist die Vormachtstellung Ägyptens in Vorderasien allseitig anerkannt, mit dem Wiedererstarken der Hethiter im 14. Jh., die zusammenfällt mit einer inneren Krise unter dem ›Ketzerkönig‹ Echnaton (1365–1348)[37], der Ägypten durch eine ›Kulturrevolution‹ geradezu auf den Kopf stellt, ist die hegemoniale Stellung Ägyptens ständig gefährdet und kann im 13. Jh. durch einen politischen Kompromiß mit den Hethitern noch für einige Jahrzehnte gewahrt werden. Am Ende der Regierungszeit Ramses' II. zeichnen sich die Themen deutlich ab, die die ägyptische Politik und Geschichte fortan beherrschen sollten: der Abwehrkampf, aber auch Ausgleich ohne Identitätsverlust gegenüber libysch-berberischen Nomadenstämmen des Westens und der Existenzkampf gegen die sog. Seevölker nordadriatisch-illyrischer Provenienz. In beidem ist Ägypten letztlich erfolgreich gewesen. Die Libyer können assimiliert, die Seevölker abgewehrt werden. Die ägyptische Geschichte klingt aus in der persischen und dann griechisch-makedonischen Fremdherrschaft, deren Charakter allerdings dadurch wesentlich geändert worden ist, daß ägyptisches und griechisches Kulturerbe eine unauflösliche Symbiose eingegangen sind.

Die griechische Archaik als Neuanfang?

Wir stellen uns abschließend die Frage, ob die griechische Archaik,[38] auf der wir alle heute noch irgendwie ruhen, ein Neuanfang war, ein individuelles Gefüge eigenen Gepräges (Alfred Heuß) oder ob wichtige Errungenschaften der minoisch-mykenischen Welt über die Talsohle der ›Dark Ages‹[39] im 10./9. Jahrhundert hinübergerettet, gleichsam vererbt worden sind und damit zu den entscheidenden Auslösern der neuen hochkulturellen Entfaltung werden. Auf eine griffige Formel gebracht, lautet das Problem: Kontinuität oder Diskontinuität, Fortsetzung wenn auch zunächst in bescheidenerem Rahmen oder vollkommener Bruch. Das Diskontinuitätskonzept würde allerdings in besonderem Maße die Klärung der Voraussetzungen bzw. der Anfänge der archaischen griechischen Welt erfordern, was hier nur ansatzweise geleistet werden kann. Es genügt dabei in unserem Zusammenhang, die minoisch-mykenische Hochkultur[40] des 2. Jahrtausends v. Chr. auf Kreta und der Peloponnes in ihren charakteristischen Erscheinungsformen vorzustellen.

Die kretische Palastherrschaft und -wirtschaft mutet wie eine Variante der altorientalischen Tempelwirtschaft an. Wie der sumerische Tempel hat der kretische Palast wichtige ökonomische Funktionen, er ist Zentrum der Bevorratung, Produktionsstätte einer breiten Skala von Veredelungsprodukten, Sitz der Organisation von Gemeinschaftsaufgaben – die allerdings andere sind als in den auf Bewässerungswirtschaft angewiesenen Trockenregionen des Alten Orients. Zum Zweck rationeller Wirtschaftsführung sind auch mehrere, zeitlich aufeinanderfolgende Schriftsysteme entwickelt worden, das Linear-B-System der Spätphase nimmt dabei die kretische Form der Hieroglyphenschrift in gewisser Weise wieder auf und paßt sie den Erfordernissen von Buchführung und Kontrolle an. Im Gegensatz zur altorientalischen Hochkulturwelt ist die Linear-B-Schrift – in den listenartigen Aufzählungen der Tontäfelchen ist wohl eine frühgriechische Sprache benutzt – nie zur Aufzeichnung und Wiedergabe zusammenhängender Texte historisch-mythischer Überlieferung oder überhaupt von geistigen Produkten verwendet worden. Die ausgedehnten unbefestigten Palastanlagen der ›Älteren‹ wie der ›Jüngeren Paläste‹ sind durch Katastrophen untergegangen, ob durch Naturkatastrophen wie Erdbeben oder Vulkanausbrüche oder durch kriegerische Einwirkung, ist weiter umstritten. Das Ende des ›Letzten Palastes‹ von Knossos wird um 1375 angesetzt.

Im Gegensatz zur Frage nach der Verursachung der kretisch-minoischen Kultur ist die erste hochkulturelle Entfaltung auf dem südgriechischen und mittelgriechischen Festland nach Ursprung wie Ablauf weniger strittig. Auf dem Höhepunkt ihrer ökonomischen Entwicklung im 16. Jh. sind von den ›Jüngeren Palästen‹ auf Kreta die entscheidenden Anstöße – unter Vermittlung der wohl schon früher ›minoisierten‹ Kykladeninseln wie etwa Thera (Santorin) – in Richtung auf das griechische Festland gegangen und haben die dortige, in langer

Inkubationszeit verharrende Mischbevölkerung – Frühgriechen und die sog. ägäische Substratbevölkerung – zu kulturellen Hochleistungen angeregt. Das kretische Vorbild ist jedoch längst nicht für alle Bereiche des gesellschaftlichen und privaten Lebens konstitutiv, wenn auch die Grundstrukturen sehr ähnlich sind: das politisch-ökonomische System der Palastwirtschaft, gleichbedeutend mit Leitung, Kontrolle und Abschöpfung der landwirtschaftlichen Arbeit und deren Produkte, und die Konzentration der handwerklich-gewerblichen Produktion ist der wichtigste gemeinsame Nenner, daneben stehen noch eine Reihe weiterer Gemeinsamkeiten, als da sind ein stark gegliedertes Gesellschaftssystem mit allen Erscheinungen sozialer Ungleichheit, Kunst und Kunsthandwerk, die den bestimmenden Einfluß Kretas verraten, das Linear-B-Schriftsystem, das von der Insel in die festländischen Zentren Mykene, Pylos und Theben gebracht worden ist. Andererseits sind beträchtliche Unterschiede zu Kreta nicht zu übersehen, sie werden aus einheimischen Traditionen und Voraussetzungen zu erklären sein. Die Paläste mit den daran anschließenden Siedlungen haben Burgcharakter und sind in der Regel durch bis auf 6–10 m aufgetürmtes Mauerwerk befestigt; Krieg und Kriegshandwerk spielen eine dominierende Rolle, der reisige Adel der Mykener mehrt in immer neuen Raubzügen seinen Reichtum und seinen politischen Einfluß in der östlichen Mittelmeerwelt. Die Stellung der Frau ist eine wesentlich andere als in Kreta. Ebenso scheinen die Glaubensvorstellungen der Mykener von denen der Kreter durchaus verschieden gewesen zu sein, das spätere griechische Götterpantheon begegnet bereits in seinen Grundelementen. Dem Totenkult haben die monumentalen Kuppelgräber gedient, die seit der Mitte des 15. Jahrhunderts überall im minoisch-mykenischen Raum entstanden sind.
Den Herren von Burg und Stadt Mykene in der Argolis ist mindestens zeitweise eine politische Zusammenfassung der verschiedenen Zentren des Mykenertums auf der Peloponnes gelungen, das massenhafte Vorkommen der mykenischen Keramik in allen wichtigen Plätzen der östlichen Mittelmeerwelt, aber auch in Sizilien und Unteritalien im 14. und 13. Jh. läßt vermuten, daß dahinter eine starke See- und Landmacht gestanden hat, wie dies ja auch die in den homerischen Epen enthaltenen Reflexe auf die mykenische Periode nahelegen.
Die mykenischen Palastburgen sind in der Zeit der großen Wanderbewegungen im 13. und 12. Jahrhundert v. Chr. untergegangen; ob Zerfall und Untergang unmittelbare Folgen von Kriegseinwirkung und Zerstörung gewesen sind, wird heute

zunehmend bezweifelt. So verdichten sich im Falle von Tiryns die Befunde, die für ein starkes Erdbeben als Ursache der Zerstörung sprechen. Insgesamt wird man jedoch für den Untergang der mykenischen Hochkultur einen *Komplex* von Ursachen in Rechnung stellen müssen; Naturkatastrophen und Mißernten, die mit den Auswirkungen mehrerer Wanderungsbewegungen und Landnahmezügen zusammentrafen, werden eine Ausdünnung der die Hochzivilisation tragenden Bevölkerung bewirkt und damit auch einen Verlust an Kulturhöhe, Erfahrungen und Erkenntnissen herbeigeführt haben. Soweit sich die alte Bevölkerung nicht durch Auswanderung und Flucht den neuen Machtverhältnissen entzog – die Insel Zypern ist für mehrere Wellen mykenischer Flüchtlinge Ziel und Zuflucht gewesen –, ist sie in der Masse der Neuankömmlinge aufgegangen und hat dabei wesentliche zivilisatorische Errungenschaften aufgegeben.

Kommen wir auf unsere abschließende Frage zurück. Einflüsse früherer oder gleichzeitiger benachbarter Gesellschaften auf die Archaik sind nicht in Abrede zu stellen. In der Keramik wird der Anschluß des geschichtlich Griechischen an das Mykenische deutlich, die griechische Götterwelt ist ein Erbe Mykenes, die Phönizier haben bei der Kolonisationsbewegung Pate gestanden. Dennoch möchten wir die Auffassung vertreten, die Voraussetzung der griechischen Polis allein aus den ganz spezifischen Bedingungen zu erklären und zu bestimmen, denen sich ionische Griechen bei ihrer Festsetzung auf dem westkleinasiatischen Festland gegenübergesehen haben und die sie meistern mußten, wollten sie nicht scheitern, und die sie dann auch in dem geglückten Experiment der Polis als der neuen zukunftsweisenden hochkulturellen Leistung gemeistert haben.

Anmerkungen

* Gegenüber dem gesprochenen Text der 13. Kollegstunde (›Altorientalische Hochkulturen‹) ist in diesen Ausführungen bewußt eine ganze Reihe von Akzentverschiebungen und Änderungen vorgenommen worden. Eine Abrundung des Themas ist in ›Funk-Kolleg Geschichte, Studienbegleitbrief 6‹, Weinheim–Basel 1980, S. 11–58, versucht worden. Zur weiteren Information und zur Vertiefung des Problembewußtseins – letztes ist das Hauptanliegen dieses Textes – wird auf die in den Anmerkungen in Auswahl zitierte Literatur verwiesen. Ein besonderes Literaturverzeichnis ist deswegen nicht erforderlich.

1 Die ›Gründerzeit‹ der Altorientalistik und vorderasiatischen Archäologie mit ihrem Zentrum Berlin sowie die weitere Entwicklung dieser Wissenschaftsdisziplin sind behandelt und dokumentiert im Katalog der Ausstellung ›Berlin

und die Antike‹ und in dem Ergänzungsband zu diesem Katalog (W. HOEPFNER/E.-L. SCHWANDNER/U. FINKBEINER, Archäologische Ausgrabungen, Katalog, Berlin 1979, S. 465–469; V. M. STROCKA, Assyriologen, ebd. S. 443 f; J. RENGER, Die Geschichte der Altorientalistik und der vorderasiatischen Archäologie in Berlin von 1875–1945, Ergänzungsband zum Katalog, Berlin 1979, S. 151–192). Auch nach 1945 ist Berlin ein wichtiges Zentrum des Fachs geblieben. Vgl. auch die Ausführungen von K. SCHIPPMANN und von W. SCHRAMM. In: Die Welt des Alten Orients. Keilschrift – Grabungen – Gelehrte, Handbuch und Katalog zur Ausstellung, Göttingen 1975, S. 19–39 und A. MOORTGAT, Einführung in die vorderasiatische Archäologie, Darmstadt 1971. – Einen knappen Überblick über die Entwicklung der Ägyptologie im 19. und 20. Jahrhundert mit weiterf. Literaturhinweisen gibt W. WOLF, Das alte Ägypten, München 1971 (dtv), S. 279–282.

2 Zur Vor- oder Urgeschichte vgl. R. PITTIONI, Der urgeschichtliche Horizont der historischen Zeit. In: Propyläen Weltgeschichte I (1961), S. 227 ff; K. J. NARR, Urgeschichte der Kultur, Stuttgart 1961; ders., Urgeschichte. In: W. SCHLEGEL (Hg.), Handbuch f. d. Geschichtsunterricht I 1, Weinheim–Basel ^{2}1975, S. 1–166; M.-H. ALIMEN/M.-J. STEVE (Hg.), Vorgeschichte, Fischer Weltgeschichte Bd. 1, Frankfurt/M. 1966; G. SMOLLA, Epochen der menschlichen Frühzeit, Freiburg–München 1967; H. MÜLLER-KARPE, Einführung in die Vorgeschichte, München 1975 (mit der weiterf. Lit.). Zur Differenzierung von Geschichte und Vorgeschichte vgl. J. VOGT, Hist. Jahrbuch 62, 1949, 1–12.

3 K. M. KENYON, Digging up Jericho, London 1957; dies., Archaeology in the Holy Land, London 1960; H. JANKUHN, Der Ursprung der Hochkulturen. In: Propyläen Weltgeschichte II (1962), S. 573 ff, bes. S. 591–600.

4 G. V. CHILDE, Stufen der Kultur, Stuttgart ^{2}1952; ders., What happened in History?, London ^{3}1964; vgl. auch dens., Die neolithische Revolution, in: K. EDER (Hg.), Seminar: Die Entstehung von Klassengesellschaften, Frankfurt/M. 1973 (stw 30), S. 176–185.

5 H. FRANKE/R. TRAUZETTEL, Das chinesische Kaiserreich, Fischer Weltgeschichte Bd. 19, Frankfurt/M. 1968 (mit der weiterf. Lit.)

6 Weiterf. Lit. In: Antike Welt. Zeitschrift f. Archäologie u. Urgeschichte 4. Jhg., 1973, Sondernummer ›Altamerika‹, S. 3 f, und bei R. KONETZKE, Süd- und Mittelamerika I, Fischer Weltgeschichte Bd. 22, Frankfurt/M. 1965 (zu knapper Überblick über die präkolumbischen Kulturen!).

7 Zur Geschichte und Kultur Reicharabiens, der Arabia Felix der Alten, vgl. A. GROHMANN, Arabien, München 1963; G. MANDEL, Das Reich der Königin von Saba, München–Zürich 1978; S. MOSCATI, Die altsemitischen Kulturen, Stuttgart 1961, S. 162–202 (S. 233 f die weiterf. Lit.).

8 Zu solchen Einzelphänomenen und allgemein zur Stagnation der Technik in der antiken Welt vgl. F. KIECHLE, Sklavenarbeit und technischer Fortschritt im römischen Reich, Wiesbaden 1969.

9 P. LESER, Entstehung und Verbreitung des Pflugs (1931); G. FRANZ, Die historische Entwicklung des Pflugs. In: Pflug und Furche (1959)

10 W. EKSCHMITT, Das Gedächtnis der Völker, Hieroglyphen, Schriften und Schriftfunde, Berlin–Wien 1968 (Taschenbuchausgabe München 1980)

11 O. NEUGEBAUER, The Exact Sciences in Antiquity, Kopenhagen ^{2}1957; ders., Vorgriechische Mathematik (1934); K. VOGEL, Vorgriechische Mathematik I (1958), II (1959); F. BOLL, Die Entwicklung des astronomischen Weltbildes In: Die Kultur der Gegenwart, 3. Teil, 3. Bd. (1925); B. L. VAN DER WAERDEN, Die Anfänge der Astronomie (1965).

12 M. CARRY/E. H. WARMINGTON, The Ancient Explorers (1929); E. H. WARMINGTON, Die Entdeckungen der Antike (1966)

13 In römischer Zeit waren diese Bezeichnungen bereits negativ imprägniert, die diese Profession Ausübenden nicht selten von staatlicher Repression und Verfolgung bedroht.

14 H. FRANKFORT, Stratified Cylinder Seals from the Diyala Region, Chicago 1955; schöne Beispiele für Rollsiegel im Katalog der Ausstellung ›Der Garten in Eden‹, Prähist. Staatssammlung München (1979) S. 98–104.
15 Vgl. G. A. LEHMANN, Weltherrschaft und Weltfriedensgedanke im Altertum, Mitteilungen TU Carolo-Wilhelmina zu Braunschweig 8. Jg., Heft 1, 1973, S. 42–51.
16 A. J. TOYNBEE, Der Gang der Weltgeschichte, 4 Bde., München 1970 (dtv).
17 K. EDER. In: (wie o. Anm. 4) S. 7–29; S. 215–221; S. 288–299.
18 A. HEUSS, Zum Problem einer geschichtlichen Anthropologie, in: H.-G. GADAMER/P. VOGLER (Hg.), Kulturanthropologie, Stuttgart–München 1973, S. 150–194, bes. S. 178 ff.
19 M. WHEELER, The Indus Civilization, 2. Aufl. In: The Cambridge History of India. A. Supplementary Volume, Cambridge 1960; ders., The Indus Civilization, London 1968.
20 W. HINZ, Das Reich Elam, Stuttgart 1964.
21 Zu Mari vgl. Ekschmitt (wie o. Anm. 10) S. 62 ff mit der weiterf. Lit. (ebd. S. 391); vgl. auch die einschlägigen Partien in E. CASSIN/J. BOTTÉRO/J. VERCOUTTER (Hg.), Die altorientalischen Reiche I–II, Fischer Weltgeschichte Bde. 2 u. 3, Frankfurt/M. 1965–66. Zu Ebla vgl. jetzt CH. BERMANT/M. WEITZMAN, Ebla. Neu entdeckte Zivilisation im alten Orient, Stuttgart 1979. Hinzuweisen ist in diesem Zusammenhang auch auf das durch die großen Tafelfunde bekannt gewordene spätbronzezeitliche Handelszentrum Ugarit/Ras Schamra im mittleren Syrien, in dessen Nähe an der Mittelmeerküste (Minet-el-Beida) die mykenischen Griechen eine wichtige Handelsniederlassung unterhielten; zu Ugarit vgl. W. VON SODEN. In: Propyläen Weltgeschichte II (1962) S. 39 ff und EKSCHMITT (wie o. Anm. 10) S. 128–146 mit der weiterf. Lit. (S. 393 f).
22 F. CORNELIUS, Geschichte der Hethiter, Darmstadt [3]1979; K. BITTEL, Grundzüge der Vor- und Frühgeschichte Kleinasiens, Tübingen [2]1950; W. HELCK, Die Beziehungen Ägyptens zu Vorderasien im 3. und 2. Jahrtausend v. Chr., Wiesbaden 1962; W. VON SODEN. In: Propyläen Weltgeschichte I (1961) S. 523 ff und II (1962) S. 39 ff.
23 A. GOETZE, Hethiter, Churriter und Assyrer, Oslo–Leipzig 1936; VON SODEN, Propyläen Weltgeschichte II (1962) S. 39 ff; vgl. auch CASSIN/BOTTÉRO/VERCOUTTER (wie o. Anm. 21), Die altorientalischen Reiche II, mit der weiterf. Lit. (S. 356 f). – In der Tradition der Hurriter stand anscheinend das Reich von Urartu, das im 1. Jahrtausend v. Chr. mit dem Zentrum im armenischen Bergland als politische Großmacht und Rivale Assyriens die hochkulturelle Überlieferung Vorderasiens fortsetzte, vgl. die einschlägigen Partien in CASSIN/BOTTÉRO/VERCOUTTER (Die altorientalischen Reiche III, Fischer Weltgeschichte Bd. 4, Frankfurt/M. 1967).
24 Zu den Assyrern vgl. VON SODEN, Propyläen Weltgeschichte II (1962) S. 39 ff und CASSIN/BOTTÉRO/VERCOUTTER (wie o. Anm. 21 u. 23) mit der weiterf. Lit.; vgl. auch W. ANDRAE, Das wiedererstandene Assur, Sonderausgabe München 1977.
25 M. NOTH, Geschichte Israels, Göttingen [7]1969; H. DONNER, Einführung in die biblische Landes- und Altertumskunde, Darmstadt 1976 mit der weiterf. Lit.
26 S. MOSCATI, Die Phöniker (1966).
27 Vgl. MOORTGAT. In: A. SCHARFF/A. MOORTGAT, Ägypten und Vorderasien im Altertum, München 1950, S. 444 ff und CASSIN/BOTTÉRO/VERCOUTTER (wie o. Anm. 23) S. 93–111.
28 R. FRYE, Persien, Zürich 1962 (Kindlers Kulturgeschichte); W. HINZ, Darius und die Perser, Baden-Baden 1976.
29 Lit. wie o. Anm. 7.
30 MOORTGAT (wie o. Anm. 27) S. 199 ff; H. SCHMÖKEL, Ur, Assur und Babylon 1955; ders., Geschichte des Alten Vorderasien, Leiden 1957; ders., Hammurabi von Babylon, Darmstadt [2]1975; von Soden, Propyläen Weltgeschichte I (1961) S. 523 ff; W. RÖLLIG/E. BRUNNER-TRAUT U. A., Altorientalische Litera-

tur. Neues Handbuch der Literaturwissenschaft I, Wiesbaden 1978; D.-O. EDZARD, Gesellschaftsklassen im Alten Zweistromland und in den angrenzenden Gebieten, München 1972 (Bayer. Akad. Wiss., phil.-hist. Klasse, Abh. N. F. 75); in den genannten Werken die weiterf. Lit, ebenso in CASSIN/BOTTÉRO/VERCOUTTER (wie o. Anm. 21).

31 Gilgamesch ist bereits der Held eines sumerischen Epenzyklus, der von den Akkadern zum Gilgamesch-Epos umgestaltet wurde, vgl. die Einleitung von A. SCHOTT (mit den Ergänzungen und Berichtigungen von W. VON SODEN). In: Das Gilgamesch-Epos, von A. SCHOTT u. W. VON SODEN, Stuttgart 1969 (1978), S. 3–14. Mit Gilgameschs Namen verbindet sich die Erbauung der über 9 km langen, aus plankonvexen Lehmziegeln erstellten Stadtmauer von Uruk/Warka in Südmesopotamien; zu den deutschen Ausgrabungen in Uruk vgl. die bei SCHOTT/VON SODEN S. 4 Anm. 1 angegebene Lit. Als authentische historische Gestalt ist Gilgamesch kaum greifbar; zeitlich hat man ihn in die frühdynastische Periode, und zwar zu Beginn des 27. Jahrhunderts v. Chr. angesetzt.

32 Nach: SCHOTT/VON SODEN (wie o. Anm. 31), S. 86f.

33 Nach: MOORTGAT, in: SCHARFF/MOORTGAT (wie o. Anm. 27), S. 242f.

34 A. GARDINER, Geschichte des alten Ägypten, Stuttgart 1965; E. OTTO, Ägypten, Stuttgart [4]1966; W. WOLF, Das alte Ägypten, München 1971 (dtv); ders., Kulturgeschichte des alten Ägypten, Stuttgart [2]1977; K. LANGE/M. HIRMER, Ägypten, München [4]1967; P. MONTET, Eternal Egypt, New York 1964; E. BRUNNER-TRAUT, Die alten Ägypter. Verborgenes Leben unter den Pharaonen, Stuttgart 1974; W. HELCK, Die Beziehungen Ägyptens und Vorderasiens zur Ägäis bis ins 7. Jh. v. Chr., Darmstadt 1979 (weiterf. Lit. in den genannten Werken).

35 Zum sich perfektionierenden Masseneinsatz der ägyptischen Bauernbevölkerung während der Überschwemmungsmonate bei der Ausführung von Großprojekten und dem sich daraus ergebenden Produktions- und Zivilisationsschub vgl. jetzt A. EGGEBRECHT, Die frühen Hochkulturen: Das Alte Ägypten, in: Geschichte der Arbeit, hg. v. H. SCHNEIDER, Köln 1980, S. 23–94, 418–420.

36 Nach: G. LANCZKOWSKI, Geschichte der Religionen, Frankfurt/M. 1972 (Fischer Lexikon 1), S. 17.

37 Zu Echnaton und der sog. Amarna-Zeit vgl. die Literaturhinweise bei Wolf, Das alte Ägypten (wie o. Anm. 34), S. 268 f; vgl. auch H. SCHÄFER, Amarna in Religion und Kunst, 7. Sendschr. d. Deutschen Orientgesellsch., Leipzig 1931 (S. 63–70, Übersetzung des Sonnengesangs, von K. Sethe), und den schönen Katalog zur Ausstellung ›Nofretete – Echnaton‹, Haus der Kunst, München 1976.

38 A. HEUSS, Die archaische Zeit Griechenlands als geschichtliche Epoche, Antike und Abendland 2, 1946, S. 26–62; ders. In: Propyläen Weltgeschichte III (1962), S. 71–213.

39 V. R. D' A. DESBOROUGH, The Last Mycenaeans and their Successors, London 1964; ders., The Greek Dark Ages, London 1972; vgl. auch F. SCHACHERMEYR, Griechische Geschichte, Stuttgart [2]1969, S. 73ff.

40 F. MATZ, Kreta, Mykene, Troja, Stuttgart 1957; S. MARINATOS, Kreta und das mykenische Hellas, München 1959; F. SCHACHERMEYR, Die minoische Kultur des alten Kreta, Stuttgart [2]1979; G. E. MYLONAS, Mycenae and the Mycenaean Age, Princeton 1966; J. CHADWICK, Die mykenische Welt, Stuttgart 1979; zu den voralphabetischen Schriftsystemen des Ägäisraumes vgl. A. HEUBECK, Schrift, Archaeologia Homerica III Kap. X, Göttingen 1979.

14. Hermann Strasburger

Die griechische Antike

Das Volk der Hellenen (die wir die Griechen zu nennen pflegen) fühlte sich schon sehr alt und hinfällig, als es nach gewaltigen Völkerverschiebungen um die Wende vom zweiten zum ersten Jahrtausend v. Chr. zur endgültigen Seßhaftigkeit im Raume des jetzigen Griechenland gelangte und damit einen neuen, uns jugendfrisch anmutenden Anfang nahm. Von diesem Neubeginn an rechnet die Geschichtsforschung die eigentliche ›Griechische Geschichte‹, und sie tut das mindestens insofern mit Recht, als nunmehr das griechische Volkstum durch Literatur zur Nachwelt zu sprechen begann, und dies sogleich mit dem vollkommensten Ausdruck seiner geschichtlichen Eigenart.

Man übertreibt nicht, wenn man sagt: die Geschichte der griechischen Kultur beginnt mit einem Wunder. Denn womit dieses Volk aus dem Dunkel einer wenigstens tausendjährigen Vorgeschichte in das Licht der Geschichte trat, das ist nicht der unbeholfene Ausdruck eines Kindheitsstadiums, mit dem Völker sonst beginnen, sondern gleich das herrlichste Werk der griechischen Dichtkunst und gewiß eines der vollkommensten Werke aller seitherigen Weltliteratur überhaupt: das Heldenepos vom Kampf um Troja, die Ilias.

Die Ilias ist nicht das älteste zufällig erhaltene Stück der griechischen Literatur – wie das Hildebrandslied das zufällig älteste Bruchstück der deutschen –, sie ist höchstwahrscheinlich deren erstes überhaupt je aufgeschriebenes Werk, zudem das von den Griechen selbst am höchsten geschätzte, welches sich überdies, trotz seines großen Umfanges, vollständig erhalten hat bis zum heutigen Tag.

Vorausgreifend dürfen wir gleich sagen: mit der Ilias beginnt nicht nur die Geschichte des griechischen Geistes, sondern die der gesamten europäischen Geisteskultur.

Rund 2700 Jahre ist das jetzt her, und diese nie welkende, unserem Gefühl noch immer unglaublich nahe Poesie ist fast 2000 Jahre älter als das Nibelungenlied, das nach seinem Inhalt und Rang am ehesten vergleichbare Werk des älteren deutschen Schrifttums, von welchem wiederum uns nur knapp 800 Jahre trennen. Die Frage, welche dieser beiden Dichtungen, die

Ilias oder das Nibelungenlied uns Heutige weniger altertümlich anmute, scheint mir nicht von vorneherein entschieden.
Was Homer, der sagenhafte Dichter, dem die Ilias und das andere große Epos aus dem Kreis der Trojasage, die Odyssee, zugeschrieben wurden, für die Griechen bedeutete, hat der Philosoph Hegel mit dem Satz bezeichnet: »Homer ist das Element, worin die griechische Welt lebt, wie der Mensch in der Luft.«[1]
Aus dieser genau zutreffenden Feststellung Hegels ergibt sich, warum ich als Historiker mich hier bei dem uralten Dichter aufhalte, anstatt mich so bündig wie möglich über die Geschichte und Kultur der Griechen zu äußern –: Weil es nämlich keinen besseren, kürzeren und zugleich genußreicheren Zugang zum Verständnis des Griechentums, ja der Antike überhaupt gibt, als das Erlebnis, selbst Homer zu lesen und wenigstens zeitweise in seiner Phantasiewelt zu leben, so wie viele antike Menschen dies ständig getan haben. Es gibt vortreffliche Übersetzungen ins Deutsche, die dies jedermann auch ohne Vorkenntnisse ermöglichen. Viele kennen ja den Stoff bereits aus Jugendbüchern, etwa den »Schönsten Sagen des klassischen Altertums« von Gustav Schwab, die auch mich als Kind in ihren Bann geschlagen haben – und wieviel bewegender ist erst, mit gereiftem Verständnis gelesen, der originale Homer! Schiller soll einst in einer schwermütigen Stimmung gesagt haben:

»Wenn man auch nur gelebt hätte, um den dreiundzwanzigsten Gesang der Ilias zu lesen, so könnte man sich nicht über sein Dasein beschweren.«[2]

Der Stoff der homerischen Gedichte gehört völlig der Phantasiewelt des griechischen Mythos an, das heißt reiner Sage. Die Griechen des Altertums liebten es nicht, zwischen Sage und Geschichte so bewußt und deutlich zu unterscheiden wie wir. Zumal eine so lebensvolle Erzählung, wie es die Sage vom trojanischen Krieg war, zogen sie vor für wahr zu halten; ja, sie sahen in ihr geradezu das Kernstück ihrer ältesten politischen Geschichte. So dachte auch im vorigen Jahrhundert noch Heinrich Schliemann, als er, mit dem Homertext zur Hand, die zerstörten Königsburgen von Troja und Mykene ausgrub und auf ungeahnte Schätze stieß, die tatsächlich der Zeit angehören, welche die homerischen Gedichte zu schildern behaupten.[3]
Wir Gelehrten des 20. Jahrhunderts glauben aus mannigfachen triftigen Gründen nicht mehr, daß dieser angebliche Heereszug griechischer Fürsten, unter Anführung Agamemnons, des Königs von Mykene, gegen die kleinasiatische Stadt Troja stattge-

funden haben könne. Wir halten sogar die Herrschergestalten Agamemnon und Priamos für erfunden, auch Menelaos, Achilleus oder Hektor, erst recht natürlich Paris und die schöne Helena, die Frau, um die der trojanische Krieg entbrannt sein soll. Diese und andere Sagen von Göttern und Helden waren in den sogenannten ›dunklen Jahrhunderten‹ zwischen dem Zusammenbruch der mykenischen Kultur und der Zeit der homerischen Dichtungen von fahrenden Sängern poetisch gestaltet und mündlich vorgetragen worden. Aus dieser Sängertradition waren dann im Verlaufe des 8. Jahrhunderts v. Chr. die beiden Groß-Epen, Ilias und Odyssee, hervorgegangen. Höchstwahrscheinlich stammen sie von zwei verschiedenen Verfassern, wiewohl die Griechen sie, auf Grund ihrer gleichermaßen überragenden Schönheit und ihres inhaltlich engen Zusammenhanges, einem einzigen Urheber zuschrieben, eben der legendären Gestalt des blinden Sängers Homer. Doch hätten diese beiden so ungewöhnlich weiträumig und kunstvoll angelegten Erzählwerke schwerlich geschaffen werden und vor allem nicht erhalten bleiben können, hätten nicht der Iliasdichter und, seinem Beispiel alsbald folgend, der Odysseedichter die Benutzung einer epochemachenden technischen Neuerung ihrer Zeit in die Dichterzunft eingeführt: die Verwendung der phönikischen Buchstabenschrift auf dem modernsten, aus Ägypten importierten Schreibmaterial, dem Papyrus. Dieser Übergang der griechischen Dichtung zur Schriftlichkeit war ein kulturell revolutionierender Entwicklungsschritt, wie es ähnlich noch einmal die Erfindung des Buchdruckes im 15. Jahrhundert n. Chr. war.

Die Folgen der Ilias für die gesamte abendländische Gedankenwelt bis auf uns hin zu beschreiben, kann ich hier nicht versuchen, denn sie gingen allenfalls in dicke Bände hinein. Sie beginnen gleich mit der Odyssee selbst und der durch diesen mächtigen Doppelimpuls ausgelösten Rettung weiter Bereiche der Götter- und Heldensage in die schriftliche Bewahrung: ein Gedanken- und Bilderschatz, von dem alle europäischen Literaturen und Künste zehren bis zum heutigen Tage.

In der Mitte der mythischen Erzählungswelt behauptet sich für die gesamte Antike, auch die römische Zeit, der durch Homers Ansehen geweihte trojanische Sagenkreis. Aber nicht nur der Erzählstoff wirkt befruchtend, sondern auch die einzigartige Kunst der beiden großen Vorbilder. Brocken von Homers reichbesetzter Tafel nannte der große Dramatiker Aischylos die Themen seiner Tragödien.[4] Realitätsbezogener Literatur gelang es niemals im Altertum, diese glutvolle Scheinwelt zu überstrahlen und ihren allgegenwärtigen Gefühlswert zu entkräften. Von den Anfängen eines griechischen Schulwesens bis zum Untergang des Heidentums war Homer für alle Griechen, die Lesen und Schreiben lernten – später auch für die Römer –, der erste und immer wichtigste Gegenstand des Unterrichts. Griechische und römische Kinder lernten an ihm denken und fühlen, und auch die Erwachsenen entwuchsen niemals wirklich den Lebensidealen dieser ältesten in ihrer Vorstellung lebenden Vergangenheit.

Leid und Verzweiflung in schrecklicher Gegenwart fassen die großen Tragödiendichter Athens in die Bilder vom mörderischen Kampf um Troja. Alexander der Große – und wie er viele hochgestellte Griechen oder Römer – träumen, ein zweiter Achilleus zu sein: ein alles bezwingender Kriegsheld.[5] Ein nachdenklicherer Typ wie der Römer Cicero sieht sich lieber als Hektor, den Verteidiger.[6] Ein Leitbild für griechische Geschichtsforscher vom kernigen alten Schlag ist Odysseus, der Weitgereiste, Welterfahrene und Leidgeprüfte.[7] Brutus, der Widersacher Caesars, im Aufbruch zum letzten Kampf für die Freiheit der römischen Republik begriffen, findet seine tapfere Frau Porcia in Tränen vor einem Gemälde, welches Hektors Abschied von Andromache und dem Kind zeigte: die schon im Altertum vielleicht berühmteste Szene der Ilias.[8] Und über ein Jahrtausend nach Homer, schon in der Auflösung des römischen Reiches, denken biedere Landleute in der hintersten Provinz, der Kaiser, dem sie die Steuern zahlen, sei doch wohl immer noch Agamemnon, der Held, der gegen Troja zog.[9]

Diese Wirkung Homers und des altgriechischen Mythos auf die gesamte Antike hat ihresgleichen nur in der Herrschaft der biblischen Themen über die Literatur und Kunst des abendländischen Mittelalters. Und nicht einmal im mittelalterlichen *West*europa hat das Christentum das Weiterleben der sinnenfrohen griechischen Phantasiewelt auslöschen können, obwohl dort, weil man den griechischen Homer nicht mehr lesen konnte, nur dürftige Nacherzählungen zur Verfügung standen. Erst recht hat seit der sogenannten Renaissance, der im späteren Mittelalter zum Durchbruch gelangenden Neubegeisterung für die Kultur der Antike, der griechische Mythos erneut alle Zweige der europäischen Literatur und Kunst mit seinem Leben durchtränkt, als eines der Grundelemente der abendländischen Kultur, mit welchem das Christentum sich inzwischen versöhnt hat.[10]

Wird dieses Quellgebiet des europäischen Denkens und Fühlens jetzt – sagen wir: im 21. Jahrhundert – durch eine neue Weltzivilisation endgültig verschüttet werden?

Der Einwand liegt nahe, was denn die alten Dichter-Phantasien einen Historiker angingen.
Auch bei reiflichstem Bedenken weiß ich nichts, was jemanden schneller als Homer in der geschichtlichen Realität Altgriechenlands heimisch machen könnte. Denn wenn man sich einige übernatürliche Züge wegdenkt, die leicht abzustreifen sind, insbesondere natürlich das Auftreten der olympischen Götter, sind die Ilias und die Odyssee zusammengenommen eine Geschichtsquelle allerersten Ranges.[11] Reinste Dichtung ist in beiden Werken mit einzigartiger wirklichkeitsnaher Anschaulichkeit erfüllt worden. Nicht nur erfahren wir hier, dreihundert Jahre vor den Auskünften der ältesten griechischen Geschichtsschreibung, eine große Anzahl von Namen griechischer Städte, die schon vor dem 8. Jahrhundert bestanden haben müssen, teilweise gewiß schon viel länger. Wir lernen die Grundzüge der altgriechischen Gesellschafts- und Staatsordnung kennen, die der Wirtschaftsformen und des täglichen Lebens bis in konkreteste Einzelheiten hinein, die sittlichen Normen und Ideale, religiöse Vorstellungen und weltanschauliche Lebensdeutung, wir erfahren, wie sie dachten, fühlten und worum sie sich stritten – und dabei dürfen wir uns sagen, daß sich hierin nicht nur die Zeit der alten Dichter spiegelt, sondern die gesamtantike griechische Wirklichkeit, weil wir ja schon wissen, daß die Griechen selbst sich zu allen Zeiten des Altertums im Spiegel dieser Dichtungen wiederzuerkennen liebten.
Und das große Thema der Ilias ist ja bereits das Leitthema der gesamten griechischen Wirklichkeits-Geschichte: die Fülle sinnloser Leiden in der ständigen Selbstzerfleischung der Menschheit durch mörderische Kriege –: »Den Zorn singe mir, Göttin, den unheilbringenden Zorn des Achilleus, der unzählige Leiden über die Achäer brachte und viele tapfere Seelen ins Totenreich hinabstürzte.«
Von diesen Kriegen der wirklichen griechischen Geschichte ist nach der Seßhaftwerdung, das heißt etwa nach dem 8. Jahrhundert v. Chr., nur noch ein geringer Teil zur Hinzugewinnung neuen Siedlungsraumes oder in der Verteidigung gegen fremdstämmige Eindringlinge geführt worden – die meisten dieser Kämpfe haben griechische Städte gegeneinander ausgefochten, bis schließlich das ausgeblutete griechische Volkstum verhältnismäßig leicht unter die Fremdherrschaft stärkerer Kriegervölker fiel, erst die der Makedonen, dann die der Römer.
Dieses ist, in einem Satz gesagt, das traurige Ergebnis von nur rund fünfhundert Jahren eigenständiger Geschichte des Volkes, welches sich allen Völkern dieser Erde geistig so unver-

gleichlich überlegen gezeigt hat. Nichts stellt unsere Gerechtigkeit gegenüber der griechischen Geschichte auf eine härtere Probe als dieses Mißverhältnis; wir müssen versuchen, uns darüber klar zu werden, ob das mehr an tadelnswertem Unverstand der antiken Griechen oder an unserer mangelnden historischen Einfühlung liegt. Zur Beantwortung dieser Frage müssen wir etwas weiter ausgreifen.

Das Nahverhältnis der Neuzeit zum antiken Griechentum ist vor allem im 18. und noch stärker im 19. Jahrhundert begründet worden. Eine Woge der Begeisterung für alles Hellenische erfaßte, weit über die Gelehrtenzunft hinaus, ein breites europäisches Publikum. Insbesondere waren es die Deutschen, die als »Volk der Dichter und Denker«[12] glaubten, sich den Griechen besonders wesensverwandt fühlen zu dürfen. So sahen sie auch gerne Parallelen zwischen der eigenen und der griechischen Geschichte und vermeinten deshalb aus eigener Erfahrung zu wissen, welche Züge in der politischen Geschichte der Griechen gesund und welche ungesund gewesen seien. Für Deutschland war ja das große geschichtliche Erlebnis des 19. Jahrhunderts der Aufstieg aus Kleinstaaterei und Schwäche durch die Einigung der Nation zur Großmacht. Es lag von daher nahe, die Griechen des Altertums dafür zu bedauern oder gar zu tadeln, daß sie eben diesen so naheliegenden Weg zum politischen Glück nicht gefunden hatten.

Demgegenüber müssen wir bedenken, was denn eigentlich ›des Griechen Vaterland‹ war. Die Antwort hierauf ist grundverschieden von der, die zu der Frage des Dichters unserer Freiheitskriege. Ernst Moritz Arndt: »Was ist des Deutschen Vaterland?« gehörte.

Der Begriff ›Vaterland‹ begegnet wörtlich schon in den homerischen Gedichten, wo auch sein ursprünglicher Sinn deutlich wird: »Vaterland« meinte zunächst Heimaterde im engen Sinne: das vom Vater ererbte Grundstück einer Familie, dann das Dorf oder die Stadt, in deren Bereich es liegt. Und dabei blieb es: Das Vaterland eines antiken Griechen war die Gemeinde, in der er Bürgerrecht hatte.[13]

Nie gab es darüber ein höheres hellenisches, das heißt allgemein griechisches Bürgerrecht, wie das weltweit geachtete römische Bürgerrecht. ›Hellas‹ war nie ein Staat, es wurde ein solcher erst im Jahre 1832 nach der Befreiung von der Türkenherrschaft. Hingegen war das antike ›Hellas‹ ein sich schon in homerischer Zeit ausbildender Oberbegriff[14] für alles von Hellenen besiedelte Land, keineswegs nur auf dem griechischen Festland und im Raume des Ägäischen Meeres, sondern, wie es scheint, auch in beliebiger Ferne und Vereinzelung. Und dementsprechend gab es auch ein übergeordnetes hellenisches bzw. panhellenisches (d. h. allhellenisches) Zusammengehörigkeitsgefühl, ohne welches schon die Sage vom gemeinsamen Kriegszug aller Griechen gegen Troja nicht hätte erfunden werden können; dieses Gefühl beruhte, wie der erste Historiker Herodot es einmal sagte[15], auf der Gemeinsamkeit des ›Blutes‹, der Sprache und der religiösen Kulte, und damit nicht zuletzt auch auf einem geistigen Überlegenheitsgefühl gegenüber allen Andersartigen, welche die Griechen im Sammelbegriff der ›Barbaren‹, d. h. der unverständlich Redenden, zusammenfaßten. Und in sicher beträchtlichem Maße, so dürfen wir hinzufügen, beruhte das griechische Zusammengehörigkeitsbewußtsein auch auf der Gemeinsamkeit des kostbarsten geistigen Besitzes der Nation: der Traumwelt Homers.

Aber nur ein einziges Mal – angesichts der unterschiedslosen Existenzbedrohung aller Griechen durch die Invasion der Perser – konnte dieses höhere Nationalgefühl bis wenigstens zum vorübergehenden Verteidigungsbündnis einer kleinen Anzahl griechischer Städte[16] aktiviert werden – mühsam genug, wie man es im Geschichtswerk des Herodot mit überzeugendem Realismus geschildert findet.

Die Bildung eines allhellenischen Reiches war für die antiken Griechen kein Ideal oder Wunschbild. Alles patriotische Pathos, alle Bereitschaft, einer höheren Sache zu dienen, sich für sie aufzuopfern, einträchtig zu leben und die Interessen von Mitmenschen als gleichberechtigt zu achten, galt immer nur der Stadtbürgergemeinschaft: der Polis. Seine Polis: die Stadt war jedes Griechen Vaterland.

Ansätze zu weiträumigeren politischen Zusammenschlüssen haben keineswegs gefehlt, aber sie waren nicht von einer panhellenischen Idee inspiriert, sondern durch das Machtstreben und zugleich Sicherheitsbedürfnis einzelner starker Städte, wie Sparta, Athen oder Theben, die kleinere Poleis durch Bündnisverträge zu politischer und militärischer Gefolgschaft zwangen und sich damit auf Zeit praktisch untertan machten. Das Schutzbedürfnis der Kleinen kam solchen Bestrebungen entgegen.

So vereinigte schon im 6. Jahrhundert v. Chr. Sparta die Mehrzahl der peloponnesischen Städte unter seiner ›Hegemonie‹ in einem Bündnissystem; Athen schloß nach den Perserkriegen eine Anzahl von Seestädten in einer Verteidigungsgemeinschaft zusammen, deren offiziell proklamierter Sinn der weitere Schutz vor einer möglichen Wiederholung eines persischen Angriffes war. Erst recht begegnen in den Zeiten des allgemeinen politischen Niederganges der Griechen vom vierten bis zum zweiten Jahrhundert v. Chr. echte Schutzbündnisse auf der Grundlage natürlicher landschaftlicher Gemeinschaften zur Abwehr von Fremdherrschaft. Staatenbildung war das nicht und sollte es auch nicht sein. Die Griechen konnten sich für sich selbst nur *einen* natürlichen Staat vorstellen: ihre eigene Polis, den Stadtstaat.

Nach neuester Erkenntnis waren es an Zahl ungefähr 700 solcher Klein- und Kleinststaaten, deren Gesamtheit Hellas ausmachte.[16] Die allermeisten dieser rechtlich ›autonomen‹, d.h. ganz nach ihren eigenen Gesetzen lebenden Staatswesen, hatten nach unseren Begriffen nur den Umfang eines großen Dorfes oder einer kleinen Stadt. Eine Bevölkerung von, sagen wir, zehntausend Bürgern kennzeichnet bereits eine sehr große Polis und wurde nur vereinzelt erreicht oder gar überschritten. Das entsprach aber durchaus den theoretischen Idealvorstellungen der Griechen, die eine echte Staatsgemeinschaft nur für möglich hielten, wo alle Bürger sich noch untereinander kennen konnten.

Die Polis als Idee und Wirklichkeit hat die Phantasie aller neuzeitlichen Verehrer des Griechentums, darunter natürlich gerade auch der Fachgelehrten, lebhaft beschäftigt.[17] Beklagten sie auch die, wie sie es ansahen, Unfähigkeit der Griechen zur allgemeinen nationalen Einigung, waren sie doch um so mehr bereit, in der Hingabe eines jeden Griechen an seine Polis einen Gemeinschaftsgeist von einzigartiger Vollkommenheit zu bewundern. Es heißt das Phänomen nicht verkleinern, wenn wir es nüchtern betrachten.

Was Wesen und Sinn der Polis ursprünglich war, zeigt schon die Ilias in sprechender Anschaulichkeit: das – in der Regel befestigte – Zentrum eines landwirtschaftlichen Siedlungsgebietes, dessen Bewohner, Stammesgenossen aus der Wanderungszeit oder ein Sippenverband, sich zu einer Schutzgemeinschaft zusammengeschlossen hatten. Denn dem Feind oder Räuber unterliegen, bedeutete nach uraltem Brauch, der auch während der gesamten Antike als völkerrechtliche Norm anerkannt wurde, für die Männer fast stets den Tod, für Frauen und Kinder die Verschleppung in die Sklaverei, für alles Hab und Gut, vor allem den lebenswichtigen Viehbesitz, Plünderung oder Vernichtung.

Die ›politische‹ Gemeinschaftsidee (das Wort ›politisch‹ von der Polis, der Stadt, und ›Polis‹ von der Befestigung hergeleitet) ist also von Haus aus sehr realistischer Natur, und allem patriotischen Pathos, welches die Polis zu deren Festigung züchtet und von welchem uns noch zahlreiche Dichterverse künden, merkt man noch leicht den harten, aber notwendigen

Zwang an, der dahinter stand. Schwärmerische Gefühle der Vaterlandsliebe scheinen den antiken Griechen weithin gefehlt zu haben; aber Gehorsam gegenüber dem Gesetz der Polis, auch wenn es sterben hieß, war eine Tugend, deren praktischer Sinn einleuchtete und die deshalb auch wirklich ein allgemeingriechisches Ideal war.
Berühmt ist die Grabinschrift für die in der Thermopylen-Schlacht für die Freiheit von ganz Griechenland gefallenen Spartaner:

»Wanderer, kommst du nach Sparta, verkündige dorten, du habest/uns hier liegen gesehn, wie das Gesetz es befahl.«[18]

Im griechischen Originaltext dieser Verse wird noch deutlicher als in Schillers bekannter Übersetzung, daß da nicht von Hellas und von heiligem Vaterland die Rede war, sondern vom Gehorsam gegenüber dem Gesetz der einzelnen eigenen Stadt: Sparta. Sehr weit ist von da der Gefühlsweg zur Poesie unserer Freiheitskriege, etwa zu Hölderlins innigem Gedicht ›Der Tod fürs Vaterland‹.
Vor allem aber –: den ›Tod fürs Vaterland‹ sind, wie gesagt, ständig Hellenen gegen Hellenen gestorben, zu oft für die Kraft der Nation. Wie steht es da mit dem Sinn solcher Art von Geschichte, was bleibt der Nachwelt von ihr außer der bedrükkenden Erinnerung?

»Der Geist« – sagt Jacob Burckhardt in der Einleitung zu seinen ›Weltgeschichtlichen Betrachtungen‹ – »muß die Erinnerung an sein Durchleben der verschiedenen Erdenzeiten in seinen Besitz verwandeln. Was einst Jubel und Jammer war, muß nun Erkenntnis werden, wie eigentlich auch im Leben des Einzelnen.«[19]
Das haben die Griechen wie kein zweites Volk geleistet. Die unvergängliche Hinterlassenschaft der griechischen Polis und ihrer leidvollen Geschichte ist die griechische Staatslehre.
Daß diese für uns noch praktische Aktualität besitzen könne, ist gar nicht selbstverständlich. Denn alle politische Theorie griechischer Denker ist am Modell der Polis und den Erscheinungsbildern der hellenischen Polis-Staatenwelt entwickelt, das heißt an Mini-Verhältnissen, zu welchen die Menschheit – trotz deren augenscheinlichen Vorteilen für das Gedeihen geistigen und kulturellen Lebens – nie wird zurückkehren können, da heute die Entwicklung der Kriegsmittel und der weltweiten wirtschaftlichen Verflechtungen das Minimum an Sicherheit und Wohlstand nur noch in allergrößten politischen Einheiten gewährt. Dennoch ist das Anschauungsmaterial der Griechen

für uns alles andere als veraltet. Eher im Gegenteil: Die Intensität der politischen Regsamkeit in engen, gut überschaubaren Verhältnissen hat es den griechischen Denkern erlaubt, die Elemente des menschlichen Gemeinschaftslebens wie in einem Mikroskop zu erkennen; so fanden sie ewig gültige einfache Formeln, auf die sich auch komplizierte Vervielfachungen wieder reduzieren lassen. Erst recht als Grundschema eines außenpolitischen Erfahrungsbereiches genügt die alte griechische Welt der heutigen globalen Politik: waren es doch auch damals, wie gesagt, Hunderte von Staatswesen, die ständig miteinander in politischer, wirtschaftlicher und militärischer Hinsicht zu rechnen hatten – und gemessen an den Verkehrs- und Kriegsmitteln war Athen weiter von Sparta entfernt als New York von Moskau. Aber gar nicht der Entfernung wegen, sondern weil die Polis ein *Staat* ist, ist das, was sich zwischen zwei oder mehreren griechischen Städten abspielt, Außenpolitik, so gut wie das Verhältnis zwischen der Sowjetunion und den USA.

Die systematische Erforschung der Grundgesetzlichkeiten der Außenpolitik war die Domäne des Geschichtsschreibers Thukydides, dem das Erlebnis eines fast die ganze griechische Welt umspannenden Konfliktes: des Peloponnesischen Krieges, als einzigartiger Anschauungsunterricht zustatten kam.[20]

Für Thukydides ist das Wesen der Geschichte und ihr nahezu erschöpfender Inhalt der Kampf um die Macht, der Kampf von einzelnen, von Gruppen und von Völkern, der im Frieden mit den Mitteln der Politik und im Kriege mit den Waffen geführt wird. Das gilt ihm als ein unentrinnbares Naturgesetz:

»Denn es steht in Ewigkeit so fest, daß der Schwächere von dem Stärkeren niedergehalten werde.«

Aber so alt wie die Macht ist auch das Recht. Soll man dem Nutzen folgen oder der Gerechtigkeit? Das war zu dieser Zeit eine beliebte philosophische Fragestellung. Dem Thukydides geht es um ihre Anwendung auf die Politik. Da versteht es sich denn für ihn, daß ein erfolgreicher Staatsmann sich immer nur vom Realismus, nicht vom Idealismus leiten lassen kann, daß aber auch die Gerechtigkeit ein realer politischer Faktor ist, weil die Mehrzahl der Menschen doch irgendwie an sie glaubt. Der Politiker muß daher abwägen, was sich jeweils mehr empfiehlt. Sagt also in einer diplomatischen Diskussion bei Thukydides die eine Partei etwa dies:

»Rechtsverletzungen zu scheuen ist gut, sich stark machen besser, durch Stärke imponiert ein Staat seinen Feinden dauerhafter als durch Rechtlichkeit«, so kann ihr die andere Partei gleich entgegenhalten:

»Denke niemand, was im Frieden recht und was im Kriege nützlich, könne sehr wohl zweierlei sein; die größere Rechtlichkeit bringt auf die Länge den größeren Vorteil. Mindestens rächt es sich irgendwann, die Rechte eines starken Partners mißachtet zu haben.«

Skepsis tönt aus allen Argumenten, die Thukydides politischen Rednern in den Mund legt:

»In eine Verletzung ihres Rechtes pflegen die Menschen sich schwerer zu schicken als in ihre völlige Vergewaltigung.«
»In der Auseinandersetzung der Menschen gibt das Recht höchstens bei Machtgleichheit den Ausschlag; andernfalls gehen die Überlegenen genau so weit, wie es ihnen ihre Stärke erlaubt, und die Schwächeren geben um ebensoviel nach.«
»Das Recht führt nur der im Munde, für den es sich zufällig mit dem Nutzen deckt; noch nie hat sich jemand durch die Erwägung des Rechtes von der günstigen Gelegenheit zurückhalten lassen, etwas mit Gewalt in Besitz zu nehmen.«

Für den stärksten Beweggrund alles politischen Planens, noch stärker in seinen Augen als selbst Ruhmsucht und Habgier, hält Thukydides die Furcht. Dabei rechnet er nicht nur mit der Furcht des Schwachen, sondern gerade auch der des Starken. Selbst bei einem starken Staat kann nach seiner Ansicht Furcht so mächtig werden, daß sie ihn zum Angriffskrieg verleitet; so bezeichnet er Spartas Furcht vor der wachsenden Macht Athens als die eigentliche Ursache des Peloponnesischen Krieges.
Oder: Gerade eigene überlegene Macht versetzt ihren Inhaber, eingebildet oder wirklich, in den Zustand höchster Gefährdung: Der Staat Athen (bei Thukydides) fühlt sich gegenüber seinen sogenannten ›Bundesgenossen‹, die er in sklavischer Abhängigkeit hält, in der Rolle eines Tyrannen, der aus Furcht vor der Rache der Unterdrückten sein Regime ständig verschärfen muß. Und noch einige Lehrsätze für Politiker:

»Der geht am sichersten in der Politik, der sich durch möglichst geringe Begünstigung seiner natürlichen Gegner möglichst wenig Grund zu verspäteter Reue schafft.«
»Eine Seemacht muß die Bildung fremder Flotten im Keim zu ersticken trachten; kann sie das nicht, so soll sie mit dem stärksten Rivalen Freundschaft schließen.«
»Einzig gegenseitige Furcht, die auf gleicher Stärke beruht, gibt verläßliche Gewähr für den Bestand eines Bündnisses, weil der, der es brechen möchte, durch die Erwägung, daß er seinen Angriff auf keine Überlegenheit gründen könne, abgeschreckt wird.«

Das ist – an Schwertern und Lanzen erdacht – das Prinzip des nuklearen Patts und der heutigen Abrüstungskonferenzen zwischen Weltmächten.

Demgegenüber hat die Staatstheorie der griechischen Philosophen vor allem die Innenpolitik einer Polis zum Gegenstand. Die großen uns noch erhaltenen Werke, Platons ›Staat‹ und ›Gesetze‹ und die ›Politik‹ des Aristoteles, entwickeln die Lehre vom idealen Staat und seinen Lenkern sowie der Erziehung seiner Bürger.

Die Griechen unterscheiden drei Grundtypen einer denkbaren Staatsverfassung: 1. Monarchie, die Herrschaft eines einzelnen, 2. Aristokratie, die Herrschaft der Besten (also einer Minorität), 3. Demokratie, die Herrschaft des Volkes (also der Majorität). Ihnen zugeordnet sind die drei Entartungsformen: zur Monarchie die Tyrannis, die gesetzwidrige Gewaltherrschaft eines einzelnen; zur Aristokratie die Oligarchie, die Herrschaft eines Klüngels; und zur Demokratie die Ochlokratie, die Pöbelherrschaft.

Die Frage, ob diese drei beziehungsweise sechs Grundformen sich nach einer vorbestimmten inneren Gesetzmäßigkeit auswirken und verändern, und ob sie gar in einem unausweichlichen Kreislauf (und in welcher Reihenfolge) einander ablösen, hat die griechischen Denker durch Jahrhunderte hindurch zu immer neuen Erörterungen gereizt. Als geeignetstes Mittel, den geschichtlichen Teufelskreis aufzuhalten und damit zur Stabilisierung eines politischen Zustandes zu gelangen, wurde dann – eventuell mit Hinweis auf das Vorbild geschichtlich bewährter Staatsformen, etwa der spartanischen oder, später, der römischen – meist eine Mischung von zweien oder allen drei Grundtypen empfohlen.[21]

Eigenart und Tiefsinn platonischer oder aristotelischer Staatstheorie könnten hier nicht, binnen Minuten, durch Textbeispiele veranschaulicht werden, weil Platon – der Methode seines verehrten Lehrers Sokrates folgend – die gesuchte Erkenntnis in einem langwierigen Prozeß des Fragens und Antwortens ans Licht zu bringen versuchte[22], während Aristoteles sein Lehrgebäude zwar in zusammenhängendem Lehrvortrag aufführte, dabei aber seine Beweisführung in sehr weit gespannten Bögen anlegte. Dem Aristoteles, der viel mehr Empiriker war als Platon, ging es nicht nur um den besten Staat an sich, sondern er wollte auch dem praktischen Politiker, der sich einer bestimmten historischen Situation gegenübersah, Hilfestellungen zum Handeln geben[23]. Dementsprechend berücksichtigt Aristoteles den Einfluß der Bevölkerungszusammensetzung auf die jeweilige Staatsform einer Polis. Er stellt fest, daß es nicht nur die sechs Grundtypen von Verfassungen gibt, sondern innerhalb dieser Typen wieder verschiedene Ausformungen, je nachdem, wie radikal das Grundprinzip, das dem Verfassungstyp an sich zugrunde liegt, durchgeführt ist.[24] Grundprinzip der Demokratie z.B. sind Freiheit und Gleichheit.[25] In einer Polis, die mehrheitlich aus Bauern besteht, läßt sich, nach Aristoteles, die Demokratie verhältnismäßig einfach durchführen, weil die Mehrheit der Bevölkerung dann auf dem Lande beschäftigt und dadurch verhindert ist, bestimmenden Einfluß in der Volksversammlung auszuüben. Eine derartige Bevölkerung überläßt das Politik-Machen den »besseren«, und das heißt in der Sprache der Staatstheoretiker: den »reichen« Bürgern, die eben aufgrund ihres Reichtums die Muße haben, sich den öffentlichen Angelegenheiten zu widmen.[26] Je größer jedoch eine Polis wird, desto stärker wächst in ihr der Anteil der Handwerker, Kleinhändler und Lohnarbeiter. Da diese zentral in der Stadt selbst leben, können sie viel eher als die Bauern einen Tag in der Volksversammlung verbringen, besonders wenn ihnen dafür eine gewisse Summe als Ausgleich für den Verdienstausfall gezahlt wird, wie das in Athen im 4. Jahrhundert üblich war. Eine solche Volksmenge läßt sich, nach Ansicht des Aristoteles, von schlechten Volksführern, den »Demagogen«, nur zu gerne dazu verführen, immer mehr Rechte für sich in Anspruch zu nehmen, bis das Volk schließlich aufgrund einfacher Mehrheitsbeschlüsse seiner jeweiligen Versammlung zu regieren verlangt und damit alle grundsätzlich geltenden Gesetze außer Kraft setzt. Eine derartige Überspitzung des Prinzips der Demokratie, meint Aristoteles, bedeute zugleich deren Selbstaufhebung als Staatsform; denn wo kein Grundgesetz Geltung habe, bestehe auch keine Verfassung mehr. Diese, nach Aristoteles äußerste Form der Demokratie, entspreche einer radikalen Tyrannis, weil die Willkür regiere.[27] Die Kunst von Gesetzgeber und praktischem Politiker bestehe darin, die der betreffenden Polis jeweils angemessenste Form der Verfassung zu finden und zu bewahren, und das könne nur diejenige sein, deren Weiterbestehen von der Mehrheit der Bevölkerung gewünscht wird.[28]

Aber kehren wir noch einmal von der Theorie in die Wirklichkeit der griechischen Geschichte zurück.

Aristoteles, der größte Gelehrte der Griechen, ist ja zugleich der Mann gewesen, den der Makedonenkönig Philipp zum Lehrer seines Sohnes Alexander bestellte – ein Verhältnis, welches die Phantasie von Geschichtsforschern wie auch begeisterten Laien lebhaft beschäftigt hat.[29] Und da nun insbesondere berichtet wird, daß Aristoteles mit dem jungen Alexander

Homer las und Alexanders Lieblingsbuch die Ilias wurde, könnte man sagen, daß Aristoteles es war, der in ihm den Wunsch weckte, als ein zweiter Achilleus unsterbliche Kriegstaten zu verrichten.
So ließe sich jetzt mit Hegel – wenn auch nicht notwendig in dem optimistischen Sinne seiner auch heute noch mächtig nachwirkenden Geschichtsphilosophie – der herrliche Regenbogen von Homer zu Alexander dem Großen schlagen – welche Fülle von richtigen und falschen Gedankenverbindungen tut sich da auf!
»So wie Achill« – sagt Hegel in seinen Vorlesungen über die Philosophie der Geschichte – »die griechische Welt beginnt, so beschließt sie Alexander, und diese Jünglinge geben nicht nur die schönste Anschauung von sich selbst, sondern liefern zu gleicher Zeit ein ganz vollendetes fertiges Bild des griechischen Wesens . . . eine der größten und schönsten Anschauungen, welche wir nur mit unseren schlechten Reflexionen trüben können.«[30]
Eines ist daran historisch unbestreitbar und höchst bedeutend: der heroische Impuls, der von der Begeisterung Alexanders und der vornehmen Makedonen für die Ilias ausging; der unwiderstehliche Schwung dieses Siegeszuges ist in der Tat eine der großen unter den vielen nicht geringen weltgeschichtlichen Folgen Homers.[31]
Schlechter aber steht es um die vielgepriesene Idealität des Verhältnisses Alexanders zu Aristoteles und des Aristoteles zu ihm, so wie auch des allgemeinen Verhältnisses Alexanders und der Makedonen zum Griechentum und der Griechen zu ihnen. Das Volkstum der Makedonen stand in Wahrheit dem griechischen ethnisch doch ferner, als das makedonische Königshaus zugeben wollte.[32] Und so zeigen auch die einzelnen geschichtlichen Hergänge zu viele drastische Anzeichen kaum versöhnbarer Gegensätze. Wir können hier nicht in den beliebten Lobgesang einstimmen, daß Alexander als ein Menschheitsbeglücker dem Orient die griechische Kultur brachte und den Griechen den Orient erschloß, daß er damit der Begründer der hellenistischen Weltkultur wurde, und noch vieles Schöne mehr, was ja auch seit Johann Gustav Droysen, Hegels großem Schüler, zu den Dogmen der Fachhistorie gehört.
Nun sind zwar die Erschütterungen, die Alexanders Eroberung des Perserreiches im griechisch-vorderorientalischen Lebensraum verursacht hat, gewaltig gewesen – zu sicheren Schlüssen aber, ob in diesem erdbebenartigen Gewirr von Anstößen die wohltätigen Wirkungen die zerstörenden überstiegen oder umgekehrt, ist kaum zu gelangen.[33] Denn weltgeschichtlich

müßte das unter den verschiedensten Gesichtspunkten bedacht werden, und dabei wäre die Voreingenommenheit des Historikers für das europäische Interesse gegenüber dem asiatischen unzulässig.

Eher läßt sich, wenn auch mehr im Umriß, sagen, was Alexander gewollt[34] und mit einzigartiger Energie bereits in den ersten Jahren seines Feldzuges in die Wege geleitet hat: als Nachfolger der persischen Großkönige wollte er ein Weltreich errichten; dieses sollte durch eine allgemeine Völkervermischung in sich verfestigt werden und beherrscht werden von einer aus Makedonen und Persern neu zusammengeschmolzenen Herrenschicht. Die Griechen hingegen würden dann zur Untertanenschicht gehört haben, und die ihm anfangs schlecht entbehrliche Beteiligung ihrer Elite an Führungsaufgaben würde Alexander, hätte er länger gelebt, zweifellos wieder zurückgenommen haben.

Was aus Alexanders letzter Zeit für den Historiker wirklich sichtbar wird, war Herrschafts- und Machtpolitik größten und gewalttätigsten Stiles. Ein Vorkämpfer des Kosmopolitismus (des Weltbürgertums) ist er höchstens in dieser machtpolitischen Bedeutung gewesen, nicht in dem humanitären und kulturfördernden Sinne, den zwar auch schon vereinzelte antike Enthusiasten, weitaus mehr aber seine neuzeitlichen Bewunderer ihm angedichtet haben.

Vielleicht bedeuteten Alexanders verfrühter Tod und der baldige Zerfall seines Reiches gerade die Rettung der Chance *Europa*, weil es die griechische Nation und Kultur davor bewahrte, in ein neues vorderorientalisches Großreich eingebunden und damit von Asien aufgebraucht zu werden.

Lassen wir lieber die Frage nach der Bedeutung Alexanders für die Geschichte und Kultur Europas – die gewiß sehr ernstlich durchdacht zu werden verdient – letztlich unbeantwortet. Das Beste noch, was uns die großen Gewaltakte der Geschichte hinterlassen, ist die nicht zur Ruhe kommende Nachdenklichkeit über die Grundfragen geschichtlicher Sinndeutung.

Daß wir das können, daß wir solcher Gedanken fähig sind, das werden wir immer – und das ist das Gewisseste an allem, wovon wir hier reden – dem Geist der Griechen schuldig bleiben: ihren Dichtern, Philosophen und Geschichtsschreibern. »Denn nur durch die Griechen« – sagt wiederum Jacob Burckhardt – »hängen die Zeiten und das Interesse für diese Zeiten aneinander; ohne sie hätten wir kein Wissen von der Vorzeit, und was wir ohne sie wissen *könnten*, würden wir zu wissen nicht *begehren.*«[35]

Anmerkungen

1 G. W. F. HEGEL, Vorlesungen über die Philosophie der Geschichte, Werke 12, S. 275 (Theorie Werkausgabe, 1970).
2 Schillers Gespräche, hg. von BIEDERMANN, Nr. 398 (berichtet von Karoline v. Wolzogen).
3 H. SCHLIEMANN, Selbstbiographie (1891, 2. Auflage 1936). C. W. CERAM, Götter, Gräber und Gelehrte (1949).
4 Athenaios, Deipnosophisten 8, 347 e.
5 Plutarch, Leben Alexanders, Kap. 8.
6 Cicero, Briefe an Atticus 2, 5, 1 u. 7, 1, 4.
7 Polybios, Geschichte 12, 25–28.
8 Ilias 6, 390 ff, Plutarch, Brutus 23.
9 Aus einem Brief des Bischofs Synesios von Kyrene um 400 n. Chr., deutsch wiedergegeben von JOS. VOGT in der Zeitschrift Museum Helveticum 28 (1971), S. 105.
10 Eine Gesamtdarstellung der Nachwirkung Homers gibt es nicht – sie müßte die Literatur und abbildende Kunst des gesamten europäischen Kulturkreises aufarbeiten! Viele Literaturhinweise für Teilgebiete dieser Thematik und gute methodische Einführung in dem verdienstvollen Buch von G. GLOCKMANN, Homer in der frühchristlichen Literatur bis Justinus, 1968 (s. bes. S. 17–30). Bilder: M. R. SCHERER, The legends of Troy in Art and Literature, New York u. London 1964.
11 Verf., Der soziologische Aspekt der homerischen Epen, Zeitschr. Gymnasium 60 (1953) S. 97–114; wiederabgedruckt in: K. V. SEE, Europäische Heldendichtung (Wege der Forschung, Bd. 500), 1978, S. 77 ff.
12 Zur Entstehung dieser Vorstellung siehe G. BÜCHMANN, Geflügelte Worte unter dem Stichwort ›Dichter.‹
13 Einige Belege in meinem Aufsatz: Der Einzelne und die Gemeinschaft im Denken der Griechen, Hist. Zeitschr. 177 (1954), S. 230 f = F. GSCHNITZER, Zur griechischen Staatskunde (Wege d. Forsch. 96, 1969), S. 101 f.
14 Der älteste Beleg für seine Anwendung auf das gesamte griechische Festland findet sich bei Hesiod um 700 (Werke und Tage, Vers 653). Wenn die Dichter von Ilias und Odyssee (2. Hälfte des 8. Jh.s) ihn noch auf eine Landschaft in Nordgriechenland beschränken, so wohl nur deshalb, weil sie ›archaisieren‹, nämlich eine längst vergangene Zeit vorzutäuschen sich vom Inhalt ihres Erzählungsstoffes her bemüßigt fühlen, während Hesiod zur Wirklichkeit der eigenen Zeit spricht. Dem ersten Historiker Herodot (5. Jahrh.) ist bereits die Erstreckung des Hellasbegriffes auf beispielsweise die ägäischen Inseln, Sizilien und Kyrene (Nordafrika) selbstverständlich (Her. 2,182 3,131. 7,157).
15 Herodot 8, 144.
16 Das Verteidigungsbündnis der Hellenen zur Abwehr der Perser, im Herbst 481 v. Chr. geschlossen (Herodot 7,132 und 145), umfaßte 31 griechische Städte, deren Namen auf einer Weihgabe der Eidgenossen an den Gott Apollon im Tempel von Delphoi, der sogenannten ›Schlangensäule‹, verzeichnet waren. Dieses Denkmal der griechischen Freiheitsliebe, welches Herodot noch in Delphoi sah, wurde von Konstantin dem Großen nach Konstantinopel verbracht (vgl. u. S. 72), wo es noch immer im Hippodrom steht, jetzt nahezu 2500 Jahre alt. Text mit Erläuterung bei R. MEIGGS – D. LEWIS, A selection of Greek historical Inscriptions (1969), S. 57 ff, H. BENGTSON, Die Staatsverträge des Altertums 2 (1962), S. 29 ff. Die Zahl der am Bündnis beteiligten Städte wird in den Quellen mit kleinen Schwankungen angegeben, hat aber 35 keinesfalls überstiegen. Dieses wäre also ein Zwanzigstel der von E. RUSCHENBUSCH (Untersuchungen zu Staat und Politik in Griechenland, 1978, S. 3 ff) neu errechneten ungefähren Gesamtzahl der griechischen Poleis im Altertum.

17 E. MEYER, Einführung in die antike Staatskunde (1968). F. GSCHNITZER, Zur griechischen Staatskunde (Wege der Forschung Bd. 96, 1969). – Die lebendigste Anschauung vermittelt noch immer J. BURCKHARDT im 1. Band der ›Griechischen Kulturgeschichte‹.

18 F. SCHILLERS Übersetzung der von Herodot (7, 228) überlieferten Grabinschrift für die im Jahre 480 in den Thermopylen gefallenen Spartaner (im Gedicht ›Der Spaziergang‹, Vers 97/98). Diese Texte und gedanklich verwandte Dichterzitate bei G. BÜCHMANN, Geflügelte Worte (31. Aufl. 1964, S. 470). Reicheres Vergleichsmaterial zum Gedanken ›Süß ist's und ehrenvoll, fürs Vaterland zu sterben‹ bei H. HOMMEL, Dulce et decorum . . ., Rhein. Museum f. Philologie 111 (1968), 219ff.

19 Weltgeschichtliche Betrachtungen, Einleitung.

20 Belegstellen und weitere Beispiele: Verf., Die Entdeckung der politischen Geschichte durch Thukydides (Zeitschr. Saeculum 5, 1954, S. 415ff = H. HERTER, Thukydides: Wege der Forschung 98, 1968, 450ff).

21 Verfasserin des folgenden Abschnittes (bis S. 50 Zeile 37) ist R. ZOEPFFEL.

22 Besonders in Der Staat, Buch 8 und 9, die fünf Verfassungsformen, die den fünf Arten von Menschen entsprechen.

23 Politik 4,1 (Übers. von W. SIEGFRIED: Aristoteles, Aufzeichnungen zur Staatstheorie, Köln 1967).

24 Politik 4, 3f und 6, 1.

25 6, 2.

26 4, 6 und 6, 4.

27 4, 4f und 6, 4f

28 4, 12.

29 Die verhältnismäßig wertvollsten Angaben über diese Beziehung macht Plutarch im Leben Alexanders, Kap. 7–8. Eine vollständige Sammlung und kritische Erörterung der meist unzuverlässigen antiken Zeugnisse finden Fachinteressenten bei I. Düring, Aristotle in the ancient biographical tradition (1957), S. 284 ff.

30 Vorlesungen über die Philosophie der Geschichte, S. 333f.

31 Verf., Homer und die Geschichtsschreibung (1972), S. 41f.

32 K. ROSEN, Die Gründung der makedonischen Herrschaft, Chiron 8, 1978, 1 ff.

33 An die Forschungsliteratur zu den mannigfachen Problemen der Alexander-Geschichte führt der umfängliche Bericht von J. SEIBERT, Alexander der Große (Erträge der Forschung Band 10, 1972) heran.

34 Was hier insbesondere Alexanders sogenannte Verschmelzungspolitik angeht, so kann die hauptsächlich auf Plutarchs kleine Sonderschrift ›Über das Glück oder Verdienst Alexanders des Großen‹ gegründete Idealvorstellung von Alexander als einem kosmopolitischen Menschheitsbeglücker gegen das harte Faktenmaterial der Hauptquellen in gar keiner Weise ins Gewicht fallen. Ideengeschichtlich ist freilich dieser kleine, übrigens stark rhetorische, Traktat Plutarchs, der im Corpus seiner philosophischen Schriften aufzusuchen wäre, reizvoll und kennenswert. (Vgl. Seibert a.a.O. 37f).

35 Griechische Kulturgeschichte Bd. 1, gegen Ende des ersten Abschnitts.

15. Hermann Strasburger

Die römische Antike

Die Schulbücher erzählen uns die griechische und die römische Geschichte nacheinander, als ob sie aneinander anschlössen. Das läßt sich nur damit rechtfertigen, daß man Gleichzeitiges nicht gleichzeitig erzählen kann und daß die griechische Geschichte, genauer gesagt: die Zeit des politischen Eigenlebens der hellenischen Staatenwelt, ungleich schneller zu Ende ging, indem die griechische Geschichte nach nur rund 600 Jahren ihres von der Fachwissenschaft sozusagen offiziell anerkannten Bestehens bereits vom aufgesperrten Rachen der römischen Geschichte eingeschluckt wurde wie Jonas vom Wal.
Etwas zugespitzt könnte ich jetzt sogar behaupten, daß die griechische und die römische Geschichte so genau gleichzeitig begannen wie die Lebenszeiten von Völkern, die ja nie ein auf Jahr und Tag bestimmbares Geburtsdatum haben, überhaupt beginnen können. Und man könnte sagen, daß sich das Phänomen *Antike* zu weltgeschichtlich gleich wichtigen Hälften aus der griechischen und aus der römischen Geschichte, ihren Hervorbringungen und Hinterlassenschaften zusammensetzt. Dennoch gibt es – nach Art ihrer politischen Struktur und Dynamik – kaum schlechter miteinander vergleichbare Größen als die griechische und die römische Geschichte. Allein schon das Unding, in der griechischen Waagschale mehrere hundert Staaten, in der römischen einen einzigen zu haben! Noch vieles andere ist zu verschieden. So auch gerade die Anfänge.
Das gewiß triftig begründbare Machtwort der Wissenschaft, daß die eigentliche griechische Geschichte erst im 9. oder 8. Jahrhundert v. Chr. begonnen habe, bleibt bedenklich, wenn man sich vor Augen führt, daß das Endprodukt der hiermit sozusagen als ›uneigentlich‹ gewerteten Vorstadien im griechischen Raum keine geringere Kulturhöhe als die sich in den homerischen Dichtungen offenbarende war.
Hingegen hat die römische Geschichte, deren für die Weltgeschichte allein erheblicher Grundzug es ist, daß gerade dieser einzelne Stadtstaat sich zum antiken Weltreich weitete, logisch wirklich genau mit dem Bau der ersten römischen Hütte im Gelände der späteren Stadt Rom begonnen.

Das war nach römischer etwas kecker Zeitschätzung, gegen die die Ausgrabungsergebnisse aber keine grundsätzlichen Bedenken erbracht haben, im Jahre 753 vor Christi Geburt. So dürfen wir uns der reizvollen Vorstellung hingeben, daß ungefähr zur gleichen Zeit, eben um die Mitte des 8. Jahrhunderts, als aus den brauenden Morgennebeln griechischer Volkwerdung die Sonne der Iliasdichtung aufging, auf den Sieben Hügeln über der Sumpflandschaft der Tibermündung die ersten dürftigen Siedlungen entstanden, die sich allmählich zum Kern der späteren Stadt Rom zusammenschlossen.

Weltbekannt ist noch heute die geheimnisvoll glitzernde Sage, die sich an Roms Gründung knüpft; ich meine die Erzählung von den in der Wildnis ausgesetzten Zwillingen Romulus und Remus, die von einer Wölfin gesäugt, dann von einem Hirtenehepaar aufgezogen wurden, als junge Männer die Stadt zu bauen unternahmen, deren Geschichte so mit tödlichem Bruderzwist begonnen haben soll.

Das ist in der Tat wohl eine der ältesten Erzählungen Italiens, die auf die Nachwelt gekommen sind und die doch wohl erst lange nach den Anfängen Roms erfunden wurde, als die Römer sich bereits mehr als 400 Jahre von der Gründung ihrer Stadt entfernt hatten und ihre Herrschaft sich schon über den größeren Teil von Italien erstreckte, während Griechenland bereits in den Fängen der Nachfolger Alexanders des Großen zappelte und schon dem Ende seiner Freiheit entgegenging.

Und noch später: erst gegen 200 v. Chr., nach dem Ende des Zweiten Punischen Krieges, als die römische Nation bereits im Begriffe stand, die Rolle einer antiken Weltmacht zu übernehmen, traten die ältesten römischen Historiker, Fabius Pictor und Cincius Alimentus, auf den Plan, um erstmals die bisherige Geschichte ihres Volkes seit Gründung der Stadt Rom schriftlich festzuhalten. Daß es dafür eine andere oder gar bessere Grundlage jemals gegeben hätte als eine angeblich sehr alte tabellenartig knappe Priesterchronik, haben Römer selbst nie behauptet, vielmehr immer gleich hinzugefügt, daß an sich alle Aufzeichnungen älterer Zeit, falls solche jemals existiert hätten, bei der Zerstörung Roms durch die Gallier im Jahre 387 v. Chr. verlorengegangen seien.[1] Bei dieser Sachlage dürfte – nach allen für die Bewahrung geschichtlicher Überlieferung geltenden Wahrscheinlichkeitsregeln – alles, was die Römer von den ersten 400–500 Jahren ihrer Geschichte noch halbwegs verläßlich ermitteln konnten, sich auf die allerdürftigsten Grundzüge der allgemeinen Entwicklung beschränkt haben. Wenn also selbst ein so verhältnismäßig knapp zusammenfassender Nacherzähler, wie der zur Zeit des Kaisers Augustus

lebende Klassiker der Römischen Geschichte, Titus Livius, aus diesen dunklen Jahrhunderten noch sechshundert Seiten lang zu berichten wußte, kann man diese staatlich anerkannte Geschichte der Frühzeit Roms, das heißt alle Erzählungen von den sieben Königen und von so manchen noch heute in Italien hochgehaltenen Ruhmestaten in den ersten zwei Jahrhunderten der Republik nur für weitgehend frei erfunden halten.
Unfreundlich könnte man das eine der größten Geschichtsfälschungen aller Zeiten nennen, stünde nicht zu vermuten, daß die für dieses überaus kunst- und phantasievolle Lügengewebe gemeinsam verantwortlichen römischen Geschichtsschreiber, eine Anzahl vornehmer Männer vor allem des 2. Jahrhunderts v. Chr., in gutem patriotischem Glauben handelten. Denn als eine unvermutet schnell zu Weltrang aufgestiegene Stadt mußte Rom endlich auch vorzeigen können, was zahlreiche kleine griechische Städte als Ausweis ihrer Würde schon lange besaßen: eine ehren- und ruhmvolle Vergangenheit. Darum hatten sich diese granitharten Bauernkrieger ein halbes Jahrtausend lang nicht gesorgt. Nun mußten sie endlich den Vorwurf der von ihnen bedrängten Völker – der übrigens im gesamten Altertum dennoch nie ganz verstummte –, daß sie, die Römer, ein barbarisches Räubervolk seien, vor der Weltöffentlichkeit der älteren Kulturnationen entkräften. So lüfteten die weltweit angestaunten Sieger über die alte Großmacht Karthago scheinbar die Geheimnisse ihrer – in Wirklichkeit ja auch ihnen selbst verlorengegangenen – Vorgeschichte, indem sie diese durch eine großräumige und großartige Erfindung ersetzten: eben die allbekannte Pseudo-Geschichte Altroms. In dieser Fiktion war mit großer logischer und immer politisch inspirierter Einbildungskraft, ausgehend vom Stande der römischen Staatseinrichtungen, gesellschaftlichen Verhältnisse und außenpolitischen Errungenschaften, wie die ersten römischen Historiker sie in ihrer eigenen Zeit vorfanden, eine angebliche Entstehungsgeschichte dieser Verhältnisse kunstvoll auf die Regierungszeiten der legendären Könige und die anschließende jährliche Chronik der Republik verteilt.
Wer an dieser Stelle glaubt, die alten Römer als Schwindler zu entlarven, irrt; er ertappt sie dabei nur als Baumeister der Größe ihres Volkes. Denn zu deren Werkstatt-Geheimnissen gehört auch das rein psychologische Moment einer einzigartigen nationalen Selbstgerechtigkeit und des aus ihr folgenden, durch nichts zu beirrenden Glaubens an die Berufung der Römer zu politischer Führung beziehungsweise Herrschaft: erst über die Landschaft Latium, dann über Italien, dann über

die damalige Welt. So war die selbstgefällige Geschichtssage auch eine ständige sozial beschwichtigend wirkende Suggestion, weil sie das Volk zu politischer Selbstachtung und zum Mit-Interesse an den Vorteilen der Eroberung erzog, eben dadurch auch zu den unaufhörlichen Blutopfern für das Wachsen der Herrschaft motivierte.

In den allergröbsten Umrißlinien der politischen Tatsächlichkeit muß die Darstellung, die die Römer von ihrer Frühzeit gaben, ja auch irgendwie stimmen; auch wir sehen dies noch an den geschichtlichen Ergebnissen, welche schon den ersten römischen Historikern als Grundlage ihrer Rekonstruktion gedient haben müssen. Denn als Rom zu Anfang des 3. Jahrhunderts v. Chr. in das Beobachtungsfeld griechischer Historiker trat, und erst recht an seinem Ende, als die Römer ihre Geschichte selbst zu schreiben begannen, war diese Stadt wirklich bereits die Vormacht Italiens, und die Frage war beinahe gegenstandslos geworden, in welcher Reihenfolge die Römer, und ob wirklich stets nur in Selbstverteidigung oder Hilfeleistung sie ihre Nachbarn niedergekämpft hatten.

Es war dem zu jener Zeit republikanisch verfaßten Staatswesen auch noch anzusehen, daß es anfangs unter Königen gestanden haben mußte – wieweit wirklich eigenen Königen, oder ob nicht eher fremden, war eine andere, aber ebenfalls überholte Frage.

Schließlich verfügte Rom zu Anfang des dritten Jahrhunderts auch bereits über praktisch denselben Staatsapparat wie dreihundert Jahre später am Ende der Republik, nämlich die Teilung der Staatsgewalt zwischen den leitenden Beamten (von den Römern Magistrate genannt), dem Senat und der Volksversammlung; ebenso ist auch die Kompetenzverteilung innerhalb der Magistraturen, also zwischen den Consuln, Praetoren, Volkstribunen, Censoren usw., wohl schon in alter Zeit sehr ähnlich der späteren gewesen. Die von der römischen Geschichtsschreibung nachträglich vorgenommene Zuschreibung aller dieser Einrichtungen an verschiedene möglichst frühe Entstehungszeiten, teilweise angeblich unter den Königen schon, braucht in weltgeschichtlicher Perspektive unser historisches Gewissen auch nicht mehr zu beunruhigen. Und daß schließlich das Gesamtwerk der republikanischen Staatsordnung offensichtlich ein zäh ausgekämpfter Kompromiß ist: zwischen einer großgrundbesitzenden Aristokratie und der Masse der Kleinbauern und Gewerbetreibenden, den Fußsoldaten der dauernden Kriege, römisch ausgedrückt: zwischen Patriziern und Nobiles einerseits und den Plebeiern andererseits, das läßt in der Tat auf langdauernde Ständekämpfe

schließen, wenn auch schwerlich so edelmütig ausgetragene, wie die römische Geschichtssage sie ausmalte.
Könnte man dann also sagen, es sei ja gar nicht so schlimm, daß die Einzeltatsachen ihrer älteren Geschichte von den Römern frei erfunden waren, wenn sie damit doch auf der großen Linie die Entwicklung ungefähr richtig charakterisiert hatten?
Ja und auch nein! Nein schon deshalb, weil es einem wirklichen historischen Verständnis des einzigartigen Aufstiegs gerade dieser Stadt sehr abträglich ist, daß wir unter so dicker Übermalung mit angeblichen ›Römertugenden‹ den echten altrömischen Menschen kaum noch erkennen können; er wäre vielleicht sehr viel weniger vorbildlich, dafür um so einleuchtender.
Gewiß! Aber war nicht vielleicht mit dem Phantasiegemälde der römischen Vortrefflichkeit sozusagen der Weltgeschichte besser gedient als mit der nüchternen Wahrheit? Spätestens, seitdem Rom die Vormachtstellung nicht mehr entrissen werden konnte, hat dieses Wunschbild doch eine ständig wachsende magische Wirkung auf die Mit- und Nachwelt ausgeübt. Man müßte also sagen, daß diese angebliche Geschichte, die zur Rechtfertigung der römischen Eroberung ersonnen war, vor der realen Geschichte recht behalten und reale Geschichte inspiriert hat, vom Altertum bis zur Gegenwart.
Schon deshalb müssen wir die Pseudo-Geschichte der Frühzeit Roms sehr ernst nehmen. Sie ist auf jeden Fall ein geistesgeschichtliches Zeugnis von hohem Wert: die Umsetzung der Idee, die die Römer des vierten und dritten Jahrhunderts v. Chr. von sich selber hatten, in geschichtliche Bildersprache. Zu reinem, idealem Ausdruck verklärt wird sie dann zur Zeit des Augustus im Nationalepos der Römer, der ›Aeneis‹ des Dichters Vergil. Einstige Lüge oder Selbsttäuschung wird durch diesen gläubigen Propheten der Unsterblichkeit Roms zur höheren Wahrheit geläutert, mindestens zur ständigen realen Forderung der Römer an sich selbst.

»Sei du, Römer, gedenk des Reichs und übe die Herrschaft:
Das sind Künste, die dir anstehn. Bring Friede den Völkern,
Sei den Besiegten gelind, sei siegreich über den Stolzen!«[2]

Wir dürfen dabei nicht unbeachtet lassen, daß diese hohen Töne siebenhundert Jahre nach der Gründung der Stadt erklingen, als es für die Siegernation nicht mehr schwer war, alle Vergangenheit unwidersprochen zum Ruhme Roms auszulegen. In Wahrheit hat ja wohl noch kein Volk dieser Erde, so auch gewiß gerade das römische nicht, durch vorbildliches Verhalten nach den Prinzipien der Sittlichkeit die anderen

Völker bewogen, ihm freiwillig untertan zu werden. Wenn nicht nur Laien, sondern auch Gelehrte unserer Zeit so etwas für möglich halten und in ihre Darstellung der Römischen Geschichte einbringen, so insbesondere, daß die Römer in der älteren Zeit wirklich nur, wie sie es selber nannten, ›gerechte Kriege‹ geführt hätten, das heißt stets nur Verteidigungskriege, zum Schutz ihrer selbst oder ihrer Bundesgenossen, so wird damit zwar ein Kernstück der römischen Ideologie und Propaganda beschrieben, nicht aber die geschichtliche Wirklichkeit. In dieser Frage kann Montesquieu nicht anders als recht behalten, der in seinen berühmten ›Betrachtungen über die Ursachen von Größe und Niedergang der Römer‹[3] bereits im Jahre 1734 sehr genau auseinandergesetzt hat, wie die Römer durch die allen Völkern überlegene Konsequenz ihrer politischen Skrupellosigkeit und ihrer militärischen Härte die Herrschaft gewannen. Wir sind nicht berechtigt, das – wie Montesquieu es richtig benennt – ›unvorstellbare Leid‹ gering zu achten, welches die Römer anderen Völkern zufügten – haben sich doch auch schon Römer selbst ein Gewissen daraus gemacht: »Wo sie ein Land in eine Wüste verwandeln, nennen sie das Frieden,« heißt es bei Tacitus.[4]

Wer im geschichtsphilosophischen Sinne Hegels[5] glaubt, daß das römische Reich ein besonders wichtiges Stück im Plan des ›Weltgeistes‹ war, sollte doch nicht minder die Klage Herders[6] über die Ausrottung so vieler Völkerindividualitäten durch Rom sich zu Herzen nehmen. Lassen wir lieber die wolkigen Vorstellungen vom sittlich legitimierten Führungsanspruch der Römer oder gar ihrer Auserwählung durch göttliche Vorsehung außer Ansatz.

Der griechische Staatsmann und Historiker Polybios ist, soweit wir wissen, der erste Nichtrömer, der das Phänomen der römischen Überlegenheit zu analysieren versuchte; die berühmt gewordene Betrachtung im sechsten Buch seines die ganze Mittelmeerwelt umfassenden Geschichtswerkes[7] dürfte ungefähr der Zeit um 150 v. Chr. angehören. Polybios hat in seine Argumentation zwar auch die fraglichen Erzählungen aus Roms heroischer Frühzeit, wie er sie bei Fabius Pictor vorfand, gläubig als wichtige Beweisstücke für die Vorbildlichkeit der Römer mit aufgenommen. Aber er hat seiner Erklärung für den einzigartigen Aufstieg der römischen Macht noch zwei triftigere Gründe hinzugefügt. Der eine ist die vorzügliche Heeresorganisation und Kampftaktik der Römer und die Strenge ihrer Disziplin. Der andere Hauptgrund ist für Polybios die Besonderheit der römischen Staatsverfassung. In ihrer scheinbar gleichgewichtigen Verteilung der innenpolitischen Macht auf die Consuln, den Senat und die Volksversammlung sah er die drei Grundtypen der nach griechischer Staatstheorie denkbaren Verfassungen: nämlich die monarchische, die aristokratische und die demokratische Staatsform, sehr glücklich gemischt. Denn das Mit- und Gegeneinanderwirken dieser drei Elemente, meinte er, könne immer nur ausgleichende und stabilisierende Effekte haben. Dadurch werde der Wechsel der Verfassungsformen im ständigen Kreislauf, wie ihn die griechische Staatslehre für zwangsläufig hielt, überflüssig.

Das ist zweifellos eine bestechende und teilweise auch richtige Erklärung für Roms Stärke. Doch leidet sie an einem Übermaß von theoretischem Schematismus und unterschätzt die inneren Gefahrenmomente der römischen Staatskonstruktion. Hundert Jahre später, in der Krise der Republik, wäre Polybios, durch den Gang der Geschichte belehrt, selbst der erste Kritiker einer solchen Theorie geworden.

Vor allem aber bleiben in dieser Betrachtung gerade die wichtigsten Mittel unbemerkt, mit denen in Rom Politik gemacht wurde: die privaten Interessenverbände. Deren Grundformen waren, falls nicht überhaupt original römischer, so jedenfalls italischer Herkunft und dem Griechen zu wenig vertraut, um von Polybios nach relativ kurzem Aufenthalt in Italien in ihrer politischen Tragweite erkannt werden zu können. Wir müssen diese inoffiziellen Bindungssysteme hier mit ins Bild nehmen, weil sie es in Wahrheit sind, die nicht nur die römische Innenpolitik bestimmen, sondern weitgehend auch die Verwirklichung der Reichsbeherrschung.[8]

Der wichtigste und politisch folgenreichste Typ dieser römischen ›Nah- und Treueverhältnisse‹ ist das Patronat (oder Patrocinium). Dieser Begriff erscheint in zweierlei Bedeutung: entweder im Sinne einer ›väterlichen‹ Schutzherrschaft über einen sogenannten Klienten oder über einen Freigelassenen, der vormals eben dieses Herrn Sklave war.

Die Klientel, deren Entstehung und ursprüngliche Bedeutung im Dunkel der Frühzeit liegt, ist in geschichtlich heller Zeit der freiwillige Anschluß eines wirtschaftlich, sozial oder politisch Schwächeren an einen Höhergestellten und Mächtigeren, wohingegen die entsprechende Bindung des Freigelassenen an seinen vormaligen Herrn gesetzlich vorgeschrieben ist. Doch haben beide Verhältnisse es untereinander und mit den ähnlich aufgefaßten Freundschafts- und Gastfreundschaftsverhältnissen gemeinsam, daß sie beide Partner zu jeder ihnen moralisch und materiell möglichen Hilfeleistung verpflichten. Auch schließen diese Treueverhältnisse die beiderseitigen Familien mit ein und sollen in diesen auf unbegrenzte Zeit weitervererbt

werden. Oft wurden solche Verbindungen schriftlich beurkundet, wovon wir noch zahlreiche Textproben haben.
Das politisch Bezeichnende an diesen von altem Brauch geheiligten, nicht selten freilich Maffia-artigen Zusammenschlüssen ist der hohe Respekt, den sie von seiten der Gesamtgesellschaft, ja sogar seitens der Rechtsprechung genießen; die sittlichen Forderungen des römischen Staates haben es nicht leicht, im Bewußtsein seiner Bürger den Vorrang vor deren privaten Verpflichtungen zu behaupten.
Um so folgenreicher für das politische Leben ist nicht nur die beliebige Vervielfachbarkeit solcher Zusammenschlüsse, sondern auch die Übertragbarkeit des Prinzips in jedes Größenverhältnis: das gesamte römische Einflußgebiet wurde mit einem immer dichter werdenden Netz derartiger privater Verbindungen überzogen. War es in alter Zeit am ehesten der arme Kleinbauer oder Tagelöhner, der sich in die Klientel des benachbarten Großgrundbesitzers begab, so treten schon in der Glanzzeit der Republik ganze Städte, ja Provinzen unter das Patronat vornehmer römischer Geschlechter, die nun ihre Interessen im römischen Senat wahrnehmen; ja, die Feldherren des römischen Staates werden mit der zunehmenden Heranziehung von Besitzlosen zum Heeresdienst als die natürlichen Patrone ihrer Soldaten, auch im Zivilleben verstanden.
Diese soziale Ideologie – die einst zu den Geheimnissen von Roms Wachstum und Stärke gezählt hatte – ist es also am Ende der Republik vor allem, was in nicht mehr einzudämmender Übersteigerung die Macht des römischen Staates an seine Feldherren übergehen ließ. Denn mit den gewaltigen Heeresklientelen von Caesar und Pompeius ist der Endkampf um die Republik ausgetragen worden, und der Endsieg Octavians, des nachmaligen Kaisers Augustus, beruht dann wiederum auf dem Machtinstrument der riesigen zivilen und militärischen Klientelen, die er als privater Erbe Caesars von diesem übernommen hatte.
Die Republik hatte die Dynamik dieser ursprünglich nicht auf den Staat, sondern auf Privatinteressen zugeschnittenen Machtbildungen lange Zeit noch überwiegend vorteilhaft als unsichtbare Stützapparatur der Reichsbeherrschung nutzen können. Dann aber haben sie nicht nur dem Freistaat die unausweichliche Form seiner Selbstzerstörung vorgezeichnet, sondern modellhaft auch gleich eine der nachmals größten Gefahren für die Einheit des Kaiserreiches gezeigt: den Kampf der Heerführer um das Reichsregiment.
Wir können hier die Ursachen des Niederganges der römischen Macht nicht auf so einfache Formeln zu bringen versuchen wie

die ihres Aufstiegs. Der Zerfall des römischen Weltreiches vollzieht sich in einer Komplikation der ihn bewirkenden Faktoren, die großenteils erst von der Reichsbildung selbst und den durch sie erstmals in der Menschheitsgeschichte geschaffenen staatlichen Größenverhältnissen herrührt. Durch die römische Herrschaft, auch nachdem sie bereits wieder zerfallen ist, steht die durch die Römer verwandelte Welt des Westens: das ›Abendland‹, trotz schwerster Rückschläge im Chaos der Völkerwanderungszeit, auf einer durch nichts verlierbaren höheren Ausgangsstufe für das Werden Europas.

Sollen wir uns darüber eigentlich freuen? Den Römern noch nachträglich dafür dankbar sein, daß sie unsere Welt ein für alle Male ihrem vorzivilisatorischen Unschuldszustand entrissen haben? Wer Fragen dieser Art überhaupt zuläßt, könnte sie im 21. Jahrhundert womöglich anders als im 19. Jahrhundert beantworten.

Und wenn die Frage lautet: was hat das Ganze eigentlich gekostet, was hat die Menschheit dafür bezahlt? Wie unschuldig nimmt sich doch, weltgeschichtlich betrachtet, neben der römischen Eroberung das politische Leben der antiken Griechen aus! Im sichtbaren Zeitraum ihrer sozusagen offiziellen Geschichte, jedenfalls, haben die Griechen doch ihren Siedlungsraum nur geringfügig auf Kosten andersstämmiger Völker vermehrt, ihre Kriege überwiegend gegeneinander geführt. Und dafür welche geistige Hinterlassenschaft! Zu Lasten der Römer hingegen sind schmerzlichste Verluste an Eigenart und Mannigfaltigkeit von Völkerkulturen zu verzeichnen, unermeßliche Blutopfer, die keineswegs nur der Aufbau des römischen Reiches, sondern vielleicht noch mehr sein bis an die Schwelle der Neuzeit hin reichender Zerfall gekostet hat. Hat das das römische Reich für die Menschheit gelohnt?!

Solche Fragen sind in der Historikerzunft eigentlich verpönt – jeder von uns spielt nur heimlich mit ihnen. Schließlich ist Vergangenheit ja nicht mehr abwendbar. Doch wir Europäer können überhaupt nicht fragen, ob wir besser ohne das antike Rom daran wären. Ebenso gut könnte sich jemand fragen, ob er nicht besser von anderen Eltern geboren wäre – der Fragende höbe durch die Frage sich selbst auf.

Sinnvoll aber – da es uns um unser Selbstverständnis aus der Geschichte geht – bleibt immer die Überlegung – mag sie sich in unserem heutigen Rahmen auch nur in gröbsten Zügen anstellen lassen –, was oder wieviel etwa an der europäischen Geschichte gerade römisches Erbe ist.

Die politische Geschichte der antiken Griechen ging in der des römischen Reiches auf und blieb damit – in weltgeschichtlicher

Perspektive vergröbert gesagt – ohne eigene Konsequenzen. Rein politisch fühlten und benannten sich die Bewohner der überwiegend griechisch sprechenden östlichen Hälfte des römischen Reiches als Römer, und ihre Herrscher betrachteten sich, zumal nach dem Ende des westlichen Kaisertums im Jahre 476 n. Chr., als legitime Erben des Gesamtreiches[9], bis 1453 die Türken dem oströmischen Kaisertum in Konstantinopel ein Ende machten.

Für den lateinischen Westen ist ebenfalls klar, daß der Grundriß der europäischen Staatenwelt und die Grundlagen ihrer Zivilisation auf den Provinzen des römischen Reiches beruhen.

Daß Skandinavien und die meisten Teile von Nordosteuropa den Römern – wie auch schon den Griechen – unbekannt blieben und somit erst sekundär, nämlich durch die römische Veränderung Mittel- und Westeuropas, unter diesen Einfluß gerieten, ändert das geschichtliche Gewicht dieses allgemeinen Sachverhaltes nicht.

So verdankt auch das nachrömische westliche Europa den Römern die Reichsidee, wenn diese auch nach der Abdankung des letzten weströmischen Kaisers, Romulus Augustulus, im Jahre 476 n. Chr. sozusagen für dreihundert Jahre ruhte.

Das Kaisertum, welches Karl der Große am Weihnachtstage des Jahres 800 in Rom aus der Hand des Papstes empfängt, steht in Konkurrenz zum oströmischen und ist formal das unterbrochene weströmische. Das gleiche gilt für die von Otto dem Ersten im Jahre 962 zum deutschen Königtum hinzuerworbene Kaiserwürde. Auch er ließ sich vom Papst zum Imperator und Augustus ernennen, das heißt zum Römischen Kaiser. Damit knüpfen beide – Karl und Otto – genau an die spätantike Kaisertitulatur in beiden Reichsteilen an, die sich ihrerseits in ununterbrochener Folge vom ersten römischen Kaiser, Augustus, herleitete.[10]

Otto der Große wird aber durch den gleichen Akt zum Begründer des deutschen Kaisertums, welches in seiner späteren offiziellen Bezeichnung als ›Heiliges Römisches Reich Deutscher Nation‹ seine ideelle Herkunft aus dem antik-römischen Kaisertum bis zum Jahre 1806 festhielt.

So konnte man beispielsweise auf Urkunden der staufischen Kaiser in der Stuttgarter Ausstellung 1977 vielfach lesen: Fredericus Dei Gratia Romanorum Imperator Augustus oder so ähnlich (»Friedrich von Gottes Gnaden Kaiser und ›Augustus‹ der Römer«).

Noch in der Titulatur des letzten deutschen Kaisers, Wilhelms II., der 1918 abdankte, hatten sich davon in lateinisch abgefaß-

ten Urkunden die Bestandteile ›Imperator‹ und ›Augustissimus‹ erhalten.
Über die kraß wechselnden geschichtlichen Realitäten zu sprechen, durch welche diese formale Weitergabe der Reichsherrschaft (Translatio Imperii) hindurchläuft, ist nicht meines Amtes. Ich möchte mit der Berührung dieses Themas nur einen besonders sinnfälligen der vielen Fäden hervorheben, die uns noch unmittelbar mit der Antike verbinden. Denn dieser Zusammenhang besteht keineswegs nur in einer halb spielerischen Weitergabe von Namen und Titeln, so wie ein altehrwürdiges Schmuckstück bewundert durch die Generationen geht; der Zusammenhang ist geschichtlich echt und tief begründet. Wir sehen dies klarer, wenn wir jetzt noch einmal in sein Quellgebiet, nämlich in das Zeitalter der Begründung der römischen Monarchie, der gescheiterten Monarchie Caesars und der geglückten des Augustus, zurückgehen.
Was Caesar nach seinem Waffensieg über die gesamte römische Welt so schnell zu Fall brachte, war sein offen bekundetes Unverständnis für die Lebenskraft der freiheitlichen Staatsidee gewesen. Durch Caesars Katastrophe belehrt, hat Augustus seinen eigenen ›Principat‹, das heißt die Vorrangstellung des ersten Mannes, so geschickt mit Bauelementen der alten republikanischen Verfassung umkleidet, daß die Gewöhnung der Römer an die Monarchie sich noch zu seinen Lebzeiten vollziehen konnte.[11]
Wichtiger noch als dieser innenpolitische Erfolg, den Augustus vielleicht doch nicht ohne die vollständige Erschöpfung aller Widerstandskräfte in zwei Bürgerkriegsjahrzehnten errungen haben würde[12], war das durch ihn, Augustus, gesetzte Vorbild der Fürsorge für die Reichsuntertanen im Geiste eines Verantwortungsbewußtseins, wie es sich während der Republik nur vereinzelt gezeigt hatte.
Nehmen wir das bedeutendste Beispiel einer romanisierten Provinz: Gallien, das heutige Frankreich. Caesar hat es um die Franzosen schlecht verdient, wenn sie – wie entsprechend auch die Engländer – ihn achtungsvoll als den Verursacher ihrer Zivilisation anerkennen.[13] In Wahrheit hat er Gallien in einem mörderischen Raubkrieg als Basis seiner persönlichen Macht gegenüber Rom erobert und beispiellos ausgebeutet. Vom Segen der römischen Zivilisation für Völker einer niedrigeren Kulturstufe hielt er nach eigener Aussage, gleich auf der ersten Seite seiner Schrift ›Über den Gallischen Krieg‹, gar nichts. So kann für Caesar nur gelten, was Jacob Burckhardt zur Entstehung des römischen Weltreiches im Ganzen anmerkt:

»Allein daraus, daß aus Bösem Gutes, aus Unglück relatives Glück geworden ist, folgt noch gar nicht, daß Böses und Unglück nicht anfänglich waren, was sie waren. Jede gelungene Gewalttat war böse und ein Unglück und allermindestens ein gefährliches Beispiel. Wenn sie aber Macht begründete, so kam in der Folge die Menschheit heran mit ihrem unermüdlichen Streben, bloße Macht in Ordnung und Gesetzlichkeit umzuwandeln; sie brachte ihre heilen Kräfte herbei und nahm den Gewaltzustand in die Kur.«[14]

Erst Augustus hat in langer und intensiver persönlicher Zuwendung Gallien die römische Verwaltung gegeben, unter der sich die Aneignung der Reichskultur durch die Völkerschaften Galliens im Laufe der nächsten Jahrhunderte, allen geschichtlichen Wechselfällen zum Trotz, mehr oder weniger selbsttätig vollzog.[15]

Was immer im einzelnen und in anderen Bereichen der Römerherrschaft an Gutem geschah – das planmäßige Ernstmachen mit ihrem patrocinium orbis terrae[16]: der Schutzverpflichtung der Römer für die ihrem Reich einverleibten Völker kommt von Augustus her. Mit vollem Recht hat dieser sein Beiname: Augustus = ›der Erhabene‹[17], der Kaisertitulatur immer die höchste Weihe verliehen; er symbolisiert die Herrscheridee im Sinne eines von der griechischen Staatslehre erarbeiteten Königsideals, hinter dessen hohen sittlichen Anspruch kein künftiger Kaiser im Grundsatz mehr zurückschreiten durfte und wollte.

Inbegriff dessen ist der von Augustus und seinen Hofdichtern immer wieder in Wort und Bild so feierlich verkündete Reichsfriede, die Pax Romana[18] –: in einer Geschichtsepoche, die als vökerrechtlichen Naturzustand zwischen den Menschen die Feindschaft ansah, ein großer neuer Gedanke!

Mit erlesener poetischer Schönheit und einer berückenden Bilderfülle ist die Vision einer Heimkehr des römischen Volkes aus den Schrecknissen der Bürgerkriege in die Welt segensreicher Friedensarbeit, ja in ein von Augustus neu herbeigeführtes Goldenes Zeitalter, von Vergil[19] in den Georgica: seinem noch in der Bürgerkriegszeit entstandenen Gedicht über den Landbau, hervorgezaubert.[20] Die Bilderfriese von der Ara Pacis[21], dem ›Friedensaltar‹, den Augustus im Jahre 13 v. Chr. in Rom stiftete, veranschaulichen die gleichen Leitgedanken und damit die vom Herrscher proklamierten Ideale auf das vollkommenste.[22] In diesen sind mit dem Gedanken der Schutzherrschaft der Römer über eine geeinte Friedenswelt die Forderung der sittlichen Erneuerung des Römertums nach dem Vorbild der Altvordern und der religiös begründete Glaube an Roms Unvergänglichkeit[23] eng verflochten.

Wohl nichts anderes hat so sehr dazu geholfen, das klangvolle politische Programm in lebenswirksames und dauerhaftes Ideengut zu verwandeln wie der glückliche Bund des Kaisers mit dem größten Dichter lateinischer Zunge. Augustus, für seine Person literarisch höchst interessiert und geschult, soll dem Vergil sogar selbst das Thema der ›Aeneis‹ gestellt haben; jedenfalls begleitete er das Entstehen dieser Dichtung mit so aufdringlichem Interesse, daß der Dichter ihn brieflich, mit dem Hinweis auf die entmutigende Schwierigkeit der Aufgabe, um mehr Geduld bitten mußte.[24] Es verdient höchste Bewunderung, daß unter solchen Bedingungen nicht nur überhaupt eine Dichtung entstehen konnte, sondern, in elfjähriger Arbeit, 29–19 v. Chr., das größte Kunstwerk der römischen Literatur überhaupt. Es handelt vom trojanischen Helden Aeneas, der dem Untergang seiner Vaterstadt entkommt, nach langen Irrfahrten (wie Odysseus) an der Westküste von Italien landet und sich und den Seinen die Landschaft Latium zur neuen Heimat erwählt, wo aus seiner Nachkommenschaft, dem Geschlechte der Iulier, nicht nur Romulus, der Gründer der Stadt Rom, sondern später auch Caesar und der Neugründer des Reiches, Augustus, hervorgehen.
Der enge Anschluß der römischen Sagenwelt an die griechische und speziell der Anschluß des römischen Dichters Vergil an das poetische Vorbild Homers liegen in der Aeneis auf Schritt und Tritt offen zutage.[25] Nachahmung Homers im großen wie im einzelnen, beinahe in jeder Szene, ja beinahe in jedem Vers, bei gleichzeitiger Präsenz der größten römischen Vorbilder: Ennius und Lucrez. Und doch nicht Nachahmung im Sinne geringerer Erfindungsgabe. Das Wunder der Aeneis besteht gerade in der Schöpferkraft, mit der griechisches Wesen schlakkenlos in römisches verwandelt wird – ein Sinnbild der sich im Friedensreich versöhnenden antiken Welt.
Das Nationalepos der Römer war hiermit geschaffen, welches nicht durch Diktat des Herrschers einer widerstrebenden Nation verordnet werden mußte, sondern von ihr begeistert in die Bildung und den Unterricht aufgenommen wurde. Der Glaube urteilsfähiger Zeitgenossen und die stille Hoffnung des Augustus, durch die Aeneis sei die Ilias übertroffen, der griechische Geist also durch den römischen, war so ganz abwegig nicht –: Bis in die Neuzeit hinein ging dieser Streit, und bei den romanischen Völkern dürfte noch heute so mancher Kenner dem Vergil den Vorzug geben. Im verbleibenden Altertum ist jedenfalls seine Wirkung in die Breite und Tiefe des Geisteslebens Homer nahegekommen.[26]
Wieviel bedeutet ein solcher literarischer Zusammenhang im

Ernst für die Geschichte? Von diesem hier kann man mit Sicherheit sagen: außerordentlich viel! Die Anknüpfung aller römischen und nachrömischen Kaiser an gerade das Augustus-Vorbild habe ich schon vorweg erwähnt. Sie wäre nicht denkbar ohne den so kunstreich im Zusammenwirken von Macht und Geist erzeugten Nimbus. Etwas Besonderes allerdings hat diesen Nimbus mächtig verstärkt, wovon der Kaiser und sein Dichter selbst nichts ahnen konnten: die Tatsache, daß unter die Regierung des Friedenskaisers Augustus die Geburt Christi fällt.[27] Das führte in frühchristlicher Lehre sowohl zu einer Verklärung der Gestalt des Augustus als eines Werkzeuges Gottes im Heilsplan[28] wie auch zur messianischen Neudeutung geheimnisvoller Textstellen bei Vergil, durch welche der Dichter nachträglich als ein Vorauskünder des Christentums erschien.

Die gewaltige Thematik, auf welche hiermit unser Blick fällt: die Auseinandersetzung des Christentums mit der heidnischen Antike, kann ich, in Ermangelung von Zeit und eigener Zuständigkeit nur noch andeutungsweise in die Betrachtung einbeziehen. Das Mischungsverhältnis zwischen Ablehnung und Annahme ist überaus kompliziert, ein geistiger Prozeß, der, genaugenommen, noch heute nicht abgeschlossen ist. Dabei können wir hier erst gar nicht versuchen, von dem zu reden, was am weitaus stärksten gewirkt haben dürfte: der unbewußten oder stillschweigenden Übernahme spezifisch antiken, das heißt griechischen oder auch römischen Gedankengutes, vor allem natürlich griechischer Philosophie, in die Grundlagen der christlichen Theologie; diese Art von Einfluß wird sich wohl zumeist nicht zu greifbaren geschichtlichen Konsequenzen verdichtet haben.

Hochbrisant und staats- wie kirchenpolitisch folgenreich waren dagegen die sichtbaren und offen umkämpften Positionen. Ein Laie wird sich im Dickicht der christlichen Literatur des späten Altertums vielleicht am ehesten aus Augustins Buch ›Über den Gottesstaat‹ ein Bild von den Haupteinwänden der Christen gegen die heidnischen Religionen und gegen die Römerherrschaft machen.[29]

Für das Weiterleben der antiken Bildungsinhalte im Abendland unter der Herrschaft des Christentums war natürlich das Verhältnis der Geistlichkeit zu ihnen ausschlaggebend. Da war es denn – neben anderen Gründen natürlich – von weittragender Bedeutung, daß das Christentum der Spätantike und des Mittelalters einzelne heidnische Autoren als eine Art von geistigen und sittlichen Vorläufern zu respektieren und mehr oder weniger offiziell im Bildungskanon zu dulden vermochte:

von den Griechen vor allem Platon und Aristoteles, von den Römern Cicero und Vergil.[30] Daß es darüber hinaus im Westen wie im Osten gerade die Klöster waren, in deren Schutz die Reste beliebiger antiker Literatur ein Jahrtausend lang bis zum Anbruch der Neuzeit überwinterten, ist bekannt.

Kuriosa auf diesem unendlich weiten Felde geistiger Berührungen, Aneignungen und Verwandlungen, ernste und heitere, gibt es in Fülle. Jeder aufmerksame Besucher von Gemäldegalerien konnte schon oft solche bemerken.

Ich führe nur ein einziges Beispiel an, welches gerade mich besonders beeindruckt; ich fand es bei einem byzantinischen Historiker, Niketas Choniates, in seinem ausführlichen Augenzeugenbericht über die Zerstörung von Konstantinopel durch die Kreuzfahrer im Jahre 1204 n.Chr.[31] Bis zu diesem Zeitpunkt hatten dort auf dem Konstantinsforum und in seiner näheren Umgebung – in friedlicher Koexistenz mit den Monumenten der Christenheit! – eine Anzahl erlesen schöner bronzener Kolossalstatuen von altgriechischen Göttern und Heroen gestanden – viele von ihnen wahrscheinlich die vollen neunhundert Jahre seit Gründung dieser christlichen Hauptstadt des Ostreiches durch Konstantin den Großen –: Hera, die homerische Himmelskönigin, Athena, Herakles, Paris, im Begriff der Liebesgöttin Aphrodite den Apfel zu reichen, und als kostbarstes dieser Wunderwerke ein Bildnis der schönen Helena, dessen Vernichtung der im Homer und in der Bibel offenkundig gleich beheimatete fromme Christ Niketas Choniates mit besonders herzbewegenden Worten beklagt.

Aber noch einmal zurück zu Vergil! Das Leitbild, welches Homer für Vergil, der Grieche für den Römer, war, das ist Vergil für Dante, der Heide für den Christen.

Mag man vielleicht sagen, an dieser Nachfolge sei nur die Wirkung Homers auf Vergil von bildungsgeschichtlicher Allgemeinbedeutung, hingegen der Einfluß Vergils auf Dante nicht mehr, weil dem Werke Dantes wiederum für lange Zeit eine Breitenwirkung, wie sie die beiden Vorgänger ausgeübt hatten, versagt blieb.[32]

Aber nicht nur ist diese Abfolge ein besonders einprägsames Beispiel aus der Unzahl der großen und kleineren Abhängigkeitsverhältnisse, in denen das christliche Abendland zur antiken Geisteskultur steht; dieses Beispiel ist auch für die ideologische Untermauerung europäischer Machtbildungen besonders lehrreich. Bei Dante kann man exemplarisch studieren – in seiner Schrift ›Über die Monarchie‹ noch deutlicher als in der ›Göttlichen Komödie‹ –, wie in der Verquickung von antikphilosophischen mit christlich-theologischen Argumenten das mittelalterliche Kaisertum, welches sich ja aus der altrömischen Weltmonarchie herleitete, ideell verankert wurde.[33] Aus diesem Vorstellungskomplex haben sich wesentliche Züge der europäischen Staatsauffassung überhaupt bis an die Schwelle unseres Zeitalters erhalten.

Es wäre zu simpel, wollte ich jetzt mit der Gegenüberstellung schließen, daß Europa den Griechen seine geistigen, den Römern seine politischen Grundlagen verdanke, denn das eine ist zu unlöslich mit dem anderen verquickt.

Ohne die Römer wäre die Geisteskultur zweifellos viel weniger griechisch bestimmt, als sie es schon im Mittelalter war und seit dem Beginn der Neuzeit vervielfacht ist. Dem Westen sind die antiken Bildungsinhalte bis weit in die Neuzeit hinein zuerst in ihrer römischen Fassung und in der lateinischen Sprache begegnet, und eben dem wird es auch verdankt, daß in den Zeiten des Humanismus und der Renaissance im Westen das Interesse bestand, sich die Reste der griechischen Literatur vor der ihnen drohenden Vernichtung rechtzeitig aus den Bibliotheken des Ostens zurückzuholen.[34]

Die Aneignung der griechischen Bildung durch die Römer war ein in seiner Art durchaus schöpferischer Anverwandlungsprozeß gewesen, für dessen Niveau Cicero oder Vergil zwar herausragende, aber bei weitem nicht die einzigen Repräsentanten sind.

Wenn ich hier nur noch anfüge – was in solcher Kürze zu sagen eigentlich eine Schande ist –, daß die Römer als Originalleistung Europa die Rechtswissenschaft vermacht haben und daß alle europäischen Typen von Bildungs- und Forschungsstätten auf dem Vorbild der im römischen Kaiserreich geeinten griechisch-römischen Bildungssphäre fußen; daß unsere klassische Mathematik noch genau die altgriechische ist und die modernste Physik wieder bei Platon und Aristoteles Rat sucht, nicht zu reden davon, daß schon die Griechen und, ihnen folgend, die Römer längst wußten, daß die Erde eine Kugel ist und sich um die Sonne dreht –, dann mag vielleicht meine abschließende Frage nicht ganz so absurd scheinen, ob die Antike überhaupt schon zu Ende ist?![35]

Wie kurz – recht besehen – ist das doch alles erst her! Aber vielleicht war das Vermächtnis der Antike an uns noch nie so gefährdet wie jetzt.

Anmerkungen

1 Livius, Römische Geschichte 6, 1.
2 Vergil, Aeneis 6,851 ff, übersetzt von R. A. Schröder.
3 Deutsche Ausgabe von L. SCHUCKERT (Sammlung Dieterich Bd. 183). Vgl. zu diesem Thema Machiavellis Betrachtungen über die erste Dekade des Titus Livius (Discorsi. Handliche Einzelausgabe von R. ZORN, Kröners Taschenausgabe Bd. 377. 1977), vor allem im 2. Buch; R. HEINZE, Von den Ursachen der Größe Roms (1921, in R. H., Vom Geist des Römertums, 3. Auflage 1960).
4 Leben des Iulius Agricola 30.
5 Vorlesungen über die Philosophie der Geschichte (Theorie Werkausgabe Bd. 12, 1970), S. 377, vgl. 54.
6 Ideen zur Philosophie der Geschichte der Menschheit (1784–1791). Darin über die Römer im 14. Buch.
7 Neue deutsche Ausgabe von H. DREXLER (1961 u. 1963).
8 Ausführlicher, mit Quellen und Literaturnachweisen, in meiner Abhandlung ›Zum antiken Gesellschaftsideal‹, Abh. Heidelb. Ak. 1976, S. 103–110.
9 Vgl. M. FUHRMANN, Die Romidee der Spätantike: Hist. Zeitschr. 207 (1968), S. 529–561, hier bes. 530.
10 Die Titulaturen der antik-römischen Kaiser sind bequem zu übersehen bei H. DESSAU, Inscriptiones Latinae Selectae 3,1 (1914), S. 257–317.
Zum Zusammenhang des deutschen Kaisertums mit dem römischen: W. GOEZ, Translatio Imperii (1958). Belege zur Kaisertitulatur Karls d. Gr. und Ottos d. Gr.: EINHARD, Leben Karls d. Gr. Kap. 28. Chronik des Regino zum Jahre 801. Reginos Fortsetzer (Continuator Reginonis) z. J. 962.
11 Eine reichhaltige Darstellung der von Augustus geschaffenen schein-republikanischen Monarchie in allen ihren staatsrechtlichen, ideologischen und sozialen Aspekten gibt der RE-Artikel Princeps v. L. WICKERT. Einen Querschnitt durch den Stand der Forschung zu diesem unendlich oft behandelten Thema zeigt der von W. SCHMITTHENNER herausgegebene Sammelband ›Augustus‹ (Wege der Forschung CXXVIII, 1969).
Augustus selbst sagt in dem kurz vor seinem Tode inschriftlich veröffentlichten Tatenbericht (Res Gestae Divi Augusti oder nach dem ersten Fundort, Ankara, Monumentum Ancyranum genannt), Kap. 34:
»In meinem sechsten und siebenten Consulat (d.h. 28 und 27 v. Chr.), nachdem ich die Bürgerkriege erstickt hatte und durch den einmütigen Wunsch meiner Mitbürger in den Besitz aller Macht gelangt war, habe ich den Staat (res publica) aus meiner Amtsgewalt in das Ermessen des römischen Senates und Volkes übertragen ... Nach dieser Zeit habe ich an Ansehen und Einfluß (auctoritas = Autorität) Allen vorangestanden, Amtsgewalt aber um nichts mehr gehabt als die Übrigen, die meine jeweiligen Amtskollegen waren.«
12 Tacitus, Annalen 1, 1–2.
13 Über Caesars Leistung für Europa aus weltgeschichtlicher Sicht z. B. L. VON RANKE, Französische Geschichte, 1. Buch, 1. Kap. am Anfang; G. M. TREVELYAN, History of England (1926, oft neugedruckt), S. 14–18.
14 Weltgeschichtliche Betrachtungen, 6. Kap.
15 Caesar und Augustus in Gallien: TH. MOMMSEN, Römische Geschichte, 8. Buch, 3. Kap. (Band V); B. NIESE, RE Artikel Galli, Spalte 628 f; M. GELZER, Caesar (6. Aufl. 1960), S. 152. Neuestens: U. MAIER, Caesars Feldzüge in Gallien, Saarbrücker Beiträge zur Altertumskunde, Band 29 (1978); s. darin bes. S. 82–93.
16 Cicero, De officiis 2, 26.
17 Zur Erklärung des Beinamens ›Augustus‹: Suetonius, Augustus 7,2.
18 Zur politisch realeren Vorstellung s. meine Erläuterung in: Funk-Kolleg Geschichte, Studienbegleitbrief 6, S. 161 f.

19 Über den Dichter Vergil und zum problemreichen Verständnis seiner Werke vorzügliche Kurzinformation: E. ZINN, Lexikon der Alten Welt, Art. Vergil. Sehr ausführlich (mit Inhaltsangaben): K. BÜCHNER, RE Art. P. Vergilius Maro. – ›Vergilische Geschichtsdeutung‹: V. BUCHHEIT, Grazer Beitr. 1 (1973), 23–50.

20 z.B. 2, 513ff.

21 H. RIEMANN, RE Art. Pacis Ara Augustae (1942). G. RODENWALDT, Kunst um Augustus (1942. Mit Abb.). G. KASCHNITZ V. WEINBERG, Zwischen Republik und Kaiserreich, Römische Kunst II (1961), S. 62ff. Mit besonders guten Abbildungen: L. BUDDE, Ara Pacis Augustae (1957) Bücherreihe Das Meisterwerk.

22 R. HEINZE, Die augusteische Kultur (1918. 3. Aufl. 1939). Ders. ›Kaiser Augustus‹ (1930. In ›Vom Geist des Römertums‹, s. oben).

23 C. KOCH, Roma Aeterna, in Religio (Studien zu Kult und Glauben der Römer, 1960) S. 142–175.

24 Brief des Vergil an Augustus (Bruchstücke bei Macrobius, Saturnalien 1, 24, 11): ›Ich erhalte wahrhaftig andauernd Briefe von Dir ... Was meinen Aeneas angeht, wenn ich, beim Hercules, schon etwas Deiner Ohren Würdiges hätte, würde ich es gerne schicken, aber dermaßen ist das Unternehmen, daß ich mir fast verrückt vorkomme, mich auf ein solches Werk eingelassen zu haben, zumal ich ja auch, wie Du weißt, noch andere Vorstudien zu diesem Werk treiben muß, die weitaus dringlicher sind.«
Die antiken Zeugnisse zu Leben und Werk des Vergil sind lateinisch und deutsch herausgegeben von K. BAYER im Band Vergil, Landleben (Tusculum-Bücherei, 1970) S. 211–422.

25 R. HEINZE, Virgils epische Technik (1902, Neudruck der 3. Aufl. von 1915: 1965). G. N. KNAUER, Die Aeneis und Homer (1964), wo Tausende von Berührungen verzeichnet und besprochen sind.

26 SCHANZ-HOSIUS, Geschichte der römischen Literatur II (1935, Neudr. 1959), 96–102; 110–113 (mit vielen Nachweisen).

27 H. NESSELHAUF, Der Ursprung des Problems ›Staat und Kirche‹ (Konstanzer Universitätsreden 14, 1975) S. 13 f.

28 GROSS, Reallexikon für Antike und Christentum Bd. I (1950) Art. Augustus. Besonders ergiebige Quellenstelle: Orosius, Historiae adversum paganos (›Geschichte gegen die Heiden‹) VI Kap. 20–22. Überhaupt ist dieses lateinisch abgefaßte Werk eines spanischen Priesters, Schülers von Augustinus – die erste ganz erhaltene antike Weltgeschichte, von der Urzeit bis zum Jahre 417 n. Chr. reichend – höchst lehrreich für die Neudeutung der bis dahin traditionellen »Alten Geschichte« aus christlicher Sicht.

29 De Civitate Dei, deutsch von C. J. PERL, 3 Bde., 1951–53. Zur Orientierung B. CAPELLE, Art. Augustinus im Reallexikon für Antike u. Christentum Bd. 1 (1950). Aus althistorischer Sicht: F. G. MAIER, Augustin und das antike Rom (1955).

30 Ciceros Nachleben im antiken Christentum: C. BECKER, Art. Cicero im Reallexikon für Antike u. Christentum.
›Die Beziehungen des antiken Christentums zur klassischen Literatur der Griechen und Römer‹ als Forschungsproblem: G. GLOCKMANN, Homer in der frühchristlichen Literatur bis Iustinus (1968), S. 3–17.

31 Niketas Choniates: ins Deutsche übersetzt von F. GRABLER, Die Kreuzfahrer erobern Konstantinopel (Byzantinische Geschichtsschreiber Band IX, 1958) S. 133f und 232–239. Die von ihm eingehend und anschaulich beschriebenen griechischen Statuen entstammten wohl mindestens teilweise noch den vom römischen Kaiser Konstantin d. Gr. zum Schmucke seiner 325–330 auf dem Gelände der altgriechischen Stadt Byzanz neugegründeten zweiten Reichshauptstadt aus dem ganzen Reich, besonders aber den klassischen Stätten Griechenlands zusammengeraubten Kunstschätzen. Große Bronzestatuen

soll er beispielsweise aus dem Heiligtum von Delphi verschleppt haben (Belege b. J. Overbeck, Die antiken Schriftquellen zur Geschichte der bildenden Künste, 1868, im Nachtrag zu den Nummern 481d u. 771a).

Was in Konstantins – des Mannes, der dem Christentum die Bahn zur Weltgeltung brach – Seele politisch oder religiös vorging, kann hier nicht erörtert werden. Daß gerade seine christliche Stadt die rettende Fluchtburg der heidnisch-griechischen Geisteskultur werden sollte, ist jedenfalls das weltgeschichtliche Fazit.

Die Ausschmückung der Stadt Konstantinopel durch ihren Gründer als Phänomen und Problem hat Jacob Burckhardt (Die Zeit Constantins d.Gr., 1853, Zehnter Abschnitt) bereits entsprechend beachtet. Er hat auch schon die entlegene Quelle gesehen, einen spätbyzantinischen anonymen Autor »Über die Altertümer der Stadt Konstantinopel« (veröffentlicht von A. Banduri, Imperium Orientale, Paris 1711, Bd. I), die den Bericht des Niketas mit dem reichsten Material bestätigt: Das Neben- und Durcheinander heidnischer und christlicher Kultsymbole in Konstantinopel während der tausendjährigen Dauer des byzantinischen Reiches muß überwältigend gewesen sein. Diesen Gesamteindruck historisch zu differenzieren wäre einer eingehenden Betrachtung wert.

32 E. R. CURTIUS, Europäische Literatur und lateinisches Mittelalter (1948, 9. Aufl. 1978) S. 353ff.

33 Der das Verständnis dieses Ideenzusammenhanges verwirrende, von Fr. Gundolf mit den höchsten Worten propagierte Irrtum, für Dante sei ›die Entsprechung Gottes auf Erden‹ Caesar gewesen (Caesar, Geschichte seines Ruhms, 1924/1968, S. 102), muß hierbei wenigstens mit einigen aus einer Anzahl von Gründen ausgeschlossen werden. Wohl läßt Dante die Caesarmörder Brutus und Cassius gemeinsam mit Judas Ischariot im allertiefsten Höllenschlund schmachten (Inferno 34, 64ff), aber Caesars in Wirklichkeit unversöhnlichster Gegner und geschichtlich bedeutenderer Antipode Cato Uticensis ist für Dante, seiner Sittenreinheit und Freiheitsliebe wegen, geradezu ein Anwärter auf Erlösung (Purg. 1, 28–108. De Monarchia 2, 5), ja im ›Gastmahl‹ bezeichnet Dante ihn als den Menschen, der es wie kein anderer verdiente, als Bild Gottes aufzutreten (4, 28: S. 267 der Übersetzung von C. Sauter, 1965). Der Widerspruch löst sich nur, wenn man Brutus und Cassius nicht als die Mörder eines von Dante höchster Verehrung für würdig gehaltenen Mannes versteht – hätte er sich denn dann Lucans Pharsalia, die abstoßendste Caesar-Darstellung des Altertums zur Hauptquelle gewählt?! – sondern als die Gefährder bzw. Verzögerer der Monarchie des Augustus, unter der das Heil in die Welt kommen soll. Caesar ist für Dante der wichtigste Förderer der römischen Welteroberung (Parad. 6, 55ff), damit aber nur der Wegbahner des Augustus, welch letzterer als gewissermaßen der weltliche Vollender zu verstehen ist (De Mon. 1, 16. Vgl. Inf. 1, 71), zumal Christus unter ihm ›römischer Bürger‹ wurde (Purg. 32, 102. Oros. 6, 22, 8). Fast noch höherer Ruhm gebührt seinem Nachfolger Tiberius, weil unter ihm Christus sich für die Menschheit opferte (Parad. 6, 86).

Dantes Gewichtung der einzelnen römischen Figuren ist also primär von theologischer Logik bestimmt. Deren weltliche Nutzanwendung tritt noch klarer in seiner hier schon mehrfach zitierten politischen Flugschrift ›Über die Monarchie‹ heraus, in der er Caesar ganz beiseite läßt und darlegt, daß in der Herrschaft des Augustus die vollendete Form der Monarchie mit dem Weltfrieden zu einem idealen Verhältnis zusammengetroffen sei. Also auch Dante steht eindeutig in der christlichen Traditionslinie, welche die Reichsidee auf Augustus, nicht auf Caesar, zurückbezieht. (Vgl. auch den reichhaltigen Kommentar zur Göttlichen Komödie von H. Gmelin, 2. Aufl. 1968–1970, zu den einzelnen Stellen.)

34 Über Art und Umfang direkter Bekanntschaft mit der griechischen Sprache und Literatur im mittelalterlichen Abendland finden sich interessante Hin

weise bei M. RENTSCHLER: Griechische Kultur und Byzanz im Urteil westlicher Autoren des 10. Jahrhunderts (Saeculum XXIX, 1978, S. 324ff).

35 Eine nicht vollständige, aber bequeme Orientierung über die Nachwirkung der antiken Wissenschaften auf die Neuzeit in meinem Vortrag ›Wissenschaft und Geschichte im griechisch-ömischen Altertum‹, in K.-G. FABER (Hg.): Wissenschaft als universalhistorisches Problem (1979).

16. Friedrich Prinz

Zur Neubildung imperialer Reiche

Zur Einführung

Im Bewußtsein des Normalbürgers existiert das Mittelalter vielfach noch als eine dunkle, rückständige Zeit, als ein Jahrtausend zwischen den Glanzepochen der antiken Kultur und dem geistig-kulturellen Aufbruch Europas im Zeitalter der Renaissance. Vielleicht weiß man noch, daß die Epoche Karls des Großen etwas mit dem Beginn Europas als eigener politischer, religiöser und geistiger Einheit zu tun hat, vielleicht verbindet man noch mit dem Namen des Kaisers Friedrich Barbarossa gewisse Vorstellungen vom Glanz der ritterlich-höfischen Kultur und mittelhochdeutscher Dichtung; aber im allgemeinen ist es doch so, daß die grundlegende Bedeutung des Mittelalters für die Entstehung der europäischen Zivilisation auch heute noch eher unter- als überschätzt wird.
So stellen sich uns am Beginn vor allem zwei Fragen: Erstens: Welche historisch lange nachwirkenden Großreichsbildungen entstanden nach dem Ende des weströmischen Reiches auf ehemals römischem Boden?
Zweitens: Was haben diese Reichsbildungen vom Erbe der Antike übernommen, wie haben sie dieses Erbe weiterentwickelt und wodurch sind diese Nachfolgereiche für viele Jahrhunderte prägend geworden – bis in unsere Gegenwart hinein?
Wenn es auch im Rahmen dieses Kapitels unvermeidlich ist, den Schwerpunkt auf die europäische Geschichte und Kultur des Frühmittelalters zu legen, muß doch dabei die ebenfalls weitgehend auf dem Boden des römischen Weltreiches sich entfaltende islamische Kultur mit in den Kreis der Betrachtung einbezogen werden, und ebenso das oströmische Reich, dessen Wirkungen auf das mittelalterliche Europa und die islamische Welt nur allzuoft übersehen werden.
Wenn daher hier als Leitfiguren der Epoche Mohammed und Karl der Große gelten sollen, dann nicht nur deshalb, weil sich in ihnen die Neubildung imperialer Reiche und Kulturen am sinnfälligsten personifiziert, sondern weil man in der Geschichtswissenschaft einen ursächlichen Zusammenhang zwischen dem Aufstieg Europas und dem Siegeszug des Islam

behauptet hat. Es war der bedeutende belgische Historiker Henri Pirenne, der 1922 die These entwickelte, daß der Islam im 7./8. Jahrhundert die seebedingte wirtschaftliche, politische und kulturelle Einheit der um das Mittelmeerbecken gelagerten Länder zerstört und damit erst der antiken Welt ein Ende bereitet habe. Durch den Wegfall des noch im 6. Jahrhundert florierenden Mittelmeerhandels sei aber die wirtschaftliche Basis (Steuereinnahmen) für das merowingische Königtum im Frankenreich erschüttert worden und damit die politische Macht an die Karolinger übergegangen, also an eine mächtige Adelsfamilie, die im agrarischen, durch Grundherrschaft charakterisierten Osten des Frankenreiches (Austrien) groß geworden war und die daher von den Umwälzungen in der Mittelmeerwelt und dem Wegfall der Zolleinnahmen aus dem Mittelmeerhandel nicht betroffen worden ist. Mohammed wurde also nach Pirenne in wörtlichem Sinne ein Wegbereiter für Karl den Großen. Das europäische Mittelalter verdanke daher seinen Ursprung und wichtige Züge seiner Wesensart eben diesen umfassenden politisch-kulturell-ökonomischen Wandlungen in der Zeit zwischen 600 und 750, die auf den Vormarsch des Islam zurückzuführen seien; die neue Vormacht im südlichen Mittelmeerraum habe damit zugleich das Tor zur Antike endgültig zugeschlagen.
Mag auch die Spezialforschung, vor allem die Wirtschaftsgeschichte, der Pirenneschen These weitgehend den Boden entzogen haben – die wirtschaftlichen Beziehungen zwischen christlicher und islamischer Welt verstärkten sich eher, als daß sie abbrachen –, so bleibt doch Pirennes Verdienst unbestritten, nicht nur die gesamte Forschung angeregt, sondern auch das Interesse auf die Anfänge Europas und damit auf die Kräfte gelenkt zu haben, die den Aufstieg dieses Subkontinents und seine Sonderentwicklung gegenüber den außereuropäischen Weltkulturen bewirkten.
Damit sind wir bei der Hauptfrage dieses Beitrages, der Frage nach den treibenden Kräften, die Europa zu dem gemacht haben, was es ist, im Guten wie im Problematischen, in seiner Distanz zu den anderen Weltkulturen wie in der schicksalhaften Verbindung mit ihnen, deren wir uns heute mehr denn je bewußt werden.
Europa – das Abendland – hat viele Väter, den hl. Benedikt von Nursia etwa, den Gründer des Benediktinerordens; aber keiner trägt wohl diesen Ehrentitel mit größerem Recht als Karl der Große, dessen Reich sich von den Pyrenäen bis zur Elbe, von Dänemark bis nach Rom erstreckte und damit eine Ländermasse vereinigte, die den größten Teil des damals christ-

lichen Europas umfaßte. Es war die erste Großreichsbildung seit dem Zusammenbruch des Weströmischen Reiches.
War das Karolingerreich aber wirklich die erste nachantike Großreichsbildung auf einstmals römischem Boden, wie wir Europäer so gern annehmen? Gab es nicht immer noch das Oströmische Reich als fortlebende Großmacht der griechisch sprechenden Reichshälfte, und hatte sich nicht seit dem 7. Jahrhundert am Südrand des Mittelmeerbeckens ein neues, durch eine neue Religion geeintes Großreich gebildet, nämlich die islamische Welt, die erobernd in den Westen vordrang, 711 das westgotische Spanien eroberte und tief ins fränkische Reich vorstieß, bis Karl Martell, der Großvater Karls des Großen, diesen Siegeszug 732 in der Abwehrschlacht von Poitiers endgültig zum Stillstand brachte? Vergleicht man die Größe des Frankenreiches unter Karl dem Großen mit der gewaltigen Ausdehnung des islamisch-arabischen Machtbereichs, der damals von Spanien und dem nordwestlichen Afrika bis zum Iran, ja bis an die Indus-Grenze reichte, dann möchte es auf den ersten Blick scheinen, als sei dieses karolingische Westeuropa ein zweitrangiges Gebilde, verglichen mit der neuen, religiös beflügelten Großmacht des südlichen Mittelmeerraumes. Dennoch sollten beide Imperien Weltgeschichte machen und machtvoll bis in unsere Gegenwart hineinreichen, während die dritte Kraft auf reichsrömischem Boden, Byzanz, nach einer wechselvollen und oftmals heldenhaften, tausendjährigen Geschichte dem Ringen zwischen Europa und der islamischen Welt erlag. Obwohl mehr als 180 Jahre den Stifter des Islam, den Propheten und Reichsgründer Mohammed von Karl dem Großen trennen, können doch beide als Symbolfiguren für ihre, die Jahrhunderte überdauernden Schöpfungen stehen, denn beide gehören zu jenen ragenden Gestalten, ›die sich durch die Jahrhunderte zurufen‹.
Aber genügt es oder ist es überhaupt statthaft, Geschichte an noch so wichtigen Personen zu demonstrieren, ist es erlaubt, vielfältige Wandlungen, Katastrophen und Entwicklungen auf einen gleichsam persönlichen Nenner zu bringen? Zweifellos nicht, aber es wird sich doch im Verlaufe dieses Beitrags zeigen, daß Mohammed wie Karl ihrer Zeit und den nachfolgenden Jahrhunderten unverwechselbare Züge eingeprägt haben.
Wenn wir uns nach solchen provokativen Fragen den Ereignissen selbst zuwenden, die zu islamischer Expansion und zum Karolingerreich geführt haben, dann gilt es zunächst Abschied zu nehmen von der traditionellen Vorstellung, als sei das römische Weltreich aufgrund militärischer, wirtschaftlicher und infolgedessen auch kultureller Schwäche unter den Schlä-

gen der Völkerwanderung einfach zusammengebrochen. Gerade die christliche Spätantike seit Kaiser Konstantin dem Großen (306–337) war eine schöpferische Epoche, deren Früchte weitgehend an das europäische Frühmittelalter übergingen.

Als Beispiele der Fortwirkung christlich-antiken Geistes sei an die Entfaltung von Theologie und christlicher Philosophie seit den Kirchenvätern Hieronymus und Augustin erinnert, ferner an die Ausbildung einer dauerhaften Kirchenverfassung und damit einer neuen Gesellschaftsordnung, an die Entfaltung des abendländischen Mönchtums als der großen kulturellen und normativen Kraft diesseits und jenseits der Epochengrenze zwischen Antike und Mittelalter. Es sei an den Beginn der christlichen Literatur und Geschichtsschreibung seit Boethius und Cassiodor erinnert, an die Ausbildung von Basilika und Zentralbau als neuen architektonischen Formen des Kultbaus, an die zu höchster Vollendung gediehene christliche Mosaikkunst, an das Jahrhundertwerk der Kodifizierung des römischen Rechts unter Kaiser Justinian, und schließlich an den Siegeszug des neuen kirchlichen Lateins parallel mit der Christianisierung erst der germanischen und dann auch der slawischen Völker. Eine ragende Gestalt an der Epochenwende und kurz vor Entstehung des Islams ist Papst Gregor der Große, unter dem die christliche Universalmission in den heidnischen Nachbarräumen des ehemaligen römischen Weltreiches ihren Ausgang nimmt.

Während im Westen das fränkische Merowingerreich seit König Chlodwig I. (482–511) sich über ganz Gallien und bald auch in die Gebiete rechts des Rheins ausdehnt, die Franken als Staatsvolk sowohl das katholische Christentum wie die römische Verwaltungs- und Steuerpraxis übernehmen, kommt es im oströmischen Reichsteil unter Kaiser Justinian I. (527–565) zu einer kraftvollen staatlichen Erneuerung mit dem Ziel, die westliche, von germanischen Völkern besetzte Reichshälfte wieder zurückzuerobern. Dies gelingt im gotischen Italien, im vandalischen Nordafrika und teilweise auch gegenüber dem westgotischen Spanien; allerdings wird inzwischen die Balkanhalbinsel von der slawischen Völkerwanderung überrannt, gleichzeitig eröffnet Persien den Krieg gegen Byzanz. Unter Kaiser Herakleios I. (610–641) bringt eine durchgreifende Reichsreform im Inneren Entlastung, ein Doppelangriff der Slawen und Awaren einerseits und der Perser andererseits scheitert 626 vor Konstantinopel, ja Herakleios gelingt es im folgenden Jahr bei Ninive, den Perserkönig Chosrau II. zu schlagen und damit das Sassanidenreich, die stärkste Bedrohung aus dem Osten, zu vernichten. Sein zweiter Nachfolger,

Kaiser Konstantin IV., vermag 674/78 vier Jahre lang die Hauptstadt gegen eine riesige arabische Flotte zu behaupten; durch das ›griechische Feuer‹, ein auf dem Wasser brennendes Explosivgemisch, erleidet damit der erste islamische Großangriff auf Byzanz eine schwere Niederlage. 717/18 endet ein zweiter Ansturm mit einer vernichtenden Katastrophe der Belagerer, und seit dem Feldherrngenie Kaiser Konstantins V. (741–775) werden sowohl die Bulgaren in mehreren Feldzügen geschlagen, wie auch gegenüber der arabischen Invasion in Syrien ein politisch-militärischer Gleichgewichtszustand herbeigeführt werden kann. Dagegen erleidet die byzantinische Herrschaft in Italien schwere Einbußen, der Exarchat von Ravenna fällt 751, nur Süditalien kann von Byzanz gegenüber dem wachsenden langobardischen und fränkischen Einfluß behauptet werden. Insgesamt jedoch erwies sich Byzanz als festes Bollwerk gegenüber jener neuen Großmacht des Mittelmeerraumes, die völlig unerwartet aus einem nur sporadisch von griechisch-römischer Kultur erfaßten Gebiet, nämlich von der arabischen Halbinsel aus, zum Angriff antrat und innerhalb weniger Jahrzehnte eine weltbewegende, religiöse und politisch-militärische Kraft wurde.
Versuchen wir in knappen Strichen den Aufstieg des Islams zu zeichnen und beginnen wir mit der Feststellung, daß das karolingische Europa Ergebnis einer Jahrhunderte währenden Entwicklung und Umgestaltung ist, die arabisch-islamische Welt aber aus einer einmaligen Situation, nämlich aus einer religiösen Revolution entstand. In Mohammed – der Name bedeutet: der Gepriesene – wird der arabischen Halbinsel ein religiöser Genius ganz eigener Prägung geschenkt. In Mekka 570 geboren, Sproß eines verarmten Zweiges der in dieser Stadt führenden Familie der Koreischiten, glaubt er der Erneuerer einer Urreligion Abrahams zu sein, wird aber damit zum Stifter einer neuen Religion, des Islams, ein Wort, das ›Eintritt in den Stand des Heils‹ bedeutet. Gewisse Elemente des Judentums wie des Christentums sind in dieser neuen monotheistischen Religion enthalten, die sich schon in der Generation nach Mohammed in mehrere Konfessionen spaltet, aber dennoch mit atemberaubender Schnelligkeit über das arabische Ursprungsland hinausgreift. Bis zum 8. Jahrhundert verliert die christliche Religion etwa die Hälfte ihres Wirkungsbereichs an den Islam. Wiederbekehrungserfolge der christlichen Lehre halten sich auch dort, wo sie, wie in Spanien, mit Gewalt durchgeführt werden, in engen Grenzen.
Der Islam kennt keine hierarchische Kirche wie das Christentum, deshalb kam es im islamischen Bereich, trotz der Aufspal-

tung in verschiedene Konfessionen, nicht zu jenem Dualismus von hierarchisch organisierter Kirche und Staat, der für die christlich-abendländische Entwicklung so folgenreich geworden ist. Die Lehre vom ›Heiligen Krieg‹, zu dem ursprünglich alle Männer verpflichtet waren, und die noch zu Lebzeiten des Propheten zur gewaltsamen Einigung fast aller Völker der arabischen Halbinsel führte, bewirkte nach Mohammeds Tod im Jahre 632 die rasche Ausbreitung der islamisch-arabischen Herrschaft, die aber nicht identisch war mit dem glaubensmäßigen Übertritt der unterworfenen Völker zur neuen Religion. Schon 653 fiel Damaskus in islamische Hand, 641 das christliche Alexandrien, eine der großen Stätten spätantik-christlicher Bildung und Gelehrsamkeit, 698 folgt das christliche Karthago, die Heimat des byzantinischen Kaisers Herakleios I., 711 überschreiten die Glaubenskrieger die Meerenge von Gibraltar – sie trägt noch heute den Namen der siegreichen islamischen Feldherrn –, und das christliche Spanien, das unter westgotischer Herrschaft eine Spätblüte antiker Kultur erlebt hatte, brach in der Schlacht von Xeres de la Frontera unter den Schlägen der Invasoren zusammen. Einbrüche ins Frankenreich folgten, wurden aber von Karl Martell, dem fränkischen Hausmeier, in der Entscheidungsschlacht von Poitiers 732 und in jahrelangen Kämpfen danach rückgängig gemacht. Wie gegenüber dem oströmischen Reich bildete sich entlang der Pyrenäen eine sich mehr und mehr stabilisierende Grenze aus. Dafür gerieten Süditalien und Sizilien seit dem 8. Jahrhundert für ein Vierteljahrtausend unter islamische Herrschaft, dies in erbittertem Ringen vor allem mit Byzanz. Wenn es auch im Gefolge der Eroberungskriege immer wieder zu großen Ausrottungen und massiver Unterdrückung der unterworfenen Völker kam, betrieb der Islam dennoch keine planmäßige Zwangsmission, wie sie etwa für die mittelalterliche Christianisierung Ostmitteleuropas charakteristisch war. Die im islamischen Sinne Nichtgläubigen wurden zwar mit einer Sondersteuer belegt, aber die Glaubensausübung blieb ihnen gestattet. Dies war wohl einer der Hauptgründe, warum das weiterlebende orientalische Christentum eine verständnisvollere, differenziertere Haltung gegenüber dem Islam entwickelte als das abendländische Christentum, wo bis tief ins Hochmittelalter hinein die neue Weltreligion als Heidentum und Teufelsdienst verketzert blieb.

Henri Pirenne hat für die Verhältnisse der Nach-Völkerwanderungszeit vor allem im Hinblick auf die germanisch beherrschten Nachfolgestaaten des Imperium Romanum das Bild geprägt, der »alte Palazzo sei in Wohnungen aufgeteilt worden, bestehe aber als Bauwerk weiter«. Vom Südrand des Mittelmeerbeckens nach der arabisch-islamischen Expansion des 7. und 8. Jahrhunderts wird man dies nicht mehr behaupten können, denn hier entstand trotz der religiösen und bald auch politischen Spaltungen ein völlig neues Gebäude, in dem zwar viele und wichtige Bausteine des alten ›Palazzo‹ mitverwendet worden sind, das aber dennoch durch eine neue Religion und eine neue, religiös geprägte Gesellschaftsordnung ein Gebilde wesentlich anderer Art war. Gegenüber dem europäischen Christentum, das von der christlichen Spätantike vor allem das theologisch-philosophische Lehrgebäude, die Hierarchie und Elemente der Staatlichkeit und Verwaltungspraxis übernahm, beerbte die arabisch-islamische Staatenwelt die Antike vornehmlich im Bereich der praktischen Wissenschaften, d. h. vor allem in der Medizin, der Mathematik und der Technik. In vielen Fällen konnten aber nur Segmente der kulturell-technologischen Tradition rezipiert werden. So wurden in der islamischen Welt die alten Römerstraßen kaum weiterverwendet, Rad und Wagen als Transportmittel wichen weitgehend der Kamelkarawane.

Christentum wie Islam standen aber beide vor dem schwierigen Problem, ob und in welcher Weise Inhalte und Traditionen der heidnischen Antike aufgenommen und ohne ideologischen Schaden in das eigene Weltbild eingearbeitet werden konnten. Dies gilt etwa für den wichtigen Bereich der Aristoteles-Rezeption, die im westislamischen Bereich besonders intensiv war, schon früh die Abwehr der religiösen Orthodoxie auf den Plan rief und die dann im hochmittelalterlichen Europa durch arabisch-islamische Vermittlung ähnliche Probleme und Reaktionen in den europäischen Bildungszentren hervorrief. Die geistig-religiöse Auseinandersetzung zwischen Christentum und Islam untereinander war mehr eine Sache des Hochmittelalters, für das Frühmittelalter hingegen ist festzuhalten, daß im 8. Jahrhundert zwischen Islam, karolingisch-päpstlichem Abendland und Byzanz eine Art von politisch-militärischem Gleichgewichtszustand erreicht war, der allerdings immer seine neuralgischen Punkte und Zonen hatte. Dazu gehörte auch das Faktum, daß die heiligen Stätten der Christenheit, Jerusalem, Nazareth und Bethlehem, in islamischer Hand waren und somit die Pilgerfahrt ins Heilige Land unmöglich oder doch sehr gefahrvoll geworden war. Karl der Große war der erste abendländische Herrscher, der dieses schwerwiegende politisch-religiöse Problem durch Verhandlungen mit dem Kalifen Harun-al-Raschid zu lösen versuchte und damit auch Erfolg erzielte. Dem lang anhaltenden militärischen Gleichgewicht, das erst durch den politischen Aufstieg der Seldschuken und durch die

Zerrüttung von Byzanz in der Ära der Kreuzzüge ernstlich erschüttert wurde, folgte dann im Hochmittelalter eine Epoche der wechselseitigen, kulturellen Berührung und Befruchtung, von der noch die Rede sein wird. Wenden wir uns nun dem anderen großen ›Neubau‹ auf dem Boden des vergangenen römischen Weltreiches zu, der uns näher liegt und daher auch eingehender behandelt werden soll: der fränkischen Reichsbildung und ihrem Höhepunkt im abendländischen Großreich Karls des Großen.

Das Frankenreich und der Aufgang Europas

Auf ähnliche Weise wie von einer Randlandschaft des römischen Imperiums, nämlich von der arabischen Halbinsel aus, die islamische Reichsbildung und Staatenwelt erfolgte, ging auch das Frankenreich von einer zur Randzone gewordenen Region des Imperiums aus, nämlich von Nordostgallien. Die Salier als Kerngruppe des Frankenbundes tauchen erstmalig 258 in römischen Quellen als Volk am Niederrhein auf, 357 besiegt der Caesar Julianus, der wegen seiner Christenfeindlichkeit den Beinamen Apostata – der Abtrünnige – erhalten hat, zuerst die Alemannen bei Straßburg und bald darauf die Salier, siedelt letztere aber als Föderaten zum Grenzschutz im heutigen Nordbrabant an. Nach dem Abzug der römischen Truppen aus Nordgallien um 405 breiten sich diese Franken bis nach Flandern aus, 432 taucht der erste namentlich genannte fränkische Merowingerfürst Chlodjo in der Geschichte auf. Sein Nachfolger Childerich residiert in Tournai, dessen prachtvolles Grab – er starb etwa 482 – wurde 1653 gefunden; die reichen Grabbeigaben zeigen bereits die beginnende kulturelle Integration der Franken im römischen Gallien. Childerichs Sohn Chlodwig I. (482–511) beseitigt dann die Reste römischer Herrschaft in Gallien, nämlich die Teilherrschaft des Syagrius so wie die anderen fränkischen Teilreiche, verlegt sein Machtzentrum von Tournai nach Paris, besiegt Westgoten, Burgunder und Alemannen und begründet damit das Frankenreich. Unter dem Einfluß seiner burgundischen Gemahlin Chrodechildis tritt Chlodwig mit seinem fränkischen Gefolge zum katholischen Christentum über, empfängt in Reims von Bischof Remigius die Taufe und kann 511 das erste fränkische Nationalkonzil abhalten. Anders als bei den arianischen Ostgoten, Westgoten, Vandalen und Langobarden vermeidet Chlodwig durch diesen Schritt eine Kluft zur katholischen galloromischen Bevölkerung und deren Aristokratie, die vor allem die

Bistümer, den Klerus und die finanziell ergiebigen Bischofsstädte beherrscht und in Gallien südlich der Loire ungeschmälert über Grundbesitz und Kolonen verfügt. Aus demselben Grund gestalten sich auch Chlodwigs Beziehungen zu Byzanz günstig. Kaiser Anastasius I. ernennt ihn 508 zum römischen Konsul und erkennt damit eine vizekönigliche Stellung des Frankenherrschers an, dessen Reich inzwischen auch Südfrankreich bis zur Garonne umfaßt. Unter Chlodwigs Söhnen dehnt sich das Merowingerreich weiter aus: die Gascogne südlich der Garonne wird fränkisch, ebenso das Burgunderreich und die Provence bis ans Mittelmeer. Trotz fortgesetzter Reichsteilungen und schwerer innerer Kämpfe im 6. und frühen 7. Jahrhundert konsolidiert sich das Frankenreich, und unter dem kraftvollen König Dagobert I. (629–639) bindet es wiederum, wie unter Chlodwigs Söhnen, die germanischen Stämme der Thüringer, Alemannen und Bayern, vielleicht auch die Sachsen, fest an das von Paris aus regierte Gesamtreich. Damals stößt das Merowingerreich erstmalig auf die erste, in schriftlichen Quellen bezeugte slawische Herrschaftsbildung, nämlich auf das westslawische Reich des fränkischen Kaufmanns Samo, dessen Zentrum wohl in Böhmen lag. Neue Kämpfe der fränkischen Teilreiche untereinander stärken die Stellung der sogenannten Hausmeier, die mit Hilfe des Regionaladels der Teilreiche und auf Kosten der merowingischen Dynastie zu Macht und Ansehen kommen. Einer unter ihnen, der austrasische Hausmeier Pippin der Ältere, besiegt 687 bei Tertry den Hausmeier von Neustrien und Burgund und steigt damit zur Alleinherrschaft im Frankenreich auf. Als Pippins Tochter Begga Ansegisel, den Sohn Bischof Arnulfs von Metz heiratet, und damit die beiden mächtigsten Familien im Osten des fränkischen Reiches, Pippiniden und Arnulfinger, verschmelzen, ist die Herrschaft dieser neuen Großsippe endgültig gesichert: es sind die Karolinger. Mit ihnen verlagert sich das Schwergewicht des Frankenreiches aus dem Pariser Becken ins Maas-Mosel- und Rheingebiet.
Karl Martell (der Hammer), Pippins des Älteren Sohn aus einer Friedelehe, erkämpft sich nach seines Vaters Tod 714 gegen dessen Witwe Plektrudis die Stellung als Majordomus des Gesamtreiches, d.h. er nimmt nach dem Sieg über die Neustrier eine königsgleiche Stellung ein. Hatten sich während der innerfränkischen Machtkämpfe die Randregionen, nämlich Aquitanien-Südfrankreich, Alemannien und das agilolfingische Bayern faktisch verselbständigt, wurden sie von Karl Martell in mehreren Feldzügen wieder der fränkischen Herrschaft unterworfen, ebenso das bislang abseits liegende Fries-

land unter Herzog Radbod. Ostfranken, das Land beiderseits des Mains, wurde nach dem Erlöschen des thüringischen Herzogtums um Würzburg durch fränkische Staatssiedlung planmäßig kolonisiert. Die bedeutendste militärische Leistung Karls war jedoch sein Sieg über die arabisch-islamische Invasion. Er schlug 732 bei Poitiers die über die Pyrenäen eingedrungenen Araber unter Abdar-Rachman, dem Statthalter des Kalifen in Spanien. Als Folge dieses Sieges wurden Aquitanien und das ebenfalls von den Sarazenen bedrohte Burgund wieder eng an das Frankenreich gebunden, ebenso das von den Arabern 737 eroberte Septimanien um Narbonne. Zur Verstärkung seiner militärischen Schlagkraft hatte der Karolinger zwangsweise Kirchengut an seine Gefolgsleute verliehen, von dessen Erträgen zusätzlich Panzerreiter ausgerüstet werden konnten, ein Faktum, das innenpolitisch weitreichende Folgen haben sollte, weil mit dieser Maßnahme sowohl die Anfänge des mittelalterlichen Lehenswesens wie auch die Entstehung der sogenannten fränkischen Reichsaristokratie verbunden ist, politische Organisationsformen, die als typisch karolingisch zu bezeichnen sind und das gesamte weitere Mittelalter prägen sollten.
Seit 737 regierte Karl Martell das Reich ohne merowingischen Schattenkönig, doch die Ungefestigtheit dieser königsgleichen Stellung erhellt schon daraus, daß nach seinem Tode 741 die beiden Söhne des Hausmeiers, Karlmann und Pippin, wiederum einen König aus der charismatisch geheiligten Merowingerfamilie pro forma einsetzen mußten. Vor allem die merowingischen Stammesherzogtümer Alemannien und Bayern hatten sich gegen den karolingischen Anspruch auf Alleinherrschaft erhoben. Zwischen 743 und 747 kämpften Karlmann und Pippin gemeinsam diese beiden Herzogtümer nieder, im ›Blutbad von Cannstatt‹ wurde ein Teil des aufständischen alemannischen Adels hingerichtet. Herzog Odilo von Bayern behielt zwar die Herrschaft, jedoch unter strenger fränkischer Oberhoheit, die sich nach seinem Tode 748 zu einer Art karolingischer Statthalterschaft Pippins für Odilos unmündigen Sohn Tassilo III. steigerte. Erst danach wagt es Pippin III. – sein Bruder Karlmann war 747 ins Kloster gegangen – das merowingische Scheinkönigtum endgültig abzuschütteln. Nach längeren Vorverhandlungen mit Papst Zacharias, durch welche das von den Langobarden hart bedrängte Papsttum politisch stark aufgewertet wurde, stimmt Rom zu, daß im Frankenreich derjenige König sein solle, der die faktische Macht habe, »damit nicht die Ordnung (der Welt) verwirrt werde«. Nunmehr konnte Pippin den letzten Merowinger Childerich III. ins Kloster stecken – die

Klöster waren u.a. die Staatsgefängnisse des Frühmittelalters – und konnte sich in Soissons 751 von einer Reichsversammlung zum König erheben und vom päpstlichen Legaten Bonifatius, dem ›Apostel der Deutschen‹, salben lassen. Die geistliche Salbung sollte dabei das fehlende Geblütsrecht, das immer noch mit der merowingischen Königssippe verbunden war, ersetzen. Damit wurde das weltgeschichtliche Bündnis zwischen Papsttum und Karolingern geschichtsmächtig, das fortan das gesamte Mittelalter bis ins 14. Jahrhundert hinein wesentlich mitbestimmte; es begründete jenen Dualismus von Staat und Kirche, der für die europäische Gesellschafts- und Kulturentwicklung von entscheidender Bedeutung werden sollte.
Die Beziehungen des neuen Frankenkönigs zu Rom wurden noch wesentlich politischer, als 754 Papst Stephan II., vom Langobardenherrscher Aistulf hart bedrängt, hilfeflehend bei Pippin erschien und von diesem ein feierliches Schutzversprechen für die römische Kirche erhielt. Dafür salbte der Papst den Karolinger nochmals in St. Denis bei Paris und übertrug ihm und seinen Söhnen Karl und Karlmann die Würde eines ›Patricius Romanorum‹, ein Titel und Rechtsanspruch, wie ihn einst der byzantinische Exarch von Ravenna geführt hatte und in dem die Franken nunmehr einen handfesten politischen Auftrag zur Schutzherrschaft über Rom und das Papsttum sahen. In der Pippinischen Schenkung, die sich auf eine Fälschung auf den Namen Kaiser Konstantins des Großen stützt, machte der Frankenkönig dem Papst territoriale Versprechungen in Italien; das sind die Anfänge des bis ins 19. Jahrhundert existierenden Kirchenstaates. Neben der päpstlichen Bestätigung ihres usurpatorisch erlangten Königtums besaßen die Karolinger allerdings schon eine religiöse Legitimation ihres Herrschaftsanspruchs, nämlich durch zwei Heilige aus ihrer eigenen Familie, deren Verehrung sich damals schon verbreitet hatte. Es sind dies der heiligmäßige Bischof Arnulf von Metz und die klostergründende Pippinidin Gertrud von Nivelles. Hand in Hand mit dieser ideologischen Festigung von Pippins Stellung ging die Stabilisierung des erneuerten Frankenreichs nach außen: 759 konnte die Eroberung Septimaniens mit dem Fall der letzten sarazenischen Bastion Narbonne endgültig abgeschlossen werden, ebenso wurde Aquitanien, d.h. Frankreich südlich der Loire, nach der Ermordung des letzten aquitanischen Herzogs Waifar der karolingischen Herrschaft völlig eingegliedert. Dagegen versuchte das agilolfingische Bayern seit den 60er Jahren unter Herzog Tassilo III. im Bündnis mit den Langobarden eine Sonderpolitik zu verfolgen, die erst von Karl dem Großen 788 mit der Absetzung und

Klosterhaft Tassilos und der politischen Zerschlagung des Herzogtums der Agilolfinger beendet werden konnte.
Damit sind wir bei jenem Herrscher, in dem das Mittelalter das Ideal eines christlichen, Recht und Ordnung schützenden Herrschers sah, der schon im Hochmittelalter, d.h. seit 1165, und zwar auf Veranlassung Kaiser Barbarossas, kultisch verehrt wurde und dessen sich Sage und Geschichtsschreibung schon früh und ausführlich bemächtigten. Sein Hofgelehrter, Freund und Biograph Einhard beschreibt uns den alternden, wegen der warmen Heilquellen in Aachen residierenden Karl als sehr groß, breit und kräftig im Körperbau, rundköpfig mit großen, lebhaften Augen und einer sehr hellen Stimme, die zu der hünenhaften Gestalt nicht so recht passen wollte, ein Merkmal übrigens, das der Kaiser mit Bismarck gemeinsam hatte. Zweifellos ist Karl der Große, den nicht umsonst Franzosen und Deutsche gleichermaßen für ihre historische Heroengalerie beanspruchen, eine der größten europäischen Herrschergestalten, die germanisch-romanische Völkergemeinschaft wurde von ihm im Zeichen des Christentums und eines erneuerten, aus antiken Quellen gespeisten Bildungsbewußtseins politisch-organisatorisch zusammengefaßt. Man hat in ihm, wie schon erwähnt, den ›Vater des Abendlandes‹ gesehen, eine nicht unbestrittene Auffassung zwar, aber doch eine Auffassung, die zumindest keinen Zweifel an seiner überragenden Bedeutung für den Aufgang Europas läßt. Seine Reichsgründung war ein Bau, der die aus dem Imperium Romanum entlassenen Romanen mit den germanischen Stämmen vereinigte und durch Eroberung und Mission auch das Tor zur vielgestaltigen slawischen Völkerwelt Ostmitteleuropas aufstieß. Um ein bekanntes Bild zu verwenden: die vielen germanischen Stämme und die zahlreichen romanischen und slawischen ethnischen Gruppen und Regionen marschierten gleichsam auf der einen Seite in dieses Gebäude des karolingischen Großreiches hinein und kamen auf der anderen Seite, nämlich am Ende der Karolingerzeit, als die neuen europäischen Völker, wie wir sie heute noch kennen, wieder heraus.
Versuchen wir nun in knappen Strichen seine politische Leistung im einzelnen zu skizzieren:
Historisch gesehen war es sicher ein Glück, daß Karls Bruder Karlmann schon drei Jahre nach der Thronbesteigung 771 starb und auf diese Weise ein Bruderkampf vermieden wurde. Als Alleinherrscher begann Karl 772 den Krieg gegen den sächsischen Stammesbund, der sich jahrzehntelang hinziehen sollte, denn erst im Jahre 804 war mit einem letzten Feldzug gegen dieses tapfere Volk die Unterwerfung gelungen und durch die

Einführung der Grafschaftsverfassung, durch gewaltsame Christianisierung und Bistumsgründungen organisatorisch vollendet. Die Härte dieses Kampfes, in dem ein Teil des sächsischen Adels schon früh auf Karls Seite stand, die Erfolge, die der Sachsenherzog Widukind zeitweilig errang, die Hinrichtungen und Massendeportationen tausender Sachsen und alle anderen Gewaltmaßnahmen Karls dürfen nicht darüber hinwegtäuschen, daß der Frankenherrscher, so bald es irgend möglich war, von solchen brutalen Maßnahmen absah, das sächsische Stammesrecht aufzeichnen und nach der Aufhebung des Ausnahmezustandes auch anwenden ließ; Widukinds Unterwerfung und Taufe in der Pfalz Attigny ließ ebenso Karls Willen erkennen, von der Konfrontation zur Kooperation weiterzuschreiten. Auf diese Weise gewann er diesen Großstamm schrittweise und letztlich so dauerhaft für sich, daß hundert Jahre später die Sachsen neben den Franken das führende Reichsvolk im ostfränkischen Teilreich und frühen Deutschen Reich der Ottonenzeit werden konnten.
In mehreren Phasen vollzog sich auch die Unterwerfung des Langobardenreiches 772/74 und dessen Integration in den Staatsverband durch die Einsetzung fränkischer, alemannischer und bayrischer Adeliger als Verwaltungsbeamte. Langobardenreich und Frankenreich erschienen auch durch den Königstitel vereinigt: Karl nannte sich jetzt ›Rex Francorum et Langobardorum‹. Gleichzeitig erneuerte er in Rom vor Papst Hadrian I. (772–795) das Schenkungsversprechen seines Vaters, konkretisierte es aber in den folgenden Jahren dahingehend, daß der ursprünglich auf ganz Italien abzielende päpstliche Anspruch auf das Exarchat von Ravenna, die Pentapolis um Ancona und den ohnehin schon päpstlichen römischen Machtbereich beschränkt blieb, gleichzeitig aber der aus dem Patricius-Romanorum-Titel abgeleitete fränkische Schutz die Gestalt einer tatsächlichen karolingischen Oberherrschaft auch über den werdenden Kirchenstaat annahm. Karl war jetzt wirklicher Oberherr Roms und des Kirchenstaates, der ursprünglich nominelle Patricius-Romanorum-Titel hatte sich mit konkretem politischen Gehalt gefüllt.
Mit der räumlichen Ausdehnung des Reiches ergab sich auch die Notwendigkeit, an den bedrohten Grenzen einen Gürtel von Marken anzulegen, d.h. Regionen, in denen die Grafen bei drohender Gefahr ihre vom König delegierten militärischen Vollmachten für die Landesverteidigung einsetzen konnten. So entstanden die Spanische Mark, die Bretonische Mark, das Danewerk als Befestigungssystem gegen die Dänen, die Sorbische Mark und die Ostmark östlich der alten Ennsgrenze, die

sich dann, nach der Vernichtung des awarischen Reitervolkes und der Einnahme ihres Hauptlagers, des ›Rings‹ zwischen Donau und Theiß, bis ans Donauknie erstreckte; es war dies die Keimzelle des späteren Österreich. Mag sich auch die Phantasie gern an den ungeheuren, von den Awaren in ganz Europa zusammengeplünderten Schätzen entzünden, die dem fränkischen Heere damals in die Hand fielen, so ist doch bei weitem wichtiger, daß mit dem Ende der awarischen Oberherrschaft über die Slawen des Donauraumes Karl sein System slawischer Herrschaftsbereiche abrunden konnte, die ihm tributpflichtig waren und sich von nun an auch der christlichen Mission öffneten. Dies galt für die Obodriten, Wilzen und Sorben ebenso wie für die Böhmen und Mährer. Letztere, die Mährer, vermochten unter dem Einfluß bayrischer und byzantinisch-ostkirchlicher Mission vom Balkan her noch im 9. Jahrhundert ein eigenes Herrschaftssystem, das Großmährische Reich zu errichten, das erst unter den Schlägen der madjarischen Invasion am Beginn des 10. Jahrhunderts zusammenbrach. Voraussetzung für die fränkischen Erfolge im Donauraum war die gewaltsame Beseitigung des agilolfingischen Herzogtums im Jahre 788. Doch auch im Falle Bayerns konnte sich Karl schon längst, wie in Sachsen, auf eine starke frankenfreundliche Adelspartei stützen, die vor allem das westliche Bayern und das Bistum Freising beherrschte. Im übrigen stärkte Karl 798 die kirchliche Einheit Bayerns durch die Erhebung von Salzburg zum Metropolitansitz für den gesamten bajuwarischen Stammes- und Siedlungsbereich einschließlich der östlichen Kolonisationsgebiete Bayerns. Bayern wurde dann unter Karls energischem Enkel Ludwig dem Deutschen das Kernland des Ostfränkischen Reiches.

Das Jahr 800 war für Karl den Großen in mehr als einer Beziehung ein Höhepunkt, aber auch eine Wendemarke. Nach Vorverhandlungen mit dem aus Rom vertriebenen Papst Leo III. (795–816), die 799 in Paderborn stattfanden, kam es am Weihnachtstag des Jahres 800 in der Peterskirche in Rom zur Kaiserkrönung Karls durch den Papst unter Akklamation des römischen Volkes. Es war dies ein welthistorisch bedeutsamer Vorgang, dessen Gewicht Karl durchaus klar gewesen sein muß, denn sein von Einhard bezeugter Unwille über den Krönungsakt bezog sich kaum auf die längst abgesprochene Kaisererhebung an sich, sondern wohl auf die Umstände, die den Papst und das römische Volk als Reichsvolk zu den maßgeblichen Faktoren dieses symbolträchtigen, hochpolitischen Aktes machten. Es war dies ein folgenreicher Präzedenzfall.

Wie sich Karl selbst eine Kaiserkrönung dachte, läßt sich an der Kaisererhebung seines Sohnes Ludwig im Jahre 813 ablesen, die mit Zustimmung der Großen in der Kaiserpfalz zu Aachen stattfand. Karl stand dabei in vollem Kaiserornat mit der Krone auf dem Haupte vor dem Altar, verpflichtete Ludwig durch ein feierliches Gelübde auf seine Herrscheraufgaben und ließ ihn sich selbst die Krone vom Altar nehmen. Die danach erfolgende Akklamation der fränkischen Großen macht den fränkischen Charakter dieses Kaisertums deutlich, die Franken sind das Reichsvolk und nicht die päpstlichen Römer wie im Jahre 800. Protest kam aus Byzanz, vor allem auch gegenüber der päpstlichen Kompetenzüberschreitung, es kam aber auch zum Krieg, der erst 812 durch einen formellen Friedensschluß zwischen Karl und dem byzantinischen Kaiser Michael I. beendet wurde. Der Frankenherrscher verzichtete dabei auf seine militärischen Eroberungen in Venetien, dafür erkannte ihn Byzanz als Imperator und Kaiser des Westens an, doch nahm dafür seither der oströmische Herrscher den zusätzlichen Titel Kaiser ›der Römer‹ an, behielt also theoretisch seinen universalen Anspruch aufrecht.
Das Jahr 800 bezeichnet aber auch in anderer Weise einen Einschnitt in Karls Politik, da im großen und ganzen damit die Phase der Expansion und der Eroberungskriege abgeschlossen war und sich nun mit dem Ende des 8. Jahrhunderts eine Epoche der ›inneren Reformen‹ anschloß, die sich vornehmlich in der auf den jährlichen Reichsversammlungen beschlossenen und verkündeten Kapitulariengesetzgebung und ebenso in der erneuerten Metropolitanverfassung für die Reichskirche niederschlug. Ob die Kapitularien mangels einer beamtenmäßig organisierten, starken Exekutive überhaupt Reformen bewirkten, ja, ob sie mehr waren als Regierungsprogrammatik, ist umstritten, doch vermitteln diese Verordnungen und Mahnungen des Herrschers tiefe Einblicke in den Zustand der fränkischen Gesellschaft, in die Ausbeutung und Bedrückung der Bauern durch den Adel, durch Grafen, Reichsäbte und Reichsbischöfe auf deren umfangreichen Grundherrschaften. Es geht um Mißbrauch der Amtsgewalt zur persönlichen Bereicherung, um Bauernlegen, um erpresserische Erbschleicherei von Klerikern und Mönchen – offenbar weithin grassierende Übel, die Karl zu bitteren, beißenden Fragen an seinen hohen Klerus, an Bischöfe und Äbte veranlaßten:

»Man muß auch fragen« – so Karl im Jahre 811 – »ob derjenige sich wirklich vom weltlichen Leben abgewandt hat, der Tag für Tag nicht abläßt, seinen Besitz auf alle nur erdenkliche Weise zu vermehren, indem er von der Seligkeit des Himmelreiches redet und mit der Höllenstrafe des Jüngsten Gerichtes droht, um so im Namen Gottes oder irgendeines Heiligen die Reichen wie die Armen, die einfältig und weniger gelehrt sind, ihres Vermögens zu berauben und deren Erben um ihr Erbe zu bringen. Dadurch entstehen dann viele Verbrechen aus Not, denn solche Leute begehen dann Diebstahl und Raub, weil sie um das väterliche Gut beraubt worden sind.«[1]

Zur Bedrückung der Abhängigen und Hintersassen heißt es dann in demselben Kapitulare:

»Die Armen beklagen sich, daß sie ihrer Habe beraubt werden und sie beklagen sich sowohl über die Bischöfe und die Äbte und deren Vögte wie über die Grafen und deren Beamte. Die Armen sagen auch, daß derjenige, der sein Eigentum nicht dem Bischof, dem Abt oder dem Grafen und Richter geben will, von diesen Leuten bei jeder Gelegenheit geschädigt wird; sie lassen den Armen, Machtlosen immer wieder [mit dem Aufgebot] in den Krieg ziehen, und zwar so lange, bis er völlig mittellos ist und dann, ob er will oder nicht, sein Eigentum [den Mächtigen] überträgt oder es ihnen verkauft . . .«[2]

Da in diesem Falle die Schlagkraft der Heeres bedroht wurde, ist noch am ehesten anzunehmen, daß Karl der Große energisch eingriff. Aber auch hier ist der Erfolg ungewiß, denn die allgemeine Entwicklung ging zweifellos dahin, daß anstelle des generellen Aufgebots immer mehr die militärischen Kontingente traten, die auf den königlichen, adeligen und vor allem auch den kirchlichen Grundherrschaften aufgestellt wurden; es sind die in den Quellen immer häufiger auftauchenden ›milites‹, aus denen sich ein Spezialkriegertum und später, im Hochmittelalter, auch der Ritterstand entwickelte.
Ein weiterer, vom Kaiser 811 gerügter Übelstand war der Trick mancher Kleriker, mit Reliquien der Heiligen durchs Land zu ziehen und für diese Reliquien Schenkungen entgegenzunehmen, worauf man wieder weiterzog.
Solche Mißstände waren allerdings zum Teil die unausweichliche Folge der Tatsache, daß die Karolinger, und vor allem Karl der Große selbst, die Kirche in einem bislang unvorstellbaren Ausmaße für staatliche Aufgaben herangezogen hatten, vor allem zu Verwaltungsaufgaben, finanziellen Leistungen und zur Stellung von Truppen aus den materiellen Mitteln und dem Personal der kirchlichen Grundherrschaften. Diese rücksichtslose Instrumentalisierung der Kirche für politisch-militärische Aufgaben begründete auf lange Zeit hinaus die Vormachtstellung des Karolingerreiches in Europa; sie setzte sich im erneuerten Reichskirchensystem der ottonisch-salischen Epoche fort, wo etwa zwei Drittel des Reichsheeres von kirchlichen Kontingenten gestellt wurden.

Als Karl der Große 814 starb, zeigte sich sehr bald, daß seine politische Schöpfung nicht ungefährdet, sondern von inneren wie äußeren Problemen belastet war. Zwar setzte sein Sohn Ludwig der Fromme (814–840) anfänglich das Werk der Reichsreform energisch fort, aber es kam in den seit 830 ausbrechenden Kämpfen der karolingischen Teilreiche, in denen Ludwigs Söhne regierten, zu einer permanenten Reichskrise, die auch die Struktur des karolingischen Imperiums grundlegend veränderte: In den Verträgen von Verdun (843), Meersen (870) und Ribemont (879/80) gliederten sich schrittweise das Westfränkische Reich, das Ostfränkische Reich, Nieder- und Hochburgund und das Königreich Italien aus, wobei das ursprüngliche lotharingische Mittelreich mit den Hauptstädten Aachen und Rom zwischen den anderen Partnern aufgeteilt wurde. Die künftige europäische Trias von Frankreich, Deutschland und Italien kündigt sich aber hier bereits an.
Dies alles vollzog sich unter der ständigen militärischen Bedrohung der normannischen, sarazenischen, später auch der madjarischen Invasionen, die der kulturellen Blüte der Karolingerzeit schweren Schaden zufügten. Bei der großen normannischen Belagerung von Paris im Jahre 885/86 zeichnete sich als Verteidiger Graf Odo, der erste Kapetinger, besonders aus; er wurde 888 nach der Absetzung des unfähigen Karolingers, nämlich Karls III., westfränkischer König. Im Ostfränkischen Reich erlangen seit 919 die sächsischen Ottonen die Königsherrschaft, auch der Aufstieg dieser Dynastie ist eng mit ihren Erfolgen bei der endgültigen Bannung der Ungarngefahr verbunden. Wenden wir uns nach diesem Überblick über die wichtigsten Ereignisse und Entwicklungstrends des Frühmittelalters nun *zwei entscheidenden Fragen* zu:

1. Was blieb vom kulturellen Erbe der Antike in den neuen Reichsbildungen lebendig, wie wurde es übernommen, wie verändert und der eigenen Gesellschaftsform anverwandelt? Es ist das heißdiskutierte Problem der Kontinuität zwischen Antike und Mittelalter, ein Problem, das vielleicht am besten mit einer berühmten Gedankenfigur des Philosophen Georg Friedrich Wilhelm Hegel definiert werden kann, nämlich mit der dreifachen Bedeutung des Begriffs ›Aufheben‹. Aufheben heißt erstens ›Bewahren‹, und in der Tat sind durch die Kirche wesentliche Elemente antiker Zivilisation bewahrt und gerettet worden. Aufheben heißt aber auch ›Beseitigen‹, ›Negieren‹, und auch dies trifft zu, denn die Kirche hat wesentliche Bewußtseinsinhalte und Traditionen vor allem der heidnischen Antike aus religiösen Skrupeln zerstört. Sichtbares Beispiel solchen Traditionsbruches sind die soge-

nannten Palimpseste, Handschriften antiker Autoren, deren Texte abgewaschen und, wegen des kostbaren Pergaments, neu beschriftet worden sind, nämlich mit kirchlicher Literatur. Aufheben heißt aber auch »Empornehmen«, und dies gilt für das Hinaufnehmen antiker Traditionen und kultureller Inhalte in den neuen Verbund der christlich-abendländischen Kultur des Frühmittelalters. Bewahren, teilweise Beseitigen und das dennoch Bewahrte an eine neue Zeit weitergeben sind Charakteristika der Epoche zwischen christlicher Spätantike und Frühmittelalter.

2. Die zweite Frage, die uns hier beschäftigen muß, ist die Frage nach dem Neuen, wodurch sich das Mittelalter grundlegend von der antiken Gesellschaft und Kultur unterscheidet, und damit verbunden, die weitere Frage, was von den neuen Formen der mittelalterlichen Welt bis in die Neuzeit, ja sogar bis in unsere Gegenwart hineinwirkte und wirkt.

Zum *ersten* Problem, dem Weiterwirken der Antike im Mittelalter, wurden schon zu Beginn einige Anmerkungen gemacht. Im Bereich der materiellen Kultur wäre hier die Übernahme des Steinbaus in der germanischen und später in der slawischen Welt zu nennen, ablesbar etwa an unserem Lehnwort Ziegel, das sich aus dem lateinischen ›tegulum‹ herleitet. Ebenso wurden Schrift und Schreibtechnik an die frühmittelalterliche Welt weitergegeben, aber auch Arbeitstechniken. Wenn sich beispielsweise in fränkischen Klöstern des 8./9. Jahrhunderts öfters das Standardwerk römischer Agrarwissenschaft, Columellas ›De re rustica‹ (Über die Landwirtschaft), findet oder Handschriften medizinischen Inhalts abgeschrieben und weiterverbreitet werden, dann kann man einerseits daraus ersehen, daß die praktischen Wissenschaften auch für das Frühmittelalter bedeutsam waren und andererseits in den merowingischen und karolingischen Reichsklöstern auch angewendet worden sind, denn es ist kaum anzunehmen, daß man kostbares Pergament für unnütze Dinge verschwendete. Das merowingische Frankenreich, vor allem südlich der Loire und in der Provence, wo das spätantike Städtewesen zumindest teilweise intakt geblieben war, übernahm auch Elemente der alten Verwaltungs- und Steuertechnik. – Dies übrigens nicht immer zur Freude der Franken, denn Gregor von Tours, der Geschichtsschreiber des frühen Merowingerreiches, weiß zu berichten, daß Parthenius, der Finanzverwalter des Königs, Abkömmling einer alten gallorömischen Senatorenfamilie, in Trier von der wütenden Menge gesteinigt wurde, weil er neue Steuern eingeführt hatte.

Alte Römerstraßen wurden vielfach weiterbenutzt, Münzen mit dem Herrscherbild wurden weitergeprägt – auch das Wort Münze ist ja ein altes Lehnwort aus dem Lateinischen und kommt von ›moneta‹ (Geld) –, der Weinbau, das Brot und verschiedentlich auch alte Handwerke wie die Goldschmiedekunst und die Töpferei mit der Drehscheibe blieben in manchen Regionen erhalten oder breiteten sich weiter aus.
Überhaupt muß man von der alten Vorstellung Abschied nehmen, als wäre durch die germanische Völkerwanderung die alte romanisierte Bevölkerung ausgelöscht und mit ihr auch alle Traditionen der materiellen wie der geistigen Kultur vernichtet worden. Alte Orts-, Fluß- und Flurnamen im heute deutschen Sprachgebiet links des Rheins und südlich der Donau, d.h. in Gebieten, die einst zum Römerreich gehörten, bezeugen das Fortleben der gallorömischen und keltoromanischen Bevölkerung ebenso wie schriftliche Quellen des Frühmittelalters. So können etwa noch im 8. Jahrhundert die bayrischen Herzöge an das Bistum Salzburg Hunderte von romanischen Hintersassen des Salzburger Landes verschenken. Ebenso bleiben Teile der römischen Oberschicht im Lande, im Alpenraum ebenso wie an Mosel und Rhein. Im 7. Jahrhundert ist uns in Trier noch eine am Königshofe einflußreiche ›senatorische‹ Familie gallorömischen Ursprungs bekannt, und gallorömische Senatorenfamilien beherrschen im Frankenreich traditionell die alten Städte und Bischofssitze, denn erst seit dem 7. Jahrhundert beginnt der fränkische Anteil unter den Bischöfen langsam anzusteigen.
Damit sind wir schon bei der entscheidenden Institution, durch deren Vermittlung antike Traditionen, Kulturgüter wie Verwaltungstechniken, im Frankenreich weiterlebten: bei der Kirche. Sie stammt zwar im wesentlichen aus der Antike und erscheint damit vor allem unserer ersten Frage nach dem antiken Erbe zugeordnet. Gleichzeitig ist die Kirche aber auch die große ›Verwandlerin der Welt‹, und damit gehört sie ganz entschieden auch zu unserer zweiten Grundfrage, der Frage nach dem Neuen im Frühmittelalter. Denn gerade dieser scheinbare Widerspruch, zugleich ›alt‹ und ›neu‹ zu sein, weist auf ihre ungeheure Bedeutung für den inneren Zusammenhang zwischen Antike und Mittelalter, wie auch auf ihre schöpferische Kraft hin, die sie unter der ordnenden Hand karolingischer Staatsführung für die lange Zukunft des Mittelalters entfaltete. Zu unserem ersten Aspekt gehört sie vor allem durch die Vermittlung antiker Denktraditionen, theologischer Bildung und griechischer Kirchenpraxis. Es ist kein Zufall, daß viele Grundbegriffe des kirchlichen Lebens in griechischer Form auf uns gekommen sind, so zum Beispiel Ekklesia, Eucharistie,

Evangelium, Bibel, Perikope, Parabel, Kanon, Diakon, Presbyter, Episcopus, Patriarch, Theologie, Liturgie und viele andere Begriffe und zentrale dogmatische Inhalte. Die Kirche als Brücke zwischen Antike und Mittelalter und damit zwischen Vergangenheit und Zukunft ist aber nicht nur ein religiös-spirituelles Phänomen. Ebensowenig erschöpft sich für unser Thema der Kirchenbegriff in jener religiösen, dogmatisch verfestigten Institution, die für das Heil der Seelen sorgte und die aus diesem Grunde auch streng darüber wachte, daß gefährliche heidnische Traditionen antiker Kultur als seelenverderbend ausgeschieden, ja sogar vernichtet wurden. Kirche ist darüber hinaus auch eine universale, soziale und bald auch politische Organisation, die seit dem Zusammenbruch der römischen Zentralverwaltung im 4. und 5. Jahrhundert immer mehr auch herrschaftliche Funktionen an sich zog: vor allem in der Form der bischöflichen Stadtherrschaft. Gerade durch die bischöflichen Stadtherren aus alten senatorischen Familien – der Geschichtsschreiber Gregor von Tours gehörte einer solchen einflußreichen Familie an, die im 6. Jahrhundert über Generationen hinweg Bistümer beherrschte! – gerade durch solche Stadtherren lernten die Franken römische Verwaltungspraxis kennen, ja, diese Bischöfe wurden eine tragende Säule der merowingischen Königsherrschaft und damit auch eine Gefahr für das fränkische Königtum.

Als im Jahre 584 König Chilperich I. – wie es Gregor von Tours so ungeniert parteiisch ausdrückte – seine schwarze Seele aushauchte, ließ es sich der fromme Bischof und Geschichtsschreiber des 6. Jahrhunderts nicht nehmen, diesen König, der ein erklärter Feind der Kirche und obendrein ein Säufer und Fresser vor dem Herrn gewesen sei, noch einmal genüßlich auf seine Weise zu charakterisieren. Gregor verhöhnte nicht nur des Königs miserable Dichtversuche und lahme Verse, sondern, was viel wichtiger war, Worte der Feindschaft gegenüber dem Episkopat werden dem toten König nachgesagt. Die Bischöfe des Herrn, so läßt uns Gregor mit erbaulich erhobenem Zeigefinger wissen, »lästerte er unaufhörlich, und über nichts trieb er im vertrauten Kreise lieber Spott und Scherz als über die Bischöfe der Kirchen. Den einen nannte er leichtsinnig, den anderen hochmütig, den einen Prasser und jenen einen Wollüstling, jenen schalt er hochgestochen und aufgeblasen, und nichts haßte er mehr als die Kirchen. Denn er sagte oftmals: ›Siehe, unser Schatz ist arm und unser Reichtum ist an die Kirche gefallen; keiner herrscht jetzt überhaupt als allein die Bischöfe, unsere Macht ist dahin und an die Bischöfe der Städte gekommen‹.«[3]

Hier geht es nicht um die Bischöfe als Häupter einer universalen, geistlichen Institution, sondern um die sehr reale Herrschaft gallorömischer Adelsfamilien über die Bischofsstädte mit ihren relativ reichen finanziellen Mitteln – in den bischöflichen Münzstätten wurde beispielsweise das merowingische Geld geschlagen. Mehr noch, seit dem Wegfall der römischen Zentralverwaltung waren dem Bischof als Haupt einer Stadt von selbst in den Nöten der Völkerwanderungsepoche neue Aufgaben und damit politische Macht zugewachsen. Seit dem 5. und 6. Jahrhundert sorgten Bischöfe für die Befestigung ihrer Stadt, sie sicherten deren Lebensmittelversorgung, sie erneuerten zerstörte Wasserleitungen, gewannen unmittelbaren Einfluß in der Rechtsprechung und Stadtverwaltung, besaßen das Münzrecht, ja, sie stellten zur Verteidigung ihrer Stadt auch selbst Truppen auf. Der Aufstieg des Bischofs von Rom zum Stadtherrn und zum Herrn der angrenzenden Regionen, wie er sich im mittelitalienischen Machtvakuum zwischen Goten, später Langobarden, Byzantinern und regionalen Herrschaften seit dem 6. Jahrhundert vollzog, ist nur ein spektakulärer Sonderfall einer generellen Entwicklung ›bischöflicher Stadtrepubliken‹ im lateinischen Westen, in Italien wie im Frankenreich. In spätmerowingischer Zeit, d.h. im 7. und frühen 8. Jahrhundert hatte sich die bischöfliche Stadtherrschaft zur aristokratischen Regionalherrschaft in weiten Landstrichen des Merowingerreiches ausgewachsen. Erst Karl Martell, sein Sohn Pippin und dann vor allem Karl der Große haben diese bischöflichen Unterherrschaften planmäßig zerschlagen und die Bistümer mit eigenen Anhängern aus den Reihen der karolingischen Reichsaristokratie besetzt. Damit war die Kirche als sozialer und politischer Organismus endgültig in den Reichsverband eingegliedert, integriert und untergeordnet. Ja, Karl ging sogar noch weiter und setzte die Prälaten – Bischöfe und Reichsäbte – für zentrale Verwaltungsaufgaben ein, legte ihnen steuerliche Lasten auf und zwang sie, mit den aus Kirchengut aufgestellten Truppen für seine zahlreichen Feldzüge Heeresfolge zu leisten – eine extreme Instrumentalisierung und Vereinnahmung der Kirche für politisch-militärische Zwecke, die u. a. zu jenen Mißständen führte, von denen vorhin die Rede war.

Aus dieser Reichskirche, die sich in wesentlichen Zügen im ottonisch-salischen Reichskirchensystem des Hochmittelalters fortsetzte, entwickelten die Karolinger die sogenannte ›Hofkapelle‹ als eine Zentralstelle der Reichsverwaltung. Es war dies eine Gruppe von Klerikern, die dem Herrscher unmittelbar unterstanden, mit politischen Aufgaben, Gesandtschaften und

Kontrollfunktionen betraut wurden, die Archiv und Kanzlei der Karolinger leiteten und bei Hofe und auf den Reichstagen und Synoden die wichtigste Vermittlungsstelle zwischen Herrscher, Adel und Volk darstellten. Karls Biograph Einhard entstammte beispielsweise der Hofkapelle. Nimmt man die großen materiellen Leistungen der total eingestaateten Reichskirche für den Kaiser hinzu, also die pflichtmäßigen, regelmäßigen ›Geschenke‹, d.h. Steuern, auf Grundlage des reichen Kirchenbesitzes, dann rundet sich das Bild des karolingischen Reichsepiskopats und der Reichsäbte; es ist ein janusköpfiges Bild, das sowohl Macht und Einfluß der Prälaten im Reich wie auch strenge Unterordnung und politisch-militärische Pflicht und Abhängigkeit gegenüber dem Herrscher erkennen läßt. Insgesamt bildete sich also eine Struktur der Kirche aus, die für das gesamte Mittelalter, auch über den Bruch des Investiturstreits hinaus, prägend und bestimmend geblieben ist. Anders als im Islam war die Kirche eben nicht nur eine geistliche Macht, sondern auch eine politisch-militärische, sie war ein festes Organisationssystem, sie war mit der breitgefächerten, vom Adel beherrschten Hierarchie und ihren Orden ein eigener gesellschaftlicher Organismus, der sich überdies durch seine übernatürlichen Gnadenmittel und charismatische Würde deutlich von der Welt der Laien abhob.
Sie hütete zudem die Schätze der Bildung und der intellektuellen Kultur – und auch hierin unterschied sie sich von der islamischen Welt, in der auch Mediziner und Naturwissenschaftler, also nicht in erster Linie Geistliche, als Träger antiker Bildungstradition und als deren Übersetzer ins Arabische eine entscheidende Rolle spielten. Man kann getrost sagen, daß die abendländische Kirche eine Art Bildungsmonopol besaß – bis weit ins Hochmittelalter hinein, als mit der ritterlichen Kultur, mit Epos und Minnesang, sich wiederum erstmalig seit der Antike ein gebildetes Laientum von diesem Monopol klerikaler Bildung und Ausbildung emanzipierte. Aber noch die zahlreichen Universitätsgründungen seit dem Ende des Hochmittelalters und im Spätmittelalter sind, was deren Organisation und Personal anbelangt, weitgehend eine Sache der Kirche. Dies hatte übrigens sehr positive Folgen, weil hier die Internationalität kirchlicher Bildung zur Geltung kam. Die einzelnen Universitätsdiplome, etwa die der Sorbonne in Paris oder die von Bologna, Oxford, Köln, Prag, Heidelberg, Leipzig und Krakau, wurden überall in Europa als gültig anerkannt, und wichtige Schriften, etwa der Sorbonne, dem intellektuellen Zentrum Europas, waren durch dieses internationale Kommunikationssystem der Kirche innerhalb von 2–3

Jahren überall in Europa von Spanien bis nach Polen und Ungarn bekannt.
Die Kirche als ein allumspannendes Kommunikationssystem ist aber bereits eine wesentliche Leistung der Karolingerzeit. Gerade weil seit Karl Martell, Pippin und Karl dem Großen die Reichskirche ein homogenes System und ein in den Staat integriertes, von oben lenkbares Befehlssystem war, das durch gleichartige Bauformen, durch den Verbund von Reichsbischöfen, Reichsäbten und Hofkapelle ein eng miteinander verknüpftes ›Kapillarsystem‹ darstellte, gerade deshalb war diese Reichskirche das ideale Gefäß für die neue karolingische Einheitsbildung und Einheitskultur, auf der wiederum die geistige Einheit des europäischen Mittelalters – und nicht nur des Mittelalters! – im wesentlichen beruhte. Ohne dieses kirchliche Kommunikationssystem wäre auch jene Erneuerung der Studien und der Bildung insgesamt nicht möglich gewesen, die wir unter dem Namen der ›karolingischen Renaissance‹ zusammenfassen. Sie hängt ursächlich mit Karls Reform und Zentralisierung der Reichskirche zusammen, der er verbindliche Normen und einen höheren Bildungsstand geben wollte. Bildungs- und Kirchenreform bedingen einander, und der Herrscher gewann für beides hervorragende Männer, die er seit den 70er Jahren des 8. Jahrhunderts an seinem Hof versammelte: Angelsachsen, Iren, Langobarden wie Petrus von Pisa oder Paulus Diaconus, Westgoten wie Theodulf von Orléans und ebenso Franken, wie seinen späteren Biographen und Hofarchitekten Einhard. Zentrale Figur dieses Kreises war der Angelsachse Alkuin, eine Art ›Kultusminister‹ Karls des Großen, um den herum sich eine Hofschule bildete, die zwar als Institution schwer zu fassen ist, aber dennoch große Wirkungen zeitigte. Alkuin etwa erfüllte den Auftrag, die Heilige Schrift philologisch zu reinigen und zu verbessern, und in der Tat war die sogenannte Alkuin-Bibel, die in der Schreibschule von Tours serienmäßig hergestellt wurde, als ›wissenschaftlich-kritische Ausgabe‹ den älteren Bibeltexten, wie sie etwa auch noch in Rom verwendet wurden, weit überlegen. Paulus Diaconus sollte nach Karls Wunsch eine Mustersammlung von Predigten verfassen. Der Kaiser war sich offenbar darüber klar, wie sehr es an einer wirklichen, in die Tiefe des Volkes wirkenden Christianisierung fehlte. In dieselbe Richtung zielt Karls Auftrag, nach dem vermeintlichen Urexemplar der Mönchsregel des heiligen Benedikt einen für alle Klöster des Reiches verbindlichen, einwandfreien Text zu erstellen. Im Kreise der Hofgelehrten entstand auch eine moderne karolingische Theologie, deren Hauptvertreter Theodulf von Orléans war. Karl

ordnete ferner an, daß die geistlichen und wissenschaftlichen Werke der Hofgelehrten als Muster im Reiche verbreitet wurden und damit normierend wirkten. Zu diesem Zwecke wurden die Mönche in den Klöstern jetzt generell zu Schreibarbeiten angehalten. Auf diese Weise entstanden die großen karolingischen Bibliotheken mit ihren reichen Bücherschätzen. Nur durch den Fleiß und Bildungseifer mönchischer Schreibschulen sind uns viele unersetzliche Werke der klassischen Antike überliefert und damit erhalten geblieben. Voraussetzung war allerdings, daß seit dem Absterben der heidnischen Bildungstraditionen die Kirche wieder ein positiveres Verhältnis zu deren geistigen Gütern gewann; besonders die Angelsachsen waren hier bei der Rezeption klassischer Bildung vorangegangen. Wertvolle antike Handschriften wanderten aus Italien, Spanien, Irland und England ins Frankenreich und danach von Reichskloster zu Reichskloster, wurden abgeschrieben und weiterverliehen, ja, Gelehrte wie Hrabanus Maurus in Fulda oder Lupus von Ferrières in Burgund jagten mit fast kriminalistischem Spürsinn hinter seltener antiker, klassischer Literatur her, ganz ähnlich wie später die Humanisten der italienischen Renaissance. So wurde der schreibende Mönch nach angelsächsischem Vorbild zur Zentralfigur des karolingischen wie des gesamten mittelalterlichen Mönchtums, und mit ihm die ebenfalls normierende standardisierte Weltschrift des Mittelalters: die sogenannte ›karolingische Minuskel‹.

Karl der Große wollte aber nicht nur eine Erneuerung der lateinisch-christlichen Bildung, sondern strebte darüber hinaus nach einer Verschriftlichung, und damit auch Bewahrung der germanischen Rechts- und Kulturtraditionen und der fränkischen Sprache. Einhard berichtet uns darüber in seiner Biographie Karls des Großen:

»Nach Annahme des Kaisertitels, als er sah, wie viele Mängel den Gesetzen seines Volkes anhafteten – die Franken haben nämlich zwei Rechte, die in sehr vielen Stücken sehr voneinander abweichen –, nahm er sich vor, Fehlendes zu ergänzen, Abweichendes in Übereinstimmung zu bringen und Verkehrtes und Unbrauchbares zu verbessern; indes er kam damit nicht weiter, als daß er etliche Zusätze, und auch diese nicht ganz fertig zu den Volksrechten machte. Doch ließ er von allen Völkern unter seiner Herrschaft das noch nicht aufgeschriebene Recht zusammenstellen und schriftlich niederlegen. Ebenso ließ er die uralten deutschen Lieder, in denen die Taten und Kämpfe der alten Könige besungen wurden, aufschreiben und der Nachwelt überliefern. Auch eine Grammatik seiner Muttersprache ließ er in Angriff nehmen. Auch gab er den Monaten, für die bei den Franken bis dahin teils lateinische, teils deutsche Namen im Gebrauch waren, Benennungen aus seiner eigenen Sprache. Ebenso gab er zwölf Winden deutsche Namen, während man vorher nur für kaum vier Winde besondere Benennungen hatte finden können. Und zwar nannte er von den Monaten den Januar Wintarmanoth, den Februar Hornung, den März Lentzinmanoth, den April Ostarmanoth, den Mai Winnemanoth, den Juni Brachmanoth, den Juli Hewimanoth, den August Aranmanoth, den September Witumanoth, den Oktober Windumemanoth, den November Herbistmanoth, den Dezember Heilagmanoth. Den Winden aber gab er folgende Namen: den Ostwind nannte er Ostroniwint, den Südostwind Ostsundroni, den Südsüdostwind Sundostroni, den Südwind Sundroni, den Südsüdwestwind Sundwestroni, den Südwestwind Westsundroni, den Westwind Westroni, den Nordwestwind Westnordroni, den Nordnordwestwind Nordwestroni, den Nordwind Nordroni, den Nordostwind Nordostroni, den Ostnordostwind Ostnordroni.«[4]

Wenn auch Ludwig der Fromme wegen religiöser Bedenken solchen Bemühungen ein jähes Ende setzte – er ließ die Sammlung germanischer Heldenlieder vernichten, und nur das Hildebrandslied ist uns als kostbares Fragment dieser althochdeutsch-germanischen Tradition erhalten geblieben! –, so ließ Karls Initiative dennoch eine reiche althochdeutsche Literatur und Schriftsprache entstehen. Karl steht also auch an der Wiege der deutschen Sprache und Literatur, beide sind somit kein spontanes Werk des anonymen, schöpferischen ›Volksgeistes‹, wie man in der Romantik meinte, sondern Früchte herrscherlichen Einheitswillens und kulturpolitischer Initiative.
Das ›massive Staatskirchentum‹ Karls des Großen, das sogar ›caesaropapistische‹ Tendenzen hatte – Karl und seine Hoftheologen hatten beispielsweise auf der Frankfurter Reichssynode von 794 für die fränkische Kirche dogmatische Entscheidungen gegen den Papst gefällt! –, dieses Staatskirchentum löste durch den engen Verbund zwischen Herrscher und Kirche auch gegenläufige Wirkungen aus, die für das gesamte Mittelalter folgenreich sein sollten:
Es war vor allem die kirchliche Legitimation des karolingischen Herrschers durch die päpstlichen Initiativen von 751 und 800, also durch die römische Beihilfe beim Herrscherwechsel von den Merowingern zu den Karolingern und ebenso bei der Erlangung des Kaisertums, die jetzt auch das Herrschertum selbst der Kritik christlichen Denkens zugänglich machte. So kamen aus der Feder hochgebildeter Hoftheologen kritische Traktate über die Pflichten, aber auch die moralischen Grenzen des Herrscheramtes. In diesen ›Fürstenspiegeln‹, die im weiteren Mittelalter eine eigene Literaturgattung geworden sind, werden neue christliche Maßstäbe für die Eignung zum Herrscheramte entwickelt – und damit neue Formen politischen

Handelns, denen sich auch das Königtum auf die Dauer nicht entziehen konnte. Auch hier hat die Karolingerzeit jener für Europa so entscheidenden Epoche des Investiturstreits vorgearbeitet, in der erstmalig in der Weltgeschichte radikale Kritik an weltlicher Macht geübt wird, an politischer Gewalt schlechthin, die ja auch für einen großen Historiker wie Jacob Burckhardt als von Grund aus böse galt. Gerade unser Jahrhundert hat die Schrecken ungezügelter politischer Macht zur Genüge zu spüren bekommen.

Ehe wir uns nun abschließend und zusammenfassend den langzeitlichen Wirkungen und Folgen der fränkisch-karolingischen Reichsgründung für die Entfaltung Europas zuwenden – Folgen, die bis in unsere Gegenwart hineinreichen! –, mag aber der Blick noch einmal auf die Unterschiede und Parallelen gelenkt werden, welche die islamische Welt bei der Verarbeitung, Ausscheidung und Anverwandlung des antiken Kulturerbes bestimmten.

Wir haben vorhin festgestellt, daß die Verschmelzung der germanischen Völkerwelt mit der antiken Kultur des Mittelmeerraumes ein jahrhundertelanger Prozeß mit jähen Brüchen und gleitenden Übergängen gewesen ist, während die Entstehung der islamisch-arabischen Welt sich innerhalb von zwei bis drei Generationen gleichsam explosionsartig als eine religiöse Revolution vollzog. Dies konnte nicht ohne Folgen für die Formen der Übernahme antiker Kultur bleiben. Während in der germanischen und später in der slawischen Welt sich diese Rezeption vor allem durch das Kommunikationssystem der christlichen Kirche, ihrer Dogmen und Bildungstraditionen vollzog, erfolgte sie im Islam durch den Bruch mit der christlichen Religion, und ihren anfangs sehr radikalen und revolutionären Ersatz durch eine neue monotheistische Religion. Nach der ersten Welle der islamischen Eroberungen, die zwischen 632 und 641 die hellenistischen Kulturräume Syriens, Ägyptens und des westlichen Sassanidenreiches umfaßten, trennten Religion und Sprache gleichermaßen die Eroberer von den Unterworfenen. Um so erstaunlicher ist es daher, daß bereits unter der Omajadendynastie (660–750), die Damaskus anstelle von Medina zur Hauptstadt machte, die hellenistische Hochkultur gleichsam ›inoffiziell‹ von den Siegern Besitz ergriff; sie vermochten sich ihrer Faszination offenbar auf die Dauer nicht zu entziehen. Zwar wurde die Beschäftigung mit der griechischen Kultur offiziell weder geduldet noch unterstützt – schon die militärische Dauerkonfrontation mit der griechischen Vormacht Byzanz verbot dies! –, aber es kam dennoch bereits damals zu Übersetzungen griechischer Texte

ins Arabische, vornehmlich im Bereich der praktischen Wissenschaften, der Alchemie und der Medizin.
Mit der neuen, aus Persien kommenden Dynastie der Abbasiden setzte dann seit 750 ein grundlegender Wandel ein. Persien, das ehemalige Sassanidenreich, war von hellenistischer Kultur stark beeinflußt, die Abbasiden standen diesen Traditionen bei weitem nicht so fremd gegenüber wie Herrscher und Eroberer aus dem arabischen Ursprungsland des Islam. Sehr wahrscheinlich hat die neue Dynastie die Übernahme griechischer Bildung noch dadurch unterstützt, daß sie die ›Mutazilah‹ förderten, eine Gruppe von Denkern, denen das Hauptverdienst an der Einführung philosophischer Kategorien griechischen Ursprungs in die islamische Theologie zukommt.
Auch das Christentum hatte ja in der Spätantike den breiten Einstrom griechischen Denkens in den religiösen Bereich erlebt. Sein ganzes, sorgfältig ausgearbeitetes dogmatisches Lehrgebäude ist ohne diesen Vorgang der Durchdringung mit griechischem Denken nicht verständlich, ebensowenig aber auch die erbitterten dogmatischen Kämpfe dieser Epoche, bei denen es zumeist darum ging, die religiöse Substanz des Christentums vor der Überwucherung und Denaturierung durch philosophische Kategorien, etwa des Neuplatonismus, zu bewahren.
Durch die Konkurrenzsituation mit dem griechischen Christentum und seiner hochentwickelten Theologie war der Islam also auch aus inneren Gründen gezwungen, sich zu polemischen Zwecken auch griechisch-christliche Denkkategorien und Argumentationsmuster zu bedienen, um den schlichten Glaubenserfahrungen des Koran ein festes, intellektuelles Gerüst zu geben, etwa bei strittigen Fragen um das Wesen Gottes oder um die Willensfreiheit. Jedenfalls ist es aus mehreren Gründen kein Zufall, daß unter der Abbasidenherrschaft im 8. und 9. Jahrhundert, im wesentlichen durch eine ausgedehnte Übersetzungstätigkeit ins Arabische, die quasi offiziell angeordnete Rezeption griechischen Geistes und des antiken Erbes insgesamt erfolgte.
Da im islamischen Bereich, anders als im Abendland, diese Übernahme nicht im Kommunikationssystem der Kirche erfolgte, ist es auch kein Zufall, daß hier Mediziner, Naturwissenschaftler und Mathematiker eine große Rolle als Übersetzer spielten. Es liegt auf der Hand, daß dies auch die Auswahl der zu übernehmenden Kultur- und Geistestraditionen beeinflußte, nämlich den Vorrang praktisch-naturwissenschaftlichen Wissens. Doch zwang auch die Auseinandersetzung mit der christlichen Dogmatik die islamischen Theologen, philosophische Denkformen zu übernehmen, um eine eigenständige, intellektu-

ell anspruchsvolle Theologie entwickeln zu können. Die Aristotelesrezeption, die anfangs über das Sassanidenreich lief, scheint schon früh eine besondere Rolle gespielt zu haben. Nach der Blütezeit der Übersetzungsarbeit im 9. Jahrhundert kam es zu einer gewissen Stagnation; die wichtigsten Werke waren offenbar übertragen, nach dem 10. Jahrhundert gab es kaum mehr Übersetzungen antiker Werke, die auf den Islam eingewirkt hätten.

Insgesamt wird man sagen können, daß die antike Philosophie, die Medizin und die exakten Wissenschaften, soweit sie sich in den Späthellenismus hinübergerettet und insofern sie die vorausgegangene ideologische Aussonderung durch das siegreiche, nachkonstantinische Staatskirchentum überstanden hatten, in ihrer Gesamtheit von der arabisch-islamischen Kultur übernommen worden sind. Aus denselben Gründen gingen aber die Poesie, die Tragödie und Komödie sowie die antike Geschichtsschreibung nicht in den islamischen Bildungskanon ein. Dafür gibt es Wechselbeziehungen zwischen griechischen und arabischen Sagen- und Märchentraditionen, die wiederum beide auf die höfische Literatur des Hochmittelalters einwirkten.

Von der Intensität der griechisch-arabischen Kulturberührung, die auch für das europäische Hochmittelalter und seinen intellektuellen Standard von weittragender Bedeutung werden sollte, legt bereits die Liste griechischer Autoren Zeugnis ab, von denen uns einiges nur auf Arabisch erhalten ist. Es sind unter anderen Theophrast, Euklid, Heron und Pappos von Alexandrien, Rufus von Ephesos, Dorotheos von Sidon, Galen, Alexander von Aphrodisias, Nikolaos von Damaskus, Porphyrios und Proklos sowie anonyme Philosophen, denen wir Bearbeitungen von Plotin und Proklos verdanken. Man hat daher wohl mit Recht von einer ›Renaissance des Islam‹ zwischen dem 8. und 10. Jahrhundert durch die schöpferische Anverwandlung griechischen Geistes gesprochen, und es läge nahe, hier die Parallelen, aber auch die grundlegenden Unterschiede zur karolingischen Renaissance zu ziehen.

Wichtiger noch scheint aber der Hinweis auf die langzeitlichen Wirkungen, als der Islam im Hochmittelalter die griechischen Wissenschaften und die Philosophie eigenständig weiterentwikkelte und zusammen mit seiner intensiven Kenntnis und Kommentierung der Werke des Aristoteles an die frühe intellektuelle Kultur der europäischen Universitäten weitergab. Doch davon wird noch einiges zu sagen sein, wenn es um das Weiterwirken des Mittelalters und um seine Bedeutung für uns selbst geht.

Die neuen Lebensformen und ihre Folgen für die europäische Geschichte

Kehren wir zum Schluß ins karolingische Europa zurück oder besser in jenes Karolingerreich, das erst zu unserem Europa als einer breitgefächerten kulturellen Einheit der romanischen, germanischen und westslawischen Völker geworden ist, und fragen wir nach dem Neuen in Staat, Gesellschaft und Kultur und nach dessen Weiterwirken in der Geschichte.

Da sind zu allererst die neuen Organisationsformen der Gesellschaft zu nennen, die karolingischen Ursprungs sind und das gesamte Mittelalter, ja teilweise auch noch die Neuzeit wesentlich mitgeformt haben, nämlich die *Grundherrschaft*, das *Lehnswesen* und die *Reichskirche*. Sie waren neben dem Herrscher, dessen Herrschaft seit dem welthistorischen Bündnis zwischen Papsttum und Karolingern von 751 kirchlich legitimiertes Gottesgnadentum ist und der den König und Kaiser stützenden und mit ihm versippten Reichsaristokratie, die wichtigsten Strukturelemente der karolingischen wie insgesamt der mittelalterlichen Gesellschaft.

Die *Grundherrschaft* stellt eine das gesamte Mittelalter bestimmende neue Organisationsform dar, in der politische, rechtliche und wirtschaftliche Funktionen zusammengefaßt sind. König und Adel entwickelten die Grundherrschaft und ihre Fronhofsverfassung sowohl in jenen Gebieten, in denen noch römische Einrichtungen bestanden, als auch außerhalb derselben in Austrasien und rechts des Rheins. Die weltliche und geistliche Grundherrschaft entwickelte sich aus der Hausherrschaft über alle zum Haus gehörigen Personen samt den Knechten (der Leibherrschaft), aus der Schutzherrschaft über Gefolgsleute und aus der Inbesitznahme von Grund und Boden, der an freie und unfreie Bauern zur Leihe gegeben wurde; es handelt sich also um Herrschaft über Land und Leute, die sich von der Latifundienwirtschaft der Antike in mehrfacher Hinsicht unterschied.

Erstens war sie in einer überwiegend naturalwirtschaftlichen Epoche nicht ein rentebringendes Besitztum neben anderen, sondern die wichtigste Grundlage der Adels- und Königsherrschaft schlechthin. Nur die aus der Spätantike stammenden Bischofsstädte links des Rheins und vor allem die im Bereich der mittelmeerischen Stadtkulturen verbleibenden Gebiete südlich der Loire bewahrten eine eigene, ältere Sozialstruktur. Ferner lebten die Grundherren, vornehmlich die Adeligen, auf ihren Herrenhöfen, Herrenleben war im Frühmittelalter zumeist identisch mit Landleben. Auch die königlichen Pfalzorte

(Ingelheim, Worms, Nimwegen, Heristal, Diedenhofen, Attigny usw.) sind Mittelpunkte grundherrschaftlich organisierten Reichsgutes; der Herrscher besucht sie reihum und verzehrt mit seinem Gefolge die dort angesammelten Nahrungsmittelvorräte. Erst in der Spätzeit Karls des Großen entwickelt sich die Aachener Pfalz zu einer Art Dauerresidenz. Große Teile der adeligen Grundherrschaften waren nicht ererbtes Eigengut (Allod), sondern Lehen des Herrschers aus Königsgut oder Kirchenbesitz, etwa aus den Säkularisationen Karl Martells. Soweit das Land nicht in den Eigenbetrieben, den Herren- oder Fronhöfen, bewirtschaftet wurde, war es zur Erbleihe ausgegeben. Der Bauer, der eine Hufe (mansus), die übliche Einheit, die ihm die Existenz sicherte, in Erbleihe besaß, zahlte keinen Pachtzins, sondern brachte Leistungen, nämlich Arbeitsleistungen und Naturalabgaben; er war ›Grundholde‹, der dem Grundherrn zu ›Rat und Hilfe‹ verpflichtet blieb, wie dieser ihm zu ›Schutz und Schirm‹. Der Eigenbetrieb des Herrn wurde meist von einem Verwalter geleitet, der in der Regel ein Unfreier war. Auf dem Hof arbeiteten Knechte und Mägde (servi, mancipia), die z.T. in Gesindehäusern untergebracht waren, z.T. aber auch als ›behauste‹ Unfreie familienweise außerhalb des Herrenhofes in kleinen Häusern wohnten. Das zum Herrenhof gehörige Salland wurde nicht nur von diesen Unfreien bestellt, sondern auch die Hufenbauern arbeiteten auf dem Salland. Die Bauern, die auf Freienhufen saßen (mansi ingenuiles), waren verpflichtet, mit ihren Tieren und Arbeitsgeräten bei der Feldarbeit zu helfen. Die unfreien Hübner (auf mansi serviles) mußten wöchentlich drei Tage oder mehr auf dem Herrenhof arbeiten. Die karolingische Grundherrschaft arbeitete durchaus auch mit Sklaven und Kriegsgefangenen, etwa mit deportierten aufständischen Sachsen oder Slawen. Es war also keineswegs so, wie man früher gemeint hat, daß mit den Germanen gleichsam die Freiheit über Europa ›hereinbrach‹. Aber im Gefüge der Grundherrschaft glich sich im Laufe der Zeit der Rechts- und Sozialstatus von Unfreien und Freien aus: Es entwickelte sich der Bauernstand, der zwar bis zu den großen Bauernbefreiungen des 18. und 19. Jahrhunderts noch durch Abgaben und Leistungen an den Grundherrn gebunden blieb, aber dennoch insgesamt einen besseren Rechtsstand, ja in einzelnen Landschaften sogar eigene politische Gruppenrechte erlangte.

Schon in der Karolingerzeit finden sich riesige klösterliche Grundherrschaften, deren weitverstreuter, in einzelnen Fronhöfen zusammengefaßter und verwalteter Besitz von der Nord-

see bis zu den Alpen reichte, beispielsweise diejenige des Reichsklosters Lorsch bei Mainz.
Die arbeitsteilige Organisationsform der Grundherrschaft, die mehrere Tausend Bauernstellen zusammenfassen und auf Jahre hinaus Arbeitskräfte für Sonderaufgaben (z.B. Rodung) freistellen konnte, und ebenso die in ihrem Bereich entwickelten technischen Innovationen – z.B. der Übergang von der Feld-Gras-Wirtschaft zur Dreifelderwirtschaft, der tiefpflügende Radpflug mit Sech und Streichbrett – waren aber auch eine Grundvoraussetzung für das große Werk des früh- und hochmittelalterlichen Landesausbaus und auch der deutschen Ostkolonisation seit dem 8. Jahrhundert, in dessen Gefolge sich durch Rodung und Meliorisation die Anbauflächen und damit die Bevölkerung Europas vervielfachten.
Die erwähnte Freistellung rodungswilliger Leute, ihre jahrelange Versorgung mit Nahrungsmitteln, Werkzeug, Vieh und Zugtieren war nur innerhalb der arbeitsteiligen Grundherrschaft zu leisten, sie ermöglichte das, was man die ›Vergetreidung Europas‹ im Mittelalter genannt hat, ein Vorgang, auf dem der Bevölkerungsreichtum und damit auch die Vormachtstellung Europas auf Jahrhunderte hinaus sich gründete.
Fast ebenso wichtig wie die Grundherrschaft ist das mittelalterliche Lehnswesen, auf dem der mittelalterliche Staatsaufbau weitgehend beruhte.
Das Lehnswesen, das der Feudalgesellschaft den Namen gab, bildete sich aus, als die karolingischen Hausmeier und Könige, vor allem zur Abwehr der Araber, aber auch im Kampf gegen innere Feinde immer mehr Panzerreiter (loricati) brauchten, also möglichst viele Vasallen besitzmäßig so ausstatten und an sich binden mußten, daß sie regelmäßig Kriegsdienst leisten konnten. Dabei griffen die Herrscher auf Kirchengut zurück, das den Vasallen nicht einfach übereignet, sondern zinslos auf Lebenszeit als ›beneficium‹ (= Wohltat, Lehen) geliehen wurde. Seit dem 9. Jahrhundert kam, gleichbedeutend mit ›beneficium‹, das Wort ›feudum‹ in Gebrauch. Durch das Lehnswesen entstand eine ›Lehnspyramide‹, an deren Spitze der Herrscher steht und die eine überregionale Organisationsform bildete, die Menschen von oben nach unten und umgekehrt aneinander band. So wie der karolingische König an seine Vasallen Lehen vergab, gaben die großen Vasallen wiederum Teile ihrer Lehen gegen ständige Dienstleistungen an Untervasallen weiter. Den ›Staat‹, der auf diese Weise organisiert war und der sonst kaum öffentliche Organe besaß, weder ein stehendes Heer noch eine Polizei oder ein Beamtentum, bezeichnet man als ›Personverbandsstaat‹.

Über das Spätmittelalter hinaus bis weit hinein in die Neuzeit ist die ›Lehnspyramide‹ das wichtigste Band überregionaler Herrschaft, d.h. der Staatlichkeit überhaupt. In Frankreich wurde sie die Grundlage des kraftvollen kapetingischen Königsstaates, aus dem das moderne Frankreich hervorging. In Deutschland hingegen gelang die Zentralisation des Lehnswesens auf das Amt des Königs hin nicht, hier wurde es ein wichtiges Element der spätmittelalterlichen und frühneuzeitlichen Territorialstaaten unterhalb des Königstums. Erst allmählich hat dann der Aufbau einer fürstlichen Behördenorganisation und eines Beamtenapparates das Lehnswesen abgelöst oder gewaltsam verdrängt.

Die dritte Säule karolingischer und später europäischer Staatlichkeit war die *Reichskirche*, deren Wirken nicht nur, wie wir gehört haben, für das Funktionieren einer Zentralverwaltung unentbehrlich gewesen ist, sondern die auch durch die kirchliche Organisation und missionarische Durchdringung der vom Frankenreich neu hinzugewonnenen Gebiete erst dafür sorgte, daß aus Eroberungen bald organische Bestandteile des fränkischen Großreiches geworden sind. Ohne die feste, auch vom Herrscher genutzte Verklammerung der unterworfenen Missionsgebiete mit Hilfe der Reichskirche wäre die reichgegliederte slawische Staatenwelt Ostmitteleuropas wohl kaum ein integraler Bestandteil der europäischen Zivilisation geworden. Die rasche, energische Christianisierung der Westslawen hat übrigens verhindert, daß diese Völker politisch ausgelöscht wurden. Christlich gewordene Stämme konnte man nicht mehr einfach niederwerfen oder gar ausrotten, die Gründung eigener Bistümer sicherte auch das politische Weiterleben und damit den Aufstieg zu eigener Staatlichkeit im weiteren Verlauf des Mittelalters. Das gilt für die Gründung des Bistums Prag im Jahre 973 ebenso wie für die Entstehung des polnischen Erzbistums Gnesen und des ungarischen Erzbistums Gran um die Jahrtausendwende; die Eigenstaatlichkeit Böhmens, Polens und Ungarns wurde erst durch die eigene Bistumsorganisation gesichert.

Die Bedeutung der karolingischen und später ottonisch-salisch-staufischen Reichskirche erschöpft sich aber nicht in Misssion und staatlicher Funktion. Gerade in der Karolingerzeit entsteht durch den Dualismus von Papsttum und Kaisertum, der in der gelasianischen ›Zweischwerterlehre‹ – das geistliche Schwert, d. h. die geistliche Gewalt gehört der Kirche, das weltliche dem Kaiser – sein beredtes Symbol gefunden hat. Im Investiturstreit und seiner ganz Europa erregenden Kampfschriftenliteratur zerbricht dieses Gleichgewicht beider Gewalten; erstmalig in der Geschichte stellen sich Kirche und Staat gegenseitig und radikal-grundsätzlich in Frage. Das ist ein für die europäische Gesellschafts- und Geistesgeschichte schlechthin entscheidender Vorgang, auf dessen Ergebnissen letztlich alle europäischen Freiheitsbegriffe, alle Vorstellungen von Freiheit vom staatlichen Eingriff, Freiheit des Denkens und von Pluralität des Geistes beruhen.

Wenn man die Kirche nicht nur als Institution, als Stütze oder Widerpart staatlicher Macht betrachtet, sondern vor allem ihre weiterwirkende, zukunftsweisende Rolle in der Geschichte ins Auge faßt, dann darf man ihren lebendigsten Teil nicht vergessen, der gleichsam die Unruhe im Gehäuse etablierter Kirchlichkeit darstellt, nämlich das *Mönchtum.* In der Spätantike als asketisch-spirituelle ›Gegenkultur‹ entstanden, prägte es in immer neuen Anläufen der Kirche insgesamt wie der Laienwelt strengere Formen christlichen Bewußtseins und religiöser Vorbildlichkeit ein und wurde so seit dem Frühmittelalter von einem Außenseiter der Gesellschaft eine ihrer tragenden Säulen.

Bis zur Zeit Karls des Großen entstanden allein im Frankenreich mehr als 1000 Klöster, sie wurden neben den Domschulen die Hauptträger des religiösen und kulturellen Lebens bis weit ins Hoch- und Spätmittelalter hinein. Auch die Frühgeschichte der europäischen Universitäten ist noch eng mit der Geschichte der großen Mönchsorden verknüpft. Corvey, Fulda, Hersfeld, Werden, Lorsch, Reichenau, St. Gallen, Benediktbeuren, Tegernsee, St. Emmeram in Regensburg, Kremsmünster, um nur einige bedeutende karolingische Klöster im deutschen Sprachraum zu nennen, waren alle, wenn man ihre mannigfaltigen Funktionen zusammenfaßt, wirkliche Mittelpunkte der mittelalterlichen Gesellschaft, denn sie waren religiöse Zentren, Grablegen und meist Eigentum einer herrschenden Adelsfamilie oder des Königs, sie waren Wirtschaftszentren und damit zugleich mit ihren meist umfangreichen Grundherrschaften Ausgangspunkte der Rodung, des Landesausbaus und technischer Innovationen, z.B. neuer Agrarmethoden, die dann auch von anderen übernommen wurden. Sie waren aber auch als Pfalzorte des Königs oft politische Stützpunkte und durch die Verpflichtung, dem Herrscher Truppen und Geld zu stellen, auch militärisch wichtig; sie bildeten mit ihren wohlorganisierten Schulen sowie durch ihre Kunsthandwerker die kulturellen Schwerpunkte des Landes, und sie waren schließlich als Vorratszentren mit Krankenhaus, Apotheke und Armenversorgung zugleich die erste Entwicklungsstufe dessen, was man heute Sozialfürsorge nennt. Im mönchischen Bereich wurde

schließlich das erstemal mit einer wahrhaft revolutionären Forderung der Heiligen Schrift Ernst gemacht, nämlich mit der Maxime: »Wer nicht arbeitet, soll auch nicht essen.« Hier erscheint wohl das erstemal in der Weltgeschichte die Arbeit, welche der Antike nur als ›labor‹, d.h. als Mühsal galt, als ein positiver christlicher Wert; und mit der Ausbreitung des Christentums in West-, Mittel- und Nordeuropa, die weitgehend ein Werk klösterlicher Mission gewesen ist, entfaltete sich im christlichen Europa erstmalig ein generelles Arbeitsethos: Arbeit ist jetzt Mitwirkung am Schöpfungswerk Gottes. Damit wurde das mönchische ›bete und arbeite‹ eine psychologische Grundvoraussetzung für die mühsame, Jahrhunderte währende Urbarmachung und Kultivierung der Landschaften Europas und gleichzeitig eine Vorbedingung für den politischen und geistigen Aufstieg Europas und seiner Sonderentwicklung gegenüber den außereuropäischen Kulturen. Die moderne Arbeitswelt und Arbeitsethik des Abendlandes, heute in ihren hypertrophen, säkularisierten Formen manchmal als Fehlentwicklung grundsätzlich in Frage gestellt, diese Arbeitsethik, auf der letztlich der Vorrang und die gewaltigen Leistungen der europäischen Zivilisation auf fast allen Lebensgebieten beruhen – nur ein Narr möchte sie ernstlich missen! –, beruht auf jener mönchischen Lebensform, die sich zuerst im karolingischen Europa voll entfaltet hat.
Schließlich und endlich – und damit schließt sich der Kreis unserer Überlegungen, die vom Karolingerreich und von der islamischen Reichsgründung ausgingen – begegnen sich Abendland und Morgenland im Hoch- und Spätmittelalter immer wieder und tauschen vielfach das aus, was sie vom gemeinsamen antiken Erbe übernommen und weiterentwickelt haben. Doch erfolgte dieser Austausch weniger durch die tristen Konfrontationen der Kreuzzugsepoche des 11. bis 13. Jahrhunderts, in deren Verlauf schließlich vor allem Byzanz als geschwächte christliche Vormacht des Orients auf der Strecke blieb, sondern vornehmlich durch die jahrhundertelange Nachbarschaft in den kulturellen Kontaktzonen Unteritaliens, Siziliens und Spaniens. Palermo, Cordoba, Salamanca und Toledo wurden mit ihren Hohen Schulen und Kunstschätzen die Begegnungsstätten islamischer und abendländischer Kultur. Unschätzbar auch für die Frühzeit des wissenschaftlichen Geistes in Europa wegen der Wiederbegegnung mit der durch die arabisch-islamischen Universitäten vermittelten Philosophie des Aristoteles, ohne deren Rezeption die scholastische Philosophie, ein Thomas von Aquin, nicht denkbar wäre. Ebenso gingen aus der Hochkultur des Islam unendlich viele Anregun-

gen auf die höfisch-ritterliche Welt des Hochmittelalters über: von der Verfeinerung der materiellen Kultur bis zur Verfeinerung der Sitten und des Geschmacks und bis zur Bereicherung der abendländischen Literatur durch Motive und Formen orientalischer Poesie.
Fast will es als ein symbolträchtiges Spiel des geschichtlichen Zufalls erscheinen, daß dem Herrscherpaar Karl der Große und Harun al-Raschid im Zenit des Hochmittelalters das ebenso bedeutende abendländisch-morgenländische Herrscherpaar Friedrich Barbarossa und Sultan Saladin entsprechen. Mag dies auch ein Zufall sein, er kann uns dennoch daran erinnern, daß die europäische Zivilisation – so stark wir auch gerade das Originäre, Einmalige und Dynamische an ihr betont haben –, daß unsere Zivilisation unendlich viel dem orientalischen Miterben der antiken Weltkultur zu verdanken hat. Dies ernsthaft zu bedenken, mag vielleicht gerade heute sehr am Platze sein, wo sich die islamische Welt wiederum in einem großen Aufbruch befindet und ihr Verhältnis zur westlichen Zivilisation kritisch zu überdenken beginnt.

Anmerkungen

1 F. PRINZ, Klerus und Krieg, S. 95f.
2 Ebd.
3 GREGOR VON TOURS, Zehn Bücher Geschichten, Buch 6, Kap. 46 (Freiherr vom Stein-Gedächtnisausgabe Bd. III.), Darmstadt 1956, S. 85.
4 EINHARD, Das Leben Karls des Großen, Kap. 29 (Freiherr vom Stein-Gedächtnisausgabe Bd. V), Darmstadt 1956, S. 201.

Literaturverzeichnis

B. BISCHOFF: Mittelalterliche Studien. 2 Bde. Stuttgart 1966/67.
M. BORGOLTE: Der Gesandtenaustausch der Karolinger mit den Abbasiden und mit den Patriarchen von Jerusalem. München 1976.
W. BRAUNFELS (Hg.): Karl der Große – Lebenswerk und Nachleben. 4 Bde. und 1 Registerband. Düsseldorf 1965–1968.
D. BULLOUGH: Karl der Große und seine Zeit. Wiesbaden 1966.
C. CAHEN: Der Islam. Vom Ursprung bis zu den Anfängen des Osmanenreiches. Frankfurt 1968.
A. C. CROMBIE: Von Augustinus bis Galilei. Die Emanzipation der Naturwissenschaft. München 1977.
J. DHONDT: Das frühe Mittelalter. Frankfurt 1968.
A. DOPSCH: Die Wirtschaftsentwicklung der Karolingerzeit, vornehmlich in Deutschland. 2 Bde. Weimar ³1962.
V. H. ELBERN (Hg.): Das erste Jahrtausend – Kultur und Kunst im werdenden Abendland an Rhein und Ruhr. 3 Bde. Düsseldorf 1962–64.
H. FICHTENAU: Das karolingische Imperium. Soziale und geistige Problematik eines Großreiches. Zürich 1949.

J. FLECKENSTEIN: Die Bildungsreform Karls des Großen. Freiburg i. Br. 1953.
Ders.: Grundlagen und Beginn der deutschen Geschichte. Göttingen 1974.
B. GEBHARD: Handbuch der deutschen Geschichte. Bd. 1. Hg. von H. GRUNDMANN. Stuttgart ⁹1970.
O. GRABAR: Die Entstehung der islamischen Kunst. Köln 1977.
G. E. VON GRUNEBAUM: Der Islam im Mittelalter. Zürich/Stuttgart 1963.
G. E. VON GRUNEBAUM/W. HARTNER (Hg.): Klassizismus und Kulturzerfall. Frankfurt 1960.
J. HUBERT/J. PORCHER/W. F. VOLBACH: Die Kunst der Karolinger. München 1969.
P. E. HÜBINGER (Hg.): Bedeutung und Rolle des Islam beim Übergang vom Altertum zum Mittelalter. Darmstadt 1968.
J. KRAEMER: Das Problem der islamischen Kulturgeschichte. Tübingen 1959.
L. KUCHENBUCH: Bäuerliche Gesellschaft und Klosterherrschaft im 9. Jahrhundert. Wiesbaden 1978.
P. LEHMANN: Erforschung des Mittelalters. 5 Bde. Stuttgart 1959–62.
F. G. MAIER: Byzanz, Frankfurt 1973.
Ders.: Die Verwandlung der Mittelmeerwelt. Frankfurt 1968.
H. MÖHRING: Saladin und der Dritte Kreuzzug. Wiesbaden 1980.
E. MÜHLBACHER: Deutsche Geschichte unter den Karolingern. Stuttgart ^{1}1896, Darmstadt ^{2}1959.
A. NOTH: Heiliger Krieg und Heiliger Kampf in Islam und Christentum. Bonn 1966.
G. OSTROWSKY: Geschichte des byzantinischen Staates. München ^{3}1963.
R. PARET: Mohammed und der Koran. Stuttgart ^{2}1966.
H. PIRENNE: Mohamet und Karl der Große. Frankfurt 1963.
F. PRINZ: Frühes Mönchtum im Frankenreich. München/Wien 1965.
Ders.: Klerus und Krieg im früheren Mittelalter, Stuttgart 1971.
M. RODINSON: Mohammed. Luzern/Frankfurt 1975.
K. SCHÄFERDIEK (Hg.): Die Kirche des frühen Mittelalters (Kirchengeschichte als Missionsgeschichte Bd. 2, 1). München 1978.
TH. SCHIEFFER u. a. : Europa im Wandel von der Antike zum Mittelalter (Handbuch der europäischen Geschichte. Bd. 1. Hg. von TH. SCHIEDER). Stuttgart 1976.
H. V. SCHUBERT: Geschichte der christlichen Kirche im Frühmittelalter. Tübingen 1921. Neudruck Darmstadt 1962.
E. SIVAN: L'Islam et la croisade (Der Islam und der Kreuzzug). Paris 1968.
W. ULLMANN: Kurze Geschichte des Papsttums im Mittelalter. Berlin/New York 1978.
W. M. WATT: The Influence of Islam on Medieval Europe. Edinburgh 1972.

17. Heinrich Lutz

Europa zur Zeit der Renaissance und der Reformation

Europa um 1500 zählte etwa 80 Millionen Einwohner. Die Bevölkerungsdichte war sehr verschieden; für das dicht besiedelte Frankreich und Ober- und Mittelitalien werden etwa 35 Einwohner pro qkm geschätzt, für Deutschland 20, für den Osten wesentlich weniger. Die Lebenserwartung ist gering, die Kindersterblichkeit enorm (bis zu 50%). Die Gesellschaft ist geburtsständisch geordnet, sozialer Aufstieg ist immerhin unter bestimmten Bedingungen möglich. Der Adel herrscht über das Land und über abhängige Bauern. Aber in den Städten, die überall Zentren von Handel, Gewerbe, Bildung und Reichtum sind, lebt ein selbstbewußtes Bürgertum: eine grundlegende Bedingung für die Renaissance-Kultur, die sich von Italien über Europa ausbreitet. Der Anteil der städtischen Bevölkerung bleibt aber insgesamt niedrig, er macht sicher nicht mehr als 10% aus.
Die Fürsten sind überall dabei, ihre angestammten Gebiete abzurunden und nach innen ihre Macht zu erweitern; aber sie müssen mit ihren Partnern, mit den ›Ständen‹ rechnen: das sind die in den drei Gruppen der Geistlichkeit, des Adels und der Städte zusammengefaßten Träger der lokalen Autorität, die ein Recht der Mitregierung, vor allem der Steuerbewilligung ausüben. Erst langsam setzen sich der Zentralismus und die absolute Verfügungsgewalt des Fürstenstaates gegenüber den Untertanen im modernen Sinne durch. Untereinander sind diese Fürstenstaaten durch viele Bande der Verwandtschaft, Tradition, Sitte, Sprache etc. verknüpft. Eine nationale Abgrenzung im Sinne der späteren Nationalstaaten ist erst hier und da im Entstehen.
Dies Europa hat im 15. Jahrhundert schon erstaunliche technologische Fortschritte gemacht, die sich mit einer politischen und sozialen Dynamik ohnegleichen verbinden. Der Buchdruck schafft erstmals in der Weltgeschichte Massenkommunikation und eine freie, sozial ungebundene Öffentlichkeit. Ohne den Buchdruck wäre die Reformation als spontane Massenbewegung undenkbar. Die Pulverwaffen revolutionieren die Kriegführung und sichern den wenigen Fürsten, die allein die erforderlichen Mittel investieren können, zunehmend ein Monopol

im Einsatz der militärischen Macht. Die neuen astronomisch-nautischen Verfahren ermöglichen erstmals die Hochseeschifffahrt und damit die Entdeckungsfahrten nach Amerika und Asien. Der entdeckerische Geist der Renaissance macht sich auf allen Lebensgebieten geltend. Europa überschreitet sichtbar die Schwelle der traditionellen Lebensformen, wie sie in anderen Hochkulturen der Weltgeschichte langdauernde Gleichgewichtszustände sicherten. Der Sonderweg der europäischen Gesellschaft und Kultur zeichnet sich ab, der für Jahrhunderte zu einer frappierenden, äußeren Überlegenheit über alle anderen Kultursysteme der Welt führen wird.

Schwieriger ist zu beschreiben, wie es zu Beginn der Neuzeit um die innere Verfaßtheit der Europäer steht, um ihre Gesinnungen und Normen, um Ethik und Religion. Die christliche Einheitskultur umfaßt und überwölbt zwar alle Lebensbereiche, aber es ist heute umstritten, wie tief das europäische Leben zu Ende des Mittelalters wirklich vom Christentum durchgestaltet war. Ohne Zweifel spielen die kirchlichen Einrichtungen und die christlichen Deutungen von Leben und Tod eine hervorragende Rolle: Klöster und Gebetsverbrüderungen, Papsttum, Bischofsorganisation und Ordenswesen prägen das damalige Leben. Aber die organisatorischen und kirchenrechtlichen Seiten des Christentums werden schon vielfach als bedrückend und mißbräuchlich empfunden und heftig kritisiert. Die Klerikerkirche, gipfelnd im Papsttum, wird von einer zunehmenden Anzahl von gebildeten Laien in Frage gestellt. Gerade die neue Bildung, die auch den Laien die Zugänge zur Bibel und zu den Schriften der Kirchenväter öffnet, führt zum kritischen Vergleich zwischen der Botschaft Jesu und den gegenwärtigen kirchlichen und sozialen Verhältnissen. So ist auch hier sehr vieles in Bewegung geraten.

Wir wenden uns nun in einem ersten Abschnitt der Renaissance zu, die Europa aus dem Mittelalter herausführt. Ein zweiter Teil gilt der Reformationsbewegung, die um ein neues, gereinigtes Ideal des Christentums ringt und neue kirchliche und kulturelle Lebensformen schafft. Der dritte Abschnitt führt uns in den Bereich des staatlich-politischen Neuwerdens, wo die Frage von Weltmonarchie oder Einzelstaat im Vordergrund steht und auch der beginnende Ausgriff Europas nach Übersee zu würdigen ist.

Die Renaissance als Kulturbewegung und als Epoche

Die *Renaissance* ist uns geläufig als ein Abschnitt der Kunstgeschichte, nach der Gotik und vor dem Barock. Wir sprechen

auch von der Kultur der Renaissance und meinen damit in einem weiteren Sinne all die neuen Bewegungen des geistigen Lebens, die das nachmittelalterliche Europa kennzeichnen und so viele Bereiche erfassen: in Literatur und Philosophie, in der naturwissenschaftlichen Forschung und im Erziehungswesen, in Recht und Politik. Diese Bewegung ging von Italien aus. Vielerorts spricht man damals von ›Wiedergeburt‹ – daher das Wort Renaissance: die Wiederentdeckung der antiken Schriftsteller, der griechisch-römischen Kultur führt nicht zu einer sklavischen Nachahmung, sondern zu einer unendlich starken Freisetzung neuer schöpferischer Kräfte. Die Menschen der Renaissance messen ihre eigene Zeit und Gesellschaft an dem Ideal der Antike. Und aus dieser kritischen Gegenüberstellung gewinnen sie die Impulse und das Selbstvertrauen zu einer Verbesserung aller Lebensverhältnisse ihrer Zeit. Mit der Renaissance in diesem weiteren Sinne kann eine ganze Epoche der europäischen Geschichte bezeichnet werden: die Jahrzehnte zwischen etwa 1480/90 und etwa 1520, an die dann die Epoche der Reformation anschließt.
Die italienische Entwicklung im 14. und 15. Jahrhundert bereitet diese gesamteuropäische Renaissance vor. Italien hat schon im 15. Jahrhundert einen Höhepunkt der Renaissancekultur erreicht, während das übrige Europa noch länger von den Lebensformen des Spätmittelalters geprägt war. – Innerhalb der Renaissance-Bewegung, die die verschiedensten Gebiete des kulturellen, sozialen und politischen Lebens erfaßt und umgestaltet, tritt als besonders wichtige Strömung der *Humanismus* auf. Die humanistischen Studien, die das literarische Erbe der Antike erneuern und durch den Buchdruck verbreiten, leisten diese gelehrte Arbeit nicht im Sinne einer heutigen spezialisierten ›Altertumswissenschaft‹. Sie stehen ganz im Banne eines neuen Menschenideals und neuer Vorstellungen von Individuum und Gesellschaft, wo Freiheit und Menschenwürde Hand in Hand mit der Aneignung humanistischer Bildung gesehen werden. Überall geht es um eine vertiefte Ausformung der Persönlichkeit. Aber selbstverständlich greifen diese Bewegungen kritisch und verändernd in die bestehenden kirchlichen, sozialen und politischen Verhältnisse ein. Viele der aus dem Mittelalter überkommenen Lebensformen werden als schlecht und barbarisch empfunden. Ihnen werden neue Ideale, neue Normen entgegengestellt. Besonders wichtig ist das Verhältnis der Renaissance zum Christentum. Nicht ein neues Heidentum wird propagiert. Vielmehr führt gerade die Wiederbegegnung mit der christlichen Antike, mit den Idealen des frühen Christentums zu neuen Impulsen der kirchlichen Re-

form unter dem Motto: Rückkehr zu den alten, reinen Formen des christlichen Lebens. Wie und mit welchen Ergebnissen dies alles geschieht, soll nun an einigen Beispielen gezeigt werden.
Das neue Selbstbewußtsein der Renaissance tritt in Italien schon im 14. Jahrhundert mit voller Bestimmtheit auf. Francesco Petrarca (1304–1374) ist der erste große Wiederentdekker der Antike und zugleich Wegbereiter eines neuen Individualismus und Persönlichkeitsideals. Er entdeckt für sich und für Europa Cicero und Augustinus neu: die Selbstreflexion und Ausgeformtheit des Persönlichkeitsideals *und* die christliche Innerlichkeit, die um den gnädigen Gott ringt. Und zugleich wird Petrarca der Begründer der neueren europäischen Lyrik; aus Cicero und Augustinus wird unter den Bedingungen des 14. Jahrhunderts etwas ganz Anderes und Neues. Petrarca verfaßte den berühmten ›Brief an die Nachwelt‹, der so viele ähnliche Ansätze angeregt hat, bis zu Bertold Brechts Gedicht ›An die Nachgeborenen‹. Petrarca spricht die Menschen an, die nach ihm leben: mit jener eigenartigen Mischung von Demut und Hochmut, die seitdem über viele Jahrhunderte für das christliche Europa bezeichnend sein wird.

»Vielleicht hörst du einmal etwas über mich – obwohl ein so kleiner und dunkler Name durch die vielen Jahre und Länder kaum zu dir gelangen mag – und dann wünschest du vielleicht zu wissen, was für ein Mensch ich war und wie es meinen Werken ergangen, besonders jenen, von denen ein Gerücht zu dir drang oder deren armen Namen du gehört hast. Die Menschen werden über mich verschieden urteilen, denn jeder spricht in der Regel so, wie es ihm die Lust, nicht die Wahrheit eingibt, und man hält weder im Lob noch im Tadel maß.
Von eurer Herde war ich einer, ein sterbliches Menschenkind: Weder von allzuhoher noch von niederer Herkunft. Meine Familie, wie das Kaiser Augustus von der seinigen zu sagen pflegte, war alt. Ich war nicht ungünstig begabt, noch sittlich schlecht veranlagt, doch haben mich üble Gewohnheiten geschädigt. Die Kindheit betrog mich, die Jugend verdarb mich, das Alter hat mich gebessert und mich am eigenen Leibe erfahren lassen, daß es wahr ist, was ich so oft gelesen, daß Jugend und Lust eitle Dinge sind – das Alter, oder besser Er, der Herr alles Lebens und aller Zeiten, der die armen Sterblichen in ihrer leeren Aufgeblasenheit bisweilen in die Irre gehen läßt, damit sie so, freilich oft erst spät, ihre Schwächen fühlen und sich selbst kennen lernen.
Mein Körper war in der Jugend nicht allzu kräftig, aber von großer Gewandtheit, mein Aussehen nicht hervorragend schön, aber so, daß ich in jungen Jahren gefallen konnte. Meine Hautfarbe war frisch, vom Weißen ins Bräunliche spielend; meine Augen lebhaft und lange Zeit von größter Sehkraft, die mich aber gegen alle Hoffnung nach meinem sechzigsten Jahr verließ, so daß ich leider zur Brille greifen mußte. Auch hat das Alter meinen sonst immer gesunden Körper angegriffen und durch die üblichen Alterskrankheiten geschwächt.

Ich war ein vollendeter Verächter des Reichtums, nicht als ob ich nicht gerne reich gewesen wäre, aber ich haßte Arbeit und Mühe, die mit dem Reichtum unzertrennlich verbunden sind. Auch an üppigen Mahlzeiten lag mir nichts; bei meiner einfachen Lebensweise und den bürgerlichen Speisen lebte ich fröhlicher als alle Schlemmer. [...] Nichts mißfiel mir mehr als Prunk, nicht nur weil er vom Übel und das Gegenteil von Bescheidenheit, sondern weil er etwas Lästiges und ein Feind der Ruhe ist.
An glühender Liebe, aber nur an einer einzigen und ehrbaren, litt ich in meiner Jugend und ich hätte noch länger daran gelitten, wenn nicht ein bitterer, aber nützlicher Tod das schon erkaltende Feuer ausgelöscht hätte. Ich wünschte sagen zu können, daß ich mich von Ausschweifungen rein gehalten habe; ich kann es nicht sagen, ohne zu lügen.
Doch ich gehe zu anderem über. Ich lernte den Hochmut kennen bei andern, nicht bei mir: war ich unbedeutend, so war ich das noch mehr in meinen eigenen Augen. Mein Zorn hat mir selbst sehr oft geschadet, andern nie. Nach edler Freundschaft war mein Sinn stets glühend gerichtet, und ich hielt sie in treuer Pflege. Ich lobe mich furchtlos, weil ich weiß, daß ich die Wahrheit spreche. Leicht reizbar, vergaß ich ebenso leicht Beleidigungen und dachte an Wohltaten stets dankbar nur zurück. Die besten Könige meiner Zeit liebten und verehrten mich. Warum, weiß ich nicht; sie selbst mochten es wissen. Mit einigen verkehrte ich wie mit Meinesgleichen und erfuhr so nur das Angenehme, nicht das Lästige, das ihre hohe Stellung mit sich brachte.
In ganz einzigartiger Weise trieb ich das Studium des Altertums, weil mir meine eigene Zeit immer so sehr mißfiel, daß – wäre nicht die Liebe zu den mir Teuren gewesen – ich wünschte, in jedem anderen Zeitalter geboren zu sein; und um die Gegenwart zu vergessen, suchte ich im Geiste mich in andere Zeiten zu versetzen.«[1]

Die *Städte* werden zu den Zentren der Renaissancekultur. Die neue Bildung geht Hand in Hand mit dem Aufstieg des Bürgertums und mit der Entwicklung neuer Wirtschaftsformen. Die Geldwirtschaft schafft neue Perspektiven für den Fernhandel und das städtische Gewerbe. Florenz wird ein Mittelpunkt der neuen Kultur und der neuen, frühkapitalistischen Wirtschaft. Das Haus Medici bietet in der Mitte des 15. Jahrhunderts ein großartiges Beispiel des Zusammenwirkens von neuer Kultur- und Wirtschaftsgesinnung. Rationale Planung, Freisetzung individueller Initiative über alte soziale Schranken hinweg und gleichzeitig eine vielfältige Förderung der Künstler und Gelehrten kennzeichnen die Stellung der Medici in Florenz. Die Stadt ist und bleibt Republik mit einer bürgerlichen Selbstverwaltung, in welche sich Cosimo Medici als ›optimus civis‹ – als bester Bürger – willig einordnet.
Die Gelehrten und die Reformtheologen der Renaissance orientierten sich gegenüber der Kirche zunehmend an den Idealen der Urkirche und des frühen Christentums. Das führte

rasch zu radikalen Fragen an die verweltlichte Kirche und an das Papsttum. Diese starken Spannungen machten sich zeitweilig in einer fulminanten Kritik geltend, die durch den Buchdruck eine bis dahin nicht für möglich gehaltene Verbreitung fand. In Florenz trat der Dominikaner Girolamo Savonarola als Bußprediger auf. Seine leidenschaftlichen Angriffe auf das Zusammenspiel zwischen Papsttum, Frühkapitalismus und bürgerlichem Luxus brachten ihn schließlich 1498 auf den Scheiterhaufen. Savonarola predigte:

»Die gottlosesten Menschen auf Erden sind heutzutage die Christen; es gibt nichts Habsüchtigeres, nichts Hochmütigeres, nichts Liederlicheres. Die habsüchtigsten, hochmütigsten und liederlichsten unter den Christen sind aber die Geistlichen, und unter den Geistlichen hinwiederum sind die verworfensten die Prälaten. Teufel sind sie, nicht Menschen. Sie verprassen das Kirchengut, das den Armen gehört, mästen sich im Schweiße ihrer Untertanen, die sie dem Hungertode überantworten, und berauben sie ihrer Habe, gehen aber gleichwohl straflos aus, denn die kleinen Diebe hängt man, die großen läßt man laufen. Und doch blähen sie sich in ihrem Hochmute und möchten wie Götter verehrt sein. Was aber von den Prälaten im großen gilt, das gilt von den Pfarrern und niederen Geistlichen im kleinen; ihre Sünden schreien zum Himmel.«[2]

Die Auseinandersetzung der Renaissance mit Christentum und Kirche blieb aber nicht auf eine asketische Kritik an den äußeren Mißbräuchen beschränkt. Sie drang auf verschiedenen Wegen in die Tiefe der Fragen von Erlösung, Jenseits und Heilsvermittlung ein. Das neue Selbstbewußtsein der Renaissance-Menschen und ihre Freude an der sinnlichen Erfahrbarkeit der Welt machte sich auch hier in unterschiedlicher Weise geltend. So unternahm der Philosoph Lorenzo Valla den groß angelegten Versuch, die antike Lehre der Epikuräer, mit ihrer Betonung der *Lust*, als sinnvoll vereinbar mit dem recht verstandenen Christentum zu erweisen. Wenn Valla die Freuden des Jenseits am Beispiel des Fliegens konkretisiert, so erkennen wir darin nicht nur den Versuch einer Versöhnung von christlichem Jenseits und menschlicher Sinnlichkeit, sondern auch einen Bezug auf den Menschheitstraum des Fluges, den wir auch sonst in der Renaissance antreffen (siehe die Flugapparate des Leonardo da Vinci). Lorenzo Valla schreibt:

»Sehen wir davon ab, daß es im Jenseits eine ganz andere Art von Freuden geben wird, die man hier ersehnen, aber nicht deutlich erhoffen kann. Wer möchte es ablehnen zu fliegen, wie Vögel auf schnellen Schwingen? Und nun im freien Himmel scherzen, nun zwischen den Hügeln, nun auf Bergesgipfeln, nun überm Wasser, mit heiteren Gefährten? Oder, wenn wir uns schämen, Flügel zu haben,

dann über den Himmel zu schreiten, so wie wir jetzt über die Erde gehen? Wer möchte nicht mit schnellster Geschwindigkeit versehen sein, etwa wie die Tiger, und nie ermüden noch von der Hitze ermatten noch vom Frost erstarren! Fliegen zu können über die zarten Saaten, ohne sie zu berühren, die Füße nicht naß zu machen beim Übergang über breite Ströme? Unter dem Wasser hausen zu können wie die Fische und, was noch großartiger ist, sich von den helleuchtenden Wolken selbst tragen lassen und gleichsam dem Wind, der nach unserem Wunsche sich einstellt, die Segel zu öffnen?
Dinge, die den Sterblichen versagt sind, die aber im Himmel in Überfülle angeboten werden, vielleicht nicht gerade so, wie ich jetzt sagte, sondern gewaltiger und jedenfalls voll von Religion und Heiligkeit.«[3]

Ein anderes, weites Feld, wo die Impulse der Renaissance zu tiefgreifenden Wandlungen und zu neuen Konflikten führten, war die naturwissenschaftliche Forschung. Besonders die vertiefte Beschäftigung mit der antiken Mathematik und Astronomie wirkte anregend und führte zum Zweifel an grundlegenden Vorstellungen von Erde und Himmel, die im Mittelalter autoritativ gegolten hatten. Bei dem Frauenberger Domherrn Nikolaus Kopernikus ist es mit Händen zu greifen, wie ihn die Entdeckung, daß auch schon einige antike Autoren für ein heliozentrisches Weltbild eingetreten waren, in den eigenen Forschungen ermutigt. Das neue experimentelle Prinzip aller modernen Naturwissenschaft setzte sich also in der Renaissance wesentlich erst mit Hilfe des Rückgriffs auf die Antike durch. Diesen Vorgang beschreibt Kopernikus selbst in der Vorrede zu seinem berühmten Werk ›De Revolutionibus orbium coelestium‹, das die mittelalterliche Lehre von der Erde als unbewegtem Mittelpunkt des Kosmos zugunsten der heliozentrischen Auffassung zu widerlegen wagte.

»Als ich diese Unsicherheit der mathematischen Traditionen hinsichtlich der Gestirnbewegungen lange bei mir erwog, begann es mich anzuwidern, daß die Denker keine bessere Erklärung für die Bewegungen des Weltensystems wußten, welches unseretwegen von dem besten und regelerfahrensten Künstler erschaffen wurde. Deshalb nahm ich diese Mühe auf mich, die Bücher aller Philosophen (= Naturforscher) durchzulesen, deren ich habhaft werden konnte. Ich wollte dabei feststellen, ob nicht einer vermutet habe, die Gestirnbewegungen verliefen anders, als jene behaupten, die an den Schulen die Mathematik lehren.
Und ich fand bei Cicero, daß zuerst Nicetus eine Erdbewegung angenommen hat. Später fand ich auch bei Plutarch, daß andere Männer dieser Meinung waren. [...]
Davon nahm ich also den Ausgang und begann auch selbst über die Möglichkeit der Erdbewegung nachzudenken. Und obwohl diese Meinung absurd erschien, so glaubte ich dennoch, da ich wußte, daß man

anderen vor mir diese Freiheit zugestanden hatte, beliebige Kreisbahnen zur Erläuterung der astronomischen Erscheinungen anzunehmen – daß man auch mir ohne weiteres zugestehen werde, zu versuchen, ob bei Annahme einer Bewegung der Erde zuverlässigere Nachweise und Erklärungen der Sternbewegungen zu finden wären, als jene geliefert hatten.«[4]

Die Vielgestaltigkeit und die inneren Spannungen der Renaissance treten dort besonders deutlich hervor, wo es um das Suchen nach neuen *politischen Lebensformen* geht. Eine starke Strömung bezeichnet man mit dem Begriff ›Bürgerhumanismus‹: Die humanistischen Freiheitsideale verbinden sich mit dem Kampf der freien, sich selbst regierenden Städte gegen fürstlichen Despotismus. Andererseits stützen auch viele Fürsten sich auf die neuen Ideen: sei es im Hinblick auf eine vertiefte Auffassung der Herrscherpflichten im Sinne des christlichen Humanismus, sei es in der Durchführung einer rationalen Politik, mit den Mitteln der Renaissance-Diplomatie, die erstmals genaue Information und gezieltes, weiträumiges Handeln im Rahmen eines berechnenden Systems von politischem *Gleichgewicht* ermöglicht. Wir werden sehen, wie umfassend seit dem Ende des 15. Jahrhunderts die Dynamik des europäischen Hegemoniekampfes einsetzt, wie unausgesetzt um Hegemonie oder Gleichgewicht im europäischen Staatensystem gerungen wird. Demgegenüber herrscht in den Grundfragen von Politik und Ethik zu Anfang des 16. Jahrhunderts keineswegs Übereinstimmung. Der frühneuzeitliche Fürstenstaat wächst zur maßgebenden Organisationsform in Europa heran, und das Verhältnis dieser Staaten untereinander in Krieg und Frieden wird zur zentralen politischen Frage. Wie unterschiedlich die Antworten ausfallen, die auf diese Herausforderungen zu Ende der Renaissance-Epoche formuliert werden, sollen abschließend die Konzepte des Humanisten Erasmus von Rotterdam und des italienischen Politikers Niccolò Machiavelli zeigen.
Erasmus von Rotterdam ist Niederländer und christlicher Pazifist. Er steht mit den mächtigsten Herrschern der Zeit – mit Karl V. und Franz I. von Frankreich – in Verbindung. Er tritt unentwegt für die Ächtung des Krieges und gegen die Anfänge nationalistischer Verhetzung ein, appelliert an die christliche Gemeinsamkeit Europas und bestreitet den Fürsten das Recht, um ihrer Vorteile willen die Christenheit in Kriege zu verstrikken. 1516 veröffentlicht er seine Programmschrift: ›Die Klage des Friedens.‹ Der Friede als Person tritt auf und spricht Europa an:

»... Schließlich besteht der Friede zum Großteil darin, ihn aus ganzem Herzen zu wollen. [...] Man schämt sich zu berichten, aus welchen Kleinigkeiten heute riesige Katastrophen entstehen. Und oft ist es eine persönliche Angelegenheit der Herrscher, die die Welt zu den Waffen hetzt. Wenn überhaupt keine Ursache vorhanden ist, erfindet man Gründe für den Krieg, indem man die Namen einzelner Länder mißbraucht, um Haß zu schüren. Und solchen Irrglauben des Volkes nähren die Fürsten ... Der Engländer ist der Feind des Franzosen. Der Deutsche ist dem Franzosen feind, der Spanier beiden. O Verkehrtheit! [...] Warum willst du nicht als Mensch dem Menschen wohl, als Christ dem Christen? Warum macht eine so nichtige Sache mehr aus als soviele Bande der Natur, so viele Bande der von Christus stammenden Bruderliebe? Der Raum trennt nur die Körper, nicht die Geister, der Rhein trennt nicht Christen von Christen. Die Pyrenäen trennen die Spanier von den Franzosen, aber sie heben nicht die Gemeinschaft der Kirche auf.
[...] Ich wende mich ohne Unterschied an Euch, die ihr für Christen gehalten werdet, verschwört euch einmütig auf dieses Ziel des Friedens! Zeigt, wieviel die Eintracht der Menge gegen die Tyrannei der Mächtigen vermag. Ständige Eintracht möge die verbinden, die schon die Natur durch vieles verbunden hat, Christus aber noch durch mehr! [...]«[5]

Es könnte weiter gezeigt werden, wie das Programm von Friede und Eintracht bei Erasmus sich nicht nur in sehr gezielter Weise auf das Verhältnis Staat zu Staat bezieht – mit ganz modernen Vorschlägen, wie obligatorisches Schiedsgericht, Grenzgarantien etc. Auch innerstaatlich, gewissermaßen als gesamtgesellschaftliches Konzept setzt Erasmus seine Idee des Friedens ein, wobei der christliche Glaube sowohl die Motivation als auch die institutionelle Plattform gegen die ›Tyrannei der Mächtigen‹ bietet. – Ganz anders und komplizierter liegen die Dinge in der Staatslehre Niccolò Machiavellis. Der Florentiner Bürger scheitert als praktischer Politiker. Er wird verbannt und verfaßt seine politischen Schriften, darunter das später weltbekannte Werk über den ›Fürsten‹, in erzwungener politischer Untätigkeit. Machiavelli bleibt im Herzen Christ; aber in seiner Erfahrungswelt – in der politischen Kleinwelt Italiens und in der tödlichen Krise der Freiheit Italiens – sieht er den politischen Erfolg nur dann gegeben, wenn der politisch Handelnde sich von den Fesseln traditioneller Tugendlehre löst. Machiavellis politische Theorien haben die folgenden Jahrhunderte nachhaltig beeinflußt. Sie enthalten sehr unterschiedliche Elemente. Eine politische Beobachtungsgabe von äußerster Schärfe und radikaler Voraussetzungslosigkeit verbindet sich mit einer irrealen Phantastik, utopischen Forderungen und dem Appell an Scheinwirklichkeiten. Doch lassen wir Machiavelli selbst zu Wort kommen, mit dem berühmten 18. Kapitel des ›Principe‹: ›Inwieweit Herrscher ihr Wort halten sollen.‹

»Jeder sieht ein, wie lobenswert es für einen Herrscher ist, wenn er sein Wort hält und ehrlich, ohne Verschlagenheit seinen Weg geht. Trotzdem sagt uns die Erfahrung unserer Tage, daß gerade jene Herrscher Bedeutendes geleistet haben, die nur wenig von der Treue gehalten und es verstanden haben, mit Verschlagenheit die Köpfe der Menschen zu verdrehen; und schließlich haben sie über diejenigen die Oberhand gewonnen, die ihr Verhalten auf Ehrlichkeit gegründet haben.
Ihr müßt euch nämlich darüber im klaren sein, daß es zweierlei Arten des Kampfes gibt: die mit Hilfe des Rechts und die mit Gewalt. Die erstere ist den Menschen eigentümlich, die letztere den Tieren. Da die erstere oft nicht ausreicht, empfiehlt es sich zur zweiten zu greifen. [...] Ein kluger Machthaber kann und darf daher sein Wort nicht halten. [...] Wären alle Menschen gut, so wäre dieser Vorschlag nicht gut; da sie aber schlecht sind und dir das gegebene Wort auch nicht halten würden, hast auch du keinen Anlaß, es ihnen gegenüber zu halten. Auch hat es einem Herrscher noch nie an rechtmäßigen Gründen gefehlt, seinen Wortbruch zu bemänteln.«[6]

Machiavelli will also den traditionellen Zusammenhang von Politik und Recht, von Macht und individueller Tugend auflösen. Statt dessen verkündet er eine neue staatliche Erfolgsmoral, die freilich keineswegs in ein ethisches Niemandsland führt, sondern ihrerseits wiederum mit anderen Forderungen verbunden ist – etwa nach der ›virtù‹, also nach der Seelenstärke des Herrschers und nach der Übereinstimmung seines Tuns mit den ursprünglichen Kräften und Anlagen des Volkes. Ähnlich radikal, aber ganz anders in Ziel und Methode stellte sich die christliche Friedensidee des Erasmus dar. Beide Denker repräsentieren unterschiedliche Folgerungen aus der Epoche des Umbruchs und des Neuwerdens, die Europa in der Renaissance durchläuft. Sie deuten in der Gegensätzlichkeit ihrer politisch-ethischen Entwürfe die Fragen und Entscheidungen an, vor denen Europa zu Ende der Renaissance-Epoche stand. Machiavellis ›Principe‹ entstand 1513, die ›Klage des Friedens‹ des Erasmus wurde 1516 publiziert, 1517 trat Luther mit seinen Ablaßthesen vor die Öffentlichkeit: eine neue Epoche begann. Das Zeitalter der Reformation, dem wir uns nun zuwenden, eröffnete für das neuzeitliche Europa eine doppelte Dynamik: die kirchlich-religiöse Entscheidungskette und – ebenso gewichtig und vielfach damit verschlungen – den Kampf um die politische Hegemonie in Europa, verbunden mit dem Ausgreifen Europas nach Übersee.

Wandlungen durch die kirchlich-religiösen Entscheidungen der Reformation

Jede heutige Beschäftigung mit dem Zeitalter der Reformation muß von der Komplexität der religiös-kirchlichen Verhältnisse jener Zeit und von der ganz engen Verflochtenheit kirchlicher und ›profaner‹ Lebensverhältnisse ausgehen. Religion heißt Einsamkeit und Versenkung, heißt Innerlichkeit und individuelles Ringen um einen gnädigen Gott. Religion heißt ebenso Öffentlichkeit und Gemeinschaft, Zeugnis und Werbung, Kampf, Sieg und Verfolgung. Religion in Europa heißt Christentum, Christentum ganz überwiegend in seiner westlichen, lateinischen Form, amalgamiert mit antikem Geistesgut, weiter geformt im Mittelalter der germanisch-romanischen Völker: stets eine herrschende Religion, mit allen Entstellungen, die ein Jahrtausend Herrschaft mit sich bringt, und mit der immer lebendigen Pflicht und Chance – so meinten und meinen die Gläubigen –, sich von diesen Entstellungen wieder zu reinigen. Diese Entfernung der christlichen Kirche von ihren Ursprüngen und dieser stete Impuls zur Rückkehr und Reform war von höchster Bedeutung auch für das ›profane‹ Schicksal der europäischen Gesellschaft, die so tief von der Kirche geprägt und gestaltet war. In einem Zeitalter christlicher Einheitskultur mußte jedes Ringen um Reform der Kirche, ob man wollte oder nicht, unmittelbar die Gesellschaft als Ganzes betreffen. Kirchliche Mißstände und soziale Konfliktstoffe waren engstens verbunden. Ein Weiteres kam dazu. Die mittelalterliche Kirche in Europa war eine Zwangskirche. Wenn sie sich nun nach Luthers Auftreten in zwei oder drei Konfessionen spaltete, von denen jede den vollen, christlichen Absolutheitsanspruch vertrat und sich weiterhin auf die weltliche Zwangsgewalt stützen konnte, so waren die Folgen für den Bereich von Gewissen und geistiger Freiheit unabsehbar. Luther und die anderen Reformatoren waren mit der Absicht auf Befreiung der unfreien, von Rom bedrängten Gewissen aufgetreten. Bald kam es anders, und die politischen und kulturellen Dimensionen der neuen Zwangssysteme sind größter Beachtung wert.
Ein weiterer Aspekt der gesellschaftlichen Wirkungen der Reformation ist mit Händen zu greifen: viele soziale und politische Gegensätze, die bisher nicht zum Austrag gekommen waren, suchten nun eine neue theologische Begründung. Nicht nur der große Bauernkrieg in Deutschland 1524/25, auch viele andere Bürgerkriegs- und Konfliktsituationen des konfessionellen Zeitalters sind nur als solche ›gemischte‹ Konflikte verständlich: Kombinationen außerreligiöser und religiöser

Gegensätze, mit tief verändernden Wirkungen in gesamtgesellschaftlicher Hinsicht. In einer ersten Annäherung geht es um die Reformation als inneres Ringen um Gnade und Erlösung am Beispiel der Anfangsjahre von Luthers Wirken, in einer zweiten Annäherung um die Reformation in ihrer politisch-sozialen Dimension.

Angesichts des enormen Auseinanderklaffens von Anspruch und Wirklichkeit der Kirche sowie des starken Auftretens der humanistischen Kirchenkritik und Reformprogramme war es eigentlich erstaunlich, daß erst mit Luther, und nicht schon früher, der entscheidende Umbruch geschah. Offenbar bedurfte es des Zusammentreffens vieler Umstände, bis das individuelle Ringen um einen gnädigen Gott und das Suchen nach den ›reineren Formen des Christentums‹ die Schranken der überlieferten kirchlichen Einheitsprinzipien überschritt. Und das Auftreten charismatischer Führer war für den Beginn der reformatorischen Bewegung ebenso bezeichnend wie ihr überaus starkes Echo in einer reformbereiten Öffentlichkeit.
Martin Luther, 1483 in Eisleben in Thüringen geboren, entstammte einer Familie bäuerlichen Ursprungs. Sein Vater hatte den Hof verlassen und war im Mansfelder Kupferbergbau vom Grubenarbeiter zum Kleinunternehmer aufgestiegen. Der väterliche Aufstiegswille wünschte für den Sohn ein Jus-Studium. Statt Jurist zu werden, trat Luther gegen den Willen des Vaters in das Kloster der Augustinereremiten in Erfurt ein. Er nahm die aszetischen Regeln des Klosterlebens außerordentlich ernst, ebenso das theologische Studium. 1512 erhielt der Augustinermönch Luther an der sächsischen Landesuniversität Wittenberg einen Lehrstuhl für Altes und Neues Testament, den er bis zu seinem Tode 1546 innehatte. Während der folgenden Jahre erlebte Luther – *vor* seinem Auftreten gegen den Ablaß 1517 – eine innere Wandlung. Sie brachte eine seelische Not und Erfahrung, die ihn nicht nur von der theologischen Schultradition wegführte, sondern auch seine Existenz im Kern betraf. An die Stelle des verlorenen Vertrauens in den religiösen Wert der ›äußeren‹ Werke trat die Überzeugung von der ausschließlichen Kraft der göttlichen Gnade und des Glaubens. Der Zusammenhang des subjektiven Erlebens mit der objektiven Tragweite der neugewonnenen theologischen Überzeugungen wird deutlich in dem autobiographischen Bericht, den Luther gegen Ende seines Lebens über diese frühe Wende veröffentlichte. Freilich weiß man heute, daß diese Wandlung sich nicht so punktuell ereignete, wie Luther sie im Rückblick sah, sondern ein kontinuierlicher Vorgang über

Jahre hinweg war. Dies ändert nichts an der Feststellung, daß von dieser neuen Konzeption der Gerechtigkeit Gottes her alle weiteren, in der Kirche revolutionär wirkenden Schritte Luthers sich erklären. Im Rückblick von 1545 berichtet er:

»Ich war von einem außerordentlichen Drang erfaßt worden, den Paulus des Römerbriefes zu verstehen. Bisher hatte mich daran nicht etwa mangelnde Glut des Herzens gehindert, sondern ein einziges Wort im ersten Kapitel: ›Die Gerechtigkeit Gottes wird in ihm [im Evangelium] offenbart.‹ Ich haßte nämlich jenes Wort ›Gerechtigkeit Gottes‹, weil ich nach dem Gebrauch und der Gewohnheit aller Doctores gelehrt worden war, es philosophisch zu verstehen im Sinne der sogenannten formalen oder aktiven Gerechtigkeit, kraft welcher Gott selbst gerecht ist und die Sünder und Ungerechten straft. Ich aber war mir bewußt, daß ich trotz meines untadeligen Mönchslebens vor Gott ein Sünder war mit überaus unruhigem Gewissen und daß ich nicht darauf vertrauen konnte, Gott durch mein genugtuendes Werk zu versöhnen. Deshalb liebte ich diesen gerechten und die Sünder strafenden Gott nicht, ich haßte ihn vielmehr. [...]
Bis ich Tag und Nacht grübelnd, durch Gottes Barmherzigkeit auf den Zusammenhang der Worte (jener Stelle) aufmerksam wurde. [...] Da begann ich, die Gerechtigkeit Gottes als eine solche zu verstehen, kraft welcher der Gerechte als ein von Gott [mit der Gerechtigkeit] Beschenkter lebt, nämlich aus dem Glauben. Und ich verstand, daß dies gemeint sei: es wird durch das Evangelium jene Gerechtigkeit Gottes enthüllt, durch die uns der gnädige Gott Rechtfertigung zuteil werden läßt auf dem Wege des Glaubens, wie geschrieben steht: Der Gerechte lebt aus dem Glauben. Da fühlte ich mich ganz neu geboren und wie durch offene Pforten in den Himmel eingetreten. Und von da an zeigte mir die ganze Heilige Schrift ein anderes Gesicht. [...]«[7]

Es folgte 1517 das Eingreifen Luthers gegen den Ablaßhandel, jenen überaus groben Mißbrauch, wo sich das Geldinteresse kirchlicher Stellen mit der bewußten Ausnutzung deformierter religiöser Überzeugungen verband. Luther war sich sicher, mit seinem Angriff auf die Ablaßpraxis – Vergebung zeitlicher Sündenstrafen gegen Geldzahlungen zugunsten des Neubaus von St. Peter in Rom – im Sinne der Wiederherstellung der reinen Lehre und des eigentlichen christlichen Bußanliegens zu handeln. Das Echo seines öffentlichen Auftretens war gewaltig. Es kam rasch zu erbitterten theologischen und kirchenrechtlichen Auseinandersetzungen. In ihrem Verlauf stieß Luther bei den zuständigen kirchlichen Stellen nicht auf Verständnis, sondern auf Widerstand. So radikalisierten sich seine theologischen Vorstöße; je direkter er nun das Papsttum und die römischen Mißstände angriff, desto stärkere Zustimmung fand er in der deutschen Öffentlichkeit. Er wird zeitweilig geradezu zum Nationalhelden einer antirömischen Kirchenreform. Daß

seine theologische Absage an das gesamte, mit Rom verbundene Kirchensystem zu einer Spaltung der Kirche, dann zur Begründung einer ›zweiten Kirche‹ führen werde, war zunächst nur wenigen klar.
Sobald Luther vom Papst als Ketzer verurteilt war, mußte auch die politische Autorität gegen ihn vorgehen. Da war es von größter Bedeutung, daß in Deutschland die politische Autorität geteilt war. Auf der ›unteren Ebene‹ war für seinen Fall der Landesfürst, nämlich Friedrich von Sachsen, zuständig. Und dieser in der Reichspolitik ergraute, hochgeachtete Kurfürst verstand es mit aller sächsischen Zähigkeit und Pfiffigkeit, sein Landeskind Luther politisch abzuschirmen.
Auch Kaiser Karl V., der die oberste Autorität im Reich innehatte, wollte ohne die deutschen Fürsten nichts gegen Luther unternehmen. Bevor er die Reichsacht über ihn verhängte – was formal die volle Ausstoßung aus der Rechtsgemeinschaft bedeutete –, ließ er den Reformator auf den Reichstag nach Worms kommen und ihn dort in der großen Reichsversammlung zum Widerruf auffordern. Am 18. April 1521 trat Luther vor den Kaiser und die Reichsversammlung, wiederholte seine Absage an das Papsttum und verweigerte den Widerruf:

»Der Papst ist die Macht, die mit ihren allerbösesten Lehren und ihrem schlechten Beispiel die christliche Welt mit den geistlichen und leiblichen Übeln verwüstet und verdorben hat. Denn dies kann niemand bestreiten oder verhehlen, daß durch die Gesetze des Papstes und seine Menschenlehre die Gewissen der Christgläubigen aufs jämmerlichste gefangen und gequält sind. – Wenn ich nicht durch das Zeugnis der Heiligen Schrift oder durch klare Vernunftgründe überzeugt oder überwunden werde, so bleibe ich überwunden durch die Hl. Schrift und mein Gewissen bleibt im Worte Gottes gefangen und ich kann und will nicht widerrufen, da es beschwerlich, ungut und gefährlich ist, gegen das Gewissen zu handeln. Gott helfe mir, Amen!«[8]

Damit war der weltgeschichtliche Bruch zwischen Luther und seinen Anhängern hier und der höchsten politischen Autorität dort vollzogen. Der Kaiser verhängte die Reichsacht über Luther. Diese Autoritätskrise bedeutet den Beginn der Reformation als einer Bewegung, die unaufhaltsam politisch-soziale Dimensionen entwickelt. Bis hieher ging es um die beginnende Reformationsbewegung als individuelles, inneres Ereignis. Nun steht – für unsere zweite Annäherung – die politisch-soziale Dimension der Reformation im Vordergrund.

Weit über ein Jahrhundert hinaus wird nun Europa im Zeichen der unerhört folgenreichen ›gemischten‹ Konflikte stehen, wo sich der Kampf für und gegen die reformatorische Bewegung mit sehr unterschiedlichen sozialen und politischen Parteiungen leidenschaftlich verbindet. Es lag an den damaligen Lebensbedingungen, daß mit der kirchlichen Frage *alle* Fragen in Bewegung kamen; nur ganz selten kam es zu einem gewaltfreien, wahrhaft christlichen Sich-Messen der evangelischen und der katholischen Weise der Nachfolge Christi. Aus diesen Bedingungen und Konflikten entstand ein neues System des Zwangskirchentums auch auf evangelischer Seite. Als Beispiel nehmen wir den großen Bauernkrieg 1524/25 und die darauf folgende Begründung der evangelischen Landeskirchen.

Die aus der reformatorischen Bewegung folgende Krise der Gesellschaft erreicht in dem Bauernkrieg in Deutschland einen ersten Höhepunkt. Die seit dem Spätmittelalter immer wieder erhobenen Beschwerden der Bauern lassen die Unterschiede ihrer wirtschaftlichen und rechtlichen Lage ebenso erkennen wie die gemeinsamen Probleme und Lasten: Widerspruch gegen eine Verschlechterung der Lebensbedingungen in allen Bereichen, gegen die Steigerung der erzwungenen Dienste und Abgaben, gegen den Entzug der Nutzung an Land und Wald, der alten Rechte auf Jagd und Fischerei etc. Nun bezogen sich die Bauern plötzlich auf Luthers Predigten und Schriften von der ›Freiheit eines Christenmenschen‹. Neue theologische Begründungen radikalisierten die alten Forderungen der Bauern: das göttliche Recht ist auf ihrer Seite. Und zugleich wurden Programmpunkte der reformatorischen Bewegung in die bäuerlichen Forderungskataloge aufgenommen: Wahl der Pfarrer durch die Gemeinde, Predigt des reinen Evangeliums.

Luther und seine Anhänger hatten schon vor dem Bauernkrieg das Bündnis mit der Obrigkeit gesucht, um radikale Entwicklungen zu vermeiden und bei der Bildung der neuen, evangelischen Gemeinden chaotische Zustände zu verhindern. Ihr Hauptgegner war dabei der Theologe Thomas Müntzer, der seit 1524 mit einer christlich-sozialistischen Utopie Anhänger warb und mit seiner Bewegung dann Mittelpunkt des Bauernaufstandes in Thüringen wurde. Müntzer griff Luther in schärfster Weise an und verteidigte gegen die von Luther ausgehende Verurteilung jeder revolutionären Bewegung die eigene Position.

Müntzer überschreibt seine Schrift gegen Luther in provokanter Weise:

»Schutzrede und Antwort wider das geistlose, sanftlebende Fleisch zu Wittenberg, welches mit verkehrter Weise durch den Diebstahl der Heiligen Schrift die erbärmliche Christenheit also ganz jämmerlich besudelt hat.« Er greift Luther frontal an: »Gleichwohl kommet Vater

Leisentritt [Luther] und saget: Ich – Müntzer – wölle Aufruhr machen. Eines saget er, und das allerbescheidenste verschweiget er. [...] Sieh zu, die Grundsuppe des Wuchers, die Dieberei und Rauberei sind unsere Herrn und Fürsten, nehmen alle Creatur zu Eigentum. Die Fisch im Wasser, die Vögel im Luft, das Gewächs auf Erden muß alles ihres sein. Darüber lassen sie dann Gottes Gebot ausgehn unter die Armen und sprechen: Gott hat geboten, du sollst nicht stehlen! [...] So sich dann der arm Ackersmann vergreift am allergeringsten, so muß er hängen [am Galgen]. Do saget dann der Doctor Lügner [= Luther]: Amen«.[9]

Die Bauernheere, die sich im Frühjahr 1525 versammelten, hatten rasche Anfangserfolge in Südwestdeutschland, Salzburg, Tirol, Franken, Sachsen und Thüringen. Ihre Forderungen waren im allgemeinen weitaus gemäßigter als das Programm Thomas Müntzers. Als gemeinsames Manifest der politisch und militärisch schlecht organisierten Bewegung galten seit März 1525 die ›*Zwölf Artikel der Bauernschaft*‹, die in Memmingen in Zusammenarbeit des Stadtpredigers mit dem Kürschner Sebastian Lotzer verfaßt wurden. Hier lautet der Artikel über die bäuerliche Unfreiheit:

»Zum dritten ist der Brauch bisher gewesen, daß man uns für Eigenleute gehalten hat, welches zum Erbarmen ist angesichts dessen, daß uns Christus alle mit seinem kostbaren Blutvergießen erlöst und erkauft hat – den Hirten gleich wie den Höchsten, keinen ausgenommen. Darum ergibt sich aus der Schrift, daß wir frei sind, und daher wollen wir es auch sein. Nicht, daß wir ganz frei und keine Obrigkeit mehr haben wollen, das lehrt Gott nicht. Wir sollen den Geboten gemäß leben, nicht in freiem fleischlichem Mutwillen, sondern Gott lieben, ihn als unseren Herrn in unserem Nächsten erkennen und alles das tun, was wir auch gern hätten, welches uns Gott beim Abendmahl geboten hat als sein Vermächtnis. Darum sollen wir nach seinem Gebot leben: Zeigt und weist uns nun etwa dies Gebot an, daß wir der Obrigkeit nicht gehorsam sein sollen? [...] Wir zweifeln auch nicht, ihr werdet uns aus der Leibeigenschaft als wahre und rechte Christen gern entlassen, oder uns aus dem Evangelium belehren, daß wir es seien«.[10]

So hatten die aufständischen Bauern ihre Sache mit der Sache der Reformation identifiziert. Wird nun das Scheitern des Bauernaufstandes auch das Scheitern der Reformation bedeuten? So mußte man sich auf der Seite Luthers und seiner Anhängerschaft fragen, als – trotz der auch von Luther befürworteten Ausgleichsversuche – die Fürsten nun überall zur Gegenoffensive schritten und die Bauernheere niederwarfen. Um die Sache der Reformation zu retten, ergriff Luther im Höhepunkt der Auseinandersetzung in schärfster Weise das Wort gegen die Bauern. Er trennte die Sache der Reformation radikal von der Sache der Sozialrebellen. Damit befand sich das Luthertum auf der Seite der siegreichen Obrigkeiten. Es wäre übertrieben zu sagen, daß dies das Ende der Reformation als Volksbewegung bedeutet hätte. Aber es bedeutete doch ziemlich viel. In den folgenden Jahren kam in allen evangelischen Territorien und Städten eine erfolgreiche Zusammenarbeit zwischen reformatorischen Theologen und der Obrigkeit zustande. An die Stelle der ursprünglichen Konzeption, »daß die Erneuerung der Kirche sich möglichst aus der eigenen Kraft der Gemeinden heraus vollzöge«, trat ein System *obrigkeitlicher Landeskirchen.* Die Landesfürsten traten als ›Notbischöfe‹ an die Spitze der jeweiligen Landeskirchen, Säkularisierung des Kirchengutes verstärkte die Stellung der Fürsten. Der Einsatz der politischen und polizeilichen Zwangsgewalt für die Sicherung des evangelischen Kirchenwesens wurde bald ebenso selbstverständlich, wie er für die Verteidigung auf katholischer Seite immer gewesen war. – So mündete hier, im deutschen lutheranischen Fürstenstaat, die Reformation in eine neue Stabilisierung des Gesamtsystems ein. Die Neuheit dieses Systems lag vor allem im kirchlich-kulturellen Bereich; hier waren unwiderrufliche Entwicklungen in Gang gekommen, die für die individuelle Geisteshaltung und die Gewissenskultur der Moderne grundlegend wurden. In anderen Teilen Europas, vor allem in Westeuropa, brachten die von Zwingli und Calvin bestimmten Formen der Reformation eine noch weitergehende politische und soziale Dynamik.

Wandlungen im politischen System Europas – Ausgriff nach Übersee

Neben und mit der Reformation ist die Ausbildung des frühmodernen Fürstenstaates und des europäischen Staatensystems der wichtigste Vorgang des 16. Jahrhunderts. Und zugleich – davon wird anschließend zu sprechen sein – greift Europa mit dem Entstehen des spanischen und portugiesischen Kolonialreiches erstmals in überaus folgenreicher Weise nach Übersee aus. Dieser Werdeprozeß des zentralisierten, souveränen Einzelstaates, der sich bis heute als das maßgebende Modell des politischen Zusammenlebens in aller Welt erwiesen hat, vollzieht sich nicht einfach durch eine ständige Steigerung der zentralen, fürstlich-staatlichen Kompetenzen vom Mittelalter herauf. Wir sehen seit dem Ende des 15. Jahrhunderts ganz Europa im Bann eines gewaltigen Hegemoniekampfes. Es geht dabei um nichts Geringeres als um Weltherrschaft – ›*Dominium mundi*‹ oder ›*Monarchia Universalis*‹ sagte man damals. Die Kaiserkrone des Heiligen Römischen Reiches, die seit dem

Sturz der Hohenstaufen nur mehr ein Ehrenvorrecht und keine überstaatliche Macht bedeutete, wurde auf einmal wieder zum Angelpunkt des Kampfes um Hegemonie in Europa und um Weltherrschaft.
1519 standen sich, nach dem Tode des alten Kaisers Maximilian I., zwei junge Monarchen als Rivalen im Kampf um die Kaiserkrone, um Italien und damit um die ›Monarchia Universalis‹ gegenüber: der Habsburger Karl, Herzog von Burgund und König von Spanien, und Franz I. von Frankreich. Die Positionen beider waren vergleichbar: beide konnten sich auf eine ›nationale‹ Machtkonzentration stützen – hier auf Frankreich und dort auf Spanien und die Niederlande; beide wollten mit der Kaiserkrone die Verfügung über das Reich (mit seinem lockeren Verband von Fürsten und Reichsstädten) und über Italien, das damals als reichstes Land und als Schlüssel zur Universalmonarchie galt.
Die Renaissance hatte eine Modernisierung und Rationalisierung im Bereich des Heerwesens, des Finanzsystems, des Nachrichtenwesens und der Administration gebracht. Gestützt auf diese neue, weitreichende Mobilität der Herrschaftsmittel, strebten beide Monarchen nach einer politischen Herrschaft über die ganze Christenheit. Sie warben für diese Überwindung des einzelstaatlichen Pluralismus, wie er seit Jahrhunderten für den europäischen Kulturkreis charakteristisch geworden war, mit wirkungsvollen Argumenten: nur die politische Vorherrschaft *eines* Herrschers kann Europa nach innen Friede und Wohlstand sichern und nach außen die Kräfte gegen die türkische Bedrohung zusammenfassen und Konstantinopel und das Heilige Land zurückerobern.
Im Rückblick von heute sehen wir, daß diese Idee der Universalmonarchie, die am stärksten von Karl V. verfochten wurde, nur zu nicht endenden Kriegen führte und schließlich scheiterte. Doch muß man folgendes bedenken: für die Zeitgenossen war der Ausgang unentschieden; der Gedanke der politischen Einheit Europas hatte damals viel für sich. Und vor allem: erst durch diese jahrzehntelangen Kämpfe sind die einzelnen Staaten, vor allem die führend beteiligten Kampfpartner Frankreich und Spanien, zu der neuen Form konzentrierter Staatsmacht nach innen und außen herangereift, die dann für dauernd bestimmend wurde. Erst im Durchgang durch das Ringen um Hegemonie und Weltherrschaft entwickelten sich der europäische Einzelstaat und das pluralistische System selbständiger Staaten zur vollen Reife.
Nach diesem Ausblick in die Folgezeit wenden wir uns zurück zum Wahlkampf von 1519. Der damals erst neunzehnjährige

Karl von Spanien und Burgund war durch eine Kette dynastischer Heiraten und Todesfälle Erbe riesiger und zerstreuter Landgebiete geworden. Sein einflußreichster Minister war der Italiener Mercurino Gattinara, der den jungen Herrscher ermutigte, sich um die Kaiserkrone zu bewerben. Der Minister führte christlich-eschatologische und humanistisch-rationale Argumente für das Weltkaisertum an. Gattinara berichtet in seinen Memoiren, wobei er in humanistischer Manier von sich selbst in der dritten Person, als ›Mercurinus‹, spricht:

»Als einige Minister da waren, die meinten, die Kaiserkrone sei eher abzulehnen als anzunehmen, indem sie behaupteten, daß die Wahl für Karl selbst und seine Königreiche eher schädlich als nützlich sein werde, da wies allein Mercurinus ihren Irrtum nach: denn der Kaisertitel sei der allergerechteste, um den ganzen Erdkreis zu gewinnen, da er doch von Gott angeordnet, von den Propheten vorhergesagt, von den Aposteln gepredigt und von unserem Erlöser Christus in Worten und Taten bestätigt sei . . . Es geht um das Gut des allgemeinen Friedens auf der Welt, das man nicht erreichen kann ohne die Weltmonarchie, zu welcher Karl, Gott dienend, leicht gelangen kann.«[11]

Diese Idee des Weltkaisertums enthält wohl mittelalterliche Züge, aber sie bedeutet etwas wesentlich Neues: die Konzeption einer mit den modernen Methoden der Renaissance-Menschen zu leistenden Einheit der Welt. – Karl V. hat bekanntlich im Wahlkampf 1519 über seinen Rivalen Franz I. gesiegt. In der Folgezeit konnte er zwar die habsburgische Herrschaft über Italien erringen, Frankreich aber nur zeitweilig in die Knie zwingen. Der Kaiser scheiterte schließlich an dem Zusammenwirken der Franzosen, die in nationalem Stolz für ihren selbständigen Staat kämpften, mit den Türken und mit den deutschen Protestanten. Die Verteidigung des evangelischen Glaubens gegen die gewaltsame Rekatholisierungspolitik des Kaisers – das war zusätzlich zu der politischen Opposition eine neue, aus der Tiefe der religiösen Überzeugung kommende Motivation gegen die Universalmonarchie.
Karl V. konnte zwar 1546/47 den *Schmalkaldischen Bund* besiegen. Doch gerade nach den militärischen Siegen des Kaisers über die protestantischen Fürsten und Städte im Reich artikulierte sich die zähe Widerstandskraft des evangelischen Glaubens gegen die ›spanische Servitut‹ des Kaisers. In Flugschriften und Volksliedern kam der leidenschaftliche Widerspruch zum Ausdruck, der dann 1552 zum Aufstand und Sieg der protestantischen Kriegsfürsten und zum Zusammenbruch der Herrschaft Karls V. im Reich führte; eine Strophe eines dieser Kampflieder lautet:

Herr Gott vom Himmel steh uns bei
und straf des Kaisers Tyrannei
und steuer seinem Toben!
Er macht sich Gott vom Himmel gleich
und stieß ihn gern aus seinem Reich,
das sieh, o Gott dort oben![12]

Kaiser Karl V. scheiterte sowohl im Ringen um die Neuschaffung einer politischen Einheit Europas wie im Ringen um die Wiederherstellung der durch die Reformation aufgelösten kirchlichen Einheit. Bei seiner Abdankung 1556 ist der Pluralismus des europäischen Lebens in staatlicher und in kirchlicher Hinsicht weitgehend gefestigt. Nicht einer Einheitsform, sondern der lebendigen, dynamischen Vielfalt der staatlichen und der religiösen Kräfte gehört die Zukunft Europas und der Welt.
Dennoch – oder gerade deshalb – ist es bewegend, die Abschiedsbotschaft zu lesen, in welcher Karl V. seinen spanischen Untertanen 1556 den Thronverzicht und die Geschichte seines Scheiterns aus seiner Sicht mitteilte:

»Ich unternahm den Krieg in Deutschland [gegen den Schmalkaldischen Bund 1546] um der Religion willen; denn ich wünschte – wie es gemäß der mir auferlegten Verpflichtung recht und billig war – die Abgewichenen in den Schoß der Kirche zurückzuführen. Ich trug Sorge dafür, in der Christenheit Friede und Ruhe herzustellen und tat von meiner Seite alles nur Mögliche, um die Einberufung des Konzils herbeizuführen. Ich bemühte mich darum, daß die so notwendige Kirchenrefom beschlossen und durchgeführt werde, um die im Glauben Abgewichenen eher zu gewinnen. Und als es durch die Güte Gottes gut damit stand, begann der König von Frankreich den Krieg zu Lande und zu Wasser, ohne daß er in Wahrheit einen gerechten Grund dazu hatte. Er stützte sich dabei auf die Hilfe der Deutschen, die sich entgegen ihrer Treueverpflichtung mit ihm verbündeten. Er rief die türkische Flotte herbei zu großem Schaden der Christenheit und unserer Staaten und suchte in diese einzufallen. Daher war ich durch beides gezwungen, Heere aufzustellen, denen ich mich anschloß. Daraus folgten für mich große Anstrengungen. [...] Das war die stärkste Ursache meiner langen Krankheit und Schwäche. Ich sehe ein, daß ich ein Hindernis für die Erledigung der Geschäfte geworden bin. [...]«[13]

Die Enttäuschung des alten Kaisers, der meinte, nur das Beste für seine Welt gewollt zu haben, ist das eine. Das andere ist die politische Propaganda mit selbstbewußter Schwarz-Weiß-Malerei, adressiert an das spanische Volk, das die Lasten des weiteren Krieges mit Frankreich zu tragen hatte. Dies aber ist vielleicht das am tiefsten Bezeichnende: im Scheitern der Universalmonarchie wendet sich Karl V. an *seine* Spanier, mit deren katholischer und politischer Mission er sich identisch fühlt. So geht – gesehen an diesem Beispiel – *aus dem Scheitern der Universal-Monarchie* der *nationale Einzelstaat* als maßgebend für Europas Zukunft hervor. Freilich, das Ziel des allgemeinen Friedens war damit preisgegeben. Und das konfliktreiche und durch keine übergeordnete oder vermittelnde Instanz geregelte Ringen der Einzelstaaten wird Europa immer wieder vor schwere bis schwerste Probleme stellen – bis hin zu den selbstmörderischen Weltkriegen des 20. Jahrhunderts.

Weltherrschaft heißt im 16. Jahrhundert auch *Herrschaft außerhalb Europas*, in Übersee. Die Seefahrer und Entdecker, die von Spanien und Portugal aus nach Amerika und Asien fuhren, waren nicht nur kühne, gewinnorientierte Seefahrer, sondern auch Kenner der antiken und der christlichen Literatur. Christoph Columbus, der 1492 im Auftrage der spanischen Herrscher Amerika entdeckt hatte – das er freilich für Indien hielt –, stammte aus Genua und war von dem Unternehmungsgeist und der Gelehrsamkeit der italienischen Renaissance geprägt. Er fand – irrtümlicherweise – in den Schriften der Antike und des Alten Testamentes die Hinweise, die ihn veranlaßten, über den Atlantik nach Westen den Weg zu den Schätzen Indiens zu finden. Die antike und biblische Herleitung dieses Irrtums findet sich in den Schriften des Columbus mit Deutlichkeit ausgesprochen:

»Aristoteles sagt, daß diese Welt klein ist und daß das Wasser sehr gering in seiner Ausdehnung ist und daß es leicht möglich ist, von Spanien aus nach Indien zu fahren. [...] Gott spricht so deutlich von diesen Ländern durch den Mund des Isaias an vielen Stellen seines Buches. Dort versichert Isaias, daß diesen Ländern von Indien aus Gottes heiliger Name gebracht werden soll!«[14]

Bei den Portugiesen, die nach 1500 rings um den Indischen Ozean ihr maritimes Kolonialreich errichteten, wie bei Columbus und den nachfolgenden spanischen Entdeckern und Eroberern Amerikas verbanden sich Goldsuche, Geltungsdrang und christliche Missionsidee in sehr kompakter Weise. Diese Mischung der Motive fand erst recht ihren Niederschlag in der *politischen und sozialen Ausformung der spanischen Kolonialherrschaft* nach der Zerschlagung der eingeborenen Hochkulturen in Mexiko und in Peru. An der Stelle des Aztekenreiches und der Inkaherrschaft entstanden spanische Vizekönigreiche. Ausbeutung der Silber- und Goldvorkommen, Zwangsarbeit der Indios, Zerstörung der traditionellen Sozialstruktur und eine rasante Bevölkerungsabnahme durch Ausbeutung und vor allem durch die Infektion der Eingeborenen mit europäischen

Krankheiten waren die Charakteristika dieser Herrschaft. So sank die Bevölkerung der zentralen Gebiete Mexikos von etwa 25 Millionen vor der spanischen Eroberung auf etwa 6 Millionen 1548 und auf etwa 1 Million 1605.

Es waren *Missionare aus den Bettelorden*, die voll Empörung über das elende Schicksal der Eingeborenen diese Probleme vor die spanischen Behörden im Mutterland und vor Kaiser Karl V. brachten. Der Kaiser, der die Tatsache, daß in seinem Reiche die Sonne nicht unterging, als eine göttliche Sendung auffaßte, setzte sich vor allem unter dem Eindruck der erschütternden Berichte des Dominikaners Bartolomé de Las Casas für einen energischen Eingeborenenschutz ein. Doch diese sogenannten ›Neuen Gesetze‹ stießen in Amerika auf den erbitterten Widerstand der spanischen Kolonisten, die an dem bestehenden System profitierten. Dabei ging es insbesondere um das System der *Encomienda*, das heißt um ein vom Staat den spanischen Kolonisten verliehenes Recht, eine bestimmte Anzahl von Indios zwangsweise zur Arbeit zu verwenden, gegen eine sehr dehnbare Verpflichtung, für deren leibliches Wohl zu sorgen. Die »Neuen Gesetze« des Kaisers wollten dies System aufheben, aber sie hatten im fernen Amerika kaum eine Wirkung. Im Gegenteil, zur Verteidigung des Encomienda-Systems wurden nun sogar theologische Gutachten abgefaßt, die den Teufelskreis der Verquickung von Ausbeutung, christlicher Mission und staatlicher Herrschaft zeigen. Eines dieser Gutachten besagt:

»Die Beständigkeit des christlichen Glaubens und der christlichen Religion bei den Eingeborenen dieses Landes hängt nämlich von der festen Stellung der Spanier in diesem Lande ab. [...] Diese feste Stellung ist jedoch hierselbst unhaltbar, wenn es keine reichen Leute mehr gibt. Reiche Leute gibt es aber nur, wenn die Dörfer nach wie vor als Encomiendas den Spaniern gehören«.[15]

Der Protest vieler wahrhaft christlicher Missionare gegen die Behandlung der Eingeborenen dauerte an. Aber er änderte nicht mehr viel an diesem verhängnisvollen System von Ausbeutung und Unfreiheit. So waren hier schon in den ersten Jahrzehnten europäischer Herrschaft die Weichen für Jahrhunderte gestellt – eine überaus schwere Hypothek für das Verhältnis von Europa zur außereuropäischen Welt. – Ein radikaler Versuch der Missionare, die Indios vor der Ausbeutung zu retten, war schließlich die Gründung der sogenannten ›*Reduktionen*‹ in Südamerika: es wurden außerhalb der staatlichen Verwaltungsgrenzen von den Missionaren Indio-Siedlungen angelegt, die einen gewissermaßen herrschaftsfreien Raum und wirtschaftliche Sicherheit schufen. Doch konnten diese Bemühungen, auch wenn sie schließlich Hunderttausende von Indios erfaßten, gegen die fatale Gesamtentwicklung im spanischen Mittel- und Südamerika wenig ausrichten.

Man sieht: gerade im Bereich des Neuwerdens der politischen Lebensformen Europas und seines Ausgreifens nach Übersee ergeben sich schon zu Beginn der Neuzeit dunkle Schatten und Belastungen für die Folgezeit. Hinter dem neuen, überlegenen Können der Europäer blieb ihre politisch-ethische Gestaltungskraft vielfach zurück. Dies gilt in ähnlicher Weise für die Probleme des Zusammenlebens der europäischen Staaten und Völker nach dem Scheitern der habsburgischen Weltherrschaft wie für die Begegnung der weißen Eroberer und Kolonialherren mit den Eingeborenenkulturen in Übersee. Versuchen wir, zu Ende dieses sehr gerafften Überblicks ein Fazit zu ziehen, das Kultur und Gesellschaft, Kirche und Staat zu Beginn der Neuzeit umfaßt. Die kulturelle und soziale Dynamik, die Europa im Zeitalter der Renaissance erfaßte, führte zu einer kreativen Entfaltung und zu komplexen Lebensformen in den verschiedensten Bereichen. Die individuelle Formung des Lebens aus freigewonnenen, inneren Gesinnungen wurde seither zum selbstverständlichen Programm des europäischen Menschen. Diese neuen Kräfte und Formen menschlicher Selbstverwirklichung, die sich in der Renaissance zunächst in elitärer Weise ausgeprägten, drängten in der folgenden Epoche auf eine Umgestaltung der gemeinschaftlichen Institutionen Europas, in Kirche und Staat. Stark und überzeugend vernahmen wir in der Renaissance die Stimmen des neuen, individuellen Menschentums. Konfliktreich und problembeladen zeigten sich in der folgenden Epoche die Versuche, durch Umgestaltungen im kirchlichen und politisch-sozialen Leben diesem neuen Menschentum Raum und allgemeine Geltung zu schaffen. Luthers Aufbruch zur Befreiung des Gewissens und zu einem erneuerten Christentum mündete in die evangelischen Landeskirchen und damit in die Spaltung der Christenheit. Der Gedanke einer politischen Einigung der Christenheit in einer ›Monarchia Universalis‹ scheiterte, weil nicht nur die Einzelstaaten dem Widerstand leisteten, sondern auch die protestantische Bewegung sich gegen den katholischen Zwangskurs Karls V. wandte. Aber auch der sich nun befestigende Pluralismus der Einzelstaaten entsprach nur zum Teil den Forderungen und Bedürfnissen der neuen Individualkultur. Zwar bieten die europäischen Fürstenstaaten weithin den Rahmen für eine fortschreitende Erneuerung von Gesellschaft und Kultur. Aber der Ruf des Erasmus nach dem universalen Frieden in Staat und

Gesellschaft als Bedingung der freien individuellen Existenz blieb angesichts der zunehmenden Härte der einzelstaatlichen Machtkämpfe durchaus aktuell. Und erst recht machte sich die Rücksichtslosigkeit staatlicher Interessen dort geltend, wo im Neuland der Kolonialreiche die politisch-ethische Gestaltungskraft Europas auf die Probe gestellt war. So sind in der Entfaltung der frühneuzeitlichen Werdeprozesse Licht und Schatten sorgfältig zu beobachten und zu beschreiben. Jede Vereinfachung nach der einen oder anderen Seite hin würde uns in die Irre führen, auch hinsichtlich unseres Selbstwertgefühls als Europäer in der Welt von heute.

Anmerkungen

1 H. W. EPPELSHEIMER, Petrarca: Dichtungen – Briefe – Schriften, Frankfurt 1956, S. 25ff.

2 G. SAVONAROLA, Prediche e scritti, ed. M. Ferrara, Milano 1930.

3 L. VALLA, Scritti filosifici e religiosi, ed G. Radetti, Firenze 1953, S. 230f.

4 N. COPERNICI, Opera Omnia, ed. Academia Scientiarum Polona, Vol. 2: De Revolutionibus libri sex, Warszawa/Krakow 1975, Vorrede.

5 ERASMUS V. ROTTERDAM, Opera Omnia, Vol. 4, 2, Amsterdam 1977, S. 90ff.

6 MACHIAVELLI, Der Fürst. Übersetzt von R. Zorn, Stuttgart 1955, S. 71f (mit einigen Modifikationen in der Übersetzung).

7 Der folgende Abschnitt stammt aus der lateinischen Vorrede Luthers zum ersten Band der Wittenberger Ausgabe seiner ›Opera Latina‹ 1545 und ist vielfach ins Deutsche übersetzt worden. Der lateinische Text u. a. in: Luthers Werke in Auswahl, ed. O. CLEMEN, Bd. 4, Berlin ^{5}1959, S. 427f. Für eine etwas abweichende Übersetzung vgl. P. JOACHIMSEN, Die Reformation als Epoche der deutschen Geschichte, München 1951, S. 23f.

8 Deutsche Reichstagsakten, jüngere Reihe, Bd. 2, Göttingen ^{2}1962, S. 553, 555.

9 TH. MÜNTZER, Die Fürstenpredigt. Theologisch-politische Schriften, hg. v. G. Franz, Stuttgart 1967, S. 116ff.

10 Aus den ›Zwölf Artikeln der Bauernschaft‹. In G. FRANZ, Quellen zur Geschichte des Bauernkrieges, Darmstadt 1963, S. 176f.

11 Historia vite et gestorum per dominum magnum cancellarium (Mercurino Arborio di Gattinara), ed. C. BORNATE. In: Miscellanea di storia italiana, 3. Ser. 17, 1915, S. 231ff., hier S. 272 (1518) und 406 (Gutachten vom 12. Juli 1519).

12 F. V. BEZOLD, Geschichte der deutschen Reformation, Berlin 1890, S. 812.

13 Siehe H. LUTZ, Christianitas afflicta. Europa, das Reich und die päpstliche Politik im Niedergang der Hegemonie Kaiser Karls V. 1552–1556, Göttingen 1964, S. 422f.

14 Zit. bei R. KONETZKE, Das spanische Weltreich. Grundlagen und Entstehung, München 1943, S. 129, 127.

15 Siehe R. KONETZKE. Süd- und Mittelamerika I. Die Indiano-Kulturen Altamerikas und die spanisch-portugiesische Kolonialherrschaft. (Fischer Weltgeschichte 22), Frankfurt 1965, S. 173ff.

Literaturverzeichnis

Einführende Literatur:

J. ENGEL (Hg.): Die Entstehung des neuzeitlichen Europa. Handbuch der europäischen Geschichte. Hg. von TH. SCHIEDER. Bd. 3. Stuttgart 1971.

J. HALE: Renaissance Europe 1480–1520. London 1971.

D. HAY: Italien in der Renaissance. Stuttgart 1962.

E. HASSINGER: Das Werden des neuzeitlichen Europa 1300–1600. Braunschweig [4]1975.

H. LUTZ: Der politische und religiöse Aufbruch Europas im 16. Jahrhundert. Propyläen-Weltgeschichte. Hg. von G. MANN / A. HEUSS / A. NITSCHKE. Bd. 7. Berlin/Frankfurt/Wien 1964, S. 25–132.

H. LUTZ: Reformation und Gegenreformation. München 1979 (Oldenbourg Grundriß der Geschichte, Bd. 10).

Zu Petrarca:

H. W. EPPELSHEIMER (Hg.): Petrarca: Dichtungen – Briefe – Schriften. Frankfurt 1956.

Zu Medici:

R. DE ROOVER: The Rise and Decline of the Medici Bank 1397–1494. Cambridge 1963.

Zu Kopernikus:

M. BOAS: Die Renaissance der Naturwissenschaften 1450 – 1630. Das Zeitalter des Kopernikus. Gütersloh 1965.

Zu Erasmus:

ERASMUS VON ROTTERDAM: Ausgewählte Schriften in acht Bänden, lateinisch und deutsch. Hg. von W. WELZIG. Darmstadt 1967/69.

Zu Machiavelli:

F. CHABOD: Machiavelli and the Renaissance. New York 1965.

Zur Ausstrahlung der italienischen Renaissance:

J. BALOGH: Die Anfänge der Renaissance in Ungarn. Matthias Corvinus und die Kunst. Graz 1975.

M. CSÁKY: Humanistische Gelehrte am Hofe des Königs Matthias Corvinus. In: Johannes Regiomontanus 1436–1476. Hg. von G. HAMANN/K. FERRARI D'OCCHIEPPO. Wien 1980.

Renaissance und Humanismus in Mittel- und Osteuropa. Hg. von J. IRMSCHER. 2 Bde. Berlin 1962.

Zur Reformation:

E. ISERLOH/J. GLAZIK/H. JEDIN: Reformation, katholische Reform und Gegenreformation. Freiburg 1967.

B. MOELLER: Deutschland im Zeitalter der Reformation. Göttingen 1977.

Zu Zwingli, Calvin und Calvinismus:

H. SCHILLING: Der Aufstand der Niederlande: Bürgerliche Revolution oder Elitenkonflikt? In: 200 Jahre amerikanische Revolution und moderne Revolutionsforschung. Hg. von H.-U. WEHLER. Göttingen 1976.
R. SCHNUR (Hg.): Zur Geschichte der Erklärung der Menschenrechte. Darmstadt 1964.
M. WEBER: Die protestantische Ethik. Hrsg. von J. WINCKELMANN. 2 Bde. Hamburg ²1972.

Zur politischen Neugestaltung Europas im 16. Jahrhundert

K. BRANDI: Kaiser Karl V. Werden und Schicksal einer Persönlichkeit und eines Weltreiches. 2 Bde. München 1937/41.
E. FUETER: Geschichte des europäischen Staatensystems von 1492 bis 1559. München/Berlin 1919.
H. LUTZ: Karl V.: Biographische Probleme. In: Biographie und Geschichtswissenschaft. Hrsg. von G. KLINGENSTEIN/H. LUTZ/G. STOURZH. Wien/München 1979 (Wiener Beiträge zur Geschichte der Neuzeit, Bd. 6).

Zur spanischen Kolonisation:

J. HÖFFNER: Christentum und Menschenwürde. Das Anliegen der spanischen Kolonialethik im goldenen Zeitalter. Trier 1947.
R. KONETZKE: Süd- und Mittelamerika I. Die Indianerkulturen Altamerikas und die spanisch-portugiesische Kolonialherrschaft. Frankfurt 1965.

Zum portugiesischen Kolonialreich:

C. R. BOXER: The Portuguese Seaborne Empire 1415–1825. London 1969.
J. H. PARRY: Zeitalter der Entdeckung. Zürich 1963.

18. Werner Conze

Die moderne Revolution (I)
Der Beginn der modernen Welt

Die Kapitel 18 bis 21 sind dem Problem der modernen Revolution gewidmet. Der Leser wird erwarten, daß dabei die Französische und die russische Revolution besonders behandelt werden. So wird es geschehen. Man wird aber weitere große Beispiele wie die amerikanische Revolution, die europäische von 1848 oder die chinesische seit 1911 vermissen. Diese werden jedoch berücksichtigt, wenn auch nicht in eigenen Kapiteln hervorgehoben. Manche werden dagegen überrascht sein, wenn der industriellen Revolution ein eigener Beitrag vorbehalten sein soll. Damit ist offensichtlich ein weiterer Begriff von Revolution, als in der Umgangssprache gebräuchlich, eingeführt. ›Revolution‹ in diesem weiteren Sinne meint nicht nur Staatsumsturz, sondern ruckartige Veränderung der Lebensverhältnisse von Grund auf. So verstanden spricht man z. B. von technischer, von agrarischer, von sozialer Revolution. Politische Umstürze, wenn sie mehr sind als nur Putsche mit anschließendem Machtwechsel, können diesem breiteren Revolutionsbegriff ein- oder untergeordnet werden. Politische Revolutionen wie die Französische oder die russische sind zwar durch Jahreszahlen – 1789, 1917 – zu datieren, haben aber tiefliegende Ursachen und einschneidende, lang anhaltende Wirkungen. In dem kurzbefristeten Geschehen innerhalb eines einprägsamen Jahresdatums ist nicht der ganze Revolutionszusammenhang enthalten, sondern nur seine Zuspitzung in entscheidenden, machtverändernden Handlungen von Personen, organisierten Gruppen und spontan zusammenlaufenden Massen.

Es ist durch die historische Forschung erwiesen, daß politische Revolution einerseits, technisch-industrielle Revolution andererseits nicht unverbunden nebeneinander stehen, sondern in einem umfassenden Zusammenhang zu sehen sind. Ob beide Erscheinungsformen moderner Revolution auf gemeinsame Ursachen zurückgeführt und in wechselseitiger Einwirkung aufeinander begriffen werden können, diese Frage soll in diesem Kapitel beantwortet werden.

Die Geschichte des Begriffs ›Revolution‹[1] gibt uns einen ersten Hinweis darauf, daß der Zusammenhang zwischen politischer und technisch-industrieller Revolution als eine weltgeschichtliche Epoche zu begreifen ist, die in ihrer Bedeutung für die Menschheitsgeschichte nach meiner Auffassung allen anderen Epochen voran- und nur der ›neolithischen Revolution‹[2], d.h. der Entstehung der Hochkulturen gleichzustellen ist. ›Revolution‹, lateinisch revolutio, abgeleitet vom lateinischen Verb revolvere (um- und zurückdrehen), wurde in der Astronomie verwendet, um die Umdrehung der Himmelskörper zu bezeichnen. Kopernikus veröffentlichte 1543 seine ›Sechs Bücher über die Umdrehung der Himmelskörper‹ (De revolutionibus orbium coelestium). Im 17. Jahrhundert wurde das Wort auf die Politik übertragen und gewann dabei die Bedeutung einer plötzlichen, einmaligen Umwälzung, durch die politische Machtverhältnisse um- oder zurückgedreht werden sollten. So sprachen die Engländer 1688/89, als Jacob II. vom Parlament abgesetzt und Wilhelm von Oranien zum König gewählt wurde, von einer ›Glorreichen Revolution‹, durch die das alte, gute, durch den Stuart-König gebrochene Recht wiederhergestellt werden sollte. Im 18. Jahrhundert bürgerte sich das Wort im Sprachgebrauch ein, und mehrfach war die Rede von einer großen Revolution oder Umwälzung, durch die ganz Europa erschüttert werden würde. Erst nach dem Erlebnis der französischen Ereignisse zwischen 1789 und 1795 verschob sich die Bedeutung, indem Revolution mit ›Fortschritt‹ und ›Bewegung‹, d. h. mit der Vorstellung verbunden wurde, daß aus der alten, unzulänglichen oder verwerflichen Welt eine neue Zeit herbeigezwungen werden könne, in der die Menschen in eine verbesserte, ideale Existenz übergeführt werden würden – materiell, sozial, moralisch. Der junge Marx schrieb 1845 den berühmt gewordenen Satz: »Die Philosophen haben die Welt nur verschieden interpretiert; es kömmt darauf an, sie zu verändern.«[3] Und Jacob Burckhardt begann im Wintersemester 1871/72 seine Vorlesungen über das Zeitalter der Französischen Revolution mit dem Satz: »Zum Namen dieses Kurses ist zu bemerken, daß eigentlich alles bis auf unsere Tage im Grunde lauter Revolutionszeitalter ist, und wir stehen vielleicht erst relativ an den Anfängen oder im zweiten Akt; denn jene drei scheinbar ruhigen Dezennien von 1815 bis 1848 haben sich zu erkennen gegeben als einen bloßen Zwischenakt in dem großen Drama. Dieses aber scheint eine Bewegung werden zu wollen, die im Gegensatz zu aller bekannten Vergangenheit unseres Globus steht.«[4]

Die Erwartung, daß die Menschheit von lastenden Traditionen und Herrschaftsverhältnissen gelöst und in einem sowohl zwingend notwendigen wie willentlich herbeigeführten Prozeß ge-

wissermaßen nach vorn gerissen werden sollte, wurde als neu empfunden und wurde bestätigt in den technischen, sozialen, wirtschaftlichen und politischen Neuerungen, die sich vor den Augen der Zeitgenossen vollzogen. Menschenrechte und Dampfmaschine gehörten zusammen.
Das Revolutionszeitalter war objektiv erkennbar an bestimmten Vorgängen und meßbar an technischen und wirtschaftlichen Daten. Es war zugleich subjektiv erlebt und wurde zum Gegenstand fortgesetzter Reflexion. All das war spezifisch europäisch. Europa gewann eine neue Stufe der Kultur, mit tiefgreifenden Folgen auch für die Welt außerhalb Europas und des von Europäern neu gestalteten amerikanischen Kontinents.
Die Chinesen geben ›Revolution‹ mit einer alten Wortverbindung ihrer Sprache wieder: sie heißt ko-ming (ändern-Auftrag/Befehl), wörtlich übersetzt also ›den Auftrag ändern‹[5]. Ehe in jüngster Zeit der moderne europäische Revolutionsbegriff in den altchinesischen Ausdruck einfloß und ihn begrifflich wandelte, bezeichnete ko-ming ein Ereignis in einer grundsätzlich unwandelbaren Welt. Als Teil oder analog der kosmischen Ordnung sollte der Kaiser als Sohn des Himmels die ruhende und bestimmende Mitte der weltlichen Ordnung sein. Der Himmel erteilte ihm dazu den Auftrag (ming); er konnte ihn aber im Namen der Gerechtigkeit und zum Wohle des Volkes zurücknehmen, wenn der Kaiser versagte und sich des Auftrags unwürdig erwies. Das Volk durfte nach anerkannter Lehre als Werkzeug des Himmels einen verwerflichen Herrscher stürzen, oder dessen Minister konnten ihn absetzen. Kaiser- und Dynastienwechsel wurden immer wieder, vom ersten vorchristlichen Jahrtausend bis zum Abschluß der Kaiserzeit im Jahre 1911 in solcher Weise begründet. So berichtet z.B. die chinesische Reichsgeschichte vom letzten Kaiser der Han-Dynastie (220 n.Chr.), der dem König von Wei die Kaiserwürde mit den Worten abtrat: »O Du, König von Wei! In alter Zeit verzichtete der Kaiser Yao freiwillig auf den Thron zugunsten von Schun aus Yü; und Schun gab den Auftrag an Yü. Des Himmels Auftrag ist nicht dauernd; er kommt nur dem Tugendhaften zu. Die Herrschaft der Han ist verfallen; die Welt hat ihre Ordnung verloren. So ist es bis zu meiner Person gekommen. Große Unruhen schaffen nun Verwirrung; alle Arten von Unheil brechen ungezügelt hervor; in der Welt herrscht Umsturz.«[6] Der König von Wei sei der würdige Mann, der das Erbe weitertragen könne.

»Des Himmels Bestimmung ruht in Deiner Person; wahre aufrichtig die Mitte, und Du wirst ewig die Gaben des Himmels haben.«

Ko-ming bedeutete also einen moralisch gerechtfertigten, unvermeidlichen Machtwechsel, keineswegs aber eine Veränderung der gegebenen Ordnung als solcher.
Der Historiker kann solche Berichte und Deutungen nicht unkritisch übernehmen. Er kann, sofern es ihm die Quellen gestatten, Hergänge, innere Unruhen, Machtkämpfe, Dynastienwechsel unabhängig von Deutungen der mythisch durchwirkten konfuzianischen Staatslehre Chinas zu rekonstruieren versuchen. Gleichwohl enthält die Auffassung des ko-ming eine mehr als 2000 Jahre alte Wirklichkeit, in der die Härte der geschichtlichen Vorgänge und ihre Begründung nicht voneinander getrennt werden können. Mochte die chinesische Geschichte noch so voll von sozialen Bewegungen und Gruppenkämpfen gewesen sein, die lange Dauer ihrer anhaltenden Verfassungskontinuität war einzigartig in der Weltgeschichte, und darin sahen europäische Beobachter oder Denker, zumal im Zeitalter der modernen Revolution vor und nach 1800, die Eigentümlichkeit Chinas (und auch weiterer asiatischer Länder) im Gegensatz zur europäischen Dynamik. Hegel ließ in seinen Vorlesungen über die Philosophie der Weltgeschichte die Geschichte mit China beginnen. Doch sei, so betont er, im Gegensatz zum christlichen Abendland, »jede Veränderlichkeit ausgeschlossen«, und so fehle China eigentlich das, »was wir das Geschichtliche nennen würden«. Hegel faßt zusammen: »China hat dies Eigentümliche, daß es sich in sich selbst entwickelt hat. Soweit die Geschichte geht, insofern es als ein Reich angesehen werden kann, hat es für sich bestanden. Es ist immer geblieben, was es gewesen ist, obgleich es 1278 von einem Enkel des Dschingis-Khan, damals aber nur auf 89 Jahre, zur Zeit des 30jährigen Krieges dagegen endgültig von den Mandschu-Tartaren erobert worden ist. Aber alles dies hat keine Veränderung hervorgebracht. Unter allen Verhältnissen hat China seinen Charakter immer behalten; kein Volk von einem andern geistigen Prinzip hat sich an die Stelle des alten gesetzt. Insofern hat China eigentlich keine Geschichte.«[7]
Wenn Hegel ›Geschichtlichkeit‹ im Gegensatz zu ›Unveränderlichkeit‹ oder ›Geschichte‹ im Gegensatz zu einem dauerhaften Kosmos menschlicher Gesellschaft begreift, so versteht er dies nicht als ein Nebeneinander zweier geschichtlicher Realitäten oder sich ausschließender politischer Strukturmodelle, sondern als ein Nacheinander fortschreitender Entwicklung, als einen Prozeß des Weltgeistes auf dem Weg von den zurückbleibenden orientalischen Kulturen über die griechisch-römische Antike zur christlich-germanischen Welt. In der christlich-germanischen Welt wirkte das Prinzip vernunftgemäßer Entwicklung

und fortschreitender Freiheitsverwirklichung, bis hin zu Hegels Gegenwart, in welcher ein ›herrlicher Sonnenaufgang‹, die Französische Revolution, erlebt wurde, als die denkenden Zeitgenossen von dem Gefühl ergriffen worden waren, »als ob es zur wirklichen Versöhnung des Göttlichen mit der Welt nun erst gekommen« sei.[8]

Der Gipfel weltgeschichtlicher Entwicklung schien also in Europa erreicht worden zu sein.

Diese Sicht Hegels ist eine herausragende Aussage vieler zeittypischer Meinungen über die moderne Revolutionsepoche. Sie zeigt, daß der Beginn der modernen Welt im 18. Jahrhundert, der mit einem weitgefaßten Revolutionsbegriff andeutend bezeichnet werden kann, mit dem Problem der Spannung zwischen Europa und der übrigen Welt, besonders der alten Hochkulturen eng verbunden ist.

Die moderne Revolution ist bis heute nicht abgeschlossen, doch wird gegenwärtig vielfach über ihre Grenzen oder über ihr Ende nachgedacht. Will man sie in ihren Zielen und in ihren Erscheinungsformen begreifen, muß der Blick auf ihren Beginn gerichtet werden. Das heißt aber: nicht nur feststellen, was sich ereignet hat, als 1776 die amerikanische und 1789 die Französische Revolution ausbrach, oder als im letzten Drittel des 18. Jahrhunderts durch technische Erfindungen und Unternehmerinitiative die industrielle Revolution in Großbritannien ausgelöst wurde, sondern nach den Gründen und Antriebskräften fragen, die dem weltbewegenden Ereigniszusammenhang zugrunde gelegen haben.

Vordergründige Antworten auf das weltgeschichtliche Rätsel, warum Ende des 18. Jahrhunderts, den Zeitgenossen in hohem Maße bewußt, der große Ausbruch erfolgte und die unaufhörliche Weltveränderung begann, lassen sich schnell finden. Sie sind jedoch alle unbefriedigend. So z. B. die wirtschaftsgeographische und geopolitische Erklärung, das kleinräumig und vielfältig gegliederte Europa sei durch seine langen Küsten begünstigt gewesen; Seekriege und Seehandel mit den amerikanischen Küstenländern auf der anderen Seite des Atlantischen Ozeans hätten in den westeuropäischen Ländern bürgerlichen Reichtum, Wirtschaftsinitiativen, aber auch geistige und soziale Unruhe in Gang gebracht. In der Tat ist die erdräumliche Begrenzung der Revolutionsbewegung auf die dem Atlantik zugewandten Länder ein bemerkenswertes Faktum. Mit Recht ist von einer ›atlantischen Revolution‹ gesprochen worden.[9] Doch um eine *erste* Ursache handelt es sich dabei nicht. Es gibt genug Küstenländer der Erde, deren maritime Lage nichts Vergleichbares bewirkt hat.

Auch der Versuch, den Beginn der modernen Welt ethnisch, national oder rassisch zu erklären, ist fragwürdig. Zwar sind die Träger der atlantischen Revolution germanisch-romanische Völker des westlichen Europa und der nordamerikanischen Ostküste gewesen. Aus ihnen sind nicht nur hohe Begabungen, sondern auch Gestaltungs- und Eroberungsenergien großen Ausmaßes hervorgewachsen. Aber es läßt sich nicht erweisen, daß nicht auch andere Völker der Erde zu derartigen Höchstleistungen in bestimmten Zeiten und unter bestimmten geschichtlichen Herausforderungen fähig gewesen wären und künftig fähig sein könnten.
Auch wirtschaftsgeschichtliche Erklärungsversuche wie der Anreiz zu technischen Neuerungen infolge Erschöpfung von Energiereserven, z.B. des Holzes, das durch Steinkohle ersetzt wurde, oder der Ausbruch von Aufständen aus Gründen wirtschaftlicher Not und sozialer Unterdrückung sind nicht als tiefgreifende Ursachen zu bezeichnen. Denn Ähnliches hat es in anderen Teilen der Erde auch stets gegeben, und Auswege aus akuten Nöten haben die Menschen immer wieder auf verschiedene Weise zu finden gesucht, ohne so grundlegend und umfassend, wie es seit dem ausgehenden 18. Jahrhundert geschehen ist, bewußt neue Wege zur Erreichung eines allgemeinen Fortschritts einzuschlagen.
Ich könnte fortfahren, dergleichen Ursachen zu suchen, und der Historiker ist verpflichtet, Kausalverflechtungen zur Erklärung bestimmter Geschehenszusammenhänge so konkret und ins einzelne gehend wie möglich aufzufinden. Dazu sollen in den folgenden drei Beiträgen – für die Französische, die industrielle und die russische Revolution – Beispiele gegeben werden.
Hier aber muß noch tiefer angesetzt werden. Wir sind zu fragen genötigt, ob und wodurch das weltgeschichtlich spät gekommene Europa im Jahrtausend seiner Hochkultur vom 8. bis zum 18./19. Jahrhundert sich von den übrigen, älteren und lang dauernden Hochkulturen der Erde unterschieden hat. Gäbe es eine spezifisch europäische Andersartigkeit, so könnte daraus annäherungsweise erklärt werden, wie der Ausbruch Europas aus der Zivilisationsstufe der Hochkulturen im 18./19. Jahrhundert zu verstehen ist.
Suchen wir also Europa im Ursprung auf. Es entstand nach dem Ende des weströmischen Reiches, das die germanischen Stämme zerstört hatten. Doch übernahmen sie wie vorher die Kelten und danach Slawen, Ungarn, Balten und Finnen das Erbe der antik-mittelmeerischen Hochkultur. Dies geschah zu Beginn keineswegs schnell und vollständig, sondern vollzog sich gewis-

sermaßen schubweise, beginnend mit der Christianisierung und Latinisierung von oben, endend mit christlichen Volksbewegungen einerseits, gelehrter Übernahme griechischer Philosophie und Sprache im Hoch- und Spätmittelalter andererseits. Bis dahin war die primitive Jugendstufe der vor-europäischen Stämme längst hinter einer sich ständig wandelnden und vervollkommnenden Hochkultur zurückgelassen worden. Fortgesetzte Aneignung der antiken Kultur war Hand in Hand gegangen mit wachsender Selbstentfaltung und damit wachsender Selbstsicherheit der sich in Nationen gliedernden Europäer. Als in der Renaissance und im Humanismus, vom 14. bis zum 17. Jahrhundert, die Antike neu entdeckt und ›wiedergeboren‹ wurde, da geschah dies im Bewußtsein, eine ›neue Zeit‹[10] erreicht zu haben. Sie sollte die Antike wieder aufnehmen, wurde aber spätestens im 17. Jahrhundert als über diese hinausgehend begriffen. Nicht nur die ›mittlere Zeit‹, das Mittelalter, war in den Schatten getreten, sondern selbst die Antike wurde zunehmend nicht mehr als eine Stufe angesehen, die wieder erreicht werden sollte und wieder erreicht worden war, sondern die Ausgang für weiteren Fortschritt aus eigener Kraft und von den alten Grundlagen aus sein sollte. Wiedergeburt des alten Vorbildes sollte durch Neugeburt eines traditionsüberwindenden Zeitalters überboten werden. All das ist als ein fortgesetzt dynamischer Zivilisationsvorgang anzusehen: die sogenannten ›barbarischen‹ Völker fügen sich in die mittelmeerische, griechisch-römische Antike ein, vermögen sich aber die Antike nur in jahrhundertelangem Mühen so anzuverwandeln, daß das Bewußtsein der Gleichrangigkeit entsteht. Von da an schießt die europäische Schwungkraft über die Vorbilder, Überlieferungen und gegebenen Dimensionen hinaus, so daß die bisherige Begrenzung gesprengt wird und der Ausbruch erfolgt.

Das einmalig Europäische war also das nie endende Streben, eben der Kultur habhaft zu werden, die man einst überwältigt hatte, um sodann in eine neue Welt vorzustoßen, die anfänglich, d. h. im 16./18. Jahrhundert, nur durch Utopien vorgestellt werden konnte. Die Utopie war die bezeichnende Literaturgattung Europas zwischen dem Humanismus und der Revolution.[11]

Wenn die europäische Geschichte in solcher Weise gesehen wird, dann stellt sich die Frage: worin denn das antike Erbe bestanden hat, das übernommen, angestrebt und als Grundlage dafür genommen wurde, daß die Europäer zu solcher zielgerichteten, in hohem Maße rational gesteuerten Dynamik befähigt wurden.

Das antike Erbe ist doppelt geprägt gewesen, als es von den Völkern Europas in der Nachfolge des Weströmischen Reichs übernommen wurde: Es enthielt in sich einerseits – wenn auch gealtert und reduziert – die griechisch-römische Kultur mit Kunst, Wissenschaft und politischem Erfahrungswissen, andererseits die in der Kirche institutionalisierte, altjüdische Tradition fortsetzende christliche Glaubenslehre. Beides hatte sich im Klerus der Klöster und Kirchen unter christlichem Vorzeichen verbunden, stand aber zueinander in grundlegendem Widerspruch und entzweite sich im Laufe des europäischen Jahrtausends immer von neuem. Die griechische Wissenschaft war Theorie auf empirischer Grundlage gewesen, Kontemplation des Sichtbaren, wie Karl Löwith es wiederholt im Gegensatz zum Christentum hervorgehoben hat.[12] Die christliche Botschaft aber stellte eben diese Welt, deren Ende durch göttliches Gericht sie voraussagte, in Frage, löste damit den Menschen als Person vor Gott aus seinen weltlichen Bindungen und forderte von ihm den Glauben an Unbeweisbares um seiner individuellen Erlösung willen. Die ganze europäische Geschichte kann verstanden werden als die fortgesetzte Auseinandersetzung um die beiden Seiten dieses in sich widersprüchlichen antiken Erbes. Dessen Doppelsinnigkeit wurde immer wieder in praktischen Lebenskompromissen christlicher Herrschafts- und Lebensordnung oder durch theoretisches Denken, z.B. bei Thomas von Aquino, zur Vereinigung gebracht, aber doch immer wieder in seine Gegensätzlichkeit aufgebrochen – am deutlichsten im Kampf zwischen Kaiser und Papst, Fürsten und Bischöfen, vor allem im sogenannten Investiturstreit des 11. und 12. Jahrhunderts. Christus hatte von ›seinem Reich‹, dem Reich Gottes auf Erden, gesprochen, das ›nicht von dieser Welt‹ sei[13], und hatte das weltliche Reich des Kaisers als grundsätzlich von dem seinigen unterschieden weder beeinflussen, noch ablehnen oder gar stürzen wollen. Als sein ›Reich‹ dann in der Kirche institutionalisiert und seit Anerkennung des Christentums als Staatsreligion im Jahre 325 n.Chr. in die Welt eingelassen wurde, war der Dualismus zwischen geistlicher und weltlicher Gewalt im Abendland eingeführt und wurde bestimmend für seine ganze Geschichte. Dieser Dualismus ist als wesentlichste Folgerung aus dem antiken Erbe für das entstehende Europa anzusehen. In seiner prinzipiellen Schärfe ist er einmalig in der Weltgeschichte und unterscheidet das christliche Europa von aller vorhergegangenen Geschichte, in der Religion Teil und Stütze der jeweiligen Herrschaften oder Reiche gewesen war. Selbst die anderen großen Erlösungs- und Weltreligionen – Islam und Buddhismus –, in denen jene Polarität gleichfalls angelegt ist, haben nicht zu jener grundlegenden und politisch folgenreichen Spannung von geistlicher und weltlicher Gewalt geführt, wie sie für das Abendland typisch gewesen ist.

In der europäischen Geschichte sind stets die zwei Tendenzen des antiken Erbes mit-, neben- und gegeneinander in Entwicklung begriffen gewesen: einerseits, wie bereits hervorgehoben, die immer vollkommener werdende Aneignung griechisch-römischer Kultur, verstärkt angestoßen durch die Aufnahme des griechischen Philosophen Aristoteles im 12./13. Jahrhundert, andererseits die immer von neuem ausbrechende, oft mit sozialem Protest verbundene christliche Unruhe, deren Kritik sich nicht nur gegen die weltliche Macht, sondern auch gegen die in Erstarrungs- oder Verweltlichungsgefahr fallende Kirche gerichtet hat. Beide Prozesse, die als Verwissenschaftlichung und Verchristlichung bezeichnet werden können, waren zwar gegensätzlichen Ursprungs, wirkten aber doch immer wieder aufeinander ein – so vor allem in der Beziehung von Humanismus und Reformation zu Beginn des 16. Jahrhunderts, mit der auch wichtige politische und soziale Veränderungen verbunden waren.

Im 17./18. Jahrhundert waren beide Tendenzen an das Ende ihrer Möglichkeiten gelangt. Sie kamen damit aber nicht zur Ruhe. Vielmehr setzte sich die Schwungkraft des europäischen Geistes fort, durchbrach die Begrenzungen des antiken Erbes und befähigte die geistige Elite der Zeit, den Zugang zu bisher unbekannten Lebensdimensionen zu gewinnen, die als ›neu‹ oder ›modern‹ erlebt und bezeichnet wurden. Beide Tendenzen des antiken Erbes wurden in jener Zeit von Traditionsbindungen gelöst, veränderten dadurch ihre Qualität, verbanden sich auf eine ›moderne‹ Weise und verursachten solcherart die umfassende ›Revolution‹, von der einleitend die Rede war. Diese These ist im folgenden zu begründen und anschaulich zu machen.

Das ist allerdings methodisch schwierig – nicht nur deswegen, weil ich genötigt bin, stark verkürzend zusammenzufassen, was in Wirklichkeit verwickelt, langwierig und voller Widersprüche abgelaufen ist, sondern vor allem deswegen, weil die analytische Hervorhebung einiger Hauptfaktoren dazu verleiten kann, den großen Wirkungszusammenhang, um den es sich hier handelt, nicht genügend in seiner Vielfalt und Untrennbarkeit zu sehen. Bei ausführlicher, tiefer dringender Betrachtung würde sich nämlich ergeben, daß die Frage nicht einseitig beantwortet werden kann: ob die geschichtliche Veränderung in erster Linie durch geistige Bemühung, durch das, was man als theoretische Neugierde bezeichnet, durch Wissenschaft also bewirkt oder ob sie durch bedingenden Zwang, Mangel und Existenznot angestoßen worden sei.

Der theoretischen Neugierde, dem Erkenntnisdrang um seiner selbst willen ist zweifellos eine hohe, wahrscheinlich maßgebende Bedeutung für die menschliche Geschichte überhaupt beizumessen, und so könnte auch unsere Frage rein wissenschaftsgeschichtlich behandelt werden. Denn es gibt einen Fortgang wissenschaftlicher Erkenntnis. Einmal gewonnene Ergebnisse gehen in der Regel nicht verloren, sondern bilden die Grundlage für weitere wissenschaftliche Einsichten. Aber es ist ebenso zu berücksichtigen, daß wissenschaftliches Fortschreiten durch Menschen zustande gebracht wird, die durch mannigfache außerwissenschaftliche Anregungen und Zwänge ihrer jeweiligen Gegenwart und ihrer Persönlichkeitsprägung bestimmt sind.

Nach diesen einschränkenden Bedenken kann gesagt werden, daß die Entstehung der modernen Naturwissenschaft an den Anfang gestellt werden muß.[14] Sie ist sowohl Anzeichen wie Ursache der Wende zur modernen Welt gewesen. Nach langer Vorbereitung, die mindestens bis zum 14. Jahrhundert zurückgeführt werden kann, begann im 16. und 17. Jahrhundert die in ihrem Selbstbewußtsein ›neue‹ (Natur-)Wissenschaft (nova scientia), vornehmlich in der mathematisierten Astronomie und Physik sowie der ihr zugrunde liegenden und mit ihr neu entwickelten Philosophie. Zwischen Kopernikus' Astronomie zu Beginn des 16. Jahrhunderts, in der die Sonne zum Mittelpunkt der Planetenkreisbahnen gemacht wurde, und Newtons Werk über die ›Mathematischen Grundlagen der Naturphilosophie‹ (1687) fielen die Entscheidungen und wurden harte Kämpfe um das neue naturwissenschaftliche Weltbild ausgefochten, für das die Namen von Giordano Bruno, Galilei, Kepler, Francis Bacon und Descartes nur stellvertretend stehen. Nicht in ›revolutionären‹ Erklärungen und Programmen, sondern in vorsichtiger, oft verborgener vernunft- und sachgeleiteter Arbeit wurden die Aristotelische Naturlehre und kirchlich gehütete Tabus überwunden, wurde die Natur mathematisch-philosophisch mit Hilfe planmäßig angesetzter Experimente nach ihren ›Gesetzen‹ befragt und wurde die Scheu vor praktischer Verwertung, d.h. technischer Umsetzung der Naturwissenschaft aufgegeben. Ähnlich wie Francis Bacon sah Descartes die Menschen als ›maîtres et possesseurs de la nature‹, als Meister und Besitzer der Natur.[15] All das wurde im Einklang mit dem Willen des Schöpfergottes gesehen, der den Menschen geboten hatte, sich die Erde untertan zu machen und ihnen erlaubt hatte, ihre Vernunft naturgemäß zu gebrauchen. Tatsächlich aber wurde damit die Welt der göttlichen Allmacht und Einwirkung entzogen. Sie wurde freigesetzt und stand nun vor ihrer Verwandlung durch Technik. Die Konsequenz der nova scientia, der neuen Wissenschaft, des beginnenden 17. Jahrhunderts war die industrielle Revolution des ausgehenden 18. Jahrhunderts.

Die großen Seefahrten, Entdeckungen und – selbstsicher und selbstverständlich – damit verbundenen Eroberungen waren der industriellen Revolution vorhergegangen. Sie sind in einem Geist ins Werk gesetzt worden, der in Columbus' Entscheidung ausgedrückt gewesen ist, die Erde müsse, da sie rund sei, umfahren werden, und die dem Motto des Entwurfs zu Francis Bacons Utopie »Nova Atlantis« entsprach: »Naturwissenschaft und Macht laufen in eins zusammen.« Den Zeitgenossen ist es bewußt gewesen: so wie der den Griechen nicht verfügbar gewesene Ozean jenseits der Säulen des Herkules dem Zugriff der macht- und neugierigen Eroberer des 16. und 17. Jahrhunderts ausgeliefert wurde, so durchbrach die ›neue‹ Wissenschaft alle bisher gültigen Hemmungen ohne Furcht vor den anfangs nur geahnten Konsequenzen. Am Anfang des 17. Jahrhunderts sprach Francis Bacon von der ›Geburt der Zeit‹, die den wissenschaftlichen Durchbruch herbeiführe. Selbstbewußt sagte Bacon[16]:

»Es schmilzt, genau betrachtet, jene lange Reihe von Jahrhunderten auf einen geringen Zeitraum zusammen. Denn von 25 Jahrhunderten, wozu menschliche Geschichte und Wissenschaft hinaufreicht, bleiben kaum 6 übrig, welche dem fruchtbaren Fortkommen der Wissenschaften günstig waren. Die Zeit hat ja ihre öden Wüsten wie der Raum. Eigentlich hat es nur drei Umwälzungsperioden der Wissenschaften gegeben: Eine bei den Griechen, eine bei den Römern, die letzte bei uns westlichen Europäern. [...] Das Mittelalter war dem Aufblühen der Wissenschaft höchst ungünstig. [...]
Wie vieles ist nicht durch die großen, in unserer Zeit so häufigen Land- und Seereisen, in der Natur entdeckt, was ein großes Licht auf die Philosophie verbreiten kann! Wirklich, es wäre eine Schande für unsere Zeit, welche im Gebiet der Außenwelt – in der Kunde der Erde, des Meeres und des Himmels – so ungeheure Fortschritte gemacht, wenn sie im Gebiet der Geisteswelt sich auf das dürftigere Wissen der Alten beschränken wollte.«

Die neue Zeit könne sich nicht mehr mit den unfruchtbaren Wiederholungen bisheriger Wissenschaften begnügen.

»Der Mensch, der Diener und Ausleger der Natur, wirkt und weiß so viel, daß er von der Ordnung der Natur durch Experimente oder durch Beobachtungen bemerkt hat; weiter weiß und vermag er nichts.«

Experimente und Beobachtung aber mußten durch die neue Methode der neuen Wissenschaft zur besseren Erkenntnis führen, weit über das Altertum hinaus.
Gegenstand der ›neuen Wissenschaft‹ des 16./17. Jahrhunderts ist die ›Natur‹ gewesen. Man fand deren gottgewollte, mathematisch ausdrückbare Gesetzmäßigkeit, ohne Bezüge zur Geschichte, Politik und Kultur herzustellen. Doch blieb es nicht bei dieser Beschränkung. Auch die menschliche Welt wurde vom Bewußtsein und vom Willen zupackender Rationalität erfaßt. Es lag nahe, auch sie auf vermutete Gesetze hin zu prüfen oder sie mindestens zum Objekt neuartiger historisch-politischer Untersuchungen zu machen. Spinoza entwickelte seine ›Ethik‹ um 1670 in deduktiver Beweisführung nach ›geometrischer Methode‹. Und Vico übertrug die Bezeichnung ›neue Wissenschaft‹, die zunächst nur naturwissenschaftlich verstanden worden war, auf die ganze Kulturwelt.[17] Während der moderne Staat vom 16. bis 18. Jahrhundert als ein organisiertes Kunstwerk moderner Rationalität geplant und gegen widerstehende Mächte, vor allem des Adels, hier mehr, dort weniger konsequent verwirklicht wurde, löste sich die politische oder ›Staatswissenschaft‹ von der Schultradition der aristotelischen Politik. Seit Machiavelli wurde immer von neuem nach den zweckrational begriffenen Regeln fürstlich-staatlicher Herrschaftsorganisation und Herrschaftspraxis gefragt. Man nannte das ›Staatsraison‹.[18] Sie wurde praktisch und theoretisch in das System der europäischen Staaten eingefügt, das im Bild der Waage oder des Gleichgewichts[19] aufgefaßt wurde. Oder man bediente sich des Bildes der Maschine, die plan- und zweckmäßig konstruiert, gelenkt und bedient wird.
Schon die Wahl solcher Bilder weist darauf hin, daß die Untertanen der Fürsten in einen Funktionsmechanismus gestellt werden sollten, der nach der Idealvorstellung so weit wie möglich dem Interesse und der Raison des Staates zu entsprechen hatte. Zweckrationalität trat an die Stelle ethisch gebundener Politik in der Tradition antiker, d.h. sowohl griechischer wie christlicher Theorie. Ethik und Politik traten auseinander. Der Staat gewann Macht in einem Maße, wie sie von den Herrschern des Mittelalters nie hatte erreicht werden können. Das geschah durch verstärkte Ausschöpfung der Länder, durch Verbesserung der Eigenwirtschaft der Fürsten, durch Erhöhung von Steuern der Untertanen, durch Aufbau staatlicher Finanzverwaltung zwecks Finanzierung der neuen Einrichtungen des Behördensystems mit besoldeten Beamten und des stehenden Heeres.
Die gesteigerte Macht des Staates war Ausdruck und Antrieb

für das neuzeitliche Streben, die Gesellschaft zu organisieren und Mechanismen zu schaffen, durch welche die Leistung menschlicher Arbeit gesteigert, konzentriert und für den Staat verwendungsfähig gemacht werden sollte. Wenn dabei die eingesetzten Menschen als funktionierende Teile eines künstlichen Organismus[20] erschienen, zu Dienern (Ministern) des Staates wurden und schließlich Fürsten der Zeit, wie am deutlichsten Friedrich der Große,[21] sich selbst als erste Diener des Staates sahen, so drängte sich von neuem die alte Frage auf, was denn der Zweck des Staates sei. Macht war zu allen Zeiten der Geschichte mißbraucht, und es war von alters her darüber nachgedacht worden, wie dem Mißbrauch der Machthaber Einhalt geboten werden könne. Das wurde nun neuartig erlebt und kritisch bedacht. Solange die Fürsten Europas sich nicht als erste Diener einem ethisch begründeten Staatszweck unterordneten, sondern das ihren Untertanen abgenötigte Geld für kostspielige Kriege, luxuriöse Hofhaltungen und Zahlung ihrer wachsenden Schulden verwendeten, gerieten sie in Widerspruch zum alten, neu in Erinnerung gerufenen Gebot, daß der Fürst Gerechtigkeit und Sicherheit seiner Untertanen zu wahren habe und daß darin seine Herrschaft ›von Gottes Gnaden‹ begründet sei.[22] Der Widerspruch forderte zwei grundlegend gegensätzliche Lösungsmöglichkeiten heraus. Entweder unterstellte sich der Fürst der alten, zeitgemäß modernisierten Forderung, allein dem Gemeinwohl zu dienen und die gesteigerten Möglichkeiten des Staates für wirtschaftliche und gesellschaftliche Reformen einzusetzen, oder der Fürstenstaat wurde von seinen Untertanen verworfen und zwecks Herstellung einer Verfassung beseitigt, die von ungerechter und ungerechtfertigter Herrschaft befreit sein sollte. Die erste Möglichkeit wurde vom ›aufgeklärten Absolutismus‹,[23] besonders in Deutschland, ergriffen, die zweite führte vom Volksaufstand zur Revolution – so in Nordamerika und in Frankreich. Im ersten Fall des ›aufgeklärten Absolutismus‹ sollte die Monarchie für den Rechts- und Wohlfahrtsstaat erhalten bleiben, im zweiten Falle sollte das ›Volk‹ zum Souverän werden und sich selbst eine neue Ordnung geben, sei es in der Kompromißform eingeschränkter Monarchie, sei es in der konsequenteren Form der demokratischen Republik.

Beide Tendenzen entstammen *einer* Wurzel: der ›neuen Wissenschaft‹ von der menschlichen Welt oder der Politik, die empirisch, wie bereits erwähnt, aus der Geschichte und der Interessenanalyse der Staaten gewonnen wurde, deren Normen aber aus dem Naturrecht abgeleitet wurden. Dies neuere, von seiner Bindung an die christliche Theologie gelöste Naturrecht

ist in seiner revolutionierenden Wirkung für die Entwicklung der modernen Welt der neuen Naturwissenschaft des 17. Jahrhunderts durchaus gleichzusetzen.[24]
Der Grundsatz dieses Naturrechts hieß Freisetzung des Individuums, und zwar in doppeltem Sinne. Erstens wurde das im 18. Jahrhundert noch wirksame Menschenbild des Aristoteles zerstört, daß die Menschen, nur in Gemeinschaft lebensfähig, *von Natur* in Herrschende und Dienende, Herren und Knechte, unterteilt seien. Zweitens sah sich der Mensch seiner persönlichen Bindung an Gott und an die Glaubenslehren der Kirche entledigt. Aus der Gleichheit der Christen vor Gott wurde die Gleichheit der Menschen als von Natur aus ungebundener Individuen,[25] die vernunftgemäß den Gesellschaftsvertrag zur Errichtung von hilfreichen Regeln ihres Zusammenlebens geschlossen hätten. Ziel der auf dem Gesellschaftsvertrag beruhenden staatlich-bürgerlichen Ordnung sollte es sein, die Menschen vor Unterdrückung zu schützen und Beschwernisse von ihnen fernzuhalten, so daß sie das ihnen von Natur eingeborene Recht, in Freiheit und Gleichberechtigung zu leben, genießen könnten. Der Grundbegriff solcher naturrechtlichen Zielsetzung hieß ›Glück‹ oder – in verweltlichter Bedeutung – ›Glückseligkeit‹. ›Glückseligkeit‹ der Menschen wurde in Deutschland von den Vertretern eines ›aufgeklärten Absolutismus‹ als ›Endzweck‹ des Staates bezeichnet. Es ist bezeichnend, daß dieser ›Endzweck‹ z. T. bereits extrem individualistisch aufgefaßt wurde. So schrieb z. B. – sehr typisch – der Göttinger Jurist Johann Claproth in seinem Grundriß des Rechts der Natur (1749):

»Die Glückseligkeit des gemeinen Wesens muß aus dem Vergnügen und der Wohlfahrt aller einzelnen Mitglieder, nicht aber aus der bloßen Macht des Ganzen beurteilt werden.« Dies individuelle Glück wird von ihm noch näher beschrieben: »Der einzige Endzweck [...] muß darin bestehen, daß jeder in seinen gerechten Neigungen so wenig gestört wird, als es nur immer möglich ist. Hierzu gehöret aber 1. eine allgemeine Ruhe und Sicherheit, 2. Überfluß und Bequemlichkeit.«[26]

Damit war eine nicht nur damals zeittypische, sondern bis heute immer wieder verbreitete Konsequenz des modernen Individualismus ausgedrückt. Beschauliche Ungestörtheit als vernunftgemäßes Lebensideal, staatlich geschützt! Dagegen wandten sich gegen Ende des 18. Jahrhunderts leidenschaftlich die deutschen Staatsphilosophen, die unter dem Eindruck der amerikanischen und Französischen Revolution Freiheit des Bürgers von staatlicher Bevormundung forderten. Johann Christian Gottlieb Schaumann z. B. äußerte 1795 seinen Abscheu dagegen, »daß unter der Herrschaft der Glückseligkeit als Staatszweck die Regenten das Recht haben, sich in alle Angelegenheiten ihrer Untertanen zu mischen, sich um die geheimsten Gedanken und Wünsche derselben zu bekümmern; denn wie sollen sie sonst ihre Pflicht, dieselben glücklich zu machen, erfüllen?«[27] Und Wilhelm von Humboldt zog 1792 die frühliberale Konsequenz der »Gränzen der Wirksamkeit des Staats«.[28]

Damit ist die Frage angerührt, warum in der Verfassungsform der absoluten Monarchie, selbst wenn sie noch so aufgeklärte Reformziele verfolgte, das *Glück* nicht im vollen Sinne, d.h. verbunden mit den aus Freiheit folgenden Menschenrechten verwirklicht werden konnte. Die Fürsten des aufgeklärten Absolutismus waren nicht fähig, ihre Untertanen zu freien Bürgern mit Selbst- oder auch nur Mitbestimmung zu machen. Aus dem individualistischen Naturrecht wurde gegen sie die Forderung von Menschen- und Bürgerrechten mit der Konsequenz freiheitlich-demokratischer Verfassung abgeleitet. Wurde solches nicht nur gefordert, sondern auch durchgesetzt, dann war das Ende der monarchisch-adeligen Herrschaftsordnung gekommen und eine Entwicklung eingeleitet, die sich von aller bisherigen politischen Ordnung seit dem Beginn der Hochkulturen grundlegend unterschied – auch von der nur kurzlebigen, von den menschenrechtlichen Prinzipien der Freiheit und Gleichheit weit entfernt gewesenen Demokratie des griechischen Altertums. In der amerikanischen Revolution (1764–1787) wurde das Streben nach Glück unlösbar mit den Freiheitsrechten der Menschen und der politischen Verantwortung der Bürger verbunden. Hierfür beriefen sich die Führer der amerikanischen Unabhängigkeitsbewegung sowohl auf altes englisches Recht wie auf das moderne Naturrecht. Die vom Kongreß der 13 amerikanischen Staaten – der vorherigen Kolonien – am 4. Juli 1776 beschlossene Unabhängigkeitserklärung begann mit den Sätzen: »Folgende Wahrheiten erachten wir als selbstverständlich: daß alle Menschen gleich geschaffen sind; daß sie von ihrem Schöpfer mit gewissen unveräußerlichen Rechten ausgestattet sind; daß dazu Leben, Freiheit und das Streben nach Glück gehören; daß zur Sicherung dieser Rechte Regierungen unter den Menschen eingerichtet werden, die ihre rechtmäßige Macht aus der Zustimmung der Regierten herleiten; daß, wenn irgendeine Regierungsform sich für diesen Zweck als schädlich erweist, es das Recht des Volkes ist, sie zu ändern oder abzuschaffen und eine neue Regierung einzusetzen und sie auf solchen Grundsätzen aufzubauen und ihre Gewalten in der Form zu organisieren, wie es zur Gewährleistung ihrer Sicherheit und ihres Glücks geboten zu sein scheint.«[29]

In diesen mit Recht immer wieder zitierten Sätzen ist der Grund für die spätere Verfassung der Vereinigten Staaten von Amerika gelegt worden. Sie waren darüber hinaus programmatisch grundlegend für die moderne demokratische Verfassungsentwicklung überhaupt. Im Selbstbewußtsein der Verfasser wurde der neue Weg scharf abgesetzt von aller bisherigen politischen Ordnung, sofern diese, wie es etwas später formuliert wurde, Herrschaft von Menschen über Menschen gewesen war. Dem wurde die freie Selbstbestimmung und politische Gleichberechtigung aller Bürger entgegengesetzt, die selbst auf dem Wege über gewählte Repräsentations- und Vertretungsversammlungen ihre Regierungen bilden und absetzen sollten. Damit war die Entwicklung zur repräsentativen Demokratie eingeleitet, die auf den naturrechtlich begründeten Menschen- und Bürgerrechten beruhen und in staatlichen Verfassungsurkunden festgelegt sein sollte. Die amerikanische Bundesverfassung von 1787 steht am Anfang dieser Reihe.

Der Übergang zu politischen Verfassungen, die auf dem Anspruch der Glücksbefriedigung beruhten und dazu geschaffen wurden, deren Freiheit und Gleichheit zu gewährleisten, ist weder in den Vereinigten Staaten noch sonstwo auf der Erde reibungslos und ohne schwere Erschütterung erfolgt. Das lag nicht nur an den vielfältigen unterschiedlichen Bedingungen in den einzelnen Nationen, mit denen die Verfechter der neuen Ideen zu kämpfen hatten. Es lag, tiefer gesehen, in den Widersprüchen der politischen Zielvorstellungen des modernen Individualismus selbst. Was sollten Freiheit und Gleichheit konkret bedeuten? Die triviale Einsicht wurde immer wieder bestätigt, daß es weder schrankenlose individuelle Freiheit noch vollständige individuelle Gleichheit geben konnte. Das erwies sich stets und überall von neuem, auch dann, wenn im Laufe der Zeit immer mehr anfänglich ausgeschlossene Menschengruppen in die allgemeine Ausübung von Bürgerrechten, in den allgemeinen Genuß von Freiheitsrechten, in die allgemeine Rechtsgleichheit und sogar in zunehmende soziale Angleichung, wenn schon nicht völliger Gleichheit hineingenommen wurden: Fremde, Unterschichten, Frauen. So gab es in der Geschichte der modernen Nationen seit ihrem politisch-demokratischen Beginn sowohl Ausweitungen wie Begrenzungen von Freiheitsrechten und Gleichheitsverwirklichung. Jene folgten daraus, daß die abstrakte Formel von ›Freiheit und Gleichheit‹ seit der atlantischen Revolution des 18. Jahrhunderts ihre Suggestivkraft nicht verlor. Diese folgten aus der Notwendig-

keit, daß Staat, Gesellschaft und Wirtschaft unter den Bedingungen fortschreitender industrieller Revolution funktionsfähig bleiben müssen. Stets und überall wird bis heute um die optimale Schnittlinie zwischen Erfüllung von Individualrechten oder -ansprüchen einerseits, der Funktionsfähigkeit des politischen und wirtschaftlichen Systems andererseits gerungen. Die moderne Revolution trägt seit ihrem Beginn sowohl politisch-sozial wie technisch-industriell gesehen ein Janusgesicht.
Auf der einen Seite Freiheit in verfassungspolitischer Begrenzung oder Jagd nach abstrakt absoluter Freiheit, die zu Anarchie führt und in Diktatur oder Zwangsherrschaft umschlägt; auf der anderen Seite Gleichheit in verfassungs- und wirtschaftspolitischer Begrenzung oder Jagd nach der allgemeinen Gleichheit, die in Zwangsplanwirtschaft und politischen Freiheitsverlust umschlägt.
Das heißt: Immer wieder ist das revolutionär-emanzipatorische Ideal der Toleranz in Intoleranz verkehrt worden und hat der Eifer, alte Herrschaft zwecks Fortschritts und Glücks der Menschen zu beseitigen, zu Unterdrückung und Terror durch die neue Herrschaft revolutionärer Machthaber geführt. Im Namen der Revolution wurden und werden Millionen von Menschen an den Galgen, in Gefängnisse und Konzentrationslager gebracht.
Diese Zwiespältigkeit der modernen Revolution ist auch an ihrer Spannung zwischen den Zielbildern der Nation und der Menschheit, anders gesagt: des Nationalismus und des Weltbürgertums (Kosmopolitismus) zu erkennen. Die moderne Revolution ist, geistig und politisch-strukturell gesehen, eine auf den *Menschen* als Person oder Individuum gerichtete *Welt*bewegung gewesen, die sich bereits in den Weltfriedensentwürfen des 18. Jahrhunderts ankündigte. Aber die konkreten, politisch-sozialen Revolutionen sind immer zugleich *nationale* Revolutionen gewesen, deren Ziel der *demokratische Nationalstaat* gewesen ist. So sollte die Monarchie Frankreichs mit ihrer regionalen Vielfalt und ihrem bevorrechtigten Adel der ›einen und unteilbaren Nation‹ freier und gleichberechtigter Bürger weichen. Wo aber, anders als in Frankreich, Nationen erst ihre Einheit im Nationalstaat anstrebten, weil sie ihn noch nicht besaßen, verbanden sie in ihren Revolutionen stets die verfassungspolitischen und sozialen Forderungen mit dem Ziel ihrer nationalstaatlichen Einheit. So geschah es im 19. Jahrhundert in ganz Mittel- und Osteuropa.
So sind die Revolutionen seit dem Ende des 18. Jahrhunderts, zuerst in Europa und Amerika, dann – im 20. Jahrhundert – auch in Asien und Afrika, allemal nationale Unabhängigkeits-

kämpfe gewesen und sind dabei gleichzeitig von übernationalen ›Welt‹-Prinzipien, z. B. des Liberalismus oder des Sozialismus, durchdrungen worden. Die in immer neuen nationalen Aufständen auflebende moderne Revolution steht in der Spannung zwischen Nationalismus und Kosmopolitismus.
200 Jahre moderner Revolutionsgeschichte liegen hinter den Menschen der Gegenwart. Die im 18. Jahrhundert angestoßene Veränderung der politisch-sozialen Strukturen und der dem menschlichen Zugriff ausgelieferten Natur ist noch nicht zu Ende. Sie hat sich sogar in den letzten drei Jahrzehnten beschleunigt. Die Frage nach den Gefahren und Irrtümern selbstgemachten Glücks wird heute neu gestellt. Die erwartungsvollen Hoffnungen der revolutionären Frühzeit sind weit verbreiteter Skepsis, ja Angst gewichen. Doch bei näherem Zusehen kann die Meinung nicht bestehen, als ob die aufsteigende Linie der Zukunftsgewißheit, die in ein innerweltlich verstandenes ›Reich der Freiheit‹ zu führen schien, zunehmend einer absteigenden Bewußtseinslinie gewichen sei, in der sich die Furcht vor den ›Grenzen des Wachstums‹, der Umweltzerstörung, des revolutionären Terrorismus und dem militärisch-technisch herbeigeführten Ende der Welt widerspiegelt. Denn von Anfang an standen Sorge und Schrecken über die Entfesselung des technischen Fortschritts und des individuellen Glücksstrebens neben der Zuversicht, das neue Zeitalter werde ein besseres und in wachsendem Maße vollkommeneres sein. Die Wörter ›Optimismus‹ und ›Pessimismus‹ sind beide im 18. Jahrhundert geprägt worden. Schon damals standen optimistische und pessimistische Weltsichten neben- und gegeneinander. Bis zur Gegenwart ist der 200jährige Entwicklungssprung der Menschen, der Folge des europäischen Ausbruchs gewesen ist, noch nicht voll verarbeitet. Denn er ist noch nicht abgeschlossen. Die Bewegungen der umfassend verstandenen modernen Revolution nicht weiter ihrer eigengesetzlichen Schwungkraft zu überlassen, sondern sie zu kontrollieren und zu steuern, diese Aufgabe zeichnet sich als übernationale Bemühung der in Wissenschaft und Politik Verantwortlichen heute ab. Es geht um Korrekturen der vielfältigen Schäden, die durch die moderne Revolution angerichtet worden sind – bis hin zu den Völkermorden[30] unseres Jahrhunderts, die durch Ideologien als den illegitimen Kindern der modernen Revolution bis auf den heutigen Tag immer wieder gerechtfertigt werden.[31]

Anmerkungen

1 TH. SCHIEDER, Art. Revolution. Sowjetsystem und demokratische Gesellschaft, Bd. 5, 1972, S. 692ff.; K. GRIEWANK, Der neuzeitliche Revolutionsbegriff, Frankfurt am Main ²1969.
2 Vgl. H. CASTRITIUS, Entstehung und Abfolge der Hochkulturen als weltgeschichtliche Epoche; in diesem Bande S. 11.
3 11. These über Feuerbach. In: Die deutsche Ideologie (1845/46). K. MARX, Die Frühschriften, hg. von S. Landshut, Kröners Taschenausgabe 209, S. 341.
4 Zit. nach TH. SCHIEDER, Das Problem der Revolution im 19. Jahrhundert, Hist. Zschr. 170, 1950, S. 16.
5 W. FRANKE, Das Jahrhundert der chinesischen Revolution 1851–1949, München 1958, S. 11ff.
6 Ebd., S. 15f.
7 G. W. F. HEGEL, Vorlesungen über die Philosophie der Weltgeschichte, Bd. 2: Die orientalische Welt. Hg. von G. LASSON, Leipzig ²1923, S. 277f.
8 Ebd., Bd. 4: Die germanische Welt, S. 926.
9 R. R. PALMER, Das Zeitalter der demokratischen Revolution. Eine vergleichende Geschichte Europas und Amerikas von 1760 bis zur Französischen Revolution, dt. Übers., Frankfurt am Main 1970.
10 R. KOSELLECK, ›Neuzeit‹. Zur Semantik moderner Bewegungsbegriffe. In: Ders. (Hg.), Studien zum Beginn der modernen Welt, Stuttgart 1977, S. 264.
11 Utopie (griech. u-topos, Nirgend-Ort), Darstellung eines erdachten, idealen, daher zeitkritischen Gesellschaftszustandes. Wortprägung durch Thomas Morus (1516). Beispiele: TH. CAMPANELLA, Civitas Solis (Sonnenstaat), 1623; B. Mandeville, Fable of the bees (Bienenfabel), 1714.
12 K. LÖWITH, Weltgeschichte und Heilsgeschehen, Stuttgart 1953; ders., Mensch und Geschichte. In: Gesammelte Abhandlungen, Stuttgart 1960, S. 152ff.; ders., Das Verhängnis des Fortschritts. In: Die Idee des Fortschritts. Neun Vorträge, hg. von E. Burck, München 1963, S. 17ff.
13 Joh. 18, 36; Matth. 22, 21.
14 Überblick bei ST. F. MASON, Geschichte der Naturwissenschaft in der Entwicklung ihrer Denkweisen, dt. Übers., Kröners Taschenausgabe 307, Stuttgart 1961. Vgl. ferner F. WAGNER, Die Wissenschaft und die gefährdete Welt, München 1964; A. NITSCHKE, Revolution in Naturwissenschaft und Gesellschaft, Stuttgart-Bad Cannstatt 1979. THOMAS S. KUHN, Die Kopernikanische Revolution, dt. Übers., Braunschweig, Wiesbaden 1981.
15 R. DESCARTES, Discours de la méthode 6, 6 (1637) hg. von L. GÄBE, Hamburg 1960, S. 100.
16 F. BACON, Neues Organ der Wissenschaften, Übers. und hg. von A. TH. BRÜCK Neudruck der Ausgabe Leipzig 1830; Darmstadt 1974, S. 57f., 63, 26.
17 G. B. VICO, Principi di una scienza nuova (1725), Neapel 1744, dt. Übers. 1822.
18 F. MEINECKE, Die Idee der Staatsräson in der neueren Geschichte, München, Berlin 1924, ³1929.
19 Vgl. H. FENSKE, Art. Gleichgewicht, Balance, in: Geschichtliche Grundbegriffe. Historisches Lexikon der politisch-sozialen Sprache in Deutschland, Bd. 2, Stuttgart 1975, S. 959ff.
20 So T. HOBBES, Leviathan oder Stoff, Form und Gewalt eines bürgerlichen und kirchlichen Staates (dt. Übers.), hg. und eingeleitet von I. FETSCHER, Neuwied, Berlin 1966.
21 Le souverain est le premier serviteur de l'Etat. Friedrich der Große, Politisches Testament 1752. In: Die politischen Testamente, hg. von G. B. VOLZ, Berlin 1920, S. 38.
22 Vgl. zum Begriff und Ethos des Fürsten (Monarchen) J. MARTIN, H. K. SCHULZE, W. CONZE, H. BOLDT, Art. Monarchie, Geschichtliche Grundbegriffe (Anm. 19), Bd. 4, 1978, S. 133ff.

23 Der aufgeklärte Absolutismus, hg. von O. FRHR. V. ARETIN, Köln 1974; V. SELLIN, Friedrich der Große und der aufgeklärte Absolutismus. In: Soziale Bewegung und politische Verfassung. Beiträge zur Geschichte der modernen Welt, hg. von U. ENGELHARDT, V. SELLIN, H. STUKE, Stuttgart 1976, S. 83ff.

24 D. KLIPPEL, Politische Freiheit und Freiheitsrechte im deutschen Naturrecht des 18. Jahrhunderts, Paderborn 1976.

25 O. DANN, Art. Gleichheit. Geschichtliche Grundbegriffe (Anm. 19), Bd. 2, 1975, S. 997ff. Ders., Gleichheit und Gleichberechtigung. Das Gleichheitspostulat in der alteuropäischen Tradition und in Deutschland bis zum ausgehenden 19. Jahrhundert, Berlin 1980.

26 D. KLIPPEL (Anm. 24), S. 88.

27 Ebd., S. 132.

28 W. V. HUMBOLDT, Ideen zu einem Versuch, die Gränzen der Wirksamkeit des Staats zu bestimmen. Werke (Akademie-Ausgabe), Bd. 1, 1903, S. 97ff.

29 Der Text ist sehr häufig deutsch übersetzt abgedruckt. Englischer Originaltext in: Documents of American History, ed. by Henry Steele Commager, New York [5]1949, S. 100ff.

30 »Völkermord« ist seit dem Abkommen zur Verhütung und Bestrafung des Verbrechens des Völkermordes (genocide) vom 9.12.1948 (UNO) ein völkerrechtlich anerkannter Begriff.

31 Abschließend ist anzumerken, daß der vorstehende Beitrag in seinem Grundproblem, der europäischen Dynamik und Rationalität, in hohem Maße Max Weber verpflichtet ist. Das konnte in der notwendigerweise stark gerafften Darstellung nicht im einzelnen erörtert werden. Es wurde in den Begleitmaterialien des Funk-Kollegs jedoch mitgeteilt. Das Problem ist in vielen Schriften Max Webers angeführt worden, in besonderer Zuspitzung auf die Reformation (stärker der calvinistischen als der lutherischen Richtung) im Aufsatz: Die protestantische Ethik und der Geist des Kapitalismus (1905), am leichtesten zugänglich in: M. WEBER, Soziologie – Weltgeschichtliche Analysen – Politik, hg. von J. Winckelmann, Stuttgart 1956, S. 357ff. (Kröners Taschenausgabe 229). Kürzlich erschien: W. SCHLUCHTER, Die Entwicklung des okzidentalen Rationalismus. Eine Analyse von Max Webers Gesellschaftsgeschichte, Tübingen 1979.

Auf eine besondere Literaturliste wird verzichtet, da in den Anmerkungen viele wichtige Titel angegeben worden sind und die weite Umfassung des Themas die Auswahl allzu problematisch erscheinen ließ, um so mehr, als auf die Literaturlisten der Beiträge von F. Prinz und H. Lutz zu verweisen ist.

19. Rolf Reichardt

Die moderne Revolution (II)
Die Französische Revolution*

»Wenn eine Revolution lärmende, empörende und schließlich blutige Zurschaustellungen und Tumulte bedeutet, nein, dann ist die Mitbestimmung keine Revolution. Besteht eine Revolution aber darin, die herrschenden Verhältnisse, vor allem soweit sie die Menschenwürde und die Lage der Arbeiter betreffen, grundlegend zu verändern, dann ist die Einführung der Mitbestimmung sehr wohl eine Revolution. Und in diesem Sinne scheue ich mich nicht, ein Revolutionär zu sein, wie ich übrigens oft einer gewesen bin ...«[1]

Dieser Ausspruch liegt kaum zwölf Jahre zurück. Öffentlich angekündigt durch die von der Französischen Revolution ererbte Nationalhymne, zog der damalige französische Staatspräsident, General de Gaulle, am 7. Juni 1968 in einem Fernsehinterview eine Bilanz aus der weit über die Universitäten hinauswirkenden Studentenrevolte des Mai 68. Gegen kultur- und sozialrevolutionäre Forderungen der Neuen Linken verteidigte er u. a. seine Pläne zur Einführung der betrieblichen Mitbestimmung als wahrhaft ›revolutionär‹. Seine zitierten Worte sind Teil einer langen Tradition, für welche die Französische Revolution bis heute ein verpflichtendes politisches Erbe, ein nationales Vermächtnis darstellt: Selbst ein vergleichsweise konservativer Politiker wie de Gaulle konnte sich dem nicht entziehen, wenn er auch nur die gemäßigt-liberale Seite jener Tradition in Anspruch nahm. Wenn dagegen der französische Sozialistenführer François Mitterrand am 22. August 1979 zur Erneuerung des antibürgerlichen Volksfrontbündnisses aufruft und dieses als »Linke des Gemeinwohls« (»une gauche de salut public«)[2] bezeichnet, so spielt er damit auf die andere Seite jener revolutionären Tradition an, welche die Französische Revolution vor allem begründet hat: den demokratischen Zentralismus nach dem Modell der Diktatur der Jakobiner von 1793/94. Dieser starke ideologische Gegenwartsbezug der Französischen Revolution macht die Beschäftigung mit der sogenannten ›Mutter der modernen Revolution‹ so aktuell und reizvoll, erschwert aber zugleich die Aufgabe des Historikers, sie möglichst authentisch, d.h. zunächst in ihrer konkreten Bedeutung für die damaligen Zeitgenossen und erst

anschließend in ihrer Interpretation durch die Nachwelt zu verstehen.
Das Neuartige der modernen Revolution besteht ja darin, daß sie kein bloßer Machtwechsel an der Staatsspitze ist, sondern eine grundlegende Veränderung der Lebensverhältnisse, deren volle Bedeutung sich erst aus den tiefliegenden Ursachen und lang anhaltenden Wirkungen ergibt. Das gilt in besonderem Maße für die Französische Revolution. Mit ihr entstand der moderne Begriff der politischen Revolution im Sinne einer dynamischen Fortschrittsbewegung. Ihre sehr vielschichtigen Ursachen liegen in der Epoche des europäischen Absolutismus und des sogenannten Ancien Régime und lassen sich hier nur thesenartig andeuten.

Die Ursachen der Revolution

Stark schematisiert gesehen standen im französischen Ancien Régime drei politisch-soziale Hauptkräfte in einem spannungsreichen Dreiecksverhältnis:

1. die Masse der landarmen, aber keineswegs landlosen bäuerlichen Bevölkerung auf dem platten Lande, verstärkt um die noch wenig zahlreichen städtischen Unterschichten,
2. die aus Adel und Bürgertum gemischten Oberschichten in der privilegierten Stadt, die von Amtsbesitz und ansatzweise kapitalistischer Ausbeutung ihres Grundbesitzes profitierten, und
3. der durch Ämterkäuflichkeit, Parlamente und Schwächen des Steuer- und Finanzwesens mannigfach eingeschränkte absolutistische Fürstenstaat.

Wie konnte diese gewiß instabile, aber doch mindestens seit 1600 unangefochten bestehende Staats- und Gesellschaftsordnung in die revolutionäre Krise geraten? Werfen wir zunächst einen Blick auf die erste Seite unseres Kräftedreiecks und damit auf das Bündel der langfristigen sozialen und wirtschaftlichen Ursachen der Revolution. Um fast 30% vermehrte sich die Bevölkerung im 18. Jahrhundert. Arbeitsplätze und Lebensmittel wurden knapper, wodurch die soziale Spannung zunahm. In der zweiten Hälfte des 18. Jahrhunderts mehrten sich die Fälle, daß Bauern gegen Übergriffe der Grundherren auf die von der Dorfgemeinde kollektiv genutzten Gemeindeländereien mit solidarischen Gewaltaktionen reagierten und bei den jährlichen grundherrlichen Gerichtstagen Tumulte verursachten, die Urkunden für die Sonderrechte ihrer Herren zu sehen verlangten; in den Städten erzwangen die kleinen Leute mittels Aufständen die Herabsetzung der Brotpreise und demonstrierten gegen reiche Arbeitgeber und gegen den oligarchischen Stadtrat. Nur blieben diese zahlreichen Unruhen augenblicksbezogen, traditionalistisch und ohne politische Perspektive. Auch die auf einen langen Aufschwung folgende Depression in Landwirtschaft und Textilgewerbe vor allem der 80er Jahre des 18. Jahrhunderts steigerte zwar die soziale Mobilität und die latente Bereitschaft breiter Schichten zu Protestaktionen; aber so frappant das Zusammentreffen von Rekordhöhe des Brotpreises und Revolution im Sommer 1789 scheint – fast gleiche Preisauftriebe um 1768 und 1778 hatten keine ähnlich revolutionäre Lage herbeigeführt.

Wichtiger war ein Komplex geistig-psychologischer und politischer Ursachen, der hauptsächlich der zweiten Seite unseres Kräftedreiecks, den städtischen Ober- und Mittelschichten, zuzuordnen ist. Da war zunächst die Aufklärung mit ihrer naturrechtlichen Lehre der irdischen ›Glückseligkeit‹. Sie wurde nicht nur von den bis etwa 1760 im ganzen Land gegründeten Provinzialakademien und den sich nach 1750 zu Hunderten vermehrenden Freimaurerlogen verbreitet; sie wurde auch popularisiert durch die vielgekauften politischen Pamphlete eines seit den 1770er Jahren anwachsenden intellektuellen Proletariats, das von den arrivierten Aufklärern und deren Pfründen ausgesperrt war und später viele der radikalsten Revolutionäre stellte. Über die wachsende Zahl freigeistiger Flugschriften und Journale, über deren Diskussion in den Salons der Oberen Gesellschaft, in den offeneren Lesegesellschaften und Cafés verdichtete sich das alles zu einer neuen politischen Öffentlichkeit mit einer oppositionellen Freiheitsideologie. Zunehmender Besitz nichtreligiöser Bücher selbst bei kleinen Handwerksmeistern, das statistisch meßbare starke Nachlassen der traditionellen katholischen Frömmigkeit in breiten Bevölkerungsschichten während der zweiten Jahrhunderthälfte sind Anzeichen dafür, in wie breite Schichten die so propagierte ›Entzauberung der Welt‹ vordrang.

Zum anderen meldete sich im späten Ancien Régime eine regelrechte aristokratische Reaktion zu Wort. Sie betrieb die Entmachtung des Absolutismus, des von ihr so genannten ›ministeriellen Despotismus‹, zu ihren Gunsten.

Die ausschlaggebenden Ursachen der Revolution liegen jedoch auf der dritten Seite unseres Kräftedreiecks, in der Schwäche des angeblich absolutistischen Staates. Zwischen den Fronten von Aufklärung und Reaktion wurden die Staatsautorität und die politische Legitimität des Königs als des Repräsentanten

des Gemeininteresses gleichsam zerrieben, weil weder Ludwig XV. noch Ludwig XVI. den möglichen Ausweg, nämlich den Aufbau eines aufgeklärten, reformerischen Absolutismus, entschlossen genug verfolgten. Ihre Versuche, die Steuerungerechtigkeiten zu mildern, erstickten im Widerstand der Privilegierten.
Als Ludwig XVI. 1787 angesichts des drohenden Staatsbankrotts zu seiner politischen Unterstützung eine Notabelnversammlung einberief, um Steuererhöhungen mit der Wiederaufnahme genau *der* Reformen zu versüßen, die er zu Beginn seiner Regierung abgebrochen hatte, leitete er ungewollt bereits den Prozeß der Revolution selber ein.
Dieser Prozeß war kein einheitlicher Vorgang, sondern vollzog sich im Geflecht von drei weitgehend autonomen und teilweise gegenläufigen Revolutionen,

1. die gemäßigte Verfassungsrevolution der aufgeklärten Eliten im Parlament,
2. die radikaldemokratische, tendenziell soziale Revolution der städtischen Grundschichten,
3. die weitgehend traditionsverhaftete, antikapitalistische Bauernrevolution.

Treibende Hauptkraft der Revolutionsbewegung bis 1794 war eine neue, auf der Lehre der Volkssouveränität beruhende politische Kultur.

Die politische Verfassungsrevolution (1787–Sommer 1791)

Die erste, von der Verfassungsrevolution geprägte Hauptphase dieses Prozesses begann bereits 1787 und reichte bis in den Sommer 1791. 1789 wurden regionale Selbstverwaltungskörperschaften eingeführt, die sogenannten Provinzialversammlungen. Diese mobilisierten schon einen Großteil der revolutionären Abgeordneten und Wahlbeamten und praktizierten bereits tausendfach die neuen Grundsätze politischer Repräsentation, die sich 1789 auf nationaler Ebene durchsetzten.
Die verspäteten Reformanstrengungen des Königs führten zur Verschärfung der politischen Diskussionen, zum Anschwellen der Flugschriftenflut, zur gesteigerten Aktivität der teilweise durch Korrespondentennetze verbundenen Gesellschaften und Clubs, damit aber zum Selbstbewußtsein der Bürgerlichen, des Dritten Standes. Und mit dem erneuten Abbruch der Reformen im Juli 1788 und der Ankündigung von Generalständen setzte sich diese Politisierung bruchlos fort in der Wahlkampa-

gne vom Frühjahr 1789. Damals versammelten sich bis in das letzte Dorf die Haushaltsvorstände, um in tagelangen Debatten ihre gemeinsamen Anliegen aufzuzeichnen, Männer ihres Vertrauens zu wählen und sie in die übergeordneten Versammlungen der Hauptwahlkreise zu entsenden; über 40 000 sog. Beschwerdehefte wurden verfaßt und über 1100 Abgeordnete für die Generalstände in Versailles bestellt, davon fast 600 Abgeordnete des Dritten Standes, meist grund- und amtsbesitzende wortgewandte Juristen.

Diese Abgeordneten des Dritten Standes vor allem vollzogen im Juni 1789 den ersten entscheidenden Bruch mit dem Ancien Régime. Sie setzen sich kurzerhand über die alten Regeln einer nach Ständen getrennten Beratung und Abstimmung hinweg, erklären sich am 16. Juni auf Vorschlag des Abbé Sieyès zur ›Nationalversammlung‹ und gewinnen Überläufer aus den Reihen der beiden ersten Stände, des Adels und der Geistlichkeit. Am 20. Juni 1789 wird im königlichen Ballhaus der heilige Eid geschworen, bis zur Verabschiedung einer Verfassung permanent zu tagen. Zwei Wochen darauf schließlich konstituiert sich die Verfassungsgebende Versammlung. Und Ludwig XVI., wie gelähmt zwischen halben Zugeständnissen an die politische Aufklärung und Festhalten an der Tradition, weicht vor der populären Entschlossenheit des Dritten Standes zurück. Ohne einen Tropfen Blut zu vergießen, hatten die zur untertänigen Beratung bestellten Ständevertreter die politische Gesamtverantwortung für das französische Staatswesen von der Krone auf das Parlament verlagert.

Diese kalte juristische Revolution der aufgeklärten Eliten wäre jedoch schwerlich siegreich geblieben ohne eine zweite Revolution, die etwa gleichzeitig stattfand, aber nicht mit dem Dritten Stand in Versailles verbündet war: die der Volksmenge in den Städten.

Wie dabei aus der Revolte Revolution wurde, zeigt nicht nur der Bastillesturm[3], sondern vielleicht noch deutlicher das nächste große Ereignis der städtischen Volksrevolution am 5. und 6. Oktober 1789. Die altvertrauten Ursachen von Unruhen: Lebensmittelteuerung und Arbeitslosigkeit, erhalten eine neue politische Stoßkraft durch die kollektive Erfahrung des Juli 1789, durch ein von Presse und Rednern geschärftes Bewußtsein von der Hinhaltetaktik des Königs und seiner Umgebung, von Gerüchten über ein bevorstehendes Adelskomplott. Die Entladung der Spannung beginnt durchaus traditionell: An die 6000 Frauen aus dem Faubourg Saint-Antoine und den Markthallen läuten die Sturmglocke, demonstrieren vor dem Rathaus gegen die Knappheit, formieren sich trotz Regen und Schlamm zu einem 20-km-Marsch nach Versailles, geführt von einem der sog. ›Sieger der Bastille‹, bewaffnet mit Knüppeln, Piken und 2 erbeuteten Kanonen, um bis zum König vorzudringen, der sie mit dem Versprechen besserer Lebensmittelversorgung abzuspeisen sucht. Doch den Frauen sind über 20 000 Nationalgardisten und weitere bewaffnete Pariser Bürger gefolgt. Ihren vereinigten Forderungen, seinen Widerstand gegen die Verfassungsgesetze der Nationalversammlung aufzugeben und seinen Wohnsitz auf Dauer nach Paris in die Tuilerien zu verlegen, kann sich Ludwig XVI. nicht entziehen. So bricht denn in Versailles am 6. Oktober ein Triumphzug von mehr als 30 000 Personen nach der Hauptstadt auf, in dem sich Tradition und Revolution bezeichnend mischen, wie es ein Augenzeuge, der liberale adelige Abgeordnete Marquis de Ferrières, in einem Brief schildert:

»Am Mittag brach der König auf. Die Köpfe von des Hutes und de Varicourt wurden dem Zug auf zwei Piken vorangetragen. Es folgten vierzig bis fünfzig Leibgardisten zu Fuß, ohne Waffen, eskortiert von einem Trupp mit Säbeln und Piken bewaffneter Männer. Danach kamen zwei am Hals verwundete Leibgardisten in Stiefeln, mit blutigem Hemd und zerrissenen Kleidern, gestützt von zwei Männern in der Uniform der Nationalgarde mit gezogenem Degen. Weiter sah man eine Gruppe Leibgardisten zu Pferde, die einen auf der Kruppe, die anderen im Sattel, mit einem Nationalgardisten, der hinter ihnen ritt, und umgeben von Männern und Weibern, die sie zwangen, Hochrufe auf die Nation auszubringen, mit ihnen zu trinken und zu essen. Eine buntgemischte Menge von Männern mit Piken, einer Hundertschaft der Schweizer, von Soldaten des Regiments Flandern, von Weibern mit dreifarbenen Kokarden, die Pappelzweige trugen, und von anderen Weibern, die auf Kanonen ritten, umgab die Karosse des Königs. Die Gewehre zum Zeichen des Sieges mit Eichenlaub geschmückt, ununterbrochenes Musketenfeuer, Schreie: ›Wir bringen den Bäcker, die Bäckerin und den kleinen Bäckerjungen!‹, grobe Beleidigungen gegen die Königin, Drohungen gegen die Priester und Adeligen: das war der schimpfliche und barbarische Zug, der den König, die Königin und die königliche Familie auf einem Marsch von mehr als sechs Stunden zum Pariser Rathaus begleitete.«[4]

Im Ergebnis bedeutete der Oktober 1789 einen weiteren Sieg der neuen Nationalrepräsentation über die alte monarchische Gewalt mit Hilfe der aufständischen Volksmenge; der daraus folgende Umzug der Nationalversammlung von Versailles nach Paris brachte die Verfassungs-Revolution der aufgeklärten Eliten in eine viel engere, folgenreiche Nachbarschaft zur städtischen Volksrevolution.
Parallel dazu verlief eine dritte Revolution, die Bauernrevolution des platten Landes. Nach vereinzelten früheren Unruhen

schwoll sie im Juli 1789 zu einer ersten großen Welle an, zur kollektiven Panik, der ›großen Angst‹ – getrieben von einer sozialpsychologischen Verbindung aus Hunger, latenter kollektiver Aggressivität, vager Hoffnung auf Besserung, Gerüchten aus Versailles und Paris, Furcht vor angeblichen Räuberbanden, der Überzeugung vom Recht auf Selbstjustiz. Zur Abwehr umherziehender Bettler mit Sensen, Dreschflegeln und Mistgabeln bewaffnet, suchen die Bauern zunächst in Vorratsspeichern und Landsitzen der Aristokratie nach Getreide, werfen dann aber auch alle ihnen schon als solche verdächtigen Papiere aus den Fenstern, veranstalten aus Güterverzeichnissen und grundherrlichen Urkunden Freudenfeuer, leeren Küche und Keller, besetzen das vom Grundherrn okkupierte Gemeindeland, reißen die Herrenbank aus der Kirche, ergreifen die Macht im Dorf. Ausgehend von einzelnen Ursprungsherden, verbreitet sich die ›Grande Peur‹, die große Angst, in einer Kettenreaktion über weite Teile des Königreichs und setzt die Revolution an der Spitze in Zugzwang.
Die Abgeordneten in der Nationalversammlung, oft selber in ihrem Grundbesitz und Eigentum betroffen, schreckten vor Gewaltmaßnahmen zurück und dämmten die Bauernrevolution vorläufig ein, indem sie in einer stürmischen Nachtsitzung die Abschaffung der Feudalität beschlossen.
Ein Bündnis von Königtum und aufgeklärten Eliten in einer konstitutionellen Monarchie, das war der Kern und wohl auch die historische Chance der liberalen politischen Revolution bis in den Sommer 1791. Sie stand hauptsächlich im Zeichen des Verfassungswandels: von der auf Freiheit, rechtliche Gleichheit, Eigentum und Sicherheit abgestellten Erklärung der Menschen- und Bürgerrechte vom 26. August 1789, über die völlige Neuordnung der Kommunal- und Regionalverwaltung wie der Justiz bis hin zur Zusammenfassung des neuen Systems von bürgerlicher Parlamentssouveränität, königlicher Exekutive und dezentraler Verwaltung in der Verfassung von 1791, der ersten geschriebenen Verfassung in der französischen Geschichte. Das im Sommer 1790 entstandene Lied ›Ça ira‹ verlieh der verbreiteten Hoffnung auf einen die Revolution beendenden Kompromiß Ausdruck.
Allerdings konnte der neue Verfassungsrahmen nur funktionieren, wenn sich der König loyal an die Spielregeln hielt. Aber Ludwig XVI. war nicht bereit, wie er einmal schrieb, auf ›seinen Klerus‹ und ›seinen Adel‹ zu verzichten. Er leistete weiter passiven Widerstand gegen die Verfassungsrevolution und floh am 20. Juni 1791 in Richtung Deutsches Reich. Die Bevölkerung empfand diesen mißlungenen Fluchtversuch weithin als

eine moralische Abdankung des Königtums. Sie, die Ludwig XVI. im Juli und Oktober 1789 als dem König der Revolution zugejubelt hatte, empfängt ihn nun mit eisigem Schweigen, als er von der Nationalgarde nach Paris zurückgebracht wird: ein Gefangener der Revolution. Die Politik des Kompromisses zwischen Revolution und Monarchie war gescheitert.

Die Konkurrenz zwischen aufsteigender städtischer Volksbewegung und Verfassungsrevolution (1790–Mai 1793)

In der nun beginnenden zweiten Hauptphase des revolutionären Prozesses vom Sommer 1791 bis zum Frühjahr 1793 geriet die Verfassungsrevolution des Parlamentes zunehmend unter den Druck der aufsteigenden städtischen Volksbewegung. Denn über den sich nun neu bildenden Jakobinerklub hinaus, der in der Nationalversammlung zunächst wenig Einfluß hatte, begann die politische Öffentlichkeitsarbeit der Aufklärung Früchte zu tragen, fand die Freiheitsideologie des souveränen Volkes Widerhall bei den städtischen Grundschichten selbst. Das hatte bereits 1790 begonnen. Großen Zulauf erhielt der nach seinem Tagungsort, einem Franziskanerkloster, benannte Club des Cordeliers, der jedermann offenstand. Bei Alkohol, Tabakrauch und revolutionären Liedern arbeiteten hier aus dem intellektuellen Proletariat der späten Aufklärung hervorgegangene Redner an der politischen Bewußtseinsbildung der Kleinbürger und Tagelöhner und bestärkten diese in ihrem Antiklerikalismus, ihrem Aristokratenhaß und ihrer Neigung zur direkten Aktion. Hier wurden revolutionäre Flugschriften und Zeitungen verlesen und diskutiert wie z.B. Marats Tageszeitung ›Ami du Peuple‹ (Volksfreund).
Der Cordeliers-Club machte Schule. Seit Sommer 1790 entstanden überall in den kleinbürgerlichen Vierteln von Paris und der größeren Städte in der Provinz gleichartige ›Volksgesellschaften‹. Sie beeinflussen über die Zuschauertribünen zunehmend die Parlamentsdebatten, protestieren gegen das in der Verfassung vorgesehene Zensuswahlrecht, das Männer mit geringem Einkommen ausschloß. Sie betreiben nach dem königlichen Fluchtversuch in Adressen an die Nationalversammlung, in Plakaten und Unterschriftensammlungen die Absetzung Ludwigs XVI., geraten in Konflikt mit der gemäßigten Revolution im Parlament.
Die Massenbasis dieser kleinbürgerlich-proletarischen Volksbewegung verbreitert sich. Die Sektionen, die städtischen

Bezirksversammlungen, begnügten sich nicht mehr mit ihren gesetzlichen Aufgaben der Wahl des Stadtrates und der Bezirksverwaltungen, sondern übten seit Frühjahr 1792 auf die Stadtregierung wie auf die Nationalversammlung den Druck der direkten Demokratie aus.
Eine Reihe krisenhafter Entwicklungen bereitete der städtischen Volksbewegung vollends den Boden: zum einen die rapide Inflation des durch die Nationalgüterverkäufe nur unzureichend gedeckten revolutionären Papiergelds der Assignaten und unmittelbar daraus folgend erhöhte Arbeitslosigkeit, Lebensmittelteuerung, Straßenunruhen; weiter ein immer auswegloserer Konflikt der Legislative mit Ludwig XVI.; dann der Krieg Frankreichs gegen Österreich und dessen Verbündete. Dieser Krieg war zunächst ein solcher Mißerfolg, daß ein Freiwilligenheer aufgestellt und am 21. Juli auf den öffentlichen Plätzen der Notstand des Vaterlandes ausgerufen werden mußte. Daß schließlich die Nationalversammlung zur Gedenkfeier des 14. Juli 20000 aktivistische Patrioten, die ›Föderierten‹, zum Sternmarsch auf die Hauptstadt aufbot, verlieh der republikanischen Volksbewegung neue Stärke und machte sie gleichsam zur Stellvertreterin des ganzen fortschrittlichen Frankreich. Als am 1. August 1792 das mit Strafen drohende Manifest des Oberbefehlshabers der feindlichen Koalitionstruppen in Paris bekannt wird, reagieren die kleinen Leute mit direkten Aktionen und werden scharenweise Mitglieder in Nationalgarde und Sektionen. Eine Flut von Petitionen aus dem ganzen Land fordert Absetzung und Bestrafung Ludwigs XVI. Die Pariser Sektionen bilden ein Verbindungskomitee, ersetzen im Handstreich die legitime Stadtregierung durch eine ›Kommune des Aufstands‹ und stellen der Nationalversammlung ein Ultimatum, während sie vom Rathaus aus den Aufstand des 10. August vorbereiten. Nach einer schwülen, vom Läuten der Sturmglocken dröhnenden Sommernacht stürmen Tausende von Nationalgardisten, Sektionären und Föderierten die Tuilerien, zwingen das Parlament, den König seines Amtes zu entheben, die Republik auszurufen und eine provisorische Regierung einzusetzen. Damals wird der wilde Rundtanz der Carmagnole mit neuem Text zum Kampflied der Patrioten. Der anschließend in allgemeinen, gleichen Wahlen bestellte Konvent ratifizierte diese Zweite Revolution. Der Konvent war das dritte Parlament der Revolutionszeit.
Er verurteilte den zum Bürger Louis Capet erniedrigten König als Verräter des Vaterlandes mit einer Stimme Mehrheit zum sofortigen Tod durch das Fallbeil.
Die symbolschwere Szene der Hinrichtung am 21. Januar 1793

spielt bewußt auf der ehemaligen ›Place de Louis XV.‹, die seit dem 10. August ›Place de la Révolution‹ heißt; auf einem bühnenartigen Holzgerüst, das genau neben dem Sockel des von den Aufständischen umgestürzten Reiterstandbilds Ludwigs XV. errichtet ist; unter den Augen des Volkes, dessen Solidarisierung mit dem Verurteilten ein Militärkordon unmöglich macht – wie unter dem Ancien Régime, sogar der Scharfrichter Sanson ist derselbe, nur hatten Richter und Gerichtete die Rollen vertauscht. Der Arzt Philippe Pinel hat das Schauspiel miterlebt:

»Zu meinem großen Leidwesen hatte man mich gezwungen, mit den anderen Bürgern der Sektion der Hinrichtung durch das Beil beizuwohnen, und ich schreibe Dir mit schmerzerfülltem Herzen und noch immer wie betäubt von der tiefen Bestürzung.
Ludwig, der durch seine religiösen Grundsätze dem Tod äußerst ergeben zu sein schien, verließ sein Gefängnis, den Temple, gegen neun Uhr morgens und wurde im Wagen des Bürgermeisters bei geschlossenen Vorhängen mit seinem Beichtvater zum Ort der Hinrichtung gebracht.
Beim Schafott angekommen, betrachtete er mit Festigkeit die Todesmaschine, und sofort ging der Henker an seine Arbeit.
Er schnitt ihm die Haare ab, steckte sie in die Tasche und ließ ihn die Stufen zum Schafott hinaufsteigen. Der Wirbel einer großen Anzahl Trommler, die dazu bestimmt schienen, die Bitten des Volkes um Begnadigung zu verhindern, wurde durch eine Gebärde von Ludwig unterbrochen, die aussah, als wolle er zu dem versammelten Volk sprechen. Auf ein weiteres Zeichen jedoch, das der Adjutant des Generals der Nationalgarde gab, nahmen die Trommler den Wirbel wieder auf, so daß die Stimme Ludwigs übertönt wurde und man nur Wortfetzen wie ›Ich verzeihe meinen Feinden‹ usw. hören konnte. Gleichzeitig aber machte er ein paar Schritte um das furchtbare Gerüst herum, auf das er dann geschnallt worden ist, als ob er unruhig sei oder entsetzt, was bei jedem Menschen, der sein Ende herannahen sieht, natürlich ist, oder auch wohl, weil er hoffte, das Volk möchte seine Begnadigung erbitten, denn welcher Mensch hofft nicht bis zu seinem letzten Augenblick?
Der Adjutant des Generals gab dem Henker den Befehl, seine Pflicht zu tun, und augenblicklich wurde Ludwig auf das verhängnisvolle Brett geschnallt, das man Guillotine nennt, und sein Haupt wurde abgeschlagen, ohne daß er eigentlich Zeit hatte zu leiden. Diesen Vorteil wenigstens verdankt man der Mordmaschine, die den Namen des Arztes trägt, der sie erfand. Der Henker zog sogleich das Haupt wieder aus dem Sack, in den es gefallen war, und zeigte es dem Volk. Sobald der König hingerichtet war, vollzog sich auf vielen Gesichtern eine plötzliche Veränderung.
Die finstere Bestürzung verwandelte sich, und man hörte: ›Es lebe die Nation!‹
So war es wenigstens bei der Kavallerie, die bei der Hinrichtung

zugegen war und bei diesen Rufen ihre Helme auf die Säbelspitzen hob.
Einige Bürger fielen in die Rufe ein, die meisten jedoch gingen mit Trauer im Herzen fort, um sich im Schoß ihrer Familie auszuweinen.
Da sich bei der Hinrichtung wie immer Blut auf das Schafott ergossen hatte, stürzten mehrere Männer herbei, um einen Zipfel ihres Taschentuchs, ein Stück Papier oder irgend etwas anderes darin einzutauchen und so die Erinnerung an dieses denkwürdige Ereignis festzuhalten, denn anders möchte ich das nicht auslegen.«[5]

Diese skeptische Schlußbemerkung des aufgeklärten Arztes kann die tiefere Bedeutung seiner Beobachtungen nicht verdecken. Sowohl die Gegendarstellung, es seien vor allem patriotische Soldaten gewesen, die ihre Waffen in ›das unreine Blut des Despoten‹ getaucht hätten[6], als auch die Tatsache, daß die Scharfrichter Haarlocken des Hingerichteten verkauften und Frauen Trauerkleidung trugen, all das bestätigt, daß nicht nur der straffällige Bürger Louis Capet starb, sondern zugleich der in der Krönungsstadt Reims mit dem himmlischen Salböl geweihte Priester-König. Der revolutionäre Wille zur Ausmerzung der tausendjährigen Königsreligion ging so weit, daß im Oktober 1793 ein Kommissar des Konvents die ›Heilige Ölflasche‹ aus dem Remigiuskloster holte und öffentlich vor dem Volk und den Lokalbeamten von Reims zertrümmerte.

Der Sturz der Monarchie war das eine Hauptergebnis der Revolution vom August 1792. Das andere war der weitere Aufstieg der städtischen Volksbewegung. Gestützt auf ihren nun beherrschenden Einfluß in den Sektionen und im Pariser Stadtrat, getrieben vom alten Mythos des aristokratischen Komplotts, schufen die Aktivisten der Volksrevolution schon im August durch spontane Bildung von Überwachungskomitees, eigenmächtige Hausdurchsuchungen und Verhaftungen Verdächtiger vollendete Tatsachen, die der Konvent mit der Bildung eines Sondergerichts, mit verschärften Maßnahmen gegen Priester und kirchliche Einrichtungen überhaupt nachträglich legalisierte. Den ersten Höhepunkt dieser auch in die Provinz ausgreifenden anarchischen Terreur bildeten die Gefängnismassaker Anfang September 1792.
Mit Teuerung, Versorgungskrise und Rückschlägen für die französischen Armeen gewann die städtische Volksbewegung im Frühjahr 1793 weiter an Stoßkraft.
Der allgemeine politische Durchbruch gelang ihr jedoch erst im Zusammenhang mit Konflikten innerhalb des Parlaments selbst. Die ihrer sozialen Herkunft nach ziemlich gleichartigen, überwiegend bürgerlichen Konventsabgeordneten hatten sich

nach der August-Revolution zu relativ festen Gruppen zusammengefunden: auf der einen Seite die nach ihren Plätzen auf den linken, erhöhten Sitzreihen des Saales benannten ›Montagnards‹, die ›Bergpartei‹, etwa 215 Abgeordnete um Robespierre, Danton, Saint-Just, die fest mit dem Jakobinerklub verbunden waren, einen staatlichen Zentralismus vertraten und mit den Sansculotten sympathisierten; ihnen gegenüber um den Journalisten Brissot etwa 200 Girondisten, so benannt nach der Herkunft vieler ihrer Mitglieder aus dem südwestfranzösischen Département Gironde, die den Grundsätzen des Wirtschaftsliberalismus, des Eigentums, der Rechtssicherheit und dezentralen Verwaltung den Vorrang vor Dirigismus gaben; zwischen beiden in der niedrigen Saalmitte die wechselnd stimmende Mehrheit der etwa 315 Abgeordneten der sogenannten ›Ebene‹ oder des ›Sumpfes‹.
Die zunächst führenden Girondisten wurden unglaubwürdig durch ihre Kompromißhaltung im Prozeß gegen Ludwig XVI., durch die Flucht des früher von ihnen geförderten Generals Dumouriez nach Österreich, durch ihre geringen Erfolge bei der Bekämpfung der Versorgungskrise und der vorrückenden feindlichen Truppen. Sie verloren die Unterstützung der ›Ebene‹ und damit ihre bislang beherrschende Stellung. In der gespannten Atmosphäre von Protesten der ›Montagnards‹ und der Tribünen einerseits, demonstrativem Beifall der Girondisten andererseits, verteidigte deren stärkster Redner, der Anwalt Vergniaud aus Bordeaux, am 10. April ihren gesamtnationalen Volksvertretungsanspruch:

»Ich wage es, Herrn Robespierre zu antworten.« (Murren auf dem Berg und den Tribünen. Mehrere Abgeordnete der Rechten: ›Wir verlangen, daß diese Störungen zu Protokoll genommen werden. Wir fordern den Präsidenten auf, seine Pflicht zu tun.) »[...] Ich spreche nicht für mich; [...] Ich spreche, um das irregeleitete Frankreich aufzuklären. [...] Robespierre klagt uns an, wir seien plötzlich Gemäßigte, Feuillants geworden [...] Wir Gemäßigte? Nein, ich bin kein ›Modéré‹, in *dem* Sinne, daß ich die nationale Begeisterung ersticken möchte. Ich weiß, daß die Freiheit wie das Feuer in dauernder Bewegung ist, daß sie unvereinbar ist mit der nur für Sklaven gemachten Friedhofsstille [...] Ich weiß auch, daß es in Zeiten der Revolution ebenso wahnsinnig wäre, die Gärung des Volkes zu besänftigen wie den sturmgepeitschten Wogen des Meeres Ruhe befehlen zu wollen. Aber es ist die Aufgabe des Gesetzgebers, das Unheil des Sturmes durch weisen Rat zu verhindern, soweit es in seinen Kräften steht; und wenn man sich, um Patriot zu sein, unter dem Vorwand der Revolution zum Fürsprecher von Raub und Mord machen muß, dann allerdings *bin* ich ein ›Modéré‹.
Seit Abschaffung des Königtums habe ich viel von Revolution reden

gehört und mir gesagt: es gibt nur noch zwei mögliche Revolutionen, die des Eigentums und der Verstaatlichung und die, welche uns zum Despotismus zurückführt. Ich habe den festen Entschluß gefaßt, beide zu bekämpfen. [...] Wenn dies heißt, ein ›Modéré‹ sein, dann sind wir *alle* Gemäßigte; denn wir haben alle die Todesstrafe gegen jeden Bürger beschlossen, der die eine oder andere betreibt.
Ich habe auch viel von Erhebung, von Volksaufstand reden gehört, und ich gestehe, ich habe darunter gestöhnt. [...] Diejenigen, welche von Aufstand reden, wollen die Nationalrepräsentation zerstören; folglich wollen sie die Ausübung der Souveränität auf eine kleine Zahl von Menschen oder auf einen einzigen Bürger übertragen; folglich wollen sie eine aristokratische Regierung errichten oder die Monarchie wiederherstellen. In beiden Fällen machen sie sich der Verschwörung gegen die Republik und gegen die Freiheit schuldig; und wenn Beifall zu diesen Bestrebungen Patriotismus, deren Bekämpfung dagegen Gemäßigtsein bedeutet, dann bin ich ein ›Modéré‹ (Lebhafter Beifall).«[7]

Doch Robespierre traf die allgemeine Stimmung von Mißtrauen und sozialer Gärung besser mit seinen Anschuldigungen, die mit England konspirierende Clique der Girondisten benutze das ›Volk‹ lediglich, um über den Zwölferausschuß für Verteidigung die frühere Machtstellung des königlichen Hofes zu erlangen. Und die erstarkende radikale Presse popularisierte dieselben Verdächtigungen. Der ›Père Duchesne‹, das Leib- und Magenblatt der Sansculotten, legte in seiner Mai-Nummer los:

»Sansculotten, meine Freunde. [...] Der Zehnte August hatte alle Dummköpfe hinwegfegen sollen; aber wißt, verdammt noch mal, daß es einen gewissen Ausschuß gibt, in dem zwölf noch viel verdammtere Kerle sitzen als im Österreichischen Komitee. Sie haben im Konvent ein in ihrer Werkstatt ausgeheckte Komplott angekündigt. Sie haben gesagt, die Sansculotten von Paris wollten Herrn Brissot die Seele aus dem Leib reißen, als ob Herr Brissot eine Seele hätte. [...]
Tüchtige Sansculotten, der Augenblick ist gekommen, daß ihr Klauen und Zähne, vor allem aber Umsicht zeigt. Erhebt euch wie ein Mann, geht zum Konvent, aber nicht um die Brissotisten und Girondisten zu massakrieren, wie man es nur zu gerne hätte, sondern um gegen die verfluchte Sippschaft der Zwölf Gerechtigkeit zu fordern. Sprecht mit Festigkeit zum Konvent; sagt ihm und sagt noch einmal, daß ihr das Königtum nicht gestürzt habt, um unter neuen Tyrannen zu leiden; fordert, daß die Verräter, wenn es welche gibt, bestraft werden [...]; sagt diesem Konvent weiter, daß er die Gesetze, für die er Achtung verlangt, selber achten muß, daß er nicht die Menschenrechte in den Schmutz treten darf. [...] Das Volk wird sich selbst retten. Brissotisten und Girondisten, die Bombe ist gelegt, noch ein paar Tage, und ihr seid gewesen.«[8]

Gesagt, getan. Am 2. Juni 1793, im bestorganisierten Volksaufstand der Revolutionszeit, bringen die Sansculotten den Vertretern der Nation im Parlament die entscheidende Niederlage bei und erzwingen die Verhaftung 29 führender girondistischer Abgeordneter, von denen das Revolutionsgericht später 21 guillotinieren läßt. Vergniaud hatte es vorausgesagt: »Die Revolution frißt wie Saturn ihre Kinder.«[9]

Die Spannung zwischen Sansculotten-Bewegung und ›Revolutions-Prozessen‹ in der Zeit der Terreur (Juni 1793–Juli 1794)

Mit dem 2. Juni 1793 begann die dritte Hauptphase des Revolutionsprozesses, die sogenannte Schreckensherrschaft, geprägt zunächst von der anarchischen Terreur der Sansculotten, dann von der legalisierten Terreur der jakobinischen Montagnards.

Obwohl sie nur die politisierte Minderheit der städtischen Grundschichten erfaßte, besitzt die radikaldemokratische Sansculottenbewegung grundsätzliche Bedeutung. Die ›Sansculotten‹ hießen so, weil sie nicht die Kniehosen und Seidenstrümpfe der Oberschichten, sondern ihre gewöhnliche Arbeitskleidung trugen. Dennoch waren die Sansculotten keine proletarische Arbeiterklasse, sondern eine fest in ihren kleinbürgerlichen Stadtvierteln verwurzelte Elite von alphabetisierten Handwerkern, kleinen Ladenbesitzern, verkrachten Intellektuellen, Justiz- und Verwaltungsgehilfen. Gleichsam die Verkörperung des im Konvent so oft beschworenen abstrakten Volkes, versichern sich die Sansculotten jeden Abend in den Sektionen und ›sociétés populaires‹ durch radikale Erklärungen, Akklamationen, offene Abstimmungen und Lieder ihrer einmütigen Ideologie und ihrer Stärke, tragen sie mit trikolorefarbenen Ansteckern und Plaketten mit der Aufschritt ›echter Sansculotte‹ ihren rigorosen Patriotismus zur Schau, treten selbstbewußt auf mit ihren Piken, dem Zeichen des wehrhaften, stets aufstandsbereiten Bürgers.

Sansculotterie, das war eine eigene Kultur, in der sich die alte von kommunaler Solidarität, geselligen Banketten und wilden Tänzen geprägte plebejische Kultur verband mit der neuen revolutionären Symbolik der Freiheitsbäume, der von den freigelassenen Sklaven der Antike entlehnten roten Mützen, der patriotischen Orts- und Personennamen.

Die Sansculotten steigerten ihren Antiklerikalismus zu einer spontanen militanten Entkatholisierung – gekennzeichnet durch Verfolgung der Priester, Zerstörung religiöser Bilder, Ablieferung geraubten Altarsilbers beim Konvent, karnevaleske Anti-Prozessionen, Annahme des neuen pantheistischen Vernunftkults, Bejahung des Republikanischen Kalenders, welcher gregorianische Zeitrechnung und Sonntage abschaffte. Zugleich entwickelten die Sansculottes eine Art Gegenreligion, besonders einen Totenkult um die Märtyrer der Revolution. Als ihr Idol Marat am 13. Juli 1793 ermordet wurde, hagelte es Traueradressen an den Konvent, und die Pariser Sektion ›Contrat Social‹ veranstaltete eine Feier, bei der eine Nachbildung von Marats Leichnam mit blutrotem Wundmal zur Schau gestellt wurde.

Auch in der Provinz fanden zahlreiche Trauerfeiern statt, wie jene in der ostfranzösischen Stadt Bourg-en-Bresse, deren Sansculotten folgendes Festprotokoll an den Konvent schickten:

»Ein Kanonenschuß, der beim Anbruch der Morgendämmerung abgegeben wurde, brachte die Sansculotten auf die Beine. Jeder begab sich auf seinen Posten.

Hundert Mädchen mit Eichenkränzen auf dem Kopf scharten sich um einen Wagen, auf dem fünf ehrwürdige Greise saßen, umschlungen und gestützt von fünfzehn Jungfrauen, die sich bemühten, sie mit ihrem reinen Atem zu erwärmen, und die beauftragt waren, während des ganzen Festes für sie zu sorgen.

Ein Bataillon der jungen Zöglinge des Vaterlandes, die während der Nacht überhaupt nicht geschlafen hatten, vor Angst, nicht früh genug aufzuwachen, eröffnete den Zug.

Die Mütter der patriotischen Familien, die Behörden, die Mitglieder der Gesellschaft der Sansculotten, alle waren verwirrt und schritten dennoch in einer Ordnung, wie die Natur sie weist. Die einen trugen die Büste unseres Freundes Marat, die anderen alle Embleme der Freiheit, welche die Gesellschaft zusammenbringen konnte.

Auf der Place Jemmapes verlas der Bürger Präsident eine Rede zum Gedächtnis Marats. Die Frauen und Mädchen schließlich stellten sich um die Grabpyramide Marats und hängten ihre Eichenkränze an die Spitzen des Gitters, welches das Grab umgibt.

[...] Der Zug begab sich darauf zur Kirche. Dort waren die Tische gedeckt, wohin jeder Patriot sein Mittagessen mitgebracht hatte und wo die Armen wie die vornehmsten Gäste Platz nahmen.

Und dort, was für brüderliche Herzensergüsse! Dort gab der Präsident der Gesellschaft im Namen aller einem Abgeordneten der benachbarten Gesellschaften, einem Greis, einem jungen Mädchen und einem Verteidiger des Vaterlandes den Sansculottenkuß.

Der Bürgermeister schlug vor, auf das Gedächtnis Marats zu trinken [...]:

›Sammelt euch, Sansculotten, und fallt ein in den dreimaligen Ruf: Marat ist glücklich! [...] Marat, unser Freund, starb für das Vaterland!‹

Das Mahl verlief diszipliniert, freudig und ohne Trunkenheit. Dreitausend Bürger, aus der Stadt wie vom Lande, verschönten das Fest. Beim ersten Zeichen wurden die Tische weggeräumt, und Musik und Tanz folgten auf den Umzug und das Fest.«[10]

Das ureigenste Anliegen und Handlungsmotiv der Sansculotten war jedoch materieller Art: die Brotversorgung des Kleinverbrauchers zu Niedrigpreisen um die 4 sous das Pfund – verbunden mit dem Ideal des selbständigen Kleinproduzenten und der Familienwirtschaft. Das waren ökonomisch durchaus althergebrachte Vorstellungen. Eine neuartig soziale Brisanz erlangten sie durch ihre verschärfte, bewußte Gegnerschaft zu Reichtum und Frühkapitalismus. Staatliche Subventionierung des Brotes, Einrichtung sektionseigener Bäckereien, Requirierung von Getreide für die Städte auf dem Land, Anpflanzen von Getreide in den Parks der Aristokratie, Verbreitung von Furcht und Schrecken bei Spekulanten und Großhändlern, Sonderbesteuerung der Reichen, Verbot von Großbetrieben – so etwa lautete ihr Programm der ›moralischen Wirtschaft‹. Und wieder setzten die Pariser Sansculotten ihre Forderungen in direkter Aktion durch. Ihr Aufstand vom September 1793 zwang den Konvent, nationale Höchstpreise für Grundnahrungsmittel zu beschließen, zur Requirierung von Getreide und Mehl aus sansculottischen Kämpfern ein regelrechtes Spezialheer, die ›armées révolutionnaires‹ zu bilden und diese wie die Überwachungskomitees durch das dehnbare Gesetz über die ›Verdächtigen‹ mit großen polizeilichen und richterlichen Vollmachten auszustatten. Mit dem nationalen Maximum erreichte die städtische Volksrevolution ihren Höhepunkt.
Und die Bauernrevolution? Zu ihr kann hier nur soviel gesagt werden, daß sie auch nach dem August 1789 immer wieder zu einer breiten antifeudalen Bewegung anwuchs, bis der Konvent im Sommer 1793 die entschädigungslose Aufhebung der restlichen Feudalrechte beschloß, daß sie gebietsweise aber auch stadtfeindliche, antijakobinische Züge annahm wie besonders der Bauernaufstand in der Vendée.
Daß die Zerschlagung dieser Erhebung im Oktober 1793 zeitlich zusammenfiel mit der allmählichen Disziplinierung der Sansculottenbewegung durch die wieder erstarkende Revolution an der Spitze, war kein Zufall: Die ›Säuberung‹ des Konvents von den Girondisten hatte den Montagnards die Vorherrschaft im Parlament und dessen neu gebildetem Wohlfahrtsausschuß verschafft. Unter dem dreifachen Druck von andauernder Lebensmittelkrise, wachsender militärischer Bedrohung von außen und inneren Zerfallserscheinungen mußte der jakobinische Konvent der anarchischen Terreur der Sans-

culotterie in Hauptstadt und Provinz ein halbes Jahr freien Lauf lassen. Nur mit ihrer Hilfe war die Aufstellung eines Volksheeres von 400000 Mann halbwegs durchführbar, waren die notwendigsten Lebensmittel für die Truppen zu requirieren, wurden die im Sommer 1793 zu zwei Dritteln an der girondistischen Politik festhaltenden Départements wieder unter zentrale Kontrolle gebracht, die rebellierenden Städte Aix, Marseille, Toulon und Lyon erobert und blutig gesäubert. Aber sobald sich die Lage etwas stabilisiert hatte, zeigten die Montagnards, daß ihr Zusammengehen mit der Sansculotterie weniger eine ›Volksfront‹ zur Verwirklichung der sozialen Demokratie war als ein Zweckbündnis zur Eroberung der absoluten politischen Macht.

Dies neue Stadium des revolutionären Prozesses trat ein mit der Jakobinerdiktatur, der Legalisierung der Terreur durch die Ermächtigungsgesetze vom Oktober und Dezember 1793. Diese Gesetze institutionalisierten die nach und nach spontan entstandenen Elemente der revolutionären Schreckensherrschaft in einem totalitären System. ›Legale Terreur‹, das bedeutete konkret: Konzentration von Legislative und Exekutive in der ›Revolutionsregierung‹ bestehend vor allem aus dem allmächtigen Wohlfahrtsausschuß, der über ihm berichtspflichtige Abgeordneten-Kommissare und sog. National-Agenten unmittelbaren Zugriff auf die Départements und Distrikte besaß, sowie dem Ausschuß für allgemeine Sicherheit, der das ganze Land mit einem Spitzel- und Überwachungsnetz überzog; weiter Wirtschaftsdiktatur der Lebensmittelkommission, welche sich die gesamte Wirtschaft, die Brotversorgung von Truppen und Städten unterordnete; ferner eine Meinungsdiktatur durch Presselenkung, Einführung obligatorischer Gesinnungsausweise, nicht-kirchliche Volksschulen, eintrittsfreie Theateraufführungen, öffentliche Feste bis hin zur Ausmerzung der aristokratischen Figuren auf Spielkarten; schließlich und vor allem als notwendiges Zwangsmittel einen Polizei- und Justizterror, 50000 Franzosen wurden hingerichtet oder starben in den Kerkern.

Mit diesem Terror gingen die Montagnards nicht nur gegen die von ihnen überschätzte Gegenrevolution vor, sondern auch gegen die radikaldemokratische Volksbewegung. Sie beschränkten sich nicht darauf, durch Auflösung der ›armées revolutionnaires‹, Verbot von Aufständen und Eigentumsverletzungen anarchische Aktionsformen der Sansculotterie zu disziplinieren. Sie schwächten die Zellen der städtischen Volksrevolution selbst, indem sie die Sitzungen der Sektionsversammlungen beschränkten und schließlich die meisten Pariser

Sektionsgesellschaften auflösten. Ja mit der Guillotinierung 19 militanter Führer des linken Flügels der Sansculotten um den ›Arbeiterpriester‹ Jacques Roux begannen sie sogar die physische Vernichtung der Sansculotterie.
Auch setzten sich die Montagnards für die sozialen Forderungen der Sansculotten, die sie im Kampf gegen die Girondisten so lautstark vertreten hatten, praktisch nur wenig ein. Statt dessen beseitigte der Wohlfahrtsausschuß den letzten Rechtsschutz für Angeklagte und beschleunigte die Hinrichtungsmaschinerie.
So zerstörten die Montagnards selber die soziale Basis ihrer Macht. Als die lange eingeschüchterte gemäßigte Mehrheit des Konvents am 27. Juli 1794 gegen Robespierres Diktatur rebellierte und ihn am folgenden Tag mit zwanzig seiner Anhänger hinrichten ließ, schritten 3000 Sansculotten, die bewaffnet bereitstanden, nicht ein, zeigte der von der Jakobinerdiktatur verbreitete Untertanengehorsam seine Wirkung.

Versuche einer Rückkehr zur liberalen Verfassungsrevolution (Juli 1794 – November 1799)

Die politische Revolution der Bourgeoisie kehrte zu ihren Anfängen von 1789–91 zurück. Allerdings war der Zauber jener Jahre verflogen, hatte die patriotische Rede an das Volk ihre beste Kraft verloren. Die politische Öffentlichkeit war teilweise zerstört, und der revolutionäre Prozeß nahm jetzt eine rückläufige Richtung: Entmachtung des Wohlfahrtsausschusses, Verurteilung berüchtigter Terroristen, Öffnung der Gefängnisse, Wiederaufnahme der ausgestoßenen Girondisten in den Konvent, Beschneidung der Revolutionsjustiz, Wiedereinführung des Zensuswahlrechts, Aufteilung der politischen Macht zwischen einem parlamentarischen Zweikammersystem und einem von diesem bestellten regierenden Direktorium, Stärkung der Departements und der Steuerverwaltung, allmähliche Rückkehr zum Wirtschaftsliberalismus, Rückgang der Priesterverfolgung, Wiederaufbau der Oberschulen und der wissenschaftlichen Institutionen. Diese Stichworte charakterisieren die Konsolidierungspolitik der vierten Hauptphase der Französischen Revolution vom Juli 1794 bis zum November 1799.
Aber diese Politik des Ausgleichs hatte nur einen schmalen Spielraum zwischen den Fronten von geschwächt fortdauernden radikaldemokratischen Bestrebungen und der erstarkenden Gegenrevolution. Zunächst geriet sie unter zunehmenden

Druck der sich aus versprengten Jakobinern und standhaften Sansculotten neu formierenden Volksbewegung. Ein schwerer Hungerwinter, die Aufhebung der Preisbindung und die Teuerung trieben die Menschen zum letzten großen städtischen Aufstand der Revolutionszeit am 20. Mai 1795.
Mit der Niederschlagung dieser Volksbewegung, die nun in den Untergrund ging, dort unter Babeuf ein fast kommunistisches Programm entwickelte und mit der Aufdeckung der babouvistischen ›Verschwörung der Gleichen‹ im Mai 1796 vollends in ihrem Kern zerschlagen wurde, bekam umgekehrt die Reaktion Oberwasser: jugendliche Banden aus der Oberschicht zerstören die letzten Marat-Büsten und Jakobinermützen, zwingen die Theaterbesucher, den ›Réveil du Peuple‹, das Lied der Gegenrevolution, zu singen; eine Säuberungswelle entfernt noch amtierende Sansculotten aus den Verwaltungen in der Provinz; besonders im Südosten zahlt der ›Weiße Terror‹ gutorganisierter Mörderbanden den früheren Jakobinern ihre Methoden heim; Emigranten und Royalisten bereiten durch systematische Wahlpropaganda ihre parlamentarische Machtergreifung vor. Auf diese Weise in seiner sozialen Basis geschmälert und durch Wahlmanipulationen und Staatsstreich diskreditiert, suchte die Direktorialregierung am 9. November 1799 Zuflucht beim General Napoleon Bonaparte, dem Konkursverwalter der politischen Revolution. Napoleon rettete zwar die bürgerrechtlichen Errungenschaften der Revolution, aber um den Preis einer konservativen Sozialpolitik, eines Scheinparlamentarismus und eines größeren polizeistaatlichen Zentralismus, als er im Ancien Régime bestanden hatte. Seine militärischen Eroberungen, die das alteuropäische Staatensystem erschütterten, setzten die Pervertierung des revolutionären Befreiungskrieges zum Eroberungskrieg fort.

Die Auswirkungen der Französischen Revolution

Was war die Bilanz des so ziemlich klanglos auslaufenden Revolutionsprozesses? Was waren seine unmittelbaren Folgen und langfristigen Wirkungen? Diese Fragen lassen sich hier nur thesenartig beantworten.
In Frankreich selbst hatte die Revolution unmittelbar nicht so viel verändert, wie ihre von den Revolutionären selbst begründete und bis heute tradierte Deutung als eines totalen Bruchs der geschichtlichen Kontinuität behauptet. Anstatt die Entwicklung des Fabrikkapitalismus zu beschleunigen, hat sie wesentliche Teile der *ökonomischen* Feudalität, die Bindung

der Oberschichten an den Grundbesitz, eine konservative Wirtschaftsgesinnung und die traditionelle Familienwirtschaft bewahrt. Anstatt eine soziale Umwälzung zur ›Klassengesellschaft‹ zu vollziehen, hat sie die Lage von Kleinbauern, Landarbeitern und städtischen Grundschichten nicht grundsätzlich gebessert, sondern die im Ancien Régime begonnene Verschmelzung von Adeligen und Bürgerlichen zu einer relativ konservativen Notabelnschicht fortgesetzt und dieser die politische Herrschaft verschafft. Ihre bleibenden Errungenschaften waren vor allem politischer Art:
Die Absicherung der Menschenrechte, die Emanzipation der Protestanten und Juden, die Rechtsgleichheit der Familienangehörigen, die Trennung von Staat und Kirche, die Schaffung eines neuen rechtlichen Rahmens für die Entwicklung freier Wirtschafts- und Gesellschaftsbeziehungen, der Wechsel der Legitimationsgrundlage politischer Herrschaft vom Gottesgnadentum zur Volkssouveränität, der Ausbau des bürokratischen Zentralismus in Regierung und Verwaltung, die Einführung eines einheitlichen Systems der Maße und Gewichte, die Grundlegung einerseits der nationalen Identität Frankreichs, andererseits der innenpolitisch-ideologischen Spaltung des Landes in ›Rechte‹ und ›Linke‹, in katholische Konservative und laizistische Republikaner.
Dem entspricht die europäische, ja letztlich weltweite Wirkung der Französischen Revolution. Schuf diese doch das Modell des modernen Nationalstaates. Besonders in ihren ersten Jahren hat sie die Intellektuellen Europas begeistert und zahlreiche Freiheitsbewegungen hervorgerufen oder gestärkt. In den Städten Norddeutschlands, vor allem aber in den rheinischen Bischofsstädten entwickelte sich ein deutscher Jakobinismus, eine demokratische Befreiungsbewegung. Diese Bewegung ging in der durch französische Besatzungstruppen abgeschirmten, von den 500 Mitgliedern des Klubs der ›Freunde der Freiheit und Gleichheit‹ getragenen Mainzer Revolution von 1792/93 für fünf Monate erstmals von der Theorie in die politische Praxis über.
Der folgende Bericht ihres führenden Kopfes Georg Forster über die Pflanzung des Mainzer Freiheitsbaumes in der von ihm selber herausgegebenen »Neuen Mainzer Zeitung oder der Volksfreund« gibt einen Eindruck davon, mit welcher Begeisterung dies kurzlebige Experiment begonnen wurde:

»Gestern feierte unsere Stadt das Fest ihrer Befreiung. Die Freunde der Freiheit und Gleichheit hatten zwar bereits in den ersten Tagen nach der Ankunft der Franken ein Zeichen der Unabhängigkeit, einen

Freiheitsbaum aufgepflanzt; allein jetzt sollte, da in wenigen Tagen die Volkswahlen vor sich gehen werden, ein neues Zeichen der Freiheit zuvor die Souveränität des Volkes verkündigen, und es öffentlich an den Tag legen, daß das Volk in den Besitz seiner Rechte getreten seie. Um 2 Uhr nachmittags versammelte sich die Generalität, nebst den verschiedenen Verwaltungsstellen auf dem Schlosse, bei den Kommissarien der Nationalkonvention. Die Freunde der Freiheit und Gleichheit hatten sich im Schauspielhause eingefunden, und schickten eine Deputation auf das Schloß, um die daselbst anwesenden fränkischen Obrigkeiten einzuladen, sich dem Zuge anzuschließen. Sobald sie in den gesellschaftlichen Versammlungsort getreten waren, empfieng sie der Vorsitzer mit einer kurzen Anrede, worauf der Zug unter Vortragung von Piken, in Begleitung der Musikbanden von verschiedenen fränkischen Regimentern, und zwischen einer doppelten Truppenreihe durch die Hauptstraßen nach dem große Speisemarkte ging. Unter dem Donner der Kanonen, unter unaufhörlichem Jubelgeschrei bei der aufmunternden Melodie des ça ira, und während der heilige, begeisternde Freiheitshymnus der Marseiller tausendstimmig ertönte, ward der Freiheitsbaum zwischen zwoen mit Piken besetzten Säulen aufgepflanzt. Sechs unter Bedeckung von bewaffneten Mainzer und Frankenbürgern herbeigeschleuste Sklaven brachten jetzt: einer Krone und Scepter, ein anderer den Reichsapfel, ein dritter Ordenskreuze und andere kindische Unterscheidungszeichen, noch andere einen Haufen alter Adelsbriefe und Ahnentafeln herbei. Eine lichte Flamme loderte auf dem Altare der Freiheit empor; man entriß den Sklaven diese scheußlichen Insignien der Feudalität; der Bürger Maire und die Munizipalen, mit ihren dreifärbigen Schärpen geziert, warfen sie in die Flammen und ließen sie vom Feuer verzehren. Hierauf hielt der Bürger Hofmann eine Rede an das versammelte Volk; er lehrte den Unterschied zwischen dem Zeichen der Freiheit und der Sache selbst; er lehrte, was bürgerliche und politische Freiheit seie, und bewies in der eindringenden Sprache der Wahrheit, die dem Volke faßlich ist, den unendlichen Gewinn, den Mainz durch diesen Tausch der Freiheit statt des alten Despotismus, zu gewärtigen habe. Der schmetternde einstimmige Ruf der ganzen Stadt: ›Es lebe die Freiheit! Es lebe die Nation! Es lebe die Republik!‹ gab nicht nur Beifall, sondern lebendige Behauptung der Rechte der Menschheit und erklärten souverainen Willen des Volkes zu erkennen.«[11]

Gleichwohl: Eine allgemeine Revolution löste das französische Beispiel in Deutschland nicht aus. Vielmehr folgte der anfänglichen Revolutionsbegeisterung bald die Ernüchterung. Die deutschen Jakobiner zogen sich auf Flugblattpropaganda und in kleine Zirkel zurück, je mehr sich die Französische Revolution radikalisierte, je mehr ihre Truppen vom Verteidigungs- zum Eroberungskrieg übergingen und die besetzten Gebiete, die von 1795 an um Frankreich herum errichteten ›Schwesterrepubliken‹, auspreßten. Wenn die Französische Revolution auch höchstens in Norditalien und den Niederlanden dauerhaf-

te Wurzeln schlug, so hat sie doch über Napoleon in den von ihren Truppen eroberten Nachbargebieten oft tiefe, bleibende Spuren hinterlassen: Abschaffung des Feudalwesens, moderne Verwaltung, Freiheit und Gleichheit vor dem Gesetz, bürgerliche Eigentumsordnung, Gewerbefreiheit, gleiche Besteuerung, Öffnung der Staatsämter auch für Nichtadelige – all diese von der Revolution selbst oft nur verkündeten Prinzipien machte ihr Erbe Napoleon realisierbar, gab sie mit dem Code civil an Holland, Belgien, die Schweiz, Polen und Teile Deutschlands weiter und schuf so in den westlichen Territorien Deutschlands die Grundlage für den Liberalismus des 19. Jahrhunderts. Als Eroberer Europas weckte Napoleon in den besetzten Ländern neuartige patriotisch-nationalstaatliche Gegenkräfte. Mehr noch: unabhängig von ihrer unmittelbaren, konkreten Wirkung hat die Französische Revolution, genauer ihre sansculottisch-jakobinische Phase, das ideologische Grundmodell der modernen Staat und Gesellschaft von Grund auf verändernden Revolution geschaffen.
Das Beispiel der Französischen Revolution und ihre Prinzipien der Freiheit und Rechtsgleichheit und der Selbstbestimmung der Völker, von der Restauration nach 1815 mühsam unterdrückt, blieben eine treibende Kraft der europäischen Geschichte im 19. Jahrhundert. Das zeigte sich bei der Kettenreaktion von Revolutionen im Jahr 1830, als das 1789 erstmals durchgesetzte Prinzip der Nationalrepräsentation über die neue belgische Verfassung kontinentale Gültigkeit erlangte. Das erwies sich im Jahr 1848, als zum Beispiel in Paris die politischen Clubs, die Zeitung ›Ami du Peuple‹ und die verbotene Marseillaise wieder auflebten. Das bestätigte sich in der Pariser Commune von 1871, die bewußt an das Jahr II anknüpfte, nach Jahren der Republik datierte, als habe der Republikanische Kalender seit 1793 ununterbrochen gegolten, und eine wieder »Père Duchêne« betitelte Zeitung unterstützte, die den Kommunarden, diesen Sansculotten des 19. Jahrhunderts, zurief:

»Es lebe die Commune! Die Commune des 18. März! Denn erinnert euch, Patrioten: Es war am 18. März, als das Volk von Paris, das republikanisch denkt und alle Saukerle haßt, diese ganze Sippschaft der Kapitulanten [...] zu den verdammten fünfhunderttausend Teufeln gejagt hat. Dasselbe Volk von Paris, das die zwei Revolutionen von 1830 und 1848, welche ihr erlebt habt, gemacht hat, das die Bastille erobert hat und am 10. August 1792 eine verdammte Carmagnole um den Thron der Capets getanzt hat. [...] Es lebe die Republik, verdammt nochmal!«[12]

Die Pariser Commune steht nicht nur in der national-französischen Revolutions-Tradition, wie sie in der damals entstandenen Neufassung der Marsaillaise zum Ausdruck kommt. In ihr kristallisierte sich zugleich die sozialistische Modellwirkung der Französischen Revolution, wie die 1871 entstandene Urfassung der ›Internationale‹ zeigt.
Als 1917 die Oktoberrevolution anlief, da wurde sie in einem offenen Brief des damals führenden französischen Revolutionshistorikers François Aulard begrüßt als Ergebnis der von der Französischen Revolution begründeten revolutionären Tradition der Moderne:

»Bürger des freien Rußland! Die französischen Republikaner entbieten euch den Brudergruß. Unsere Nation liebt und bewundert die eure, die soeben eine der schönsten und größten Revolutionen vollbringt, welche die Welt je erlebt hat. [...] Die Französische Revolution, die der euren als Beispiel gedient hat und deren Geschichte eure Führer so gut kennen, mahnt euch nicht zu kleinmütiger, steriler Mäßigung, sondern zu durchgreifender, schöpferischer Tatkraft.«[13]

Lenin bedurfte dieses Rates nicht; er schuf selber ein neues Revolutionsmodell: die bewußt geplante und ›gemachte‹ Revolution.

Anmerkungen

* Der folgende Essay ist auf unmittelbare, szenische Wirkung angelegt. Eine vorläufige Begründung der ihm zugrunde liegenden Konzeption versucht der zugehörige Studienbegleitbrief des Funk-Kollegs ›Geschichte‹, vorbereitet durch andere Untersuchungen des Verfassers (s. u. die Bibliographie). Eine wesentlich erweiterte Darstellung ist in Vorbereitung für die Taschenbuchreihe UTB (Verlag Ferdinand Schöningh).

1 Abgedruckt in A. DANSETTE, Mai 1968, Paris 1971, S. 448f.

2 Zit. in *Le Monde* vom 23. August 1979, S. 6.

3 Aus Raumgründen kann hier auf den Bastillesturm vom 14. Juli 1789 nicht näher eingegangen werden. Eine ausführlichere Darstellung müßte vor allem seine für das Zäsurbewußtsein der damaligen Zeitgenossen grundlegende Bedeutung herausarbeiten.

4 Abgedr. in G. PERNOUD/S. FLAISSIER (Hg.), Die Französische Revolution in Augenzeugenberichten (1959). Deutsch von H. Thürnau, München ²1978, S. 72.

5 Abgedr. ebd., S. 234–36.

6 Bericht von Chaumette in der radikalen Zeitung *Révolutions de Paris,* N° 185 (Paris, 19.–26. Jan. 1793), S. 204f.

7 Abgedr. in: *Archives parlementaires de 1787 à 1860.* Recueil complet des débats législatifs et politiques des Chambres. Sér. I: 1787–1799, Paris 1867, hier Bd. 61, S. 542–47.

8 *Père Duchesne,* Sér. II, N° 240 (Paris, Mitte Mai 1793), S. 2f.

9 Konventsrede vom 13. März 1793. Abgedr. in: *Archives parlementaires* (wie Anm. 7), Bd. 60, S. 162.

10 Abgedr. in PERNOUD/FLAISSIER (wie Anm. 4), S. 269 f.

11 *Neue Mainzer Zeitung oder der Volksfreund,* Nr. 1, Mainz, 14. Jan. 1793, S. 1.
12 *Père Duchêne,* N° 2, Paris, 2 Germinal an 79 (= 20. März 1871), S. 2.
13 F. A. AULARD, La Révolution Française et la Révolution Russe. Lettre aux Citoyens de la Libre Russie, Lausanne 1917, S. 3 und 5.

Literaturverzeichnis

M. BOULOISEAU: La République jacobine, 10 août 1792 – 9 thermidor an II. Paris 1972 (Nouvelle Histoire de la France contemporaine 2).

K. DEINET: Engelbert Oelsner und die Französische Revolution. München 1981 (Ancien Régime, Aufklärung und Revolution 3).

E. FURET/D. RICHET: Die Französische Revolution (1965). Aus dem Französ. übers. von U. F. Müller. München ²1980.

F. FURET: 1789 – Vom Ereignis zum Gegenstand der Geschichtswissenschaft. Frankfurt/Berlin 1980 (Ullstein-Buch Nr. 35053).

W. GIESSELMANN: Die brumairianische Elite. Kontinuität und Wandel der französischen Führungsschicht zwischen Ancien Régime und Julimonarchie. Stuttgart 1977 (Industrielle Welt 18).

W. GRAB (Hg.): Die Französische Revolution. Eine Dokumentation. München 1973 (Nymphenburger Texte zur Wissenschaft 14).

H. U. GUMBRECHT: Funktionen parlamentarischer Rhetorik in der Französischen Revolution. München 1978.

H. U. GUMBRECHT/R. REICHARDT/TH. SCHLEICH (Hg. u. Verf.): Sozialgeschichte der Aufklärung in Frankreich ... 12 Originalbeiträge. Teil 1–2. München 1981 (Ancien Régime, Aufklärung und Revolution 4).

A. I. HARTIG (Hg.): Geburt der bürgerlichen Gesellschaft: 1789 ... Aus dem Französ. von K. Voigt. Frankfurt 1979 (sv 937).

G. VAN DEN HEUVEL: Bauernschaft und Agrarstruktur Frankreichs 1750–1800. München 1982 (Ancien Régime, Aufklärung und Revolution 6).

E. HINRICHS/E. SCHMITT/R. VIERHAUS (Hg.): Vom Ancien Régime zur Französischen Revolution. Forschungen und Perspektiven. Göttingen 1978 (Veröffentlichungen des Max-Planck-Instituts für Geschichte 55).

D. JOHNSON (Hg.): French Society and the Revolution. Cambridge 1976 (Past & Present Publications).

S. PETERSEN: Lebensmittelfrage und revolutionäre Politik in Paris 1792–1793. München 1979 (Ancien Régime, Aufklärung und Revolution 2).

R. REICHARDT: Reform und Revolution bei Condorcet. Bonn 1973 (Pariser Historische Studien 10).

Ders.: Bevölkerung und Gesellschaft Frankreichs im 18. Jh. Neue Wege und Ergebnisse der Forschung 1950–1976. In: Zeitschrift für Historische Forschung 4. 1977, S. 154–221.

Ders.: Zu einer Sozialgeschichte der französischen Aufklärung. In: Francia 5. 1977, S. 231–249.

R. REICHARDT/E. SCHMITT: Die Französische Revolution – Umbruch oder Kontinuität? In: Zeitschrift für Historische Forschung 7. 1980, S. 257–320.

G. RUDÉ: Die Massen in der Französischen Revolution (1959). Übers. von A. Hillmayer u. R. Bischoff. München 1961.

E. SCHMITT: Repräsentation und Revolution ... in Frankreich, 1760–1789. München 1969 (Münchener Studien zur Politik 10).

E. SCHMITT (Hg.): Die Französische Revolution. Anlässe und langfristige Wirkungen. Darmstadt 1973 (Wege der Forschung 293).

Ders. (Hg.): Die Französische Revolution. Köln 1976 (Neue Wissenschaftliche Bibliothek 86).

Ders.: Einführung in die Geschichte der Französischen Revolution. München ²1980 (Beck'sche Elementarbücher).

F. SCHMITT/R. REICHARDT (Hg. u. Verf.): Die Französische Revolution – zufälliges oder notwendiges Ereignis? Symposium ... 1979. Referate und Diskussionen. München 1982 (Ancien Régime, Aufklärung und Revolution 7).
A. SOBOUL: Französische Revolution und Volksbewegung: Die Sansculotten (1958). Hg. von W. Markov. Frankfurt 1978 (es 960).
Ders.: Die Große Französische Revolution. Ein Abriß ihrer Geschichte, 1789–1799 (1962). Übers. von H. Heilmann u. D. Krause-Vilmar. Frankfurt ²1973.
Ders. (Hg.): Voies nouvelles pour l'histoire de la Révolution française. Actes du Colloque ... Paris 1978 (Mémoires et Documents 35).
M. VOVELLE: La chute de la monarchie, 1787–1792. Paris 1972 (Nouvelle Histoire de la France contemporaine 1).
D. WORONOFF: La République bourgeoise de Thermidor à Brumaire, 1794–1799. Paris 1972 (Nouvelle Histoire de la France contemporaine 3).

20. Volker Hentschel

Industrielle Revolution

Die industrielle Revolution ist die gründlichste und umfassendste Umwälzung des menschlichen Daseins in der Weltgeschichte. Anfangs fiel sie mit der Geschichte *eines* Landes zusammen, mit der Geschichte Englands zwischen 1760 und 1840. Dann zeigte sich, daß die englische industrielle Revolution nur der Auftakt eines universalhistorischen Entwicklungs- und Wandlungsprozesses von unvergleichlicher Dynamik gewesen war. Er hat das Gesicht der Welt inzwischen mehrfach verändert. Noch stecken wir mitten drin. Seit geraumer Zeit gibt es freilich Anzeichen und Vermutungen, daß er in seine Endphase eingetreten ist. Es ist von den ›Grenzen des Wachstums‹ und von ›nachindustrieller Gesellschaft‹ die Rede.

Das Wort ›Revolution‹ weckt gewöhnlich die Vorstellung von Aufruhr und Getöse. Die *industrielle* Revolution, hat Friedrich Engels zu Recht gemeint, war »um so gewaltiger, je geräuschloser sie vor sich ging«.[1] Der Begriff ist denn auch erst erfunden worden, als sie in England bereits vollzogen war; 1837 vom französischen Nationalökonomen Adolph Blanqui.

Fünfzig Jahre vorher wäre kaum jemand auf die Idee gekommen, ausgerechnet das ruhige und prosperierende England für ein Land im Umbruch zu halten, für ein Land gar, das der Weltgeschichte eben ein revolutionäres Beispiel gab. Und doch war es so. Die Prosperität gerade war das Markenzeichen dieser stillen Umwälzung. Sie hatte drei herausragende Ursachen. Die erste war ein kräftiger und nachhaltiger Anstieg der landwirtschaftlichen Pro-Kopf-Produktion, die zweite ein unvergleichlicher Aufschwung des englischen Außenhandels, die dritte eine fortdauernde Erhöhung der Produktivität und Vermehrung der Produktion in der Baumwoll-, der Kohle- und der Eisenindustrie.

Triebkräfte und Merkmale der industriellen Revolution in England in der zweiten Hälfte des 18. Jahrhunderts[2]

Die englische *Agrarproduktion* dürfte zwischen 1700 und 1810 verdreifacht worden sein. Zu verdanken war das bemerkens-

werten Verbesserungen der Agrartechnik und durchgreifenden Veränderungen der Besitzverhältnisse.
Das Brachland verschwand. Früher war ein Drittel des kultivierten Landes nach zweijähriger Bestellung mit Getreide ein Jahr unbebaut geblieben, damit der Boden sich regeneriere. Neuerdings wurde er mit Futterpflanzen, Hackfrüchten und Kartoffeln besömmert. Seine Fruchtbarkeit für Getreide wurde dadurch nicht nur wiederhergestellt, sondern sogar erhöht. Überdies legten die Bauern größere Sorgfalt auf die Auswahl der Saaten und begannen, regelmäßig zu düngen, zu bewässern und den Boden zu lockern. Die Sämaschine, der Dreieckpflug, eine Art Dreschmaschine und manch anderes nützliche Ackergerät erleichterten und rationalisierten die Feldarbeit. Zugleich trat die Viehzucht aus dem Schatten des Ackerbaus und wuchs sich dank zunehmender Stallfütterung zum ertragreichen Produktionszweig aus. Agrartechnischer Fortschritt wurde zur nationalen Passion, der freilich die überlieferten Besitzverhältnisse einigermaßen hemmend im Weg standen.
Um 1700 wurde noch mehr als die Hälfte des bebauten Landes als sog. offene Flur bewirtschaftet. Die Ackerstücke der Bauern befanden sich in unwirtschaftlicher Streu- und Gemengelage, die allen zusammen ein starres Anbausystem aufzwang, weil das Feld des einen nur über das eines anderen zu erreichen war. Dazu kam ausgedehnter Gemeinbesitz an Wald und Weiden, den jeder nutzte, für dessen Hege und Pflege sich aber niemand recht verantwortlich fühlte. An solchen Bedingungen wurden alle Versuche, rationelle Agrartechniken einzuführen, zuschanden. Es ist deshalb kaum verwunderlich, daß seit 1760 nachdrücklich auf ausgedehnte Flurbereinigungen gedrungen wurde. Zumeist mit Erfolg. Die zerstreuten Parzellen wurden zusammengelegt, der Gemeinbesitz und breite Landstriche, die bisher gar nicht bewirtschaftet worden waren, aufgeteilt und in Privateigentum verwandelt. Bis 1820 war die ›offene Flur‹ fast verschwunden, der bebaute Boden gegenüber 1750 um ein Fünftel erweitert und seine Ertragskraft um ein Mehrfaches erhöht worden.
Unterdessen war der *Außenhandel* zur zweiten Quelle des rasch aufblühenden englischen Volkswohlstandes geworden.
England hatte auch vorher mit dem Handel gutes Geld verdient. Vor allem freilich mit dem Durchfuhrhandel von Kolonialwaren. Seit den 1740er Jahren verkehrte sich das Verhältnis von zwei Drittel wiederausgeführter Kolonialwaren und ein Drittel exportierter heimischer Produkte allmählich ins Gegenteil. Bei Beginn des 18. Jahrhunderts waren erst ca. 5% des gesamten englischen Sozialprodukts im Ausland

abgesetzt worden, bei Beginn des 19. lag der Exportanteil bei 15%.

Die Ver*mehrung* hing mit bemerkenswerten Ver*änderungen* des Ausfuhrstroms zusammen. Um die Jahrhundertmitte hatten die kontinentaleuropäischen Länder etwa drei Viertel der heimischen Exportgüter abgenommen. Bis zur Jahrhundertwende sank der Anteil auf ein Drittel. England gewann neue Märkte in Nordamerika, Afrika und Fernost[3] und festigte seine Stellung als führende Handelsnation der Welt für die nächsten hundert Jahre.

Mit dem herkömmlichen Exportgut Nummer eins wäre das schwerlich zu erreichen gewesen. In Westindien und Afrika hat der Bedarf an wärmenden Wollgeweben seine Grenzen. Deshalb entsprach den veränderten Richtungen des britischen Exports eine Veränderung des wichtigsten Ausfuhrgutes. 1750 hatten Wollwaren noch knapp 40 und Getreide rd. 20% zum englischen Exportwert beigesteuert, Baumwollprodukte so gut wie nichts. 1830 war England längst ein Getreide*einfuhr*land geworden, und mit Wollwaren konnten gerade noch 12% des Ausfuhrwerts erzielt werden. Über die Hälfte erbrachten Baumwollfabrikate.

Sie sagen Gott und meinen Kattun. Heinrich Heines scharfzüngige Pointe mag ebenso übertrieben sein wie Eric Hobsbawms zugespitzte Formel: wer industrielle Revolution sagt, meint Baumwolle.[4] Dran ist an beidem was. Die Baumwollindustrie war schon bis zum Beginn des 19. Jahrhunderts von einem ganz nebensächlichen zum beherrschenden Produktionszweig des Landes aufgeschossen. Selbst die Eisenverarbeitung hatte ihr gegenüber vergleichsweise bescheidene Produktionsfortschritte gemacht. Und dabei war eine Vermehrung von gut 30 000 t im Jahr 1760 auf 250 000 t um 1805 wahrlich eine ganze Menge.

Hier wie dort war die Produktionssteigerung durch eine Reihe von Erfindungen ermöglicht worden, deren Wirkungen sich folgendermaßen zusammenfassen lassen:

Sie ersetzten menschliche Kraft und Geschicklichkeit durch mechanische Kraft und Geschicklichkeit und beschleunigten den Arbeitsvorgang.

Sie werteten das Rohmaterial besser aus.

Sie erlaubten, Güter zu fertigen, die handwerklich gar nicht oder nicht in vergleichbarer Qualität hergestellt werden konnten.

Es begann um 1730 mit dem fliegenden Weberschiffchen und der Streichmaschine, die das herkömmliche Webverfahren ums Doppelte beschleunigten. Da aber schon bisher vier Spinner nötig waren, um einen Weber mit Garn zu versorgen, waren die Erfindungen zwar technisch ganz interessant, aber im Grunde ohne wirtschaftlichen Sinn.

Hundert Jahre früher hätte es dabei vermutlich sein Bewenden gehabt. Neuerdings fand man sich in England nicht mehr damit ab. Man sann vielmehr auf Beseitigung des Ungleichgewichts. Das dauerte seine Zeit. Mehr als dreißig Jahre. Dann aber ging es Schlag auf Schlag. Eine Erfindung trieb die nächste aus sich hervor. 1764 entwickelte der Weber James Hargreaves eine Spinnmaschine, auf der *ein* Spinner anfangs sechs, bald zwölf und mehr Spindeln zugleich bedienen und dabei auch noch viel feinere Fäden als je mit der Hand spinnen konnte. Fest genug, um Baumwolltuch ohne Leinenzusatz daraus zu weben, waren sie freilich noch nicht. Diesen Mangel behob ein neues Modell, das der Barbier Richard Arkwright schon fünf Jahre später patentieren ließ. Dummerweise ging dem nun wieder die Fähigkeit ab, feine Fäden zu spinnen. Noch einmal zehn Jahre später war dann alles beisammen. Samuel Crompton hatte 1779 eine Spinnmaschine erfunden, die fester spann als Arkwrights, feiner als Hargreaves und viel schneller als beide. Als es bald darauf auch noch gelang, sie mit Dampfkraft anzutreiben, war die technische Umwälzung der Baumwollproduktion vollkommen, die organisatorische unabänderlich eingeleitet.

Die Handspinnerei war überwiegend als landwirtschaftliches Nebengewerbe daheim im Familienverband betrieben worden. Hargreaves' unkompliziertes und billiges Gerät hatte daran wenig geändert. Arkwrights und vollends Cromptons aufwendige Spinnmaschinen aber sprengten den häuslich-heimeligen Rahmen. Die Fabrikproduktion begann die Heimspinnerei zu verdrängen. Wohlhabende oder unternehmungslustige Männer, die sich das erforderliche Geld anderweit besorgten, stellten die Maschinen auf und sahen sich nach Leuten um, die sie bedienten. Und da die zuhauf auf dem Land nur schwer zu kriegen waren, konzentrierte sich die Baumwollverarbeitung alsbald in den rasch wachsenden Städten. 1786 überragte *ein* Fabrikschornstein die 50 000-Einwohner-Stadt Manchester. Fünfzehn Jahre später gab es 50 dampfgetriebene Textilfabriken. Manchester war unterdessen Großstadt geworden.

Weder die technisch-organisatorische Umwälzung noch die daraus entspringende Produktionsvermehrung hatte in irgendeinem anderen Gewerbezweig ihresgleichen. Auch in der Eisenverarbeitung nicht. Und dennoch war auf lange Sicht wichtiger, was dort zur gleichen Zeit in bescheideneren Dimensionen geschah. Eisen hat schließlich das Gesicht der industrialisierten Welt geprägt, nicht Baumwolle.

Am Beginn des 18. Jahrhunderts stand die schwach entwickelte englische Eisenindustrie vor folgendem Problem: aus Eisenerz wurde mit Hilfe von Holzkohle Roheisen erschmolzen, das durch erneutes Schmelzen zu Guß- oder Schmiedeeisen gefrischt wurde. Holzkohle aber wurde knapp. Die Eisenerzeugung ging daher seit geraumer Zeit bemerkenswert zurück.
Seit 1709 war man technisch zwar in der Lage, Eisen mit Koks zu verhütten. Der Koks brannte aber so schwach und langsam, daß das Verfahren wirtschaftlich völlig unergiebig war. Das wurde schnell anders, nachdem es 1776 gelungen war, durch ein dampfgetriebenes Gebläse einen kräftigen und gleichmäßigen Zug und dadurch eine starke und anhaltende Koksglut im Hochofen zu erzeugen und den Prozeß über alles gekannte Maß zu beschleunigen. 15 Jahre später gab es bereits 81 Koks-, aber nur noch 25 Holzkohleöfen in England. Kleinere technische Verbesserungen senkten den Verbrauch an Koks pro Tonne Roheisen bis 1810 auf die Hälfte und verbilligten das Verfahren erheblich.
Die Koksverhüttung allein hätte freilich kaum mehr wirtschaftlichen Sinn gehabt als die Erfindung des Weberschiffes und der Streichmaschine in der Textilindustrie. Aber nicht anders als dort drängte sie nach der ergänzenden Entwicklung, die ihr Sinn verlieh. Und weil der technische Erfahrungshorizont seither weiter geworden war, ging es diesmal schneller.
Problematisch geblieben war, Roheisen mit Koks zu frischen. Die Koksrückstände im Guß- und Schmiedeeisen waren zu stark. Das Dilemma dauerte bis 1784. Dann hatte Henry Cort ein Frischverfahren entwickelt, mit dem fast rückstandloses Eisen hergestellt werden konnte. Außerdem ging es siebenmal schneller als vorher.
Auch mit ihm brach nicht abrupt das Eisenzeitalter an. Eine Viertelmillion Tonnen Jahresproduktion für ein Zehnmillionenvolk um die Jahrhundertwende, das hielt sich in Grenzen. Technisch aber war der Massenproduktion von Eisen der Weg geebnet. Dafür sprach, daß der Roheisenausstoß zwischen 1788 und 1806 vervierfacht wurde.
Dabei war – wieder mit Hilfe der Dampfmaschine übrigens – die Kohleförderung kräftig ausgedehnt und der Grund zu jenen schwerindustriellen Ballungsräumen gelegt worden, die das Erscheinungsbild der modernen Industrie wie wenig sonst geprägt haben. Früher hatten die Hochöfen wegen ihres großen Bedarfs an schwertransportierbarer Holzkohle verstreut in den Wäldern gelegen. Bald drängten sich Zechen, Hütten und Eisenwerke in den Kohlenbecken der Midlands wie später im Ruhrgebiet.

Allgemeine Voraussetzungen erfolgreicher Industrialisierung

Wir brechen die vordergründige Schilderung der wirtschaftlichen Entwicklung Englands im 18. Jahrhundert an dieser Stelle ab. Gewiß gäbe es über weitere interessante Ereignisse und Erscheinungen zu berichten, mit deren Kenntnis auch eine ganze Menge gewonnen wäre. Spannender ist doch aber eigentlich der Blick hinter die Szene.

Wirtschaftlich-soziale Prozesse wie die industrielle Revolution sind komplizierte historische Wirkungszusammenhänge mit allgemeinen Voraussetzungen, besonderen Einflüssen und weitreichenden Folgen. Von jetzt an soll das Interesse darauf gerichtet sein, diesen Zusammenhang zu *verstehen,* statt weiter soviel Detailwissen wie möglich anzuhäufen.

Die englische Wirtschaft ist im 18. Jahrhundert aus einem chronischen Zustand der Beharrung in ebenso chronisches Wachstum und fortwirkenden Wandel gerissen worden. An seinem Ende war England zwar noch keine Industriegesellschaft, aber deutlich auf dem Weg dorthin. Die Akzente der Entwicklung setzte unübersehbar die Fabrik. Sie war der herausragende Träger wirtschaftlichen Wachstums und erwies sich zunehmend als stärkste Kraft anhaltenden wirtschaftlich-sozialen Wandels. Zu Recht hat der amerikanische Wirtschaftshistoriker David Landes gemeint, daß nichts die moderne Welt so stark geprägt hat wie die industrielle Unternehmung.[5]

Deshalb hat man mit ihren Eigenheiten und Voraussetzungen die wesentlichen Eigenheiten und Voraussetzungen der industriellen Revolution herausgefunden.

Das Funktionsprinzip der industriellen Unternehmung ist einfach. Arbeiter werden für Lohn dazu gebracht, auf Produktionsanlagen, die ihnen nicht gehören, Güter für anonyme Käufer herzustellen. Dabei wird angestrebt, die Produktionstechnik und Arbeitsorganisation fortlaufend zu verbessern und die Produktivität zu erhöhen.

Die industrielle Unternehmung vereinigt mithin drei produktive Kräfte: Arbeit, Produktionsanlagen und technisch-organisatorischen Fortschritt. Ohne sie kein modernes Unternehmen, ohne sie auch keine industrielle Revolution. Mit ihnen allein aber auch noch nicht. Überdies mußte jemand da sein, der den Betrieb in Gang brachte, in Gang hielt und zusah, daß die Produktion an den Mann kam.

Dazu gehörten freilich zwei, der findige Unternehmer, der den Bedarf nach seinen Gütern zur Not herbeischwätzen konnte, und der Verbraucher, der das Geld zum Kauf wirklich brauchte.

Im Klartext und hintereinander weg: erfolgreiche Industrialisierung hing ab

- von technischen Errungenschaften, die eine Massenproduktion in Fabriken erforderlich und ertragreich machten;
- von der Verfügbarkeit einer wachsenden Fabrikarbeiterschaft;
- von ausreichend Geld, das für industrielle Produktionsanlagen ausgegeben wurde;
- von verbreiteter unternehmerischer Mentalität und Fähigkeit;
- sowie von genügend kaufkräftiger Nachfrage nach der rasch zunehmenden Produktion.

Das mußte nicht alles voll ausgebildet vorhanden sein, damit's losgehen und in kurzer Zeit ungeahnte Ausmaße annehmen konnte. Aber es mußte sich im Zuge des Industrialisierungsprozesses ungestört und einigermaßen harmonisch aufeinander abgestimmt entwickeln. In England geschah das seit Mitte des 18. Jahrhunderts. Auf dem europäischen Kontinent geschah es zunächst nicht, nach der Jahrhundertwende dann allmählich doch.
Warum machte gerade England den Anfang und blieb solange allein auf industrieller Flur? Und wie kam es, daß die industrielle Revolution schließlich doch über England hinausgriff und zum welthistorischen Vorgang wurde?
Wenn man die Entwicklung von technischem Know-how, Fabrikarbeiterschaft, Industriekapital, Unternehmertum und Nachfrage in England und Deutschland zwischen 1750 und 1850 miteinander vergleicht, müßte man darauf eine Antwort bekommen. Wobei Deutschland nicht nur aus nationaler Borniertheit, sondern auch deshalb zum Vergleich herangezogen wird, weil es anfangs die größten Startschwierigkeiten hatte und Englands Vorsprung dann doch zuerst wettgemacht hat.

Allgemeine Voraussetzungen und besondere Bedingungen: Ein systematischer Vergleich des ›Vorreiters‹ England mit dem ›Nachfolger‹ Deutschland

Der Beginn der Analyse ist wenig ermutigend. Warum der geballte technische Fortschritt gerade von England ausging und bis weit ins 19. Jahrhundert auf England beschränkt blieb, läßt sich nur mit der wenig tiefschürfenden Feststellung beantworten, daß die Engländer damals offenbar über beträchtlich mehr technologische Einsichten und mechanische Fertigkeiten ver-

Die unerläßlichen Voraussetzungen industrieller Revolutionen im Wirkungszusammenhang

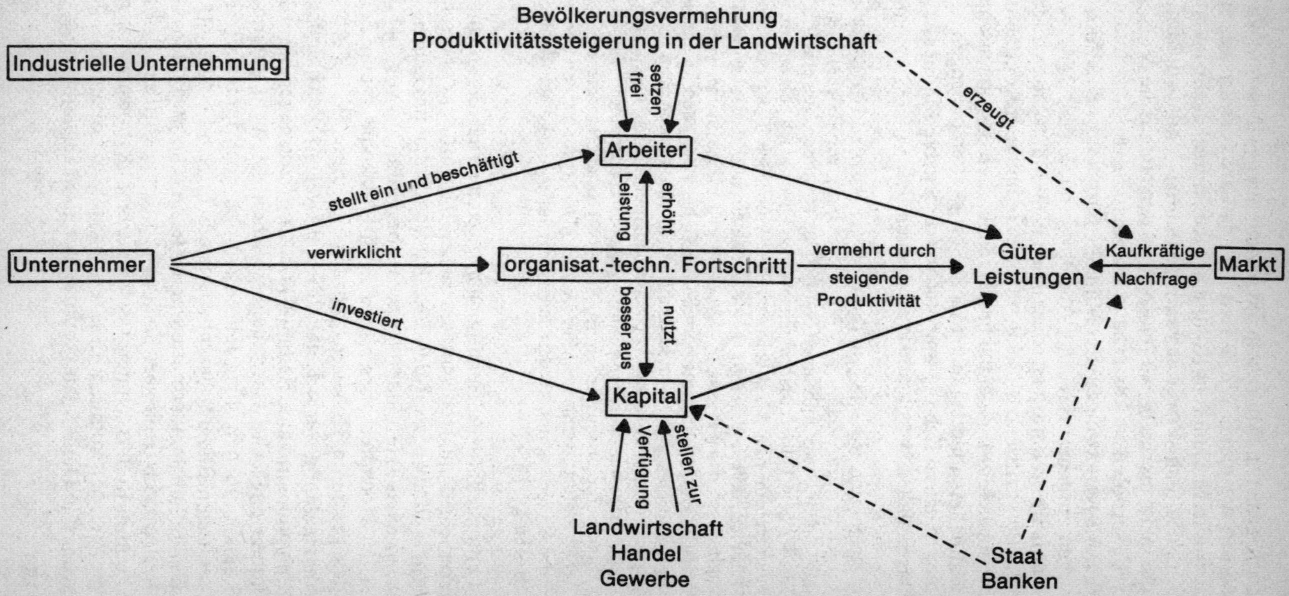

fügten als die Deutschen, Franzosen oder Schweizer. Warum, wissen wir nicht. Wir wissen nur, daß die vorwärtsweisenden Erfindungen auf dem Kontinent nicht einmal nachgeahmt und wirtschaftlich verwertet werden konnten. Und da die Engländer bald merkten, wie einträglich der technische Vorsprung war, verboten sie kurzerhand die Aus*fuhr* von Maschinen und die Aus*reise* von geübten Maschinenarbeitern. Das Ausreiseverbot galt bis 1825, das Ausfuhrverbot gar bis 1842. Völlig durchzusetzen waren freilich beide nicht. 1825 gab es trotzdem rd. 2000 britische Maschinenfachleute auf dem Kontinent, die wesentlich zur Aneignung der englischen Errungenschaften und zur Ausbildung technischer Fertigkeiten beitrugen. Überdies machten sich regsame, technisch begabte Männer auf, um auszuspähen, was man sie ausspähen ließ:

»Nun fahrten wir selbigen Tag noch auf Soho zu Herrn Boulton«, schrieb der junge badische Mechaniker Georg von Reichenbach 1791 mit seinem etwas mühsamen Deutsch ins Tagebuch, »da erklärte Herr Baader dem Herrn Boulton, aus wessen Ursache ich gekommen wäre, nemlich um den Mechanismus der Wattischen Feuermaschine zu studieren, allein er zeigte keine große Freude darieber, denn sein Charakter ist sehr geheim. (Aber) durch einige kleine Trinkgelder (verschaffte ich) mir eine vorteilhafte Gelegenheit, den Mechanismus der Wattischen Feuer- und Dampfmaschine vollkommen zu studieren. Ich arbeitete nun sechs Wochen an meinen Zeichnungen, denn ich mußte nicht nur allein vor Boulton geheim sein, sondern auch vor allen dahier befindlichen Arbeitern, aus der Ursache kostete mich diese Arbeit unbeschreibliche Müh', weil ich nicht nur keinen Menschen etwas fragen konnte, sondern auch nicht durfte, um keinen Verdacht zu erregen [...].«

Trotz vielfältiger Bemühungen breitete sich der technische Fortschritt quälend langsam aus. 1794 wurde im oberschlesischen Gleiwitz zwar der erste Kokshochofen in Gang gesetzt. Ein halbes Jahrhundert später verbrannten 215 von 247 deutschen Hochöfen aber immer noch Holzkohle. Neun Zehntel des gesamten Roheisens wurden auf diese Weise erblasen. Wenig genug war's. Keine 200 000 t gegen 1,5 Millionen t in England. Und eine Baumwollindustrie hatte gegen die erdrükkende englische Überlegenheit schon gar nicht aufkommen können. In den 40er Jahren wurden noch immer 70% des deutschen Baumwollgarnbedarfs aus England eingeführt.
Um die Jahrhundertmitte war der technische Ausbildungs- und Reifeprozeß dann aber doch soweit fortgeschritten, daß neue Technologien zumindest rasch und komplikationslos übernommen werden konnten. Eine leistungsfähige Lokomotivenindustrie ist in Deutschland kaum später als in England entstanden.

An der Mechanisierung der Eisen- und Stahlbereitung durch das Bessemer- und das Siemens-Martin-Verfahren in den 50er und 60er Jahren waren deutsche neben englischen Technikern schon maßgeblich beteiligt, und auf dem Gebiet der Elektrotechnik haben sie um die Jahrhundertwende schließlich die Akzente gesetzt.
Einen bemerkenswerten Entwicklungsvorsprung trug das nun freilich nicht mehr ein. Technischer Fortschritt war unterdessen nicht mehr auf ein Land beschränkt zu halten. Sein Charakter hatte sich gründlich gewandelt. Ehemals waren genialisch-dilettantische Bastler am Werk gewesen, die nicht durch systematisch-wissenschaftliches Forschen, sondern durch unermüdliches Pröbeln zum Ziel kamen. *Daß* etwas funktionierte, hieß noch nicht, daß der Erfinder, geschweige jemand anders, im einzelnen wußte, *warum* es funktionierte. Die Verbreitung technischer Neuerungen war in hohem Maße auf möglichst exakte Nachahmung und gleichermaßen sachgemäße wie einfallsreiche Handhabung angewiesen. Die ersten Jahrzehnte der industriellen Revolution waren nicht nur eine Periode wegweisender Erfindungen, sondern auch eine Periode unermüdlichen Kampfes gegen Pannen. Die chemisch-physikalischen Vorgänge bei der Umwandlung von Eisenerz in Stahl zum Beispiel waren bis Mitte des 19. Jahrhunderts noch nicht zureichend durchschaut worden. Erst als systematisch-wissenschaftliche Forschung ihnen auf die Spur gekommen war, konnten rasch hintereinander das Bessemer-, das Siemens-Martin- und das Thomas-Verfahren entwickelt werden.
Organisierte Grundlagenforschung aus wirtschaftlichen oder politischen Interessen wurde nun zunehmend zur bewegenden Kraft des technischen Fortschritts. Theoretische Erkenntnisse traten an die Stelle praktischer Fertigkeiten. Der technische Fortschritt wurde kontinuierlicher und allgemeiner. Wenn ein Land ihn hatte, hatte ihn die industrialisierte Welt.
Die Beziehung zwischen technischem Fortschritt, Mechanisierung und Bedarf an industrieller Arbeitskraft war von Anbeginn doppeldeutig. Die Mechanisierung verhalf dazu, die gleiche Menge an Gütern mit weniger Arbeitsleistung herzustellen. Da sie die Produktion ins Große trieb, verlangte sie im Ganzen aber zugleich nach mehr Arbeitsleistung.
Deshalb wäre die Industrialisierung Englands sicher beträchtlich langsamer vor sich gegangen, wenn die Bevölkerung seit Mitte des 18. Jahrhunderts nicht in zuvor ganz unbekanntem Maße zugenommen hätte. Ob das vorwiegend einer Verminderung der Sterblichkeit dank medizinisch-hygienischer Fortschritte oder vor allem einer Erhöhung der Geburtenraten

zuzuschreiben war, ist immer noch umstritten. 1820 haben jedenfalls mehr als doppelt soviel Menschen in England gelebt und gearbeitet wie 1750.
Mit Bevölkerungswachstum allein war es allerdings nicht getan. Die zusätzlichen Menschen mußten ernährt werden. Und da sie selbst Ackerbau und Viehzucht nicht betrieben, mußten sie von der herkömmlichen Anzahl an Landwirten mitversorgt werden. Dank steigender Produktivität und Produktionsleistungen war das in England seit 1750 so gut wie problemlos möglich. Der Anteil der Landwirte an der Gesamtbevölkerung sank bis 1810 von rd. 70 auf nur mehr 35 %, ohne daß die Versorgung des Landes mit Fleisch, Brot und Milch darunter gelitten hätte.
In Deutschland arbeiteten damals noch an drei Viertel der Erwerbstätigen in der Landwirtschaft. Die Masse der Menschen wurde dennoch schlechter mit Agrargütern versorgt, weil bemerkenswerte Produktionsfortschritte auf sich warten ließen. Selbst 1840 brachten zwei deutsche Landarbeiter noch nicht soviel zustande wie ein englischer. Aus der Sicht der Gutsherren und Großbauern war das freilich auch nicht nötig. Ein schier unerschöpfliches Reservoir spottbilliger Arbeitskräfte stand ja zur Verfügung. Um die Jahrhundertwende hatte die starke Bevölkerungsvermehrung auf Deutschland übergegriffen. Das hatte ähnliche Ursachen wie in England gehabt und war von spezifisch deutschen Vorgängen gefördert worden. 1807 waren die preußischen Bauern aus der Erbuntertänigkeit entlassen worden. Seither durften sie ohne Erlaubnis ihres Gutsherrn, die früher oft verweigert worden war, heiraten. Der eheliche Kindersegen war reichlich und wahrlich kein Segen. Bis 1850 nahm die Bevölkerung auf dem Gebiet des deutschen Zollvereins von ca. 24 auf 36 Millionen Menschen zu. Die unterentwickelte Wirtschaft verkraftete den Andrang nicht. Die Landwirtschaft nahm, was sie brauchte, den größeren Rest stieß sie ab. Da keine Industrie bereitstand, ihn aufzufangen, war das ein Stoß in Massenverarmung und Massenverwahrlosung, die geradezu nach Industrialisierung schrien.

»Es ist also die Armut eine andere geworden, als sie ehedem war«, schrieb der Schweizer Dichter Jeremias Gotthelf 1841, »sie hat eigenes Leben erhalten, diese Armut; sie ist eine Wucherpflanze geworden, die sich ausbreitet, wie im Klee der Grind; sie nimmt nicht mehr ab, sie nimmt nur zu; sie ist erblich, ansteckend geworden, eine krebsartige Wunde im Völkerleben, ein eigentliches Pestübel unserer Zeit.«

Gotthelf sah weit und breit keinen Ausweg und kein Heilmittel. Angst erfaßte ihn,

»Angst, tief und groß, wenn man dieses schleichenden Ungeheuers Köpfe ringsum wachsen und klaffen sieht, wenn man denkt: ob wohl einst die eigenen Kinder als neue Köpfe an dieses grausigen magern Ungeheurs Leib klaffen und schnappen werden.«[6]

Anders, voll fast hymnischem Optimismus, den Blick auf England gerichtet und in schroffer Wendung gegen Friedrich Engels' düster-abstoßende Schilderung der Lage der arbeitenden Klassen in England der deutsche Nationalökonom und Sozialreformer Bruno Hildebrand:

»Darin besteht eben die weltgeschichtliche Bedeutung der Maschinen, daß sie die arbeitenden Klassen aus der Trägheit, aus dem dumpfen und gedankenlosen Hinbrüten herausgerissen [...], daß sie den arbeitenden Klassen erst die geistigen und moralischen Eigenschaften verliehen haben, ohne welche eine gründliche und dauernde Verbesserung ihrer sozialen Lage unmöglich ist. Während der Arbeiter der Vergangenheit in einem halbtierischen Zustande träge und arbeitsscheu hinvegetierte und niemals über den nächsten Gesichtskreis hinaus seine Gedanken erweiterte, fühlt der Arbeiter der Gegenwart [...], daß er mit den Fähigkeiten seines Kopfes und seines Armes auch an dem großen Baue der Geschichte mitarbeitet.«[7]

Das war 1848, und Deutschland war von solchem Zustand noch immer weit entfernt. Aber 1820, 1830? Wer denn hätte die Erzeugnisse einer nennenswerten Industrie kaufen sollen?
In England war ein ergiebiges Potential an Fabrikarbeitern und Massenkaufkraft für industrielle Güter durch die landwirtschaftlichen Produktivitätsfortschritte in einem Zuge freigesetzt worden. Je geringer der Anteil an Agrargütern war, den die bäuerlichen Familien selbst verbrauchten, um so mehr konnten sie verkaufen und mit dem Erlös Industrieerzeugnisse erstehen. Dieser Nachfrageschub vor allem hat den technischen Errungenschaften ihren wirtschaftlichen Sinn gegeben. Der aufblühende Überseehandel hat ihn nur unterstützt und das Tempo der Industrialisierung beschleunigt.
Da in Deutschland eine bemerkenswerte Steigerung der landwirtschaftlichen Produktivität ausblieb, blieb auch die entsprechende Zunahme der landwirtschaftlichen Massenkaufkraft aus. Der zündende Nachfrageanstoß mußte deshalb andere Ursprünge haben. Er ging schließlich vom Eisenbahnbau aus und wurde mit den angesammelten Gewinnen einer kleinen Schicht wohlhabender Kaufleute, Händler und Gutsbesitzer sowie mit den Einkünften des Staats finanziert. Er rief die Zechen und Hütten an der Ruhr und die Maschinenfabriken in Berlin und Sachsen ins Leben.[8] Am Anfang der deutschen industriellen Revolution standen die Eisenbahnen und die Schwerindustrie. Massenkaufkraft für industrielle Ver-

brauchsgüter ist erst im Zuge ihres Ausbaus geschaffen worden.

Der ging seit den fünfziger Jahren zügig voran (vgl. Tabellen 1–4). Probleme, ausreichend Anlagekapital zu beschaffen, hat es dabei offenbar so wenig gegeben wie weiland in England.

Im Falle Englands hatte sich darüber niemand sonderlich gewundert. Da gab es große Gewinne aus dem Überseehandel, die in Fabriken angelegt werden konnten. Einiges steuerte die prosperierende Großlandwirtschaft bei. Und im übrigen waren die Anlagekosten einer frühindustriellen Unternehmung so gering, daß auch clevere Handwerker mit der Zeit und etwas gepumptem Geld Fabrikherren werden konnten. Nachdem der Industrialisierungsprozeß aber einmal in Gang gekommen war, wurde der weitere Kapitalbedarf zum größten Teil mit den gewöhnlich glänzenden Gewinnen der industriellen Produktion bestritten.

Tabelle 1: Wertschöpfung nach Wirtschaftsbereichen (in Millionen Mark und Preisen von 1913)

Jahr	*Landwirtschaft*	*Industrie*	*tertiärer Sektor*[1]	*ges. Volkswirtschaft*
1850	4397 = 46,5%	1954 = 20,7%	3098 = 32,8%	9449
1860	5236 = 45,2%	2659 = 23,0%	3682 = 31,8%	11577
1873	5918 = 36,2%	5568 = 34,1%	4861 = 29,4%	16347
1885	7525 = 36,9%	6673 = 32,7%	6219 = 30,4%	20417
1895	8573 = 31,0%	10489 = 38,0%	8559 = 31,0%	27621
1910	10625 = 25,3%	18546 = 43,1%	13810 = 31,6%	42981

[1] Verkehr, Handel, Banken, Versicherungen, Dienstleistungen aller Art

Quelle: Walther G. Hoffmann u. a., Das Wachstum der deutschen Wirtschaft seit der Mitte des 19. Jahrhunderts, Berlin, Heidelberg, New York 1965, S. 194 ff, 454f

Tabelle 2: Beschäftigtenzahl nach Wirtschaftsbereichen (in Tausend)

Jahr	*Landwirtschaft*	*Industrie*	*tertiärer Sektor*	*ges. Volkswirtschaft*
1850	8298 = 56,0%	3491 = 23,6%	3024 = 20,4%	14813
1860	8253 = 51,7%	4422 = 27,7%	3292 = 20,6%	15967
1873	9230 = 49,5%	5448 = 29,2%	3965 = 21,3%	18643
1885	9700 = 47,1%	6350 = 30,9%	4527 = 22,0%	20577
1895	9788 = 41,8%	7956 = 34,0%	5661 = 24,2%	23405
1910	10542 = 35,8%	11000 = 37,4%	7878 = 26,8%	29420

Quelle: Hoffmann, S. 194ff

Tabelle 3: Entwicklung des Volkseinkommens (Nettosozialprodukt zu Faktorkosten)

Jahr	*Millionen Mark (1)*	*(2)*	*Zu-wachs*	*Bevölkerung (in 1000)*	*Volkseink. pro Kopf (Preise v. 1913)*	*Zuwachs*
1850	4930	8555 =	100	35312	242 Mark	= 100
1860	7937	11212 =	131	37611	298 Mark	= 123
1873	13979	15390 =	180	41564	370 Mark	= 152
1885	15928	19943 =	233	46707	427 Mark	= 176
1895	21784	27671 =	323	52001	532 Mark	= 220
1910	41885	43415 =	507	64568	672 Mark	= 278

(1) – Volkseinkommen in laufenden Preisen
(2) – Volkseinkommen in Preisen von 1913

Quelle: Hoffmann, S. 507f, 171

Tabelle 4: Arbeitseinkommen, Investitionen und Kapitalstock (Millionen Mark)

Jahr	*Arbeitseinkommen lfd. Pr.*	*Anteil am Volks-eink.*	*Nettoinvestitionen Insges.*	*Anteil am Volks-eink.*	*Ge-werbe*	*in Pr.v.1913 Anteil an allen Investi-tionen*	*Kapital-stock der Industrie*
1850	4540	92 %	700	8,0 %	40	6%	7160
1860	6061	76 %	1530	13,6 %	180	12 %	8650
1873	10866	78 %	2120	13,8 %	540	26 %	13700
1885	12116	76 %	2740	13,7 %	1040	38 %	20800
1895	16193	74 %	4010	14,5 %	1760	44 %	34600
1910	29425	70%	6610	15,2 %	2570	39 %	74300

Quelle: Hoffmann, S. 827f, 244ff

Im Falle Deutschlands wäre dagegen Grund zur Verwunderung gewesen. Vor 1850 schien so gut wie kein Geld für industrielle Anlagen dagewesen zu sein, nach 1850 war es in Fülle da. Der Schein hatte freilich getrogen. Überschüssiges Geld war so gut wie in England vorhanden gewesen, anders als in England nur nicht in Fabriken angelegt worden. Die technischen Möglichkeiten und die englische Konkurrenz ermunterten ja auch nicht gerade dazu. Die Aussichten waren unsicher und schienen den Einsatz nicht zu lohnen. Wer Geld übrig hatte, kaufte lieber Grund und Boden oder gesicherte und festverzinsliche Staatsanleihen.[9] In England: unternehmerische Risikofreude, in Deutschland: kleinmütige Rückversicherung. Noch für den preußischen Eisenbahnbau ist ausreichendes Startkapital erst

locker geworden, als der Staat eine 5%ige Verzinsung garantierte. Als sich freilich herausstellte, daß die Bahn ein Bombengeschäft war, strömte ihr soviel Geld zu, daß bei weitem nicht alles unterzubringen war.
Nicht an Kapital, an industriellen Anlagemöglichkeiten und vor allem an unternehmerischer Mentalität und Initiative hatte es gemangelt.
Es ist viel darüber nachgedacht worden, warum das in England anders war und wo das verbreitete Streben nach Rationalität und Ertrag seine Wurzeln hatte. Über vage und bestreitbare Mutmaßungen ist man dabei nicht hinausgelangt. Die Herkunft von Denk- und Verhaltensweisen läßt sich nicht beweisen. Ich halte am meisten von einer schlichten, aber plausiblen Überlegung. Nichts ruft sicherer unternehmerische Mentalität und erfolgreiche Unternehmer hervor als erfolgversprechende Voraussetzungen für unternehmerisches Handeln. Unternehmertalent gibt's in jeder Gesellschaft. Die Verhältnisse müssen nur auch so sein, daß es wirksam zur Geltung kommen kann. In Englands waren sie seit Mitte des 18. Jahrhunderts so, auf dem Kontinent waren sie's bis Mitte des 19. nicht. Bis zu den politisch-sozialen Revolutionen und Reformen zwischen 1789 und 1815 standen allen innovatorischen Aktivitäten starre zünftig-ständische Schranken, überlieferte Status-Regeln und eingebrannte Wertvorstellungen entgegen, die in England längst beseitigt waren.

»Anders«, schrieb der Hallenser Ökonomieprofessor Johann Beckmann 1806, »anders ist es auf der glücklichen Insel England, wo die Handwerke geehrter sind und deswegen von vornehmen, kenntnis- und geldreichen Familien betrieben werden. Wo werden größere und mehr Versuche zur Verbesserung der Künste gemacht als dort? Wo werden neue Erfindungen besser bezahlt und genutzt als dort? Wo blühen die Handwerke mehr als dort? Das erkennt der Teutsche mit Neid, aber unrichtige Schätzung der Gewerbe gehört zu seiner Erbsünde, welche keiner Besserung fähig zu sein scheint.«[10]

Sein Stoßseufzer war nur zu berechtigt. Noch immer war der Beginn eines Gewerbes an eine staatliche, städtische oder zünftige Erlaubnis gebunden. Zwei Handwerke gleichzeitig zu betreiben, war ebenso verboten, wie mehr als eine festgelegte Zahl von Gesellen zu halten. Die Beschaffenheit von Rohmaterial und Fertigprodukt war normiert, der Herstellungsprozeß bis ins einzelne vorgeschrieben. Es gab keine Konkurrenten, nur Zunftgenossen, denen durch material- und arbeitsparende Techniken, niedrige Preise und raffinierte Absatzmethoden das Geschäft nicht verdorben werden durfte. Auf einen kurzen Nenner gebracht: ausreichende Einkünfte waren garantiert,

Reichtümer zu erwerben war verwehrt und unternehmerisches Handeln wurde bestraft. Eine Mentalität selbstgenügsamer Betulichkeit war die Folge, die mit der gesetzlichen Beseitigung all dieser Beschränkungen nicht gleich mit beseitigt war. Zumal die wirtschaftlich-technischen Voraussetzungen einen Ausbruch in unternehmerische Aktivität nicht eben begünstigten.
Deutschland war deshalb auch um 1850 noch arm an bedeutenden Unternehmern. Zwanzig Jahre später nicht mehr. Wie gesagt, nichts bringt sicherer erfolgreiche Unternehmer hervor als erfolgversprechende . . .

Staat und Banken als Kräfte der Industrialisierung: Die deutsche Prägung im Bild der industriellen Revolution

Das Resümé der vergleichenden Betrachtung: England hatte ein Beispiel gegeben, Deutschland war ihm gegen erhebliche Widerstände, stolpernd zunächst, allmählich leichtfüßiger gefolgt. Um 1850 setzte es an, den englischen Vorsprung aufzuholen.
Beispiel heißt nicht Vorbild. England hat Leitlinien und Erfahrungen für seine Nachfolger geliefert, keine raum- und zeitlose Blaupause, nach der industrielle Revolutionen künftig gebastelt worden wären. Sozialökonomische Entwicklungen lassen sich nicht kopieren.
Der Vergleich zwischen England und Deutschland hat gezeigt, wie stark bereits die Grundlegung des industriellen Durchbruchs von zeitlichen und örtlichen Sonderbedingungen beeinflußt worden ist. Um wieviel mehr die weitere industrielle Entwicklung und ihre sozialen Folgen. Nicht nur, daß in England eine Leicht- und Verbrauchsgüterindustrie, in Deutschland dagegen eine Schwer- und Investitionsgüterindustrie die Führung in die industrielle Revolution übernommen hatte. Der industrielle Ausbau Deutschlands ist überdies von zwei Kräften gestützt und gefördert worden, die in England so gut wie keine Rolle gespielt hatten: vom Staat und von den Banken. Sie sind in gewisser Weise dort eingetreten, wo die ursprüngliche Kraft einiger unerläßlicher Voraussetzungen nicht hinlangte. Das deutsche Beispiel hat Schule gemacht. Staatseinfluß und die Verflechtung von Industrie und Banken sind die deutsche Prägung im Bild der industriellen Welt.
Völlig rausgehalten hatte sich der Staat auch in England nicht. Er hatte Sicherheit, Ordnung und Rechtsschutz garantiert, ohne die rationales Wirtschaften schlechterdings nicht möglich

ist. Und er hatte ungehemmtem wirtschaftlichen Handeln Grenzen gesetzt. Das erste Gesetz zur Beschränkung der Kinderarbeit ist in England entstanden. Er hatte aber weder Richtung und Tempo der wirtschaftlichen Entwicklung gezielt zu beeinflussen versucht, noch wirtschaftliche Aufgaben übernommen, die auch Privatleute erledigen konnten.

Das war in Deutschland anders. Deutschland blickte bei Beginn der Industrialisierung auf eine ausgeprägte vorindustrielle Tradition wirtschaftlicher Staatstätigkeit zurück. Die Erfolge hatten zu wünschen übriggelassen, aber es war dabei eine regsame Bürokratie entstanden, die sich für den wirtschaftlichen Flor des Landes verantwortlich fühlte. Sie schickte sich an, die englischen Errungenschaften und Erfahrungen von Staats wegen zu verbreiten, da sie anders den Weg ins deutsche Wirtschaftsleben offenbar nicht fanden.

Seit 1820 wurden kostenlose technische Beratungsstellen und Lehranstalten ins Leben gerufen.

»Der Gewerbefleiß, welchen zu befördern wir beabsichtigen, ist die Grundlage des Reichtums einer Nation, und da wahrer Gewerbefleiß nicht ohne Tugend denkbar ist, so ist er auch die Grundlage der Nationalkraft überhaupt. Wer in einem Lebensverhältnisse, welches es sei, still steht, der steht nur scheinbar still, er geht zurück . . . Diese Wahrheit ist nirgends sichtbarer als beim Betrieb der Gewerbe.«[11]

Mit diesen Kernsätzen eröffnete z. B. der preußische Staatsrat Peter Christian Wilhelm Beuth 1822 den Verein zur Beförderung des Gewerbefleißes in Preußen. Mit der Tugend nahm er's selbst – in edler Absicht freilich – nicht ganz so genau. Das nötige Demonstrations- und Lehrgerät für sein Institut ließ er durch amtliche Industriespionage und staatlich geförderten Maschinenschmuggel besorgen. Einige Absolventen solcher Gewerbeinstitute sind später tatsächlich einfallsreiche Techniker und bedeutende Unternehmer geworden. August Borsig zum Beispiel oder Gottfried Daimler und Emil Kessler.

Beratung und Ausbildung war aber nicht alles. Häufig war der Staat mit Kapital und Abnahmegarantien zur Stelle, wo die private Initiative versagte. Preußen schuf eigens ein staatliches Zuschuß- und Kreditinstitut für kapitalschwache Gewerbebetriebe, das bald auch von sich aus Unternehmen gründete.[12] Kapital für den preußischen Eisenbahnbau wurde mit einer staatlichen Zinsgarantie aus *privaten* Quellen gelockt.

In Bayern, Baden und Württemberg machten die Staaten die Sache gleich selbst. Sie wurden Unternehmer großen Stils. Viel unternehmerisches Geschick galt es freilich nicht zu beweisen. Das Geschäft ging von selbst. Und es ging glänzend. Bismarck hat deshalb nicht geruht, bevor er auch in Preußen den Betrieb aller Bahnlinien an den Staat gebracht hatte. Das war um 1880. Rd. 35 000 km Strecke hatte Deutschland bis dahin für den Transport von Massengütern erschlossen. Bis 1910 kamen weitere 25 000 km dazu.

In Rußland – um den Blick für einen Moment über Deutschland hinauszulenken – versuchte der Staat in diesen Jahrzehnten die ausbleibende industrielle Revolution mit Hilfe des Eisenbahnbaus gleichsam aus dem Stand und im Alleingang nachzuholen. Gezielte Industrialisierungspolitik sollte das Land fast voraussetzungslos in die wirtschaftliche Modernität stoßen. Nicht ohne jeden Erfolg. Andernfalls hätte Lenin das zaristische Rußland 1917 nicht reif für eine antikapitalistische Revolution halten können. Sein nachrevolutionäres Streben unterschied sich übrigens wenig von den Absichten des zaristischen Ministers Witte. Die wirtschaftlich fortgeschrittenen Länder sollten durch beschleunigte staatliche Industrialisierung eingeholt werden. Im Mittelpunkt stand weiterhin die Schwerindustrie. Das Symbolwort war freilich nicht mehr ›Eisenbahn‹, sondern ›Elektrizität‹.

Die wirtschaftliche Verwertung elektrischer Kraft war seit Mitte der neunziger Jahre zur neuen Triebkraft der Industrialisierung geworden. Sie war nicht weniger mitreißend als einst der Eisenbahnbau. Die Führung lag erstmals nicht bei England, sondern bei Deutschland. Der Staat hat bei diesem zweiten Spurt keine maßgeblichen Starthilfen und Schrittmacherdienste mehr geleistet. An seine Stelle waren die Banken getreten.

Für die englischen Handelsbanken war Industriefinanzierung durchweg ein ungeliebtes Nebengeschäft und nach Möglichkeit auf kurzfristige Kontokorrentkredite und Wechseldiskontierung beschränkt geblieben. In Frankreich war dagegen in den 40er Jahren die grandiose, von Saint-Simon beeinflußte Idee aufgekommen, das nationale Wirtschaftsleben durch planvolle Kreditvergabe einiger gigantischer Banken zentral zu steuern. Viel mehr als eine Idee ist nicht daraus geworden. Die Gebrüder Pereire haben 1852 zwar tatsächlich ein Kreditinstitut mit solch weitreichenden Absichten gegründet und sich mit ihm heftig auf die Finanzierung von Eisenbahnen gestürzt. Fünfzehn Jahre später hatten sie sich völlig übernommen und gingen pleite. Damit war das Prinzip der Investitionsbank in weniger übersteigerter Form zwar nicht gleich diskreditiert. Die Beziehungen zwischen Industrie und Banken blieben gleichwohl locker.

Das galt bis gegen Ende des Jahrhunderts auch für Deutschland. Die ersten größeren Privatbanken waren in den fünfziger Jahren entstanden und hatten unentschlossen zwischen Zurückhaltung und industriellem Engagement laviert. Die Neigung, dem englischen Beispiel zu folgen, überwog. Auch nachdem seit 1870 kurz hintereinander die großen Aktienbanken gegründet worden waren – unter ihnen die Deutsche, die Dresdner und die Commerzbank –, blieb Industriefinanzierung weitere zwanzig Jahre ein Nebengeschäft. Das lag nicht nur an einer konventionellen Abneigung der Banker gegen Industriegeschäfte, sondern auch an der vergleichsweise ruhigen wirtschaftlichen Entwicklung ohne bedeutenden Kapitalbedarf seit 1873. Als die emporschießende Elektroindustrie mit einem Mal stürmisch nach Geld und Kredit verlangte, zierten sich die Großbanken jedenfalls nicht mehr lange und stellten ihre Kapitalkraft zur Verfügung, wofür immer sie gebraucht wurde: für Gründungen und Sanierungen, für Investitionen und den täglichen Geschäftsverkehr, für Zusammenschlüsse und Erweiterungen. Bald nicht mehr nur der Elektroindustrie, sondern den Konzernen aller Branchen. Mit Kleckerkram gaben sie sich weiterhin ungern ab. Es wurde üblich, daß die Großindustrie ihre Anlagen und das laufende Geschäft nur noch zum kleineren Teil mit Eigenkapital, zum größeren mit fremden Mitteln finanzierte, die sie sich von Banken lieh oder beschaffen ließ. Die geschäftliche Verflechtung von Industrie und Banken nahm in wenigen Jahren Ausmaß und Intensität sondergleichen an. Der sozialdemokratische Politiker Rudolf Hilferding hat dafür später den prinzipiell zutreffenden Begriff ›Finanzkapitalismus‹ geprägt, ihn freilich etwas einseitig im Sinne einer Abhängigkeit der deutschen Industrie von den Bankherren gedeutet.[13]

Der Elektroboom der neunziger Jahre hat nun nicht nur die Banken nachhaltig auf den industriellen Plan gerufen, er hat die industrielle Entwicklung zugleich in jene Bahn katapultiert, die sie geradlinig und mit fortwährender Beschleunigung aus dem 19. Jahrhundert in die Gegenwart führte. Zwei Weltkriege und mannigfache politische Umwälzungen und Katastrophen haben sie weder dauerhaft aufgehalten noch abgelenkt. Zuweilen haben sie eher wie ein zusätzlich gezündeter Treibsatz gewirkt.

Inzwischen nimmt der Fortschritt hier und dort beängstigende Formen an. Wir können nicht mehr frohgemut ausschließen, daß auch die industrielle Revolution eines Tages ihre Kinder frißt. Wachstum und Wandel haben zweihundert Jahre keine Grenzen gekannt. Es könnte sich herausstellen, daß sie keine ertragen.

Soziale Auswirkungen der industriellen Revolution

Aber das ist ein anderes Problem, dem in anderem Zusammenhang nachgegangen werden muß. Wir haben für den Moment das Privileg, bei der Vergangenheit bleiben zu können. Nutzen wir es, um uns abschließend einige *soziale* Auswirkungen der industriellen Revolution zu vergegenwärtigen. Die industrielle Revolution hat ja nicht nur die Produktionsweisen, sondern auch die politischen und sozialen Strukturen und Institutionen verändert und hat sich umwälzend auch auf die individuelle Lebensgestaltung, auf Gebräuche und Gewohnheiten, Verhaltensweisen und Gefühlsregungen ausgewirkt. Sie hat das alltägliche Miteinanderleben revolutioniert. Sie hat persönliche Daseinschancen eröffnet und verbreitet, von denen in vormodernen Zeiten kaum geträumt werden konnte, freilich auch Anfechtungen zuvor unbekannter Art heraufbeschworen.

Verdeutlichen wir uns den sozialen Strukturwandel zunächst am Beispiel der wichtigsten Entwicklungslinien für Deutschland, die Revolutionierung des Alltagslebens dann mit einigen Bemerkungen zu so zentralen Bedingungen menschlichen Lebens wie Gesundheit (Lebenserwartung), Bildung und Kommunikation (Unterhaltung).

Was die soziale Entwicklung Deutschlands angeht: Ein Agrarvolk ist zum Industrievolk geworden und neuerdings auf dem Weg zur Dienstleistungsgesellschaft. Eine Landbevölkerung hat sich zur Stadtbevölkerung gewandelt. Wirtschaftliche Selbständigkeit ist hinter Lohnabhängigkeit zurückgetreten. Die geburts- und berufsständisch starr gegliederte Sozialordnung hat sich zur mobilen Massen- und Klassengesellschaft entfaltet oder verengt. Das kommt auf die Perspektive an.

All das läßt sich mit ein paar Zahlen veranschaulichen.

Zu Beginn des 19. Jahrhunderts haben drei Viertel der Bevölkerung ihren Lebensunterhalt in der Landwirtschaft erworben. Zu Beginn des 20. Jahrhunderts war es noch ein Viertel. Derzeit liegt der Anteil bei 6 %. Die Beschäftigtenquote der Industrie ist nicht etwa gegenläufig dazu gewachsen, sondern immer unter 50 % geblieben. Die industrielle Revolution hatte ja noch andere Sprößlinge, die nach Arbeitskräften verlangten: Transport und Verkehr, Handel, Banken und Versicherungen, öffentliche und private Dienstleistungen aller Art. Seit der Jahrhundertwende hat fast nur noch der Beschäftigtenanteil dieses sog. ›tertiären Sektors‹ zugenommen, von 20 auf 50 %.

Im Zuge dieses Strukturwandels hat wirtschaftliche Selbständigkeit fortlaufend an Gewicht verloren. Vor Beginn der

Industrialisierung dürfte über die Hälfte der Erwerbsbevölkerung auf eigene Rechnung gewirtschaftet haben. Am Vorabend des Ersten Weltkrieges waren es schon nur noch 20, seit geraumer Zeit sind es weniger als 10 %. Komplementär dazu entstand im 19. Jahrhundert ein breites, aber uneinheitliches Industrieproletariat, im 20. ein neuer Mittelstand aus Angestellten und Beamten. Zwischen 1850 und 1910 ist der Anteil der Fabrikarbeiterschaft an der Erwerbsbevölkerung von weniger als 5 auf mehr als 25 % emporgeschnellt. Seither hat er nur noch schwach auf knapp 30 % zugenommen. Nimmt man Landwirtschaft, Handel und Dienstleistungsbereich dazu, ist die Arbeiterklasse in unserem Jahrhundert sogar beträchtlich zusammengeschmolzen, von ca. 60 auf 44 % der Erwerbsbevölkerung. Der lohn- und gehaltsabhängige Mittelstand ist mit jetzt 45 gegen 15 % an der Jahrhundertwende über sie hinausgewachsen.
Die Verdrängung der Landwirtschaft und der wirtschaftlichen Selbständigkeit hat die Bevölkerung in geschäftige Bewegung gesetzt. Die Deutschen im Kaiserreich waren nachgerade ein Volk auf der Wanderschaft. 1907 lebte kaum noch die Hälfte der Bevölkerung an ihrem Geburtsort. Der Zug ging aus den nordöstlichen Agrargebieten in die industriellen Ballungsräume in Rheinland, Westfalen, Sachsen und Berlin und zugleich vom Land in die Stadt. Um die Mitte des 19. Jahrhunderts hatten noch annähernd drei Viertel der deutschen Bevölkerung in Siedlungen mit weniger als 2000 Einwohnern und nur 3% in Großstädten gelebt. 1900 gab's über 20% Großstädter und keine 40% Dorfbewohner mehr. In der Bundesrepublik leben derzeit unter 10% der Bevölkerung in Ortschaften mit weniger als 2000 Einwohnern.
Dieser tiefgreifende Strukturwandel, den in ähnlicher Form alle Industriestaaten durchgemacht haben, hat sich dramatisch auf die Daseinsbedingungen der Menschen ausgewirkt. Auch dazu nur wenige, aber eindrückliche Daten.
Zwischen 1870 und 1880 z.B. starb im Deutschen Reich noch ca. ein Drittel aller Menschen vor dem 6. Geburtstag, ein Viertel bereits im ersten Lebensjahr. Ein Jahrhundert später liegen beide Quoten unter 3 %. Der Anteil der Menschen, die über 65 Jahre alt sind, ist unterdessen von knapp 5 auf annähernd 15 % gewachsen. Die durchschnittliche Lebenserwartung hat sich verdoppelt und liegt jetzt bei 70 Jahren.
Die Rate des Analphabetismus betrug um 1850 in den Vereinigten Staaten und den Ländern Nord-, West- und Mitteleuropas noch ca. 35 %. Heute tendiert sie gegen Null. Die allgemeine Schulpflicht ist fast überall erst im industriellen Zeitalter,

selten vor 1870 eingeführt worden. Eine Ausnahme machte Preußen. Dort hat sich das Verhältnis zwischen Volksschülern und Absolventen weiterführender Schulen im Zuge der ersten Industrialisierung zwischen 1835 und 1871 von 85:1 auf 38:1 verbessert. 1911 kam sogar schon auf 14 Volksschüler ein Sekundärschüler. In der Bundesrepublik liegt das Verhältnis derzeit bei weniger als 3:1.

Die vermittelte, nicht ortsgebundene mündliche, mimische und gestische Kommunikation ist so gut wie ganz eine Errungenschaft der industriellen Revolution, und mit ihr die zuvor unausdenkbare Ausweitung des Erfahrungshorizonts. Über Telegraph, Telefon, Rundfunk und Fernsehen braucht in diesem Zusammenhang kein weiteres Wort verloren zu werden. Aber auch der Postverkehr und die Verbreitung von Büchern und Zeitungen sind dank moderner Druckverfahren und durch Eisenbahn und Flugzeug in ungeahntem Maß ausgedehnt und verallgemeinert worden. Die Zahl der Postsendungen pro Kopf der Bevölkerung und Jahr stieg in Preußen/Deutschland von 1,5 bei Beginn des Eisenbahnbaus über 12,7 im Jahr 1875 noch vor dem Krieg auf 90. Inzwischen sind es 150 geworden. Die Werte für England und die Vereinigten Staaten lagen immer darüber.

Über die Auflagenhöhe von Zeitungen liegen nur für die Vereinigten Staaten einigermaßen verläßliche, weit zurückreichende Daten vor. Zumindest die Zuwachsraten dürften aber – mit entsprechender Zeitverschiebungen – repräsentativ für alle Industrienationen sein. 1850 wurden in den Vereinigten Staaten pro 1000 Einwohner am Tag erst 33 Tageszeitungsexemplare gedruckt. 1900 waren es genau sechsmal soviel. Derzeit kommt auf jeden dritten Amerikaner pro Tag eine Tageszeitung.

Damit sind gewiß nicht alle sozialen Wirkungen und Folgen der industriellen Revolution angedeutet worden. Nur einige der wichtigsten und eindrücklichsten. Die Arbeiterfrage, die Arbeiterbewegung und die Sozialpolitik blieben z. B. sehr bewußt außerhalb der Betrachtung. Dabei sind sie natürlich ganz genuine Produkte der industriellen Revolution. Und ihre nachhaltigen Wirkungen sind jedermann bewußt. Die Gewerkschaften und die ursprünglichen Arbeiterparteien sind ja in allen Industrienationen zu politisch-sozialen Machtfaktoren ersten Ranges geworden. Und ohne ausgebaute staatliche Sozialpolitik sind zu sozialer Bindungs- und Verantwortungslosigkeit neigende Industriegesellschaften nicht mehr vorstellbar, vielleicht nicht mehr lebensfähig. Die historische Problematik dieses weiten Feldes ist aber zu umfassend und zu komplex, als daß man sie – wie es hier nötig wäre – in wenige Bemerkungen zwingen sollte.[14]

Schließlich gäbe es auch über staats- und machtpolitische Folgen der industriellen Revolution eine Menge zu sagen. Daß sie in Deutschland nicht unwesentlich zur Entstehung und Gestaltung des Nationalstaats beigetragen hat, zum Beispiel. Oder daß sie ein Gutteil des modernen Kolonialismus und Imperialismus auf dem Gewissen hat. Der Wirkungszusammenhang von Wirtschaft und Politik ist freilich eine so diffizile Angelegenheit, daß man seine Analyse besser nicht mit wenigen Sätzen übers Knie bricht.

Und es muß auch nicht sein. Um Politik wird's in den nächsten Kapiteln ja vor allem wieder gehen. Um Politik in der industriellen Welt und zum nicht geringen Teil um Politik als Folgewirkung der industriellen Revolution.

Anmerkungen

1 F. ENGELS, Die Lage der arbeitenden Klasse in England. Nach eigener Anschauung und authentischen Quellen, München 1973 (dtv 6012), S. 19.

2 Vgl. die gründliche und zugleich gut lesbare Darstellung von PH. DEANE, The First Industrial Revolution, Cambridge [2]1979, und in deutscher Sprache insbes. den bibliographischen Bericht von K. BORCHARDT, Probleme der ersten Phase der Industriellen Revolution in England, in: VSWG, 55. Bd., 1968, S. 1–62. Zahlen bei PH. DEANE/W. A. COLE, British Economic Growth 1688–1959, Cambridge 1969.

3 Geographische Verteilung des englischen Exports (in Mio. Pfund Sterling)

	1750		1797	
Europa	7,029	=77,0%	5,499	=30,0%
Nordamerika	0,971	=10,6%	5,900	=32,3%
Indien, Westindien, Afrika	1,123	=12,4%	6,902	=37,7%
	9,125		18,298	

4 E. J. HOBSBAWM, Industrie und Empire. Britische Wirtschaftsgeschichte seit 1750, Frankfurt 1969, S. 55 (es 315).

5 D. LANDES, Der entfesselte Prometheus. Technologischer Wandel und industrielle Entwicklung in Westeuropa von 1750 bis zur Gegenwart, Köln 1973, S. 28.

6 J. GOTTHELF (Albert Bitzius), Die Armennot, Berlin 1841, zit. nach: C. JANTKE/D. HILGER, Die Eigentumslosen. Der deutsche Pauperismus und die Emanzipationskrise in Darstellungen und Deutungen der zeitgenössischen Literatur, Freiburg/München 1965, S. 379.

7 B. HILDEBRAND, Die Nationalökonomie der Gegenwart und Zukunft, 1848, zit. nach C. JANTKE/D. HILGER, Die Eigentumslosen, S. 455.

8 Vgl. dazu insbes. R. FREMDLING, Eisenbahnbau und deutsches Wirtschaftswachstum 1840–1879, Dortmund 1975.

9 Vgl. K. BORCHARDT, Zur Frage des Kapitalmangels in der ersten Hälfte des 19. Jahrhunderts in Deutschland, in: Jahrbuch für Nationalökonomie und Statistik 173 (1961), S. 401–421.

10 W. TREUE/H. PÖNICKE/K.-H. MANEGOLD, Quellen zur Geschichte der Industriellen Revolution, Berlin/Frankfurt/Zürich 1966, S. 56.

11 Ebd., S. 110.
12 Vgl. U. P. RITTER, Die Rolle des Staates in den Frühstadien der Industrialisierung. Die preußische Industrieförderung in der ersten Hälfte des 19. Jahrhunderts, Berlin 1961, und als nichtpreußisches Beispiel W. FISCHER, Der Staat und die Anfänge der Industrialisierung in Baden 1800–1850, Berlin 1962.
13 R. HILFERDING, Das Finanzkapital, 1910, Neuauflage Frankfurt 1968.
14 Die Arbeiterfrage wurde im Begleitmaterial des Funk-Kollegs ausführlich behandelt.

Literaturverzeichnis

(Die knappe Auswahl bemüht sich, außer den bekannten Übersichtsdarstellungen und einigen sehr nützlichen Aufsatzsammlungen, die sowohl Arbeiten grundsätzlich-begrifflicher und methodischer Art wie empirische Fallstudien enthalten, zu jedem der im Text angesprochenen Aspekte der industriellen Revolution eine oder zwei Arbeiten zu nennen. Dabei sind gewöhnlich Studien zur *deutschen* Wirtschafts- und Sozialgeschichte des 19. und 20. Jahrhunderts aufgenommen worden.)

F. BALSER: Sozial-Demokratie 1848–1963. Die erste deutsche Arbeiterorganisation ›Allgemeine deutsche Arbeiterverbrüderung‹ nach der Revolution. 2 Bde. Stuttgart 1965.
K. BORCHARDT: Probleme der ersten Phase der industriellen Revolution in England. Ein bibliographischer Bericht. In: VSWG, 55. Bd. 1968, S. 1–62.
Ders.: Die industrielle Revolution in Deutschland, München 1972. Serie Piper. Bd. 40.
Ders. (Hg.), Europäische Wirtschaftsgeschichte in 4 Bde.
Bd. 3: Die industrielle Revolution.
Bd. 4: Die Entwicklung der industriellen Gesellschaften.
R. BRAUN u. a. (Hg.): Industrielle Revolution. Wirtschaftliche Aspekte. Köln/Berlin 1972.
Dies.: Gesellschaft in der industriellen Revolution. Köln/Berlin 1973.
The Cambridge Economic History of Europe, Bd. 6: The Industrial Revolution and After. Ed. by P. M. Postan and H. H. J. Habakkuk. Cambridge 1965.
PH. DEANE: The First Industrial Revolution. Cambridge ^{2}1979.
PH. DEANE/W. A. COLE: British Economic Growth 1688–1959. Cambridge 1969.
U. ENGELHARDT: ›Nur vereinigt sind wir stark‹. Die Anfänge der deutschen Gewerkschaftsbewegung. 2 Bde. Stuttgart 1977.
W. FISCHER: Wirtschafts- und sozialgeschichtliche Probleme der frühen Industrialisierung. Berlin 1968.
Ders.: Wirtschaft und Gesellschaft im Zeitalter der Industrialisierung. Göttingen 1972.
Ders./G. BAJOR (Hg.): Die soziale Frage. Neuere Studien zur Lage der Fabrikarbeiter in den Frühphasen der Industrialisierung. Stuttgart 1967.
P. FLORA: Indikatoren der Modernisierung. Ein historisches Datenhandbuch. Opladen 1975.
R. FREMDLING: Eisenbahnen und deutsches Wirtschaftswachstum 1840–1879. Dortmund 1975.
Handbuch der deutschen Wirtschafts- und Sozialgeschichte. Hg. v. Hermann Aubin und Wolfgang Zorn, Bd. 2. Stuttgart 1976.
H. HAUSHERR: Wirtschaftsgeschichte der Neuzeit vom Ende des 14. bis zur Höhe des 19. Jahrhunderts. Weimar 1955.
V. HENTSCHEL: Wirtschaft und Wirtschaftspolitik im Wilhelminischen Deutschland. Organisierter Kapitalismus und Interventionsstaat? Stuttgart 1978.
Ders.: Deutsche Wirtschafts- und Sozialpolitik 1815–1945. Ein Überblick. Düsseldorf 1980.

E. J. HOBSBAWM: Industrie und Empire. Britische Wirtschaftsgeschichte seit 1750, 2 Bde. Frankfurt 1976 (es 315/317).
W. G. HOFFMANN u. a.: Das Wachstum der deutschen Wirtschaft seit der Mitte des 19. Jahrhunderts. Berlin/Heidelberg/New York 1965.
C. JANTKE/D. HILGER (Hg.): Die Eigentumslosen. Der deutsche Pauperismus und die Emanzipationskrise in Darstellungen und Deutungen der zeitgenössischen Literatur. Freiburg/München 1965.
J. KOCKA: Unternehmer in der deutschen Industrialisierung. Göttingen 1975.
W. KÖLLMANN: Bevölkerung in der industriellen Revolution. Göttingen 1974.
W. KROKER: Wege zur Verbreitung technologischer Kenntnisse zwischen England und Deutschland in der zweiten Hälfte des 18. Jahrhunderts. Berlin 1971.
J. KULISCHER: Allgemeine Wirtschaftsgeschichte des Mittelalters und der Neuzeit. Bd. II: Die Neuzeit. Darmstadt ^{4}1971.
D. LANDES: Der entfesselte Prometheus. Technologischer Wandel und industrielle Entwicklung in Westeuropa von 1750 bis zur Gegenwart. Köln 1973.
B. R. MITCHELL: Abstract of British Historical Statistics. Cambridge 1962.
H. MOTTECK u. a.: Wirtschaftsgeschichte Deutschlands. Ein Grundriß. Bd. 2 u. 3. Berlin 1974.
A. E. MUSSON (Hg.): Wissenschaft, Technik und Wirtschaftswachstum im 18. Jahrhundert. Frankfurt 1977.
H. ROSENBAUM (Hg.): Seminar: Familie und Gesellschaftsstruktur, Frankfurt 1978 (stw 244).
W. W. ROSTOW: Stadien wirtschaftlichen Wachstums. Eine Alternative zur marxistischen Entwicklungstheorie. Göttingen 1960.
H. SCHOMERUS: Die Arbeiter der Maschinenfabrik Eßlingen. Forschungen zur Lage der Arbeiterschaft im 19. Jahrhundert. Stuttgart 1977.
K. TENFELDE: Sozialgeschichte der Bergarbeiterschaft an der Ruhr im 19. Jahrhundert. Bonn-Bad Godesberg 1977.
E. THOMPSON: The Making of the English Working Class. 1963.
U. TROITZSCH/G. WOHLAUF (Hg.): Technikgeschichte. Historische Beiträge und neuere Ansätze. Frankfurt 1980 (stw 319).
H.-U. WEHLER (Hg.): Geschichte und Ökonomie. Köln 1970.

21. Dietrich Geyer

Oktoberrevolution 1917

Im deutschen Steckrübenwinter des Ersten Weltkrieges, am 7. Dezember 1917, brachte der ›Vorwärts‹, das Zentralblatt der deutschen Sozialdemokratie, eine fettgedruckte Meldung auf der ersten Seite. Dort wurde von einem Antrag berichtet, der beim Nobelpreiskomitee in Oslo eingegangen war. Norwegische Genossen hatten vorgeschlagen, den Friedensnobelpreis für 1917 nach Rußland zu vergeben, zwei russische Revolutionäre auszuzeichnen, deren Namen das Publikum damals eben erst zu buchstabieren lernte: Lenin und Trotzki, die Sieger der Oktoberrevolution, sollten für ihre Verdienste um den Frieden ausgezeichnet werden, für die Entschiedenheit, mit der die bolschewistische Revolutionsregierung nun seit Wochen schon die Welt zum Frieden rief, an alle Völker und Regierungen appellierte, den Weltkrieg augenblicklich zu beenden und einen Frieden zu schließen, der auf wahre Demokratie, aufs Selbstbestimmungsrecht der Völker fest zu gründen sei.[1]

Die Oktoberrevolution – eine Revolution für den Frieden? ein Fanal der Demokratie? Wer so dachte (und nicht nur deutsche Sozialdemokraten haben anfangs so gedacht), mußte sich alsbald eines anderen belehren lassen: Kaum ein Monat verging, und das russische Revolutionsregime erschien in einem durchaus neuen Licht: Denn in der Nacht zum 19. Januar 1918 hatten bolschewistische Matrosen auseinandergetrieben, was zum Fundament eines demokratischen Rußland hatte werden sollen: das erste freigewählte russische Parlament, die Konstituierende Nationalversammlung, das gemeinsame Nahziel aller politischen Kräfte, die im Februar 1917 an die Stelle der gestürzten Zarenherrschaft getreten waren. – Mit der Sprengung der Verfassungsgebenden Versammlung hatten Lenin und Trotzki klargemacht, daß sich die bolschewistische Staatsmacht nicht auf demokratische Mehrheiten, sondern auf die Diktatur einer Partei zu stützen gedachte, auf die Alleinherrschaft einer Kaderpartei, die mit den sozialdemokratischen Traditionen der europäischen Arbeiterbewegung nicht mehr im Einklang stand.

Die Oktoberrevolution – eine Verschwörung gegen Sozialismus und Demokratie? Das Sowjetregime – ein (wie es nun im

›Vorwärts‹ hieß) ein »auf den Kopf gestellter Zarismus«, eine Neuauflage der russischen Despotie?[2]
Mehr als sechzig Jahre danach werden auf solche Fragen noch immer die unterschiedlichsten Antworten gegeben, einander schroff widersprechende Antworten, die zeigen, daß es vorerst keinen Abschied von dieser Revolutionsgeschichte geben kann. Nur die sowjetischen Geschichtsbücher, auch solche aus der DDR, wissen genau, was von der Oktoberrevolution zu halten sei, und was sie zu sagen haben, hört sich so an:

»Der Sieg der Großen Sozialistischen Oktoberrevolution war der Anfang vom Ende aller bisherigen, auf Ausbeutung des Menschen durch den Menschen gegründeten Gesellschaftsordnungen. Die Vorgeschichte der Menschheit war abgeschlossen, die wahre Menschwerdung, die Epoche des Sozialismus und Kommunismus, begann ihren Siegeslauf. Ihr das Tor aufgestoßen zu haben – darin liegt die weltgeschichtliche Bedeutung der Großen Sozialistischen Oktoberrevolution, und das macht sie zur bedeutendsten Revolution der Menschheit.«[3]

Das sind, wie man sieht, große Worte. Wer auf sie baut, wird abweichende Meinungen von sich weisen, die Ansicht etwa, daß der Rote Oktober nichts anderes gewesen sei als der Staatsstreich einer machtbesessenen Minderheit, der gelungene Putsch einer Führerclique, die sich gegen die Demokratie verschworen habe, perfide genug, um ihre terroristische Diktatur in sozialistische Formeln einzukleiden.
Kein Zweifel: die Kluft, die zwischen der ausschweifenden Verherrlichung der Oktoberrevolution und ihrer moralischen Verdammung besteht, ist noch heute nicht zu überblicken.[4] Vielmehr sind die Kontroversen über das, was damals vor sich ging, mit den großen Auseinandersetzungen unserer Zeit zusammengewachsen, mit dem säkularen Gegensatz zwischen Sowjetsystem und liberaler Demokratie, der das 20. Jahrhundert zu einem guten Teil noch immer prägt. Dies erklärt denn auch, weshalb sich der Streit um die Bewertung dieser Revolution längst losgelöst hat von dem, wonach der Historiker immer wieder fragen wird, von der Frage, ›wie es eigentlich gewesen‹ sei.
Dennoch muß man sehen, daß die Geschichte der Oktoberrevolution mit einer Nahaufnahme, die sich auf den bolschewistischen Staatsstreich konzentriert, zulänglich nicht begriffen werden kann. Im Brennspiegel der russischen Oktobertage, von denen es alsbald hieß, daß sie ›die Welt erschüttert‹ hätten,[5] ist zwar der Ablauf der Ereignisse einzufangen, aber die Begebenheiten selber enthalten doch noch keine Erklärung, die der geschichtlichen Bedeutung und Wirkung dieser Vorgänge angemessen wäre. Deshalb bleibt, um zu verstehen,

warum es so gekommen ist, ein Blick zurück erforderlich: Orientierung über die Vorgeschichte des Roten Oktober, über die historischen Bedingungen und Ursachen dieser Revolution.

Wer so verfährt, bekommt es mit zwei fundamentalen Tatbeständen zu tun: *erstens* mit dem Faktum, daß die Oktoberrevolution einem langfristigen Prozeß sozialer, ökonomischer und politischer Veränderungen zuzuordnen ist, der das Zarenreich seit der Mitte des 19. Jahrhunderts ergriffen hatte und mit der bolschewistischen Machteroberung noch keineswegs zu Ende war. Die Oktoberrevolution war ein epochales Ereignis in diesem Prozeß. Seine weiterwirkenden Konsequenzen sollten sich erst später zeigen: in den ökonomischen und sozialen Umwälzungen der Stalinzeit, im Terrorismus der Stalinschen Industrialisierungspolitik, im Aufstieg der Sowjetunion zur industriellen Groß- und Weltmacht.[6]

Zweitens muß man sich vergegenwärtigen, daß dieser langfristige Vorgang einschneidender Veränderung nicht nur russischen, sondern ebenso internationalen Bedingungen unterlag. Seit dem ausgehenden 19. Jahrhundert war Rußland in die großen Konjunkturen der Weltpolitik und der Weltwirtschaft einbezogen, in das Zeitalter der Eisenbahnen, der Großindustrie, des internationalen Kapitalverkehrs, in den universalen Zusammenhang ›moderner Revolution‹. Auch die umstürzende Wirkung der industriellen Revolution gehört mithin zur russischen Revolutionsgeschichte.[7]

Im Epochenjahr 1917 ist die Verflechtung russischer und internationaler Faktoren mit Händen zu greifen. Der Zusammenhang von Krieg und Revolution, von Erstem Weltkrieg und weltrevolutionärer Politik, hat sich dem Leninschen Bolschewismus tief eingeprägt. Das erklärt denn auch, weshalb der Rote Oktober Daten setzen konnte, von denen nicht nur Rußland, sondern die Welt im ganzen betroffen wurde.

Diese weitgespannten, universalgeschichtlichen Bezüge können hier nur angedeutet werden. Wir haben uns auf die aktullen Bedingungen zu konzentrieren, die der Weltkrieg und die Teilnahme Rußlands an diesem Krieg für den Umbruch der überkommenen Verhältnisse geschaffen hatte. Im unmittelbarsten Sinne gilt, daß die bolschewistische Machteroberung nicht zu denken ist ohne die revolutionäre Massenbewegung, die acht Monate zuvor, im Februar 1917, die russische Monarchie zum Einsturz brachte. Diese sog. Februarrevolution hatte im dritten Kriegswinter von den industriellen Zentren Rußlands und von der Armee ihren Ausgang genommen und wenig später auch die Bauernschaft ergriffen, die große Masse der Bevölkerung.

Anlaß für diese elementare Volksbewegung war das Aufbegehren gegen den Krieg, gegen die sozialen Folgen dieses Krieges und gegen das Zarenregime, das für diese Folgen einzustehen hatte.[8] Aber die Nöte, gegen die die Menschen damals rebellierten, waren älter als der Krieg: Die Armut des Bauernvolkes, das Elend in den Fabrikstädten, politische Unterdrückung auch und gerade der nichtrussischen Nationalitäten des russischen Vielvölkerreiches – all das gab es ja nicht erst, seit der Zar seine Untertanen an die Front zum Sterben schickte.
Die tieferliegenden Ursachen waren struktureller Art. Sie lagen in den unbewältigten Problemen, die der fortgehende Zerfall der überkommenen agrarischen Verfassung Rußlands hervorgerufen hatte. Sie gehörten zu den Kosten eines Modernisierungsprozesses, dessen ökonomischer Ausdruck die Ausbreitung kapitalistischer Wirtschaftsweisen war, angestoßen und gefördert durch die zaristische Regierung, die durch raschen Industrieausbau und militärische Rüstung den traditionellen Großmachtstatus des Imperiums hatte sichern wollen.[9] Aber der Masse der Bevölkerung war damals keine glaubwürdige Entwicklungsperspektive zuteil geworden. Die bäuerliche Wirtschaft blieb arm, vom Fortschritt ausgeschlossen. Der kostspielige Versuch, die Rückständigkeit Rußlands gegenüber den westlichen Industriemächten zu überwinden, untergrub die Fundamente, auf denen das politische System der Autokratie beruhte.
Wie krisenanfällig das Reich des Zaren geworden war, hatte sich vor dem Ersten Weltkrieg längst gezeigt: besonders eindrucksvoll (und damals bereits als Revolution begriffen) in den sozialen und politischen Erschütterungen von 1905. Schon damals hatte ein Krieg, der russisch-japanische Krieg, eine weit ausgreifende Protest- und Aufstandsbewegung ausgelöst, in der die Grundmuster von 1917 zum erstenmal zum Vorschein kamen: der Aufruhr der Arbeiterschaft gegen kapitalistische Ausbeutung, die Rebellion bäuerlicher Bevölkerung gegen das chronische Elend auf den Dörfern, der Widerstand nichtrussischer Nationalitäten gegen nationale und koloniale Unterdrückung.[10]
Doch was dem Regime 1905 noch einmal gelungen war: die militärische Niederschlagung des Aufruhrs und die Kanalisierung der Protestbewegung durch politische Zugeständnisse an die besitzenden Klassen – das gelang unter den Bedingungen des Ersten Weltkrieges nicht mehr. Der Zarismus, dessen Repräsentanten den Ernst der Lage nicht begriffen, ging im Frühjahr 1917 zu Bruch, und das Volk hat nach dem Zaren seither eigentlich nicht wieder gefragt.

Mit dem Untergang der russischen Monarchie ist die Oktoberrevolution jedoch noch keineswegs erklärt. Monarchien sind im Ersten Weltkrieg bekanntlich nicht nur in Rußland, sondern auch anderswo zerbrochen: in Deutschland, in Österreich-Ungarn, in der Osmanischen Türkei. Und doch hat sich dort der Bolschewismus oder eine vergleichbar radikale Revolutionspartei nicht durchgesetzt. Das Problem spitzt sich also auf die Frage zu, welche politischen Kräfte in Rußland um die Erbschaft des Zarismus miteinander konkurrierten und welche Programme und Strategien Aussicht hatten, die Erwartungen der revolutionären Massen auf sich zu ziehen.
Es ist wichtig zu sehen, daß die große Alternative, unter deren Losungen das revolutionäre Volk im Frühjahr 1917 auf die Straße ging, durchaus nichts Bolschewistisches an sich hatte. Nicht die Parolen der proletarischen Diktatur standen auf den Transparenten und Plakaten, sondern Parolen der Demokratie: ›Revolutionäre Demokratie‹ als Synonym für Freiheit und Frieden, für das Ende der politischen Unterdrückung und der sozialen Not. Das Demokratieverständnis der Februarrevolution war ein Gegenbegriff zu dem, was vorher war.
Wo es um die Interessen der städtisch-proletarischen Massen ging, kamen die Forderungen aus der Tradition der Arbeiterbewegung und waren sozialdemokratisch eingefärbt. Formulierungshilfe leisteten Genossen, die aus den Gefängnissen und den Verbannungsorten frei geworden waren. Doch in das sozialdemokratische Vokabular mischten sich Losungen anderer Art. Sie stammten aus der agrarsozialistischen Bewegung des russischen Populismus, aus dem Begriffsarsenal der russischen Sozialrevolutionäre, deren altes Ziel die Revolutionierung des Bauernvolkes gewesen war. Es waren die Ideen einer Bauerndemokratie, die mit dem Ruf nach »Land und Freiheit« im Frühjahr 1917 den gewaltigsten Massenanhang an sich zogen.[11]
Das elementare Verlangen nach Freiheit, Frieden und Demokratie hatte sich in Arbeiter-, Soldaten- und Bauernräten Auslauf verschafft, in lokalen, bald auch zentralen Sowjetorganen, in Formen direkter Demokratie, praktiziert nicht nur in den Fabriken und Arbeiterquartieren, sondern auch in der Armee, unter den Bauern im Soldatenrock.[12] Gegen diese ausgreifende Demokratisierungswelle schien kein Kraut gewachsen, und dennoch ging aus der Februarrevolution keine Sowjetrepublik hervor. Nicht durch eine Räteregierung wurde der Zarismus abgelöst, sondern durch eine bürgerliche, eine Provisorische Regierung, in der (mit einer Ausnahme) durchweg liberale Minister saßen, Politiker, die in der Staatsduma, im Reichspar-

lament des alten Regimes, als Oppositionsblock aufgetreten waren.[13] Vergeblich hatten sie den Zaren beschworen, einer parlamentarischen Regierung Raum zu geben. Nur eine Regierung, die vom Vertrauen des Volkes getragen wäre, werde imstande sein, den Krieg gegen Deutschland siegreich zu bestehen, die Revolutionsgefahr zu bannen und den Weg ins Chaos abzuwenden. Diese Parlamentarier, Vertreter der gebildeten und besitzenden Klassen, hatten sich daran gewöhnt, im Namen des Volkes, im Namen der Nation zu reden. Zar Nikolaus II. war ihrem Verlangen nicht gefolgt.
Im Frühjahr 1917, als das Volk in Petrograd und anderwärts rebellierte und die Monarchie am Ende war, gerieten die liberalen Honoratioren in äußerste Verlegenheit. Nun wurden sie von der Revolution, die sie nicht hatten haben wollen, sozusagen auf die Schultern genommen; sie mußten versuchen, den ungestümten Aufruhr zu zähmen. Wenn dies nicht gelang, war verloren, was sie für das Lebensinteresse Rußlands hielten: die Fortsetzung des Krieges an der Seite Englands und Frankreichs, Ruhe und Ordnung im Inneren, rechtsstaatliche Reformen unter einer bürgerlich-demokratischen Verfassung. Ob sich dieses Programm mit den Erwartungen der Arbeiter, Bauern und Soldaten in Einklang bringen ließ, stand dahin. Alles hing davon ab, ob eine Koexistenz zwischen der ›revolutionären‹ und der ›bürgerlichen Demokratie‹ möglich werden könnte, ein Modus vivendi zwischen der Rätebewegung und der Provisorischen Regierung.
Daß es den Anschein haben konnte, als ob dies möglich sei, hatte viele Gründe. Zwei davon sind hier zu nennen. Zum *ersten* zeigte sich, daß die sozialistischen Politiker, die in den Räten saßen, keine Anstalten machten, sich an die Stelle der Provisorischen Regierung zu setzen. Die Sozialdemokraten und Sozialrevolutionäre wiesen den Gedanken ab, daß die Zeit für ein sozialistisches Rußland schon gekommen sei. Die Zeit schien ihnen reif nicht für den Sozialismus, sondern für die voll entfaltete Demokratie. Sie hielten es für ausgemacht, daß jetzt, da der Zarismus beseitigt war, die Bourgeoisie die staatliche Verantwortung zu übernehmen habe. Sie waren bereit, eine bürgerliche Regierung zu dulden, die unter der Kontrolle des Volkes stünde, unter der Kontrolle der revolutionären Demokratie. Die Volksrechte und Freiheiten sollten durch eine Verfassungsgebende Versammlung dauerhaft gesichert werden, und niemand zweifelte daran, daß in dieser freigewählten Konstituante nicht die besitzenden Klassen, sondern die arbeitenden Massen das entscheidende Wort zu sprechen hätten.
Die zweite wichtige Voraussetzung für die Koexistenz zwischen

revolutionärer und bürgerlicher Demokratie war der Krieg, so paradox dies klingen mag, war die gemeinsame Überzeugung, daß Rußland den Krieg nicht umstandslos beenden dürfe. Für die bürgerlichen Politiker, die ihr Selbstbewußtsein aus der Allianz mit den Westmächten zogen, hatte das nie in Frage gestanden, und sie sahen sich in ihrer Haltung bestärkt, als im April 1917 auch die Vereinigten Staaten dem Deutschen Reich den Krieg erklärten und ein Kreuzzugsprogramm verkündeten, das die Welt für die Demokratie sicher zu machen versprach. Was die Mehrheit der sozialistischen Räteparteien gleichfalls dafür sprechen ließ, daß der russische Soldat in den Schützengräben vorerst bleiben sollte, war anders begründet: vorab begründet durch die Überzeugung, daß man nun zur Verteidigung der revolutionären Errungenschaften verpflichtet sei, zum Schutz der Revolution vor dem germanischen Imperialismus (wie man sagte), vor den Truppen des deutschen Kaisers, die damals weit im Osten standen. Und zum Bekenntnis zur revolutionären Vaterlandsverteidigung traten entschiedene Friedensappelle, trat das Programm eines demokratischen Völkerfriedens, eines Friedens ohne Annexionen und Kontributionen. Die kriegführenden Regierungen sollten von den Volksmassen gezwungen werden, einen solchen Frieden zu schließen.[14]
In Friedensmanifesten appellierte der Petrograder Sowjet an seine deutschen Klassenbrüder:

»Befreit Euch vom Joch Eueres halbautokratischen Regimes, wie sich das russische Volk von der zaristischen Autokratie befreit hat. Weigert Euch, zum Werkzeug der Eroberung und Gewalttätigkeit in den Händen von Königen, Grundbesitzern und Bankiers zu werden, und wir werden in gemeinsamer Anstrengung der fürchterlichen Schlächterei ein Ende setzen, dieser Schande für die Menschheit, die den Anbruch der russischen Freiheit verdüstert. Arbeiter aller Länder: Wir reichen Euch brüderlich die Hand über Berge von gefallenen Brüdern, über Ströme von Tränen und unschuldigem Blut, über die rauchenden Ruinen der Städte und Dörfer, über die Schutthaufen der Kultur und fordern Euch auf, die internationale Einigkeit wiederherzustellen und zu stärken. Darin liegt die Garantie unserer zukünftigen Siege und der völligen Befreiung der Menschheit. – Proletarier aller Länder, vereinigt Euch!«[15]

Das Pathos der Friedenssehnsucht und der internationalen Solidarität läßt ermessen, daß der Burgfriede zwischen der Rätedemokratie und der Provisorischen Regierung überaus verletzlich blieb. Bereits im April demonstrierten Arbeiter und Soldaten gegen kapitalistische Minister, die den russischen Verbündeten Krieg bis zum Sieg versprochen hatten. Vater-

landsverteidigung ließ sich auf die Dauer nur plausibel machen, wenn das Ende des Krieges nicht in weite Ferne rückte, sondern, für alle spürbar, näher kam. Davon aber konnte, wie sich zeigte, keine Rede sein. Im Gegenteil: auf Drängen der Alliierten sah sich die Provisorische Regierung gezwungen, die russischen Frontarmeen für eine Sommeroffensive gegen die Deutschen zu rüsten, für eine große Angriffsoperation, die, als es losging, mit einem blutigen Debakel enden sollte. Schon im Juli stellte sich heraus, daß die Regierung zu neuen militärischen Anstrengungen nicht mehr fähig war, und das Fatale blieb, daß sie dennoch nicht die Kraft gefunden hat, um Rußland aus dem Krieg zu ziehen.
Die permanenten Krisen, in denen die Notstandsdemokratie der Februarrevolution schließlich verkam, erklären sich zu einem guten Teil aus diesem Tatbestand. Denn wer sich dazu bekannte, daß die Vaterlandsverteidigung absoluten Vorrang habe, konnte die sozialen und politischen Erwartungen des Volkes vorerst nicht erfüllen. Die große Agrarreform, die Landverteilung an die armen Bauern, mußte zurückgestellt werden, solange es darauf ankam, Millionen bäuerlicher Soldaten an der Front zu halten. Wenn die Kriegsindustrie funktionsfähig bleiben sollte, mußten die Arbeiter, denen die galoppierende Inflation den Lohn verkürzte, zur Disziplin veranlaßt werden, zum Verzicht auf Streiks und auf die Übernahme der Fabriken. Auch das Selbstbestimmungsrecht der nichtrussischen Völker ließ sich nicht verwirklichen, wenn verhindert werden sollte, daß das Reich, mitten im Krieg, in seine nationalen Bestandteile auseinanderbrach.
Mit Vertröstungen, Beschwörungen und Strafmaßnahmen war jedoch nichts auszurichten. Und so streikten denn die Arbeiter gegen die neue Regierung, und auf den Dörfern verteilten die Bauern in revolutionären Formen selbst das Land. Hunderttausende Soldaten begannen zu desertieren und strömten in ihre dörfliche Heimat zurück. In den Randgebieten, in der Ukraine, aber nicht nur dort, bildeten sich nationale Regime, die auf eigene Truppen Anspruch machten, auf Verwaltungshoheit, auf Eigenständigkeit gegenüber der Zentralgewalt. Das neue Rußland wurde unregierbar, und mit der Autorität der Regierung verfiel auch die Glaubwürdigkeit der sozialistischen Parteien, die dieser Regierung im Namen der Räte die Stange halten wollten. Alexander Kerenski, seit Juli 1917 Ministerpräsident, blieb auf wechselnde Koalitionen angewiesen, aber bannen konnte er das Chaos nicht.
Ich habe bisher noch nicht davon gesprochen, welche Rolle Lenin und die Bolschewiki in dieser krisenhaften Geschichte

spielten. Doch schon die Beschreibung der Krise läßt ermessen, daß ihnen seit dem Sommer 1917 beträchtliche Erfolgschancen zugewachsen sind. Die Bolschewiki waren die einzigen gewesen, die nach der Februarrevolution radikale Alternativen angeboten hatten, ein entschiedenes Gegenprogramm zu dem, womit die Provisorische Regierung und die anderen Räteparteien angetreten waren. Mitte April war Lenin mit einem Schweif bolschewistischer Emigranten aus der Schweiz nach Petrograd zurückgekehrt. Die Eisenbahnreise durch Deutschland war ihm von der Reichsregierung gestattet worden, denn in Berlin baute man darauf, daß Lenin in Rußland gegen die Fortsetzung des Krieges arbeiten werde.[16] Noch von Zürich aus und sodann mit seinen berühmt gewordenen Aprilthesen hatte Lenin die bolschewistische Partei zu einem scharfen Kollisionskurs verpflichtet.[17] Dabei war er von folgenden Prämissen ausgegangen:

Allem voran stand die These, daß die Februarrevolution nur die *erste* Etappe der Revolution in Rußland gewesen sei. Sie habe die Bourgeoisie an die Macht gebracht, eine Regierung der Kapitalisten geschaffen und Rußland ›zum freiesten Land von allen kriegführenden Ländern‹ gemacht. Die Machtübernahme durch die Bourgeoisie sei möglich geworden, weil das Klassenbewußtsein des Proletariats nur schwach entwickelt war. Die proletarischen Massen, eben erst zum politischen Leben erwacht, seien in blinder Vertrauensseligkeit gegenüber der kapitalistischen Regierung befangen geblieben. In den Räten, den Sowjets, der kostbarsten Schöpfung der Revolution, dominiere ein Block kleinbürgerlicher, opportunistischer Elemente, die dem Einfluß der Bourgeoisie erlegen seien. Die Partei der Bolschewiki, vorläufig nur eine schwache Minderheit, habe sich auf diese Tatbestände einzurichten. Ihre Waffe sei die Aufklärung der proletarischen Massen, auf daß diese Massen zum Bewußtsein ihrer wirklichen Bestimmung kämen.

Klarzumachen sei ihnen *erstens*, daß der Krieg, den Rußland führe, geblieben sei, was er von jeher war: ein imperialistischer Raubkrieg. Die Provisorische Regierung, eine Regierung des Kapitals, könne nicht aufhören, imperialistisch zu sein. Sie sei ›der ärgste Feind des Friedens und des Sozialismus‹. Sie könne keinen wahrhaft demokratischen Frieden bringen, denn ein solcher Friede setze den Sturz des Kapitals voraus.

Klargemacht werden müsse *zweitens*, daß in diesem imperialistisch gebildeten Krieg revolutionäre Vaterlandsverteidigung gänzlich unzulässig sei. Revolutionär werde dieser Krieg erst dann, wenn die Macht der Bourgeoisie entrissen und ›in die

Hände des Proletariats und der ärmsten Teile der Bauernschaft‹ übergegangen sei.
Klargemacht werden müsse *drittens*, daß ebendies: der Übergang der gesamten Staatsgewalt in die Hände des Proletariats und der armen Bauernschaft Inhalt jener ›zweiten Etappe‹ sei, die die russische Revolution zu durchlaufen habe. Die einzig mögliche Form der Revolutionsregierung seien die Arbeiterdeputiertenräte. Da es die schon gebe, habe Rußland das Stadium der parlamentarischen Demokratie bereits überwunden. Auf der Tagesordnung stehe mithin der Kampf um die Zerschlagung der alten Staatsmaschine, der Kampf um eine Räterepublik der Arbeiter, Bauern und Soldaten, der Kampf für den Übergang zum ›Kommunestaat‹. Nur so könne die Revolution zur zweiten, proletarisch-sozialistischen Etappe weitergetrieben werden. Die bolschewistische Losung: ›Alle Macht den Räten!‹ ergab sich daraus, und hinter dieser Losung stand der Gedanke, daß die Räte ›bolschewisiert‹, für den Bolschewismus erobert werden müßten.
Alle Einzelforderungen, mit denen Lenins Partei nun zu agitieren begann, waren von diesen Thesen abgeleitet. Die Bolschewiki verlangten ein sofortiges Angebot zur allgemeinen Beendigung des Krieges. Sie riefen die Frontarmeen dazu auf, sich mit den feindlichen Soldaten zu verbrüdern, sie forderten die Abschaffung der Armee und die allgemeine Volksbewaffnung. Ihr Agrarprogramm verlangte die sofortige Enteignung des Großgrundbesitzes, die Nationalisierung von Grund und Boden und seine Übergabe an die Landarbeiter- und Bauernräte. Die Bolschewiki verlangten die Nationalisierung der Banken, ihre Kontrolle durch die Arbeiterräte – Kontrolle auch über die industrielle Produktion und über die Verteilung der Güter. Auch in der Nationalitätenfrage war die bolschewistische Agitation für die Regierung und die anderen Räteparteien eine schwer erträgliche Provokation. Lenins Partei forderte, den nichtrussischen Völkern nationales Selbstbestimmungsrecht im radikalsten Sinne zuzugestehen – selbst um den Preis, daß es zu einer Loslösung großer Gebiete (etwa der Ukraine und des Kaukasus) von Rußland käme.[18]
Wie man sieht, ging diese Agitation auf die vollständige Zersetzung jener Kräfte aus, die die Februardemokratie getragen haben: auf die Zersetzung der Armee und der politischen Autoritäten, auf die wilde Agrarrevolution, den Zusammenbruch der Kriegsindustrie, auf die nationale Dekomposition des Vielvölkerreiches. Die Bolschewiki versuchten, die elementaren Erwartungen für sich auszunutzen, denen die Revolution Auftrieb gegeben hatte und die zu erfüllen die Regierung nicht

mächtig war. – Die Öffentlichkeit war anfangs geneigt, Lenins Kurs als irreal, abenteuerlich, ja als nicht zurechnungsfähig abzutun. Die bolschewistische Herausforderung wurde verharmlost. Victor Tschernow, Führer der Sozialrevolutionäre und alsbald Landwirtschaftsminister der Provisorischen Regierung, meinte, daß Lenin nicht zu fürchten sei und daß kein Anlaß bestehe, einen Bürgerkrieg über Rußland aufziehen zu sehen. Den Extremismus der Aprilthesen erklärte Tschernow so:

»Lenin ist ein typisches Erzeugnis, ja ein Opfer der unnormalen Bedingungen, die in Rußland bisher geherrscht haben. Er ist seinen Anlagen nach eine bedeutende Figur, doch schonungslos zerbröckelt und verunstaltet durch die unnormalen Bedingungen jener Zeit [...] Lenin ist der revolutionären Sache ergeben [...], aber die Revolution verkörpert sich für ihn in seiner eigenen Person. Indem er die alte Formel: ›Der Staat – das bin ich‹ paraphrasiert, sagt er mit jeder Bewegung, jeder Geste: ›Die Revolution, das bin ich.‹ Er hält sich für ein so reines Gefäß der Revolution, daß es für ihn keinen Unterschied gibt zwischen seiner persönlichen Politik und dem Interesse der Partei, dem Interesse des Sozialismus. [...] In den Willenstendenzen Lenins liegt fast immer irgendein Kern unbezweifelbarer Wahrheit. Aber, mein Gott, was macht er nicht alles aus dieser armen Wahrheit! Er hält sie fest. [...] wie der Strick den Gehängten. [...] Möge man sich nicht erschrecken lassen von den Maßlosigkeiten Lenins. Das Maß ihres Einflusses und folglich auch ihrer Gefahr wird sehr begrenzt und lokalisierbar sein.«[19]

Deutungen dieser Art mochten vergessen lassen, daß der Bolschewismus in der Psychologie seines Führers nicht aufging. Noch im Juni, während des ersten gesamtrussischen Rätekongresses, erntete Lenin höhnisches Gelächter, als er sagte, daß seine Partei jederzeit bereit sei, ›die gesamte Macht‹ zu übernehmen. Wenig später freilich, als die militärische Katastrophe der Kerenski-Offensive vor aller Augen stand, sollte den Deputierten das Lachen vergehen. Denn nun brachte die bolschewistische Agitation bereits Hunderttausende auf die Straßen, so daß selbst Lenin Mühe hatte, die aufgebrachten Massen von bewaffneten Aktionen abzuhalten.[20] Damals schien ihm die Zeit für eine Machtübernahme noch nicht reif zu sein. Aber offenkundig war nun doch, wie unmittelbar seine Partei von den Niederlagen der Februardemokratie profitierte. Je weiter die Zeit voranschritt, um so leichter wurde es, den Parolen Lenins Resonanz zu verschaffen: Diese Regierung kann keinen Frieden bringen; der Boden wird den Grundbesitzern bleiben; die Regierung betrügt das Volk; die Opportunisten in den Räten sind Lakaien der Bourgeoisie, sie verraten die Revolution. Demgegenüber blieb das Pathos der Regierung

hohl, ihre Politik schwankend und zerfahren, und ihr Autoritätsschwund teilte sich auch den sozialistischen Parteien mit, die von Burgfrieden und Landesverteidigung nicht lassen wollten und sich zu durchschlagenden Entschlüssen nicht aufraffen konnten.
Der wachsende Anhang, den die bolschewistische Partei seit dem Sommer gewann, hat sich auch dann nicht aufgelöst, als die Provisorische Regierung führende Bolschewiki verhaften ließ, die Parteizeitung ›Prawda‹ verbot und den nach Finnland flüchtenden Lenin unter Anklage stellte, ein bezahlter deutscher Agent zu sein. Der Bolschewismus war nicht mehr zu verdrängen. Als der Regierung im September 1917 ein Militärputsch drohte, der Versuch des Generals Kornilov, mit dem ›demokratischen Spuk‹ Schluß zu machen – da standen die Bolschewiki bei der Abwendung dieser Gefahr in vorderster Front.[21] Vergeblich versuchte Kerenski mit patriotischen Appellen, als Retter des demokratischen Rußlands glaubwürdig zu werden. Doch das verschreckte bürgerliche Lager mißtraute ihm, und seine Partner in den Räten, die Sozialdemokraten und die Sozialrevolutionäre, rieben sich in internen Flügelkämpfen auf. Die antibolschewistische Einheitsfront begann zu zerfallen. Noch ehe der September zu Ende ging, verfügten die Bolschewiki bereits über solide Mehrheiten in den wichtigsten Räten des Landes, in Petrograd und Moskau vor allem.[22] Für Lenin war dies Anlaß, den bewaffneten Aufstand gegen die Regierung auf die Tagesordnung zu setzen.
Die Vorbereitung des Aufstands und der Sturz der Provisorischen Regierung sind oft beschrieben worden.[23] Wir müssen auf Details verzichten. Wichtiger als die generalstabsmäßige Planung, die bei Trotzki, dem Vorsitzenden des Petrograder Sowjets, in guten Händen lag, wichtiger als der nahezu unblutige Verlauf der Machtergreifung sind die politischen Probleme, die mit dieser Operation verbunden waren.
Vorab ist festzuhalten, daß Lenins Forderung, den Aufstand vorzubereiten, im bolschewistischen Zentralkomitee zunächst auf Ablehnung gestoßen war. Vielen Genossen war der Gedanke zuwider, einen Staatsstreich zu machen, ohne sich auf ein unzweideutiges Mandat der Rätedemokratie berufen zu können. Sie wollten keinen Militärputsch, sondern den friedlichen Übergang der Macht, legitimiert durch einen förmlichen Beschluß des allrussischen Rätekongresses. Sie fürchteten, daß sich die Partei isolieren werde, daß die Macht nur dann zu halten sei, wenn eine Räteregierung zustande käme, an der nicht nur die eigene Partei, sondern alle Kräfte der revolutionären Demokratie beteiligt wären.

Lenin, der sich noch in Finnland verborgen hielt, widersprach dem mit größter Entschiedenheit und beschwor das ZK, die Revolution durch weiteres Abwarten nicht zugrunde zu richten. Alle Voraussetzungen für den Erfolg des Aufstands schienen ihm gegeben zu sein:

»Hinter uns ist die Mehrheit der Klasse, der Avantgarde der Revolution, der Avantgarde des Volkes. [...] Hinter uns ist die Mehrheit des Volkes. Der Sieg ist uns sicher, denn das Volk ist am Rande der Verzweiflung, wir aber weisen dem Volk einen sicheren Ausweg. [...] Es wäre naiv, eine ›formelle‹ Mehrheit für die Bolschewiki abzuwarten. Keine Revolution wartet darauf.«[24]

Wie man sieht, war für Lenin die Revolution keine Sache, über die Kongreßbeschlüsse zu befinden hätten. Für ihn war der bewaffnete Aufstand nichts als ein Problem der Macht: »Politik mit anderen Mitteln«, eine Kunst »genau wie der Krieg«.[25] Am Vorabend des Roten Oktober wurde zwischen ihm und seinen Genossen noch einmal ausgekämpft, was die bolschewistische Parteigeschichte als Problem von Anbeginn begleitet hatte: der Widerspruch zwischen sozialdemokratischen Traditionen und dem eingeschliffenen Absolutheitsanspruch einer Minderheit, für die revolutionäre Diktatur mit Parteidiktatur identisch war. Lenin hat sich in diesen Kontroversen durchgesetzt. Wie der Verlauf des Aufstands zeigte, wurden die Räteorgane nur noch dazu gebraucht, um die bolschewistische Diktatur in demokratische Formeln einzukleiden.

Was die Oktoberrevolution gleichwohl über einen Militärputsch hinaushebt, war der Anspruch, mit dem die Sieger ihre Machtübernahme legitimierten. Und dieser Anspruch war nicht klein. Nichts Geringeres wurde gesagt, als daß nicht nur Rußland in Revolution befindlich sei, sondern daß die Welt im ganzen am Vorabend einer gewaltigen Umwälzung stehe, daß die Bolschewiki mit ihrer Aktion die ›Ära der internationalen Revolution‹ eröffnet hätten: eine Revolution im Weltmaßstab, Weltrevolution gegen den Weltimperialismus, als Konsequenz des großen imperialistischen Krieges. Seit Jahren hatte Lenin diese gewagte These zu untermauern versucht, in theoretischen Studien, die dem Imperialismus gegolten hatten, dem Imperialismus als höchstem und letzten Stadium des Kapitalismus. Und wie der Imperialismus den ganzen Erdball umspannte, so stellte Lenin die revolutionäre Gegenfront gleichermaßen in globalen Dimensionen vor, als einen alle Länder und Kontinente umgreifenden Komplex revolutionärer Prozesse: Die proletarische Revolution in den fortgeschrittenen Industrieländern, die Revolution der Arbeiter und Bauernmassen in Rußland und an den Peripherien der industriellen Welt, der massenhafte Aufbruch der vom Imperialismus unterdrückten Völker in Asien, im Orient und in den Kolonien – aus diesem revolutionären Verbundsystem hat Lenin mit geschichtsgesetzlicher Notwendigkeit den Weltsozialismus hervorgehen sehen.[26] Dieser Prognose entsprach die Überzeugung, die Oktoberrevolution habe die Ketten des Imperialismus an dessen ›schwächstem Glied‹ – in Rußland – aufgesprengt, in einem Land, in dem alle Strukturformen der anti-imperialistischen Weltrevolution beieinander waren: die proletarisch-sozialistische, die agrarisch-antifeudale, die nationale und koloniale Revolution. Rußland schien die Bedingungen der Weltrevolution sozusagen in sich selber auszutragen. Die Bolschewiki hatten das Signal zum Aufbruch gegeben. Das von ihnen beherrschte Rußland sollte als Transmissionszone wirken zwischen den Revolutionsprozessen in Ost und West, in Asien und Europa, auch in Amerika.

Vor diesem weiten Horizont wurde der Rote Oktober gemacht, wurde behauptet, daß Rußland trotz seiner Armut und Rückständigkeit reif für den Sozialismus sei, wurden die Ansätze parlamentarischer Demokratie in Rußland ausgetreten und die revolutionäre Rätedemokratie dazu. Bei alledem meinte Lenin, daß das bolschewistische Experiment verloren sei, falls die Partei mit ihrer Revolution alleine bleibe, falls die Welt ringsum sich nur bewege, ohne sich revolutionär zu verändern. Wie bekannt, haben die weltrevolutionären Hoffnungen getrogen. Die Leninsche Theorie, in Praxis umgesetzt, erwies sich als eine Anmaßung beispielloser Art. Vergeblich blieben die Friedensappelle, die von Petrograd um die Erde gingen, illusionär die Erwartung, daß der internationale Kampf um den Frieden den revolutionären Bürgerkrieg entzünden und den Weltsozialismus hervorbringen werde. Um an der Macht zu bleiben, verbündete sich das bolschewistische Regime im März 1918 nicht etwa mit dem deutschen Proletariat, sondern schloß den Friedensvertrag von Brest-Litowsk mit der kaiserlich-deutschen Regierung.[27] Und als das Ende des Ersten Weltkrieges in Versailles besiegelt wurde, fand sich Sowjet-Rußland vollends auf sich selbst gestellt, in einen verheerenden Bürgerkrieg verstrickt, isoliert in einer feindlichen Umwelt, zurückgeworfen auf das Massenelend in einem ausgebluteten Land.[28] Die folgende Entwicklung in den Stalinismus hinein ist in diesem Faktum zu einem guten Teile angelegt. Nicht in Frage stehen kann jedoch, daß die Oktoberrevolution von großer internationaler Wirkung war: folgenreich für die internationale Politik wie für die Klassen- und Emanzipationskämpfe in und außerhalb Europas.

Anmerkungen

1 Text des Vorwärts-Artikels in: Funk-Kolleg Geschichte Studienbegleitbrief 9. Weinheim, Basel 1980, S. 17. - Zur Friedensagitation der Sowjetregierung vgl. Osteuropa-Handbuch. Bd. Sowjetunion. Außenpolitik I, Köln 1972, S. 28 ff, 102 ff.

2 Belege bei P. LÖSCHE, Der Bolschewismus im Urteil der deutschen Sozialdemokratie, 1903 bis 1921, Berlin 1967, S. 129 ff.

3 A. SCHREINER, Auswirkungen der Großen Sozialistischen Oktoberrevolution auf Deutschland vor und während der Novemberrevolution. In: Die Oktoberrevolution und Deutschland, Berlin 1958, S. 17.

4 Orientierung über Forschungslage und Forschungskontroversen in und außerhalb der Sowjetunion: B. Bonwetsch, Oktoberrevolution. Legitimationsprobleme der sowjetischen Geschichtswissenschaft. In: Politische Vierteljahresschrift 17 (1976), S. 142–176; D. GEYER, Oktoberrevolution, in: Revolution und Gesellschaft, hg. von TH. SCHIEDER. Freiburg 1973, S. 117–161 (Herder-Bücherei 462).

5 Die Formulierung nach dem berühmt gewordenen Erlebnisbericht des Harvard-Studenten John Reed, Ten Days That Shook the World. London 1926, deutsche Ausgabe: Zehn Tage, die die Welt erschütterten, Berlin 11/1971.

6 Vgl. das Themenheft der Zeitschrift Geschichte und Gesellschaft 5 (1979/3), sowie den Sammelband: Wirtschaft und Gesellschaft im vorrevolutionären Rußland, hg. von D. GEYER, Köln 1975 (Neue Wiss. Bibliothek 71).

7 Dazu die Beiträge von W. CONZE UND V. HENTSCHEL in diesem Band.

8 Beste Darstellung des Revolutionsverlaufs auf breiter Quellengrundlage: J. L. H. KEEP, The Russian Revolution. A Study in Mass Mobilization, New York 1976; knappe Übersicht mit bibliographischen Nachweisen: D. GEYER, Die russische Revolution. Historische Probleme und Perspektiven, Göttingen [3]1980.

9 H. HAUMANN, Kapitalismus im zaristischen Staat, 1906 bis 1917. Organisationsformen, Machtverhältnisse und Leistungsbilanz im Industrialisierungsprozeß, Königstein/Ts. 1980; D. GEYER, Der russische Imperialismus. Studien über den Zusammenhang von innerer und auswärtiger Politik, 1860–1914, Göttingen 1977.

10 Eine moderne Monographie über die Revolution von 1905 fehlt. Wichtige Spezialstudien: A. FISCHER, Russische Sozialdemokratie und bewaffneter Aufstand im Jahre 1905, Wiesbaden 1967; M. P. PERRIE, The Russian Peasant Movement of 1905–1907. In: Past and Present 57. 1972, S. 123–155; H. D. MEHLINGER, J. M. THOMPSON, Count Witte and the Tsarist Government in the 1905 Revolution, Bloomington, Ind. 1972.

11 M. HILDERMEIER, Die Sozialrevolutionäre Partei Rußlands. Agrarsozialismus und Modernisierung im Zarenreich (1900–1914), Köln 1978; O. H. RADKEY, The Agrarian Foes of Bolshevism. Promise and Default of the Russian Socialist Revolutionaries. February to October 1917, New York 1958.

12 O. ANWEILER, Die Rätebewegung in Rußland, 1905 bis 1921, Leiden 1958.

13 R. WITTRAM, Studien zum Selbstverständnis des 1. und 2. Kabinetts der Provisorischen Regierung, Göttingen 1971; W. G. ROSENBERG, Liberals in the Russian Revolution. The Constitutional Democratic Party, 1917–1921, Princeton, N. J. 1974. Zum russischen Parlamentarismus: G. A. HOSKING, The Russian Constitutional Experiment. Government and Duma, 1906–1914, London 1973.

14 R. A. WADE, The Russian Search for Peace, February – October 1917, Stanford, Calif. 1969.

15 Manifest des Petrograder Arbeiter- und Soldatenrats an alle Völker der Welt (14./27. 3. 1917). In: Die russische Revolution von 1917, hg. von M. HELLMANN, München [3]1977, S. 182 f.

16 W. HAHLWEG (Hg.), Lenins Rückkehr nach Rußland 1917. Die deutschen Akten, Leiden 1957.
17 Text der ›Aprilthesen‹: Lenin, Werke. Bd. 24. 1959, S. 3–5.
18 Zur Nationalitätenfrage in der russischen Revolutionsgeschichte: R. PIPES, The Formation of the Soviet Union. Communism and Nationalism, 1917–1923, Cambridge, Mass. [2]1964.
19 VIKTOR ČERNOV, Lenin. In: Delo naroda, 16.4.1917, S. 1, zit. nach der Übersetzung von R. Wittram, Studien, a.a.O., S. 103–107.
20 A. RABINOWITCH, Prelude to Revolution: The Petrograd Bolsheviks and the July 1917 Uprising, Bloomington, Ind. 1968.
21 J. D. WHITE, The Kornilov Affair: A Study in Counter-Revolution. In: Soviet Studies 20 (1968), S. 187–205; H. Asher, The Kornilov Affair: A Reinterpretation. In: Russian Review 29 (1970), S. 286–300.
22 O. ANWEILER, a.a.O., S. 202 ff.
23 Zuletzt zusammenfassend: A. RABINOWITCH, The Bolsheviks Come to Power, New York 1977.
24 Zitate nach Lenin, Werke. Bd. 26. 1961, S. 2 ff.
25 Ebd., S. 106 f. – Vgl. W. HAHLWEG, Lenin und Clausewitz. In: Archiv für Kulturgeschichte 36 (1954), S. 30–59, 357–387.
26 D. GEYER, Revolution und internationale Politik. In: Osteuropa-Handbuch, a.a.O., S.19–50 (s. Anm. 1).
27 W. HAHLWEG (Hg.), Der Friede von Brest-Litowsk. (Quellen zur Geschichte des Parlamentarismus und der politischen Parteien), Düsseldorf 1972.
28 J. M. THOMPSON, Russia, Bolshevism, and the Versailles Peace, Princeton, N. J. 1966; F. T. EPSTEIN, Außenpolitik in Revolution und Bürgerkrieg. In: Osteuropa-Handbuch, a.a.O., S. 86–149.

Literaturverzeichnis

O. ANWEILER: Die Rätebewegung in Rußland. 1905–1921. Leiden 1958.

B. BONWETSCH: Oktoberrevolution. Legitimationsprobleme der sowjetischen Geschichtswissenschaft. In: Politische Vierteljahresschrift 17. 1976, S. 142–185.

R. P. BROWDER/A. F. KERENSKY (Hg.): The Russian Provisional Government. 1917: Documents. Bd. 1–3. Stanford 1961.

W. H. CHAMBERLIN: Die russische Revolution. 1917–1921. Bd. 1–2. Frankfurt/M. 1958.

E. H. CARR: The Bolshevik Revolution, 1917–1923. Bd. 1–3. New York/London 1950–53.

D. GEYER (Hg.): Wirtschaft und Gesellschaft im vorrevolutionären Rußland. Köln 1975 (= Neue Wissenschaftliche Bibliothek 71).

Ders.: Die russische Revolution. Historische Probleme und Perspektiven. Göttingen [3]1980.

M. HELLMANN: (Hg.): Die russische Revolution von 1917 (dtv-dokumente Bd. 227/228). München 1964.

G. A. HOSKING: The Russian Constitutional Experiment. Government and Duma. 1907–1914. Oxford 1973.

G. KATKOV u. a.: Rußlands Aufbruch ins 20. Jahrhundert. Politik, Gesellschaft, Kultur. 1894–1917. Olten/Freiburg i. Br. 1970.

J. H. L. KEEP: The Russian Revolution. A Study of Mass Mobilization. London 1976.

P. LÖSCHE: Der Bolschewismus im Urteil der deutschen Sozialdemokratie. 1903–1921. Berlin 1967.

L. SCHAPIRO: Die Geschichte der Kommunistischen Partei der Sowjetunion. Frankfurt/M. 1962.

T. SHANIN: The Awkward Class: Political Sociology of Peasantry in a Developing Society: Russia 1910–1925. Oxford 1972.
A. B. ULAM: Die Bolschewiki. Vorgeschichte und Verlauf der kommunistischen Revolution in Rußland. Köln 1967.
R. WITTRAM: Studien zum Selbstverständnis des 1. und 2. Kabinetts der Provisorischen Regierung. Göttingen 1971.

22. Gottfried Niedhart

Weltpolitik nach 1917 (I) Zwischenkriegszeit und Zweiter Weltkrieg

Außenpolitik und internationale Politik im 20. Jahrhundert

Im folgenden werden Hauptprobleme der internationalen Politik im 20. Jahrhundert behandelt. Gegenstand der Analyse ist die Struktur des internationalen Systems, also die Art der Beziehungen, in denen die Staaten – in erster Linie die Großmächte – als Akteure der internationalen Politik miteinander stehen. Zu fragen ist, auf welchen Prinzipien weltpolitische Ordnung im 20. Jahrhundert bisher beruhte beziehungsweise welche Faktoren zur Instabilität oder gar zum Zusammenbruch des internationalen Systems führten.

Die Erörterung von Problemen der Außenpolitik und des internationalen Systems dieses Jahrhunderts schließt Kernfragen ein, die schlechthin die Bedingungen unserer menschlichen Weiterexistenz betreffen. Anfang der sechziger Jahre faßte es Carl Friedrich von Weizsäcker in die prägnante Formulierung:

> »Der Weltfriede ist notwendig. Man darf fast sagen: der Weltfriede ist unvermeidlich. Er ist Lebensbedingung des technischen Zeitalters. Soweit unsere menschliche Voraussicht reicht, werden wir sagen müssen: wir werden in einem Zustand leben, der den Namen Weltfriede verdient, oder wir werden nicht leben.«[1]

Weizsäcker berührt den vorläufigen Endpunkt einer Entwicklung. Mit der Ausbildung der wissenschaftlich-technischen Welt seit der industriellen Revolution haben sich nicht nur die gesellschaftlichen und innerstaatlichen Strukturen verändert. Auch das Verhältnis der Staaten zueinander hat sich in beträchtlicher Weise gewandelt. Denn Außenpolitik geriet seit der Entstehung politischer Massengesellschaften im 19. Jahrhundert stärker als zuvor in den Sog innenpolitisch-gesellschaftlicher Auseinandersetzungen, ist also immer in einem gesamtpolitischen Zusammenhang zu sehen.

Darüber hinaus führte die wissenschaftlich-technische Verwandlung der Welt zu neuartigen Formen zwischenstaatlichen Verkehrs. Es gab zwar schon immer grenzüberschreitende wirtschaftliche Interessen, die staatliche diplomatische Kontakte ergänzten oder auch beeinflußten. Industriewirtschaft aber ist ihrem Wesen nach auf weltwirtschaftliche Entfaltung angelegt. Die heutigen multinationalen Konzerne sind ein jedermann vertrautes Beispiel. Industriegesellschaften tendieren zur Sprengung des nationalstaatlichen Rahmens. Quer zur regierungsamtlichen und nationalstaatlichen Außenpolitik bilden sich internationale Organisationen wie z. B. die Sozialistische Internationale. Politische Ideologien, die im Zuge der Ausbildung von Industriegesellschaften entstanden sind, schaffen neue Möglichkeiten der Identifikation, die quer durch nationalstaatliche Gesellschaften hindurchlaufen. In den internationalen Beziehungen gibt es also nicht nur staatliche Akteure.

Weiterhin: die Entwicklung der Technik hat sich im militärischen Bereich niedergeschlagen. Angefangen mit automatischen Waffen wie dem Maschinengewehr über U-Boote und die Luftwaffe bis hin zur Raketentechnik und atomaren Waffensystemen hat die technische Entwicklung ein ständig steigendes Maß an Zerstörungsfähigkeit hervorgebracht, die auf das außenpolitische Konfliktverhalten der Staaten einwirkt, ja Außenpolitik bisweilen in funktionaler Abhängigkeit von technisch-militärischen Bedingungen erscheinen läßt.

All diese Tendenzen haben sich im 20. Jh. verstärkt. Sie haben die Bedingungen für Außenpolitik und internationale Politik gegenüber der Mitte des 19. Jahrhunderts oder gar dem 18. Jahrhundert wesentlich komplexer werden lassen. In diese Bedingungen fließen verschiedenste Faktoren ein: militärische, sicherheitspolitische, innenpolitisch-gesellschaftliche, wirtschaftliche oder ideologische. Diese Reihenfolge stellt keine Rangordnung dar, denn einzelne Faktoren kommen von Fall zu Fall in unterschiedlicher Weise zum Tragen.

Gleichzeitig ist jedoch zu beobachten, daß sich trotz veränderter Bedingungen, unter denen Außenpolitik im 20. Jahrhundert formuliert wird, in erstaunlichem Umfang Konstanten gehalten haben, die das außenpolitische Handeln beeinflussen. Es zeigt sich, daß neben den eben genannten Faktoren eine genuin politische Dimension zu beachten ist, wenn man Außenpolitik analysieren will. Dies hängt zunächst einmal damit zusammen, daß außenpolitische Fragen auch im 20. Jahrhundert letztlich von den nationalstaatlichen Regierungen entschieden werden, die gegenüber einzelnen Einflußfaktoren – etwa gesellschaftlicher oder wirtschaftlicher Art – in weitgehendem Maß das Entscheidungsmonopol besitzen. Akteure im internationalen System sind vor allem die Nationalstaaten, deren Regierungen nationale Interessen formulieren und zu wahren versuchen.

Außenpolitisches Handeln wie politisches Handeln im allgemeinen ist keineswegs immer durch systembedingte Faktoren – wirtschaftlicher, gesellschaftlicher oder welcher Art auch immer – ausrechenbar, sondern in vielen Fällen Ausfluß subjektiver Wahrnehmungen, Einschätzungen und Fehleinschätzungen solcher Faktoren. Mit anderen Worten: Entscheidungen werden auch im 20. Jahrhundert oft genug aufgrund von vorindustriellen Mustern getroffen. Dies gilt auch für Staaten, die revolutionären Ursprungs sind wie die Sowjetunion oder die Volksrepublik China. Ein klassisches Muster dieser Art ist die Formel vom Gleichgewicht der Kräfte, die stets manipulierbar ist und von heutigen Regierungen ebenso gehandhabt wird wie einst von Metternich.

Außenpolitik ist zwar nicht ausschließlich politisch-staatlich zu definieren, weil sie verschiedensten Einflüssen nichtstaatlicher Art unterliegt. Träger der Außenpolitik ist aber der Staat. Das weltpolitische System ist also ein internationales System, in dem zwar auf der Ebene der sog. transnationalen Politik auch nichtstaatliche Akteure wie internationale Verbände eine Rolle spielen oder in dem internationale Organisationen wie der Völkerbund oder die Vereinten Nationen von Bedeutung sind, das letztlich aber von souveränen Nationalstaaten bestimmt wird.

Das formale Prinzip gleichberechtigter Souveränität kann freilich von den wenigsten Staaten in weltpolitische Realität umgesetzt werden. Dazu sind nur die Führungsmächte des internationalen Systems in der Lage. Ihre Zahl ist, wie deutlich werden wird, keineswegs konstant. Alle anderen Staaten müssen in unterschiedlichem Ausmaß Einschränkungen ihrer Souveränität hinnehmen, was bis zum weitgehenden Souveränitätsverlust gehen kann.

Das Epochenjahr 1917 und konkurrierende Modelle der Friedenssicherung

Weltpolitik nach 1917

Mit dem Thema ›Weltpolitik nach 1917‹ sind zwei Problemkreise angesprochen. Der eine betrifft den Begriff Weltpolitik, der andere das Jahr 1917.

Unter Weltpolitik verstehen wir unter Berücksichtigung der eben gemachten einleitenden Bemerkungen die Beziehungen zwischen Staaten, die in der Lage sind, weltweite Interessen zu entwickeln und zu verfolgen, also die Beziehungen zwischen den Großmächten des internationalen Systems. Zwischen den

beiden Weltkriegen waren dies in Europa Großbritannien, Frankreich, Deutschland und Italien; ferner die Sowjetunion, die zugleich nach Asien hinübergriff, wo als weitere Großmacht Japan zu nennen wäre. In Amerika schließlich hatten die USA den Status einer Großmacht. Die Außenpolitik dieser Staaten und die Gestalt des von ihnen gebildeten Staatensystems sind unser Thema.
Was berechtigt dazu, die Darstellung mit dem Jahr 1917 einsetzen zu lassen? Weil 1917 ein Epochenjahr genannt werden kann, mehr noch vielleicht als das jedermann vertraute Epochenjahr 1945. Es ist zwar immer problematisch, im Fluß der Geschichte Zäsuren zu setzen. Denn vieles ändert sich keineswegs, so daß Elemente der Kontinuität erhalten bleiben. Unter weltpolitischen Aspekten indes bringen zwei Ereignisse des Jahres 1917 eine epochale Wende. Sie veränderten den Charakter der internationalen Politik von Grund auf. Gemeint ist der Eintritt der USA in den Ersten Weltkrieg, der das Ende der Vorherrschaft der Europäer in der Weltpolitik einleitete. Gemeint ist ferner die Oktoberrevolution in Rußland, die das europäische Konzert der Mächte zerstörte und bis dahin bestehende gemeinsame Grundüberzeugungen der Staaten hinfällig werden ließ. Wenn der Ost-West-Gegensatz auch noch längst nicht für den Gang der Weltpolitik bestimmend wurde, so ist doch folgendes nicht zu übersehen: der Gegensatz zwischen bürgerlich-liberalen und sozialistisch-kommunistischen Ordnungsvorstellungen wurde zum Bestandteil auch der internationalen Politik, als sich 1917 in Rußland eine kommunistische Staatsgewalt etablierte. Zwar waren auch die zwischenstaatlichen Beziehungen des 19. Jh.s nicht frei von ideologischen Einflüssen. Aber der Gegensatz zwischen konservativ-autoritär regierten Staaten wie etwa dem Deutschen Reich und liberal-parlamentarisch verfaßten Ländern wie z.B. Großbritannien schlug sich nie so in der Außenpolitik nieder wie der Gegensatz zwischen der kommunistischen und der nicht-kommunistischen Welt seit 1917. Je stärker die Position der sowjetischen Regierung im Innern und nach außen wurde, desto mehr rückte die Auseinandersetzung zwischen dem liberalen und dem revolutionären Modell der Friedenssicherung in das Zentrum der Weltpolitik. Es sollte noch einige Zeit dauern, bis dies der Fall war, nämlich noch rund 20 Jahre. Aber es ist festzuhalten, daß seit 1917 die Alternative lautet: Frieden durch Demokratie oder Frieden durch Revolution.
Personifiziert wurden diese Alternativen durch den Präsidenten der USA, Woodrow Wilson, und durch Lenin, den im Oktober 1917 siegreichen russischen Revolutionär. Beide gin-

gen von je spezifischen Voraussetzungen aus, die sie als entscheidend erachteten, um eine ihren Interessen gemäße Friedensordnung herzustellen. Hervorstechend ist, daß beide innenpolitisch-gesellschaftliche Faktoren als wesentlich für die Gestaltung der Außenpolitik eines Landes erachteten. Die Außenpolitik dürfe nie einer Elite von Berufsdiplomaten überlassen bleiben. Um künftige Kriege nach dem Muster des Ersten Weltkriegs vermeiden zu können, müßten bestimmte Bedingungen erfüllt sein.

Das liberale Modell der Friedenssicherung

Für Präsident Wilson, den Verfechter eines liberalen Modells der Friedenssicherung, lautete die Grundbedingung unkriegerischer Beziehungen zwischen den Staaten: Demokratisierung der politischen Verfassungen. Der Weltkrieg wurde als Ausfluß der Machtpolitik europäischer Fürsten verstanden, die den Willen ihrer Völker ignorierten. In seiner Kriegsbotschaft vom 2. April 1917 machte Wilson diesen ihm wichtig erscheinenden Zusammenhang klar:

> »Unsere Absicht ist [...], den Prinzipien von Frieden und Gerechtigkeit im Leben der Welt Geltung zu verschaffen ... Wir stehen am Anfang eines Zeitalters, in dem man darauf beharren wird, daß die gleichen Maßstäbe für das Verhalten und für die Verantwortlichkeit für getanes Unrecht von den Nationen und ihren Regierungen beobachtet werden sollen, die von den einzelnen Bürgern zivilisierter Staaten befolgt werden. ... Ein beständiges Zusammenspiel für den Frieden kann nicht anders erhalten werden als durch eine Partnerschaft demokratischer Nationen. [...] Die Welt muß sicher gemacht werden für die Demokratie. Ihr Friede muß auf den erprobten Grundlagen politischer Freiheit errichtet werden.«[2]

Dies klingt auf den ersten Blick idealistisch, ja realitätsfern. Doch ganz so idealistisch war es nicht gemeint. Was der Präsident nicht offen ansprach, waren die realen Interessen der USA als potentiell stärkster Wirtschafts- und Handelsmacht der Welt. Der materielle Kern, der Wilsons außenpolitische Konzeption durchaus zu einer interessenbezogenen Politik machte, betraf die wirtschaftlichen Außenbeziehungen der Staaten. Handelsschranken sollten abgebaut werden. An die Stelle kriegerischen Konfliktaustrags würde das friedliche wirtschaftliche Konkurrenzverhältnis der Staaten in einer arbeitsteiligen Weltwirtschaft treten. Friedenssicherung durch Freihandel lautete der zentrale Gedanke des liberalen Modells der Friedenssicherung, der mit der Idee der Demokratisierung der Politik, auch der Außenpolitik Hand in Hand ging. Wenn der

Präsident sagte: »Wir verlangen nach keiner Eroberung, keiner Herrschaft«[3], so unterschlug er ein wichtiges Faktum. Der von ihm angestrebte offene Weltmarkt würde den ökonomisch stärksten Nationen, also gerade den USA, einen klaren Vorteil bringen, eine Form der indirekten Herrschaft, die das liberale Modell in den Augen der übrigen Welt weniger attraktiv erscheinen ließ. Dieselbe Problematik berührte auch die Frage der Friedensordnung nach dem Zweiten Weltkrieg. Es handelt sich also um einen zentralen Ansatz, zu einer weltpolitischen Ordnung und damit zur Sicherung des Weltfriedens zu kommen.

Das sozialistische Modell der Friedenssicherung

Es ist hier nicht eigens zu betonen, daß die internationale Ordnung nach dem Ersten Weltkrieg höchst instabil war. Strenggenommen kann man für die Zeit zwischen den Weltkriegen überhaupt nicht von einer internationalen Ordnung sprechen, weil der Weltpolitik ein allgemein akzeptiertes Ordnungsprinzip fehlte. Vielmehr konkurrierten mehrere Modelle der Friedenssicherung miteinander. Sie knüpften zum Teil an die Vorkriegszeit an, zum Teil hoben sie sich davon ab.
Ähnlich wie das liberale Modell verstand sich auch das sozialistische Modell der Friedenssicherung als radikaler Neuansatz. Zugleich war es mit dem liberalen Modell unvereinbar. Es stellte die gesellschaftlichen Grundlagen westlicher Industriestaaten fundamental in Frage, indem es die Revolutionierung der politischen, gesellschaftlichen und wirtschaftlichen Ordnung als Voraussetzung für eine Weltpolitik ohne Krieg erklärte.
In seinem ›Dekret über den Frieden‹ trat Lenin am Tage nach der Oktoberrevolution für einen ›Frieden ohne Annexionen‹, für das Selbstbestimmungsrecht auch in den Kolonialgebieten, für die Abschaffung der Geheimdiplomatie ein. So weit unterschied er sich nur unwesentlich von Wilson. Wesentlich war die revolutionäre Dimension des Dekrets, die sowohl die Innen- wie die Außenpolitik betraf. Lenin wandte sich an die ›klassenbewußten Arbeiter‹ Englands, Frankreichs und Deutschlands und drückte die Erwartung aus, »daß die Arbeiter der genannten Länder die ihnen jetzt gestellte Aufgabe, die Menschheit von den Schrecken des Krieges und seiner Folgen zu befreien, erkennen werden, daß diese Arbeiter uns durch ihre allseitige, entschiedene, rückhaltlos energische Tätigkeit helfen werden, die Sache des Friedens und zugleich damit die Sache der Befreiung der werktätigen und ausgebeuteten Volksmassen

von jeder Sklaverei und jeder Ausbeutung erfolgreich zu Ende zu führen.«[4] Erst mit der im Interesse des jungen Sowjetstaats liegenden Ausbreitung der Revolution, erst mit der Abschaffung der kapitalistischen Wirtschaftsordnung könne der imperialistische Grundkonflikt zwischen den Staaten und damit kriegerischer Konfliktaustrag überhaupt überwunden werden. Friede durch Revolution lautete also die Formel, die ein qualitativ neues Moment in die internationale Politik einführte.

Wie dies für die Zeitgenossen im letzten Jahr des Ersten Weltkriegs formuliert wurde, zeigt noch prägnanter ein kurzer, von Karl Liebknecht verfaßter Text:

»Was ist der Inhalt der Gegensätze, die bisher zum Krieg trieben und immer wieder treiben werden, solange sie bestehen? Die kapitalistische Weltkonkurrenz [...] zwischen den verschiedenen imperialistischen Systemen um die Reichtümer [...] der Erde.
Also heben wir diese kapitalistische Konkurrenz auf, machen wir die Reichtümer der Erde zu einer gemeinsamen Angelegenheit der ganzen Menschheit! Ersetzen wir die kapitalistische Gesellschaft, die die Menschheit in Klassen und sich zerfleischende Räuberhorden auseinanderreißt, durch die sozialistische Gesellschaft, die die Menschheit versöhnt und zusammenschließt! [...]
Das Mittel dazu ist die soziale Revolution, die allein nicht nur jetzt den Frieden bereiten, sondern auch die künftigen Kriegsursachen ausrotten kann.
Wer das Ziel will, muß das Mittel wollen.
Imperialismus und Krieg – oder Sozialismus und Frieden – kein Drittes gibt's.«[5]

Wir wissen, daß dieses Rezept ebensowenig wie das liberale Rezept Kriege verhindern konnte und letztlich auch nicht verhindern wollte – nicht einmal zwischen Staaten mit gleicher oder ähnlicher politisch-gesellschaftlicher Ordnung. Aber darauf kommt es hier nicht an. Der entscheidende Punkt besteht vielmehr darin, daß im Jahr 1917 mit den USA und dem bolschewistischen Rußland zwei Mächte weltpolitisch in Erscheinung traten, die die Außenpolitik und die internationalen Beziehungen auf eine neue Grundlage stellen wollten. Frieden durch Demokratie und Freihandel bzw. Frieden durch Revolution lauteten die Alternativen, die sich als Gegenmodelle zur herkömmlichen Machtpolitik europäischer Großmächte verstanden. Zugleich schlossen sie sich gegenseitig aus und erhoben gewissermaßen einen Monopolanspruch, den Schlüssel zur Ordnung der Weltpolitik in Händen zu haben.

Das Ende des Ersten Weltkriegs und die internationale Politik der zwanziger Jahre

Die weltpolitische Wartestellung der USA und der Sowjetunion

Bevor sich daraus ein weltpolitischer Konflikt entwickeln konnte, bis es zur Zweiteilung der Welt kommen konnte, bedurfte es freilich der Entschlossenheit und der Fähigkeit der USA und der UdSSR, regulierend in die Weltpolitik einzugreifen.

Den USA fehlte die Entschlossenheit. Sie hätten als eigentlicher Sieger des Ersten Weltkriegs eine Führungsrolle in der Weltpolitik übernehmen können. Ihr militärisches Eingreifen hatte den Krieg entschieden. Sie waren der Hauptgläubiger der Welt. Ihr wirtschaftliches Potential übertraf alle Mitkonkurrenten. Es waren also alle Voraussetzungen gegeben, um sie die Rolle einer Garantiemacht für die Nachkriegsordnung spielen zu lassen, gewissermaßen die Rolle des Weltpolizisten. Aber gerade dazu war die Mehrheit der amerikanischen Bevölkerung nicht bereit. Die USA zogen sich aus ihrer weltpolitischen Verantwortung zurück und verfolgten in politischer und militärischer Hinsicht einen isolationistischen Kurs. In wirtschaftlicher Hinsicht dagegen blieben sie weltweit präsent, freilich nur insoweit, wie es den privatwirtschaftlichen Interessen amerikanischer Unternehmer und Banken profitabel erschien.

Mangelte es den USA an Entschlossenheit, die Funktion des Stabilisators zu übernehmen, der die Gesetze des internationalen Zusammenlebens entscheidend beeinflußt und gegebenenfalls ihre Beachtung erzwingt, so fehlte dem bolschewistischen Rußland nach dem Ersten Weltkrieg die Fähigkeit dazu. Es war zu sehr mit seinen inneren Problemen und mit der Sicherung der Revolution beschäftigt. Nachdem es gerade die gegen die Revolution gerichteten Interventionen alliierter Truppen überstanden hatte, war es militärisch nicht in der Lage, weltweite Politik zu betreiben. Vergeblich erhoffte es sich eine Zunahme seines weltpolitischen Gewichts durch den Sieg der Revolution auch in anderen Ländern, vor allem in Deutschland. Da er ausblieb, verharrte der junge Sowjetstaat in der außenpolitischen Isolierung.

Gegenüber der kapitalistischen Welt beobachtete die sowjetische Regierung das Prinzip der Abgrenzung. Im Laufe der Jahre war ihr aber zunehmend an normalen Beziehungen mit dem westlichen Ausland gelegen. Die revolutionäre Komponente sowjetischer Politik wurde mehr zur Sache der KPdSU,

während die staatlichen Organe auf Kooperation mit der nichtsowjetischen Welt abhoben. Da sowjetische Politiker in beiden Funktionen agierten, kam es naturgemäß immer wieder zu Schwankungen in den sowjetischen Außenbeziehungen. Die bekannte Fieberkurve im Ost-West-Verhältnis, deren Zacken Konfrontation und Kooperation bedeuten, wurde schon deutlich sichtbar.
Westliche Politiker hatten stets von neuem Schwierigkeiten, zu einer zutreffenden Einschätzung sowjetischer politischer Ziele zu kommen. Was sollte gelten? Der Text des 1926 zwischen Deutschland und der Sowjetunion geschlossenen Berliner Vertrags, wo es heißt:

»Die Deutsche Regierung und die Regierung der Union der Sozialistischen Sowjet-Republiken werden in freundschaftlicher Fühlung miteinander bleiben, um über alle ihre beiden Länder gemeinsam berührenden Fragen politischer und wirtschaftlicher Art eine Verständigung herbeizuführen.«[6]

Oder folgte die sowjetische Politik eher dem, was Stalin 1925 ausführte:

»Sollte ein Krieg beginnen, dann werden wir nicht untätig zusehen können. Wir werden auftreten müssen, aber wir werden als letzte auftreten. Und wir werden auftreten, um das entscheidende Gewicht in die Waagschale zu werfen, ein Gewicht, das ausschlaggebend sein dürfte.«[7]

Die Doppelgleisigkeit sowjetischer Politik, die sich einerseits in das bestehende internationale System einzufügen schien, andererseits aber immer wieder das Ziel der Revolutionierung dieses Systems erkennen ließ, führte im Westen zu einem antisowjetischen Affekt. Da man zugleich die Sowjetunion militärisch und wirtschaftlich als schwach einschätzte, kam es jedoch nicht zu einer antisowjetischen Politik. Die Sowjetunion erschien zwar als Störfaktor. Antikommunismus wurde aber vorerst nicht zur bestimmenden Triebfeder westlicher Politik.

Der Friedensschluß 1919
und die französische Hegemonialstellung in Europa

Es gab wesentlich dringendere Probleme, die es in der internationalen Politik zu lösen galt. Dazu zählte vor allem die Frage eines Friedensschlusses nach dem Weltkrieg – also in erster Linie die Frage, welchen Platz das geschlagene Deutschland im internationalen System einnehmen und welchen Regeln dieses internationale System insgesamt folgen sollte.
Würde es eine Fortsetzung der Vorkriegspolitik geben oder

würde man zu einem Neuanfang in der internationalen Politik kommen? Würde es gelingen, internationale Konflikte künftig unterhalb der Kriegsschwelle zu lösen? Wäre es möglich, institutionelle Vorkehrungen zu schaffen, um den Staatenfrieden zu erhalten? Anders formuliert: gab es Chancen, die Machtpolitik der souveränen Einzelstaaten zu zügeln und ein höheres Maß an rationaler Konfliktkontrolle im Umgang der Staaten miteinander einzuführen?

Dies alles betraf vorrangig Europa. Hier existierten mehrere Großmächte auf engem Raum: Großbritannien, Frankreich, Italien und auch das nur momentan geschwächte Deutschland. Hier war der Erste Weltkrieg ausgebrochen. Hier lag – vordergründig betrachtet – nach wie vor das Zentrum der Weltpolitik, nachdem die USA sich auf die eigene Hemisphäre zurückgezogen hatten.

Es wurde bereits hervorgehoben, daß sich in der Weltpolitik nach dem Ersten Weltkrieg außenpolitische Konzeptionen und Friedensvorstellungen fanden, die miteinander unvereinbar waren. Es blieb also abzuwarten, ob es dennoch Berührungspunkte zwischen den Staaten gab; gemeinsame Interessen, die eine Lösung der nationalen Sicherheitsprobleme und der internationalen Spannungsmomente ermöglichen würden.

Zunächst schien dies nicht der Fall zu sein. Insbesondere der Deutschland betreffende Versailler Vertrag schien alles andere als eine friedliche Entwicklung anzudeuten. Während der Friedensverhandlungen war der Gedanke eines liberalen Friedens, wie ihn Präsident Wilson, aber auch der britische Premierminister Lloyd George vertraten, weitgehend auf der Strecke geblieben. Umsonst appellierte Lloyd George an die Friedenskonferenz 1919:

»Man mag Deutschland seiner Kolonien berauben, seine Rüstung zu einer bloßen Polizeistreitmacht und seine Flotte zu der einer fünftrangigen Macht herabsetzen. Wenn es sich jedoch im Frieden ungerecht behandelt fühlt, dann wird es Mittel finden, Vergeltung an den Siegern zu üben. [...] Wir wären weise, wenn wir Deutschland einen Frieden anböten, der – indem er gerecht ist – für alle vernünftigen Leute der Alternative des Bolschewismus vorzuziehen wäre. Ich würde also folgendes in den Vordergrund stellen: wenn Deutschland unsere Bedingungen, insbesondere die Reparationsforderungen, annimmt, werden wir ihm die Rohstoffquellen und Märkte der Welt zu denselben Bedingungen, wie wir sie haben, öffnen und alles nur irgend mögliche tun, dem deutschen Volk wieder auf die Beine zu helfen. Wir können nicht gleichzeitig Deutschland verkrüppeln und erwarten, daß es zahlt.«[8]

Dieser Appell, den Präsident Wilson unterstützte, richtete sich vor allem an den französischen Ministerpräsidenten Clemenceau. Lloyd George versuchte, an Traditionen des Konzerts der Mächte im 19. Jh. anzuknüpfen. Die internationale Ordnung sollte im Zeichen eines Gleichgewichts der Kräfte stehen. Das internationale System sollte multipolar ausgerichtet sein und einen offenen Weltmarkt aufweisen. Genau dies entsprach den nationalen Interessen nicht nur der USA, sondern auch Großbritanniens als traditioneller Handelsmacht. Beide waren an einem Deutschland interessiert, das einen politischen Ordnungsfaktor in Mitteleuropa und zugleich einen lohnenden Exportmarkt darstellt. Für Deutschland als Verlierer des Weltkriegs lag darin eine Chance, die Kriegsfolgen im Verbund mit den anderen Industriestaaten des Westens überwinden zu können.
Der französische Ministerpräsident setzte dem die Interessen seines Landes entgegen. Sie wurden in erster Linie nicht von wirtschaftlichen, sondern von sicherheitspolitischen Erwägungen geprägt. Clemenceau betonte die in den Augen der Verfechter eines liberalen Friedens altmodische Notwendigkeit, einen Frieden durch Hegemonialbildung auf dem europäischen Kontinent herzustellen. Allein die militärische Überlegenheit Frankreichs bei gleichzeitiger entscheidender Schwächung Deutschlands in territorialer, wirtschaftlicher und militärischer Hinsicht könne einen neuen Krieg in Europa verhindern:

»Die Deutschen sind ein Volk mit einer Sklavenseele, dem gegenüber die Gewalt als Argument dienen muß. [...] Nach den größten Anstrengungen und den gewaltigsten Blutopfern, die die Geschichte je gesehen hat, dürfen wir das Ergebnis unseres Sieges nicht in Frage stellen.«[9]

Der schließlich geschlossene Frieden war mehr von der französischen Auffassung geprägt als von der britischen oder amerikanischen. Um überhaupt zum Abschluß eines Friedensvertrags kommen zu können, war das liberale Modell der Friedenssicherung zugunsten eines Friedens durch Hegemonialbildung geopfert worden.
In Deutschland stieß der Friedensvertrag[10] auf einhellige Ablehnung, insbesondere der Artikel 231 des Versailler Vertrags, der sog. Kriegsschuldartikel, in dem Deutschland zur Anerkennung der Schuld am Ausbruch des Weltkriegs gezwungen wurde. Die innenpolitischen Rückwirkungen waren beträchtlich. Denn der harte Friedensvertrag und der Abstieg Deutschlands von einer Weltmacht zu einer Macht zweiter Ordnung wurde von den zahlreichen Gegnern der Weimarer Verfassung der jungen Republik und nicht der kaiserlichen Politik angela-

stet. Deutschland hatte verschiedene Gebietsabtretungen hinzunehmen – vor allem im Osten, wo Polen und die Tschechoslowakei mit beträchtlichen deutschen Minderheiten als neue Staaten entstanden, aber auch im Westen, wo Elsaß-Lothringen an Frankreich zurückfiel. Ferner verlor Deutschland alle Kolonien, während die übrigen imperialistischen Staaten Europas im Besitz ihrer Kolonien blieben. Die weitgehende Entwaffnung Deutschlands, seine teilweise Besetzung und die Zahlung von Reparationen kamen hinzu. Da die alliierten Regierungen sich Sanktionsmaßnahmen für den Fall der Nichterfüllung von Reparationsforderungen vorbehielten, wurde der Krieg de facto in den Frieden hinein verlängert.
Weiteres Kennzeichen der Nachkriegsordnung war die Auflösung Österreich-Ungarns und des Osmanischen Reichs. Im Zeichen eines nur unvollkommen praktizierten Selbstbestimmungsrechts der Völker gliederte man Ostmittel- und Südosteuropa völlig neu. Dort wurde ein Cordon Sanitaire von kleineren Staaten geschaffen, ein Abwehrgürtel, der aus der Sicht der Westmächte sowohl gegen ein Vordringen der bolschewistischen Revolution wie gegen den deutschen Militarismus schützen sollte.
Im wesentlichen basierte das Friedenswerk von 1919 auf der momentanen Schwäche Deutschlands und der kontinentalen Hegemonialstellung Frankreichs. Frankreich organisierte zur Sicherung des Status quo ein Bündnissystem in Ostmitteleuropa. Die internationale Politik folgte also im wesentlichen alt vertrauten Prinzipien: Abschreckung, Bündnissysteme, Gewaltandrohung, die Konfrontation von Siegern und Besiegten bestimmten die internationale Politik.

Die Gründung des Völkerbunds

Daran änderte auch die 1919 erfolgte Gründung des Völkerbunds in Genf nichts. Damit begann der Versuch, die Aufgabe der Friedenssicherung nicht allein den Einzelstaaten zu überlassen, sondern vertraglich und institutionell oberhalb der Ebene der Einzelstaaten zu verankern. Die Organe des Völkerbunds sollten den Gedanken der kollektiven Sicherheit durchsetzen. Die Sicherheit der Einzelstaaten sollte durch die kollektive Anstrengung der Staatengemeinschaft gewährleistet werden. Der Frieden sollte unteilbar sein. Die Völkerbundsatzung betonte die Friedenspflicht der Staaten.
Sie nahm Krieg und Kriegsdrohung zwar nicht völlig aus der exklusiven Verfügungsgewalt der Staaten heraus. Sie enthielt aber ein relatives Kriegsverbot. Denn sie forderte von den

Einzelstaaten im Konfliktfall die Einschaltung des Völkerbunds oder die schiedsgerichtliche Prüfung des Falls sowie die Beobachtung von Fristen, bevor zum Krieg geschritten werden durfte.

In der Realität freilich blieb alles beim alten. Die internationale Organisation des Völkerbunds vermochte die Souveränität der Nationalstaaten nicht zu beschneiden. Sobald die Großmächte uneins waren, konnte die Maschinerie des Völkerbunds keine Konfliktkontrolle ausüben. Infolgedessen hat der Völkerbund in der Zwischenkriegszeit keine Bedeutung für die Gestaltung von Entscheidungsabläufen gehabt. Immerhin aber war er ein Ort der regelmäßigen zwischenstaatlichen Kommunikation. Allerdings blieb das in der Völkerbundsidee enthaltene Prinzip der Universalität unerreicht. Die USA traten dem Völkerbund nicht bei. Deutschland blieb von ihm zunächst ausgeschlossen. Von seiten des bolschewistischen Rußland wurde er als imperialistisches Zwangsmittel eingestuft. In der Tat war er zu Beginn ein Instrument in den Händen der Siegermächte und keineswegs die weltumspannende Organisation gleichberechtigter Staaten, wie es im liberalen Modell der Friedenssicherung, das die Gründung eines Völkerbunds anstrebte, vorgesehen war.

Das Vertragswerk von Locarno und die britische Appeasement-Politik

Es wurde bereits hervorgehoben, daß die Siegermächte nach dem Ersten Weltkrieg unterschiedlichen außenpolitischen Konzeptionen folgten. Es war eine Frage der Zeit, wann Frankreich nachgeben und von seinem Konfrontationskurs abweichen mußte. Denn Frankreich war finanziell und wirtschaftlich bei weitem überfordert, die Rolle als militärische Führungsmacht Europas über einen längeren Zeitraum hinweg zu spielen.

Die französische Politik, die die Frage der eigenen Sicherheit an die Ausschaltung Deutschlands als europäischer Großmacht knüpfen wollte, gelangte 1924 zu einer Umorientierung. Zugleich brachte der Dawes-Plan eine Deutschland begünstigende Neuregelung der Reparationsfrage. In der Folgezeit gelangte die deutsche Wirtschaft in die Aufschwungphase der »goldenen« zwanziger Jahre.

Die Kriegsauswirkungen schienen überwunden zu sein, als mit dem Vertragswerk von Locarno 1925 der territoriale Status quo in Westeuropa allseits anerkannt wurde. Konkret bedeutete dies, daß Deutschland durch Anerkennung seiner Westgren-

ze das französische Sicherheitsbedürfnis befriedigte und zugleich als Großmacht in die Staatengemeinschaft zurückkehrte. 1926 wurde es in den Völkerbund aufgenommen.
Damit hatte sich die britische Politik der Befriedung Europas im Zeichen eines liberalen Friedens durchgesetzt, die Politik des Appeasement, die schon in den zwanziger Jahren konzipiert wurde und die in den dreißiger Jahren so sehr in Verruf gekommen ist. Bis heute ist das britische Appeasement-Konzept mancherlei Mißdeutungen ausgesetzt. Umgangssprachlich versteht man unter Appeasement eine Politik des schwächlichen Nachgebens. Im historischen Zusammenhang dagegen meinte Appeasement das Ziel der Friedenswahrung. Heute gebrauchen wir den Begriff Entspannung dafür.
Entspannung basiert auf dem Konsens der Großmächte über Grundfragen der Weltpolitik. Er schien 1925 gegeben zu sein, als es in der Ära Stresemanns und Briands zur deutsch-französischen Annäherung kam und Großbritannien und Italien als Garantiemächte für die Respektierung der territorialen Regelungen in Westeuropa fungierten. In Europa war eine Region der Sicherheit und des Ausgleichs entstanden.
Politische Entspannung ging Hand in Hand mit wirtschaftlicher Kooperation in einem sich von den Kriegswirren erholenden Weltwirtschaftssystem.
1928 kam es zum Briand-Kellogg-Pakt, einem Kriegsächtungspakt, dem bis 1939 63 Staaten beigetreten sind. Sie gingen die Verpflichtung ein, »daß die Regelung und Entscheidung aller Streitigkeiten oder Konflikte, die zwischen ihnen entstehen könnten, [...] niemals anders als durch friedliche Mittel angestrebt werden soll«.[11]
Die Weichen schienen gestellt zu sein, um einen weiteren Punkt angehen zu können, der eine zentrale Komponente des liberalen Modells der Friedenssicherung darstellt: die Begrenzung der nationalen Rüstungen.

Friedensbedürfnis versus Kriegsvorbereitung: der Zusammenbruch des internationalen Systems in den dreißiger Jahren

Von der Weltwirtschaftskrise zur Krise der Weltpolitik

Doch als in Genf 1932 die Abrüstungskonferenz begann, hatten sich die Voraussetzungen der internationalen Politik grundlegend gewandelt. Die 1929 einsetzende Weltwirtschaftskrise erschütterte den Optimismus des liberalen bürgerlichen Europa zutiefst. Mit Konsequenzen für die Innen- wie für die Außenpolitik formierten sich mit größerer Anziehungskraft als bisher Alternativen zum liberalen System: neben den kommunistischen Parteien der Faschismus in Italien und der Nationalsozialismus in Deutschland. Das Gespenst von Revolution, Gewalt und Krieg ging wieder um in Europa. Die Weltwirtschaftskrise bildete, vereinfacht gesagt, die große Wasserscheide in der Weltpolitik, von der aus alles auf einen neuen allgemeinen Krieg zulief.

Das Zwischenspiel der Locarno-Ära hat die fundamentale Heterogenität des internationalen Systems nach dem Ersten Weltkrieg nur verdeckt, aber nicht aufgehoben. Das britische Appeasement-Konzept eines liberalen Friedens konnte sich nur kurzfristig behaupten. Nämlich nur so lange, wie politischer Entspannungswille und wirtschaftliche Prosperität zusammenfielen. Die Stabilisierung der deutschen Wirtschaft mit amerikanischer Hilfe trug wesentlich zur materiellen Basis der Großmächtekooperation bei. Der Abzug amerikanischen Kapitals aus Europa in der Weltwirtschaftskrise zerstörte die Grundlagen des europäischen und besonders des deutschen Wirtschaftsaufschwungs völlig. Es war ein Aufschwung auf Kreditbasis, die jetzt zerbrach. Die Krise demonstrierte überdeutlich die herausragende Bedeutung der amerikanischen Wirtschaftsmacht für eine stabile Weltordnung und nicht zuletzt für den in Locarno hergestellten Ausgleich der Gegensätze in Europa. Aus eigener Kraft vermochte Europa nicht zur Stabilität zurückzukehren. Die Krise trug schließlich entscheidend zur innenpolitischen Veränderung in Deutschland bei, wo sich die Weimarer Republik auflöste, Hitlers NSDAP 1933 die Regierung übernahm und Krieg planmäßig ins Kalkül gezogen wurde.

Deutschland steigerte damit seine seit 1919 verfolgte Revisionspolitik gegenüber der Versailler Friedensregelung zu einem Revisionismus mit gewaltsamen Mitteln. Die Ordnung von Versailles – namentlich hinsichtlich der deutschen Ostgrenzen – war auch von Stresemann nie anerkannt worden. Unter Hitlers Führung jedoch erfolgte eine klare Absage Deutschlands an den Gedanken der internationalen Kooperation, verzichtete die deutsche Politik darauf, ihre Revisionsziele unter das Gebot der Friedenswahrung zu stellen. Nach dem Ersten Weltkrieg waren solche Töne immer wieder laut geworden. Sie waren keine Erfindung der Nationalsozialisten. So nannte General von Seeckt schon 1922 den Ruf: ›Nie wieder Krieg!‹ einen ›törichten Ruf‹.[12] Aber erst 1933 wurden Aufrüstung und umfassende Kriegsvorbereitung in Deutschland zur offiziellen Regierungspolitik. In Europa ergab sich infolgedes-

sen ein verschärfter Gegensatz zwischen Deutschland einerseits und den an der Aufrechterhaltung des bestehenden Kräfteverhältnisses interessierten Staaten andererseits: Großbritannien, Frankreich und der Sowjetunion.
Deutschland war nicht die einzige Großmacht, die die Nachkriegsordnung in Frage stellte. Es war nicht einmal das erste Land, das die aktive Revision dieser Ordnung betrieb. Diese Rolle fiel vielmehr Japan zu, das 1931 zu seiner Expansionspolitik auf dem chinesischen Festland ansetzte und dadurch in Interessenkollision mit Großbritannien, den USA und der Sowjetunion kam. Es folgte Italien, das 1935 Äthiopien überfiel und sich dort festsetzte. Im Mittelmeerraum stieß Italien auf den Widerstand Großbritanniens und Frankreichs. Deutschland begann erst 1939 mit der kriegerischen Expansion, als es nacheinander die Tschechoslowakei zerschlug und Polen angriff und damit den Krieg in Europa auslöste, der sich innerhalb von zwei Jahren zum Weltkrieg ausweiten sollte.
Als Grundzug der internationalen Politik der 30er Jahre ist also festzuhalten, daß sich zwei Gruppen von Staaten gegenüberstanden. Einmal die Status-quo-Mächte Großbritannien, Frankreich, die UdSSR und die USA. Diese Staaten waren prinzipiell an der Aufrechterhaltung der bestehenden multipolaren internationalen Ordnung interessiert, wenn die Sowjetunion das Ziel der Weltrevolution grundsätzlich auch nicht aufgegeben hatte. Zum anderen die revisionistischen Mächte Japan, Italien und Deutschland, die sich als Habenichtse verstanden, die Vorherrschaft der Status-quo-Mächte in Frage stellten und nach Expansion strebten.

Das Friedensbedürfnis der Status-quo-Mächte

Da der Konsens der Großmächte zerbrochen war, hätte es in dieser Lage der Entschlossenheit und der Fähigkeit einer Großmacht bedurft, die Rolle des Weltpolizisten zu übernehmen. Die USA und die UdSSR kamen aus schon dargelegten Gründen dafür nicht in Frage. Das innenpolitisch zerrissene Frankreich verlor im Laufe der dreißiger Jahre zusehends seine außenpolitische Handlungsfähigkeit. Blieb Großbritannien, das aufgrund seiner weltweiten imperialen Interessen als einzige Macht in alle Krisenherde der Weltpolitik verwickelt war und in der Tat zum wichtigsten Gegenspieler der revisionistischen Mächte wurde. Gleichzeitig aber fehlten Großbritannien die Machtmittel, um an mehreren Fronten der Weltpolitik das bestehende internationale Gefüge verteidigen zu können.
Ein gegen die Friedensstörer gerichtetes Bündnis der Status-

quo-Mächte war aus Londoner Sicht nicht praktikabel. Frankreich allein reichte zur Bildung einer Allianz nicht aus. Die USA waren im Isolationismus verfangen. Die Sowjetunion hielt man militärisch für schwach und politisch unkalkulierbar.

Darüber hinaus orientierte man sich in London an Vorstellungen, die eine Teilrevision der 1919 gezogenen Grenzen durchaus zuließen. Durch gewisse Veränderungen der europäischen Landkarte hoffte man Deutschland von kriegerischen Aktionen abhalten zu können. Dasselbe galt für Italien, dessen Eroberungen man hinnahm, und auch für Japan, mit dem man im Fernen Osten zu einer Interessenabgrenzung zu kommen hoffte.

Die von der britischen Regierung in den dreißiger Jahren anvisierte internationale Ordnung sollte die Nachkriegsordnung modifizieren, aber nicht in der Substanz verändern. Nach britischen Vorstellungen sollten sich die Großmächte über ihre jeweiligen Interessensphären verständigen. Angestrebt wurde ein – wie es hieß – natürliches Gleichgewicht der Großmächte. In Europa sollte es zu einer Neuauflage der Viermächtediplomatie von Locarno kommen. Im Weltmaßstab würden die USA, Japan und auch die Sowjetunion, der man allerdings nur bedingt den Status einer Großmacht zubilligte, als weitere Mitglieder dieses multipolaren internationalen Systems hinzutreten. Abrüstung und Intensivierung des Handelsverkehrs, die sich aus einer allgemeinen politischen Entspannung ergeben sollten, waren zentrale Ziele dieses Friedenskonzepts der Appeasement-Politik. Es handelte sich um den erneuten Versuch, in der Zwischenkriegszeit das liberale Modell der Friedenssicherung zu realisieren. Ganz bewußt wollte man die reine Machtpolitik, die militärische Abschreckung, die Drohung mit dem Krieg und die Errichtung eines Bündnissystems vermeiden, da diese Instrumente der Außenpolitik vor dem Ersten Weltkrieg offensichtlich versagt hatten. Ein neuer Krieg zwischen den Großmächten sollte unter allen Umständen vermieden werden.

Denn Krieg war genau das Gegenteil dessen, was britischen Interessen entsprach. Man war viel zu sehr mit internen Problemen befaßt. Im Weltreich machten sich die ersten Risse bemerkbar. Die wirtschaftliche Lage war krisenanfällig. Neue Wirtschaftszweige sollten in ihrer Entwicklung nicht durch Ausgaben für Rüstungen oder gar durch Krieg gestört werden. Nicht, daß britische Politiker Pazifisten gewesen wären! Aber die Aufrechterhaltung des Friedens entsprach nun einmal den Interessen des britischen Handels, der weltweit etabliert war und durch Krieg nur Einbußen erleiden konnte.

Und was war außenpolitisch von einem Krieg zu erwarten? Was man fürchtete, war nicht die Möglichkeit einer Niederlage. Es war vielmehr die Gewißheit, Großbritannien werde auch nach einem siegreichen Krieg so geschwächt sein, daß seinem Status als Weltmacht die Grundlage entzogen wäre. In der Tat eine sehr realistische Einschätzung!
Der hohe Stellenwert innerstaatlicher Probleme gegenüber der Außenpolitik läßt sich auch bei den übrigen Status-quo-Mächten beobachten. Auch die Regierungen der USA, der UdSSR und Frankreichs sahen sich mit – im einzelnen natürlich sehr unterschiedlichen – wirtschaftlichen und innenpolitischen Problemen konfrontiert, die möglichst im Schutz außenpolitischer Ruhe gelöst werden sollten. Der äußere Frieden erschien in höchstem Maß wünschenswert, um Stabilität im Innern zu erreichen.
Tatsächlich aber war der äußere Frieden bedroht und die Status-quo-Mächte infolge ihrer Überlastung mit inneren Problemen nicht willens und zum Teil auch nicht fähig, eine entschlossene Abwehrfront zu errichten. In diesem Dilemma liegt eine entscheidende Ursache dafür begründet, daß es Japan, Italien und besonders Deutschland möglich war, die Aggression so weit zu treiben, daß der Zweite Weltkrieg unvermeidlich wurde. Zugleich wird deutlich, wie Innen- und Außenpolitik einen Funktionszusammenhang bilden.

Kriegsvorbereitung der revisionistischen Mächte und Kriegsbeginn

Dem Friedensbedürfnis der Status-quo-Mächte stand auf seiten der revisionistischen Mächte die Entschlossenheit gegenüber, eine kriegerische Expansion des eigenen Machtbereichs durchzuführen. Wie Großbritannien als Beispiel gewählt wurde, um eine an der Aufrechterhaltung des Friedens interessierte Politik zu verdeutlichen, steht im folgenden Deutschland als Beispiel für kriegerisch-expansive Politik. Die Entwicklung der deutschen Außenpolitik und darüber hinaus die Gestaltung der deutsch-britischen Beziehungen entschieden in den dreißiger Jahren die Frage über Krieg und Frieden in der europäischen und letztlich in der Weltpolitik.
Die nationalsozialistische Außenpolitik war in allen Punkten das genaue Gegenteil dessen, was das liberale Modell der Friedenssicherung ausmachte. Statt Rüstungsbegrenzung Aufrüstung, statt Handelsaustausch Autarkie, statt Multipolarität des internationalen Systems Hegemonialbildung, statt schiedlich-friedliche Konfliktlösung Gewalt und Krieg, statt Völker-

verständigung Rassenhochmut. Ohne einem festen Zeitplan zu folgen, war die nationalsozialistische Außenpolitik einem Programm verpflichtet, dessen Schwerpunkte Antisemitismus, Antikommunismus und Eroberung sog. neuen Lebensraums im Osten lauteten. Als Fernziel war ein Ausgreifen nach Übersee vorgesehen. Rassenideologische Komponenten und territoriale Expansion hingen aufs engste miteinander zusammen. Konkret lief dieses Programm darauf hinaus, daß in Europa erneut der Anlauf zu einer hegemonialen Stellung unternommen wurde, zunächst auf Kosten der kleineren Staaten Ostmittel- und Südosteuropas sowie der Sowjetunion, dann aber auch Frankreichs und schließlich auch Großbritanniens.

»Deutschland wird entweder Weltmacht oder überhaupt nicht sein.« Von dieser in Hitlers Buch ›Mein Kampf‹[13] formulierten Alternative des kompromißlosen Alles oder Nichts wurde ausgegangen. Hinzuzufügen ist, daß in Hitlers Vorstellungen Weltmachtstatus langfristig Weltherrschaft bedeutete, also die totale Revolutionierung des internationalen Systems.

Heute wissen wir das alles sehr genau. Den Zeitgenossen der dreißiger Jahre – zumal im Ausland – mußte die radikale Zielsetzung der Weltherrschaft anfänglich verborgen bleiben. Zunächst erschien die deutsche Politik als eine normale revisionistische Politik. Die Wiedereinführung der allgemeinen Wehrpflicht 1935, die Remilitarisierung des Rheinlands 1936, wo nach den Bestimmungen der Verträge von Versailles und Locarno keine Truppen stationiert sein durften, der sog. Anschluß Österreichs 1938 und die Abtrennung des Sudetenlandes von der Tschechoslowakei auf der Münchener Konferenz im September 1938 waren Etappen auf dem Weg der schrittweisen Revision des Versailler Vertrags. Hitler suggerierte dem Ausland, diese Revision im Zeichen der Selbstbestimmung sei der eigentliche Inhalt deutscher Politik. Auf dem Höhepunkt der Sudetenkrise stellte er am 26. September 1938 im Berliner Sportpalast[14] die Forderung nach Angliederung des Sudetenlandes als letzte seiner Forderungen hin und charakterisierte seine Politik als begrenzte Revisionspolitik:

»Die deutsche Außenpolitik ist zum Unterschied der vielen demokratischen Staaten weltanschaulich festgelegt und bedingt. Die Weltanschauung dieses neuen Reiches ist ausgerichtet auf Erhaltung und Daseinssicherung des deutschen Volkes. Wir haben kein Interesse, andere Völker zu unterdrücken. [...]

Wie ist nun heute die Lage? Sie wissen, daß man einst unter dem Motto ›Selbstbestimmungsrecht der Völker‹ auch das deutsche Volk mit einem Glauben an überstaatliche Hilfe erfüllte und es damit auf die Anwendung seiner eigenen Kraft bis zum allerletzten verzichten ließ.

Sie wissen, daß dieses Vertrauen von damals auf das schmählichste hintergangen wurde! Das Ergebnis war der Vertrag von Versailles! Sie alle kennen die furchtbaren Folgen dieses Vertrages! Sie alle erinnern sich noch, wie man unserem Volk erst die Waffen stahl und wie man das dann waffenlose Volk später mißhandelte! [...]
Ich habe Herrn Chamberlain gegenüber eindeutig erklärt, was wir jetzt als einzige Möglichkeit einer Lösung ansehen. Es ist die natürlichste, die es überhaupt gibt. Ich weiß, daß alle Nationalitäten nicht mehr bei diesem Herrn Benesch bleiben wollen, allein, ich bin in erster Linie Sprecher der Deutschen, und für diese Deutschen habe ich nun geredet und versichert, daß ich nicht mehr gewillt bin, tatenlos und ruhig zuzusehen, wie dieser Wahnsinnige in Prag glaubt, 3½ Millionen Menschen einfach mißhandeln zu können. [...]
Ich bin Herrn Chamberlain dankbar für alle seine Bemühungen. Ich habe ihm versichert, daß das deutsche Volk nichts anderes will als den Frieden; allein, ich habe ihm auch erklärt, daß ich nicht hinter die Grenzen unserer Geduld zurückgehen kann. Ich habe ihm weiter versichert und wiederhole es hier, daß es – wenn dieses Problem gelöst ist – für Deutschland in Europa kein territoriales Problem mehr gibt!«

Zugleich aber ließ Hitler die andere Seite seiner Politik erkennen. Er machte die deutsche Bevökerung und das europäische Ausland mit seiner Entschlossenheit zum Krieg vertraut. Wiederum psychologisch geschickt verband er dies mit dem rein propagandistisch zu verstehenden Hinweis auf nicht zustande gekommene Rüstungsbegrenzungen:

»Und jetzt kann ich es offen gestehen: wir haben dann allerdings eine Aufrüstung vollzogen, wie sie die Welt noch nicht gesehen hat. Ich habe Waffenlosigkeit angeboten, solange es ging. Nachdem man das aber ablehnte, habe ich dann allerdings keinen halben Entschluß mehr gefaßt. Ich bin Nationalsozialist und alter deutscher Frontsoldat!
Wenn sie die Welt ohne Waffen nicht wollen, gut: dann, deutsches Volk, trage auch du jetzt deine Waffe!
Ich habe in diesen fünf Jahren tatsächlich aufgerüstet. Ich habe Milliarden dafür verwendet, das muß das deutsche Volk jetzt wissen! [...] So haben wir eine Wehrmacht aufgebaut, auf die heute das deutsche Volk stolz sein kann und die die Welt respektieren wird, wenn sie jemals in Erscheinung tritt. Wir haben uns die beste Luftabwehr und die beste Tankabwehr geschaffen, die es auf der Erde gibt. [...]
Das muß die Welt zur Kenntnis nehmen: in 4½ Jahren Krieg und in den langen Jahren meines politischen Lebens hat man mir eines nie vorwerfen können: ich bin niemals feige gewesen! Ich gehe meinem Volk jetzt voran als sein erster Soldat, und hinter mir, das mag die Welt wissen, marschiert jetzt ein Volk, und zwar ein anderes als das vom Jahr 1918!«

Die Revision des Versailler Vertrags war aus Hitlers Sicht jedoch nur die Vorstufe zur Realisierung seines weiter grei-

fenden Programms. Schon die endgültige Zerschlagung der Tschechoslowakei im März 1939 zeigte, daß das nationalsozialistische Deutschland sehr wohl noch weitere territoriale Forderungen hatte.
In der Durchführung dieser Politik scheiterte Hitler schon 1937 in einem für ihn zentralen Punkt. Er strebte nämlich ein Bündnis mit Großbritannien an, um freie Hand in Osteuropa zu haben. Indes war an diesem Punkt die Grenze der britischen Friedensbereitschaft erreicht. Zudem begann man seit Anfang 1939 in London zu fürchten, die deutsche Expansion könnte sich auch nach Westen wenden. Der britische Premierminister Neville Chamberlain fragte nach der Besetzung Prags im März 1939:

»Ist dies das Ende eines alten Abenteuers, oder ist es der Anfang eines neuen? Ist dies der letzte Angriff auf einen kleinen Staat, oder sollen ihm noch weitere folgen? Ist dies sogar ein Schritt in der Richtung auf den Versuch, die Welt durch Gewalt zu beherrschen?«[15]

Es zeigte sich, was von britischer Seite schon immer unterstrichen worden war: die Politik des Appeasement war keine Politik des Friedens um jeden Preis. Es war eine Politik des Friedens zwischen den Großmächten, um dessentwillen kleinere Staaten wie Österreich oder die Tschechoslowakei einer brutalen Staatsräson folgend geopfert wurden. Aber es war nicht eine Politik des Friedens um den Preis der eigenen Sicherheit. Darum wurde Deutschland der Krieg erklärt, nachdem deutsche Truppen am 1. September 1939 Polen angegriffen hatten. Hier zeigte sich, daß der innerstaatlich gegebene Imperativ der Friedenswahrung vom traditionellen Gleichgewichtsdenken überlagert wurde.
Daran änderte auch die Tatsache nichts, daß sich Ende August 1939 Deutschland und die Sowjetunion zu einem Nichtangriffspakt zusammenfanden. Hitler und Stalin, deren Propagandisten und Ideologen zuvor nur in Kategorien absoluter Feindschaft gegeneinander agitiert hatten, teilten bei dieser Gelegenheit Ostmitteleuropa unter sich auf. Die Sowjetunion machte damit den Versuch, den Krieg von sich fernzuhalten, in den sie vielleicht eher verwickelt worden wäre, wenn die im Sommer 1939 geführten britisch-französisch-sowjetischen Verhandlungen zu einem Abschluß gelangt wären. Wie alle Staaten folgte auch die Sowjetunion ihren regional ausgerichteten nationalen Sicherheitsinteressen und nicht dem Prinzip der kollektiven Sicherheit, zu dem sich die sowjetische Regierung 1934 mit ihrem Beitritt zum Völkerbund noch bekannt hatte.
Bis Juni 1941 dauerte die Atempause, die sich die Sowjetunion

erkaufen konnte. Dann wurde auch sie ein Opfer der deutschen Aggression. Unter deren Zwang kehrte sie zur Zusammenarbeit mit den Westmächten zurück. Es bildete sich die Allianz der Alliierten, die Anti-Hitler-Koalition.

Zugleich weitete sich der 1939 begonnene europäische Krieg zum Weltkrieg aus, als der ostasiatisch-pazifische Raum 1941 Kriegsschauplatz wurde. Japan hatte gleichsam im Windschatten des deutschen Sieges über Frankreich im Sommer 1940 seine Expansionsbewegung bis nach Nordindochina fortgesetzt. Gleichzeitig proklamierte es die sog. »Großasiatische Wohlstandssphäre«, einen von Japan beherrschten Wirtschaftsraum, der die Rohstoffgebiete Südostasiens einschloß. Dies drohte die USA von wichtigen Rohstofflieferungen abzuschneiden. Daraufhin gegen Japan gerichtete wirtschaftliche Kampfmaßnahmen der USA machten aus japanischer Sicht – wollte man nicht die einmal eingeschlagene Hegemonialpolitik aufgeben – die Flucht nach vorn unausweichlich. Im Dezember 1941 wurden vor Pearl Harbor liegende amerikanische Flotteneinheiten angegriffen. Für die USA war damit die Phase des Isolationismus beendet. Sie erklärten Japan den Krieg. Wenige Tage später hatte sich der fernöstliche mit dem europäischen Krieg verbunden: Deutschland erklärte den USA den Krieg.

Es ist nicht erforderlich, auf Einzelheiten des Kriegsverlaufs einzugehen. Vielmehr sei abschließend die Frage aufgeworfen, welche Auswirkungen der Krieg auf die Weltpolitik gehabt hat.

Zum einen wiederholte sich, was schon der Erste Weltkrieg bewirkt hatte. Frühere Großmächte verloren ihren Großmachtstatus, nämlich Deutschland, Japan und Italien. Der Krieg endete mit ihrer bedingungslosen Kapitulation, die der amerikanische Präsident Roosevelt im Januar 1943 nach Beratungen mit dem britischen Premierminister Churchill in Casablanca als alliiertes Kriegsziel verkündet hatte:

»Der Präsident und der Premierminister sind in Ansehung der gesamten Kriegslage mehr denn je dazu entschlossen, daß nur eine totale Beseitigung der deutschen und japanischen Kriegsmacht der Welt den Frieden bringen kann. Dies führt zu der einfachen Formulierung der Kriegsziele, welche eine bedingungslose Kapitulation Deutschlands, Japans und Italiens zum Inhalt hat. Die bedingungslose Kapitulation dieser Mächte kann allem Ermessen nach den Weltfrieden für Generationen sichern. Bedingungslose Kapitulation bedeutet nicht die Vernichtung der deutschen, der japanischen oder der italienischen Bevölkerung, sie bedeutet vielmehr die Zerstörung einer Weltanschauung in Deutschland, Italien und Japan, die auf der Eroberung und Unterjochung anderer Völker beruht.«[16]

Es schieden aber nicht nur die Verlierer des Krieges als Großmachtakteure aus der Weltpolitik aus. Die europäischen Mächte insgesamt hörten auf, handlungsfähige Großmächte im Weltstaatensystem zu sein. Auch Großbritannien und Frankreich fielen auf den Status einer Macht zweiter Ordnung im internationalen System zurück. Es vollendete sich, was sich 1917 bereits abgezeichnet hatte. Die Hauptgewichte der Weltpolitik verlagerten sich in die bisherigen Randmächte des internationalen Systems: die Vereinigten Staaten und die Sowjetunion. Das multipolare System der Zwischenkriegszeit verwandelte sich in das bipolare System der Nachkriegszeit.

Anmerkungen

Die Anmerkungen beschränken sich auf den Nachweis von Quellenzitaten.

1 C. F. V. WEIZSÄCKER, Bedingungen des Friedens, Göttingen [4]1964, S. 7.
2 Der Originaltext der Rede findet sich in: Die Botschaften der Präsidenten der Vereinigten Staaten von Amerika zur Außenpolitik 1793–1947, bearb. v. H. STRAUSS, Bern 1957, S. 26ff. Deutsch in: E. Angermann, Die Vereinigten Staaten von Amerika als Weltmacht. Innen- und außenpolitische Entwicklung seit 1917, Stuttgart [3]1974, S. 5ff.
3 Ebd.
4 Dekret über den Frieden vom 26.10.1917. W. I. LENIN, Ausgewählte Werke, Bd. 2, Berlin 1964, S. 527ff.
5 K. LIEBKNECHT, Gesammelte Reden und Schriften, Bd. 9, Berlin [2]1971, S. 484f.
6 Berliner Vertrag zwischen dem Deutschen Reich und der UdSSR vom 24.4.1926, Art. 1. E. KRAUTKRÄMER, Internationale Politik im 20. Jahrhundert. Dokumente und Materialien, Bd. 1, Frankfurt/Berlin/München 1976, S. 32f.
7 Stalin vor dem ZK der KPdSU 19.1.1925. J. W. STALIN, Werke, Bd. 7, Berlin 1952, S. 11.
8 Der Friedenskonferenz vorgelegtes Memorandum (das sog. Fontainebleau-Memorandum) vom 25.3.1919. D. LLOYD GEORGE, The Truth about the Peace Treaties, Bd. 1, London 1938, S. 406ff. Deutsch auszugsweise in: G. NIEDHART, Internationale Beziehungen im 19. und 20. Jahrhundert, Düsseldorf [2]1980, S. 77f.
9 Clemenceau während der Friedenskonferenz am 27.3.1919. Les délibérations du Conseil des Quatre. Notes de l'officier interprête Paul Mantoux, Bd. 1, Paris 1955, S. 42. Deutsch in: Weltkriege und Revolutionen 1914–1945, hg. v. G. SCHÖNBRUNN, München [2]1970, S. 119.
10 Der Friedensvertrag ist veröffentlicht in: Reichsgesetzblatt 1919, S. 717ff. Auszüge in: Ursachen und Folgen. Hg. v. H. MICHAELIS und E. SCHRAEPLER, Bd. 3, Berlin o. J., S. 388ff.
11 Briand-Kellogg-Pakt vom 27.8.1928, Art. II. Ursachen und Folgen, Bd. 7, S. 7ff.
12 General v. Seeckt zur außenpolitischen Lage 11.9.1922. O.-E. SCHÜDDEKOPF, Das Heer und die Republik. Quellen zur Politik der Reichswehrführung 1918–1933, Hannover/Frankfurt 1955, S. 160 ff. Auch in: Die ungeliebte Republik. Dokumentation zur Innen- und Außenpolitik Weimars 1918–1933, hg. v. W. MICHALKA und G. NIEDHART, München 1980, S. 143ff.

13 A. HITLER, Mein Kampf, München [59]1933, S. 742.
14 Reden des Führers. Politik und Propaganda Adolf Hitlers 1922–1945, hg. v. E. KLÖSS, München 1967, S. 188ff.
15 Blaubuch der britischen Regierung über die deutsch-polnischen Beziehungen und den Ausbruch der Feindseligkeiten zwischen Großbritannien und Deutschland am 3. September 1939, Basel 1939, S. 6ff.
16 Ursachen und Folgen, Bd. 18, S. 199.

Literaturverzeichnis

Einführende Literatur zur Geschichte der Weltpolitik im 20. Jahrhundert und zum Problem der internationalen Beziehungen allgemein:

R. V. ALBERTINI: Dekolonisation. Die Diskussion über Verwaltung und Zukunft der Kolonien 1919–1960. Köln/Opladen 1966.
R. ARON: Frieden und Krieg. Eine Theorie der Staatenwelt. Frankfurt 1963.
K. D. BRACHER: Europa in der Krise. Innengeschichte und Weltpolitik seit 1917. Frankfurt/Berlin/Wien 1979.
L. DEHIO: Gleichgewicht oder Hegemonie. Betrachtungen über ein Grundproblem der neueren Staatengeschichte. Krefeld o. J.
dtv-Weltgeschichte des 20. Jahrhunderts. Hg. v. M. Broszat und H. Heiber. 12 Bde. München 1966ff.
I. FETSCHER: Modelle der Friedenssicherung. München 1973.
Geschichte der Weltwirtschaft im 20. Jahrhundert. Hg. v. W. Fischer. München 1973ff.
H. GOLLWITZER: Geschichte des weltpolitischen Denkens. Bd. 1. Göttingen 1972.
Handbuch der europäischen Geschichte. Hg. v. Th. Schieder. Bd. 7: Europa im Zeitalter der Weltmächte. Stuttgart 1979.
F. H. HINSLEY: Power and the Pursuit of Peace. Theory and Practice in the History of Relations between States. Cambridge 1963.
J. HÜTTER: Einführung in die internationale Politik. Stuttgart 1976.
Internationale Beziehungen. Hg. v. K. D. Bracher und E. Fraenkel. Frankfurt 1969.
Internationale Beziehungen. Hg. v. E. Krippendorff. Köln 1973.
R. MEYERS: Außenpolitik und internationale Beziehungen. In: Politische Grundbegriffe. Hg. v. W. Schlangen. Stuttgart 1977, S. 150–186.
Ders.: Weltpolitik in Grundbegriffen. Bd. 1. Düsseldorf 1979.
U. NERLICH (Hg.): Krieg und Frieden im industriellen Zeitalter. Gütersloh 1966.
Ders. (Hg.): Krieg und Frieden in der modernen Staatenwelt. Gütersloh 1966.
F. S. NORTHEDGE und M. J. GRIEVE: A Hundred Years of International Relations. London 1971.
Osteuropa Handbuch. Sowjetunion. Außenpolitik. Hg. v. D. Geyer. 3 Bde. Köln/Wien 1965–76.
E. WEEDE: Weltpolitik und Kriegsursachen im 20. Jahrhundert. Eine quantitativ-empirische Studie. München/Wien 1975.
W. WOYKE (Hg.): Handwörterbuch internationale Politik. Opladen [2]1980.

Literatur zur Zwischenkriegszeit und zum Zweiten Weltkrieg:

A. FISCHER: Sowjetische Deutschlandpolitik im Zweiten Weltkrieg 1941–1945. Stuttgart 1975.
E. FORNDRAN u. a. (Hg.): Innen- und Außenpolitik unter nationalsozialistischer Bedrohung. Opladen 1977.
M. FUNKE (Hg.): Hitler, Deutschland und die Mächte. Materialien zur Außenpolitik des Dritten Reiches. Düsseldorf 1976.

O. HAUSER (Hg.): Weltpolitik 1933–1939. Göttingen 1973.
Ders. (Hg.): Weltpolitik II 1939–1945. Göttingen 1975.
K. HILDEBRAND: Deutsche Außenpolitik 1933–1945. Stuttgart [4]1980.
Ders.: Das Dritte Reich. München/Wien 1979.
A. HILLGRUBER: Forschungsstand und Literatur zum Ausbruch des Zweiten Weltkrieges. In: Sommer 1939. Die Großmächte und der europäische Krieg. Hg. v. W. Benz und H. Graml. Stuttgart 1979, S. 337–364.
Ders. (Hg.): Probleme des Zweiten Weltkrieges. Köln/Berlin 1967.
D. JUNKER: Der unteilbare Weltmarkt. Das ökonomische Interesse in der Außenpolitik der USA 1933–1941. Stuttgart 1975.
G. KOLKO: The Politics of War. The World and United States Policy 1943–1945. New York 1968.
M. LEE/W. MICHALKA: Geschichte der deutschen Außenpolitik 1917–1933. Stuttgart 1981.
W. LINK: Die amerikanische Stabilisierungspolitik in Deutschland 1921–32. Düsseldorf 1970.
B. MARTIN: Japans Weg in den Krieg. In: Militärgeschichtliche Mitteilungen 1978, H. 1, S. 183ff.
V. MASTNY: Moskaus Weg zum Kalten Krieg. München 1980.
A. J. MAYER: Politics and Diplomacy of Peacemaking. Containment and Counterrevolution at Versailles 1918–1919. London 1968.
W. MICHALKA (Hg.): Nationalsozialistische Außenpolitik. Darmstadt 1978.
G. NIEDHART: Appeasement. Die britische Antwort auf die Krise des Weltreichs und des internationalen Systems vor dem Zweiten Weltkrieg. In: Historische Zeitschrift 226 (1978), S. 67–88.
Ders. (Hg.): Kriegsbeginn 1939. Entfesselung oder Ausbruch des Zweiten Weltkriegs? Darmstadt 1976.
A. PFEIL: Der Völkerbund. Literaturbericht und kritische Darstellung seiner Geschichte. Darmstadt 1976.
H. RÖSSLER (Hg.): Die Folgen von Versailles 1919–1924. Göttingen 1969.
Ders. (Hg.): Locarno und die Weltpolitik 1924–1932. Göttingen 1969.
G. SCHMIDT: England in der Krise. Grundlagen und Grundzüge der britischen Appeasement-Politik 1930–1937. Opladen 1981.
F. SIEBERT: Italiens Weg in den Zweiten Weltkrieg. Frankfurt/Bonn 1962.
B.-J. WENDT: Economic Appeasement. Handel und Finanz in der britischen Deutschlandpolitik 1933–1939. Düsseldorf 1971.
C. A. WURM: Die französische Sicherheitspolitik in der Phase der Umorientierung 1924–1926. Frankfurt/Bern/Las Vegas 1979.

23. Gottfried Niedhart

Weltpolitik nach 1917 (II) Weltpolitik als Kalter Krieg

Das internationale System der Zwischenkriegszeit zeichnete sich durch strukturelle Instabilität und unwirkliche Kräfteverhältnisse aus. Das alte Europa blieb vordergründig Zentrum der Weltpolitik, obwohl die USA den Ersten Weltkrieg durch ihren Kriegseintritt 1917 militärisch entschieden hatten und obwohl die für den Kriegsverlauf nicht minder bedeutsame Oktoberrevolution in Rußland einen Faktor ganz neuer Qualität für die Weltpolitik hervorgebracht hatte. Es sollte jedoch bis zum Zweiten Weltkrieg dauern, ehe die Initiative im weltpolitischen Handeln auch formell auf diese beiden Staaten überging, die sich zu sog. Supermächten entwickelten. Die europäische Epoche der Weltpolitik war definitiv zu Ende. Die Weltpolitik begann sich nun nach zwei Schwerpunkten hin zu orientieren. Sie nahm eine bipolare Gestalt an. Mit dem Bedeutungsrückgang der europäischen Großmächte in der Weltpolitik ging die Auflösung der Kolonialreiche einher. Eine Vielzahl neuer Staaten entstand.

Damit sind die wichtigsten Themen angesprochen, die im folgenden zu behandeln sind. Vorrangig wird wegen der überragenden Bedeutung des Themas auf die Rolle der USA und der UdSSR in der Weltpolitik und auf ihr Verhältnis zueinander eingegangen. Dabei liegt das Hauptaugenmerk auf Europa, wo sich die Supermächte direkt gegenüberstanden und noch gegenüberstehen. Weniger intensiv kommen die Dritte Welt, die ihr eigenen nationalen und sozialen Bewegungen und das Gewicht der Entwicklungsländer in der Weltpolitik nach Abschluß der Entkolonialisierung zur Sprache. Auch die Tendenz zur Multipolarität in der Weltpolitik seit Beginn der 70er Jahre, also die Herausbildung neuer Machtzentren wie der Europäischen Gemeinschaft und der Volksrepublik China wird nur gestreift. Denn Westeuropa oder China stellen zwar Schauplätze der Weltpolitik dar, stehen aber nicht in ihrem Zentrum.

Friedensvorstellungen am Ende des Zweiten Weltkriegs und Interessengegensätze der Siegermächte

Die erste Frage, die man sich zu stellen hat, ist wieder die Frage nach den Friedensvorstellungen bei Kriegsende. Sowohl in Washington wie in Moskau wollte man schmerzhafte Erfahrungen der Zwischenkriegszeit vermeiden. Zugleich griff man jedoch auf alte Konzepte zurück, die es nur effektiver zu realisieren gelte.
Die Regierung der USA zielte angesichts der destabilisierenden Wirkung der Weltwirtschaftskrise auf eine Wirtschaftsordnung ab, die im Zeichen liberaler Außenhandelspolitik stehen sollte. Nur eine liberale Weltwirtschaftsordnung mit einem offenen Weltmarkt würde die verheerenden Einbrüche der Zwischenkriegszeit und die daraus folgenden politischen Katastrophen künftig verhindern können. In seinen Memoiren formulierte der amerikanische Außenminister Cordell Hull diese Grundannahme folgendermaßen:

»Für mich hing ungehinderter Handel ebenso untrennbar mit Frieden zusammen wie hohe Zölle, Handelsbarrieren und Diskriminierungen im wirtschaftlichen Wettbewerb mit Krieg. Ich wußte wohl, daß da auch noch andere Faktoren eine Rolle spielten; dennoch war ich davon überzeugt, daß wir, wenn wir einen freieren Handelsverkehr durchsetzen würden – freier im Sinne von weniger Diskriminierungen und Behinderungen – so daß nicht ein Land das andere mit Eifersucht verfolgen würde und der Lebensstandard aller Länder steigen könnte, womit zugleich die wirtschaftliche Unzufriedenheit als Brutstätte des Krieges verschwinden würde, daß wir dann eine begründete Chance für einen dauerhaften Frieden hätten.«[1]

Die sowjetische Regierung ging bei ihren Überlegungen dagegen vom Problem der nationalen Sicherheit aus. Die Existenzkrise des jungen Sowjetstaats nach dem Ersten Weltkrieg, das oft übersteigerte Gefühl des Bedrohtseins durch die kapitalistische Welt, der deutsche Angriff 1941 – all dies bildete die Erfahrungsgrundlage sowjetischer Außenpolitik. Konkret hieß dies: Stabilisierung einer sowjetisch kontrollierten Friedensordnung in Ostmitteleuropa, wo die Rote Armee im Frühjahr 1945 die Oder überschritten hatte. Der Cordon Sanitaire der Zwischenkriegszeit mußte in einen Gürtel von Staaten verwandelt werden, die der Sowjetunion vorgelagert waren. Und mehr noch: die zum politischen System der Sowjetunion nicht im Gegensatz standen. In den Worten Stalins vom April 1945:

»Dieser Krieg ist nicht wie in der Vergangenheit; wer immer ein Gebiet besetzt, erlegt ihm auch sein eigenes gesellschaftliches System auf.

Jeder führt sein eigenes System ein, soweit seine Armee vordringen kann. Es kann gar nicht anders sein.«[2]

Die Anti-Hitler-Koalition beruhte in erster Linie auf einem negativen Ziel: der Ausschaltung des Gegners. Mit dem Verschwinden der akuten Bedrohung mußten die Interessengegensätze der Sieger offen hervortreten. In seinem Kern war es ein Konflikt, der von einander ausschließenden Modellen der Friedenssicherung bestimmt war. Auf der einen Seite das weltumspannende liberale Modell der Friedenssicherung, das Frieden durch Freihandel und zwischenstaatliche Kooperation sichern wollte. Auf der anderen Seite das Prinzip der Friedenssicherung durch Hegemonialbildung, durch die Abgrenzung von Interessensphären und Staatenblöcken, die unter der klaren Dominanz einer Führungsmacht stehen. Überhöht wurde dieser Gegensatz vom Konflikt der politischen Systeme: die pluralistische Demokratie westlicher Prägung auf der einen, die kommunistische Diktatur stalinistischer Prägung auf der anderen Seite.

Warum erschien der sowjetischen Führung das liberale Modell der Friedenssicherung so wenig attraktiv? Wäre es doch mit amerikanischen Krediten und einer Zunahme des Welthandels verbunden gewesen, von der auch die Sowjetunion profitiert hätte.

Abgesehen von allen politisch-ideologischen Gegensätzen zu den kapitalistischen Ländern lag die sowjetische Verweigerung darin begründet, daß Roosevelts liberale Konzeption der One World – der Einen, von einer liberalen Wirtschaftsordnung zusammengehaltenen Welt – dem wirtschaftlich überlegenen Amerika automatisch eine Führungsrolle in der Weltpolitik beschert hätte. Die USA hätten eine Position der indirekten Herrschaft über die übrige Welt errungen. Da sie am Ende des Zweiten Weltkriegs auch die militärisch stärkste Macht waren und also aus der Sicht Moskaus jederzeit zu militärischen Aktionen befähigt und auch willens waren, wies die Sowjetunion jeden Gedanken einer Öffnung ihres Machtbereichs für liberale Ideen und Politik als unzumutbare Vorstellung zurück.

Die sowjetische Entscheidung beruhte auf einer doppelten Grundlage: einmal auf der richtigen Einschätzung objektiv gegebener Stärkeverhältnisse; zum anderen – was mindestens ebenso bedeutsam ist – auf der subjektiv als bedrohlich empfundenen Überlegenheit der anderen Seite.

Nicht nur in der Sowjetunion erkannte man, daß das Konzept der Einen Welt die USA bevorteilte und nicht nur den Gedanken der Friedenssicherung enthielt, sondern auch den nationalen Interessen der USA direkt entsprach. Auch in Großbritannien z. B. wurde dies sehr deutlich gesehen. Ein multilaterales Freihandelssystem, also die Aufhebung von Zollschranken und die freie Konvertibilität der Währungen, die allgemeine Realisierung einer Politik der offenen Tür eröffneten der amerikanischen Wirtschaft Exportmärkte, die für die Umstellung der Kriegs- auf Friedenswirtschaft dringend benötigt wurden. Der britische Unterhausabgeordnete Boothby formulierte in seiner Kritik deutlich diese Hauptziele der amerikanischen Politik:

»Das erste ist, so schnell wie möglich zu dem ökonomischen System des 19. Jahrhunderts zurückzukehren – dem System des laissez-faire-Kapitalismus. Das zweite, die Märkte der Welt zugunsten der Vereinigten Staaten aufzubrechen und zu öffnen, welche den dringenden Wunsch haben, ihre überschüssigen Produkte, die enorm sein werden, zu beinahe jedem Preis loszuwerden. [...] Es gibt ein Mandat, das die Regierung Seiner Majestät niemals von dem Volk dieses Landes erhalten hat, nämlich das britische Empire für eine Schachtel Zigaretten zu verkaufen.«[3]

Eine drastische Formulierung, die aber den Kern der Sache traf! Denn die europäischen Mächte waren gezwungen, zumindest teilweise auf amerikanische Bedingungen einzugehen, wollten sie Kredite für den Wiederaufbau erhalten. Wer darauf einging, hatte materiellen Nutzen, machte sich aber zum Juniorpartner der USA. Was für Großbritannien als westlicher Macht gerade noch vertretbar erschien, kam für die Sowjetunion freilich überhaupt nicht in Betracht. Darüber hinaus gab es für Großbritannien keine wirkliche Alternative zur Abdankung als Weltmacht, während die Sowjetunion gerade an der Schwelle zum Weltmachtstatus stand.
Die Politik der USA lief also auf zwei Ziele hinaus, ein ausgesprochenes und ein unausgesprochenes. Ausgesprochen war das Ziel der Kooperation aller Staaten – auch der Sowjetunion – im Rahmen einer neuen Weltfriedensordnung. Sie verstand sich als liberale Ordnung, deren wichtigste Komponenten die sog. vier Freiheiten waren. Roosevelt hatte sie schon im Januar 1941 formuliert:

»Für die Zukunft, die wir zu sichern versuchen, erhoffen wir eine Welt, die sich auf vier wesentliche menschliche Freiheitsrechte gründet.
Das erste ist die Freiheit der Rede und der Meinungsäußerung – überall in der Welt.
Das zweite ist die Freiheit für jeden, Gott auf seine Weise zu verehren – überall in der Welt.
Das dritte ist die Freiheit von Not – was, international gesehen, soviel heißt wie wirtschaftliche Abkommen, die der Bevölkerung

jedes Landes gesunde Friedensverhältnisse sichern – überall in der Welt.
Das vierte ist die Freiheit von Furcht – was, international gesehen, soviel heißt wie eine die ganze Welt betreffende Abrüstung bis zu dem Grad und so gründlich, daß keine Nation in der Lage sein wird, einen Angriffsakt gegen ein Nachbarland zu begehen – überall in der Welt...
Die Weltordnung, die wir suchen, ist ein Verband freier Länder, die in einer freundschaftlichen und zivilisierten Gesellschaft zusammenarbeiten.«[4]

So weit die ausgesprochene Zielsetzung. Unausgesprochen blieben die darin enthaltenene Konsequenzen für die übrige Welt. Die neue Friedensordnung wäre ganz wesentlich von der wirtschaftlichen Führungsrolle der USA geprägt.
Schon an dieser Stelle sei die Frage aufgeworfen, die die historische Forschung immer wieder beschäftigt. Was hat der die Weltpolitik spätestens seit 1946/47 bestimmende Gegensatz zwischen den USA und der Sowjetunion mit den hier skizzierten Vorstellungen zu tun, die in beiden Staaten zur Gestaltung der internationalen Ordnung entwickelt wurden?
Manche Historiker sind der Ansicht, die auf Abschließung ihres Machtbereichs und auf direkte militärische Herrschaft der Roten Armee in Osteuropa abhebende sowjetische Politik sei für den Konflikt verantwortlich, der als Kalter Krieg die Weltpolitik bestimmt hat.
Andere Historiker vertreten die These, die amerikanische Politik einer ökonomisch bestimmten indirekten Herrschaft habe der schwächeren Sowjetunion gar keine andere Wahl gelassen, als vor ihren Grenzen militärisch gesicherte Positionen aufzubauen und andere Länder in den sowjetischen Machtbereich hineinzuzwingen.
Es wird im folgenden zu prüfen sein, ob diese sich ausschließenden Positionen, die die Fronten des Kalten Kriegs auch in der Forschung auftauchen lassen, zu einer angemessenen Analyse des Problems kommen können.

Die Siegermächte zwischen Kooperation und Konflikt

Das Verhältnis der Hauptkriegsalliierten pendelte gegen Ende des Krieges und kurz danach zunächst zwischen Kooperation und Konfrontation. Bevor nicht alle militärischen Ziele erreicht waren, überwog die Kooperation; oder besser gesagt: der Mangel an Konfrontationsbereitschaft. Während der Krieg in Europa im Mai 1945 beendet war, dauerte er im Fernen Osten noch bis August 1945, ehe Japan angesichts der amerikanischen Atombombenabwürfe den Widerstand aufgab.

Nachkriegspläne für Osteuropa

Die Kooperation fand ihren Ausdruck in verschiedenen Gipfelkonferenzen der Alliierten und in der Gründung der Vereinten Nationen. Die Konferenz von Teheran 1943 beschloß neben der ›Zerstückelung‹ Deutschlands vor allem die Westverschiebung Polens. Im folgenden Jahr wurde Südosteuropa aufgrund einer britischen Entscheidung weitgehend als sowjetischer Einflußbereich anerkannt. Damit wollte man auf die als legitim erachteten Sicherheitsinteressen der Sowjetunion eingehen. Man glaubte dies um so leichter tun zu können, als sich Moskau grundsätzlich zu den Prinzipien der Atlantik-Charta vom August 1941 bekannt hatte. In Anlehnung an die ›Vier Freiheiten‹ wurden in diesem britisch-amerikanischen Grunddokument einer liberalen Friedensordnung folgende Punkte niedergelegt: Verzicht auf territoriale Expansion, Selbstbestimmung und Selbstregierung der Völker, Zugang zum Handel und zu den Rohmaterialien der Welt für alle Staaten und Zusammenarbeit aller Nationen auf wirtschaftlichem Gebiet, Abrüstung und Verzicht auf militärische Gewaltanwendung.[5]

Die Sowjetunion hatte der Charta zugestimmt, allerdings mit dem bedeutsamen Vorbehalt, »daß die praktische Anwendung dieser Prinzipien notwendigerweise an die Umstände, Bedürfnisse und historischen Eigenarten der bestimmten Länder angepaßt werden muß«.[6]

Mit diesem Vorbehalt reservierte man sich einen breiten Interpretationsspielraum und relativierte die westlich-liberalen Prinzipien zutiefst. Konkret gesprochen: in Ländern des sowjetischen Einflußbereichs hatte das liberale Modell der Friedenssicherung nur gemäß den Bedürfnissen der sowjetischen Regierung Geltung.

Allerdings folgten daraus keine Konsequenzen für die amerikanische Rußlandpolitik. Roosevelt ging von der Überzeugung aus, die amerikanisch-sowjetische Kooperation in der Weltpolitik werde auch nach Kriegsende möglich sein und die USA würden ihre Truppen alsbald von den Kriegsschauplätzen zurückziehen können. An eine längere Besatzungszeit oder gar dauernde Truppenstationierung in Europa war nicht gedacht.

Tatsächlich aber schlossen sich das macht- und sicherheitspolitische Zugeständnis an die Sowjetunion, mit dem sowjetische Einflußbereiche festgelegt wurden, und das wiederholt nieder-

gelegte liberale Programm der »einen Welt« aus. Die ambivalente westliche Politik mußte notwendigerweise Irritationen hervorrufen. Bei der Sowjetunion, weil man die Zusicherung hinsichtlich sowjetischer Interessensphären als unaufrichtig und das Programm des liberalen Friedens als Verbrämung des anglo-amerikanischen Imperialismus einstufte. Bei den betroffenen Völkern Ostmittel- und Südosteuropas, weil der liberale Friede nur ein Lippenbekenntnis zu sein schien.
Roosevelt tat bis zu seinem Tod im April 1945 nichts, um diesen Widerspruch zwischen Machtpolitik und Sendungsbewußtsein aufzulösen. Er begnügte sich mit verbalen Zugeständnissen, die er der Welt und der Bevölkerung der USA vorzeigen konnte, die aber keinen praktischen Hebel zur Errichtung liberaler politischer Systeme im sowjetischen Einflußbereich darstellten. Hierzu zählte z. B. die ›Erklärung über das befreite Europa‹, die zum Abschluß der Gipfelkonferenz von Jalta im Februar 1945 von Roosevelt, Stalin und Churchill abgegeben wurde. Den von der »Herrschaft Nazideutschlands befreiten Völkern« wurden Regierungen in Aussicht gestellt, »in denen alle demokratischen Elemente der Bevölkerung weitgehend vertreten sind«.[7] Es versteht sich, daß offenblieb, was unter ›weitgehend‹ verstanden werden sollte. Ganz abgesehen davon, daß die west-östlichen Interpretationsabweichungen zum Begriff ›demokratisch‹ nicht auf den Tisch kamen. Auf den ersten Blick aber erschien die Erklärung von Jalta als ein Zeichen der Kooperation zwischen den Alliierten.

Die Vereinten Nationen

Als ein solches Zeichen erschien auch die Gründung der Vereinten Nationen als Nachfolgeorganisation des Völkerbunds. Die Staaten, die im April 1945 zur Gründungskonferenz nach San Francisco zusammenkamen, waren aufgerufen, eine Weltorganisation zu schaffen, deren Ziel es sein sollte, eine institutionelle Basis zur Lösung des Problems der Kriegsvermeidung und der Friedenswahrung zu schaffen. In der Satzung der Vereinten Nationen[8] heißt es:

> »Alle Mitglieder sollen ihre internationalen Streitigkeiten mit friedlichen Mitteln auf solche Weise beilegen, daß der internationale Frieden, die Sicherheit und die Gerechtigkeit nicht gefährdet werden.«

Zugleich aber heißt es:

> »Die Organisation ruht auf dem Grundsatz der souveränen Gleichheit aller ihrer Mitglieder.«

Das Grundproblem des Völkerbunds blieb also weiter bestehen. Es handelt sich zwar um eine internationale Organisation, die den Naturzustand der Staatenwelt zu überwinden trachtet, wo der Krieg aller gegen alle herrscht. Aber zugleich ist diese Organisation aus Nationalstaaten zusammengesetzt, die nicht auf ihre Souveränitätsrechte verzichten wollen, so daß die Weltorganisation nicht das Gewaltmonopol besitzt und die angestrebte kollektive Sicherung des Friedens vom individuellen Willen der Mitgliedstaaten, genauer der Großmächte, abhängig bleibt. Die ständigen Mitglieder des Sicherheitsrats der Vereinten Nationen – die USA, die UdSSR, Großbritannien, Frankreich und China – verfügen über ein Vetorecht. Mehrheitsbeschlüsse sind damit ausgeschlossen. Beschlüsse werden entweder einstimmig gefaßt oder gar nicht. Die Weltpolitik wird also nach wie vor von den Machtverhältnissen zwischen den Staaten bestimmt, die aufgrund ihrer Potentiale zu weltpolitischem Engagement fähig und entschlossen sind. Damit soll aber nicht gesagt werden, man könne auf die Vereinten Nationen auch verzichten. In den über den Weltfrieden entscheidenden Fragen sind sie zwar ohnmächtig. Aber bei regional begrenzten Konflikten treten sie als Vermittlungsinstanz und Organisator von internationalen Polizeitruppen auf. Außerdem sind sie dort tätig, wo die Anstrengung für den Frieden eigentlich beginnen muß: im sozialen, wirtschaftlichen und kulturellen Bereich. Mit ihren Unterorganisationen versuchen sie die gesellschaftlichen und wirtschaftlichen Probleme anzupacken, die als spannungs- und kriegsverursachend erkannt worden sind.

Der Kalte Krieg

Es wurde eben gesagt, das Verhältnis der Siegermächte pendelte zwischen Kooperation und Konfrontation. Kooperation wurde noch einmal demonstriert, als man sich zur Potsdamer Konferenz traf. Im Mittelpunkt ihrer Beratungen stand das Deutschlandproblem. Einigung wurde eher in Verfahrens- als in inhaltlichen Fragen erzielt. Denn unter der Decke der Kooperation entstand der Konflikt, der an die Stelle des heißen Schießkriegs treten sollte: der Kalte Krieg.

Truman-Doktrin und Containment-Politik

Der Kalte Krieg stellte den machtpolitischen und ideologischen Konflikt zwischen Ost und West dar, der aus seiner latenten

Phase heraustrat, als sich in den USA die Überzeugung durchsetzte, das Konzept der ›Einen Welt‹ sei gescheitert. Dies begann 1946 und war im Frühjahr 1947 definitiv und für die Öffentlichkeit erkennbar der Fall.
Die Sowjetisierung Osteuropas war abzusehen. In Nordpersien hatte die Sowjetunion nur unter Druck eine vorgeschobene Position aufgegeben. Jetzt befand sich Griechenland im Bürgerkrieg, in dem die Kommunisten von Jugoslawien und Bulgarien aus, also aus dem sowjetischen Machtbereich Hilfe erhielten. Das bisher in Griechenland engagierte Großbritannien war überfordert, ein ausreichendes Gegengewicht zu schaffen. An seine Stelle traten die USA, die anders als unmittelbar nach Beendigung des Krieges entschlossen waren, das liberale Modell nicht nur zu fordern, sondern auch durchzusetzen. Damit begann eine neue Phase der amerikanischen Außenpolitik. Ihre Grundlage war die Truman-Doktrin, die Präsident Truman am 12. März 1947 vor dem Kongreß in Washington entwickelte:

»Um die friedliche, ungezwungene Entwicklung der Nationen sicherzustellen, haben die Vereinigten Staaten sich an führender Stelle an der Errichtung der Vereinten Nationen beteiligt. Die Vereinten Nationen sollen dauernde Freiheit und Unabhängigkeit für alle ihre Mitgliederstaaten ermöglichen. Wir werden unser Ziel jedoch nicht verwirklichen, wenn wir nicht bereit sind, den freien Völkern zu helfen, ihre freien Einrichtungen und ihre nationale Integrität gegenüber aggressiven Bewegungen zu erhalten, die ihnen totalitäre Regimes aufzwingen wollen. Das ist nichts weiter, als die freimütige Anerkennung der Tatsache, daß totalitäre Regimes, die freien Völkern durch direkte oder indirekte Aggression aufgezwungen werden, die Grundlage des internationalen Friedens und damit die Sicherheit der Vereinigten Staaten untergraben.
In einer Anzahl von Ländern waren den Völkern kürzlich gegen ihren Willen totalitäre Regimes aufgezwungen worden. Die Regierung der Vereinigten Staaten hat mehrfach gegen Zwang und Einschüchterung bei der Verletzung des Jalta-Abkommens in Polen, Rumänien und Bulgarien protestiert. Und weiter muß ich feststellen, daß in einer Anzahl anderer Staaten ähnliche Entwicklungen stattgefunden haben.«[9]

Im Klartext hieß dies: an die Stelle der Kooperation mit der Sowjetunion war die Politik der Eindämmung sowjetischen Herrschaftsstrebens getreten, die sog. Containment-Politik. Sie war schon lange von Beobachtern und Politikern gefordert worden, die in ihrem Rußlandbild von einem ideologisch und machtpolitisch bedingten Expansionsstreben der Sowjetunion ausgingen. So hatte Churchill gleich nach der deutschen Kapitulation vor der, wie er sagte, »bequemsten Lösung« gewarnt, die den Westen den Standpunkt einnehmen lasse, die Sowjetunion werde sich »tadellos« verhalten. Churchill sprach vom »moskowitischen Vormarsch ins Herz Europas«. Er benutzte das Bild des »eisernen Vorhangs«, den die Rote Armee vor sich niedergehen lasse.[10]

Churchill sah also die Zweiteilung der Welt bereits als Faktum an, als die amerikanische Regierung noch dem Gedanken der ›Einen Welt‹ anhing. Dies hatte sich 1947 unter dem Einfluß amerikanischer Rußlandexperten grundlegend geändert, insbesondere unter dem Einfluß der Analysen George F. Kennans, der zum eigentlichen Theoretiker der Containment-Politik geworden ist. Kennan war von der prinzipiellen Feindschaft der Sowjetführung gegenüber der nichtsowjetischen Außenwelt überzeugt und hielt infolgedessen eine Kooperation mit der Sowjetunion für unmöglich. Als Grundlage für eine erfolgreiche Politik der Eindämmung empfahl er wirtschaftliche Stützungsmaßnahmen in den durch den Krieg geschwächten Ländern.

Realisiert wurde dieses Konzept mit dem 1947 verkündeten Marshall-Plan. Er sah ein Hilfsprogramm für Europa – einschließlich der Sowjetunion! – vor und forderte die wirtschaftliche Zusammenarbeit der europäischen Länder, war also nicht an einzelne Staaten gerichtet. Nur dadurch schien es gewährleistet, Wirtschaftsaufschwung, Handelsausweitung und Friedenssicherung zu verknüpfen. Die hierfür vorgesehenen 12,5 Milliarden Dollar kamen freilich dem nationalen Eigeninteresse der USA als exportorientierter Macht indirekt wieder zugute.

Dies war denn auch ein propagandistisch leicht zu handhabender Ansatzpunkt für die Sowjetunion, das Programm des Marshall-Plans abzulehnen. Sowjetischerseits reagierte man mit einem Gegenstück zur Containment-Doktrin, mit der Lehre von den ›zwei Lagern‹:

> »das imperialistische antidemokratische Lager, dessen Hauptziel die Weltherrschaft des amerikanischen Imperialismus und die Zerschlagung der Demokratie ist, und das antiimperialistische und demokratische Lager, dessen Hauptziel die Untergrabung des Imperialismus, die Festigung der Demokratie und die Liquidierung der Überreste des Faschismus ist ... Der Truman-Marshall-Plan ist lediglich der europäische Bestandteil des Gesamtplanes einer expansionistischen Weltpolitik, die die USA in allen Weltteilen betreiben.«[11]

Damit war die Zweiteilung der Welt auch im offiziellen Sprachgebrauch verankert. Fortan bestimmte die Blockbildung des Kalten Kriegs die weltpolitische Szene.

Was war der Kalte Krieg?

Wenn vom Kalten Krieg gesprochen wird, so ist es wichtig zu sagen, was darunter zu verstehen ist und wie der Kalte Krieg datiert werden soll. Manche Historiker lassen seine Geschichte 1917 beginnen. Dagegen ist zu sagen, daß der Systemkonflikt zwischen West und Ost keineswegs sofort konstitutiv für die internationale Politik geworden ist. Darum aber geht es: wann nimmt der Konflikt eine zentrale Stellung in der konkreten Politik ein? Anders formuliert: wann kommt es zu feindlich voneinander abgegrenzten Blöcken, zwischen denen es keine Kooperation gibt und deren Konfrontation im Mittelpunkt der weltpolitischen Entwicklung steht? Geht man von diesen Merkmalen aus, so beginnt der Kalte Krieg 1947, als die Sowjetunion das im Marshall-Plan liegende Kooperationsangebot ausschlug. Und er endete, als die USA und die Sowjetunion anfingen, wieder gemeinsame Interessen zu entdecken, vor allem im Sicherheitsbereich und auf dem Gebiet der Rüstungsbegrenzung. Diese Entwicklung setzte nach der Kuba-Krise des Jahres 1962 ein und dauert bis heute an – ungeachtet des ideologischen Systemkonflikts, der 1917 wie heute zwischen West und Ost besteht, aber heute wie 1917 nicht im Zentrum der konkreten politischen West-Ost-Beziehungen steht, und ungeachtet fortgesetzter machtpolitisch-rüstungsstrategischer Schachzüge und Gegensätze. Die Entwicklung lief seit den 60er Jahren – nicht immer geradlinig und ausschließlich, aber doch tendenziell – auf die Kooperationsformeln der KSZE-Beschlüsse von 1975 zu. Die West-Ost-Beziehungen haben sich seit den 60er Jahren aus der Bipolarität des Kalten Kriegs in die Bipolarität der Entspannung transformiert.

Die umstrittenen Ursachen des Kalten Kriegs

Eine schon angesprochene Frage betrifft die Debatte um die Schuld am Kalten Krieg. Diese Frage hängt eng mit der Frage nach den tatsächlichen Zielen sowjetischer Politik nach dem Zweiten Weltkrieg zusammen. Leider wissen wir darüber letztlich sehr wenig angesichts der Unzugänglichkeit der sowjetischen Akten. Verfolgte die Sowjetunion nach 1945 ein legitimes Sicherheitsinteresse? War sie also nur auf Sicherung einer Einflußzone bedacht, ohne jenseits dieser Interessensphäre aktiv werden zu wollen? War die revolutionäre Komponente der sowjetischen Politik entscheidend zurückgegangen?
Verneint man diese Fragen, wie die traditionelle Interpretation

des Kalten Kriegs dies tut, so erscheint die Sowjetunion als Verursacher der Konfrontation. Bejaht man die Fragen, wie eine revisionistische Geschichtsschreibung dies tut, so erscheint der Universalismus des westlichen liberalen Modells der Friedenssicherung und das darin implizierte ökonomische Machtstreben der USA als Ursache des Kalten Kriegs.

Zu dieser Forschungskontroverse, die hier in vergröbernden Strichen nachgezeichnet wurde, sollen zwei Anmerkungen gemacht werden:

1. Man wird, wie dies einzelne Historiker mittlerweile auch zu tun beginnen, weit differenzierter vorgehen müssen, um die Frage nach der Entstehung des Kalten Kriegs beantworten zu können. Beide hier vorgestellten Forschungsansätze überbetonen bestimmte Faktoren. Der eine das auf Weltrevolution gerichtete Element in der sowjetischen Politik, der andere den ökonomischen Determinismus der amerikanischen Weltpolitik. Beide Ansätze sind bestimmten politischen Grundpositionen verpflichtet. Der eine erliegt einem antisowjetischen, der andere einem antiamerikanischen Affekt. Beide gehen schließlich von einem gewissermaßen machiavellistischen Grundplan aus, dem jede Seite – die USA wie die UdSSR – zur Beherrschung der Welt gefolgt sei. Gewiß, außenpolitisches Handeln folgt immer bestimmten Plänen. Es steht aber zugleich unter dem Druck der Eigendynamik, die sich im internationalen System stets entwickelt. So gesehen spricht viel für die Unvermeidlichkeit des Kalten Kriegs, an dessen Eskalation beide Seiten beteiligt waren.
2. Es erscheint wichtig zu betonen, daß Herrschaft nicht gleich Herrschaft ist. Es besteht sehr wohl ein Unterschied zwischen der direkten militärischen Herrschaft der Roten Armee und durch sie gestützter sowjetergebener Diktaturen einerseits und den Abhängigkeitsstrukturen in einem liberalen Wirtschaftssystem andererseits, auch wenn es unter Führung eines Staates, der USA, steht und diesem Staat politischen und wirtschaftlichen Machtzuwachs bringt. Abgesehen davon aber ist es eine Tatsache, daß es die militärisch operierende Sowjetmacht war, die sich nach dem Ende des Krieges jenseits der sowjetischen Grenzen ausdehnte, und zwar primär nicht als Reaktion auf ein von den USA gelenktes liberal-kapitalistisches Wirtschaftssystem. Das Prinzip der disziplinierten Blockbildung wurde von der Sowjetunion initiiert. Zweifellos hat die Wendung der amerikanischen Außenpolitik 1946/47 zur Eskalation des Konflikts beigetragen. Und wahrscheinlich verfolgte die Sowjet-

union 1946 keine Politik der militärischen Aggression über den von ihr reklamierten Sicherheitsbereich hinaus, wenn sie auch auf dem zweiten Gleis ihrer Außenpolitik, der kommunistisch-revolutionären Parteiarbeit, jenseits ihres engeren geopolitischen Interessenbereichs weiterfuhr. Aber den Kalten Krieg als Resultat des liberalen Modells der Friedenssicherung zu interpretieren, heißt falsche Wirkungszusammenhänge konstruieren. Zwischen den USA und Westeuropa hat es nach dem Zweiten Weltkrieg zwar Konflikte, aber keinen Kalten Krieg gegeben, obwohl es dem von der Sowjetunion so gefürchteten wirtschaftlichen Druck voll ausgesetzt war.

Bipolarität, Blockbildung und Interessenabgrenzung

Die Weltpolitik ist bis heute vom Kalten Krieg insofern geprägt, als sie nach wie vor in wesentlichen Punkten bipolar ausgerichtet ist. Der Stand der Beziehungen zwischen den USA und der UdSSR entscheidet darüber, ob zwischenstaatliche Konflikte begrenzt bleiben oder sich zum Weltkrieg ausweiten. Dies liegt daran, daß das militärische Potential beider Staaten von dem anderer Mächte deutlich abgehoben ist. Allein die USA und die UdSSR sind aufgrund ihrer Waffensysteme dazu in der Lage, an jedem Ort der Welt und zu jeder Zeit militärisch einzugreifen. Interkontinentale Raketen mit Nuklearsprengköpfen können an jeden Punkt der Erde gelenkt werden. Darum sprechen wir in ihrem Fall von Supermächten, und nicht von Großmächten herkömmlicher Art. Sie haben eine qualitativ gänzlich neue Rüstung entwickelt, von der die übrigen Staaten der Welt aufgrund ihrer begrenzten Mittel ausgeschlossen bleiben, auch andere Atommächte wie Großbritannien, Frankreich oder China.

Zu Beginn des Kalten Kriegs sah dies noch anders aus. Bis 1949 besaßen die USA das Atomwaffenmonopol. Danach begann der atomare Rüstungswettlauf. Die erste Wasserstoffbombe stand in den USA Ende 1952, in der Sowjetunion neun Monate später zur Verfügung. 1956 befanden sich die Supermächte in einer nuklearen Pattsituation. Im Oktober 1957 aber erschütterte die Sowjetunion mit dem Start des Sputnik-Satelliten das Selbstvertrauen der Amerikaner, die sich jetzt zur Schließung der vermeintlichen Raketenlücke angetrieben sahen.

Parallel zu dieser Entwicklung formierten sich unter Führung der Supermächte militärische Blöcke, in denen die Supermächte als Blockführungsmächte eine hegemoniale Stellung einnahmen. Westliche Allianzen wie die 1949 gegründete NATO und

andere Regionalpakte im Mittleren Osten, in Südostasien und im Pazifik standen dem 1955 gegründeten Warschauer Pakt des Ostblocks gegenüber.
Im Kern bestand die weltpolitische Ordnung seit Beginn des Kalten Kriegs darin, daß die Supermächte ihre jeweiligen Einflußphären gegenseitig respektierten und innerhalb ihrer Blöcke aufgrund ihrer wirtschaftlichen und politisch-militärischen Führungsrolle für Disziplin sorgten. Das heißt: formal gesehen gleichberechtigte souveräne Staaten gerieten unter Kontrolle ihrer Blockführungsmächte. Überdeutlich wurde dies demonstriert, als Großbritannien und Frankreich 1956 ihre kriegerische Aktion in der Suez-Kanal-Zone nicht nur auf sowjetischen, sondern auch und gerade auf amerikanischen Druck aufgeben mußten. Nichts hätte augenfälliger demonstrieren können, wie alte Großmächte zu Mächten zweiter Ordnung abgesunken waren.
Allerdings waren die jeweiligen Abhängigkeiten innerhalb der Blöcke nach Form und Inhalt deutlich voneinander unterschieden, so daß die Einbuße an Souveränität für die Einzelstaaten unterschiedlich hoch ausfiel. Es ist hinsichtlich des Umfangs und der Folge für die betroffene Bevölkerung zwischen Einmischungen der USA und Interventionen der Sowjetunion deutlich zu trennen.
Die theoretische Begründung der ›beschränkten Souveränität‹ kommunistischer Staaten lieferte 1968 die Breshnew-Doktrin, nachdem die Tschechoslowakei besetzt und diszipliniert worden war. Sie forderte – wie es heißt – ein »klassenmäßiges Herangehen an die Fragen der Souveränität und des Rechts der Völker auf Selbstbestimmung«.

»Man kann die Souveränität einzelner sozialistischer Länder nicht den Interessen des Weltsozialismus, der revolutionären Bewegung der Welt entgegenstellen. [...] Man muß unterstreichen, daß, selbst wenn ein sozialistisches Land danach strebt, eine ›nichtblockgebundene‹ Position einzunehmen, es allein dank der Stärke der sozialistischen Gemeinschaft und vor allem seiner Hauptkraft, der Sowjetunion, dank der Macht ihrer bewaffneten Kräfte, tatsächlich seine nationale Unabhängigkeit bewahren kann.«[12]

Unbeschadet der oft erniedrigenden Auswirkungen auf die betroffenen Länder muß gesagt werden, daß die wechselseitige Respektierung der Blöcke die weltpolitische Ordnung und damit die Wahrung des Friedens zwischen den Supermächten garantierte. Es gab zwar in der Ära des Kalten Kriegs zwei Versuche, in die gegnerische Interessensphäre einzudringen. Entscheidend aber ist, daß es sich jedes Mal eher um Ein-

schüchterungsversuche handelte. Vor der Gefahr eines Krieges aber wich man zurück und akzeptierte so Blockbildung und Interessenabgrenzung als konstitutive Elemente der Weltordnung.
Gemeint ist einmal die sog. Roll-Back-Konzeption der USA seit 1953, nach der der Kommunismus zurückgerollt werden sollte. Der amerikanische Außenminister Dulles plädierte für diese Politik, die sich die Befreiung der osteuropäischen und asiatischen Völker von sowjetischer Herrschaft zum Ziel setzte, sich also nicht mit der Strategie der bloßen Eindämmung zufriedengeben wollte. Aber bezeichnenderweise bewegte sich diese Politik – wie es hieß – [am Rande des Krieges] (brinkmanship), zog den Krieg gegen die Sowjetunion zum Zweck der Befreiung also nicht ins Kalkül. Dies zeigte sich sehr schnell im Juni 1953, als die Rote Armee den Aufstand in der DDR ungefährdet niederwerfen konnte, und ebenso 1956, als der ungarische Aufstand auf dieselbe Weise beendet wurde.
Der zweite größere Versuch, in die Interessensphäre der Gegenseite einzudringen, verlief nicht nur in propagandistischer Form, sondern mit militärischen Mitteln, als die Sowjetunion 1962 versuchte, gegen die USA einsetzbare Raketen auf Kuba zu stationieren. Als der amerikanische Präsident Kennedy eine Blockade über Kuba verhängte, kam es zu einer dramatischen Zuspitzung im amerikanisch-sowjetischen Verhältnis, schließlich aber zum sowjetischen Rückzug aus dem Interessenbereich der USA. Ein Krieg zwischen den Supermächten wäre aus amerikanischer Sicht unausweichlich gewesen, wenn die sowjetische Führung nicht die Entschlossenheit der USA richtig perzipiert hätte, zur Verteidigung ihrer Interessensphäre auch militärische Aktionen ins Kalkül zu ziehen.

Die Weltpolitik im Zeichen von Entspannung, Multipolarität und Nord-Süd-Konflikt

Die Vertragspolitik der Supermächte

Die Tatsache, daß Chruschtschow die amerikanische Politik richtig einschätzte und seine Provokation zurücknahm, zeigt, daß die Kuba-Krise nicht nur das Moment der Konfrontation enthielt, sondern letztlich auch das der Kommunikation und Kooperation. Eine unkontrollierte Eskalation der Krise konnte nicht zuletzt darum vermieden werden, weil man sich um deutliche und glaubhafte Signalements bemühte und weil keine Seite den großen Krieg wirklich wollte, wenn die Sowjetunion die Konfrontation auch bis zum Punkt einer unmittelbaren Kriegsgefahr überdehnte. Überragend aber – und dies war die Basis der in der Folgezeit sich anbahnenden amerikanisch-sowjetischen Kooperation – war das gemeinsame Interesse daran, einen Atomkrieg zu vermeiden. Angesichts der auf beiden Seiten vorhandenen Zerstörungspotentiale gab es keine rationale Alternative zum Frieden. Beide Mächte besaßen die Fähigkeit, einander zu vernichten. Keine Macht konnte hoffen, sich in einem atomaren Überraschungsschlag durchzusetzen. Denn jede verfügte über die sog. Fähigkeit zum zweiten Schlag, zum vernichtenden Gegenschlag nach einem Atomangriff. ›Friedliche Koexistenz‹ – die von Chruschtschow 1956 benutzte Formel[13] – wurde als Leitprinzip bestätigt. 1963 kam es zur Einrichtung des sog. heißen Drahts zwischen Washington und Moskau, einer direkten Nachrichtenverbindung zwischen beiden Regierungen zur Benutzung in Krisenzeiten.

Einige Elemente des Kalten Kriegs dauerten zwar an. Die ideologische Konfrontation blieb erhalten, ebenso die Blockbildung, wenn auch in etwas gelockerterer Form. Zugleich aber entdeckte man die Notwendigkeit zur Kooperation, um das auf lange Sicht finanziell und wirtschaftlich ruinöse Wettrüsten begrenzen zu können. Es begann eine neue Phase der Weltpolitik, die sich seit der zweiten Hälfte der fünfziger Jahre zwar schon verschiedentlich angedeutet hatte, die aber erst jetzt zu sichtbaren Ergebnissen führte: die Phase der Entspannungspolitik. Historisch gesehen ist Entspannungspolitik nichts grundlegend Neues. Die West-Ost-Beziehungen glichen seit 1917 einem ständigen Auf und Ab von Entspannung und Konfrontation. Bald überwog das eine, bald das andere, ohne daß eins von beiden je ganz verschwand.

Entspannung ist durch ausdrückliche Anerkennung des Status quo definiert, meint also nicht Auflösung der Militärblöcke oder gar Liberalisierung des Ostblocks. Entspannung heißt Vertragspolitik der Sowjetunion mit westlichen Ländern. Darin liegt der eigentliche Unterschied zum Kalten Krieg. Die west-östliche Vertragspolitik bezieht sich auf den wirtschaftlichen und kulturellen Bereich, vor allem aber auf Rüstungsfragen. Die USA und die Sowjetunion begannen, sich um Begrenzung ihrer strategischen Waffensysteme zu bemühen. In den Worten des amerikanischen Präsidenten Nixon aus dem Jahr 1970, in denen zugleich die weltpolitische Gesamtlage angesprochen wird:

»Die Welt hat sich seit den Tagen des Marshall-Plans auf dramatische Weise verändert. Wir haben es jetzt mit einer Welt stärkerer Verbündeter zu tun, mit einer Gruppe unabhängiger Entwicklungsländer und mit einer immer noch feindseligen, aber heute in sich gespaltenen kommunistischen Welt. [...] Für uns wie auch für unsere Gegner stehen im Atomzeitalter die Gefahren der Anwendung von Gewalt in der Mehrzahl der Fälle einfach in keinem vernünftigen Verhältnis mehr zu den meisten Zielen, die man anstrebt. Das Gleichgewicht der nuklearen Macht hat den Nachdruck von der Konfrontation auf Verhandlungen verlagert.«[14]

Multipolare Tendenzen der Weltpolitik

Die von Nixon angesprochenen Veränderungen in der Weltpolitik betreffen vor allem den politisch-wirtschaftlichen Bereich. Denn während die Weltpolitik militärisch bipolar ausgerichtet blieb, hatte sich um 1970 politisch und wirtschaftlich ein multipolares internationales System herausgebildet. Multipolarität ist dadurch gegeben, daß Europa und Japan aufgrund ihrer wirtschaftlichen Bedeutung eine neue Rolle in der Weltpolitik zugefallen ist. Ferner dadurch, daß die Volksrepublik China – als Antipode zur Sowjetunion in der kommunistischen Welt – ihre Selbstisolierung aufgegeben hat und 1971 Mitglied der Vereinten Nationen geworden ist.
Die Volksrepublik China war 1949 nach dem Sieg der Kommunisten unter Mao Tse-tung im chinesischen Bürgerkrieg gegründet worden und hatte sich zunächst außenpolitisch und ideologisch eng an die Sowjetunion angelehnt. Die kommunistische Welt bildete damit einen gewaltigen Festlandsblock von Mitteleuropa bis Ostasien. Doch im Unterschied zu den ostmitteleuropäischen Staaten innerhalb dieses Blocks war China nie eigentlich ein ausgesprochener Satellitenstaat der Sowjetunion. Ende der fünfziger Jahre zeigten sich darüber hinaus tiefgreifende Gegensätze zwischen Peking und Moskau in der Einschätzung weltpolitischer Realitäten und in der Bestimmung des außenpolitischen Konfliktverhaltens. Die chinesische Führung hielt an der Auffassung fest, daß Kriege unvermeidlich seien, solange der Weltgegensatz zwischen sozialistischen und imperialistischen Staaten andauert. Sie wies die sowjetische Formel von der friedlichen Koexistenz zurück. Ende der sechziger Jahre befand sich China – im Innern durch die Vorgänge der Kulturrevolution geprägt – gegenüber dem bestehenden Großmächtesystem in vollständiger Isolierung. Es sah sich in einer gleichzeitigen Frontstellung gegenüber der Sowjetunion wie gegenüber den USA und anderen kapitalistischen Ländern. Weltpolitisch bedeutsamer noch als die Spaltung des kommunistischen Lagers war die chinesische Neuorientierung Anfang der siebziger Jahre, als die Volksrepublik China unter Beibe-

haltung ihrer Konfrontation mit der Sowjetunion geregelte Beziehungen zu den USA aufnahm. Sie begann sich gegenüber den westlichen Industrieländern allgemein zu öffnen und suchte insbesondere auf wirtschaftlichem und technischem Gebiet nach Formen der Kooperation.
Damit sah sich die Sowjetunion in ein doppeltes Konkurrenzverhältnis gestellt. Man kann von dem konkurrierenden Dreieck USA–Sowjetunion–China sprechen, dem als weitere die Weltpolitik prägende Formation das kooperative Dreieck USA–Westeuropa–Japan gegenübersteht. Wir können also seit Anfang der siebziger Jahre von fünf, freilich keineswegs gleichberechtigten und ebenbürtigen Machtzentren in der Weltpolitik sprechen.
Diese Machtzentren sind identisch mit den Industrieländern der nördlichen Hemisphäre, wobei China in seinem wirtschaftlichen Entwicklungsstand gegenüber den übrigen Industriestaaten allerdings weit zurückliegt. Die Weltpolitik spielt sich aber nicht allein in den Beziehungen der Industriestaaten untereinander ab. Seit den sechziger Jahren ist in zunehmendem Maß die sog. Dritte Welt mit ihrer großen Zahl von Entwicklungsländern hinzugetreten. Der Gegensatz zwischen dem reichen Norden und dem armen Süden gehört heute zu den brennendsten Problemen der internationalen Politik. Armut, Überbevölkerung und Nahrungsmittelknappheit sind zu Ursachen internationaler Spannungen geworden. Die Entwicklungsländer, die zugleich Rohstoffländer sind, weisen das halbkoloniale Abhängigkeitsverhältnis von den Industriestaaten zurück, das aus ihrer Sicht trotz der Entkolonialisierung noch weiterbesteht.
Ohne auf die Themenkomplexe Multipolarität und Nord-Süd-Konflikt näher eingehen zu können, seien zum Abschluß ganz knapp zwei in unserem Untersuchungszeitraum liegende Wurzeln dieser Entwicklung angesprochen, nämlich die Bemühungen um die europäische Einigung und der Vorgang der Entkolonialisierung nach dem Zweiten Weltkrieg.

Entkolonialisierung und Dritte Welt

Im Jahr 1945 besaßen die europäischen Kolonialmächte, die seit dem 16. Jahrhundert die Ausbreitung Europas über die ganze Erde betrieben und die Weltpolitik zu einer europäischen Angelegenheit gemacht hatten, noch umfangreichen Kolonialbesitz. Er ist heute bis auf geringe Reste nicht mehr vorhanden. Ein Blick auf die Landkarte zeigt, wie an die Stelle

der oft großflächigen kolonialen Gebilde eine Vielzahl von Staaten getreten ist.
Die Weltstaatengesellschaft hat sich aufgrund dieser Entwicklung quantitativ und qualitativ verändert. Die 51 Gründungsmitglieder der Vereinten Nationen bilden heute nur noch ein Drittel der UNO-Mitgliedschaft. Die sog. Dritte Welt der Entwicklungsländer ist bestrebt, ihre numerische Stärke in weltpolitisches Gewicht umzusetzen.
Es begann mit dem Versuch, eigene Organisationsformen zu entwickeln. Unter der Führung Indiens, Indonesiens, der Volksrepublik China und Ägyptens geschah dies erstmals 1955 im indonesischen Bandung. Dort trafen sich 23 asiatische und sechs afrikanische Staaten. Sie forderten eine rasche Entkolonialisierung und wirtschaftliche Entwicklungsprogramme. Zumeist handelte es sich um Staaten, die nicht blockgebunden waren. Sie bildeten den Grundstock der durch Initiative Titos 1961 ins Leben gerufenen Bewegung der blockfreien Staaten, die seitdem regelmäßig zu Konferenzen zusammenkommen.
Die Blockfreien weisen einen sehr unterschiedlichen wirtschaftlichen Entwicklungsstand auf. Was sie verbindet, ist die Tatsache, daß sie keine voll industrialisierten Länder sind. Im Rahmen der 1964 ins Leben gerufenen Welthandels- und Entwicklungskonferenz der Vereinten Nationen (UNCTAD) konfrontieren sie die Industrieländer mit der Forderung nach Abbau einseitiger wirtschaftlicher Abhängigkeiten. Schon im Kommuniqué der Bandung-Konferenz wurde ein Thema angesprochen, das erst später aktuell werden sollte:

»Die Asiatisch-Afrikanische Konferenz war der Ansicht, daß der Austausch von Informationen über Fragen des Erdöls, wie über die Überweisung von Gewinnen und über Besteuerung, schließlich zur Formulierung einer gemeinsamen Politik führen könnte.«[15]

Zu einer gemeinsamen Politik ist es nicht gekommen. Aber Erdöl ist zum Kampfmittel im sog. Nord-Süd-Konflikt geworden. Als sozialer und ökonomischer Gegensatz stellt er eine neue Konfliktform der Weltpolitik dar.
Formal verfolgen die Länder der Dritten Welt eine Politik der Blockfreiheit. De facto aber schwanken sie in ihrer außenpolitischen Orientierung zwischen den Zentren des industriellen Nordens. Dadurch ist ein Element permanenter Instabilität und Kriegsgefahr gegeben. Denn in diesem Bereich gibt es keine klar definierten Einflußsphären. Die Industriestaaten, an ihrer Spitze die Supermächte, ringen seit 1945 um Einflußnahme in diesen Gebieten mit politisch-diplomatischen, wirtschaftlichen und militärischen Mitteln. Der Kalte Krieg fand hier seinen

unmittelbaren Niederschlag, denkt man an die Konfrontation in Korea 1950/51 oder in Vietnam seit den späten vierziger Jahren. Kuba wurde als Paradefall der West-Ost-Konfrontation schon erwähnt. Die Reihe ließe sich verlängern. Genannt sei hier nur noch der Nahe Osten, wo die gegnerischen Parteien in den israelisch-arabischen Kriegen seit 1948 von den Supermächten und anderen Staaten immer wieder mit Waffen beliefert wurden.

Es verging seit dem Zweiten Weltkrieg kein Jahr, in dem in der Dritten Welt nicht Kriege – Unabhängigkeitskriege und zwischenstaatliche Kriege – geführt wurden, meist unter Einmischung von Industriestaaten.

Während die Supermächte in der direkten Konfrontation den Frieden bewahrt haben, ließen sie sog. Stellvertreterkriege unterhalb der Atomschwelle führen. Sie unterstützten die Konfliktparteien in dritten Gebieten, ohne selbst direkt aufzutreten. Auf diese Weise ergab sich ein Ventil für die zwischen ihnen bestehenden weltpolitischen Spannungen.

Aber auch das unmittelbare militärische Engagement einer Supermacht außerhalb ihres engeren, durch den Kalten Krieg abgesteckten Interessenbereichs führte bisher nicht zu einem Krieg zwischen den Supermächten. Zu nennen sind die amerikanische Kriegführung in Vietnam und die sowjetische Besetzung Afghanistans. Der Vietnam-Krieg war sowohl eine Etappe auf dem Weg der Dekolonisation wie eine Auseinandersetzung im Rahmen des West-Ost-Konflikts. Als frühere Kolonialmacht in Indochina versuchte Frankreich mit militärischen Mitteln, ihm genehme Regierungen zu etablieren. Doch war es nur mit finanzieller Unterstützung der USA in der Lage, den Krieg gegen die Truppen der Vietminh zu führen, die aus der Volksrepublik China und in geringerem Umfang auch aus der Sowjetunion Hilfe erhielten. Nach der 1954 erfolgten Teilung des Landes traten die USA verstärkt an die Stelle Frankreichs und unterstützten die Regierungen Südvietnams in steigendem Maß durch Finanzhilfe, Militärberater und Truppen. Grundlage für die Einmischung der USA war die sog. Domino-Theorie. Sie besagte, daß eine von Land zu Land zu befürchtende und von China ausgehende Ausbreitung des Kommunismus in Asien eintreten werde, wenn man ihr in Vietnam nicht Einhalt gebiete. Trotz Ausweitung des Krieges gegen Nordvietnam konnten die USA keine militärische Entscheidung herbeiführen. Das Ende des Krieges 1973 bedeutete aus amerikanischer Sicht und vor allem in der Interpretation von Außenminister Kissinger, daß die Existenz des asiatischen Kommunismus hingenommen wurde beziehungsweise kommunistische Länder weniger als Hort der Weltrevolution, sondern als Mitglieder des internationalen Systems verstanden wurden, die eher im Sinn der klassischen Diplomatie nationale Sicherheitsinteressen verfolgen. Das Ende des Vietnam-Kriegs und der Beginn der neuen Rolle Chinas in der Weltpolitik fielen zusammen. Damit einher ging eine Reduzierung der global verstandenen Rolle der USA als Weltpolizist.

Integration und Friedenswahrung in Westeuropa

Direkte Auswirkungen dieses Vorgangs sind auch in Europa zu spüren. Auf der Basis der Europäischen Gemeinschaft vereint, ist das weltpolitische Gewicht Westeuropas in den letzten Jahren aufgrund seines wirtschaftlichen Potentials ständig gestiegen. Die Europäische Gemeinschaft bestreitet rund ein Drittel des Welthandels. Henry Kissinger sprach 1973 gar vom »Jahr Europas«[16]. Er hatte einerseits die Wiedererstarkung Westeuropas im Auge, andererseits das Abrücken der USA von der Rolle des militärisch und politisch überbürdeten Weltpolizisten.

Freilich ist Europa weit davon entfernt, in der Weltpolitik mit einer Stimme auftreten zu können. Denn die dafür erforderliche politische Union ist keineswegs in Sicht. Europa hat zwar der Welt durch Kolonialismus, Industrialisierung und Imperialismus seinen Stempel aufgedrückt. Die moderne Welt ist europäisiert. Politisch aber ist Europa seit dem Ende der Entkolonialisierung in den sechziger Jahren weitgehend wieder in die Grenzen seines Erdteils zurückgekehrt. Weltpolitisches Handeln im strengen Sinn ist den Supermächten vorbehalten.

Auf dem europäischen Kontinent selbst aber ist Beträchtliches geleistet worden. Die selbstzerstörerische Feindschaft der europäischen Nationalstaaten ist durch Verflechtung und Kooperation auf verschiedenen Gebieten überwunden. Das ursprüngliche Europa der Sechs hat eine derartige Anziehungskraft entwickelt, daß es inzwischen zehn Mitgliedsländer sind und weitere Mitgliedschaften bevorstehen. Die Freihandelszone der Europäischen Gemeinschaften – ein befriedeter Teil des Weltstaatensystems: der Grundgedanke des liberalen Modells der Friedenssicherung, den Frieden durch Freihandel und internationale Arbeitsteilung zu sichern, scheint hier realisiert zu sein. Robert Schumans Perspektive des Jahres 1950 hat sich bestätigt:

»Solange Europa nicht vereint war, haben wir Krieg gehabt. Europa wird nicht mit einem Schlag und auch nicht durch eine Konstruktion des

Ganzen gebildet werden; es wird durch konkrete Verwirklichungen gebildet, die zunächst eine Solidarität der Tatsachen schaffen. Die Vereinigung der europäischen Nationen erfordert, daß der jahrhundertealte Gegensatz zwischen Frankreich und Deutschland ein Ende nimmt. Die zu unternehmende Aktion muß sich in erster Linie an Frankreich und Deutschland wenden. In dieser Absicht schlägt die französische Regierung vor, die Aktion sofort auf einen begrenzten, aber entscheidenden Punkt zu richten. Die französische Regierung schlägt vor, die Gesamtheit der französischen Produktion von Kohle und Stahl unter eine gemeinsame oberste Autorität innerhalb einer Organisation zu stellen, die der Mitwirkung anderer Staaten Europas offensteht. [...]
Die Solidarität der Produktion [...] wird dartun, daß jeder Krieg zwischen Frankreich und Deutschland nicht nur undenkbar, sondern materiell unmöglich wird.«[17]

Betrachtet man sich die Geschichte des neuzeitlichen europäischen Staatensystems, so kann man feststellen, daß die seit dem 16. Jahrhundert immer wieder unternommenen Anläufe zur Hegemonialbildung und kriegerischen Herrschaft über den Kontinent in Westeuropa abgelöst worden sind durch wirtschaftliche Zusammenarbeit. Der weltpolitischen Bürde enthoben, haben sich die Westeuropäer auf unkriegerischen Wettbewerb im ökonomischen Bereich verlegt. Militärisch und sicherheitspolitisch sind sie von den USA abhängig. De Gaulles Frankreich wollte sich Anfang der sechziger Jahre dieser Bindung entziehen, als de Gaulle mit Beginn der Entspannungspolitik das Prinzip der Blockbildung und Blockordnung durchbrechen wollte. Anspruch und Wirklichkeit indes klafften weit auseinander. Dies trifft auch auf die neueren Versuche des französischen Staatspräsidenten Giscard d'Estaing zu, der im Juni 1980 während seines Deutschlandaufenthalts die europäische Verantwortung für die internationale Entwicklung beschwor und für Europa ein größeres Gewicht in der Weltpolitik zurückgewinnen wollte.

Anmerkungen

Die Anmerkungen beschränken sich auf den Nachweis von Quellenzitaten

1 C. HULL, Memoirs. Bd. 1, New York 1948, S. 81. Deutsche Übersetzung des Zitats bei W. LOTH, Die Teilung der Welt. Geschichte des Kalten Krieges 1941–1955, München 1980, S. 33.
2 A. HILLGRUBER, Europa in der Weltpolitik der Nachkriegszeit (1945–1963), München–Wien 1979, S. 13.
3 LOTH, Teilung der Welt, S. 36.
4 F. D. ROOSEVELT, Links von der Mitte. Briefe, Reden, Konferenzen, Frankfurt 1951, S. 377 f.

5 Der Text der Atlantik-Charta vom 14.8.1941 findet sich in: Ursachen und Folgen, hg. v. H. MICHAELIS und E. SCHRAEPLER, Bd. 17, Berlin o. J., S. 586f.
6 E. NOLTE, Deutschland und der Kalte Krieg, München/Zürich 1974, S. 161.
7 Die Konferenzen von Malta und Jalta, Düsseldorf o. J., S. 898f.
8 Satzung der Vereinten Nationen in: Völkerrechtliche Verträge, hg. v. F. BERBER, München [2]1979.
9 Europa-Archiv 2 (1947), S. 819f.
10 Churchill an Truman 12.5.1945. W. S. CHURCHILL, Der Zweite Weltkrieg. Bd. 6, Teil 2: Der Eiserne Vorhang, Stuttgart 1954, S. 261ff.
11 Kominform-Erklärung zur internationalen Lage vom 30.9.1947. Keesing's Archiv der Gegenwart 16/17 (1946/47), S. 1207f.
12 Der sowjetische Parteiideologe S. Kowaljow in der Parteizeitung ›Prawda‹ vom 26.9.1968. B. MEISSNER, Die ›Breshnew-Doktrin‹. Das Prinzip des ›proletarisch-sozialistischen Internationalismus‹ und die Theorie von den ›verschiedenen Wegen zum Sozialismus‹. Dokumentation, Köln 1969, S. 64ff.
13 Chruschtschow auf dem XX. Parteitag der KPdSU 1956. Ostprobleme 8 (1956), H. 10, S. 328ff.
14 Rede Nixons vor dem Kongreß am 18.2.1970. Europa-Archiv (Dokumente) 25 (1970), S. 150ff.
15 Aus dem Schlußkommuniqué der Asiatisch-Afrikanischen Konferenz, die vom 18. bis 24.4.1955 in Bandung stattfand. Europa-Archiv 10 (1955), S. 7563ff.
16 Kissinger in einer Rede zur internationalen Lage am 23.4.1973. Archiv der Gegenwart 43 (1973), S. 17834ff.
17 Der französische Außenminister Robert Schuman in einer Regierungserklärung am 9.5.1950. Keesings Archiv der Gegenwart 20 (1950), S. 2372.

Literaturverzeichnis

R. ARON: Die imperiale Republik. Die Vereinigten Staaten und die übrige Welt seit 1945. Stuttgart/Zürich 1975.

M. BOHNET (Hg.): Das Nord-Süd-Problem. Konflikte zwischen Industrie- und Entwicklungsländern. München [4]1977.

E.-O. CZEMPIEL: Amerikanische Außenpolitik. Gesellschaftliche Anforderungen und politische Entscheidungen. Stuttgart 1979.

H. FEIS: From Trust to Terror. The Onset of the Cold War 1945–1950. New York 1970.

J. L. GADDIS: The United States and the Origins of the Cold War 1941–1947. New York [2]1976.

J. GLAUBITZ: China und die Sowjetunion. Aufbau und Zerfall einer Allianz. Hannover 1973.

M. GÖRTEMAKER: Die unheilige Allianz. Die Geschichte der Entspannungspolitik 1943–1979. München 1979.

A. GROSSER: Das Bündnis. Die westeuropäischen Länder und die USA seit dem Krieg. München 1978.

M. HAGEMANN: Der provisorische Frieden. Die Bauprinzipien der internationalen Ordnung seit 1945. Erlenbach-Zürich/Stuttgart 1964.

W. HAGER (Hg.): Erdöl und internationale Politik. München 1975.

L. J. HALLE: Der Kalte Krieg. Frankfurt 1969.

O. HAUSER (Hg.): Weltpolitik III 1945–53. Göttingen/Frankfurt/Zürich 1978.

J. H. HERZ: Weltpolitik im Atomzeitalter. Stuttgart 1961.

A. HILLGRUBER: Europa in der Weltpolitik der Nachkriegszeit 1945–1963. München/Wien 1979.

J. K. HOENSCH: Sowjetische Osteuropapolitik 1945–1975. Kronberg 1977.

D. HOROWITZ: Kalter Krieg. Hintergründe der US-Außenpolitik von Jalta bis Vietnam. 2 Bde. Berlin 1969.
D. JUNKER: Die Vereinigten Staaten und die Ursprünge des Kalten Krieges. In: O. Hauser (Hg.): Weltpolitik III 1945–1953. Göttingen 1978, S. 13ff.
J. KOLKO und G.: The Limits of Power. The World and United States Policy 1945–1954. New York 1972.
W. LAFEBER: America, Russia and the Cold War. New York [3]1976.
W. LINK: Der Ost-West-Konflikt. Stuttgart 1980.
W. LIPGENS: Die Anfänge der europäischen Einigungspolitik 1945–50. Bd. 1. Stuttgart 1977.
R. J. MADDOX: The New Left and the Origins of the Cold War. Princeton 1973.
E. NOLTE: Deutschland und der Kalte Krieg. München 1974.
C. SCHARF/H.-J. SCHRÖDER (Hg.): Politische und ökonomische Stabilisierung Westdeutschlands 1945–1949. Fünf Beiträge zur Deutschlandpolitik der westlichen Alliierten. Wiesbaden 1977.
U. SCHEUNER: Die Vereinten Nationen als Faktor der internationalen Politik. Opladen 1976.
H.-J. SCHRÖDER: Zur Genesis des Kalten Krieges. In: Neue Politische Literatur 21 (1976), S. 488ff.
K.-D. SCHWARZ (Hg.): Sicherheitspolitik. Analysen zur politischen und militärischen Sicherheit. Bad Honnef-Erpel 1976.
H. P. SCHWARZ/B. MEISSNER (Hg.): Entspannungspolitik in Ost und West. Köln/Berlin/Bonn/München 1979.
W. A. WILLIAMS: Die Tragödie der amerikanischen Diplomatie. Frankfurt 1973.
D. YERGIN: Der zerbrochene Frieden. Die Ursprünge des Kalten Krieges und die Teilung Europas. Frankfurt 1979.

24. Werner Conze

Die deutsche Nation (I)
Epochen deutscher Nationsbildung

In den vorigen Kapiteln wurde Weltgeschichte, meist in bewußter Beschränkung auf die vorderorientalisch-europäische Geschichte, mit Hilfe des Epochenbegriffs dargestellt. Besondere Epochen wurden hervorgehoben, weil nur auf solche Weise der unermeßliche Stoff der Geschichte bewältigt werden kann. Auch wenn wir die Betrachtung auf die Geschichte einer bestimmten Nation konzentrieren, empfiehlt es sich, sie in Epochen zu gliedern, um solcherart ihre Entstehung sowie die Stufen und die Brüche ihrer Entwicklung deutlich sichtbar werden zu lassen. Ehe wir uns dieser Aufgabe am Beispiel der deutschen Geschichte unterziehen, soll gefragt werden, was denn eine Nation überhaupt ist und inwiefern es sich lohnt, Geschichte national eingegrenzt zu untersuchen. Wir gehen dabei von unserer Gegenwart aus.

Zweimal ist im 20. Jahrhundert der Versuch unternommen worden, eine Weltfriedensordnung zu errichten, durch die Kriege verhindert und der allgemeine Friede gesichert werden sollten. Wie oben von Gottfried Niedhart dargestellt wurde, scheiterte der erste Versuch, während der zweite noch nicht zum Abschluß gekommen ist und in seinem Anspruch fortbesteht, mag auch der realpolitische Erfolg bisher gering gewesen sein. Gemeint sind die Gründung des Völkerbundes oder der Liga der Nationen im Jahre 1919 sowie der Organisation der Vereinten Nationen (UNO) im Jahre 1945. In den Namen dieser beiden Gründungen ist folgender Grundgedanke enthalten: die politische Welt der Erde besteht aus *Nationen*, deren Gegensätze in der bisherigen Geschichte zu Konflikten und Kriegen geführt haben. Diese Nationen haben sich durch den Beitritt zur Weltfriedensorganisation verpflichtet, ihre Ziele nicht mehr gewaltsam erreichen zu wollen, sondern dem gemeinsamen obersten Zweck der Wahrung des Friedens unterzuordnen. Im Begriff der UNO oder des Völkerbundes ist demnach eine grundlegende Spannung enthalten: Welteinheit durch die Verbindung der Nationen einerseits, Weltvielfalt durch Souveränität der Nationen andererseits. Weltfriede ist also nur möglich, wenn er von dem Willen der Nationen getragen ist. Diese sind Subjekte des weltpolitischen Geschehens und damit der Geschichte unserer Zeit. Zum ersten Mal in der Weltgeschichte ist die ganze Erde in Nationseinheiten geteilt, welche durch einen einheitlichen Nationsbegriff definiert werden.

Als Nationen wurden 1919 und 1945, wie die Satzungen der UNO und des Völkerbundes zeigen, ohne ausdrückliche Begriffsdefinition so, als ob es völlig selbstverständlich sei, Staaten oder staatlich umgrenzte und staatlich geordnete Gesellschaften verstanden, die je durch eine gemeinsame Staatsbürgerschaft oder Nationalität bestimmt sind. Statt des Wortes ›Nation‹ kann auch das Wort ›Volk‹ gebraucht werden. Auch im Englisch-Amerikanischen z.B. können ›nation‹ und ›people‹ gleichsinnig verwandt werden. Doch hat sich im internationalen Sprachgebrauch das Wort ›Nation‹ mehr und mehr durchgesetzt, allein schon deswegen, weil die Gefahr der Begriffsverwirrung größer wird, wenn für eine und dieselbe Sache zwei Bezeichnungen zur Verfügung stehen. Geschichtlich gesehen ist schon das Wort Nation allein keineswegs immer so eindeutig gewesen, wie es dem heutigen Menschen erscheint, wenn er ›Nation‹ so versteht, wie es der Name ›Organisation der Vereinten Nationen‹ ausdrückt. Historiker und Politiker kommen mit der einfachen Vorstellung nicht aus, das Problem der Nation sei dadurch gelöst, daß man Staatsnationen oder Staatszugehörigkeiten der Gegenwart als ein für allemal feststehend und begriffsprägend ansieht und womöglich gar Gegenwartsnationen wie z.B. die jugoslawische oder die nigerianische in die Jahrhunderte der Geschichte zurückprojiziert, als sie tatsächlich überhaupt noch nicht bestanden hatten. Die Frage ist also offenbar nicht einfach und wahrscheinlich auch nicht für alle nationalen Einheiten gleichmäßig zu beantworten, wie der Begriff der Nation, der geschichtlich wandelbar ist, historisch definiert werden kann.

Die Aussagen dazu sind auf den ersten Blick verwirrend, wie folgende Beispiele zeigen.

Im Winter 1807 bis 1808 hielt der Philosoph Johann Gottlieb Fichte in Berlin Vorlesungen unter dem Titel ›Reden an die deutsche Nation‹. Er tat dies zu einer Zeit, als es keinen deutschen Staat und keine deutsche Staatsbürgerschaft, trotzdem aber eine deutsche Nation oder ein deutsches Volk gab. Fichte sagte, »daß der Staat, als bloßes Regiment des im gewöhnlichen friedlichen Gange fortschreitenden menschlichen Lebens, nicht erstes und für sich selbst Seiendes, sondern daß er bloß das Mittel ist für den höheren Zweck der ewig gleichmäßig fortgehenden Ausbildung des rein Menschlichen in dieser Nation; daß es allein das Gesicht und die Liebe dieser ewigen Fortbildung ist, welche immerfort auch in ruhigen Zeitläuften die höhere Aufsicht über die Staatsverwaltung führen soll. [...] Bei den Deutschen, unter denen, als einem *ursprünglichen Volke* diese Vaterlandsliebe möglich und wie wir fest zu wissen glauben, bis jetzt auch wirklich war, konnte dieselbe bis jetzt mit einer hohen Zuversicht auf die Sicherheit ihrer wichtigsten Angelegenheit rechnen. Wie nur noch bei den Griechen in der alten Zeit, war bei ihnen der Staat und die Nation sogar voneinander gesondert, und jedes für sich dargestellt, der erste in den besonderen deutschen Reichen und Fürstentümern, die letzte sichtbar im Reichsverbande, unsichtbar [...] in einer Menge von Gewohnheiten und Einrichtungen. Soweit die deutsche Zunge reichte, konnte jeder, dem im Bezirke derselben das Licht anbrach, sich doppelt betrachten als Bürger, teils seines Geburtsstaates, dessen Fürsorge er zunächst empfohlen war, teils des ganzen gemeinsamen Vaterlandes deutscher Nation.« Für Fichte bestand die Nation also vor dem Staat und unabhängig vom Staat. Dies galt ihm besonders für die Deutschen, die er als ein ›ursprüngliches Volk‹ oder ein ›Urvolk‹ verstand – deswegen, weil sie von der altgermanischen Zeit an nicht durch andere Völker überfremdet worden seien und daher nicht, wie z.B. die Menschen im gegenwärtigen Frankreich, eine fremde Sprache angenommen hätten und demgemäß in ihrem inneren Wesen gebrochen worden seien. Denn die Sprache war für Fichte prägend für die Eigenart eines Volkes oder einer Nation. Sprache war für ihn nationsbildend[1].

Zu Beginn des Jahres 1789 erschien in Paris die Flugschrift eines revolutionär gesinnten Geistlichen, des Abbé Sieyès ›Was ist der dritte Stand?‹. Sieyès begriff den dritten Stand als die Leistungs- und Willensgemeinschaft des arbeitenden Volkes im Gegensatz zu den unproduktiven Privilegierten, dem Adel und der Geistlichkeit. Nicht diese sollten wie bisher die Nation repräsentieren, sondern allein der dritte Stand. Er setzte diesen mit der Nation gleich. »Der dritte Stand ist eine vollständige Nation.« Was aber ist, so fragte Sieyès, eine Nation? »Ein Körper vereinigter Menschen, die unter einem gemeinsamen Gesetz leben und durch eine gemeinsame gesetzgebende Versammlung repräsentiert sind.« Die Folgerung hieß für Sieyès: »Der Dritte Stand umfaßt also alles, was zur Nation gehört; und alles, was nicht dritter Stand ist, kann sich nicht als zur Nation gehörig betrachten.«[2] Jede Ungleichheit vor dem Gesetz sollte fortan ausgeschaltet sein. Das alte Wort ›Nation‹ erhielt einen grundlegend neuen Sinn. Das Volk sollte sich seinen demokratischen Staat schaffen. Ein gerichtlicher Neubeginn sollte

gesetzt, die Adelsherrschaft ein für allemal aufgehoben werden. Dieser neue Begriff der Nation konstituierte den modernen National- und Verfassungsstaat. Er wurde aber insofern doch nicht völlig neu errichtet, als er in den bestehenden Grenzen Frankreichs entwickelt werden konnte. Die Staatsgrenze war nationsprägend gewesen.
Aus dieser national-demokratischen Konzeption des Jahres 1789 zog der französische Publizist Ernest Renan im Jahre 1882 weitgehende Folgerungen. Er fragte: »Was ist eine Nation?« In seiner ausführlich begründeten Antwort verwarf er alle objektiv feststellbaren Merkmale: die Rasse, die Sprache, die Religion, geographische Naturgegebenheiten. Eine Nation sei vielmehr das Ergebnis von Willensentscheidungen, Herrschaftsbildungen, von kriegerischen und genealogischen Zufällen der Geschichte, durch welche eine politische Einheit, die Nation genannt werde, in älterer Zeit zustande gekommen und in neuerer Zeit durch den Willen ihrer Bürger ins allgemeine Bewußtsein erhoben worden sei. Eine Nation trage ihr geschichtliches Erbe mit sich, in dem vieles vergessen und vieles bewahrt werde, ruhmreiche Taten und erlittene Not in gleicher Weise. Entscheidend sei aber, daß das Erbe lebendig angenommen und zeitgemäß verwandelt werde. »Eine Nation ist also eine große Solidargemeinschaft, gebildet durch das Gefühl der Opfer, die man gebracht hat und die man zu bringen weiterhin bereit sei. Sie begreift sich durch ihre Vergangenheit; sie faßt sich gleichwohl in der Gegenwart durch eine allen spürbare Tatsache zusammen: nämlich durch die gemeinsame Zustimmung, den klar ausgedrückten Wunsch, das gemeinsame Leben fortzusetzen. Die Existenz einer Nation ist – verzeihen Sie mir diesen Vergleich – eine immerwährende Volksabstimmung, so wie die Existenz des Individuums eine fortgesetzte Bejahung zum Leben ist.« Renan leitete daraus das nationale Selbstbestimmungsrecht ab. »Eine Nation hat niemals ein wirkliches Interesse, ein Land gegen seinen Willen zu annektieren oder bei sich zu behalten. Der Wille der Nation ist letztlich das einzig berechtigte Merkmal, zu dem man immer wieder zurückkehren muß.« Renan folgerte aus seiner Definition der Nation als einer fortgesetzt sich erneuernden Willensgemeinschaft: »Die Nationen sind nicht ewig. Sie sind entstanden, und sie werden vergehen.«[3]
Dem setzte der deutsche Historiker Friedrich Meinecke 1907 in seinem Buch ›Weltbürgertum und Nationalstaat‹, Ranke wiedergebend, entgegen: »Hier heißt es nicht: eine Nation ist, was eine Nation sein will, sondern umgekehrt. Eine Nation ist, mögen die Einzelnen, aus denen sie besteht, ihr zugehören

wollen oder nicht. Sie beruht nicht auf freier Selbstbestimmung, sondern auf Determination.« Demgemäß konnte es für Meinecke nicht nur eine ›Staatsnation‹, sondern ebenso die ›Kulturnation‹ geben, die nicht staatspolitisch bestimmt war, sondern ihre Gemeinsamkeit auf ihr kulturelles Erbe und ihre ihr eigentümlichen kulturellen Erscheinungen wie Sprache, Religion, Literatur, aber auch ihre Abstammung gründete[4].
Die Liste solcher Begriffsbestimmungen zur Frage, was eine Nation denn wirklich sei, könnte lange fortgesetzt werden. Die Literatur dazu ist umfangreich. Die Frage ist nie eindeutig geklärt worden, weil sie nicht eindeutig geklärt werden kann. Denn die geschichtlich konkreten Erscheinungen, die unter dem Begriff Nation zusammengefaßt werden können, sind vielfältig und widersprüchlich, und die Sicht derjenigen, die Aussagen zur historischen Theorie der Nation gemacht haben, ist unterschiedlich geprägt, je nach Volkszugehörigkeit oder nach Einflüssen des Zeitgeists, der Generation, der Konfession, der sozialen Wünsche usw. In der Forschung der Historiker, der Politologen und Soziologen haben in den letzten Jahrzehnten zwei Begriffe eine große erkenntnisleitende Rolle gespielt: 1. die Frage des Nationalismus, d.h. das Interesse an den Ausdrucksweisen und Willensrichtungen von Nationen, ihrer Sprecher und ihrer Massenbewegungen, sowie 2. die Frage der *Entstehung* von Nationen (englisch: nation-building). Diese Fragestellung drängte sich auf, weil die geschichtliche Erfahrung – im Gegensatz zu Fichtes Vorstellung des ›Urvolks‹ – lehrt, daß *alle* Nationen geschichtlich entstanden sind und nicht von vorgeschichtlicher Zeit an in einer gewissermaßen ewigen Kette von Geschlechtern fortlaufend bestanden haben. Einigkeit besteht darüber, daß Nationen nicht seit der Entstehung des Menschen geschichtlich vorgegeben gewesen sind, sondern durch entscheidende Ereignisse und Lebensveränderungen auf den Schauplatz der Geschichte getreten sind – früher oder später, schlagartig oder in allmählicher Stufenfolge von Stammesverbänden bis zu modernen Großnationen.
Vielfach ist versucht worden, den Nationsbegriff in zwei gegensätzliche Typen zu unterteilen. Im Zitat von Friedrich Meinekke, das wir oben wiedergaben, klang die Unterscheidung bereits an, wenn von ›freier Selbstbestimmung‹ einerseits, ›Determination‹, d. h. Vorbestimmtsein, andererseits die Rede war. Der aus Prag stammende Historiker des Nationalismus, Hans Kohn, zum Beispiel unterschied einen subjektiv-politisch-willensbestimmten Typus der Nation von einem durch objektive Merkmale, wie Sprache, Kultur, Abstammung bestimmten Nationstypus[5]. Jenen brachte er mit der westeuropäi-

schen, diesen mit der mittel- und osteuropäischen Entwicklung in Verbindung. Dazu ist freilich anzumerken, daß diese Unterscheidung nur eingeschränkt brauchbar ist. Richtig ist aber auf jeden Fall, daß der sog. westlich-subjektive Nationsbegriff, wie wir ihn durch das Zitat von Ernest Renan kennenlernten, politisch bewußt gegen den sog. objektiven Nationsbegriff ausgespielt worden ist, wie umgekehrt auch von dieser Seite gegen den westlichen Nationsbegriff politisch polemisiert worden ist.

So waren z.B. die Elsässer und Lothringer, als es 1870 um ihre Angliederung an das neu entstehende Deutsche Reich ging, in den Augen der Franzosen Angehörige der französischen, in den Augen der meisten Deutschen dagegen Angehörige der deutschen Nation. Beide Auffassungen konnten begründet werden, entweder mit dem Argument der politischen Selbstbestimmung oder mit dem Hinweis auf die Abstammungs-, Sprach- und ältere Geschichtsgemeinschaft. Ähnlich standen sich die gegensätzlichen Nationalbegriffe im Hinblick auf die Masuren und die polnisch sprechenden Oberschlesier gegenüber. Hier war das subjektive Argument des politischen Willens für die deutsche Seite günstig, während die Polen aus der Tatsache alter Abstammungs- und Sprachgemeinschaft den Wunsch nach einer polnischen Erweckungsbewegung und der Einverleibung dieser Gebiete in den neuen polnischen Staat nach 1918 ableiteten.

Wir haben gesehen, wie vielfältig und auch gegensätzlich die geschichtliche Erscheinung der Nation beurteilt wird. Statt diese Betrachtung fortzusetzen, soll versucht werden, den Begriff der Nation historisch so zu begreifen, daß die gegensätzlichen Auffassungen in unserem Verständnis aufgehoben sein können. So kann die ›Nation‹ als eine geschichtlich entstandene Großgruppe von Menschen angesehen werden, die durch Selbsteinschätzung und meist auch durch Fremdeinschätzung als zusammengehörig begriffen wird. Maßgebend ist dabei heute in der Regel der Wille oder das Bewußtsein, sich als Angehöriger einer bestimmten Nation zu fühlen oder zu bekennen. Dabei sind sog. objektive Merkmale wie die Sprache und die überlieferte Geschichte von erheblicher, aber nicht ausschlaggebender Bedeutung. Es hat in der Geschichte Nationen mit und ohne Staat gegeben. Doch wird seit dem ausgehenden 18. Jahrhundert Nation zunehmend staatspolitisch verstanden. Das heißt: sie wird entweder durch einen Staat und seine Grenzen gebildet, oder ihre Menschen streben an, einen noch nicht bestehenden Staat für sich zu gewinnen. Fast immer stehen also Staat und Nation in einer engen Beziehung, sei es aufgrund gegebener Wirklichkeit, sei es im Hinblick auf ein Ziel für die Zukunft. Dem entspricht der Begriff des Nationalstaats. Dieser hat sich als Typus seit der Französischen Revolution weithin durchgesetzt. Nationalstaatsbildung und demokratische Bewegung sind dabei meist Hand in Hand gegangen. Allerdings ist das ein Vorgang gewesen, der nicht ohne heftige Konflikte, sozial-nationale Unruhen, Kriege, Unterdrückungen und menschliche Qualen bis hin zu Massenvertreibung und Völkermord vor sich gegangen ist. Ein Ende dieser verhängnisvollen Kette ist noch nicht abzusehen.

Die Weltgeschichte ist seit dem Beginn der modernen Revolution großenteils eine Geschichte nationaler Kämpfe innerhalb des Prozesses nationaler Vereinheitlichungen und Nationalstaatsbildungen gewesen. Die Geschichte einzelner Nationen der letzten 200 Jahre ist unter diesem Gesichtspunkt zu begreifen. Vieles ist dabei in typischer Weise ähnlich verlaufen. Doch ist andererseits jede einzelne Nation, ob groß oder klein, gewissermaßen eine historische Persönlichkeit an und für sich selbst. Nationalgeschichte muß daher jeweils konkret für eine bestimmte Nation betrachtet werden.

Wenn wir hier das Beispiel der deutschen Nation ausgewählt haben, so soll damit nicht eine alte Neigung fortgesetzt werden, den Blick nur auf die eigene Geschichte zu richten und damit durch Überbelichtung des eigenen Schicksals die angemessenen historischen Proportionen zu verlieren. Um dieser Gefahr zu entgehen, hätte es naheliegen können, eine andere europäische oder außereuropäische Nation herauszustellen, um an ihr beispielhaft zu zeigen, wie eine Nation entsteht, sich fortbildet und im Mit- und Gegeneinander zu anderen Nationen ihre Eigenart entwickelt hat. Doch ist bei der Planung der vorliegenden Beiträge berücksichtigt worden, daß die Darstellung der eigenen Geschichte nicht fehlen darf, um so mehr als darin die beiden großen Themen enthalten sind, die sowohl die deutsche wie die internationale Öffentlichkeit immer von neuem bewegen: der Nationalsozialismus und die deutsche Teilung. Obgleich diese beiden Fragen in den Schulen und Medien der Bundesrepublik Deutschland stark im Vordergrund geschichtlicher Betrachtung stehen, müssen sie auch und gerade in diesem Werk, das zum Denken über Geschichte anregen will, besonders hervorgehoben werden.

So wenden wir uns im folgenden der deutschen Nationalgeschichte zu, legen dabei das Schwergewicht auf die jüngste deutsche Geschichte, beziehen aber Grundlinien der älteren Geschichte ein, weil sie zur Beurteilung unserer Lage als

Deutsche in der Mitte Europas heute aktueller sind als landläufig gemeint wird.

1875 wurde auf dem Grotenberg bei Detmold das Hermannsdenkmal eingeweiht. Es sollte der Erinnerung an Arminius, verdeutscht Hermann, den ersten ›großen Deutschen‹ dienen, den Sieger in der Schlacht am Teutoburger Wald im Jahre 9 nach Christus. Der Fürst der Cherusker erschien als Nationalheld zu Beginn der deutschen Geschichte. Die Schlacht aber symbolisierte die erfolgreich behauptete deutsche Freiheit gegen römisch-welsche Überfremdung[6].
Das deutsche Volk wurde also bei den Germanen jener Zeit vor 2000 Jahren aufgesucht und mit ihnen gleichgesetzt. Das Hermannsdenkmal galt als deutsches Nationaldenkmal. Es war Ausdruck eines Geschichtsbildes, das aus nationalem Ehrgeiz schon von Gelehrten des 16. Jahrhunderts, also nicht erst im 19. Jahrhundert, als es volkstümlich gemacht wurde, entworfen worden war.
Dies Geschichtsbild ist eine Wunschvorstellung gewesen, die der historischen Kritik nicht standhält. Die Germanen und die ›Germania‹, das Siedlungsland dieser Stämme, waren römische Sammelbezeichnungen für die niemals politisch vereinigt gewesenen zahlreichen Stämme, die nördlich außerhalb des Imperium Romanum siedelten. Bis heute wird der Name der Germanen im Sinne einer – stark differenzierten – Sprachgemeinschaft, abgehoben von Romanen und Slaven verwandt. Demgemäß wird heute von germanischer Sprachgeschichte und Philologie oder der ›Germanistik‹ gesprochen. Diese zeigt, daß zur germanischen Sprachfamilie nicht nur Deutsche gehören und daß im Laufe der Geschichte germanisch sprechende Menschen oder Stämme in andere Sprachen eingeschmolzen, also z.B. romanisiert oder slavisiert wurden.
Die Tatsache germanischer Sprachverwandtschaft hat niemals zur Bildung einer ›Germanischen Nation‹ geführt, obgleich es wichtige Gemeinsamkeiten, besonders im Recht und in der Religion gegeben hat. Die Germanen sind niemals in einem germanischen Großreich zusammengefaßt worden. Es hat dagegen stets viele einzelne, politisch organisierte germanische Stämme gegeben. Sie wurden im frühen Mittelalter, wie übrigens auch Stämme anderer Sprachgemeinschaften, als ›Völker‹ oder ›Nationen‹ (gentes, nationes, populi) bezeichnet. In den großen, Europa erschütternden Wanderungen im ersten Jahrtausend nach Christus (sog. Völkerwanderung) bildeten sie sich über ältere kleinere Stämme hinaus neu und wurden politisch-militärisch durch Herrenschichten adeliger Geschlechter, meist

unter einem König, zusammengefaßt: so z. B. die Langobarden, die Baiern, die Thüringer, die Dänen u. a. m. Unter diesen ›Nationen‹ der Zeit des 5. bis 9. Jahrhunderts finden wir noch keine deutsche, ebensowenig eine französische oder eine italienische Nation.

Diese sind später entstanden. Daß sie sich als Großnation über den Stammesnationen bilden konnten, ergab sich nicht aus gewissermaßen naturgesetzlichen Entwicklungen etwa derart, daß ein Zusammengehörigkeitsgefühl von Sprachgemeinschaften nationsbildend geworden wäre, so daß sich also germanisch Sprechende zu einer deutschen, romanisch Sprechende zu einer französischen Nation vereinigt hätten. Vielmehr ist erst die Großreichsbildung der fränkischen Stammesnation bis zum Höhepunkt der Herrschaft Karls des Großen über viele nichtfränkische Stämme, und sind sodann die Teilungen dieses Reiches im 9. Jahrhundert Voraussetzung für die Bildung der genannten Großnationen gewesen. Das gilt, in einem weiteren geschichtlichen Zusammenhang gesehen, auch für die Bildung der spanischen und der italienischen Nation, unmittelbarer und deutlicher aber für die Entstehung der Franzosen und der Deutschen.

Die Reichsteilungen und Grenzregelungen zwischen dem Vertrag von Verdun 843 und der Angliederung des Herzogtums Lothringen an das Ostreich im Jahre 925 sind durch Kämpfe und Verträge zwischen den Erben Karls des Großen, später auch nichtkarolingischer Dynasten, bewirkt worden. Die großen Familien des fränkischen Reichsadels haben dabei maßgebend mitgewirkt. In dieser Zeit bildeten sich die beiden großen Königreiche heraus, die als das west- und das ostfränkische bezeichnet wurden. Es war zugleich die Epoche der deutschen und der französischen Nationsbildung. Beide Nationen entwikkelten sich im Laufe der folgenden Jahrhunderte, zusammengefügt durch die Herrschaft der Könige und den Willen des hohen Adels. Der zwischen beiden liegende Grenzsaum entsprach keineswegs der damals bereits festgewordenen deutschfranzösischen Sprachgrenze, sondern ergab sich aus den Möglichkeiten und Grenzen königlicher und hochadeliger Machtbildung. Doch wirkte sich die Tatsache geschichtlich aus, daß im Westreich doch vorwiegend romanisch, im Ostreich dagegen vorwiegend germanisch gesprochen wurde. Auf beiden Seiten begannen sich Schriftsprachen auszubilden, die allerdings noch weit von der Einheitlichkeit einer Nationalsprache entfernt waren. Dies wurde erst im späten Mittelalter erreicht. Im Ostreich waren zunächst die Zentren einer schriftlichen Kultur nur spärlich über das weite Land verteilt. Doch zwischen diesen

Zentren gab es Verbindungen. Die Träger literarischer Kultur waren Geistliche und Mönche, im Hochmittelalter dann auch Ritter und Stadtbürger. Sie blickten über ihr Kloster, ihre Burg und ihre Stadt hinaus; sie waren beweglich und standen in einem weiträumigen Geflecht von Kulturbeziehungen.
Das westliche Königreich bewahrte sich den Namen der Franken; das Ostreich aber verlor im Laufe des 11. Jahrhunderts das Attribut des ›Ostfränkischen‹ zugunsten der sich allmählich durchsetzenden Bezeichnung eines ›Reiches der Deutschen‹. Damit ist eine Bewußtseinswandlung angedeutet, die vermutlich vor allem dem Willen und dem Interesse hochadeliger Familien entsprochen hat. Die soeben genannten beweglichen Stände der Geistlichkeit, der Ritter und der Stadtbürger wurden dann seit dem 12. Jahrhundert zunehmend Träger des Bewußtseins, ›Deutsche‹ zu sein. Wir erkennen also in dieser Zeit des 12./13. Jahrhunderts die zweite Epoche in der Stufenfolge der deutschen Nationalgeschichte.
Von einer ›deutschen Nation‹ wurde allerdings erst im späten Mittelalter gesprochen. Bei der Einbürgerung des Begriffes und der Wertschätzung des Wortes ›deutsch‹ verlor sich allmählich die Kenntnis vom Ursprung des Wortes, das auf die Sprache angewandt worden war, die im Gegensatz zur gelehrten, lateinischen Sprache des Klerus und dann auch im Gegensatz zur romanisch-französischen Sprache gesehen worden war. Die Bedeutung der Sprache für das aufkommende Nationalbewußtsein der führenden Schichten im 12./13. Jahrhundert kann kaum überschätzt werden. In der politischen Lyrik Walthers von der Vogelweide um 1200 ist wiederholt nicht nur von ›deutschen Landen‹, sondern auch von ›deutscher Zunge‹ die Rede. Der Ritter Reinbot von Dürne bezeichnete eine Generation später den Raum, in dem die Deutschen lebten, mit dem Hinweis: »Von Tirol bis nach Bremen« und »von Preßburg bis an Metz heran«.[7] Als diese Worte geschrieben wurden, war allerdings die Ausdehnung des deutschen Siedlungsraumes auch im Nordosten zwischen Ostsee und Sudeten bereits in vollem Gange. Wie vorher schon in der älteren deutschen Südostsiedlung wurden dabei zahlreiche Bauern und Stadtbürger in Bewegung gebracht. So lernten auch sie, wenn sie Dörfer und Städte nach ›deutschem Recht‹ anlegten, sich als Deutsche zu erfahren und sich von baltisch und slavisch sprechenden Menschen abzuheben.
Es ist nicht selbstverständlich gewesen, daß im 9./10. Jahrhundert das ostfränkische Reich zusammengehalten wurde und nicht in seine Stammesnationen zerfiel. Daß die Einheitlichkeit eines die Stämme überwölbenden Königreichs verwirklicht

wurde, ist dem bewußten politischen Zusammengehörigkeitswillen der führenden Adelsgeschlechter der Baiern, Schwaben, Franken, Thüringer, Sachsen und schließlich auch des Herzogtums Lothringen zu verdanken gewesen. 919 wurde der Sachsenherzog Heinrich von einer sächsisch-fränkischen Adelsversammlung in Fritzlar zum König des Ostreichs gewählt. Kurz darauf schlossen sich die Schwaben und die Baiern an, auch Lothringen wurde, wie schon erwähnt, hinzugewonnen, und im Jahre 936 wurde die Königswürde *über* den Herzogtümern der Stammesnationen in der Krönung Otto I. in Aachen feierlich bestätigt. Von da an ist das Faktum des von allen Herzogtümern und späteren Landesherrschaften anerkannten Königreichs der Deutschen nicht mehr angefochten worden. Das deutsche Königreich bestand in einer merkwürdigen Verbindung von Wahl- und Erbkönigtum über die Jahrhunderte des Mittelalters hinaus aufgrund des Willens seiner Fürsten, die das geheiligte Erbe des Königtums nicht angetastet haben, wenn sie auch andererseits stets bestrebt gewesen sind, um ihrer eigenen Stellung willen, dem König nur eine möglichst geringe reale Macht zuzugestehen. Im Gegensatz zum französischen König, der bis zu Beginn des 16. Jahrhunderts alle fürstlichen Lehen einzog und damit eine relativ zentralisierte und durchdringende königliche Macht errang, ist es im deutschen Königreich nie zu einer ähnlichen Entwicklung gekommen. Vielmehr entstanden anstelle der alten Stammesherzogtümer seit dem 12. Jahrhundert zahlreiche Fürstentümer neuer Art von unterschiedlicher Macht und Größe, die ihre landesherrliche Gewalt reichsrechtlich bestätigt erhielten. Der Dualismus von König und sog. Reichsständen wurde bestimmend für die Geschichte und die Verfassung des Reichs bis zu seinem Ende im Jahre 1803/1806.

Wir haben bisher nur vom deutschen *Königreich* gesprochen, das aus der ostfränkischen Hälfte des karolingischen Großreichs hervorgegangen ist und seit den Krönungen Heinrich I. und Otto I. in den Jahren 919 und 936 ununterbrochen bestanden hat, bis es unter den Schlägen Napoleons zusammenbrach. Doch müssen wir, um das Bild auszufüllen, den beiden eben genannten Jahreszahlen das Jahr 962 hinzufügen, in dem Otto I. in der Nachfolge Karls des Großen vom Papst in Rom zum Kaiser gekrönt worden ist. Der Anstoß zu diesem Romzug war vom Papst ausgegangen, der die Hilfe des mächtigsten der Könige in Europa erbat. Otto konnte sich diesem Hilferuf ebensowenig entziehen wie dem Wunsch nach der Kaiserkrone. Seine Krönung war die erste in einer langen Kette. Damit wurde nicht nur die Tradition einer hochgeachteten Rangerhö-

hung der von nun an mit dem Anspruch auf die Kaiserkrone verbundenen deutschen Könige eingeleitet, sondern auch der Beginn einer wechselvollen, kraftüberfordernden und letztlich erfolglosen Italienpolitik der deutschen Könige gesetzt. Der Kaisertitel blieb ihnen bis 1806 erhalten, ohne daß er in den drei letzten Jahrhunderten des Reiches noch an die Voraussetzung der päpstlichen Krönung geknüpft wurde. Der hohe Titel verlieh Würde, und das hat für die besondere Ausprägung des deutschen Nationalbewußtseins viel bedeutet. Doch die Würde verlieh lediglich Ansehen, nicht jedoch Macht. Das Mißverhältnis zwischen Idee und Wirklichkeit des Kaisertums hat die deutsche Geschichte vom Hochmittelalter bis zum 18. Jahrhundert erfüllt. Die *Macht* des Kaisers beruhte nach dem Fall der Staufer stets nur darauf, daß die Kaiser – so die Luxemburger im 14. und die Habsburger seit dem 15. Jahrhundert – eine ›Hausmacht‹, d. h. Landesherrschaften ihr eigen nennen konnten. Auf solcher Grundlage beruhte das Gewicht des römisch-deutschen Kaisers noch im 16. bis 18. Jahrhundert, als die Habsburger die entscheidende Gegenmacht gegen die wachsenden Ansprüche des Königs von Frankreich darstellten.
Seit der Mitte des 12. Jahrhunderts kam die Formel ›Sacrum Imperium Romanum‹ (Heiliges Römisches Reich) als Titel für das römisch-deutsche Reich auf. Erst im 15. Jahrhundert, als die kaiserliche Macht endgültig fast nur noch auf die deutschen Gebiete nördlich Italiens beschränkt war, bürgerte sich zu diesem Titel der Zusatz ›deutscher Nation‹ ein. Damit wurden die Deutschen, anders als bisher, im Begriff ›Nation‹ zusammengefaßt. Das bezeichnete eine Steigerung deutschen Nationalbewußtseins und wirkte in den folgenden Jahrhunderten auf die Intensität deutschen Nationalgefühls ein. Der Begriffsinhalt von Nation war allerdings fließend. In einem politisch engeren Sinn konnten darunter die im Reichstag zusammengefaßten Reichsstände verstanden werden. Doch bereits in der politisch und sozial bewegten Zeit der Reformation wirkte das Wort, austauschbar mit ›Volk‹, weit in die Städte und die vom Bauernkrieg betroffenen Dörfer hinein. Sicherlich wurde mit ›Nation‹ schon mehr begriffen als nur der hohe und niedere Adel. Doch muß betont werden, daß das Heilige Römische Reich Deutscher Nation bis zuletzt vornehmlich in seinem Adel Wirklichkeit war. Die Bedeutung der reichsunmittelbaren Städte, deren Vertreter auf dem Reichstag Sitz und Stimme hatten, war demgegenüber gering. Die Mehrheit der deutschen Bürger und Bauern, besonders in den großen Territorien des Ostens, war politisch in erster Linie auf die Fürstentümer bezogen, in denen sie lebten. Sie waren Untertanen ihres

Landesherrn. Der Kaiser war weit von ihnen entfernt und wirkte nicht in ihr Leben hinein.
Der neue Begriff ›deutsche Nation‹ bürgerte sich rasch ein. Zahlreiche Flugschriften, die nach der Erfindung des Buchdrucks aufkamen, taten das ihre dazu, daß er in die politische Sprache einging und von vielen aufgenommen wurde, die lesen konnten oder sich die Flugschriften vorlesen ließen. Bei den religiösen und sozialen Unruhen der Reformationszeit war das Bewußtsein verbreitet, daß es um die ›deutsche Nation‹, um Kaiser und Reich ging. Der neue Name zeigt eine neue Epoche der deutschen Nationsbildung an: nicht nur deswegen, weil breitere Volksschichten, besonders in den Städten, vom Gedanken erfaßt wurden, zur deutschen Nation oder zum deutschen Volk zu gehören, sondern vor allem deswegen, weil diese Nation just in dem Augenblick, als sie begann, volkstümlich zu werden, konfessionell gespalten wurde wie keine der anderen großen europäischen Nationen. Dies war darin begründet, daß im Augsburger Religionsfrieden von 1555 die Konfession der Untertanen in den einzelnen Ländern des Reiches einheitlich an das Bekenntnis des Landesfürsten gebunden wurde. So entstand im Heiligen Römischen Reich Deutscher Nation eine buntscheckige Verteilung der Konfessionen, entsprechend dem Verlauf der politischen Landesgrenzen. Während die französischen Könige für die französische Nation nach heftigen und blutigen Kämpfen schließlich im 17. Jahrhundert die katholisch-konfessionelle Einheit erzwangen, blieb die deutsche Nation zweigeteilt oder genauer: dreigeteilt, da 1648 die reformierten Bekenntnisse als dritte Konfession reichsrechtlich anerkannt wurden.
Vom ausgehenden 15. Jahrhundert bis zum Ende des alten Reichs ist viel von ›deutscher Nation‹ die Rede gewesen. Reichspatriotismus ist im 17. und 18. Jahrhundert, besonders im deutschen Bürgertum, verbreitet gewesen. Dabei kam zum Ausdruck, daß der Begriff ›deutsche Nation‹ eine Einheit oder ein Einheitsbewußtsein ausdrückte. Doch gab es tatsächlich weder eine staatspolitische noch eine konfessionelle Einheit. Solange das Reich bestand und von den europäischen Mächten geachtet wurde, ist dieser Zustand von den Deutschen hingenommen worden. Mochte das Reich auch nur noch ein lockerer Rechts- und Lehensverband im Verhältnis von Kaiser und Reichsständen sein, es hatte den Vorteil, daß es niemandem wehetat, gleichwohl etwas Achtunggebietendes darstellte und so Württembergern und Brandenburgern, Osnabrückern, Bayern, Salzburgern und Österreichern sowie allen anderen Reichsständen das angenehme Bewußtsein verlieh, in einem

gewissen politischen Sinne auch Deutscher zu sein, und dies Bewußtsein konnte gelegentlich sogar zum Nationalstolz erhöht werden.
Von Nationalstolz war auch die deutsche bürgerliche Bewegung des 18. Jahrhunderts, wie alle anderen bürgerlich-nationalen Bewegungen in Europa, nicht frei. Doch bezog sie ihr Nationalgefühl meist nicht unmittelbar auf das Reich, und nationalpolitische Zukunftsprogramme waren ihr vor der Herausforderung durch die Französische Revolution fremd. Die philosophisch-literarische Elite dieser Zeit, für die stellvertretend die Namen Klopstock, Lessing, Herder, Kant, Goethe, Schiller genannt seien, schenkte den Deutschen ihre ›Nationalliteratur‹. Ihre geistige Existenz als Deutsche ohne deutsche Nation im politischen Sinne ist viel bedacht und beredet worden. Friedrich Meinecke hat, wie oben bemerkt, im Blick auf diese geistige Elite und das ihr zugehörige, gebildete, lesende Publikum den Begriff ›Kulturnation‹ übernommen. Zwar ist es fragwürdig, dieses Wort zu einem allgemeingültigen Begriffstypus im Gegensatz zum Begriff der ›Staatsnation‹ zu erheben; doch ist es zutreffend, für die Deutschen oder besser: für deren Bildungsschicht zur Zeit Kants und Goethes von einer Kulturnation zu sprechen. Die große Philosophie und Dichtung jener Jahrzehnte, in denen sich die deutsche Kulturnation bildete, wies weit über Deutschland hinaus. Sie wirkte lange nach, und im 19. Jahrhundert kam das Wort von den Deutschen als dem ›Volk der Dichter und Denker‹ auf. In der Literaturgeschichte erhielt diese Zeit das Etikett der ›deutschen Klassik‹. Zur Gipfelperiode deutschen Geistes gehörte jedoch die Kehrseite deutscher Staats- und Machtlosigkeit. Die unbewältigte Spannung zwischen Geist und Macht hat von da an immer wieder die deutsche Nationalgeschichte belastet. Friedrich Schiller, der damit nicht alleinstand, wollte diese Spannung durch Verzieht auf die Macht gelöst wissen. In seinem Fragment ›Deutsche Größe‹ des Jahres 1804 fragte er unter dem Eindruck der napoleonischen Siege und des bevorstehenden Reichszusammenbruchs, ob denn der Deutsche noch ein Selbstbewußtsein haben könne. Er antwortete:

»Ja, er darf's! Er geht unglücklich aus dem Kampf. Aber das, was seinen Wert ausmacht, hat er nicht verloren. Deutsches Reich und deutsche Nation sind zweierlei Dinge. Die Majestät des Deutschen beruhte nie auf dem Haupt seiner Fürsten. Abgesondert von dem Politischen hat der Deutsche sich einen eigenen Wert gegründet, und wenn auch das Imperium unterginge, so bliebe die deutsche Würde unangefochten. Sie ist eine sittliche Größe, sie wohnt in der Kultur und im Charakter der Nation, der von ihren politischen Schicksalen unabhängig ist. Dieses

Reich blüht in Deutschland, es ist in vollem Wachsen, und mitten unter den gotischen Ruinen einer alten barbarischen Verfassung bildet sich das Lebendige aus. [...] Indem das politische Reich wankt, hat sich das geistige immer fester und vollkommener gebildet.« Schiller steigerte sich zu den Sätzen: »Das ist nicht des Deutschen Größe, obzusiegen mit dem Schwert, in das Geisterreich zu dringen, Vorurteile zu besiegen [...], männlich mit dem Wahn zu kriegen, das ist seines Eifers wert [...].« Indem der Deutsche das geistige Reich, unabhängig von politischer Ordnung und Macht, ausbilde, sei er »der Kern der Menschheit«. Er sei »erwählt von dem Weltgeist, während des Zeitkampfes an dem ewgen Bau der Menschenbildung zu arbeiten«.

Im Pathos dieser Worte steckten Überheblichkeit und verzichtende Bescheidung zugleich. Beides war irreal. Beides wirkte in gefährlicher Weise auf Denken und Verhalten der deutschen Nation in der folgenden Zeit ein.
Das Ende des alten Reichs hinterließ ein Vakuum im Bewußtsein der Deutschen – weniger schon im Augenblick des Zusammenbruchs selbst als in den folgenden Jahrzehnten. Protest gegen den Eroberer, wachgerufene Geschichte des deutschen Mittelalters, als Deutschland noch ein Staat gewesen war, wie Hegel 1802 gemeint hatte[8], und das französische Nationalstaatsmodell der »einen und unteilbaren Nation« übten ihre Wirkung in der deutschen Intelligenz aus, und in Preußen gelang es einer kleinen, aber einflußreichen Gruppe adeliger und bürgerlicher Reformer, unter ihnen der Freiherr vom Stein, der General Scharnhorst, der Kultusminister Wilhelm von Humboldt, die preußische Politik nach der Niederlage und dem harten Frieden von Tilsit im Jahre 1807 mit deutschpatriotischen Zielen zu verbinden. – Preußen war seit den Siegen König Friedrichs des Großen über Österreich zur europäischen Großmacht und zur norddeutsch-protestantischen Gegenmacht gegen Habsburg in Deutschland geworden. Es war von größter nationaler Bedeutung, daß die sog. Preußische Reform der Jahre 1807–1814 wegweisend nicht nur für Preußen, sondern auch für das außerösterreichische Deutschland im 19. Jahrhundert wurde.
Trotz des Sieges über Frankreich 1813/14 war das Ziel eines nur von wenigen und von diesen wiederum recht verschiedenartig geforderten Nationalstaats allerdings vorerst unerreichbar. Auf dem Wiener Kongreß zur Neuordnung Europas 1815 wurde ein nationaldeutsches Programm von keinem der beteiligten Staatsmänner vertreten. Die Staatsraison Österreichs und Preußens sowie der kleineren deutschen Staaten war maßgebend, und das Interesse der übrigen deutschen Mächte ließ den Gedanken an einen deutschen Nationalstaat ohnehin

nicht zu. Die deutsche Frage konnte allerdings nicht ausgelöscht werden. Dem Faktum einer überlieferungsstarken und auch von leitenden Staatsmännern bejahten deutschen Nation oberhalb oder inmitten der deutschen Staaten mußte Rechnung getragen werden. So kam es zur Gründung eines lockeren Staatenbundes, der den Namen ›Deutscher Bund‹ erhielt und in seiner Verfassung keine Möglichkeit zur Weiterbildung in Richtung eines deutschen Bundesstates bot. Wie vorher das römisch-deutsche Reich kein eigenes Machtgewicht in der Waagschale des Gleichgewichts der europäischen Staaten gehabt hatte, so entstand auch durch den Deutschen Bund keine deutsche Macht in der Mitte Europas. Vielmehr war der Deutsche Bund sorgfältig eingefügt in das ›europäische Konzert‹ der fünf Großmächte Großbritannien, Frankreich, Österreich, Preußen, Rußland oder in das politische System, das mit dem Namen des österreichischen Staatskanzlers Metternich bezeichnet zu werden pflegt.
Doch anders als noch im 18. Jahrhundert hielten die Deutschen selbst nicht mehr still. Das Ziel eines eigenen Nationalstaats stand nunmehr vor ihnen, ebenso wie vor allen anderen Nationen, die in Mittel-, Süd- und Osteuropa ohne eigenen Staat waren und ihre nationalpolitische Einigung anstrebten.
Damit war die Epoche der modernen Nationalbewegung für die Deutschen angebrochen. Das alte Reich war vergangen, der Deutsche Bund war für die Deutschgesinnten ein Hindernis und Ärgernis, die deutsche Bildungsbewegung, die in der Vorstellung eines geistigen Reiches gegipfelt hatte, setzte sich fort, wurde aber zunehmend von nationalpolitischen Leitsätzen beeinflußt und war schließlich von diesen nicht mehr zu trennen. Das Erlebnis des Freiheitskrieges von 1813 wirkte nach. Die deutsche Nationalbewegung wurde anfangs vorwiegend von Bildungsbürgern, besonders von den Studenten der Burschenschaft getragen, wuchs aber immer mehr ins Volk hinein. Als die große Revolution im Jahre 1848 ausbrach, wurde nach dem Fall der Vereins-, Versammlungs-, Rede- und Presseverbote deutlich, daß das ganze Volk und nicht mehr nur seine Bildungsschicht in Bewegung geraten war, und daß alle verfassungs-, sozial- und wirtschaftspolitischen Forderungen in diesem ›tollen Jahr‹ stets mit der Hauptfrage verbunden wurden: der Erringung deutscher Einheit in einem Reich als Nationalstaat.
Im März 1848, als alle Hindernisse freier politischer Bewegung und Meinungsäußerung fortfielen, wurde es offenbar, daß die Deutschen *aller* Schichten sich als *politische* Nation fühlten. Groß waren die Hoffnungen auf einen freiheitlich verfaßten,

sozial gerechten deutschen Einheitsstaat. Wunder wurden erwartet. Doch die deutschen Fürsten waren nur vorübergehend dem Druck gewichen. Die Revolution ging nicht weit genug. Sie blieb vor den Thronen stehen. Die Fürsten aber schlugen schließlich mit Hilfe sicherer Truppen zurück. Der Deutsche Bund wurde 1851 erneuert. Die Revolution war gescheitert.
Doch auch wenn sie nicht gescheitert wäre, hätte das Idealziel eines einheitlichen Nationalstaats nicht erreicht werden können. Ein solcher ist zwar denkbar gewesen und ist auch gefordert worden, jedoch nur von demokratischen Republikanern, die keine Macht, ihn durchzusetzen, besaßen und in der gewählten Frankfurter Nationalversammlung in der Minderheit waren. Sie waren vom Wunschziel des sog. Völkerfrühlings der europäischen Nationen durchdrungen. Das hieß: die Monarchien sollten beseitigt und der Weg freigegeben werden für national einheitliche demokratische Staatseinheiten – so mindestens für die Deutschen, die Italiener, die Polen, die Ungarn.
Doch die Wirklichkeit sah anders aus. Die liberale Mehrheit der Nationalversammlung achtete die historisch-dynastisch gegebenen Grenzen und wollte die Verfassung Deutschlands und seiner Einzelstaaten nach dem Verfassungsmuster einer möglichst weit parlamentarisch bestimmten Monarchie einrichten. Damit war die schmerzliche Frage an Österreich gestellt. Man konnte es dem Kaiserreich Österreich nicht zumuten, sich selbst zugunsten eines deutschen Nationalstaats zu schwächen und der Vereinigung seiner deutschen Länder mit dem nationaldeutschen Reich zuzustimmen. So faßte die Frankfurter Nationalversammlung widerwillig den Beschluß, auf ›Großdeutschland‹ zu verzichten und einen ›kleindeutschen‹ Bundesstaat unter Ausschluß der österreichischen Deutschen zu bilden. Als Ersatz wurde vorgesehen, einen ›weiteren Bund‹ zwischen dem Deutschen Reich und dem Kaiserreich Österreich zuwege zu bringen. Doch blieb die in Frankfurt beschlossene Reichsverfassung Kleindeutschlands auf dem Papier. Die Nationalversammlung scheiterte. Schon vor ihrem Ende hatte der preußische König Friedrich Wilhelm IV. die nicht von Gottes, sondern von Volkes Gnaden gebotene Kaiserkrone abgelehnt.
Was folgte aus dem Aufbruch und dem Fall der deutschen Revolution von 1848/49?

1. Die deutsche Frage war ungelöst geblieben. Sie konnte aber nicht mehr unterdrückt werden und blieb auf der politischen Tagesordnung.
2. Ein Nationalstaat im vollendeten Sinne war künftig nur zu verwirklichen, wenn die Monarchien, besonders die der Habsburger beseitigt werden konnten. Dies war im 19.

Jahrhundert unerreichbar und trat erst 1918 als Folge der Niederlage im Ersten Weltkrieg ein.

3. Es lag dagegen im Bereich des Möglichen, den Versuch zu wiederholen, einen ›kleindeutschen‹ Bundesstaat zu erringen. Doch mußten dazu erst Voraussetzungen geschaffen werden, die im Jahre 1851 nicht greifbar waren.
4. Die Hoffnung auf eine neue Revolution von unten war begraben. Ein kleindeutsches Reich konnte also nur im Zusammenwirken volkstümlicher liberaler Bewegung *mit* den Fürsten der deutschen Staaten erreicht werden. Das hieß: Preußen als die führende deutsche Macht außerhalb Österreichs mußte seine Politik mit diesem Ziel identifizieren; die deutschen Klein- und Mittelstaaten besonders Süddeutschlands mußten auf eine preußisch-kleindeutsche Linie einschwenken; Österreich aber mußte entweder eine kleindeutsche Reichsgründung dulden, oder es mußte, wenn es sich widersetzte, diplomatisch und notfalls militärisch durch Preußen ausgeschaltet werden.
5. Es war aber auch denkbar, das Ziel eines festgefügten, mit starken Zentralvollmachten versehenen Bundesstaates aufzugeben und an der überlieferten Nationalgemeinschaft *einschließlich* der Deutsch-Österreicher festzuhalten – allerdings notwendigerweise nur in der Kontinuität des Deutschen Bundes, den in einem gesamtdeutschen Sinne zweckmäßiger zu organisieren dann eine Aufgabe auf lange Sicht gewesen wäre.

Zwischen 1851 und 1866 entschied sich, daß die beiden Großmächte, Österreich und Preußen, sich um der deutschen Frage willen entzweiten. Otto von Bismarck, zuerst preußischer Bundesgesandter in Frankfurt am Main, seit 1862 preußischer Ministerpräsident, führte die Identifizierung der preußischen Politik mit dem kleindeutschen Ziel herbei, jedoch dergestalt, daß die preußische Staatsraison nicht deutschnational umgebogen und die preußische Führungsrolle gewährleistet werden sollte. Österreich stellte sich diesen Tendenzen entgegen und bot, als Kaiser Franz Joseph 1863 zum deutschen Fürstentag nach Frankfurt am Main einlud, die Alternative eines reformierten Deutschen Bundes. Dadurch sollten die deutsche Teilung und die Machtkonzentration eines preußisch geführten kleindeutschen Reiches verhindert werden.
Die Entscheidung fiel im deutschen Krieg von 1866. In der Schlacht von Königgrätz in Ostböhmen siegten die Preußen. Alles, was nun folgte, der Österreich schonende Friede von Prag, die Annexionen Hannovers, Kurhessens, Nassaus und

Frankfurts am Main durch Preußen, die Bildung des Norddeutschen Bundes, die Wahlen zum Norddeutschen Reichstag, der militär- und zollpolitische Anschluß der süddeutschen Staaten an den Norddeutschen Bund, der Sieg der nord- und süddeutschen Staaten über Frankreich, waren Stufen zum Ziel, das 1848/50 verfehlt worden war und nun erreicht wurde: der Gründung des Deutschen Reichs. Es ist als Bund seiner Fürsten aufgrund von Verträgen des Norddeutschen Bundes mit den süddeutschen Staaten errichtet worden, ehe 1871 der gewählte deutsche Reichstag diese Reichsgründung bestätigte. Es ist mit Recht gesagt worden, daß dieser Weg zur kleindeutschen Nationalstaatsbildung eine ›Revolution von oben‹ gewesen sei. Konservative Bedenken gegen die Annexionen wurden von Bismarck hinweggefegt; andererseits hat er durch Schonung Österreichs und der süddeutschen Staaten gezeigt, daß er maßzuhalten verstand; denn es ging ihm nicht nur um die Erreichung, sondern auch um die Bewahrung des Ziels.

Wir fragen, welchen Anteil die deutsche Nation oder das deutsche Volk an dieser Reichsgründung gehabt hat. Sind die Deutschen etwa nur Objekte der Bismarckschen ›Revolution von oben‹ gewesen? Wieweit waren sie aktive Bundesgenossen oder Gegner Bismarcks? Gegner und Opfer der Entscheidung für Kleindeutschland waren zunächst die Deutschen aus den Alpenländern, aus Ober- und Niederösterreich, aus Böhmen, Mähren und Österreichisch-Schlesien. Doch gewöhnten sie sich an die neue Situation, von einer deutschen Staatsnation jenseits der Grenze ausgeschlossen zu sein und trotzdem sich als Angehörige der (nicht staatlich zusammengeschlossenen) deutschen Nation zu verstehen. Die Schlacht von Königgrätz hinterließ für sie ein lange nachwirkendes Trauma. Aber nicht nur sie sind – in einem weiteren Sinne verstanden – Besiegte der Schlacht von Königgrätz gewesen. Zu diesen gehörten auch die über ganz Deutschland verteilten politischen Richtungen oder Parteien der Katholiken, der Liberaldemokraten und der Sozialdemokraten, die alle ein ›großpreußisches‹ Kleindeutschland verabscheuten und ihre politischen Ziele in einem locker gefügten Großdeutschland besser aufgehoben wußten. Tätige und z.T. begeisterte Anhänger der preußisch-kleindeutschen Politik waren dagegen die vielen liberal Gesinnten in allen Volksschichten, mit einem geistigen Schwergewicht in den protestantischen Bildungsberufen, die der nationalliberalen Partei oder den ihnen verwandten Parteien zugetan waren.

Die Wahlen zum ersten Reichstag im Jahre 1871 sind ein Spiegelbild der Willensbildung der Deutschen, besser gesagt: der wahlberechtigten Männer über 25 Jahre, im Hinblick auf die Reichsgründung. Zur Hälfte haben sie überhaupt nicht gewählt, waren also nicht gewillt, sich für oder wider das neue Reich politisieren zu lassen. Die andere Hälfte der Wahlberechtigten teilte sich etwa zu gleichen Teilen in Anhänger und Gegner der Reichsgründung. Doch auch die Gegner stellten sich im Reichstag auf den Boden der gegebenen Tatsachen. Übrigens gehörten auch die preußischen Konservativen zu diesen Gegnern. Sie haben sich erst 1876 zur Deutsch-konservativen Partei umgebildet und damit verspätet ihre Zustimmung zum neuen Reich ausgedrückt.

Das Deutsche Reich ist schon im Jahre 1871 kritisch ein ›unvollendeter Nationalstaat‹ genannt worden. Wir greifen diese Bezeichnung auf und verstehen sie in einem doppelten Sinne:

1. Das Reich war als Nationalstaat unvollendet, weil einerseits die österreichischen Deutschen nicht einbezogen waren und andererseits nichtdeutsche Nationalitäten wie Polen und Dänen, größtenteils gegen ihren Willen und ohne Volksabstimmung dem Reich eingefügt wurden. Dasselbe galt auch für die zwar überwiegend deutsch sprechenden, aber nicht nationaldeutsch fühlenden Elsässer und Lothringer. Die Konsequenzen des nationalen ›Unvollendetseins‹ waren, wie überall, wo in Europa Nationalitätenkämpfe entfacht wurden,weithin unwürdig, hart und politisch belastend.
2. Das Reich war als Nationalstaat auch deswegen ›unvollendet‹, weil das dem Modell des modernen Nationalstaats zugehörige Merkmal allgemein garantierter politischer Demokratie nur teilweise verwirklicht war. Das Deutsche Reich war nicht eine National-Demokratie wie die gleichzeitige dritte Französische Republik. Zwar wurde der Reichstag nach allgemeinem, gleichem, geheimem und direktem Wahlrecht gewählt. (Daß die Frauen noch kein Wahlrecht besaßen, wurde damals in allen modernen Staaten noch als selbstverständlich angesehen, war also keine deutsche Eigentümlichkeit.) Doch der Reichstag und die Reichstagswahlen hatten eine stark politisierende Wirkung und reizten zur Kritik an der bestehenden Reichsverfassung, im Maße wie die Zusammensetzung des Reichstags vor allem wegen des Aufstiegs der Sozialdemokratie zunehmend oppositionell wurde. Entscheidend war jedoch, daß die sich wandelnde politische Willensbildung bei steigender Wahlbeteiligung nicht zur Änderung der gegebenen Staats- und Gesellschaftsverfassung hat führen können. Das Reich war – ebenso wie seine Länder – eine ›konstitutionelle Monarchie‹. Der Kaiser ernannte und entließ den Reichskanzler nach

seinem Willen, ohne daß der Reichstag, der kein Recht zum Mißtrauensvotum besaß, dabei gefragt werden mußte. Dem Reichstag stand also, gemeinsam mit dem Bundesrat, nur die Gesetzgebung einschließlich des Haushalts, nicht dagegen die Bestimmung über die Bildung oder die politische Richtung der Reichsleitung zu. Damit war de facto gesichert, daß der Vorrang des Adels für die Staatssekretärs- und (in Preußen) die Ministerstellen sowie für die Spitzenstellungen in Verwaltung, Diplomatie und Militär bis zum Ende der Monarchie erhalten blieb.

Da gleichzeitig, genauer gesagt: zwischen 1850 und 1914, die Industrialisierung und die dem Industriesystem gemäße Umwandlung der Gesellschaft rasche Fortschritte machten, verschärfte sich im Laufe der Jahrzehnte das Mißverhältnis zwischen Reichsleitung und Volksvertretung, zwischen alten, agrarisch-adelig bestimmten Eliten und den vordringenden politischen Kräften im Bürgertum und in der Arbeiterschaft. Die SPD, das Zentrum (wenn auch nur zum kleineren Teile) und die Gewerkschaften mobilisierten in zunehmendem Maße die Arbeiter.
So nahm zwischen 1871 und 1914 nicht nur die Integration der deutschen Bürger in ihr mächtig aufsteigendes Reich, sondern auch die Spannung zwischen Tradition und Veränderung zu. Das wirkte sich auf den Begriff der Nation aus. Sie spaltete sich vor 1914 weithin in zwei Teile auf, die sich selbst als ›nationales Bürgertum‹ einerseits, ›proletarische Sozialisten‹ andererseits bezeichneten. Der Nationalismus, der 1848 in hohem Maße links gestanden hatte, war gewissermaßen nach rechts gerückt. Konservativ-liberal gesinnte Bürger sprachen den Sozialdemokraten und weithin auch noch den politischen Katholiken das Nationalbewußtsein ab und konnten sie gar als Vaterlandsfeinde herabsetzen. Die Sozialdemokraten wiesen dies zurück. Sie betonten, nicht nur der internationalen Arbeiterbewegung anzugehören, sondern zugleich im besten, d. h. demokratischen Sinne, nationaldeutsch zu sein. Sie bejahten den Nationalstaat, lehnten ihn aber als »Obrigkeitsstaat« ab, um ihn als ›Volksstaat‹ zu erstreben.
Als 1914 der Krieg ausbrach, war der kleindeutsche Nationalstaat bei all seinen Bürgern, soweit sie deutscher Nationalität waren, unbestritten und gefestigt. Wohin aber seine Verfassung entwickelt werden sollte, war eine ebenso vordringlich gewordene wie ungewisse Frage. Durch den Ausbruch des Krieges im August 1914 wurde das Verfassungsproblem des Reiches unter neue Bedingungen gestellt. So blieb die Frage unentschieden,

ob die monarchisch-adeligen und die parlamentarischen Führungskräfte ohne die Ausnahmesituation des Krieges zu einem konfliktlösenden Kompromiß fähig und in der Lage gewesen wären, durch den die Verfassung des Reichs und der Einzelstaaten aus ihrer Erstarrung hätten gelöst und einer Parlamentarisierung hätten zugeführt werden können.

Anmerkungen

1 J. G. FICHTE, Reden an die deutsche Nation. Achte Rede. In: Ausgewählte Werke, hg. von F. MEDICUS, Neudruck Darmstadt 1962, Bd. 5, S. 502f.
2 E. J. SIEYÈS, Was ist der dritte Stand?, Übers. v. O. Brandt, Berlin 1924, S. 40.
3 E. RENAN, Qu'est-ce qu'une nation?, Paris 1882, S. 27.
4 F. MEINECKE, Weltbürgertum und Nationalstaat. In: Werke, hg. v. H. HERZFELD, C. HINRICHS, W. HOFER, Bd. 5, München 1963, S. 247.
5 H. KOHN, s. Literaturverzeichnis.
6 TH. NIPPERDEY, Zum Jubiläum des Hermannsdenkmals. In: Ein Jahrhundert Hermannsdenkmal 1875–1975. Sonderveröffentlichungen des Naturwissenschaftlichen und Historischen Vereins für das Land Lippe, Bd. 23, 1975, S. 11ff.
7 Zit. bei K. G. HUGELMANN, Stämme, Nation und Nationalstaat im deutschen Mittelalter, Stuttgart 1955, S. 383.
8 G. W. F. HEGEL, Die Verfassung des Deutschen Reichs, ed. G. Mollat, Stuttgart 1935, S. 15.

Literaturverzeichnis

H. BEUMANN/W. SCHRÖDER (Hg.): Aspekte der Nationenbildung im Mittelalter. Sigmaringen 1978.
W. CONZE: Die deutsche Nation. Ergebnis der Geschichte. Göttingen [2]1965. Neue, überarbeitete (englische) Ausgabe: The Shaping of the German Nation. A Historical Analysis. London 1979.
O. DANN (Hg.): Nationalismus und sozialer Wandel, Hamburg 1978.
K. W. DEUTSCH: Nationalism and Social Communication. Cambridge/Mass. [1]1953, [2]1966.
Ders.: Nationenbildung – Nationalstaat – Integration. Düsseldorf 1972.
B. GEBHARDT: Handbuch der deutschen Geschichte. Bearbeitet von H. GRUNDMANN, 4 Bde. Stuttgart [9]1970ff.
W. VON GROOTE/U. VON GERSDORFF (Hg.): Entscheidung 1866. Der Krieg zwischen Österreich und Preußen. Stuttgart 1966.
H. HOLBORN: Deutsche Geschichte in der Neuzeit. München/Wien 1970–71.
E. R. HUBER: Deutsche Verfassungsgeschichte seit 1789. 5 Bde. Stuttgart 1957–78.
Ders. (Hg.): Dokumente zur deutschen Verfassungsgeschichte. 3 Bde. Stuttgart 1961–66.
R. KÖTZSCHKE/W. EBERT: Geschichte der ostdeutschen Kolonisation. Leipzig 1937.
H. KOHN: Die Idee des Nationalismus. Ursprung und Geschichte bis zur Französischen Revolution. Heidelberg 1950.
W. KUHN: Geschichte der deutschen Ostsiedlung in der Neuzeit. 2 Bde. Köln/Graz 1955–57.
E. LEMBERG: Nationalismus. 2 Bde. Reinbek 1964, 1967.

J. LEUSCHNER (Hg.): Deutsche Geschichte. 10 Bde. Göttingen 1974ff.
T. NIPPERDEY: Nationalidee und Nationaldenkmal in Deutschland im 19. Jahrhundert. Zuletzt in: Ders.: Gesellschaft, Kultur, Theorie. Gesammelte Aufsätze zur neueren Geschichte. Kritische Studien zur Geschichtswissenschaft. Bd. 18. Göttingen 1976, S. 133–173. Erstabdruck: Historische Zeitschrift 206 (1968), S. 529–585.
P. RASSOW (Hg.): Deutsche Geschichte im Überblick. Stuttgart [3]1973.
S. ROKKAN: Die vergleichende Analyse der Staaten- und Nationenbildung: Modelle und Methoden. In: W. Zapf (Hg).: Theorien des sozialen Wandels. Köln/Berlin 1969, S. 228–252.
T. SCHIEDER: Das deutsche Kaiserreich von 1871 als Nationalstaat. Köln/Opladen 1961.
T. SCHIEDER/E. DEUERLEIN (Hg.): Reichsgründung 1870/71. Stuttgart 1970.
M. STÜRMER (Hg.): Das kaiserliche Deutschland. Politik und Gesellschaft 1870–1918. Düsseldorf 1970.
CH. TILLY (Hg.): The Formation of National States in Western Europe. Princeton 1975.
V. VALENTIN: Geschichte der Deutschen. [1]Berlin 1947. [2]Köln–Berlin 1979.
Ders.: Geschichte der deutschen Revolution von 1848–1849. 2 Bde., Berlin 1929. [2]Köln/Berlin 1970.
H. A. WINKLER (Hg.): Nationalismus. Königstein/Ts. 1978.

25. Werner Conze

Die deutsche Nation (II)
Die »deutsche Frage« im 20. Jahrhundert

Das folgende Kapitel kann und soll nicht deutsche Zeitgeschichte in gedrängter Kürze wiedergeben, vielmehr die Leitlinie des vorhergehenden – Epochen deutscher Geschichte – fortsetzen. Wurde dort ein Jahrtausend in den Blick genommen, so verdichten sich nun Frage und Darstellung im verhängnisvollen Wirkungszusammenhang der Geschichte unserer Gegenwart.

Der Erste Weltkrieg steht am Beginn. Er ist in zweifacher Hinsicht bedeutungsvoll: als Fortsetzung und Abbruch deutscher Weltmachtpolitik sowie als Ursache zur Freisetzung moderner Verfassungsreformen, die seit der Reichsgründung von 1871 blockiert worden waren.

Die deutsche Reichsleitung ist für den Ausbruch des Ersten Weltkriegs in hohem Maße mit verantwortlich gewesen. Die militärischen Erfolge der ersten Kriegswochen bestätigten die verbreitete Auffassung, daß die deutsche Weltmachtstellung durch den Krieg gesteigert und befestigt werden würde. Auch als die Hoffnung auf eine rasche Kriegsentscheidung zugunsten Deutschlands sich nach der Marneschlacht im September 1914 zerschlug, blieb die Überzeugung maßgebend, daß ein Sieg trotz aller Schwierigkeiten würde erzwungen werden können. In solcher Sicht erschien der große Krieg als Fortsetzung deutscher Weltpolitik, die als Konsequenz und nachträgliche Sinngebung der Reichsgründung von 1871 aufgefaßt wurde.

In diesem Bewußtsein wurde der Weltkrieg geführt, wenn auch mit abnehmender Zustimmung des durch Tod und Hunger schwer betroffenen deutschen Volkes. Der Rausch der spät errungenen nationalen Macht und die Siegeszuversicht der an den Erfolg gewöhnten Deutschen steigerte sich bis zur krampfhaften Losung: »Wir werden siegen, weil wir siegen müssen.«

Die Wirklichkeit sah anders aus. Eine Analyse der militärischen Lage würde ergeben, daß bis ins Jahr 1917 hinein ein Friedensschluß der erschöpften Nationen ohne Sieger und Besiegte, damit also ohne irgendwelche Siegergewinne, denkbar gewesen wäre. Als aber die Vereinigten Staaten von Amerika mit schnell wachsender Truppenstärke 1918 auf dem

westlichen Kriegsschauplatz erschienen, war ein solcher ›Verständigungsfrieden‹ nicht mehr zu verwirklichen. Die Niederlage war unvermeidlich geworden. Die nach oben weisende Linie deutscher Weltmachtpolitik war abgeschnitten. Ein für allemal? Das war die Frage. Viele, nicht nur in Deutschland, hofften damals auf eine neue Welt, in der gemäß dem Programm des amerikanischen Präsidenten Wilson überhaupt keine den Krieg einbeziehende Machtpolitik konkurrierender Weltmächte mehr geführt werden sollte.
Damit ist die epochale Wirkung des Weltkrieges aber noch nicht voll in den Blick genommen. Ich sagte: Der Weltkrieg setzte moderne Entwicklungen frei, die vorher blockiert gewesen seien. Was ist damit gemeint? Erinnern wir uns an das vorige Kapitel, in dem das alte Schlagwort vom ›unvollendeten Nationalstaat‹ aufgegriffen wurde. Nations- und Staatsgrenzen hatten nicht übereingestimmt, da Nichtdeutsche 1871 ins Reich eingefügt und Deutsche aus dem Reich ausgeschlossen worden waren. Außerdem waren Nation und Demokratie nicht zur Deckung gebracht worden, da in der Verfassung der konstitutionellen Monarchie die demokratische Willensbildung nicht voll hatte zur Geltung kommen können; denn die Reichsleitung war personell nur vom Kaiser, nicht jedoch vom Willen des Reichstags abhängig gewesen.
Vom Ausbruch des Krieges an konnten aber die national- und verfassungspolitischen Bewegungen in demokratischer Richtung nicht mehr niedergehalten werden – weder in Österreich-Ungarn noch im Deutschen Reich. Der Krieg war ein Krieg der Massen, der mit dem vollen Einsatz der Bevölkerung sowohl an den Fronten wie in der Kriegswirtschaft geführt werden mußte. Zu den Massen gehörten aber die Sozialdemokraten und die nichtdeutschen Nationalitäten. Sie erwarteten weitgehende innenpolitische Reformen, wenn anders sie nicht auf die Sozial- und Nationalrevolution zusteuern sollten. Jedenfalls kämpften *diese* Massen nicht für die Habsburger und die Hohenzollern-Monarchie, wie sie bis 1914 verfaßt gewesen waren. Für beide monarchischen Reiche war es verhängnisvoll, daß ihre Führungen sich den innenpolitischen Konsequenzen der Kriegslage solange wie möglich zu entziehen versuchten und daß sie sich erst 1917/1918 dazu drängen ließen, als die Kriegslage immer ernster und schließlich ausweglos wurde.
In letzter Stunde wurden Zugeständnisse gemacht, die zu spät kamen, um die beiden mitteleuropäischen Monarchien noch retten zu können. Kaiser Karl von Habsburg verkündete am 16. Oktober 1918 wenigstens für die westliche, d.h. nichtungarische Reichshälfte: »Österreich soll, dem Willen seiner Völker

gemäß, zu einem Bundesstaate werden, in dem jeder Völkerstamm auf seinem Siedlungsgebiete ein eigenes staatliches Gemeinwesen bildet.«[1] Doch Ungarn ging bereits seine eigenen Wege, und die Auflösung des Habsburger Reiches in seine nationalen Bestandteile war in vollem Gange. Im Deutschen Reich wurde am 4. Oktober auf Drängen der Obersten Heeresleitung, die den Krieg als verloren bezeichnete, ein neues Reichskabinett unter Führung des liberalen Reichskanzlers Prinz Max von Baden gebildet, in das Parlamentarier der liberalen Parteien, des Zentrums und der Sozialdemokraten aufgenommen wurden. Am 28. Oktober 1918 wurde die Parlamentarisierung der Reichsverfassung durch ein verfassungsänderndes Gesetz eingeführt. Auch dies kam jedoch zu spät. Unter außen- und innenpolitischem Druck dankte Kaiser Wilhelm II. am 9. November ab. Die Monarchen der deutschen Einzelstaaten verzichteten gleichzeitig auf ihre Throne. Die sozialistische Revolution brach aus, wurde aber durch die gemäßigte Mehrheit der SPD eingedämmt. Der Weg zur parlamentarisch-demokratischen Republik wurde eingeschlagen. Die Wahlen zur verfassungsgebenden Nationalversammlung ergaben am 19. Januar 1919 mehr als eine Dreiviertelmehrheit für die drei Parteien, welche sich als die Träger der neuen Republik ansahen: Sozialdemokraten, Deutsch-Demokraten und Zentrum.

In Wien beschlossen die Abgeordneten Deutsch-Österreichs (einschließlich der deutschen Gebiete Böhmens, Mährens und Österreichisch-Schlesiens) am 12. November 1918 einstimmig im ›Gesetz über die Staats- und Regierungsform von Deutschösterreich‹: den Anschluß an das Deutsche Reich.

»Deutschösterreich ist eine demokratische Republik. Alle öffentlichen Gewalten werden vom Volke eingesetzt. Deutschösterreich ist ein Bestandteil der deutschen Republik«.[2]

Kaiser Karl war kurz zuvor in die Schweiz gegangen und hatte abgedankt. Auf dem Gebiet der bisherigen österreichisch-ungarischen Monarchie bildeten sich neue Nationalstaaten oder besser gesagt: von einer Mehrheitsnation beherrschte Nationalitätenstaaten. Das Deutsche Reich verlor de facto schon vor dem Friedensvertrag im Westen Elsaß-Lothringen, im Osten die überwiegend polnisch besiedelten Gebiete der Provinz Posen.

So geriet ganz Ostmitteleuropa nach dem Zusammenbruch der russischen, der habsburgischen und der reichsdeutschen Macht in den Prozeß der Nationalstaatsgründung oder der Nationaldemokratisierung. Für die deutsche Nation schien sich damit

eine Bereinigung der ›unvollendeten‹ Lösung von 1866/71 zu vollziehen. Denn es zeichnete sich ab, daß nichtdeutsche Nationalitäten, in erster Linie Polen, das Reichsgebiet verlassen würden, um sich ihrem eigenen Nationalstaat anzuschließen, während gleichzeitig die Deutschen des geschlossenen deutschen Siedlungsbodens, die außerhalb des Reichs gelebt hatten, diesem aufgrund ihres einhelligen Willens einverleibt werden sollten.
Sehen wir diesen Trend zur nationalen Bereinigung im Zusammenhang mit der Demokratisierung der Reichsverfassung, so kann gesagt werden: Krieg und Niederlage hatten offenbar bewirkt, daß der ›unvollendete Nationalstaat‹ der Deutschen nun ›vollendet‹ und damit in den allgemein europäischen Verfassungstypus gemäß dem nationalen, demokratischen Selbstbestimmungsrecht eingefügt werden sollte.
Bekanntlich ist diese Entwicklung nur im Ansatz sichtbar gewesen, in der geschichtlichen Wirklichkeit jedoch nicht zustande gekommen. Es ist trotzdem wichtig für das historische Verständnis der deutschen Frage in Europa, sich in Erinnerung zu rufen, daß der Weg zu einem befriedeten Europa demokratisch entspannter Nationen 1918 geschichtlich folgerichtig zu sein schien. Die von vielen ersehnte ideale Welt stand im Einklang mit der Idee des von Wilson verkündeten Völkerbundes und seinen Grundbegriffen: Friede, freiheitliche Demokratie, nationales Selbstbestimmungsrecht. Diese Zukunftshoffnung zerbrach aber bald nach 1918 nicht allein für Deutschland, sondern auch für fast alle neuen Nationalstaaten im Osten. So ist das deutsche Verhängnis der zwanziger und dreißiger Jahre nicht isoliert zu sehen, sondern im Zusammenhang der damals viel berufenen ›Krise der Demokratie‹ zwischen den alten parlamentarischen Demokratien Westeuropas einerseits, der revolutionär entstandenen Sowjetunion andererseits.
Wir wollen diesen mitteleuropäischen Horizont im Auge behalten, wenn wir uns nun auf das Deutsche Reich nach 1918 konzentrieren. Es ist oft betont worden, daß die parlamentarische Demokratie in Deutschland mit der militärischen Niederlage gekommen oder durch diese erst ermöglicht worden sei. Deswegen habe sie von vornherein den Makel der Anrüchigkeit an sich getragen, so als ob die Deutschen nicht fähig gewesen wären, sie von sich aus zu verwirklichen. Diese These ist, je nachdem, wie man sie wendet, richtig oder falsch. Richtig insofern, als der Weltkrieg von den westlichen Mächten im Namen der Demokratie gegen die angebliche ›Autokratie‹ geführt worden war. So hatte Deutschland den Krieg 1918 auch

ideologisch verloren; die neue demokratische Verfassung konnte als Sieg des Westens über eigene deutsche Traditionen angesehen und dann aus Gründen nationaler Selbstachtung als ›Import‹ herabgesetzt werden. Doch ist die These des Zusammenhangs von Niederlage und Einführung der Demokratie andererseits unzutreffend, da die politisch-demokratische Tradition auch in Deutschland ihre alten Wurzeln gehabt hat und der Weg zur parlamentarischen Demokratie in der Konsequenz *eigener deutscher* Entwicklung lag, wie die deutsche Geschichte des 19. Jahrhunderts und besonders die des Kaiserreichs ausweist.

Trotzdem hat die parlamentarisch-demokratische Verfassung in Deutschland von ihrer Geburtsstunde im August 1919 an stets eine zu schmale Vertrauensgrundlage im Volk gehabt. Die anfängliche Dreiviertel-Mehrheit der Demokraten schwand schnell dahin. Bei den Reichstagswahlen im Juni 1920 erreichten die drei Parteien der ›Weimarer Koalition‹ nur noch 46% der abgegebenen Stimmen, und von da an war Deutschland zwar keine ›Republik ohne Republikaner‹, wie der Zentrums-Reichskanzler Wirth 1922 polemisch äußerte, aber doch eine Republik, die stets nur von rd. der Hälfte der Wähler bejaht worden ist. Links und rechts von der demokratischen Mitte standen die prinzipiellen Gegner der Republik. Sie waren nicht Opposition auf dem Boden der Verfassung, sondern strebten andere politische Leitbilder an, denen sie das Schicksal der deutschen Nation unterwerfen wollten.

Auf der linken Seite waren es die verschiedenen Programme eines mehr oder weniger radikalen Sozialismus unter dem Symbol der roten Fahne, sei es der Kommunistischen Partei Deutschlands, die der Moskauer III. Internationale angehörte, sei es der linken Sozialdemokraten, die eine sozialistische Demokratie anstrebten. Auf der rechten Seite standen große Teile des Bürgertums und der Bauernschaft unter dem Symbol der schwarz-weiß-roten Fahne des Kaiserreichs der republikanischen Verfassung ablehnend, allenfalls zeitweise reserviert gegenüber. Ihr Leitbild war das kaiserliche Reich vor 1918. Doch verblaßte dies rückwärts gewandte Ideal allmählich; die Monarchie wurde als Ziel zunehmend irreal; und in der materiellen Not der großen Wirtschafts- und Staatskrise von 1930 bis 1932 wurde die nationalsozialistische Bewegung Adolf Hitlers unter dem Symbol der roten Hakenkreuzfahne zum Sammelbecken fast aller enttäuschten Wähler außerhalb der sogenannten marxistischen und der katholischen Parteien sowie der an Zahl allerdings stark zurückgegangenen Konservativen.

1918/19 mußte die junge Republik, wie sie vor allem der Sozialdemokrat Friedrich Ebert durchzusetzen versuchte, zunächst gegen die Revolution von links verteidigt werden. Dies gelang durch geschickte politische Taktik bis zum allgemeinen Kongreß der Arbeiter- und Soldatenräte in Berlin vom 16. bis 20. Dezember 1918 und dann durch das Niederschlagen von Aufständen mit Hilfe von Militär und rechtsgerichteten Freikorps. Diese verhalfen der demokratischen Mitte und damit der Weimarer Republik zum Sieg gegen die Revolution von links, ohne sich aber selbst zur Republik zu bekennen und diese Republik als dauerhaft anzusehen.
Da sich die Führungseliten des zu Ende gegangenen Kaiserreichs in Militär und Beamtentum weit überwiegend ähnlich verhielten, d.h. die neue Republik als unzulänglich ansahen, war durch die zwanziger Jahre hindurch stets eine republikgefährdende Gegenmacht von rechts lebendig. Sie hatte, wie die Wahlergebnisse bis 1924 zeigen, eine erhebliche Gefolgschaft im Volk. Sie war zwar, ehe die NSDAP 1930–1932 ihre große Massenbasis gewann, nie in dem Sinne bedrohlich, daß sie einen Umsturz hätte herbeiführen können oder wollen. Zwei dilettantische Putschversuche 1920 und 1923 widerlegen diese Aussage nicht, sondern bestätigen sie. Aber die Gegenmacht von rechts ist insofern doch stets gefährlich gewesen, als sie eine Atmosphäre der Mißachtung und der Verdrossenheit gegenüber der Weimarer Republik gerade in den Kreisen erzeugte, die als Träger des politischen Bewußtseins von maßgebendem Gewicht waren. In der Reichswehr, bei den höheren Beamten, soweit sie nicht als politische Beamte ausgewechselt wurden oder gegen Ende der zwanziger Jahre durch Gewöhnung und Nachwuchsersatz sich zu wandeln begannen, sowie bei Führungskräften der Wirtschaft und der Großlandwirtschaft war die Abwehrhaltung gegenüber dem neuen Staat weit verbreitet. Zwar ist es falsch zu behaupten, es habe in Deutschland nach dem Umbruch vom November 1918 keinen Elitenwechsel gegeben. Allein die Einführung der parlamentarischen Verfassung im Reich, den Ländern und den Gemeinden führte dazu, daß die Minister- und andere Führungspositionen erstmalig durch Auslese in den Parteien und Parlamenten besetzt wurden, sozial also offen lagen. Unterhalb dieser politischen Führungsstellen aber blieb die Kontinuität stark. Bis heute ist die Frage strittig geblieben, ob der gemäßigte Kurs, den die Sozialdemokraten und die ihnen verbundenen Gewerkschaften unmittelbar nach dem Staatsumsturz vom 9. November 1918 einschlugen, nicht insofern verhängnisvoll gewesen sei, als lediglich eine sogenannte formale Demokratie zustande ge-

bracht, eine sozialistische Demokratie mit Zurückdrängung der Privatwirtschaft zugunsten der Gemeinwirtschaft und einem rätedemokratischen Gegen- oder Übergewicht gegenüber dem Parlamentarismus aber verhindert worden sei. Es wird häufig weiter gefragt, ob durch einen räte-sozialistischen Kurs, der sich auch über parlamentarische Mehrheitsverhältnisse hätte hinwegsetzen müssen, nicht das Verhängnis der Weimarer Republik hätte abgewendet werden können, das letztlich auf die Machtergreifung Hitlers hingeführt habe. Abgesehen von der Gegenfrage, ob nicht dadurch der Teufel durch Beelzebub ausgetrieben worden wäre, kann der nicht parteiisch urteilende Historiker dazu nur antworten, daß diese Frage, wenn nicht falsch, so doch überspitzt gestellt ist. Klarheit könnte nur eine eingehende Analyse der Lage des Jahres 1918/19 bringen. Sie würde zum Ergebnis führen, daß in der äußerst schwierigen Situation nach dem verlorenen Krieg die provisorische Reichsregierung kaum Handlungsspielraum besaß. Die Lage kann nur stichwortartig angedeutet werden: äußerst angespannte Nahrungsversorgung bei Fortdauer der britischen Seeblockade, Demobilisierung vieler Millionen von Frontsoldaten, die nicht ohne weiteres in den Arbeitsprozeß eingegliedert werden konnten, Zerrüttung der Wirtschaft, die von den Kriegsbedürfnissen auf eine sogenannte Friedenswirtschaft umgestellt werden mußte, schließlich außen- und militärpolitische Machtlosigkeit und Abhängigkeit der Reichsführung vom Willen der westlichen Siegermächte. Das alles macht die damals vorherrschende Skepsis gegenüber gewagten Eingriffen in die Wirtschaft verständlich. Doch so schwer dies alles wiegt, so muß doch vor allem betont werden, daß Ebert und seine sozialdemokratischen Freunde sich nicht allein und primär einer Zwangslage fügten, sondern ein klares politisches Ziel hatten. Sie waren davon überzeugt, daß die parlamentarische Demokratie jeder Art von Räteverfassung vorzuziehen sei und daß es keinen besseren Weg geben könne als den parlamentarischen Kompromiß mit demokratisch-bürgerlichen Kräften, sofern die Sozialdemokraten nicht die absolute Mehrheit gewinnen konnten.
So wurde die Weimarer Republik auf den parlamentarisch-demokratischen Weg gewiesen, der von den Sozialdemokraten, dem Zentrum, den Liberaldemokraten und zum Teil auch den Nationalliberalen schon seit 1917 gemeinsam angestrebt worden war. Dieser Weg war zeitgemäß; er entsprach dem Mehrheitswillen des Reichsvolkes, und er konnte zu der erhofften Verständigung mit den westlichen Mächten beitragen. Doch hat er bekanntlich nicht zum Erfolg geführt. Die linken und

rechten Gegner der Republik haben stets genügend Bewegungsfreiheit gehabt, ihr verfassungsfeindliches Spiel zu treiben. Die Republik erlag schließlich ihrem tödlichen Zangengriff. Im Reichstag von 1932 verfügten Nationalsozialisten und Kommunisten zusammen über die absolute Mehrheit. Doch gab es tieferliegende Gründe: so Mängel der Verfassung, die zur ›Krise des Parlamentarismus‹ und zum Ende parlamentarischer Regierungsnormalität führten, so das politische Versagen von Parteien und Politikern in Entscheidungssituationen wie z.B. im März 1930. Dem entsprach vielfach die Unsicherheit in der politischen Selbstdarstellung gegenüber den aggressiven Gegnern. Daher blieb die Reichsverfassung von Weimar weithin unpopulär. Doch so belastend die innere Schwäche der Strukturen und politischen Verhaltensweisen sowie die Skrupellosigkeit der innenpolitischen Gegner der Republik auch waren, es sprach doch in den mittleren Jahren der Republik manches dafür, daß die Schwierigkeiten auf lange Sicht würden gemeistert werden können und daß die Eingewöhnung in den neuen Staat einschließlich der Bereitschaft zu zweckmäßigen Reformen Fortschritte machen würde. Diese sich abzeichnende Entwicklung wurde jedoch durch die hereinbrechende Wirtschaftskrise 1929/30 jäh abgebrochen. Durch sie wurden alle desintegrierenden Kräfte der Republik neu belebt. Vor allem aber ist der rasche Aufstieg Hitlers, der innerhalb von nur 3 Jahren zum Idol wachsender Massen wurde, nur durch die Not der Wirtschaftskrise möglich geworden.
Wir haben bisher nur die *innenpolitischen* Faktoren genannt, die zum Niedergang der demokratischen Verfassung in Deutschland geführt haben. Von nicht geringerem Gewicht sind die außenpolitisch bestimmten Belastungen gewesen, die auf die Friedensverträge von Versailles und St. Germain zurückgingen. Durch diese Verträge mit dem Deutschen Reich und Österreich wurden beide Staaten in ihrer Wirtschaftskraft schwer beeinträchtigt und durch Reparationszahlungen auf ungewiß lange Zeit finanziell belastet. Militärisch wurden sie so eingeengt, daß sie für die Zukunft kaum verteidigungsfähig, geschweige denn bündnisfähig waren. Territorial erlitten sie große Verluste. Diese waren zum Teil durch das neu verkündete Recht nationaler Selbstbestimmung gerechtfertigt. Doch auf deutscher Seite wurde mit Bitterkeit vermerkt, daß dieses Prinzip meist einseitig zu deutschen Lasten angewendet wurde. Am schwersten wog in diesem Zusammenhang, daß die Vereinigung Deutsch-Österreichs mit dem Deutschen Reich und die Führung des Namens ›Deutsch-Österreich‹ untersagt wurden. Der Anschluß Österreichs blieb das einhellige, wenn auch

in der politischen Praxis als zunächst aussichtslos zurückgestellte Ziel in beiden deutschen Staaten. Die Erinnerung an 1848 wurde beschworen, die Konsequenz der Vereinigung wurde aus dem Zerfall der Habsburger Monarchie gezogen. Symbol dessen war die zur Reichsflagge erhobene alte großdeutsch-demokratische Fahne Schwarz-Rot-Gold.

Ebenso schwer wie die materiellen Bedingungen wog die nationalpsychische Belastung der beiden Friedensverträge. Am 12. Mai 1919 hielt die deutsche Nationalversammlung, die sonst in Weimar tagte, ihre Sitzung in der neuen Aula der Berliner Universität unter dem Bilde Fichtes, des ersten Rektors dieser Universität und Redners an die Deutsche Nation ab. Der sozialdemokratische Ministerpräsident Scheidemann gab eine Erklärung der Reichsregierung ab, die sich gegen die ohne Verhandlungen mit Deutschland zustande gekommenen Friedensbedingungen richtete:

»Dieses dicke Buch (auf die Friedensbedingungen weisend), in dem 100 Absätze beginnen: ›Deutschland verzichtet-verzichtet-verzichtet‹, dieser schauerlichste und mörderische Hexenhammer, mit dem einem großen Volk das Bekenntnis der eigenen Unwürdigkeit, die Zustimmung zur erbarmungslosen Zerstückelung, das Einverständnis mit Versklavung und Helotentum abgepreßt und erpreßt werden soll [...] – dies Buch darf nicht zum Gesetzbuch der Zukunft werden! (Stürmischer Beifall). [...] Welche Hand müßte nicht verdorren, die sich und uns in diese Fesseln legt? [...] Dieser Vertrag ist nach Auffassung der Reichsregierung *unannehmbar*! (Minutenlanger brausender Beifall im Hause und auf den Tribünen. Die Versammlung erhebt sich. Erneutes stürmisches Bravo und Händeklatschen).«[3]

Am 22. Juni 1919 tagte die Nationalversammlung erneut in Weimar, um über die Annahme der seit dem 12. Mai nur gering veränderten Friedensbedingungen abzustimmen. Friedensverhandlungen hatten nicht stattgefunden. Eine Ablehnung des Friedensvertrags hätte unübersehbar schwere Folgen für das Reich gehabt. Der Einmarsch alliierter Truppen wurde befürchtet. Scheidemann war als Ministerpräsident zurückgetreten, und die Deutsch-Demokraten hatten das Reichskabinett verlassen, um der Nötigung nicht nachgeben zu müssen. Die neue Regierungskoalition aus Sozialdemokraten und Zentrum war bereit, den Vertrag unter Vorbehalt, vor allem mit der Erklärung zu unterzeichnen, daß sie den Artikel 231, der die Alleinschuld Deutschlands am Ausbruch des Krieges feststellte, nicht anerkennen könne. Einen Tag später mußte sie auch diesen Vorbehalt fallenlassen und unter Druck ›bedingungslos‹ annehmen. Obgleich Scheidemanns Nachfolger, der sozialdemokratische Ministerpräsident Bauer, in der Nationalversammlung scharf ›Protest gegen diesen Vertrag der Gewalt und der Vernichtung‹ anmeldete, der durch keine erzwungene Unterschrift entkräftet werden könne,[4] wurden die Sozialdemokraten von rechts mit dem Makel der Nachgiebigkeit und, wie es alsbald hieß, der ›Erfüllungspolitik‹ belastet. In Hitlers Propaganda standen von Anfang an die Schlagworte ›Novemberverbrecher‹, ›Erfüllungspolitiker‹ und ›Schanddiktat von Versailles‹ in einem Propagandazusammenhang. Die innenpolitische Bedeutung dieser Vorwürfe kann kaum überschätzt werden. Das Trauma des Versailler ›Diktats‹ saß tief. Es trug dazu bei, daß die deutsche Reichsnation in den 20er Jahren gespalten war und daß die politischen Träger der Republik von Weimar als national schwächlich gebrandmarkt wurden, obwohl ›Revision‹ des Vertrages von Versailles die einmütige Grundlinie der deutschen Außenpolitik zwischen 1919 und 1933, von den Sozialdemokraten bis zu den Deutschnationalen, gewesen ist.

An der Grundentscheidung, *wie* die ›Revision‹ des Versailler Vertrages betrieben werden sollte, schieden sich die Geister. Den Versailler Vertrag zu revidieren, sollte dem anderen großen Ziel, die Verständigung in Europa herbeizuführen und den Frieden zu sichern, nicht widersprechen – so lautete die Maxime der Außenpolitik demokratischer Parteien und Regierungen in den zwanziger Jahren. ›Revision‹ müsse im Zusammenhang mit neuer deutscher Groß- oder gar Weltmachtpolitik gesehen und dem ehemaligen Kriegsgegner mit allen Mitteln einschließlich möglicher Gewaltanwendung abgetrotzt werden – so hieß es in Kreisen der sogenannten nationalen Opposition, vor allem aber der Nationalsozialisten. Der erstgenannte Weg der Vereinbarkeit von Friedens- und Revisionspolitik ist mit begrenztem Erfolg von den Regierungen der Republik bis hin zu Brüning beschritten worden. Durch Hitlers Machtübernahme wurde er abgebrochen. Statt dessen wurde die Weltpolitik, wenn auch nicht von Anfang nach außen erkennbar, wieder aufgenommen, weit skrupelloser, maßloser und ideologiebelasteter als selbst bei den extremsten Vertretern des wilhelminischen Imperialismus.

Erstaunlich oder erschreckend an dieser Tatsache ist, daß die deutsche Reichsnation vom Tage der Machtergreifung Hitlers an nicht nur *wieder* auf die Linie der Machtausdehnung durch ›Weltpolitik‹ gerissen wurde, sondern daß diese Weltpolitik qualitativ von der Wilhelminischen Weltpolitik weit unterschieden war, daß sie aber von den Wählermassen Hitlers oder gar vom deutschen Volk im ganzen *so nicht* angestrebt worden ist. Sie entsprang vielmehr Hitlers ganz persönlicher Konzeption und wurde allmählich mehr oder weniger konsequent von einem kleinen, nach 1933 wachsenden Kern der Nationalsozialisten, besonders in der SS, getragen. Diese Feststellung ist zu begründen. Wir fragen:

1. Wer waren 1930–1932 die Anhänger Hitlers und was erwarteten sie von ihm?
2. Wie sprach Hitler sie an und welche Ziele verfolgte er wirklich?
3. Wie ist es zu verstehen, daß Hitler von 1939 bis 1945 das deutsche Volk scheinbar widerspruchslos für seine eigentlichen Ziele hat einsetzen können?

Zu 1.: Das deutsche Volk im Reich und in Österreich hat Hitler, solange dies durch Wahlergebnisse feststellbar ist, stets mehrheitlich abgelehnt, selbst noch in den Wahlen vom 5. März 1933, die fünf Wochen nach der Übernahme der Regierungsgewalt durch Hitler bereits in einer Atmosphäre stattfanden, in der Terrorismus und Begeisterungsrausch die Stimmung erhitzten. Legen wir die Wahlen vom 31. Juli 1932 zugrunde, in denen Hitler seinen größten Erfolg *vor* dem Jahre 1933 erreichte, so zeigt sich: Die NSDAP gewann 31% der Wahlberechtigten und 37% der abgegebenen Stimmen. Nur ein Drittel der Wähler stand also hinter ihm, zwei Drittel aber haben sich gegen ihn gewandt. Diese Gegner setzten sich aus politischen Parteien zusammen, an deren Beharrungskraft sich die nationalsozialistische Welle stets gebrochen hat. Es waren die beiden linken Arbeiterparteien, d.h. die krisenbedingt abnehmende SPD und die entsprechend zunehmende KPD, die beiden katholischen Parteien des Zentrums und der Bayerischen Volkspartei sowie die konservativ gerichtete Deutschnationale Volkspartei, die nicht von der NSDAP aufgesogen worden war. Alle andern Parteien dagegen waren fast gänzlich verschwunden. Das waren die liberalen und die berufsständischen Parteien, sozial gesprochen: der durch die Krise stärker als vorher schon aufgeschreckte, der parlamentarischen Demokratie tief mißtrauisch gegenüberstehende Mittelstand. Die NSDAP zog außerdem ihren Nutzen aus der Politisierung der bis dahin meist abseits stehenden Nichtwähler und der erstmals zur Urne gehenden Jungwähler, sozial gesprochen: der arbeitslosen Jugend aus Mittelstand und Arbeiterschaft.
Aus diesem Befund ergibt sich: ähnlich wie die KPD, nur noch stärker als diese, war die nationalsozialistische Massenbewegung ein Kind der großen Wirtschaftskrise, die mit dem Höhepunkt dieser Krise auch den Höhepunkt ihrer Suggestivkraft hinter sich lassen mußte. Schon die Novemberwahlen von 1932

haben ihr einen Rückgang von etwa 2 Millionen Stimmen beschert. Sie hatte nun nur noch 27% der Wahlberechtigten und 33% der abgegebenen Wählerstimmen hinter sich. Daß es Hitler dann doch noch, in letztmöglicher Stunde, gelang, Reichskanzler zu werden, mit Hilfe dieser Machtposition unverzüglich den Weg des ›legalen‹ Verfassungsbruchs zu beschreiten und in der Anfangssituation seiner Herrschaft am 5. März 1933 einen Wahlerfolg mit immerhin 39% der Wahlberechtigten und 44% der Wähler zu erreichen, das war das Ergebnis eines gewagten politischen Spiels vor und hinter den Kulissen einer politischen Konstellation, die auch andere Möglichkeiten als die Hitlersche Machtergreifung in sich enthalten hat. Entscheidend war, daß die Zwei-Drittel-Mehrheit der Hitler-Gegner politisch zerstritten war und ein ernsthafter innenpolitischer Widerstand gegen die aufs Ganze gehende Politik des Führers der nationalsozialistischen Bewegung an keiner Stelle zu erkennen war.

Zu 2.: Hitler sprach in seinen Reden 1929–1932 das Wählervolk mit Parolen an, wie sie die politisch Heimatlosen und Enttäuschten des eben beschriebenen Drittels von ihm hören wollten: Arbeit und Brot, Beseitigung der Arbeitslosigkeit, Kampf dem ›Marxismus‹, den ›Novemberverbrechern‹ und allen Politikern des sogenannten ›Systems‹, die ›abgewirtschaftet‹ hätten, schuld an der Wirtschaftskrise und verantwortlich gewesen seien für die Annahme des ›Versailler Diktats‹. Nur Hitler werde fähig sein, das politische System und den Vertrag von Versailles zu liquidieren. Habe er die Macht in Deutschland errungen, so werde der Aufstieg kommen: Wohlstand im Innern und Machtentfaltung nach außen. Das hieß: Anknüpfen an die Größe des Reichs vor 1914, nicht aber Rückkehr zum Kaiserreich.

Wie das alles konkret in der Zukunft aussehen sollte, wurde weder im einzelnen verkündet noch von den Massen des Hitlerschen Volksdrittels zu begreifen versucht. Hitlers Buch ›Mein Kampf‹, das er 1924 während seiner Haft auf der Festung Landsberg diktiert hatte, wurde schon vor 1933 massenhaft vertrieben. Aufmerksame Leser hätten dort Hitlers Zukunftsvisionen zur Kenntnis nehmen können, die in den Massenversammlungen nicht in den Vordergrund gestellt wurden. Denn es ging Hitler vor 1933 nicht darum, seine letzten Ziele öffentlich preiszugeben, sondern allein um das Nahziel der Machtergreifung in Deutschland. Sein Buch konnte er getrost auf sich beruhen lassen, da es nicht gelesen oder nicht ernst genommen wurde. Zwar wurden schon in den Jahren vor 1933 Bedenken und Sorgen geäußert, aber im ganzen gesehen kann gesagt werden, daß Hitler von seinen Gegnern weit unterschätzt und von seinen Anhängern in einem verklärten Licht gesehen wurde; beides setzte sich auch nach dem 30. Januar 1933 fort.

Die Erwartungen der Hitler zujubelnden Massen schienen in den Jahren 1933–1938 in erstaunlich erfolgreicher Weise erfüllt zu werden. Die Wirtschaft belebte sich, die Arbeitslosen erhielten die versprochene Arbeit, die Reichsautobahn war das Symbol der neuen Zeit, die bisher Deutschland vorenthaltene Rüstungsgleichberechtigung wurde durchgesetzt; auch andere Ungerechtigkeiten des Vertrages von Versailles wurden korrigiert, das Saargebiet kehrte zum Reich zurück, die entmilitarisierte Zone des Rheinlands wurde durch militärische Besetzung in die Hoheit des Reichs zurückgeführt, ohne daß dies durch das militärisch überlegene Frankreich verhindert wurde, Österreich und die deutsch besiedelten Randgebiete der Tschechoslowakei, das sogenannte Sudetenland, etwas später auch das Memelgebiet, wurden mit dem Deutschen Reich vereinigt. Bis zum 1. Oktober 1938, dem Tag des Münchener Abkommens zwischen Großbritannien, Frankreich, Italien und Deutschland, ließ sich Hitlers Politik wohlwollend oder notgedrungen als Revisionspolitik deuten. Zwar waren Hitlers Methoden robust, ja anrüchig, weil Verträge rücksichtslos gebrochen wurden. Aber vieles ließ sich rechtfertigen und als Wiedergutmachung manchen Unrechts von 1919 auslegen, um so mehr als Hitler erklärte, das Ende der Schläge sei gekommen.

Doch war alles, was bis zum Winter 1938/39 geschah, *für Hitler* in Wirklichkeit nicht Wiedergutmachung, Revision und nationale Vollendung, die dem deutschen Volk 1919 vorenthalten worden war, sondern Vorstufe zum großen Krieg, der ihn seinen Endzielen näher bringen sollte. Zwar ist es dem Historiker nicht möglich, Hitler eine lang vorausgeplante, stets gleichmäßig verfolgte Kriegspolitik zu unterstellen, die von vornherein durch eine festgelegte Konzeption bestimmt gewesen wäre. Mit Recht ist auf Hitlers pathologisches Verhalten, auf seine Sprunghaftigkeit und Neigung zur Improvisation hingewiesen worden, und selbst wenn man geneigt sein sollte, ihm eine langfristig konsequente Planmäßigkeit seines Handelns zu unterstellen, ist zu betonen, daß auch Hitler nicht, wie er es wünschte, seinen Gegnern durch Blitzaktionen stets seinen Willen einseitig aufzwingen konnte, sondern daß er gezwungen war, auf feindliches Handeln seinerseits zu reagieren. Es ist daher verständlich, daß im Fortgang der historischen Forschung viele gegensätzliche Auffassungen zu einzelnen Phasen und Entschlüssen seiner Politik vertreten worden sind, nicht

zuletzt auch zu Hitlers Judenpolitik. Daran zu erinnern ist notwendig, wenn wir hier das Problem in wenigen Sätzen auf seinen Kern zurückführen, ohne im einzelnen zu den weiter im Gang befindlichen Kontroversen Stellung nehmen zu können.
Hitler hat in seinem Buch ›Mein Kampf‹ seine sogenannte Weltanschauung entwickelt und aus ihr die Notwendigkeit seines weltpolitisch verstandenen Handelns abgeleitet. Die Weltentwicklung stellte sich ihm als eine Geschichte von Rassekämpfen dar. Die Rasse war für ihn der Schlüssel zum Verständnis der Weltgeschichte. Deren Verlauf spitzte sich für ihn zu in der Voraussicht eines gewaltigen Endkampfes zwischen Licht und Dunkel, zwischen der Edelrasse, für die er den Namen ›Arier‹ übernahm, und der zerstörerisch-schmarotzenden Rasse der Juden. Diese zu vernichten und dadurch der Menschheit ihr Heil zu sichern, sollte der Sinn der Weltgeschichte sein. Hitler sah sich dazu auserwählt, sich an die Spitze dieses Kampfes zu stellen, als dessen Hauptträger er das deutsche Volk ansah. Dies sollte sich durch höchste Kraftanstrengung der weltgeschichtlichen Mission, den ›Weltfeind‹ zu vernichten, würdig erweisen, widrigenfalls es selbst in den Strudel des Untergangs gerissen werden sollte. Hitler wies seinem Volk als Voraussetzung für dieses Ziel die Aufgabe zu, durch einen siegreichen Krieg das ›Großgermanische Reich deutscher Nation‹ zu errichten, dem der weite, von slawischen Völkern, besonders Russen, besiedelte ›Ostraum‹ in kolonialer Abhängigkeit unterworfen und zugeordnet sein sollte.
An Judenausrottung und menschenverachtende Unterjochung Osteuropas haben *die* Deutschen, die sich Hitler 1932 zum Führer des Reiches wünschten, bei weitem nicht gedacht. Der Kontrast zwischen dem Führer des schönen Scheins, zu dem auch die Friedensbeteuerungen in der großen Rede vom 17. Mai 1933 gehörten, und *dem* Hitler, der die Mordmaschinerie gegen Juden, Slawen und Zigeuner laufen ließ, um schließlich auch das als schwächlich erkannte deutsche Volk wollüstig seinem Untergang preiszugeben – dieser Kontrast war zu groß, als daß er von den im Strudel des Zweiten Weltkriegs lebenden und sterbenden Deutschen voll hätte begriffen werden können. Der Mythos des guten Führers wirkte noch nach, als der Krieg in sein grausiges Endstadium trat.
Zu 3.: Damit ist bereits an die Frage gerührt, wie es möglich gewesen ist, daß Hitler das deutsche Volk scheinbar widerspruchslos in den Totentanz des neuen Weltkrieges hat hineinführen können und bis zum Schluß darin hat beharren lassen. Die Tatsache, daß die deutsche Nation, was auch immer ihre

einzelnen Angehörigen davon gehalten haben, 12 Jahre lang sich von Hitler, dem ›Führer‹, hat führen und verführen lassen, wiegt bis heute schwer für diese Nation. Der Makel, dem großen Frevler gefolgt zu sein und seine Verantwortung willentlich oder unwillentlich mit getragen zu haben, bleibt haften, auch wenn er durch Generationswechsel und neue Zukunftsprobleme überdeckt wird.
Die Frage, wie es möglich gewesen ist, läßt sich nicht mit einigen glatten Sätzen beantworten. Beiträge zu einer Antwort lassen sich durch die folgenden Stichworte eines großen Wirkungszusammenhangs geben; erschöpfend und widerspruchslos schlüssig können sie jedoch nicht sein. Wenn die Frage nach Mentalität und Verhalten der Deutschen gestellt und dabei die Verschiedenartigkeit ihrer Konfessionen, Schichten und Generationen berücksichtigt wird, so müßte vor allem auf die seit dem Ende des alten Reichs 1806 vielfältig gebrochene deutsche Geschichte hingewiesen werden, besonders auf die gescheiterte Revolution von 1848 und auf die Eigenart des spät gekommenen und unvollendet gebliebenen Nationalstaats von 1871, sodann auf die Erschütterungen von 1914, 1918 und 1919, die noch nicht bewältigt waren, als durch die große Wirtschaftskrise der Jahre nach 1929 Hitler und die nationalsozialistische Bewegung zu ihrem Erfolg kamen. Bringen wir diese schnell aufeinander folgenden Brüche der deutschen Geschichte des 19. und frühen 20. Jahrhunderts zusammen mit der Tatsache der besonders raschen und erfolgreichen deutschen Industrialisierung seit 1840/50, so läßt sich ermessen, daß all dies schwere psychische Wirkungen hinterlassen haben muß. Die zerrüttete Haltung und niedergedrückte Stimmung der Deutschen zur Zeit der großen Wirtschaftskrise kann nicht schwer genug genommen werden. Nur so ist die Anfälligkeit eines Drittels der Nation für den Nationalsozialismus verständlich zu machen. Nur auf schwer verwirrte Menschen in trostloser Situation konnte ein Mann wie Hitler seine Wirkung ausüben, der schon auf nüchterne Zeitgenossen und noch einhelliger auf die Nachwelt als halbgebildeter, besessener Fanatiker abstoßend wirkte und wohl kaum je in einem Mythos der Bewunderung wird nachleben können, wie es dem Eroberer Napoleon immerhin beschieden gewesen ist. Hitlers Suggestivkraft nach 1933 mit den Jahreshöhepunkten von 1936, 1938 und 1940 ist erstaunlich groß gewesen. Sie ging zeitweise vermutlich weit über das Drittel seiner Anhängerschaft von 1932 hinaus und wirkte 1938 auch in Österreich, ganz zu schweigen von den Sudetendeutschen, weit über die Reihen der nachweislich vorher nationalsozialistischen Wähler hinaus. Aber gerade dort wie

zuvor schon im Deutschen Reich wirkten die sichtbar werdenden Mißgriffe und Untaten des Regimes sowie die Unfähigkeit vieler hochgekommener nationalsozialistischer Führer immer wieder gegen die verbreitete NS-Euphorie. Die alten Gegner des Nationalsozialismus fühlten sich in ihrer Abwehrhaltung bestätigt, und auf der anderen Seite gab es manche Enttäuschte unter den ›alten Kämpfern‹, die nicht zum Zuge gekommen waren. So stand viel Zustimmung neben latenter und zum Teil sogar offener Ablehnung, als 1939 der Krieg für das deutsche Volk ausbrach, das die Begeisterung von 1914 nicht mehr aufbrachte, gleichwohl aber bis zum bittern Ende zusammenstand, da es aus dem fahrenden Schiff nicht aussteigen konnte und sich von einer ›Befreiung‹ durch feindliche Mächte in der Mehrheit nichts versprach. Trotz des Durchhaltens in den immer unerträglicher werdenden Jahren 1943–1945 vollzog sich jedoch, ganz abgesehen vom aktiv werdenden, aber erfolglos bleibenden Widerstand gegen Hitler, eine rasch um sich greifende Ernüchterung. Was die Krise um 1930 hochgeschwemmt hatte, verlor sich in der Enttäuschung des Niederganges. So ist es verständlich, daß die totalitär zusammengeschweißte deutsche Nation in den Jahren nach 1945 den Nationalsozialismus hinter sich ließ und ihn auch dann hinter sich gelassen hätte, wenn die Besatzungsmächte durch ihre gesetzlichen Maßnahmen und die Entnazifizierung nicht drastisch nachgeholfen hätten.

Das Verhältnis der Deutschen zum Nationalsozialismus ist allerdings nach 1945 nicht dadurch gegenstandslos geworden, daß die NSDAP auch ohne Verbot keinen Anklang mehr gefunden hätte und neonazistische Ersatzorganisationen nie – auch nicht in der kurzen NDP-Welle in den 60er Jahren – Bedeutung gewonnen haben. Dies Abwehrverhalten zeigt an, daß das deutsche Volk nach Jahrzehnten höchster nationaler Erregung von Grund auf ernüchtert worden ist und bis heute Rechts- wie auch Linksradikalismus in seiner großen Mehrheit stets abgelehnt hat. Sowohl in Österreich wie in der Bundesrepublik Deutschland hat sich die Eingewöhnung in die parlamentarische Demokratie nach 1945 rasch und erfolgreich vollzogen. Dieser deutsche Mentalitätswandel ist zweifellos zum großen Teil eine Folge der Erfahrungen mit einer deutschen Politik gewesen, die 1914–1918 überspannt, 1939–1945 aber überspannt und frevelhaft zugleich gewesen ist. Weithin wurde die Folgerung gezogen, nicht wie in den 20er Jahren im nationalen Trotz zu verharren, sondern die Schuldfrage ernst zu stellen und sie nicht allein Hitler und abgeurteilten NS-Führern zuzuschieben. Das Schlagwort der Nachkriegs-

zeit lautete: »Bewältigung der Vergangenheit.« Viel ist in dieser Richtung getan worden, von Parteien, Regierungen, Schulen, aber auch durch Eigeninitiativen, nicht zuletzt der nachwachsenden Jugend. Die psychischen Hemmungen gegen eine rücksichtslos ehrliche Selbstanalyse blieben allerdings nicht aus. Sie liegen auf der Hand. Tendenzen der Vertuschung und des Ausweichens einerseits, pharisäerhafter Bezichtigung andererseits waren das kleinliche Nachspiel des deutschen Verhängnisses. Solche Tendenzen wurden verstärkt durch die von den Alliierten angeordnete Entnazifizierung, die zur nachträglichen Verschleierung geradezu herausforderte, sowie durch fortgesetzte Propaganda außerhalb Deutschlands, durch die alte Wunden aus politischen Gründen immer von neuem aufgerissen und auf dem Wege über die Nazis von einst die Deutschen von heute getroffen werden sollen. In der Agitation der DDR heißt das, der ›deutsche Faschismus‹ lebe im politischen System Westdeutschlands fort, wobei die alten Schlagwörter ›Kapitalismus‹, ›Militarismus‹ und ›Imperialismus‹ monoton verwendet werden.
Nicht nur aus inneren Gründen der deutschen Wandlung, sondern auch aus zwingenden äußeren Bedingungen ist die Epoche deutscher Weltpolitik, die im Wilhelminismus begann und mit Hitlers Großraumeroberung und Völkermord endete, vorübergegangen. Die neue Lage der deutschen Nation seit 1945 ist durch eine zweifache Ursachenverkettung festgelegt worden: 1. durch die unmittelbaren Folgen der Endkriegssituation, 2. durch die neue weltpolitische Konstellation im atomaren Zeitalter. Beides ist zu unterscheiden. Denn die Nachkriegsregelungen, die für Deutschland durch die Alliierten im Jahre 1945 getroffen wurden, sind noch allein aus dem Verlauf des Krieges, der militärischen Gewichtsverteilung der Siegermächte und deren Interessen bestimmt gewesen. Erst danach zeigte sich, daß das weltpolitische System seit der Entwicklung der neuen Waffentechnik, die mit dem Abwurf der ersten Atombombe 1945 begann, sich in seinen Bedingungen für politisches Handeln grundlegend von dem Weltstaatensystem vor 1945 unterscheidet. Für die deutsche Nation ist daher das Jahr 1945 ein Epochenjahr in doppelter Sicht gewesen.
Betrachten wir zunächst die durch den Krieg und die alliierten Nachkriegskonferenzen bedingten Veränderungen der deutschen Existenz. Am 30. April 1945 beging Hitler im Bunker der Reichskanzlei Selbstmord. Am 7. und 8. Mai wurden in den Hauptquartieren der Amerikaner und Russen die Urkunden der ›bedingungslosen Kapitulation‹ unterzeichnet. Die nun

folgenden Regelungen sind von den Vereinigten Staaten, Großbritannien und der Sowjetunion, alsbald unter Hinzuziehung Frankreichs, ohne Beteiligung oder Anhörung von Deutschen, wenn wir von der Sonderlösung für Österreich absehen, getroffen worden. Als die ›Großen Drei‹, Stalin, Truman und Churchill, der durch Attlee abgelöst wurde, in Potsdam im Sommer 1945 über Deutschland ihre Beschlüsse faßten, die einem – nie zustande gekommenen – Friedensvertrag vorausgehen sollten, waren die meisten Entscheidungen schon vorher gefallen. Entschieden war der Verlust deutschen Staats- und Siedlungsbodens mit gut 16 Millionen Deutschen östlich der Oder und der Görlitzer Neiße, des Sudetenlandes und der deutschen Siedlungsgebiete in Südosteuropa. Dieser Massenauszug der Deutschen aus dem Osten hatte allerdings bereits 1940 begonnen, als aufgrund von Verträgen nach dem Hitler-Stalin-Pakt vom August 1939 die Deutschen, die sich nach der deutsch-russischen Zweiteilung Osteuropas im sowjetischen Machtbereich befanden, in das nach Osten vergrößerte Deutsche Reich umgesiedelt wurden. Das waren die Baltendeutschen aus Lettland und Estland sowie die Deutschen aus der Ukraine, aus Bessarabien und der Bukowina. 1941 änderte sich die Lage grundlegend durch den Ausbruch des Krieges. Schon 1943 wurde den tschechischen Exilpolitikern die Aussiedlung der Sudetendeutschen nach dem Kriege zugesichert. So wurden die Sudetendeutschen 1945 aus ihrer Heimat ausgetrieben. Der große Raumgewinn nach Westen, den die Rote Armee im Winter und Frühjahr 1945 erzielte, setzte Stalin außerdem in die Lage, den Westmächten seinen Plan aufzudrängen, den polnischen Staat nach Westen zu verschieben und infolgedessen die Polen aus den Gebieten der Ukraine und Weißrutheniens nach Ostdeutschland und entsprechend die Deutschen aus den Provinzen östlich von Oder und Neiße ins westliche Restdeutschland abzuschieben. Dies geschah unter grausamen Bedingungen, teils als nicht wieder rückgängig gemachte Flucht vor der Roten Armee, teils durch Austreibung. So wurde mit einem Schlag zerstört, was seit 700 Jahren in Böhmen und Mähren, in Schlesien, den östlichen Teilen Brandenburgs und Pommerns, in West- und Ostpreußen sowie weit darüber hinaus in deutschen Streusiedlungen des europäischen Ostens und Südostens entwickelt worden war. In Ostmitteleuropa fehlten von nun an – von Siebenbürgen und dem Banat in Rumänien abgesehen – die Deutschen; und die genannten Kulturlandschaften wurden als solche zerstört, ehe ihnen die Möglichkeit des Neuaufbaus durch andere Völker im sozialistischen Wirtschaftssystem gegeben wurde.

Österreich wurde schon im April 1945 durch die Sowjets in Wien eine provisorische Regierung unter dem Sozialdemokraten Karl Renner zugestanden, der 1919 führend den Anschluß Deutsch-Österreichs an das Deutsche Reich verfochten hatte. In geschickter Politik gelang, trotz der auch in Österreich bestehenden Besatzungszonen, die Anerkennung der österreichischen Regierung durch die vier Besatzungsmächte, bis diese im Jahre 1955 mit dem selbständigen Österreich den grundlegenden ›Staatsvertrag‹ schlossen, in dem dieses sich verpflichtete, auf jede Vereinigungspolitik mit Deutschland zu verzichten. Zugleich wurde Österreich neutralisiert. Im Gegensatz zur Lage nach 1919 gibt es also keine offene deutsch-österreichische Frage mehr. Es gibt lediglich ein Identitätsproblem der von der Anschlußfrage entlasteten Menschen dieses Bundesstaates, die im Gegensatz zu den 20er Jahren heute unbestritten der österreichischen Staatsnation angehören und zugleich unbestreitbar Deutsche sind.
Das restliche Deutschland – ohne das erst 1957 wieder eingefügte Saarland – wurde in Besatzungszonen geteilt, wobei aber in den Potsdamer Beschlüssen ausdrücklich von ›Deutschland im ganzen‹ die Rede war, einmal in wirtschaftlicher Hinsicht unter der Hoheit des Alliierten Kontrollrats, zum andern im Hinblick auf die Aussicht, daß in nicht bestimmter Zeit ein deutscher Bundesstaat würde geschaffen werden können. Die Gebiete östlich der Oder und Neiße wurden bis zur Regelung durch einen Friedensvertrag ›unter polnische Verwaltung‹ gestellt, also völkerrechtlich nicht von Deutschland getrennt, während das nördliche Ostpreußen mit Königsberg in eine engere Verbindung zur Sowjetunion gebracht, dieser faktisch überantwortet wurde.
Die Hoffnung auf einen schrittweise erfolgenden Aufbau des deutschen Staates auf einem verkleinerten, mit Flüchtlingen überfüllten Gebiet zerschlug sich schnell. Spätestens Ende 1947 war entschieden, daß die sowjetisch besetzte Zone ebenso wie alle andern ostmitteleuropäischen Staaten, von 1948 an auch die Tschechoslowakei, nicht aus dem sowjetischen Machtbereich entlassen werden durfte. In dieser Zwangslage kam es auf beiden Seiten durch Initiativen sowohl der Alliierten wie der Deutschen zur Bildung zweier Staaten in Deutschland. Sie wurden 1949 gegründet, 1955 endgültig, ähnlich wie Österreich, von ihren jeweiligen Besatzungsmächten als unabhängige Staaten anerkannt und im Gegensatz zum neutralisierten Österreich je in das westliche und östliche Wirtschafts- und Militärsystem eingefügt. Die Reichshauptstadt Berlin blieb unter Besatzungshoheit der vier Mächte, wurde aber wie

Deutschland im ganzen de facto dem Zweiteilungsprozeß unterworfen.
Vieles hat das Leben der Menschen deutscher Nation tiefgehend verändert, seit die Deutschen aus Ostdeutschland und Ostmitteleuropa vertrieben, Österreich in den Grenzen von 1919 zum unabhängigen Staat und das Gebiet des Deutschen Reiches westlich von Oder und Neiße de facto in zwei Staaten zerteilt worden sind. Doch unter den Bedingungen der weltpolitischen Entwicklung und unter dem Druck der waffentechnischen Wandlung hat sich die Lage des zweigeteilten Europa, des zweigeteilten Deutschland und der zweigeteilten deutschen Hauptstadt ungeachtet gewisser Schwankungen des politischen Klimas zwischen ›kaltem Krieg‹ und ›Entspannung‹ nicht grundsätzlich geändert. Nach fehlgeschlagenen Hoffnungen auf die Möglichkeit einer Vereinigung beider deutscher Staatsgebiete, die sowohl auf östlicher wie auf westlicher Seite gehegt wurden, geriet die Frage der Wiedervereinigung in die Stagnation. Zwar ist im Bewußtsein geblieben, daß die Teilung 1948 gegen den Willen der Deutschen erfolgt ist und gemäß dem Selbstbestimmungsrecht aufgehoben werden muß. Aber heute weiß oder spürt doch jedermann, daß die fortwährende Nichtachtung dieses Rechts, die aufreizenden Symbole des Stacheldrahts, der Minenfelder und der Berliner Mauer sowie die Verletzungen der völkerrechtlich vereinbarten Menschenrechte nicht mit *der* Entschiedenheit beantwortet werden können, die moralisch naheliegt, sondern daß in der potentiellen Gefahrenzone Politik gewissermaßen in geduckter Haltung geführt werden muß. Die Zwangstrennung dauert bereits über dreißig Jahre an und wird vermutlich in voraussehbarer Zeit nicht geändert werden können. Die fortgesetzte Verlängerung des ungewollten, aber vorläufig unabänderlichen Zustands hat auf beiden Seiten zu naheliegenden Konsequenzen der Politik und des menschlichen Verhaltens geführt: zum Absperrungskomplex des DDR-Regimes, das mit voll verwirklichten Freiheitsrechten und offenen Grenzen nicht existieren kann; zur beiderseitigen Eingewöhnung der Bevölkerung, sei es aus Resignation, sei es durch Bewußtseinsverengung; schließlich zu politisch naheliegenden Versuchen, die Anomalität zu normalisieren und ›Realitäten‹ um der ›Entspannung‹ willen anzuerkennen.
In diesem Zusammenhang stehen die zweiseitigen Verträge der Bundesrepublik Deutschland (1970–1973) mit der Sowjetunion, mit Polen und zuletzt der Tschechoslowakei, ferner der Grundvertrag zwischen den beiden Staaten in Deutschland und außerdem das mit diesen Verträgen politisch verbundene Vier-

Mächte-Abkommen über Berlin. Alle diese Verträge brachten für beide Seiten Vorteile, eine mit Vorbehalten versehene Anerkennung des Status quo in Deutschland und Osteuropa und den Beginn ›menschlicher Erleichterungen‹, vor allem im begrenzt erweiterten Reiseverkehr. Eine gewisse Wertminderung der Verträge liegt allerdings darin, daß ihr Wortlaut von der Sowjetunion und der Deutschen Demokratischen Republik auf der einen, der Bundesrepublik Deutschland auf der anderen Seite in wichtigen Punkten verschieden ausgelegt wird. Das betrifft vor allem die Wiedervereinigungsfrage und die besonderen Beziehungen Berlins zur Bundesrepublik.
Hinter den Interpretationsunterschieden stehen grundsätzlich unauflösbare Gegensätze. 1974 wurden im Text der neuen DDR-Verfassung alle Bezüge zur deutschen Nation und zum Ziel der Wiedervereinigung auf sozialistischer Grundlage, wie sie noch im Verfassungstext von 1968 gestanden hatten, getilgt. So beginnt der Artikel 1 seit 1974 nicht mehr mit dem vorher gültigen Satz: »Die Deutsche Demokratische Republik ist ein sozialistischer Staat deutscher Nation«, sondern: »Die Deutsche Demokratische Republik ist ein sozialistischer Staat der Arbeiter und Bauern.« Damit ist ausdrücklich eine besondere ›DDR-Nation‹ verordnet worden, die aufgrund ihrer sozialistischen Ordnung eine andere Qualität haben soll als die Nation der ›imperialistischen BRD‹. Die nationale Trennung wird also, anders als noch in den sechziger Jahren, als endgültig bezeichnet, wobei die Frage offiziell unerwähnt bleibt, was denn geschehen würde, falls Westdeutschland zu einem kommunistisch regierten Staat werden sollte.
In der Bundesrepublik Deutschland wird am Wiedervereinigungsgebot der Präambel des Grundgesetzes von 1949 unverändert festgehalten. Alle drei Fraktionen des Deutschen Bundestags gaben nach dem Abschluß der Verträge mit der Sowjetunion und der Volksrepublik Polen am 10. Mai 1972 eine Erklärung ab, in der es hieß: »Die Verträge nehmen eine friedensvertragliche Regelung für Deutschland nicht vorweg und schaffen keine Rechtsgrundlage für die heute bestehenden Grenzen.« Das »unveräußerliche Recht auf Selbstbestimmung« und »eine friedliche Wiederherstellung der nationalen Einheit im europäischen Rahmen« stünden nicht im Widerspruch zu den Verträgen.
Die offiziellen Sprecher der geteilten Nation äußern sich also zu den Folgen der deutschen Niederlage und Teilung scharf entgegengesetzt: Die SED und die Regierung der DDR leugnen, ohne daß sie sich dabei auf eine Willenskundgebung ihrer Bevölkerung stützen können, die Einheit der deutschen Nation

und sehen sich als sozialistisches Staatsvolk im Zusammenhang der sozialistischen Staatengemeinschaft. Die Regierung der Bundesrepublik, in dieser Frage getragen von fast allen westdeutschen Wählern, hält dagegen am Ziel der nationalen Wiedervereinigung und am Willen der Väter des Grundgesetzes fest, welche die Bundesrepublik nicht als einen endgültigen, sondern als einen provisorischen Staat angesehen haben. Nation und Staat decken sich nach westdeutscher Auffassung also nicht. Die Bundesrepublik ist kein Nationalstaat, sondern nur eine Vorstufe auf dem Wege zu einer gesamtdeutschen Regelung, in welchen Etappen und Formen diese auch immer vorstellbar sein mag.

Faktisch aber ist das Provisorium bekanntlich immer mehr zu einem festgefügten Bundesstaat ausgebaut worden, dessen Vervollkommnung an und für sich selbst und nicht nur im Hinblick auf eine Wiedervereinigung längst zum politischen Leitziel geworden ist. Im Bewußtsein und Sprachgebrauch, z. B. bei Sportberichten, ist eine Entwicklung zu beobachten, in der ›Deutscher‹ und ›bundesrepublikanischer Staatsbürger‹ sich zu decken beginnen. Könnte es also in der Tat sich so verhalten, wie kürzlich in Erinnerung gebracht worden ist, daß die besiegten Deutschen des Jahres 1945, die damals zugleich ›befreit‹ werden sollten, ihr sie vereinigendes Schicksal, eine besiegte Nation zu sein, hinter sich gelassen haben, um sich als ›Befreite‹ gezwungen oder freiwillig in ihren jeweiligen Befreiungsraum hinein – und damit auseinander zu leben? Man könnte die deutschen Staaten von dieser Problematik aus analysieren. Das Ergebnis einer solchen Analyse würde nicht so eindeutig ausfallen, wie es die eben angeführten Zitate aus der Deutschen Demokratischen Republik und der Bundesrepublik Deutschland vermuten lassen könnten. Eine solche Analyse würde aber auch ergeben, daß Verhaltensweisen und Meinungsäußerungen zur nationalen Frage abhängige Variablen von den jeweils zwingenden wirtschaftlichen, technischen und politischen Grundbedingungen sind, in denen die Deutschen beiderseits der Grenzlinie der großen Blöcke zu leben gezwungen sind. Konkreter gesagt: die deutsche Frage kann nicht von einzelnen subjektiven Aussagen oder von Befragungen aus beurteilt werden, die ohnehin nur in der Bundesrepublik und in Österreich, nicht dagegen in der DDR möglich sind. Die deutsche Frage kann auch nicht isoliert innerdeutsch gesehen werden. Denn ihre Fortentwicklung hängt von der internationalen Lage ab, besonders vom Verhältnis zwischen dem westlichen und dem östlichen Großmachtsystem. Eine Prognose kann nicht gegeben werden. Doch darf historisch begründet festgestellt werden, daß im östlichen deutschen Staat die Eingewöhnung aus Resignation nicht zu einer Eingewöhnung kraft Zustimmung geführt hat. Auch und gerade der Generationswechsel hat dazu bisher keinesfalls beigetragen.

Der unvollendete Nationalstaat von 1871 hat 1919 nicht zu einem vollendeten Nationalstaat werden können. Er wurde durch Hitlers Eroberungspolitik und ihre Ausnutzung durch Stalins Westexpansion dem Untergang preisgegeben. Seine territorialen Amputationen sowie die deutsche Entsiedlung Ostdeutschlands und Ostmitteleuropas sind als die schweren Kosten anzusehen, die das deutsche Volk für den Hitler-Krieg hat zahlen müssen. Die Deutschen haben sich darein gefügt. Die deutsche Staatsteilung dagegen ist in diesen Kosten nicht eingeschlossen. Denn sie war erst die Folge der Entzweiung der Alliierten. Sie ist – nicht nur in einseitig westdeutscher Wertung – ein politisches Unrecht, das auch durch lange Dauer nichts von seinem völkerrechtlich begründbaren Unrechtscharakter verliert.
Abschließend ist hervorzuheben, daß Deutschland infolge seiner Zweiteilung weniger denn je ein ›vollendeter‹ Nationalstaat ist. Das fest gewordene Provisorium, das den Namen ›Bundesrepublik Deutschland‹ trägt, ist in sich jedoch zu einem relativ hoch vollendeten Verfassungs-, Rechts- und Sozialstaat geworden. Diese Vollendung, die mit Hilfe des Grundgesetzes von 1949 und einer günstigen Entwicklung im Schutze westlicher, vor allem amerikanischer Lebensordnung ermöglicht wurde, ist erstaunlich weit gediehen, wenn man dies im Vergleich zu den verfassungspolitischen Spannungen des Kaiserreichs und der Weimarer Republik sieht. Immer deutlicher ist geworden, daß ›Bonn nicht Weimar‹ ist. Das trifft sowohl für den Mangel Bonns zu, daß es de facto nur westdeutsch ist, als auch für seinen Vorzug, daß es der Regierungssitz einer funktionsfähigen, festgefügten parlamentarisch-demokratischen Bundesrepublik ist.

Anmerkungen

1 Texte zur österreichischen Verfassungs-Geschichte. Von der Pragmatischen Sanktion zur Bundesverfassung (1713–1966), hg. von H. FISCHER und G. SILVESTRI, Wien 1970, S. 105.
2 Staatsgesetzblatt für den Staat Deutschösterreich, Jg. 1918, S. 4.
3 Die Deutsche Nationalversammlung 1919/20, hg. von E. HEILFRON, Berlin 1920, Bd. 3, S. 336, 338f.
4 Ebd., S. 409ff., bes. S. 410.

Literaturverzeichnis

Zur Weimarer Republik und zum Nationalsozialismus:

K. D. BRACHER: Die Auflösung der Weimarer Republik. Villingen [5]1971.

Ders.: Zeitgeschichtliche Kontroversen. München [2]1976.

Ders.: Schlüsselwörter in der Geschichte. Düsseldorf 1978.

A. BULLOCK: Hitler: Eine Studie über Tyrannei. Stark überarbeitete dt. Übers. Düsseldorf 1971 (zuerst engl. 1952).

F. L. CARSTEN: Revolution in Mitteleuropa. 1918–1919. Köln 1973.

M. DOMARUS: Hitler – Reden und Proklamationen 1932–1945. Kommentiert von einem deutschen Zeitgenossen. Bd. I, 1. Halbband: 1932–1934. München 1962.

K. D. ERDMANN: Die Zeit der Weltkriege. 2 Teilbd. In: Bruno Gebhardt: Handbuch der deutschen Geschichte. Bd. 4. Stuttgart 1976.

J. C. FEST: Hitler. Eine Biographie. Berlin/Frankfurt 1973.

M. FUNKE (Hg.): Die ›legale‹ Diktatur. Gesetze, Erlasse und Verordnungen des NS-Staates. Dokumentation und Darstellung. Düsseldorf 1980.

TH. GEIGER: Die soziale Schichtung des deutschen Volkes. Stuttgart 1932.

S. HAFFNER: Anmerkungen zu Hitler. München 1978.

E. HEILFRON (Hg.): Die Deutsche Nationalversammlung im Jahre 1919. Bd. 1 (Berlin o. J.); Bd. 4 (Berlin o. J.).

V. HENTSCHEL: Weimars letzte Monate. Hitler und der Untergang der Republik. Düsseldorf 1978.

K. HILDEBRAND: Das Dritte Reich. Oldenbourg Grundriß der Geschichte, Bd. 17. München/Wien 1979.

M. KATER: Zur Soziographie der frühen NSDAP. Vierteljahrshefte für Zeitgeschichte 19 (1971), S. 124ff.

Ders.: Sozialer Wandel der NSDAP im Zuge der nationalsozialistischen Machtergreifung. In: Faschismus als soziale Bewegung. Hg. VON W. SCHIEDER. Hamburg 1976.

E. KOLB: Die Arbeiterräte in der deutschen Innenpolitik 1918–1919. Berlin 1978.

Ders. (Hg.): Vom Kaiserreich zur Weimarer Republik. Neue Wissenschaftliche Bibliothek 49, Geschichte. Köln 1972.

E. MATTHIAS: Einleitung zur Edition: Die Regierung der Volksbeauftragten 1918/19. Quellen zur Geschichte des Parlamentarismus und der politischen Parteien. 1. Reihe, Bd. 6/1. Hg. von W. CONZE/E. MATTHIAS. Düsseldorf 1969, S. XIIIff.

A. MILATZ: Wähler und Wahlen in der Weimarer Republik. Bonn 1965.

H. MOMMSEN: Beamtentum im 3. Reich. Stuttgart 1966.

E. NOLTE (Hg.): Theorien über den Faschismus. Neue Wissenschaftliche Bibliothek 21, Geschichte. Köln/Berlin 1967.

P. V. OERTZEN: Betriebsräte in der Novemberrevolution. Düsseldorf 1963, Bonn-Bad Godesberg [2]1976.

G. REITLINGER: Die Endlösung. Hitlers Versuch der Ausrottung der Juden Europas 1939–1945. Dt. Übers.: Berlin [4]1961.

G. A. RITTER/S. MILLER (Hg.): Die deutsche Revolution 1918–1919. Frankfurt/Hamburg 1968.

A. ROSENBERG: Geschichte der deutschen Republik. Karlsbad 1935. Verkürzte Neuausgabe: Frankfurt 1955.

H. ROTHFELS: Die deutsche Opposition gegen Hitler. Frankfurt/Hamburg 1958.

W. SCHIEDER (Hg.): Faschismus als soziale Bewegung. Hamburg 1976.

G. SCHULZ: Deutschland seit dem ersten Weltkrieg. 1918–1945. Deutsche Geschichte. Hg. V. J. LEUSCHNER. Bd. 10. Göttingen 1976.

Ders.: Revolutionen und Friedensschlüsse 1917–1920. dtv-Weltgeschichte des 20. Jahrhunderts. München [3]1974.

Vierteljahrshefte für Zeitgeschichte, begründet und hg. von H. ROTHFELS und TH. ESCHENBURG. Stuttgart 1953ff.

H. A. WINKLER: Die Sozialdemokratie und die Revolution von 1918/19. Berlin/Bonn 1979.

Ders.: Mittelstand, Demokratie und Nationalsozialismus. Die politische Entwicklung von Handwerk und Kleinhandel in der Weimarer Republik. Köln 1972.

Ders.: Mittelstandsbewegung oder Volkspartei: Zur sozialen Basis der NSDAP. In: Faschismus als soziale Bewegung. Hg. W. SCHIEDER. Hamburg 1976.

Zur ›deutschen Frage‹ nach 1945:

J. BECKER/TH. STAMMEN/P. WALTMANN (Hg.): Vorgeschichte der Bundesrepublik Deutschland. München 1979.

W. CONZE: Jakob Kaiser. Politiker zwischen Ost und West 1945–1949. Stuttgart 1969 (3. Bd. von W. CONZE/E. KOSTHORST/E. NEBGEN. Stuttgart 1967ff).

DDR Handbuch. Hg. vom Bundesministerium für innerdeutsche Beziehungen. Köln ²1979.

Dokumentation der Vertreibung der Deutschen aus Ost-Mitteleuropa. In Verbindung mit A. DIESTELKAMP (später W. CONZE)/R. LAUN/P. RASSOW/H. ROTHFELS, bearbeitet von TH. SCHIEDER. Hg. vom Bundesministerium für Vertriebene. – Bd. I, 1–3: Die Vertreibung der deutschen Bevölkerung aus den Gebieten östlich der Oder–Neiße. Wolfenbüttel 1953ff. – Bd. II: Das Schicksal der Deutschen in Ungarn. Düsseldorf 1956. – Bd. III: Das Schicksal der Deutschen in Rumänien. Berlin 1957. – Bd. IV, 1 und 2: Die Vertreibung der deutschen Bevölkerung aus der Tschechoslowakei. Berlin 1957. – Bd. V: Das Schicksal der Deutschen in Jugoslawien. Düsseldorf 1961.

E. DEUERLEIN: Die Einheit Deutschlands, Bd. I: Die Erörterungen und Entscheidungen der Kriegs- und Nachkriegskonferenzen 1941–49. Frankfurt/Berlin ²1961.

Ders. (Hg.): Potsdam 1945/Köln 1970.

Die neue Verfassung der DDR. Mit einem einleitenden Kommentar von Dietrich Müller-Römer. Köln 1974.

TH. ELLWEIN: Das Regierungssystem der Bundesrepublik Deutschland. Opladen ⁴1977.

B. GLEITZE u. a.: Die DDR nach 25 Jahren. Berlin 1975.

Grundgesetz. Textausgabe mit einer Einführung von G. DÜRIG. München ¹⁵1974.

H. A. JACOBSEN: Der Weg zur Teilung der Welt. Politik und Strategie 1939–1945. Koblenz/Bonn 1977.

P. CH. LUDZ: Die DDR zwischen Ost und West. München 1977.

F. MATTHEY (Hg.): Entwicklung der Berlin-Frage 1944–1971.

H. L. MIKOLETZKY: Österreichische Zeitgeschichte. Vom Ende der Monarchie bis zum Abschluß des Staatsvertrages 1955. Wien/München 1962.

R. MORSEY (Hg.): Konrad Adenauer und die Gründung der Bundesrepublik Deutschland. Rhöndorfer Gespräche. Bd. 3. Stuttgart/Zürich 1979.

E. NOLTE: Deutschland und der Kalte Krieg. München/Zürich 1974.

Ostverträge I: Deutsch-sowjetische Verträge. Zusammengestellt von Ingo von Münch. Berlin/New York 1971.

F. REUTER: Geschichtsbewußtsein in der DDR. Köln 1973.

B. SCHÄFERS: Sozialstruktur und Wandel der Bundesrepublik Deutschland. Stuttgart 1976.

W. SCHEEL (Hg.): Nach dreißig Jahren. Die Bundesrepublik Deutschland – Vergangenheit, Gegenwart, Zukunft. Stuttgart 1979.

G. SCHMID: Entscheidung in Bonn. Die Entstehung der Ost- und Deutschlandpolitik 1969/70. Köln 1979.

H.-P. SCHWARZ: Vom Reich zur Bundesrepublik. Neuwied/Berlin 1966.

Ulbrichts Grundgesetz. Die sozialistische Verfassung der DDR. Mit einem einleitenden Kommentar von D. MÜLLER-RÖMER. Köln 1968.
TH. VOGELSANG: Das geteilte Deutschland. München 1966.
E. WEINZIERL/L. SKALNIK (Hg.): Österreich. Die Zweite Republik. 2 Bde. Graz/Wien/Köln 1972.
H. A. WINKLER: Politische Weichenstellungen im Nachkriegsdeutschland 1945–1953. Göttingen 1979.

Zur Theorie und Funktion der Geschichtswissenschaft

26. Ernst Schulin

Traditionen des Geschichtsdenkens

Nach dem großen Themenblock über die Epochen sind wir mit der Beschreibung und Erörterung geschehener Geschichte am Ende. Ein Handbuch oder irgendeine andere überblicksmäßige historische Darstellung könnte jetzt schließen. Hier geht es aber auch um Probleme der Geschichtswissenschaft, um Maßstäbe und Ziele geschichtlicher Betrachtung. Das wurde in allen bisherigen Kapiteln angesprochen und soll nun im letzten Themenblock im Mittelpunkt stehen.

Zunächst beschäftigen wir uns mit Traditionen des Geschichtsdenkens, die sich in der Zeit des Altertums und später gebildet haben und nicht nur in vergangener Zeit von prägender Bedeutung waren, sondern zum Teil noch heute weiterwirken.

Geschichtswissenschaft in unserem modernen Sinn der organisierten Forschung und kritischen Diskussion gibt es nicht viel länger als 200 Jahre, aber Geschichtsschreibung und Geschichtsdenken sind so alt wie die jüdische und griechische Kultur. Es beruht auf diesen alten Traditionen, wenn wir nach einem tieferen Sinn und Zusammenhang des geschichtlichen Verlaufes fragen, oder wenn wir der Politik und den politischen Machtverhältnissen eine entscheidende Rolle in der Geschichte zuschreiben. Weniger alt ist die Tradition, die Besonderheiten von Menschen und Völkern zu beachten und geschichtlich zu erklären; noch weniger alt die Anschauung, Geschichte müsse immer wieder umgeschrieben werden. Von allen diesen Traditionen soll jetzt die Rede sein.

Die jüdisch-christliche und die griechisch-römische Tradition: religiöse Sinngebung und politische Erfahrungslehre

Alttestamentliche Geschichtstheologie

In früheren Kapiteln wurde schon darauf hingewiesen, welche große Rolle die alten griechischen und römischen Historiker als Vorbilder für uns noch spielen. Aber wenn wir heute von einem zusammenhängenden weltgeschichtlichen Verlauf von Anfang bis jetzt sprechen und nach dem Sinn, den Gesetzmäßigkeiten dieser Entwicklung fragen, so stehen wir damit nicht in ihrer Nachfolge. Wir tun vielmehr, was die Bibel tut, wir folgen der jüdsisch-christlichen Tradition.

Das Alte Testament ist unter anderem ein Geschichtsbuch, von Jahrtausende langer tiefer Wirkung auf die Menschen dreier Religionen: Juden, Christen und Muslime. Es schildert zusammenhängend den geschichtlichen Weg Israels von den Anfängen bis ins 4. vorchristliche Jahrhundert mit einer Genauigkeit und Lebendigkeit, wie uns auch nicht annähernd ein anderes Volk der altorientalischen Hochkulturen seine Geschichte überliefert hat. Dabei handelt es sich um ein besonders unglückliches, immer wieder von seinen mächtigeren Nachbarn unterdrücktes Volk, das nur kurze Zeit, unter David und Salomo im 10. Jahrhundert, eine politisch führendere Rolle gespielt hat. Wie stellt es nun seine Geschichte dar? Betrachten wir einige bezeichnende Stellen aus dem Alten Testament.

Es handelt sich zeitlich etwa um das 13. vorchristliche Jahrhundert. Die in Ägypten angesiedelten Israeliten leiden unter der dortigen Unterdrückung. Da erhält Moses durch Gottes Stimme aus dem feurigen Dornbusch die folgende genaue Anweisung:

»Gehe hin und versammle die Ältesten Israels und sprich zu ihnen: Jahwe, der Gott eurer Väter, der Gott Abrahams, Isaaks und Jakobs, ist mir erschienen und hat gesagt: ›Ich habe achtgehabt auf euch und auf das, was euch in Ägypten widerfahren ist. Da beschloß ich euch aus dem Elend in Ägypten herauszuführen in das Land der Kanaaniter, Hethiter, Amoriter, Pheresiter, Hewiter und Jebusiter, in ein Land, wo Milch und Honig fließt.‹ Und sie werden auf dich hören; du aber sollst mit den Ältesten Israels zum König von Ägypten hineingehen und ihr sollt zu ihm sagen: ›Der Herr, der Gott der Hebräer, ist uns begegnet. So laßt uns nun drei Tagereisen weit in die Wüste ziehen, daß wir dem Herrn, unserem Gotte opfern.‹ Aber ich weiß, daß euch der König von Ägypten nicht wird ziehen lassen, es sei denn, er werde gezwungen. Darum werde ich meine Hand ausrecken und Ägypten mit all meinen Wundertaten schlagen, die ich darin tun werde; darnach wird er euch ziehen lassen. Und ich werde diesem Volke bei den Ägyptern Gunst verschaffen, so daß ihr, wenn ihr auszieht, nicht mit leeren Händen ausziehen müßt; sondern jedes Weib soll sich von ihrer Nachbarin und Hausgenossin silberne und goldene Schmucksachen und Kleider erbitten, die sollt ihr euren Söhnen und Töchtern anlegen und so die Ägypter berauben.«[1]

Alles wird von Gott zugunsten der Israeliten organisiert, eine Insektenplage genauso wie die nicht ganz rechtmäßig erworbene Ausrüstung der Auswanderer. In der Wüste, auf dem Berge Sinai, bekräftigt er dann die Vorzugsstellung:

»Ihr habt selbst gesehen, was ich den Ägyptern getan und wie ich euch auf Adlersflügeln getragen und euch hierher zu mir gebracht habe. Und nun, wenn ihr auf meine Stimme hört und meinen Bund haltet, so sollt ihr vor allen Völkern mein Eigentum sein; denn mein ist die ganze Erde. Ihr sollt mir ein Königreich von Priestern werden und ein heiliges Volk.«[2]

Die weiteren Berichte im Alten Testament zeigen, daß die Israeliten schon während der Wanderung und dann nach ihrer Ansiedlung in Palästina kaum auf diese Stimme hörten:

»So wohnten denn die Israeliten mitten unter den Kanaanitern, Hethitern, Amoritern, Pheresitern, Hewitern und Jebusitern, nahmen sich deren Töchter zu Frauen und gaben ihre Töchter den Söhnen derselben und dienten deren Göttern. Und die Israeliten taten, was dem Herrn mißfiel: sie vergaßen des Herrn, ihres Gottes, und dienten den Baalen und den Ascheren. Da entbrannte der Zorn des Herrn wider Israel und er verkaufte sie in die Hand Kusan-Risathaims, des Königs von Syrien am Euphrat, und die Israeliten waren dem Kusan-Risathaim acht Jahre lang untertan. Da schrien die Israeliten zum Herrn und er ließ ihnen einen Retter erstehen, der sie errettete, Othniel, den Sohn des Kenas. Und der Geist des Herrn kam über ihn, so daß er Israel zu seinem Rechte verhalf. Er zog aus zum Kampfe, und der Herr gab den König von Syrien in seine Gewalt, und er gewann die Oberhand über ihn.«[3]

Das wiederholt sich immer wieder. Die Propheten treten auf und warnen die Könige vor ihrer Abgötterei, angesichts der Bedrohung Palästinas durch die Assyrer und später die Babylonier. Jeremia weissagte um 627 v. Chr. den Untergang des Reiches Juda.

»Der Herr der Heerscharen spricht also: Weil ihr auf meine Worte nicht gehört habt, siehe, so sende ich hin und hole ein Geschlecht aus dem Norden, spricht der Herr, ich sende auch zu Nebukadnezar, dem König von Babel, meinem Knecht, und lasse sie kommen über dieses Land und über alle, die darin wohnen, und über alle diese Völker ringsum. Ich will sie verwüsten und zum Entsetzen machen . . . und dieses ganze Land wird zur Einöde werden, und diese Völker werden dem König von Babel dienen 70 Jahre lang.«[4]

Das traf ein. Die Juden gingen in die babylonische Gefangenschaft und erlebten dieses Schicksal nicht realistisch als Unterdrückung durch ein mächtigeres Reich, sondern religiös als Strafe Gottes. Gott hat nach ihrer Vorstellung Nebukadnezar, den er seinen »Knecht« nennt, nur als Instrument benutzt.
Wir haben hier eine ungewöhnlich ausgeprägte Sinngebung der Geschichte vor uns, die erste konsequent durchgeführte übernatürliche Geschichtsinterpretation. Gegen allen äußeren Anschein kümmert sich der Gott, dem die ganze Erde gehört, um

das eine Volk besonders, verlangt aber auch, daß es sich besonders nach ihm richtet. Die moderne Forschung hat erkannt, daß dieses Geschichtsdenken sich allmählich entwickelt und intensiviert hat. Die einzelnen Schichten lassen sich im Alten Testament noch einigermaßen gut erkennen. Heldensagen, religiöse Lieder und eine höfische erzählende Geschichtsschreibung aus der Blütezeit Davids und Salomos standen am Anfang. Im 9. Jahrhundert komponierte wohl der sogenannte Jahwist daraus die großartige einheitliche Schilderung der gottgeplanten und gottgesegneten jüdischen Geschichte von der Schöpfung bis zum salomonischen Königtum. In den unglücklichen folgenden Jahrhunderten bemächtigten sich die Propheten und dann die Priester dieser frommen Geschichtsinterpretation und prägten sie um zu einer Oppositionsschrift gegen die Politik der Könige in den Teilreichen Juda und Israel, gegen deren kultische Anbiederung an die anderen Bewohner Palästinas. In solcher Umprägung wurde diese Geschichtsinterpretation im Alten Testament dogmatisiert und hat eine kaum zu überschätzende Wirkung ausgeübt. Diese priesterliche Geschichtskonstruktion mit ihrem Versuch der Überwindung der schlechten Gegenwart durch eine immer aufrechterhaltene Hoffnung auf bessere Zukunft hat den Juden ermöglicht, ein jahrhundertelanges staatenloses Dasein ohne Verlust der Identität zu ertragen.
Aber die Wirkung geht weit über das Judentum hinaus. Das Christentum hat dieses Geschichtsdenken übernommen, jedoch mit gewichtigen Unterschieden sowohl hinsichtlich der Erfüllung der Hoffnung als auch in der Einstellung zur Umwelt, d.h. zu den anderen Völkern und zum weltlichen Staat. Hierfür müssen wir aber zunächst unseren Blick auf die andere Tradition des Geschichtsdenkens richten, auf die griechische und römische.

Thukydides und die politische Geschichtsschreibung

Den Griechen Herodot nannte man den ›Vater der Geschichte‹. Er hatte als Geschichte aufgezeichnet, was er von Griechen und Barbaren ermitteln konnte, Sitten, Religionen, Regierungsweisen, Städtebau, vor allem aber die Perserkriege. Der eigentlich vorbildliche Historiker für Griechen und Römer war aber weniger Herodot als vielmehr Thukydides, der athenische Offizier und Politiker, der den Themenkreis einschränkte und sich darauf konzentrierte, *nur* einen Krieg darzustellen: den nächsten wichtigen, innergriechischen, den sogenannten Peloponnesischen Krieg 431–404 v. Chr., an dem er selber beteiligt war. Durch diese strenge Begrenzung schuf er die politische Geschichtsschreibung. In welcher Weise er das tat und welche Tradition er damit begründete, läßt sich am besten an einer Stelle seines Werkes zeigen, an der es gar nicht um die Auseinandersetzung zwischen den Hauptgegnern, Athen und Sparta, geht, sondern um den Kampf der beherrschenden Seemacht Athen gegen die kleine Insel Melos, also um sehr ungleiche Partner, ähnlich wie in der Geschichte Israels, jedoch ganz anders dargestellt.[5]

»Im folgenden Sommer (416 v. Chr.) [. . .] zogen die Athener mit einer Flotte, die aus 30 eigenen Schiffen, sechs aus Chios und zwei aus Lesbos bestand, und von ihren eigenen Leuten 1200 Schwerbewaffnete, 300 Bogenschützen und 20 Reiterschützen, von den verbündeten Inselstädten aber etwa 1500 Schwerbewaffnete an Bord hatten, gegen die Insel Melos. Diese Melier sind eine spartanische Kolonie und wollten sich nicht wie die übrigen Inseln den Athenern fügen, sondern hielten sich anfänglich, ohne Partei zu ergreifen, ruhig; dann aber, als die Athener sie durch Verwüstung ihres Landes dazu zwingen wollten, kam es zu offenem Kriege. Indessen wollten die athenischen Feldherren vor dem Anfang der Feindseligkeiten erst den gütlichen Weg versuchen und schickten zu dem Zwecke Bevollmächtigte zu ihnen. [. . .] Hier erklärten sie denn folgendes:

Athener: Wir verzichten auf schöne Worte, etwa daß wir als Sieger über den Perserkönig ein Recht auf Herrschaft haben oder daß wir erlittenes Unrecht vergelten müßten. Das wäre ein langes Gerede und würde doch keinen Glauben finden. Ebenso erwarten wir, daß ihr uns nicht weismachen wollt, ihr hättet als spartanische Kolonisten neutral bleiben müssen oder euch überhaupt nicht gegen uns vergangen. Wir gehen vielmehr davon aus, daß ihr euch zu dem bereitfinden werdet, was aufgrund der wahren Gesinnung von uns beiden möglich und tunlich sein wird. Ihr wißt so gut wie wir, daß es bei Verhandlungen unter Menschen nur dann Gerechtigkeit gibt, wenn beide Seiten die gleiche Macht besitzen; wenn aber einer überlegen ist, dann geht er, soweit er kann, und der andere muß sich darein fügen.
Melier: Ihr setzt in dem, was ihr sagt, die Gerechtigkeit beiseite und denkt nur an den Vorteil. Nun, auch hier besteht unseres Erachtens der wahre Nutzen darin, daß man die allgemeinen Vorteile der Menschen nicht mißachtet, sondern gegen einen Bedrängten allemal die Gesichtspunkte der Billigkeit anwendet, auch wenn er sein Recht nicht so ganz genau hat erweisen können. Das ist auch für euch vorteilhaft, da ihr sonst, falls *ihr* einmal Unglück haben solltet, durch die furchtbare Rache, die euch dann trifft, für alle anderen ein warnendes Beispiel werden würdet.
Athener: Der Gedanke an das Ende unserer Herrschaft, falls wir das überhaupt erleben sollten, macht uns nicht bange [. . .] Wir wollen euch nur erklären, daß wir hier zugegen sind, um die Interessen unserer Herrschaft wahrzunehmen, und nunmehr Verhandlungen über die Rettung eurer Stadt einleiten wollen. Wir wünschen die Herrschaft

über euch ohne Mühe zu gewinnen und euer Leben zum Nutzen für beide Teile zu erhalten.
Melier: Aber bitte: Wie könnte es für uns ebenso von Nutzen sein, eure Sklaven zu werden, wie für euch, unsere Herren zu werden?
Athener: Weil Unterwerfung für euch besser sein dürfte als das Allerschlimmste zu erleiden, und weil es für uns ein Gewinn wäre, euch nicht vernichten zu müssen.
Melier: Das heißt, wenn wir Ruhe hielten und eure Freunde, nicht eure Feinde wären, ohne daß wir im Krieg Partei ergreifen – damit würdet ihr euch nicht zufriedengeben?
Athener: Nein, natürlich nicht, denn eure Feindschaft ist uns nicht so nachteilig wie eure Freundschaft. Bei allen denen, die unter unserer Herrschaft stehen, würde eure Freundschaft ein Beweis unserer Schwäche sein, eure Feindschaft hingegen würde unsere Macht zutage legen. [...]
Melier: Nun, wir wissen aber auch, daß im Kriege das Glück sich nicht allemal auf die Seite der überlegenen Macht schlägt. Außerdem würden wir durch eine sofortige Unterwerfung alle Hoffnung auf einmal aufgeben; wagen wir hingegen etwas, so haben wir noch immer Hoffnung, uns aufrechtzuerhalten. [...] Freilich (das wißt ihr nur zu gut) halten auch wir es für sehr schwierig, gegen eure Macht und das Glück, wenn es nicht gleich zu gleich steht, anzukämpfen. Gleichwohl vertrauen wir, das Glück, das von der Gottheit kommt, werde uns nicht zunichte werden lassen, denn als Gottesfürchtige stehen wir gegen Ungerechte. Und was uns an Macht abgeht, das können wir uns höchstwahrscheinlich von dem Beistand der Spartaner versprechen. [...]
Athener: Was die Gunst der Götter betrifft, so wird es uns daran wohl auch nicht fehlen. Nichts, was wir fordern oder tun, widerspricht den Glaubensvorstellungen der Menschen über die Götter, und auch nichts den üblichen menschlichen Wünschen. Wir nehmen von den Göttern als wahrscheinlich, von den Menschen aber als ganz sicher an, daß überall mit Naturnotwendigkeit das Starke über das Schwache herrscht. Wir haben dieses Gesetz weder erlassen noch als erste davon Gebrauch gemacht, sondern wir haben es als geltend vorgefunden und werden es auch als gültig für alle Zeiten hinterlassen, und so richten wir uns auch danach und wissen genau, ihr würdet es wie jeder andere bei gleicher Macht genauso wie wir machen. – Und was eure Hoffnung auf die Spartaner betrifft, so beglückwünschen wir euch zu eurem Kinderglauben, beneiden euch aber nicht um eure Torheit. [...] Es ist wenig wahrscheinlich, daß sie auf eine Insel übersetzen werden, da wir die Herren zur See sind. [...] Ihr habt die Wahl zwischen Krieg und ungestörter Sicherheit. Laßt euch durch den Ehrgeiz nicht zum Schlimmeren verleiten. Der kommt am besten zurecht, der Seinesgleichen die Stirn bietet, Mächtigeren als er ist, gebührend entgegenkommt, und Schwächeren gegenüber maßvoll ist. Nun überlegt euch die Sache, wenn wir uns jetzt zurückziehen, und bedenkt immer wieder, daß es um euer Vaterland geht. Ihr habt nur das eine, und von eurem Beschluß hängt es ab, ob es bewahrt oder zerstört wird.«

Die Melier gaben nicht nach. Daraufhin wurde ihre Stadt ringsum belagert. Nach einigen Monaten mußten sie sich den Athenern auf Gnade und Ungnade ergeben. Thukydides schließt den Abschnitt mit den Sätzen:

»Die Athener töteten alle Männer, die ihnen in die Hände fielen. Die Frauen und Kinder verkauften sie als Sklaven. Die Insel besiedelten sie selbst, indem sie bald darauf 500 Ansiedler dorthin schickten.«

Was zunächst an diesem einzigartigen Stück Geschichtsschreibung auffällt, ist die Dialogform. Man wird beinahe an die gleichzeitige griechische Tragödie erinnert. Thukydides wollte aber nicht kunstvoll unterhalten, sondern stellte die Zuverlässigkeit seiner Berichte über alles.

»Bei den tatsächlichen Begebenheiten des Krieges bin ich nicht den ersten besten Nachrichten noch meinem eigenen Gutdünken gefolgt, sondern habe nur solche Dinge aufgezeichnet, bei denen ich entweder selbst zugegen gewesen bin oder worüber ich von anderen möglichst genaue Nachrichten eingezogen habe.«[6]

Das gilt für die Fakten, weniger für die vielen Reden, durch die er die Beweggründe für die politisch-militärischen Handlungen verständlich zu machen sucht.

»Hinsichtlich der Reden, welche teils bei den Beratungen zum Kriege, teils während des Krieges selbst gehalten worden sind, habe ich freilich nicht alles, was ich davon selbst mit angehört habe und was mir von anderen hinterbracht worden ist, Wort für Wort behalten und aufzeichnen können. Ich habe mich vielmehr damit begnügt, einen jeden dasjenige sagen zu lassen, was nach meinem Bedünken der Sache am dienlichsten war, aber doch dabei so genau als nur möglich die Gesamtrichtung der wirklich gehaltenen Reden selbst wiedergegeben.«

Bei all ihrer bis in die Kernfragen vordringenden Gestaltung kann also die Wiedergabe als zuverlässiger genommen werden, als man zunächst meinen möchte. Noch bemerkenswerter ist aber, wie genau es Thukydides auf die Herausarbeitung der Vorüberlegungen zu den Aktionen ankommt, fast mehr als auf die Aktionen selbst, und wie deutlich er hier im angeführten Dialog *beide* Seiten zu Wort kommen läßt, die Melier und die Athener. Es handelt sich dabei um durchaus keine entscheidende Einzelheit des Peloponnesischen Krieges, aber es handelt sich um eine Begebenheit, an der Thukydides besonders eindringlich das Wesen politischer Macht darstellen konnte. Und darauf kam es ihm an.

»Allen, die erkennen wollen, wie es in Wahrheit gewesen ist und in Zukunft wiederum, nach dem Gesetz der menschlichen Dinge, so oder ähnlich gehen wird, allen denen wird es genügen, mein Werk für nützlich zu erkennen. Es soll kein Prunkstück für das augenblickliche Anhören sein, sondern ein Gewinn für immer.«

Thukydides will also nicht einem ganzen Volk Sinngebung und Zielrichtung vermitteln, sondern einer zwangsläufig beschränkten Zahl politisch Interessierter und Verantwortlicher nützliche Belehrungen geben. Zum Beispiel künftigen Meliern. Denn sosehr ihn das Schicksal der Melier zweifellos bewegt hat – sonst hätte er es nicht so ausführlich dargestellt –, klug und realistisch konnte er ihre Einstellung nicht finden. Die Einstellung der Athener dagegen war von brutaler Offenheit, war nur auf augenblickliches Interesse und Machtvorteil ausgerichtet und spiegelte damit die Verrohung im Laufe des Krieges. Thukydides vermeidet hier wie sonstwo jede ausgesprochene Kritik, er stellt nur dar, aber in der Art der Darstellung, der Komposition des Geschichtswerkes, deutet er den Lauf der Dinge an. Nach der Vernichtung der Melier schildert er, wie sich die Athener in die abenteuerliche Expedition nach Sizilien und damit in ihr Verderben stürzten.

Weltstaat und Gottesstaat bei Augustinus

Die römischen Politiker und Historiker bewunderten Thukydides und seine dargestellten Lehren über die unveränderlichen Gesetze menschlichen Handelns und politischer Dynamik. Aber so wissenschaftlich kühl vermochten sie die eigene Geschichte mit ihrem politischen Auf und Ab meistens nicht zu sehen. Sie waren traditionsgebundener, verehrten die tugendhafte Zeit der Vorfahren und beklagten in der Spätphase der Republik und in der Kaiserzeit den Verfall der alten Sitten und Verfassung, wenn sie nicht, wie Livius, der Freund des Kaisers Augustus, die Entwicklung zum Imperium als positiv und traditionsgerecht darzustellen suchten. Hierin lagen für sie die Lehren der Geschichte, hierin und in der Beschreibung der politischen Akteure als Vorbilder oder abschreckende Beispiele. Für Sallust begann der tiefe Verfall schon mit der Zeit nach der Zerstörung Karthagos 146 v. Chr.:

»Von diesem Zeitpunkt an ging es mit den Sitten unserer Vorfahren nicht mehr wie früher allmählich, sondern plötzlich sturzbachartig bergab. Vor allem wurde die Jugend durch Ausschweifung und Habsucht so verdorben, daß man mit Recht von ihr sagen konnte, sie sei geboren, um weder selbst ein Vermögen zu besitzen noch anderen es zu lassen.«

Dieser Ausspruch Sallusts ist uns dadurch erhalten, daß ihn der Kirchenvater Augustinus über 400 Jahre später in seinem Buch über den Gottesstaat zitiert.[7] Damit komme ich auf den Mann zu sprechen, in dem sich die beiden bisherigen Traditionen geschichtlichen Denkens, die jüdisch-christliche und die griechisch-römische, verknüpfen. Augustinus war ein klassisch gebildeter nordafrikanischer Theologe und Bischof. In seiner Zeit passierte, was vorher niemals geschehen, also kaum zu fassen war: Rom, die alte Hauptstadt des Imperiums, wurde 410 von den Westgoten erobert und verwüstet, also von Barbaren, obendrein von christlichen. Die Reaktion der entsetzten Römer erinnert etwas an die alte jüdische: sie erklärten sich die Katastrophe damit, daß sie ihren alten Göttern untreu geworden waren. Seit 30 Jahren war das Christentum alleinige Staatsreligion, also wurde den Christen die Schuld zugeschoben. Augustinus wurde von Freunden zur Verteidigung des Christentums aufgefordert und schrieb darum sein Hauptwerk, den Gottesstaat. Er wies nach, daß Roms Verfall schon viel früher begonnen habe und dem üblichen Schicksal weltlicher Staaten entspräche. Um diesen Nachweis zu führen, zitierte Augustinus ja den Römer Sallust. Vom Gottesstaat, von der neuen Lehre des Christentums her kritisierte Augustinus nicht nur die heidnischen Götterlehren, sondern auch das antike Geschichtsdenken.

»Vom rechten Glauben weit entfernt wäre es, wenn wir [...] an Kreisläufe dächten, in denen sich angeblich der gleiche Inhalt der Zeiten und der zeitlichen Geschehnisse wiederhole. [...] Fern sei es, sag ich, so etwas zu glauben. Denn einmal nur ist Christus gestorben für unsere Sünden; auferstanden von den Toten aber stirbt er nicht noch einmal, und der Tod wird nicht mehr über ihn herrschen.«[8]

Hier kommt durch die Bedeutung, die einem einmaligen historischen Ereignis, dem Kreuzestod Christi, zugesprochen wird, geradezu eine neue Zeitvorstellung und Zielrichtung in das Geschichtsdenken. Das Ereignis ist unwiderruflich und unwiederholbar, es hat eine Veränderung bewirkt, die ebenso unwiderruflich ist. Die Vorstellung des Ewiggleichen ist überwunden, die Geschichte hat eine neue und deutlichere Richtung.
Augustinus verstärkt das, indem er Weltstaat und Gottesstaat nicht einfach zeitlich hintereinandersetzt, etwa vor und nach Christi Geburt. Er zeigt vielmehr in der Nachfolge der jüdischen Geschichtstradition, daß es seit der Entstehung der Menschheit die beiden Staaten nebeneinander gegeben hat, die sich ablösenden Weltreiche und den Gottesstaat, also die Gemeinschaft der Gläubigen, die zunächst nur klein war, vor Christi Geburt vor allem aus den Frommen des Alten Testamentes bestehend, die aber nun mehr und mehr zunimmt und ein deutliches Ziel hat.

Hier steht also wieder einmal, wie im Alten Testament, ein religiöses, ein priesterliches Geschichtsdenken im Vordergrund. Die Frage nach Wahrheit und Richtigkeit geschichtlicher Fakten vereinfacht sich entsprechend:

»Die über alle Länder verstreuten Bürger des gottlosen Staates lesen in den Büchern der gelehrtesten Männer, deren Autorität keiner anzweifelt, und finden nicht heraus, wem sie eher glauben sollen. [...] Wir aber stützen uns auf die göttliche Autorität und zweifeln nicht, daß etwas, das der Geschichte unserer Religion widerspricht, grundfalsch ist.«[9]

Aber das soll nicht darüber hinwegtäuschen, daß Augustinus ein lebendiger und vielseitiger Geschichtsdenker war, der nicht nur anhand der Bibel, sondern beispielsweise auch anhand der archäologischen Funde in seiner nordafrikanischen Heimat Überlegungen über die Menschen der Vorzeit anstellte. Weiterführend war nicht das zunächst sehr schroff wirkende Gegenüberstellen von Weltstaat und Gottesstaat, sondern die Beobachtung, daß die beiden Staaten »einstweilen in dieser Weltzeit gewissermaßen verflochten und miteinander vermischt sind«, wie er sagt,[10] nicht nur in den verschiedenen Völkern, sondern sogar in einzelnen Menschen. Das ermöglichte Differenzierungen, die weder in der jüdischen noch in der griechisch-römischen Denktradition zu finden sind. Augustinus' religiöse Sinngebung der Geschichte war hiermit im ganzen christlichen Mittelalter maßgebend und hat noch heute für viele gläubige Menschen ihren Wert.

Islam, europäische Renaissance und Aufklärung: empirische Geschichtsdeutung und Fortschrittsphilosophie

Ibn Chalduns Theorie der geschichtlichen Welt

»Als Ibn Battuta von seiner großen asiatischen Reise nach Nordafrika zum Sultan Abu Inan zurückkehrte und Bericht erstattete, flüsterte man sich am Hofe zu, er müsse ein Lügner sein. Ich traf damals den berühmten Wesir des Sultans, Faris ben Wadrar, sprach mit ihm darüber und sagte, ich glaubte ihm seine Geschichten auch nicht. Worauf mir der Wesir erwiderte:
›Seid vorsichtig, solche Informationen über staatliche Zustände zurückzuweisen, denn Ihr habt die Dinge nicht selber gesehen. Ihr gleicht sonst jenem Sohn des Wesirs, der im Gefängnis aufwuchs. Der Wesir war nämlich von seinem Fürsten gefangengenommen worden und blieb mehrere Jahre mit seinem kleinen Sohn eingesperrt. Als dieser verständig wurde, fragte er seinen Vater nach dem Fleisch, das er zu essen bekam. Der Vater erklärte ihm, es sei Hammelfleisch, und beschrieb ihm genau, wie ein Schaf aussieht. Worauf der Sohn erwiderte: »Vater,

du meinst, es sieht wie eine Ratte aus?« Darüber ärgerte sich der Vater und sagte: »Was hat eine Ratte mit einem Schaf zu tun?« Das gleiche wiederholte sich später bei Rindfleisch und Kamelfleisch. Die einzigen Tiere, die der Sohn im Gefängnis gesehen hatte, waren Ratten und so glaubte er, alle Tiere wären so ähnlich wie Ratten.‹

Diese Anekdote erzählt der muslimische Historiker Ibn Chaldun in seiner ›Einführung in die Geschichte‹.[11] Er wollte damit zeigen, wie schwer es ist, sich ungesehene Dinge vorzustellen und an ihre Existenz zu glauben. Der Historiker, so führt er dann aus, müsse freilich Übertreibungen und andere Märchen, die nach den Regeln der Natur, den Bedingungen des sozialen und politischen Lebens oder dem Charakter einer Persönlichkeit nicht stimmen können, zurückweisen. Aber im übrigen müsse er viele verschiedene menschliche und politische Verhältnisse der Vergangenheit und Gegenwart kennen, um Unterschiede und Ähnlichkeiten und deren Gründe zu erforschen. Ibn Chaldun betont die geschichtliche Bedingtheit des Menschen.

»Der Mensch ist ein Kind der Sitten und Gewohnheiten. Er ist nicht das Produkt seiner natürlichen Anlagen und seines Temperamentes. Die Lebensformen, an die er sich gewöhnt, so daß sie für ihn zum Charakterzug, zur Eigenheit und zur Gewohnheit werden, treten an die Stelle seiner natürlichen Anlagen. Wenn du das bei den Menschen studierst, wirst du finden, daß es häufig vorkommt und eine richtige Beobachtung ist.«[12]

Ibn Chaldun lebte im 14. Jahrhundert als Gelehrter und Staatsmann an nordafrikanischen Sultanshöfen, erfuhr das Auf und Ab dieser Dynastien, lernte Südspanien kennen, von wo seine Vorfahren vertrieben worden waren, später Kairo, Mekka, Jerusalem und Damaskus. Er schrieb eine Geschichte der vorislamischen und islamischen Völker und eröffnete sie mit einer großen Einführung und Grundlegung. In der englischen Übersetzung ist sie drei Bände lang. Ibn Chaldun knüpfte an die antike und jüdisch-christliche Tradition geschichtlichen Denkens an, aber mit einem uns fernstehenden Erfahrungshorizont. Er ist darum in Europa, anders als Augustinus, der ja ein Jahrtausend vorher nicht fern von ihm gelebt hatte, kaum und jedenfalls erst viel später bekanntgeworden. Warum rede ich also von ihm? Nicht nur, um an die großen Leistungen der Geschichtsschreiber des islamischen Kulturkreises im Mittelalter zu erinnern, die man neben den europäischen allzu leicht vergißt. Ibn Chaldun war überhaupt der erste Historiker, der vor der erzählenden geschichtlichen Darstellung eine Theorie, eine Grundlegung versucht hat, nicht eine übernatürliche Sinn-

gebung und Zielvorstellung, sondern eine typisierende Erörterung der Hauptformen menschlichen Zusammenlebens, eine Analyse der sozialen, geistigen, politischen und wirtschaftlichen Faktoren der Staats- und Kulturbildung. Er war ein frommer Muslim, aber frei von religiösen Deutungen der Geschichte. Soziales Leben und Staaten habe es, wie er immer wieder betont, schon vor der religiösen Verkündigung gegeben und gebe es noch immer auch außerhalb der wahren Religion. Unvoreingenommen und sachlich unterscheidet er Stufen der Zivilisation. Es sind zwei, die nomadische, ländliche Kultur und die städtische Kultur. Er untersucht, wie Dynastien entstehen und wieder untergehen. Selber steht er diesem Treiben mit einer gewissen fatalistischen Gleichgültigkeit gegenüber, aber um so mehr fällt ihm als wichtiger Faktor hierfür ein sozialpsychologischer auf, den er erstmals betont: die ›asabija‹, das Gemeingefühl, das Solidaritätsbewußtsein einer Gruppe, also die Kraft, die bestimmte durch Verwandtschaft oder Klientelverhältnisse zusammengehörige Menschen bindet und zur gegenseitigen Unterstützung treibt. Sie ist stark beim Aufstieg einer Dynastie, aber sie wird schwächer nach vier Generationen und trägt so zum Verfall von Dynastien und Staaten bei. Auch die städtische Kultur, die Ibn Chaldun in allen Einzelheiten mit ihren Berufsschichten, mit Handel, Gewerbe, Künsten und Wissenschaften beschreibt, ist durch den steigenden Luxus immer vom Verfall bedroht. Trotzdem gibt es Weiterführung und Bereicherung der Tradition durch Anpassung der nachfolgenden Menschen, Städte und Dynastien an die vorhandenen Muster der Politik, des Rechts, der Kunst und Religion.
Man sieht förmlich, wenn man Ibn Chaldun liest, den weiten Raum islamischer Kultur vor sich. Das heißt natürlich auch: er verallgemeinert von einem bestimmten Erfahrungshorizont aus. Bei aller Großartigkeit und Erkenntniskraft erinnert manches doch ein wenig an die Ratten vom gefangenen Sohn des Wesirs. Das christliche Europa kennt er kaum. Bei der nichtstädtischen Kultur hätte er sonst stärker Nomaden und feste Bauern unterschieden, die Staatsbildung hätte er mehr vom Wechsel der Dynastien getrennt. Von großer Bedeutung ist aber, daß er den Blick auf die Bedingungen geschichtlicher Zustände und Veränderungen richtet und dabei weit über die politische Geschichte hinausgreift. Modern könnte man sagen, er treibt Herrschafts- und Kultursoziologie. Es ist sehr bezeichnend, daß er in Europa erst seit Ende des 19. Jahrhunderts, seit der Ausbreitung von Kulturgeschichte und Soziologie, bekannter geworden ist.

Machiavelli und die Staatsinteressenlehre

Wir kehren nun nach Europa zurück und betrachten, in welcher Weise dort das geschichtliche Denken nach dem Mittelalter verändert und bereichert worden ist, also im späten 15., beginnenden 16. Jahrhundert, in der Zeit der Renaissance und Reformation, der neuen Staatsbildung und kolonialen Ausbreitung. Für das Geschichtsdenken bedeutete das eine Wiederbelebung, eine Renaissance der griechisch-römischen Tradition der politischen Geschichtsschreibung. Nicht mehr Bischöfe, Mönche und andere Vertreter der Kirche waren nun für die Deutung von Geschichte und Gegenwart zuständig, sondern klassisch gebildete Humanisten, politisch interessierte oder im Dienst eines bestimmten Staates stehende Redner und Schriftsteller, die sich des neuen Mediums des gedruckten Buches bedienten. Vor und neben ihren Werken wurden die alten Historiker selber durch den Buchdruck verbreitet, Livius, Tacitus, auch Thukydides, der ins Lateinische übersetzt wurde. Das führte oft von der Bewunderung des göttlichen Weges in der Geschichte zur antik stilisierten Verherrlichung eines Staates oder Fürsten, aber bei den eigentlichen Geschichtsdenkern auch zu tieferen Einsichten in die Funktionsweise innerer und äußerer Politik.

Allen voran ist hier Machiavelli zu nennen, der leidenschaftliche praktische Politiker, der aus seiner Tätigkeit in Florenz 1512 verdrängt wurde und doch nicht von seinem Nachdenken über Staat und Fürsten lassen konnte. Er benutzte die Werke der antiken Historiker, besonders des Livius, wirklich, wofür sie gemeint waren, als Lehren für das politische Leben, als Schatzkammern für dessen Erkenntnis. Er verband sie dabei mit seinen politischen Erfahrungen. So schreibt er in der Widmung seiner Schrift über den Fürsten an Lorenco Medici:

»Da ich wünschte, Eurer Durchlaucht ein Zeugnis meiner Ergebenheit darzubringen, habe ich unter all meiner Habe nichts gefunden, was mir teurer wäre oder was ich so hoch schätzte wie die Kenntnis der Taten großer Männer, die ich durch lange Erfahrung in der Gegenwart und durch anhaltendes Studium des Altertums erworben habe.«[13]

Möglich war diese Verbindung von Erfahrung in der Gegenwart und tradierter Erfahrung, weil Machiavelli wie alle seine Zeitgenossen von der weitgehenden Unveränderlichkeit der menschlichen Natur überzeugt war.

»Kluge Männer pflegen nicht unbedacht und nicht ohne Grund zu sagen, wer die Zukunft vorhersehen wolle, müsse auf die Vergangenheit blicken, denn alle Dinge auf Erden haben jederzeit Ähnlichkeit mit den vergangenen gehabt. Das kommt daher, daß sie von Menschen vollbracht werden, die immer die gleichen Leidenschaften besitzen und besaßen; mithin muß das Ergebnis auch immer das gleiche sein. Allerdings sind ihre Handlungen bald in diesem, bald in jenem Lande tugendhafter, je nach der Art der Erziehung, die die Lebensart der Völker ihnen gegeben hat. Aber man kann doch leicht aus dem Vergangenen auf das Zukünftige schließen, weil ein Volk lange die gleichen Sitten behält und entweder immer habsüchtig oder betrügerisch ist oder irgendeinen derartigen Fehler oder Vorzug hat.«[14]

Wie man sieht, nimmt Machiavelli hier noch Spezifizierungen vor. Er sieht Unterschiede bei den verschiedenen Völkern durch ihre Lebensart und Erziehung, aber gleichzeitig betont er bei diesen wieder die weitgehende Unveränderlichkeit ihres Volkscharakters im Laufe der Geschichte. Auch das ist bei seinen Zeitgenossen und mehr noch bei den späteren Historikern eine weitverbreitete Anschauung.
Machiavelli hat auch selber Geschichte geschrieben, doch vor allem hat er durch seine lehrhaft und dogmatisch zugespitzten historisch-politischen Erkenntnisse gewirkt und hat diese Wirkung auch gewollt. Mit einem gewissen Stolz betont er, daß er radikal von den politischen Realitäten ausgeht, nicht von Idealen und Wunschvorstellungen, die bei christlichen Ermahnungen und humanistischen Ruhmredereien immer die Hauptrolle spielen. Die Frage, wie sich ein Fürst gegenüber seinen Untertanen verhalten soll, beantwortet er wie folgt:

»Da es meine Absicht ist, zum Nutzen derer zu schreiben, die mich verstehen, schien es mir richtiger, mich an die tatsächliche Gestalt der Dinge zu halten, als an ein Fantasiebild. Viele haben sich Republiken und Fürstentümer ausgemalt, von deren Existenz man nie etwas gesehen noch vernommen hat. Denn zwischen dem Leben, wie es ist und wie es sein sollte, ist ein so gewaltiger Unterschied, daß derjenige, der nur darauf sieht, was man tun sollte, und nicht darauf, was in Wirklichkeit geschieht, eher seinen Untergang als seine Erhaltung bewirkt; ein Mensch, der immer nur das Gute tun wollte, muß zugrunde gehen unter so vielen, die nicht gut sind. Daher muß ein Fürst, der sich behaupten will, auch lernen, nicht gut zu handeln, also das Gute zu tun und zu lassen, wie es die Umstände erfordern.«[15]

Das ist nicht nur unvernebelter historischer Realismus, wie er jedem Geschichtsbetrachter vertraut sein sollte und wie wir ihn ja schon bei dem Melierdialog des Thukydides kennengelernt haben, sondern es ist ungeschminkte Aufforderung zum rein zweckhaften realistischen Handeln. Politik, fürstliches Machtstreben und staatliches Eigeninteresse werden absolut gesetzt. Insofern hat Machiavelli aller Politik und politischen Geschichtsschreibung, die ausschließlich das Machtinteresse des jeweiligen Staates oder der jeweiligen Staaten im Auge hat, eine neue Rechtfertigung gegeben, deren lebensgefährliche Konsequenzen uns heute im 20. Jahrhundert deutlicher sind, als sie damals sein konnten.

Erkenntnis der Geschichtlichkeit von Völkern und Zeiten

Natürlich hätte sich diese politische und historische Sehweise auch ohne Machiavelli entwickelt, aber wohl nicht mit dieser Schärfe und Klarheit. Sein Freund, der Staatsmann und Historiker Francesco Guicciardini, schrieb eine politische Zeitgeschichte, in der er die internationalen Beziehungen, also das Wirkungsgeflecht der verschiedenen eigensüchtigen Absichten und Handlungen der europäischen Staaten mit subtiler Sachlichkeit darstellte, ohne daraus so weitgehende Lehren zu ziehen. Auch er hatte von den antiken Historikern gelernt, aber er las sie kritischer und machte eine wichtige Beobachtung, die man diesem Virtuosen der rein politischen Geschichtsschreibung kaum zutrauen würde:

»Ein Mangel fiel mir bei allen Geschichtsschreibern ohne Ausnahme auf: Sie lassen vieles unerwähnt, was zu ihren Zeiten allgemein bekannt war, und setzen es auch bei ihren Lesern als bekannt voraus. Deshalb fehlt uns in der römischen und griechischen Geschichte wie auch in den anderen heute die volle Kenntnis vieler Umstände; Gewalt und Zuständigkeit der Ämter, Staats- und Heeresverfassung, Bewirtschaftung der Städte und vieles andere waren in der Zeit, zu der die Geschichtswerke geschrieben wurden, allgemein bekannt und blieben deshalb unerwähnt. Hätten die Geschichtsschreiber bedacht, daß im Laufe der Zeit die Städte untergehen und sich die genaue Erinnerung an viele Staatseinrichtungen verliert und daß sie ja doch gerade deshalb schreiben, um diese für die spätere Zeit wachzuhalten, dann hätten sie auch all dies berücksichtigen müssen, damit ihre Leser es in späteren Zeiten genau so vor Augen haben wie die eigenen Zeitgenossen. Denn das ist ja schließlich das Ziel jeder Geschichtsschreibung.«[16]

Die Erkenntnis, daß bei der politischen Ereignisgeschichte der Kontext fehlt, die Umwelt, der Zusammenhang, in dem die Ereignisse erst voll verständlich werden, ist der erste Schritt zu den Bemühungen, aus allen möglichen Bruchstücken einen solchen Zusammenhang, eine Verfassung, eine Verwaltungsstruktur und andere vergangene und vergessene Selbstverständlichkeiten zu rekonstruieren. Durch diese Rekonstruktionen konnte man dann die alten, klassischen Geschichtsdarstellungen ergänzen oder gar ersetzen. Damit kam man über die politische Geschichtsschreibung im engeren Sinne hinaus.
Wir finden überhaupt seit dem 16. Jahrhundert in Europa nicht nur Bestrebungen, der politischen Geschichte ihren Eigenwert

zurückzugeben, sondern auch, weitere, nichtpolitische Erkenntnismaßstäbe für die Geschichte der Menschheit zu gewinnen, wie es Ibn Chaldun in seiner Weise schon im 14. Jahrhundert unternommen hatte. In Frankreich bemühte sich eine ganze Gruppe von meist juristisch ausgebildeten Geschichtsdenkern um das Programm solcher Ausweitungen. Als Juristen waren sie mit einheimischen und ausländischen Gesetzen und Rechtsbräuchen befaßt, die aus einer immer fremder werdenden Vergangenheit in ihre eigene Zeit hineinragten, den veränderten Bedürfnissen von Staat und Gesellschaft der Neuzeit nicht mehr entsprachen, und nur durch Erklärung der historischen Bedingungen verständlich gemacht werden konnten. Jean Bodin, der große Staatsrechtslehrer, wollte eine universale, vergleichende Rechtswissenschaft begründen und dafür die Geschichtskenntnis fördern und systematisieren. Wegen ihrer staatlichen Bedeutung war freilich auch für ihn politische Geschichte vorrangig wichtig:

»Die Aufgabe des Historikers besteht vor allem in der Erforschung der politischen Dinge und in der Erklärung der Veränderungen der Menschheit. Auch erfordert eine vollkommene Methode, daß man sich über Beginn, Dauer und Verfall der Staaten Rechenschaft ablege: Nichts Fruchtbareres gibt es in der Geschichte. In ihren übrigen Teilen dient sie den Privatleuten zur Lehre, in diesem aber den Regierungen selbst.«[17]

Das Interesse der Privatleute berücksichtigte er aber auch. Er wies darauf hin, daß er und seine Zeitgenossen über die geographischen, klimatischen und anderen Grundvoraussetzungen der menschlichen Entwicklung viel genauere Nachforschungen anstellen könnten als die antiken Schriftsteller, die ja die neuentdeckten Länder nicht kannten. Diese Voraussetzungen, außerdem aber auch die geschichtlichen Schicksale führten nach seiner Meinung zu der Verschiedenheit der Völker, auf die er noch viel stärker Wert legte als Machiavelli. Der Geschichtsschreiber müsse die wahre Natur jedes Volkes genau erforschen, von ihr hängen Regierungsweise und Gesetze ab.

Geographische und nationale Unterschiede sind unmittelbarer und eindeutiger zu erfassen als zeitliche. So gibt es im 17. Jahrhundert oft die Betonung, wie vielfältig und unterschiedlich die Völker sind, aber nur selten die Beobachtung, daß nicht nur jedes Volk, sondern auch jedes Zeitalter seinen eigenen Charakter oder ›Genius‹ besitzt.

1668 spielte man im Theater in Paris das neue Trauerspiel ›Alexander der Große‹ von Racine. Es wurde natürlich damals nicht historisch getreu aufgeführt, sondern mit Allongeperükken und mit einem pompösen Zeremoniell, das an den höfischen Stil Ludwigs XIV. in Versailles angelehnt war. Der Aristokrat Saint-Evremond, ein hochgebildeter weltmännischer Freigeist, schrieb eine vernichtende Kritik darüber. Er warf Racine nicht diese Äußerlichkeiten, sondern die ebenso unhistorischen, völlig verzeichneten Charaktere vor. Alexander habe er nur an dem Namen erkannt, und auch sein Gegenspieler, der indische König Porus, erscheine ihm ganz französisch.

»Der Held der Inder muß doch einen anderen Charakter haben als wir. Ein gleichsam anderer Himmel, eine andere Erde bringen dort andere Tiere und Früchte hervor; die Menschen erscheinen dort ganz anders durch den fremden Gesichtsschnitt und noch mehr, wenn ich so sagen darf, durch eine Andersartigkeit der Vernunft; eine der dortigen Region eigentümliche Moral und Weisheit scheint andere Geister in einer anderen Welt zu leiten [...] Bei Racine ist Porus rein französisch, er scheint unter uns geboren zu sein oder wenigstens sein ganzes Leben bei uns verbracht zu haben. [...] Wer aber irgendeinen Helden des Altertums darstellen will, der muß sich in den Geist der Nation versetzen, zu der er gehört hat, in den Geist der Zeit, in der er gelebt hat, und besonders in ihn selbst.«[18]

Heute sind uns diese Argumente geläufig, aber damals war das eine ziemlich ungewöhnliche Kritik. Ungewöhnlich war vor allem, von einer ›Andersartigkeit der Vernunft‹, einer ›Diversité de Raison‹ zu sprechen, denn wenn man auch Unterschiede der Kulturstufen, der Sitten und Charaktere bei den Menschen zugab, die menschliche Vernunft galt immer noch als eine und dieselbe. Ungewöhnlich war es auch, regelrecht ein Sich-Hineinversetzen in eine vergangene andere Welt zu verlangen, ›entrer dans le genie du temps passé‹. Das ist mehr als nur ein Begreifen von außen her, das ist die Aufforderung, ein historisches Gebilde von innen her zu erschließen.
Wenn man eine solche Aufforderung ernst nahm, wie es seit dem späten 17. Jahrhundert mehr und mehr geschieht, so mußte man sich nicht nur eingestehen, daß man bisher vergangene Zeiten und fremde Welten falsch oder zumindest oberflächlich dargestellt hatte, sondern auch schärfer und mit größerem Bedauern erkennen, wie ungenügend und verfälscht die historische Überlieferung war. Schon Guicciardini hatte da vieles vermißt, wie wir hörten. Die Protestanten erkannten in ihrem Kampf gegen das Papsttum, wie einseitig die traditionelle Geschichte der christlichen Kirche war, und schrieben sie um. Nun gab 1695 der französische freisinnige Philosoph Pierre Bayle sein historisches und kritisches Wörterbuch heraus und suchte alle aus der geschichtlichen, biblischen und mythologi-

schen Überlieferung bekannten Personen von den Fälschungen der Geschichtsklitterer oder käuflichen Ruhmredner und deren zahlreichen Abschreiber zu reinigen. Der Philosoph Fontenelle klagte um die gleiche Zeit:

»Mit welcher außerordentlicher Langsamkeit gelangen die Menschen zu jeder noch so einfachen vernünftigen Sache! Die Erinnerung an die Dinge, so wie sie gewesen sind, zu bewahren, scheint kein großes Wunderwerk zu sein; indessen haben mehrere Jahrhunderte vergehen müssen, bevor man im Stande war, es zu tun, und bis dahin sind die Tatsachen, deren Erinnerung man bewahrte, nichts als Visionen und Absonderlichkeiten.«[19]

Manche Historiker aus der Zeit Fontenelles neigten dazu, in totaler Traditionskritik die ganze so schlechte Überlieferung zu verwerfen – aber damit kam man ja in der Erkenntnis der Vergangenheit nicht weiter. Man mußte lernen, die Quellen neuartig, konstruktiv kritisch zu lesen, um ihren genauen Wahrheitsgehalt zu prüfen und ihnen auch das abzugewinnen, was sie indirekt, unabsichtlich mitüberlieferten. Am intensivsten geschah das zunächst bei der Bibelkritik. Die Bibel war ja ein besonders schwieriger Fall, da sie einerseits als Text göttlicher Offenbarung unter einem besonderen Wahrheitsanspruch stand, andererseits Wundergeschichten und andere Absonderlichkeiten überlieferte, die der Natur, der Vernunft und der historischen Wahrscheinlichkeit widersprachen. 1670 stellte nun der jüdische Philosoph Spinoza Grundsätze der Bibelkritik auf, nach denen man noch heute arbeiten kann. Er verlangte eine genaue Beherrschung der hebräischen Sprache, er verlangte eine Rekonstruktion der Entstehungs- und Überlieferungsgeschichte der einzelnen Teile des Alten Testaments und er forderte, sich den Bewußtseinszustand der alten Autoren und ihrer Zeit klarzumachen.

»Um die Wunder in der Schrift zu erklären und aus ihrer Darstellung den wirklichen Verlauf zu ermitteln, muß man die Anschauungen derer kennen, die sie zuerst berichtet, und derer, die sie uns schriftlich überliefert haben, und diese Anschauungen müssen von ihren etwaigen sinnlichen Wahrnehmungen unterschieden werden. [...] Denn in der Schrift wird vieles als Tatsache berichtet und für eine Tatsache gehalten, was doch nur Vorstellung und Einbildung war [...], angepaßt den Anschauungen derer, die sie uns so, wie sie sich ihnen darstellten, als wirkliche Begebenheiten überliefert haben.«[20]

Auch hier bei Spinoza finden wir also die Betonung des jeweils besonderen Geistes von Zeiten und Völkern, dem sich sogar Gott bei seinen Offenbarungen angepaßt hatte.

Im 18. Jahrhundert wurde es dann beinahe schon Mode, von diesen Maßstäben aus geschichtlich zu denken. Vico schrieb in seinen ›Grundzügen einer neuen Wissenschaft über die gemeinschaftliche Natur der Völker‹ von 1725 die geschichtliche Entwicklung grundsätzlich der Produktivität des menschlichen Geistes zu. Montesquieu nannte seine vergleichende Rechts- und Völkerbetrachtung 1748 ›Geist der Gesetze‹, Voltaire seine Universalgeschichte 1756 ›Versuch über den Geist und die Sitten der Völker‹. Die Geschichtsphilosophie hatte die Geschichtstheologie abgelöst. Während früher die Theologen den Weltstaat und das irdische Treiben zugunsten des Gottesstaates abgewertet hatten, so verachteten nun die aufgeklärten Philosophen die politische Geschichte und ihre unsichere Tatsachenwelt zugunsten der geistigen und sittlichen Entwicklung der Menschheit. Damit sprachen sie weniger die Regierungen und Fürsten als die ›Privatleute‹ an, das gebildete Publikum in Adel und Bürgertum, und festigten natürlich gleichzeitig ihre eigene Bedeutung als fortschrittliche Philosophen. Am deutlichsten zeigt sich das bei Voltaire. Ausdrücklich gegen die traditionelle religiöse Geschichtsdeutung des Bischofs Bossuet von 1681 schrieb er seine philosophische Weltgeschichte. Er spottete darüber, daß die alttestamentliche jüdische Geschichte bei Bossuet, wie seinerzeit bei Augustinus, eine zentrale Rolle spielt.

»Es ist immer sehr kühn, den Plan Gottes ergründen zu wollen; aber diese Verwegenheit ist auch mit einer großen Lächerlichkeit gemischt, wenn man beweisen wollte, daß der Gott aller Völker der Erde und aller Geschöpfe anderer Gestirne sich nicht mit den Revolutionen Asiens beschäftigte, und daß er nur im Hinblick auf das kleine jüdische Volk so viele Eroberer nacheinander schickte, bald um es zu demütigen, bald um es wieder zu erheben.«[21]

Voltaire hält für wichtiger, die Kulturen Chinas und Indiens und die weit ausgebreitete islamische Kultur zu berücksichtigen. Insofern ist er ein früher Überwinder des europazentrischen Geschichtsbildes. Ebenso wie über die kirchliche spottet er über die politische Geschichtsschreibung mit ihrer Faktenhäufung:

»Ihr sollt in dieser Unermeßlichkeit nur das suchen, was es verdient, von euch gekannt zu werden: den Geist, die Sitten, die Gebräuche der wichtigsten Nationen, gestützt auf die Tatsachen, die man wissen muß. Der Zweck dieser Arbeit ist es nicht, zu wissen, in welchem Jahr ein Fürst, der es nicht wert ist, daß man ihn kennt, einem barbarischen Fürsten einer rohen Nation folgt. [. . .] Ich werde lieber untersuchen, wie die damalige menschliche Gesellschaft war, wie man in der Familie lebte, welche Künste gepflegt wurden, als so viel Unglück zu wiederholen, so viele Kriege, unselige Geschichtsstoffe und Gemeinplätze der menschlichen Bosheit.«[22]

Mit diesem neuen philosophischen Geschichtsinteresse hat Voltaire die Kulturgeschichtsschreibung begründet. Sie bot eine neue Sinndeutung an, die Idee vom Fortschritt der menschlichen Zivilisation. Sie ersetzte nicht die politische Geschichtsschreibung, die sich seit dem 16. Jahrhundert entwickelt hatte, trat aber neben sie oder vermischte sich mit ihr und förderte so die Erkenntnis von Wechselbeziehungen, von Relationen in der Geschichte. Diese Voltairesche Kulturgeschichtsschreibung trug mehr als das politische Geschichtsdenken dazu bei, Veränderungen der Menschheit zu erkennen, den Blick auf die Besonderheiten der Völker und Zeitalter zu richten. Die Anschauung von der Unveränderlichkeit des Menschen wurde damit relativiert. Das deutet bereits auf den Historismus des 19. Jahrhunderts hin, von dem im nächsten Kapitel die Rede sein wird.
Vorher ist aber noch auf eine andere wichtige Relativität hinzuweisen, die auch bereits im 18. Jahrhundert erkannt wird: die des geschichtlichen Betrachters. Nicht nur die Quellen und die früheren Geschichtsschreiber sind standortgebunden, sondern auch der jetzige wissenschaftliche Historiker. Davon ist beispielsweise in Goethes Faust die Rede, im Gespräch zwischen Wagner und Faust, um 1772/75 gedichtet:

Wagner: »Verzeiht! Es ist ein groß Ergötzen,
Sich in den Geist der Zeiten zu versetzen,
Zu schauen, wie vor uns ein weiser Mann gedacht,
Und wie wir's dann zuletzt so herrlich weit gebracht.

Faust: Oh ja, bis an die Sterne weit!
Mein Freund, die Zeiten der Vergangenheit
Sind uns ein Buch mit sieben Siegeln.
Was Ihr den Geist der Zeiten heißt,
Das ist im Grund der Herren eigener Geist,
In dem die Zeiten sich bespiegeln.«[23]

Das ist das Problem der Standortgebundenheit des Historikers, die seine Darstellung so stark färbt. Immer wieder wird das dem Leser ins Bewußtsein gerufen, etwa in Rousseaus Erziehungsroman ›Emile‹:

»Überdies sind die von der Historie beschriebenen Tatsachen keineswegs exakte Wiedergaben der gleichen Tatsachen, so wie sie sich abgespielt haben – sie verändern sich im Kopf des Historikers, gleichen sich seinen Interessen an und nehmen die Färbung seiner Vorurteile an ... Betrachtet einen bestimmten Gegenstand von verschiedenen Gesichtspunkten aus, und er wird kaum noch als der gleiche erscheinen, obwohl sich nichts anderes geändert hat als der Blickpunkt des Beschauers.«[24]

Man wußte damals im 18. Jahrhundert genau so wie heute, daß es sich hierbei um etwas Zwangsläufiges handelt, und man erkannte auch schon, daß sich nicht einfach der Blickpunkt des Beschauers ändert, sondern die Vergangenheit selber, indem sie sich durch das Fortschreiten der Zeit immer mehr entfernt. Diese Erkenntnis gehört wesentlich zur Geschichtswissenschaft. Sie deutet an, warum geschichtliches Denken immer unabgeschlossen ist und niemals still steht. Die moderne Revolution am Ende des 18. Jahrhunderts hat das noch stärker zum Bewußtsein gebracht als frühere Veränderungen. Sie hat auch das geschichtliche Denken revolutioniert. Nach der Französischen Revolution schrieb Goethe:

»Daß die Weltgeschichte von Zeit zu Zeit umgeschrieben werden musse, darüber ist in unseren Tagen wohl kein Zweifel übriggeblieben. Eine solche Notwendigkeit entsteht aber nicht etwa daher, weil viel Geschehenes nachentdeckt worden, sondern weil neue Ansichten gegeben werden, weil der Genosse einer fortschreitenden Zeit auf Standpunkte geführt wird, von welchen sich das Vergangene auf eine neue Weise überschauen und beurteilen läßt.«[25]

Anmerkungen

1 2. Buch Mose 3, 16–22. (Übersetzung nach der Zwingli-Bibel, Zürich.)
2 2. Buch Mose 19, 3–6.
3 Buch der Richter 3, 1–11.
4 Jeremias 25, 8–11.
5 Das folgende gekürzt aus Thukydides, Der Peloponnesische Krieg V, 84–116 unter Verwendung mehrerer Übersetzungen, besonders der von A. HORNEFFER u. G. STRASBURGER, Bremen 1957 und von G. P. LANDMANN, München ²1977.
6 Dieses und die beiden folgenden Zitate aus Thukydides I, 22.
7 Aurelius Augustinus, Der Gottesstaat II, 18, nach der Übersetzung von C. J. PERL, Salzburg 1951, Bd I. S. 124.
8 Augustinus XII, 13 (Bd. II, S. 252).
9 Augustinus XVIII, 40 (Bd. III, S. 219).
10 Augustinus XI, 1 (Bd. II, S. 171).
11 Ibn Chaldun, Muqaddima III, 16. In englischer Übersetzung: Ibn Khaldûn, An Introduction to History. The Muqaddimah. Translated from the Arabic by Franz Rosenthal, abridged and edited by N. J. Dawood, London 1978, S. 145f.
12 Ibn Chaldun II, 5, in Anlehnung an die deutsche Übersetzung von A. SCHIMMEL, Ibn Chaldun. Ausgewählte Abschnitte aus der muqaddima, Tübingen 1951, S. 35.
13 N. MACHIAVELLI, Der Fürst. Übers. von E. MERIAN-GENAST, Stuttgart 1974, S. 33.

14 MACHIAVELLI, Discorsi III, 43. Übers. von F. V. OPPELN-BRONIKOWSKI, Berlin 1922, S. 303.
15 MACHIAVELLI, Der Fürst, XV. Nach der Übers. von MERIAN-GENAST, S. 95.
16 F. GUICCIARDINI, Das politische Erbe der Renaissance (›Ricordi‹). Übers. von K. J. PARTSCH, Bern ²1946, S. 35f.
17 J. BODIN, Methodus ad facilem historiarum cognitionem (1566). Nach der Übers. in: F. WAGNER (Hg.), Geschichtswissenschaft, Freiburg/München 1951, S.84.
18 CH. DE SAINT-EVREMOND, Dissertation sur le grand Alexandre (1668). In: Œuvres en prose, hg. von RENÉ TERNOIS, Bd. 2, Paris 1965, S. 87f. Interpretation nach: E. HASSINGER, Empirisch-rationaler Historismus, Bern/München 1978, S. 155ff.
19 Zit. nach: P. HAZARD, Die Krise des europäischen Geistes 1680–1715, Hamburg 1939, S. 79.
20 Spinoza, Theologisch-politischer Traktat (1670), hg. von C. GEBHARDT, Hamburg 1955, S. 127.
21 Voltaire, Le Pyrrhonisme de l'histoire (1768), in der Übers. in: F. WAGNER, wie Anm. 17, S. 88.
22 Voltaire, Essai sur les moeurs et l'ésprit des nations, Vorwort, in der Übers. in: F. WAGNER, wie Anm. 17, S. 86f.
23 GOETHE, Faust (Erster Teil, Nacht), Vers 570–579.
24 J.-J. ROUSSEAU, Emile oder Über die Erziehung (1762), hg. von M. RANG, übers. von E. SCKOMMODAU, Stuttgart 1978, S. 491f.
25 GOETHE, Materialien zur Geschichte der Farbenlehre (1810), in: Werke, Hamburger Ausgabe, Bd. XIV, S. 93.

Literaturverzeichnis

A.-D. VON DEN BRINCKEN: Studien zur lateinischen Weltchronistik bis in das Zeitalter Ottos von Freising. Düsseldorf 1957.
K. VON FRITZ: Die griechische Geschichtsschreibung I. Berlin 1967.
E. FUETER: Geschichte der neueren Historiographie. München/Berlin ³1936.
F. GILBERT: Machiavelli and Guicciardini. Politics and History in Sixteenth-Century Florence. Princeton 1965.
E. HASSINGER: Empirisch-rationaler Historismus. Seine Ausbildung in der Literatur Westeuropas von Guicciardini bis Saint-Evremond. Bern/München 1978.
J. HEMPEL: Geschichten und Geschichte im Alten Testament bis zur persischen Zeit. Gütersloh 1964.
H. HERTER (Hg.): Thukydides. Darmstadt 1968.
A. KLEMPT: Die Säkularisierung der universalhistorischen Auffassung. Zum Wandel des Geschichtsdenkens im 16. und 17. Jahrhundert. Göttingen/Berlin/Frankfurt 1960.
R. KOSELLECK: Standortbindung und Zeitlichkeit. Ein Beitrag zur historischen Erschließung der geschichtlichen Welt. In: Ders., Vergangene Zukunft. Frankfurt 1979, S. 176–207.
W. LAMMERS (Hg.): Geschichtsdenken und Geschichtsbild im Mittelalter. Darmstadt 1965.
R. LANDFESTER: Historia magistra vitae. Untersuchungen zur humanistischen Geschichtstheorie des 14. bis 16. Jahrhunderts. Genf 1972.
K. LÖWITH: Weltgeschichte und Heilsgeschehen. Die theologischen Voraussetzungen der Geschichtsphilosophie. Stuttgart 1953.
F. G. MAIER: Augustin und das antike Rom. Stuttgart/Köln 1955.
H. PRELLER: Geschichte der Historiographie unseres Kulturkreises I. Aalen 1967.
K. REINHARDT: Thukydides und Machiavelli. In: Ders., Die Krise des Helden und andere Beiträge zur Literatur und Geistesgeschichte. München 1962, S. 52–88.

K. SCHOLDER: Ursprünge und Probleme der Bibelkritik im 17. Jahrhundert. München 1966.
R. STADELMANN (Hg.): Große Geschichtsdenker. Tübingen/Stuttgart 1949.
H. STRASBURGER: Die Wesensbestimmung der Geschichte durch die antike Geschichtsschreibung. Wiesbaden [3]1975.
Ders.: Geschichte und Politik im Altertum. In: H. LÖWE (Hg.), Geschichte und Zukunft. Berlin 1978, S. 15–32.
F. WAGNER: Geschichtswissenschaft. Freiburg/München 1951.

27. Karl-Georg Faber

Historismus und Marxismus

Der deutsche Bauernkrieg 1525

23. Juni 1524. In der Landgrafschaft Stühlingen am südlichen Rand des Schwarzwaldes erheben sich die bäuerlichen Untertanen, weil die Gemahlin des Landes- und Grundherrn, des Grafen Sigismund von Lupfen, von ihnen mitten in der Erntezeit verlangt, Schneckenhäuser zu sammeln, auf die sie Garn wickeln will. Unter der Führung des ehemaligen Landsknechtes Hans Müller von Bulgenbach schließen sie sich zu einem Fähnlein zusammen. Sie verbünden sich mit den evangelischen Bürgern des nahe gelegenen Städtchens Waldshut, die wegen der Wahl des Pfarrers Balthasar Hubmayer zu ihrem Seelsorger im Streit mit dem österreichischen Statthalter Erzherzog Ferdinand und dem Bischof von Konstanz lagen.

Die Stühlinger Erhebung war einer der Funken, die im Sommer und Herbst 1524 den Flächenbrand des sogenannten *Bauernkriegs* entfachten, und sie kam auch nicht aus heiterem Himmel. Seit dem 14. Jahrhundert hatte es in vielen Ländern Europas Bauernaufstände gegen die bestehende Herrschafts- und Gesellschaftsordnung gegeben. Um 1500 hatten sie sich beiderseits des Oberrheins zu einer Kette von Unruhen verdichtet, die unter dem Namen ihres Feldzeichens, des Bundschuhs, bekannt geworden sind. Was im Stühlinger Aufstand über die älteren Unruhen hinauswies, war die Verbindung der Forderungen der Bauern mit politischen und sozialen Konflikten in den Städten und den von der reformatorischen Bewegung ausgehenden Impulsen.

Rasch breitete sich die Aufstandsbewegung, die man neuerdings nach ihren Trägern – Bauern, Städtern und Bergknappen – auch als Revolution des ›gemeinen Mannes‹ gegen die adelige, fürstliche oder geistliche Herrschaft bezeichnet, über große Teile Süd- und Mitteldeutschlands aus. Da es zu keiner überregionalen Koordinierung der Erhebungen kam, wurden sie im Laufe des Jahres 1525/26 ebenso rasch in einer Folge einzelner Aktionen von Truppen der verbündeten Fürsten blutig niedergeschlagen.

Leopold von Ranke hat den Bauernkrieg 1843 in seiner

›Deutschen Geschichte im Zeitalter der Reformation‹ das »größte Naturereignis des deutschen Staates« genannt, und ein Jahr später, 1844, sprach Karl Marx von der »radikalsten Tatsache der deutschen Geschichte«[1]. Bevor seine verschiedenen Interpretationen durch ›westliche‹ und marxistische Historiker besprochen werden, sollen die Beteiligten am Bauernkrieg selbst zu Wort kommen.

Auszug aus den ›Zwölf Artikeln der Bauernschaft in Schwaben‹. Memmingen im März 1525:[2]

Erster Artikel: »Zum Ersten ist unsere demütige Bitte und Begehr, auch unser aller Wille und Meinung, daß wir von jetzt an Gewalt und Macht haben wollen, eine ganze Gemeinde soll einen Pfarrer selbst wählen; auch Gewalt haben, denselben wieder abzusetzen, wenn er sich ungebührlich verhält. Der gewählte Pfarrer soll uns das heilige Evangelium lauter und klar predigen ohne menschlichen Zusatz.«
Zweiter Artikel: »Zum andern nachdem der rechte Zehnte im Alten Testament aufgesetzt und im Neuen Testament erfüllt ist, wollen wir ihn gern geben, doch wie sich gebührt. Demnach soll man ihn Gott und den Seinen geben, gebührt er dem Pfarrer, wie es Gottes Wort klar verkündet. [...] Und was übrigbleibt, soll man armen Dürftigen, so in demselben Dorf vorhanden sind, mitteilen, nach Gestalt der Sache und Erkenntnis der Gemeinde. ... Den kleinen Zehnten wollen wir gar nicht geben, denn Gott hat das Vieh frei dem Menschen geschaffen [...]«.
Dritter Artikel: »Zum Dritten ist bisher der Brauch gewesen, daß man uns für ihre eigenen Leute gehalten hat, was zum Erbarmen ist, angesichts daß uns Christus mit seinem kostbaren Blutvergießen erlöst und erkauft hat, den Hirten gleich wie den Höchsten, niemand ausgenommen. [...]«
Fünfter Artikel: »Zum Fünften sind wir auch beschwert wegen der Hölzer, denn unsere Herrschaften haben sie sich allein angeeignet, und wenn der arme Mann etwas braucht, muß er es um das doppelte Geld kaufen. Es sollen deshalb alle Hölzer, sie seien in geistlichem oder weltlichem Besitz, die nicht verkauft sind, an die Gemeinde zurückfallen, und eine jede Gemeinde frei sein, jedem seinen Bedarf an Hausbrand und Bauholz umsonst zu geben. [...]«
Sechster Artikel: »Zum Sechsten ist unsere harte Beschwerde des Dienstes wegen, der von Tag zu Tag erhöht wird. Wir begehren, daß man ein ziemliches Einsehen habe, uns damit nicht so hart zu belasten, sondern uns gnädigst dabei zu lassen, wie unsere Eltern gedient haben, allein nach dem Laut von Gottes Wort. [...]«
Neunter Artikel: »Zum Neunten sind wir beschwert der großen Frevel (= Gerichtsbußen), so man dauernd neue Satzungen macht: nicht daß man uns bestraft nach der Gestalt der Sache, sondern zuweilen aus großem Neid, zuweilen aus großer Gunst. Es ist unsere Meinung, uns nach alter geschriebener Straf zu strafen, dernach die Sache gehandelt ist, nicht nach Gunst. [...]«

Elfter Artikel: »Zum Elften wollen wir den Brauch, genannt Totfall, ganz abgeschafft haben und nicht mehr leiden noch gestatten, daß man Witwen und Waisen das Ihre wider Gott und die Ehre schändlich nimmt, sie beraubt, wie es an vielen Orten in mancherlei Gestalt geschehen ist. [...]«
Zwölfter Artikel: »Zum Zwölften ist unser Beschluß und endliche Meinung, wenn der eine oder andere Artikel dem Wort Gottes nicht gemäß ist, [...] wollen wir davon abstehen, wenn man uns dies auf Grund der Schrift erklärt. [...]«

Der Führer der Aufständischen in Mitteldeutschland war Thomas Müntzer. Er hatte sich früh der Lehre Luthers angeschlossen, wurde aber seit 1520 zum radikalen Agitator, der die soziale Revolution predigte und sie in seinen Schriften theologisch begründete. So schrieb er am 12. Mai 1525 einen offenen Brief an den Grafen Ernst von Mansfeld, dem die folgenden Sätze entnommen sind:[3]

»Ich, Thomas Müntzer, vorzeiten Pfarrer zu Allstedt, ermahne dich zum überflüssigsten Anregen, daß Du um des lebendigen Gottes Namen willen deines tyrannischen Wütens wollest müßig sein und nicht länger den Grimm Gottes über dich erbittern. Du hast die Christen angefangen zu martern. [...] Du hast die Christen unterstanden zu vertilgen. Sag an, du elender dürftiger Madensack, wer hat dich zu einem Fürsten des Volks gemacht, welches Gott mit seinem teuern Blut erworben hat? [...] Wie hast du doch solchen merklichen, unersetzlichen Schaden getan, wie kann man sich anders denn Gott selber über dich erbarmen? Kurzum, du bist durch Gottes kräftige Gewalt dem Verderben überantwortet. Wirst du dich nicht demütigen vor den Kleinen, so wird dir eine ewige Schande vor der ganzen Christenheit auf den Hals fallen, du wirst des Teufels Märterer werden. Daß du auch wissest, daß wir gestrackten Befehl haben, sage ich: Der ewige lebendige Gott hats geheißen, dich von dem Stuhl mit Gewalt, so uns gegeben, zu stoßen. Denn du bist der Christenheit nichts nutze, du bist ein schädlicher Staupbesen der Freunde Gottes. [...] Wir wollen deine Antwort noch heute Abend haben oder dich im Namen Gottes der Heerscharen heimsuchen, danach wisse dich zu richten. Wir werden unverzüglich tun, was uns Gott befohlen hat. Tu auch du dein Bestes. Ich fahr daher. Thomas Müntzer mit dem Schwert Gideons.«

Zweifellos genoß Martin Luther am Anfang des Bauernkrieges das größte Ansehen bei dem gemeinen Mann. Sein mutiger Protest gegen die Mißstände in der Kirche unter Berufung auf das Evangelium, sein Eintreten für die Freiheit des Christenmenschen und seine Bibelübersetzung, mit der er die kirchliche Autorität untergrub, lieferten den Aufständischen die Legitimation für ihr Handeln. Diese Inanspruchnahme des Reformators beruhte aber auf einem Mißverstehen der theologischen Grundlagen seiner Lehre und widersprach seiner Auffassung von der Einsetzung jeder weltlichen Obrigkeit durch Gott. Antwortete Luther noch auf die Zwölf Artikel mit einer ›Ermahnung zum Frieden‹ nach beiden Seiten, so zerschnitt er unter dem Eindruck der mitteldeutschen Erhebung im Mai 1525 in seiner grausamen Schrift ›Wider die räuberischen und mörderischen Rotten der Bauern‹ das Tuch zwischen sich und den Aufständischen um der Reinheit des Evangeliums willen, wie er es verstand.[4]

»Dreierlei greuliche Sünden wider Gott und die Menschen laden diese Bauern auf sich, daran sie den Tod verdienet haben an Leib und Seele mannigfaltiglich. Zum ersten, daß sie ihrer Obrigkeit Treue und Huld geschworen haben und gehorsam zu sein, wie solchs Gott gebeut. [...] Weil sie aber diesen Gehorsam brechen mutwilliglich und mit Frevel, und dazu sich wider ihre Herren setzen, haben sie damit verwirkt Leib und Seel, wie die treulosen, meineidigen, lügenhaften, ungehorsamen Buben und Bösewichte pflegen zu tun. [...] Zum Andern, daß sie Aufruhr anrichten, rauben und plündern mit Frevel Klöster und Schlösser, die nicht ihr sind, womit sie, als die öffentlichen Straßenräuber und Mörder, alleine wohl zwiefältig den Tod an Leib und Seele verschulden; auch ein aufrührerischer Mensch, den man des bezeugen kann, schon in Gottes und kaiserlicher Acht ist, daß, wer am ersten kann und mag denselben erwürgen, recht und wohl tut. [...] Drum soll hie zuschmeißen, würgen und stechen, heimlich oder öffentlich, wer da kann, und gedenken, daß nichts Giftigeres, Schädlicheres, Teuflischeres sein kann, denn ein aufrührerischer Mensch. Gleich als wenn man einen tollen Hund totschlagen muß. [...] Zum dritten, daß sie solche schreckliche, greuliche Sünde mit dem Evangelio decken, nennen sich christliche Brüder, nehmen Eid und Huld und zwingen die Leute, zu solchen Greueln mit ihnen zu halten. Womit sie die allergrößten Gotteslästerer und Schänder seines heiligen Namens werden und ehren und dienen also dem Teufel unter dem Schein des Evangelii, daran sie wohl zehnmal den Tod verdienen an Leib und Seele [...]«.

Historismus und Marxismus

Was hat der deutsche Bauernkrieg mit dem Thema dieses Kapitels – Historismus und Marxismus – zu tun? Abgesehen davon, daß das Verständnis abstrakter Probleme der Geschichtswissenschaft durch anschauliche Beispiele erleichtert wird, kann die Antwort auf diese Frage vorerst nur summarisch vorweggenommen werden. Eine genauere Begründung wird der Text selbst liefern. Die Bedeutung des deutschen Bauernkrieges und der Reformation hat zu geschichtswissenschaftlichen Interpretationen geführt, in denen Gemeinsamkeiten und Unterschiede zwischen Historismus und Marxismus augenfällig werden wie selten sonst. Um dies zu verstehen, bedarf es aber zunächst eines Ausflugs in die Geschichte der Geschichtswissenschaft. Daß dem Historismus und dem Marxismus ein eigenes Kapitel gewidmet wird, beruht auf ihrer Aktualität, die über den Bereich der Geschichtswissenschaft hinausgeht und für die wiederum der Bauernkrieg ein Beleg ist.

Die Gegenwartsbedeutung des ›*Marxismus*‹ liegt auf der Hand. Auch wer sich nicht mit den Schriften und Lehren von Karl Marx und Friedrich Engels unmittelbar auseinandergesetzt hat, weiß, daß seit der russischen Oktoberrevolution von 1917 ein großer Teil unserer Erde kommunistisch regiert wird, von Parteien und Machthabern, die sich im Namen des Proletariats auf jene Lehren berufen und sich ›Marxisten‹ nennen. Nicht alle werden wissen, daß der Marxismus – genauer: der ›historische Materialismus‹ – eine Geschichtsideologie ist, die, von ihren Schöpfern mit dem Anspruch der Wissenschaftlichkeit ausgestattet, zugleich Anleitung zum revolutionären Handeln sein will. Die Verbindung von wissenschaftlicher Erkenntnis mit politischer Aktion hat der siebenundzwanzigjährige Marx schon 1845/46 in zwei Sätzen hergestellt, die er in seiner Abrechnung mit früheren Gesinnungsgenossen aus dem Lager der Philosophie niederschrieb. Die elfte seiner berühmten Thesen über Ludwig Feuerbach lautet:

»Die Philosophen haben die Welt nur verschieden interpretiert, es kömmt darauf an, sie zu verändern!«

Und in dem zusammen mit Engels verfaßten Manuskript ›Die Deutsche Ideologie‹, das erst 1932 veröffentlicht wurde, steht der Satz:

»Wir kennen nur eine einzige Wissenschaft, die Wissenschaft der Geschichte.«[5]

Schon hier wird einsichtig, daß der sogenannte ›wissenschaftliche Sozialismus‹ und die ›marxistische Geschichtswissenschaft‹ zwei Seiten einer Medaille sind.

Hat jedermann eine – wenn auch oft nur vage – Vorstellung vom ›Marxismus‹, so ist ›*Historismus*‹ ein Ausdruck der Fachsprache, der außerhalb der Gemeinschaft der Historiker ohne eine Erläuterung von nur wenigen verstanden wird. Und doch gehört der Historismus zu den zentralen Traditionen des Denkens über Geschichte. Ja, er bezeichnet die für das 19. Jahrhundert in Deutschland maßgebende und in andere Länder ausstrahlende Weise des philosophisch-wissenschaftlichen Umgangs mit Geschichte. Der Historismus ist noch heute eine, wenn auch nicht mehr unbestrittene Variante der Historie. Der bedeutende Historiker Friedrich Meinecke – er wurde 1948 der erste Rektor der Freien Universität Berlin – hat in seinem Buch ›Die Entstehung des Historismus‹ diesen Vorgang sogar »eine der größten geistigen Revolutionen« genannt, »die das abendländische Denken erlebt hat«.[6] Gerade weil der Historismus die Betrachtung der Welt des Menschen in ihrer Mannigfaltigkeit und in ihren Wandlungen enorm gefördert hat, weshalb das 19. Jahrhundert als das ›historische Säkulum‹ schlechthin gilt, läßt er sich nicht mit einer bestimmten politisch-gesellschaftlichen Ideologie identifizieren, wie dies für den historischen Materialismus gilt. Es spricht sogar manches dafür, daß Marx und Engels als Kinder dieses Jahrhunderts in ihrem Geschichtsdenken Gemeinsamkeiten mit dem älteren Historismus besitzen, so daß gelegentlich von einem »marxistischen Historismus« gesprochen wird.

Im Folgenden wird auf dreifache Weise über Historismus und Marxismus gehandelt. Der Historiker fragt zuerst nach der Entstehung und nach den Wandlungen von Historismus und Marxismus. Da wird noch einmal die eminente Bedeutung der in den Kapiteln 18–20 beschriebenen modernen Revolution für unseren Erfahrungshaushalt sichtbar. In einem zweiten Schritt sollen die wesentlichen geschichtsphilosophischen Annahmen und methodologischen Prinzipien des Historismus und Marxismus auf ihre Verwandtschaft und ihre Unterschiede hin betrachtet werden. Der Autor wird einer kritischen Stellungnahme hier nicht ausweichen. Schließlich kehrt der Text zum deutschen Bauernkrieg zurück, um an seiner Interpretation durch Historiker aus beiden Lagern die wissenschaftspraktische Bedeutung von Historismus und Marxismus zu erkennen, nicht zuletzt aber auch den Stellenwert der marxistischen Historie in der aktuellen politischen Propaganda. Das alles wird nicht ohne Vereinfachungen abgehen und kann nur Anstöße für die eigene Beschäftigung mit dem Thema geben.

Die Entstehung des Historismus

Zunächst zur Entstehung des Historismus. Seine Vorgeschichte geht in die Frühe Neuzeit zurück. Er hatte den langfristigen Prozeß des Infragestellens älterer theologischer Traditionen und der Herausbildung der neuen Wissenschaften zur Voraussetzung. In diesen Prozeß wurde auch die Geschichtswissenschaft durch die Entwicklung spezifischer Methoden der Quellenkritik einbezogen. Lange Zeit war die Geschichtswissen-

schaft nur eine Hilfsdisziplin der Theologie und Jurisprudenz. Zu Beginn des 19. Jahrhunderts erfuhr diese Verwissenschaftlichung der Historie eine äußerste Verfeinerung. Nur zwei Namen seien genannt. Barthold Georg Niebuhr analysierte kritisch in seiner ›Römischen Geschichte‹ (sie erschien von 1810 bis 1832) die Quellen selbst als historische Erscheinungen; er untersuchte dabei ihre Glaubwürdigkeit und benutzte sie zur Rekonstruktion einer Vergangenheit, die durch vielerlei Spekulationen und Reflexionen verstellt war. Und Leopold von Ranke leistete in seiner ›Kritik der neueren Geschichtsschreiber‹, die 1824 seinem Erstlingswerk beigegeben war, dasselbe für die Neuere Geschichte. Er deckte anhand der zeitgenössischen Urkunden und Briefe den Tendenzcharakter der Geschichtsschreibung des 16. Jahrhunderts auf.
Das war aber nur die eine, innerwissenschaftliche Seite der Entstehung des Historismus. Noch wichtiger war ein anderer Vorgang. Der Beschleunigung der wirtschaftlich-gesellschaftlichen und der politischen Veränderungen im Zeitalter der modernen Revolution entsprach der Wandel in der Auffassung von Geschichte als einem Bestand von Traditionen, in dem man wie in einem ererbten Hause lebte, zu einem umfassenden, die Gegenwart und die Zukunft einschließenden Prozeß. Das war die Geburt der neuen Geschichtsphilosophie, für die hier nur die Namen Voltaire, Immanuel Kant, Georg Friedrich Wilhelm Hegel und schließlich auch Karl Marx stehen. Auch wenn Historiker wie Niebuhr und Ranke der spekulativen Philosophie reserviert gegenüberstanden, so blieben sie von dem idealistischen Geist nicht unberührt. Die Erfahrung des revolutionären Bruchs rief – gewissermaßen als Kompensation – die Auffassung von Geschichte als einem einzigen kontinuierlichen Zusammenhang hervor, den man nicht nur erforschte, sondern dessen jeweiligen Zielen man sich verpflichtet fühlte; ob es nun das Ziel einer weltbürgerlichen Gesellschaft, wie bei Kant und den Ideologen der Französischen Revolution, des Nationalstaates, wie bei Hegel und auch bei Ranke, oder der klassenlosen Gesellschaft, wie bei Marx, war. Der nationale Befreiungskampf gegen Napoleon hat diese Tendenz in Deutschland gefördert, insbesondere im patriotischen Bildungsbürgertum. So lebte der Historismus als Bildungsidee aus der Verbindung wissenschaftlicher mit philosophischen und politischen Impulsen. Der Historiker verstand sich selbst als Sachwalter historischer Erkenntnis und zugleich als Legitimator der in der Geschichte zu verwirklichenden oder – später – als verwirklicht geltenden Werte.
Auch die neue bürgerliche Gesellschaft verstand den Histo-

riker so. Nirgends wird das deutlicher als in der raschen Etablierung der Geschichtswissenschaft als selbständiges Fach an den reformierten Universitäten, in der Gründung von Unternehmen zur Herausgabe von Geschichtsquellen zu wissenschaftlichen und zugleich patriotischen Zwecken und in der Entstehung historischer Vereine, die bis heute zwischen Geschichtswissenschaft und bürgerlichem Geschichtsinteresse vermitteln.
Eine Besonderheit des frühen Historismus ist für unser Thema wichtig. Er entstand zu einer Zeit, in der die Revolution in Deutschland die staatlichen Strukturen noch wenig verändert und die Industrialisierung noch nicht begonnen hatte. Deshalb enthielt er normative Elemente des vorindustriellen Weltbildes, etwa das Ideal einer gegliederten Gesellschaft freier Eigentümer und der Volksgemeinschaft als Basis des künftigen Nationalstaates.
Das waren Leitbilder, die man in die germanische Frühzeit oder das Mittelalter zurückprojizierte. Man vertraute auch auf den Staat als Träger der politischen und gesellschaftlichen Reform; hatte er sich doch gerade im Kampf um die Befreiung von Fremdherrschaft bewährt. Diese Option für die Nation, für die staatliche Macht und die dahinterstehenden Ideen und ›sittlichen Mächte‹ als bewegende Momente der Geschichte trugen dazu bei, daß der Historismus auch noch in der zweiten Jahrhunderthälfte relativ immun gegenüber den Kräften des wirtschaftlich-gesellschaftlichen Wandels und der durch ihn in der industriellen Revolution hervorgerufenen Spannungen und Konflikte blieb. Geschichtsschreibung wurde von vielen Historikern auf die Darstellung der staatlichen Politik, ihrer Träger und Institutionen, der Diplomatie und Kriege reduziert. Wirtschaft und Gesellschaft, zumindest in der modernen Form des Industriekapitalismus, blieben ausgeklammert oder wurden als wachsende Gefahr empfunden, was ihre Einbeziehung in eine verstehende Geschichtsforschung erschwerte.

Marxismus

Mit diesem Hinweis auf die zeitbedingten Grenzen des frühen Historismus wird gleichsam die ›Lücke‹ sichtbar, in die Karl Marx und Friedrich Engels um die Jahrhundertmitte stießen. Einen ersten Zugang zu diesen beiden historischen Materialisten öffnet der Vergleich der beiden Biographien von Marx und Engels mit den Biographien von Niebuhr und Ranke.
Niebuhr (1776–1831), im Jahre der Amerikanischen Revolu-

tion in Kopenhagen geboren, war der Sohn eines aus einem friesischen Bauerngeschlecht stammenden Forschungsreisenden und Beamten; seine Mutter kam aus einer Akademikerfamilie. Durch seine Tätigkeit im Dienste Dänemarks und Preußens, hier im Reformkreis um den Freiherrn vom Stein, war er viel mit Fragen der bäuerlichen Verfassung und des Finanzwesens befaßt. Doch schwankte Niebuhr zeitlebens zwischen politischem Betätigungsdrang, der letztlich unbefriedigt blieb, und gelehrter Forschung. Sie fand in der ›Römischen Geschichte‹ ihre Erfüllung.
Ranke (1795–1886) wurde in Thüringen geboren, studierte klassische Philologie und Theologie, ehe er sich der Geschichte verschrieb und zum bedeutendsten Vertreter der neuen historischen Schule wurde. Obwohl er Karl Marx, der ein knappes Vierteljahrhundert später geboren wurde, um drei Jahre überlebte, ist sein Geschichtsbild entscheidend und dauernd in den Jahren der Befreiungskriege und der Restauration geprägt worden. Er nannte rückblickend, als alter Mann, die Zeit von 1815 bis 1830, die Marx nur als Kind erlebte, die ›halkyonischen Tage‹, die auf Stürme folgen und Stürmen vorangehen und sich für die objektive Betrachtung der Geschichte eignen.

Karl Marx und Friedrich Engels

Marx (1818–1883) und Engels (1820–1895) sind um gut eine halbe Generation jünger als Niebuhr und Ranke. Das bedeutete im 19. Jahrhundert weit mehr an Abstand als vor der modernen Revolution. Was noch stärker in die Waagschale fällt, ist das landschaftliche und soziale Umfeld ihrer Herkunft. Beide stammen aus dem Rheinland, das im frühen 19. Jahrhundert nach der wirtschaftlichen und sozialen Struktur zu den am weitesten entwickelten Gebieten in Deutschland gehörte. Es war außerdem dank der zwanzigjährigen Zugehörigkeit zum französischen Staat in den Genuß der politischen und rechtlichen Reformen der bürgerlichen Revolution gekommen. Marx' Vater, ein geborener Jude, verdankte seinen Aufstieg in den Juristenstand der bürgerlichen Emanzipation der jüdischen Minorität durch die Revolutionsgesetze. Der Sohn begann seine politische Laufbahn 1842 als Redakteur der von liberalen Kölner Bürgern gegründeten ›Rheinischen Zeitung‹. – Friedrich Engels, der Sohn eines begüterten Textilunternehmers aus Barmen, veröffentlichte während seiner kaufmännischen Lehre als Neunzehnjähriger unter einem Pseudonym ›Briefe aus dem Wuppertal‹. Er schilderte die Verquickung von pietistischer Frömmigkeit mit bürgerlichem Erwerbssinn in seiner Heimat. Nach Absolvierung des Militärdienstes, den er in Berlin mit philosophischen Studien verband, wurde er seit 1842 als Volontär in einer Textilfirma in Manchester, an der sein Vater beteiligt war, mit den erschreckenden sozialen Begleiterscheinungen der industriellen Revolution in England konfrontiert.

Der Historische Materialismus

Die Frucht dieser Erfahrung und ihrer geistigen Verarbeitung war Engels' Frühwerk ›Die Lage der arbeitenden Klassen in England‹ aus dem Jahre 1845. Das Buch trug entscheidend dazu bei, daß Marx in den folgenden Jahren in Zusammenarbeit mit Engels die politischen Positionen, die er in Auseinandersetzung mit der Philosophie Hegels und seiner Jünger gewonnen hatte, zur kritischen Analyse des historischen Stellenwertes der bürgerlichen Gesellschaft und der industriellen Revolution einsetzte. Auf dieser Grundlage entstand im Exil in Paris, London und Brüssel der Historische Materialismus in seiner Verbindung von Theorie und Praxis. Das Manifest der kommunistischen Partei, am Vorabend der Revolution von 1848 als Programm des sich formierenden ›Bundes der Kommunisten‹ verfaßt, enthält im ersten Teil die Begründung der These, daß die Geschichte aller bisherigen Gesellschaften die Geschichte von Klassenkämpfen sei. Das Kommunistische Manifest proklamierte als notwendiges Ergebnis des historischen Prozesses und zugleich als Ziel der Kommunisten den gewaltsamen Umsturz der politischen und sozialen Verhältnisse. Die Geschichte lief danach auf eine Gesellschaftsordnung hinaus, in der, nach dem Wegfall der auf dem Privateigentum beruhenden Klassen, nicht mehr, wie in der bürgerlichen Gesellschaft, die Vergangenheit über die Gegenwart, sondern die Gegenwart über die Vergangenheit herrschen werde.
Schon aus solchen Formulierungen wird deutlich, welche große Rolle die Geschichte in der marxistischen Ideologie spielt. Deren weitere theoretische Ausarbeitung erfolgte – nach dem enttäuschenden Ausgang der Revolution von 1848/49 – in den fünfziger und sechziger Jahren. Marx' große Kommentare über die Geschichte der Revolution in Frankreich und Deutschland und über den Staatsstreich Louis Bonapartes, des späteren Kaisers Napoleon III., publiziert von 1850 bis 1852, sein Vorwort zur ›Kritik der politischen Ökonomie‹ (1859) und schließlich ›Das Kapital‹ (seit 1867), das ein Torso blieb, waren

die wichtigsten Etappen auf diesem Weg. In all seinen Schriften verband Marx historische Forschung mit der theoretischen Analyse ökonomischer und sozialer Zusammenhänge in politischer Absicht. Im Zentrum steht immer das sich notwendig verändernde Spannungsverhältnis zwischen den materiellen Grundlagen des gesellschaftlichen Lebens, die er ›Produktivkräfte‹ und ›Produktionsverhältnisse‹ nennt, untereinander und zu den Formen des Rechts, der Politik, der Religion, der Philosophie und der Kunst, die als ›ideologischer Überbau‹ ›direkter Ausfluß‹ des ›materiellen Verhaltens‹ der Menschen sind. In polemischer Wendung gegen die ältere Geschichtstheologie und Geschichtsphilosophie behauptete Marx, daß die Menschen ihre Geschichte selbst machen. Das geschehe aber nicht in völliger Freiheit. Der historische Prozeß sei vielmehr notwendig an die jeweiligen Bedingungen der Produktion und des entsprechenden Überbaus gebunden und habe, vorangetrieben durch die Revolutionen als den ›Lokomotiven der Geschichte‹, mehrere Stufen durchlaufen, die von ihm als sogenannte ›Gesellschaftsformationen‹ an die Stelle der Epochen der klassischen Historie gesetzt wurden. Die letzte Formation vor dem endgültigen Durchbruch zur klassenlosen Gesellschaft, der durch die kommunistische Revolution und die folgende Diktatur des Proletariats vermittelt werde, sei die bürgerliche Gesellschaft des Kapitalismus. Sie war das bevorzugte Objekt der historischen und theoretischen Anstrengungen von Marx. Engels hat sich um die inhaltliche Ausfüllung des materialistischen Geschichtskonzeptes auch für die älteren Zeiten bemüht, so zuerst in der 1850 erschienenen Abhandlung über den deutschen Bauernkrieg sowie in späteren Schriften für die Formationen der Urgesellschaft, der Sklavenhaltergesellschaft und des Feudalismus.

Daß der vorhergesagte Zusammenbruch des kapitalistischen Systems weder zu Lebzeiten von Marx und Engels, noch später eintrat, hat die Vertreter der verschiedenen marxistischen Richtungen immer wieder zu Anpassungen an neue Konstellationen gezwungen, ohne die ideologische Substanz preiszugeben. Die unverminderte Anziehungskraft der marxistischen Lehre beruht nicht nur auf den politischen Erfolgen, die der Kommunismus seit 1917 erzielt hat und die es erlaubten, die marxistische Geschichtswissenschaft in den von ihm beherrschten Ländern als Instrument der politischen Propaganda zu institutionalisieren. Sie stützt sich noch mehr auf den wissenschaftlich drapierten Glauben, daß der historische Prozeß über kurz oder lang durch die kommunistische Revolution in das Reich der Freiheit münden werde. Der Scheck auf die Zukunft scheint, bildlich gesprochen, durch das in der bisherigen Geschichte angesammelte Kapital an revolutionärer Energie gedeckt zu sein.

Die Krise des Historismus

Der Überblick über den Marxismus wurde bis an die Gegenwart herangeführt. Das gleiche ist nicht so ohne weiteres mit der Geschichte des Historismus möglich. Er geriet um die Jahrhundertwende in eine Krise, aus der die Geschichtswissenschaft nach dem Zweiten Weltkrieg so verändert hervorging, daß man sich darüber streitet, ob man sie überhaupt noch mit diesem Namen belegen kann. In dieser Krise trafen innerwissenschaftliche und philosophische mit außerwissenschaftlichen Herausforderungen zusammen. Nur einige seien genannt.

Erstens: Von der im letzten Drittel des 19. Jahrhunderts beginnenden Kulturkritik wurde auch die Geschichtswissenschaft getroffen. Friedrich Nietzsche (1844–1900) z.B. griff die Historie wegen ihrer angeblichen Sterilität an, und Jacob Burckhardt (1818–1897) zog sich pessimistisch auf die Kulturgeschichte zurück. Das war symptomatisch. Die Popularität kulturkritischer Gesamtentwürfe – etwa von Oswald Spenglers ›Untergang des Abendlandes‹ (1918–1922) – zeigte nach dem Ersten Weltkrieg das Schwinden der Legitimationskraft von Historie an.

Zweitens: Die geschichtsphilosophische Basis des älteren Historismus war der Glaube an die Erkennbarkeit der den Geschichtsprozeß als Ganzes tragenden ›Ideen‹ oder ›sittlichen Mächte‹. Dieser Glaube machte der Einsicht in die Pluralität der Weltanschauungen und einem Wertrelativismus Platz, der die Orientierung in der Gegenwart erschwerte.

Drittens: Um die Jahrhundertwende gab es erste Ansätze einer Neuorientierung der Geschichtswissenschaft. Sie zielten auf eine stärkere Berücksichtigung der Verfassungs- und Institutionengeschichte sowie der Ideengeschichte ab und bezogen, wie in den Arbeiten des Theologen Ernst Troeltsch (1865 bis 1923), des Soziologen Max Weber (1864–1920) und des Nationalökonomen Werner Sombart (1863–1941), die gesellschaftliche und wirtschaftliche Dimension der Geschichte in die Forschung ein. In der Zeit der Weimarer Republik waren viele Historiker auf das Problem der Kriegsschuld fixiert, und in der Hitler-Diktatur stagnierte die geschichtswissenschaftliche Entwicklung.

Doch dann zahlte sich die Krise des Historismus auf doppelte Weise aus.

Erstens: Die Fähigkeit, weltanschauliche Positionen in ihrer Zeitgebundenheit zu erkennen und die Geschichte vergangener Gesellschaften aus ihren eigenen Bedingungen zu erklären, erfuhr eine weitere Steigerung. Sinnfälliger Ausdruck dieses Gewinns ist die moderne Begriffsgeschichte, die als eine neue Richtung der Geschichtswissenschaft in Kapitel 28 behandelt wird. Mit ihr wurde das ideologiekritische Potential der Historie für die geschichtliche Erkenntnis freigesetzt.
Zweitens: Die Lockerung der Bindung der Geschichtswissenschaft an die Geschichtsphilosophie des Idealismus beseitigte Barrieren für die Übernahme von Methoden und Fragestellungen der systematischen Sozialwissenschaften durch die historische Forschung. Die Geschichtserzählung erhielt Konkurrenz oder zumindest eine Ergänzung durch das, was man historische ›Strukturanalysen‹ nennt. Damit ist allerdings die Vermittlung historischer Erkenntnisse an das Publikum schwieriger geworden. Der Marxismus als ideologische Grundlage kommunistischer Herrschaft wie als Geschichtsauffassung, in deren Zentrum Wirtschaft und Gesellschaft als materielle Basis des Geschichtsprozesses stehen, stellte eine Herausforderung an die Geschichtswissenschaft dar und wirkte beschleunigend auf die genannten Veränderungen der Geschichtswissenschaft.

Unterschiede und Gemeinsamkeiten von Historismus und Marxismus

Ein Rückblick auf die Geschichte des Historismus und Marxismus läßt gemeinsame Anfangsbedingungen erkennen, die sich aus der Auseinandersetzung mit der modernen Revolution ergaben. Allerdings gaben sie unterschiedliche Antworten darauf: hier – im Historismus – die Bindung der neuen Geschichtswissenschaft an ein idealistisches Weltbild, das von ›Ideen‹, von ›sittlichen Mächten‹, von staatlichen Potenzen bestimmt wurde; dort – im Marxismus – die Umkehrung dieses Weltbildes zur materialistischen Geschichtsauffassung, nach welcher der historische Prozeß durch die »stets sich durchsetzende ökonomische Notwendigkeit« (so Engels 1894) vorangetrieben wird. Historisten wie Marxisten setzten sich von älteren Varianten des politisch-historischen Denkens ab. Sie verstanden Geschichte unter Zurückweisung eines abstrakten Naturrechts als die Entfaltung – oder Entwicklung – von historischen Individualitäten, die als Völker, Nationen, Staaten und Staatensysteme (wie im Historismus) oder als Gesellschaftsformationen (wie im Marxismus) der eigentliche Gegenstand der Geschichtsforschung sind. Gemeinsam ist dem Historismus und dem Marxismus auch der Glaube an den objektiven Sinn der Geschichte, allerdings mit unterschiedlicher Begründung. Die Historisten verankerten diesen Sinn in einer philosophischen oder, wie bei Ranke, theologischen Metaphysik, weshalb Ranke davon sprach, daß jede Epoche »unmittelbar zu Gott« sei. Der Marxismus glaubt, den objektiven Sinn wissenschaftlich zwingend aus der Analyse des Geschichtsverlaufes selbst erkennen zu können. Während aber der Historismus mit der Erschütterung der metaphysischen Legitimation von Geschichte in eine Krise geriet, deren Ergebnis die moderne nichtmarxistische Geschichtswissenschaft ist, hält der Marxismus an der absolut gesetzten Wissenschaftlichkeit seiner Erkenntnisse fest, die zur Grundlage seiner politischen Propaganda wurden.

Kritik des Marxismus

Hier ist der Punkt erreicht, wo die Kritik des Autors dieses Kapitels am Marxismus einsetzt. Sie richtet sich nicht gegen die Einbeziehung von Wirtschaft und Gesellschaft in die konkrete Forschung. Auf diesem Gebiet konvergieren Fragestellungen und Methoden der marxistischen und nichtmarxistischen Geschichtswissenschaft; hier kommte es zu gegenseitiger Befruchtung und auch zum wissenschaftlichen Gespräch. Die Kritik zielt vielmehr auf die unterschiedliche Auffassung über die Grenzen der Wissenschaft und damit ihrer Funktion für unser Handeln in der Gegenwart ab. Wer, wie die Marxisten, davon überzeugt ist, mit Hilfe sogenannter ›historischer Gesetze‹, die angeblich real existieren, den künftigen Gang der Geschichte sicher prognostizieren zu können, der unterschätzt die Bedeutung der menschlichen Freiheit, selbst wenn diese verbal als Einsicht in die Notwendigkeit anerkannt wird. Und was noch bedenklicher ist: Wer für sich die angeblich wissenschaftlich gesicherte Einsicht in den künftigen Geschichtsverlauf besitzt – und das behauptet die kommunistische Partei, was sich ihrerseits in den von ihr beherrschten Ländern in den Richtlinien für die Geschichtswissenschaft niederschlägt –, der hat auch keine Skrupel, die Menschen durch ideologische Indoktrinationen oder direkte Gewalt seinen Zielen, weil sie ja wissenschaftlich legitimiert sind, dienstbar zu machen. Dies geschieht durch immer neue Uminterpretationen der kanonischen Schriften von Marx und Engels und ihrer Nachfolger von Lenin bis Mao Tse-tung, ohne daß deren Substanz verändert wird.
Auf diese Weise wird die Historie zur Magd der Politik oder,

wie offen proklamiert, zum Instrument der Propaganda. Die Zukunftsvision wird zum Beurteilungsmaßstab der Vergangenheit. Was bedeutet dies für die Historie? Die Auffassung von der Geschichtlichkeit des Menschen wird im Marxismus durch den Bezug auf ein Ideal aufgehoben, das in der Zukunft liegt und noch nicht realisiert ist. Das führt dazu, daß die vergangenen Epochen, die in ihnen lebenden Menschen und ihre geistigen, politischen und gesellschaftlichen Hervorbringungen auf ihre Funktion innerhalb des konstruierten Geschichtsprozesses verkürzt werden. Sie verlieren ihren Eigenwert. Zugegeben: Die Betonung dieses Eigenwertes ist keine wissenschaftliche Einsicht; sie beruht auf der Anerkennung der menschlichen Person in ihrer relativen Freiheit als Träger der Geschichte, also auf einer Entscheidung im anthropologischen Sinne. Der Historiker, der diese Entscheidung akzeptiert, wird als Forscher auf die Grenzen wissenschaftlichen Erkennens stoßen und sich damit auch der Problematik der Verwertbarkeit solcher Erkenntnisse im Sinne direkter Handlungsanweisungen bewußt bleiben. Gewiß, auch der Historismus des 19. Jahrhunderts ist der Gefahr der Politisierung erlegen, etwa in der Verherrlichung des Nationalstaates oder gar der historischen Begründung deutscher Weltpolitik. Deshalb gehören die beiden Weltkriege zu den Rahmenbedingungen seiner Krise. Dagegen hält der Marxismus an dem Wissenschaftsglauben, der doch eigentlich ein Kind des 19. Jahrhunderts ist, unverändert fest; und dies, obwohl wir heute mit den Kosten eines ›Wachstums‹ konfrontiert sind, welches das Produkt des unkontrollierten Glaubens an die Machbarkeit von Geschichte in Form der Verbindung von Wissenschaft, Technik und Planung ist. Nicht als ob wir in einer nostalgischen oder aggressiven Rückwendung zur Natur auf die Hilfe der Wissenschaften in der modernen Industriegesellschaft verzichten könnten. Es gehört aber auch zur historischen Erfahrung, daß die klassenlose Gesellschaft dort, wo der Kommunismus durch eine geplante Revolution zur Macht gekommen ist, nirgends – gemessen an den Vorstellungen von Marx und Engels – verwirklicht worden ist. Sie wird deshalb immer wieder in die Zukunft verlegt, in deren Namen von den Menschen unermeßliche Opfer an materieller und geistiger Freiheit verlangt werden. Dagegen ist festzuhalten: Die Selbstverwirklichung der Menschen in Freiheit ist eine Aufgabe, die sich in *jeder* Geschichtsepoche neu stellt. Sie ist eine anthropologische Grundsituation. Auf sie antwortet eine freie Geschichtswissenschaft, indem sie die Vergangenheiten nicht als notwendige Stufen des festgelegten Geschichtsprozesses verortet, sondern in ihrem Eigenwert zu würdigen versucht, mit den dazu gehörenden Alternativen, als Raum der Entscheidung innerhalb des dauernden Strebens nach menschlicher Selbstverwirklichung, das zwischen Scheitern und Gelingen angesiedelt ist.

Interpretationen des deutschen Bauernkrieges von 1525

Auch der *deutsche Bauernkrieg* von 1525 ist eine solche Vergangenheit. Es ist zum Schluß im Lichte des über den Historismus und Marxismus Gesagten zu prüfen, wie er in den letzten 150 Jahren von Historikern beurteilt wurde. Zu diesem Zweck werden zuerst einige Sätze von Ranke und Engels, dann zwei Interpretationen aus unseren Tagen mit einem Kommentar gegenübergestellt. Bei diesem Vergleich werden Gemeinsamkeiten und Unterschiede zwischen der modernen marxistischen und der nachhistoristischen Geschichtswissenschaft am konkreten Beispiel sichtbar.
Wie sah Ranke das, wie er sagte, ›Naturereignis‹ des Bauernkrieges? Zunächst in Bildern, die den elementaren Charakter des Bauernkrieges hervorhoben:[7]

»Nachdem die Gewalten, welche den deutschen Staat konstituierten (gemeint sind die Stände des Reiches vom Kaiser über die Landesfürsten, Ritter bis zu den Bürgern und Bauern), aneinander und unter sich selbst irre geworden, erhoben sich die elementaren Kräfte, auf denen er beruhte. Aus dem Boden zuckten die Blitze auf; die Strömungen des öffentlichen Lebens wichen aus ihrem gewohnten Laufe; das Ungewitter der Tiefe, das man so lange brausen hörte, entlud sich gegen die oberen Regionen; es schien sich alles zu einer vollkommenen Umkehr anzulassen.«

Natürlich begnügte sich Ranke nicht mit solchen Metaphern, sondern fragte, im Rahmen seiner anschaulich erzählenden Darstellung, nach Ursachen und Ergebnis.

»Der Ursprung [...] lag ohne Zweifel in der gerade in den letzten Jahren angewachsenen Bedrückung des Bauernstandes, der Auflegung neuer Lasten und zugleich in der Verfolgung der evangelischen Lehre, die mehr als früher oder später irgendein geistiges Element den gemeinen Mann in Deutschland ergriffen, zu selbsttätiger Teilnahme angeregt hatte. Es hätte sich denken lassen, daß die Bauern dabei stehengeblieben wären, die willkürlichen Anforderungen zu verweigern und sich die Freiheit der Predigt zu verschaffen; damit würden sie noch keineswegs alle Macht der bestehenden Ordnung wider sich aufgerufen, sie würden sich vielleicht eine bedeutende Zukunft gesetzlichen Fortschrittes gesichert haben. [...] Allein es liegt nun einmal nicht in der Natur des Menschen, sich mit einem beschränkten Gewinn zu begnügen. [...]

Indem einige Oberhäupter sich vermaßen, in dem Reich eine besondere Ordnung zu stiften, flutete die wilde Zerstörung von Schloß zu Schloß, von Kloster zu Kloster. [...] Und mit dieser Wut traf nun der Fanatismus der schwärmerischen Predigt zusammen, der die Zerstörung rechtfertigte, sich berufen glaubte, Blut zu vergießen und nach der Eingebung des Momentes, die er für göttlich erklärte, ein neues himmlisches Reich aufzurichten [...] Luther aber verdammte den Aufruhr, der wider göttliches und evangelisches Recht laufe [...]«.

Und am Schluß seiner Erzählung schreibt Ranke:

»So war der Kampf mit den elementaren Kräften des deutschen Wesens vollendet; wie der Ritter, so waren nun auch die empörten Bauernschaften und der mit ihnen verbundene Teil der städtischen Bevölkerung bezwungen; die im Laufe der Jahrhunderte allmählich entwickelten lokalen Gewalten hatten sich aufs Neue in allen Stürmen behauptet.«

Aus dem Text ergibt sich: Für Ranke war der Bauernkrieg zwar ein elementares Naturereignis, das aber doch innerhalb einer Epoche stand, deren Charakter durch die Reformation bestimmt wurde. Ranke erkannte die soziale Belastung der Bauern als wichtige Ursache. Doch sah er in dem ›geistigen Element‹ der evangelischen Lehre eine mindestens ebenso starke Antriebskraft, wobei seine Sympathien eindeutig auf der Seite Luthers lagen. Schließlich spricht aus den Bemerkungen über die von den Bauern verspielte Möglichkeit des ›gesetzlichen Fortschrittes‹ innerhalb der Macht der bestehenden Ordnung auf der einen und über die wilde Zerstörungswut auf der anderen Seite die Option des Historisten des frühen 19. Jahrhunderts für politische Reform und gegen die Revolution.

Friedrich Engels dagegen bekannte in einer Vorrede zu seiner Schrift über den Bauernkrieg freimütig, daß er mit ihr keine selbständige Forschung im Sinne einer Rekonstruktion der Ereignisse habe liefern wollen. Sein Ziel sei es vielmehr gewesen,

»den geschichtlichen Verlauf des Kampfes nur in seinen Umrissen skizzierend, den Ursprung des Bauernkriegs, die Stellung der verschiedenen darin auftretenden Parteien, die politischen und religiösen Theorien, in denen diese Parteien über ihre Stellung sich klarzuwerden suchten, endlich das Resultat des Kampfes selbst mit Notwendigkeit aus den historisch vorliegenden gesellschaftlichen Lebensbedingungen dieser Klassen zu erklären; also die damalige politische Verfassung Deutschlands, die Auflehnungen gegen sie, die politischen und religiösen Theorien der Zeit nachzuweisen, nicht als Ursachen, sondern als Resultate der Entwicklungsstufe, auf der sich damals in Deutschland Ackerbau, Industrie, Land- und Wasserstraßen, Waren- und Geldhandel befanden [...]«.[8]

In der Schrift selbst grenzte Engels diese materialistische Interpretation vom idealistischen Historismus ab:

»Die deutsche Ideologie sieht [...] in den Kämpfen, denen das Mittelalter erlag, noch immer weiter nichts als heftige theologische Zänkereien. Hätten die Leute jener Zeit sich nur über himmlische Dinge verständigen können, so wäre, nach der Ansicht unserer vaterländischen Geschichtskenner und Staatsweisen, gar kein Grund vorhanden gewesen, über die Dinge dieser Welt zu streiten. [...] Von den Klassenkämpfen, die in diesen Erschütterungen ausgefochten werden und deren bloßer Ausdruck die jedesmal auf die Fahnen geschriebene politische Phrase ist, [...] haben unsere Ideologen kaum eine Ahnung. [...] Auch in den sogenannten Religionskriegen des sechzehnten Jahrhunderts handelt es sich vor allem um sehr positive Klasseninteressen, und diese Kriege waren Klassenkämpfe [...] Wenn diese Klassenkämpfe damals religiöse Schibboleths (das heißt Losungsworte) trugen, wenn die Interessen, Bedürfnisse und Forderungen der einzelnen Klassen sich unter einer religiösen Decke verbargen, so ändert dies nichts an der Sache und erklärt sich leicht aus den Zeitverhältnissen. [...]«

Engels hat in späteren Äußerungen aus den 70er und 80er Jahren Reformation und Bauernkrieg als zwei Stufen der »frühen bürgerlichen Revolution« bezeichnet, in denen »der große Kampf des europäischen Bürgertums gegen den Feudalismus« kulminierte. Er hat mit der Formulierung ›frühbürgerliche Revolution‹ der marxistischen Geschichtswissenschaft bis zum heutigen Tage das Stichwort für die historische Einordnung nicht nur des Bauernkrieges, sondern auch der Reformation gegeben. Schon 1850 endete das Kapitel über Luther und Müntzer in Engels' Bauernkriegsschrift mit den Sätzen:[9]

»Der Unterschied ist nur, daß, während Luther sich begnügte, die Vorstellungen und Wünsche der Majorität seiner Klasse [sprich: des Bürgertums] auszusprechen und sich damit eine höchst wohlfeile Popularität bei ihr zu erwerben, Müntzer im Gegenteil weit über die unmittelbaren Vorstellungen und Ansprüche der Plebejer und Bauern hinausging und sich aus der Elite der vorgefundenen revolutionären Elemente seine Partei bildete, die übrigens, soweit sie auf der Höhe seiner Ideen stand und seine Energie teilte, immer nur eine kleine Minderheit der insurgierten Masse blieb.«

Die Zitate genügen, um die zentralen Gesichtspunkte der marxistischen Geschichtskonzeption wiederzuerkennen: Die Reduktion des Bauernkrieges und der Reformation auf die ökonomisch und gesellschaftlich bedingten Interessen von Klassen, die in moderner Terminologie auch ›Parteien‹ genannt werden; die Entlarvung der verschiedenen Spielarten der politischen Theorie und der reformatorischen Lehre als bloße Ideologie, durch die jene Klasseninteressen verschleiert wurden; damit büßen sie auch ihren Eigenwert ein; die Erklärung von Reformation und Bauernkrieg als Resultat einer als notwendig erkannten Entwicklungsstufe der Geschichte; schließlich die für die spätere politische Taktik kommunistischer Revolutionäre, besonders Lenins, wichtige Aussage, daß immer nur eine Minorität – später heißt es ›die Partei‹ – auf der Höhe der Zeit stehe und damit legitimiert sei, die Massen zum vorprogrammierten Erfolg zu führen.

Werfen wir noch einen Blick auf die gegenwärtige Beurteilung von Reformation und Bauernkrieg, um zu ermessen, ob und wie weit man sich vom frühen Historismus und von den Anfängen der marxistischen Geschichtsbetrachtung entfernt hat. Zunächst ist darauf hinzuweisen, daß in der Zwischenzeit von bürgerlichen und marxistischen Historikern eine enorme Forschungsarbeit im Sinne der genaueren Analyse der geistigen, politischen, ökonomischen und sozialen Bedingungen des Bauernkrieges geleistet worden ist, und zwar hier wie dort mit einem großen Aufwand an intensiver Quellenarbeit und vergleichender Interpretation. Das Standardwerk der nicht-marxistischen Wissenschaft, in dessen elfter Auflage aus dem Jahre 1977 auch die Ergebnisse marxistischer Forschung verarbeitet sind, ist immer noch die vor 1933 geschriebene Monographie von Günther Franz. Der deutsche Bauernkrieg (Darmstadt ^{11}1977). Das schließt aber darüber hinausgehende Interpretationsansätze in der westlichen Geschichtswissenschaft nicht aus, entsprechend der Einsicht in die Vorläufigkeit der Ergebnisse historischer Forschung. Günther Franz hält daran fest, »daß der Bauernkrieg nicht primär aus wirtschaftlichen und auch nicht aus religiösen Gründen« begonnen wurde, vielmehr durch den politischen und institutionellen Druck des modernen Landesfürstentums auf den gemeinen Mann.
Peter Blickle dagegen sieht im Bauernkrieg, zumindest von der Zielsetzung her, eine Revolution, die – als Folge der wirtschaftlichen und politischen Entmündigung des Klerus und der politischen Entmachtung des Adels – eine kooperativ-bündische Verfassung auf regionaler Basis als Gegengewicht zum Territorialstaat anstrebte. Die Krise des Feudalismus mit ihren Rückwirkungen auf das gesamte Wirtschafts- und Gesellschaftsgefüge wird in die Betrachtung einbezogen, ohne, wie es bei Blickle heißt, »die Eigenwertigkeit des politischen Bereichs zu unterschätzen«. Andere Interpreten suchen den Bauernkrieg mit Hilfe von Theorien aus den Sozialwissenschaften zu erklären. In solchen Interpretationen zeigt sich der große Abstand der modernen westlichen Geschichtswissenschaft von Rankes

Historismus, auch wenn an der Forderung festgehalten wird, die historischen Erscheinungen in ihrem Eigenwert zu erfassen.
Die summarische Darlegung des marxistischen Standpunktes, die einer der führenden Historiker der DDR, Max Steinmetz, 1975 auf einer internationalen Tagung über den Bauernkrieg gab, verrät demgegenüber die unveränderte Geltung der von Engels vor über 100 Jahren aufgestellten Beurteilungskriterien:[10]

»Der deutsche Bauernkrieg, die größte Massenbewegung der älteren deutschen Geschichte, gehört in die große Reihe der europäischen Bauernbewegungen des beginnenden Übergangs vom Feudalismus zum Kapitalismus. Im Unterschied zu älteren Bauernerhebungen besteht die eine wesentliche Besonderheit des deutschen Bauernkrieges in den neuen, durch frühkapitalistische Entwicklungen bedingten sozioökonomischen Voraussetzungen. Nicht zuletzt dadurch wurde der deutsche Bauernkrieg Kulminationspunkt eines alle Klassen und Schichten im damaligen Deutschland revolutionierenden Prozesses. Der neue Charakter wurde deutlich mit Beginn der Reformation. Erst sie mobilisierte alle Schichten der Gesellschaft gegen die Papstkirche und einigte sie im Kampf gegen das hierarchisch-kuriale System. Die enge Verbindung mit der Reformation stellt die andere Besonderheit des deutschen Bauernkrieges dar, in dem sich bäuerlicher Klassenkampf mit reformatorischen Bestrebungen auf nationaler Ebene durchdringen. Nur auf dieser Grundlage ist die für die deutschen Ereignisse charakteristische Herausbildung der revolutionären Volksreformation als notwendige Weiterführung der Reformation mit und durch die Volksmassen möglich gewesen.
[...] Durch die frühkapitalistischen Entwicklungen im Europa des 16. Jahrhunderts wurde er Teil und Höhepunkt eines Versuches bürgerlich-revolutionärer Umgestaltung der gesellschaftlichen und politischen Verhältnisse: der deutschen frühbürgerlichen Revolution.
[...] Erst unter den Bedingungen des Frühkapitalismus erhalten Reformation und Bauernkrieg den Charakter einer frühbürgerlichen Revolution.«

Während also die Bindung der marxistischen Historiker an die dogmatischen Aussagen der ›Klassiker‹, wie Marx, Engels und Lenin in den Literaturverzeichnissen der Geschichtswerke aus der DDR pointiert genannt werden, den Spielraum zur Erforschung zentraler Zusammenhänge der Geschichte einengt, ist in der modernen westlichen Geschichtswissenschaft der Pluralismus der Fragestellungen und der Methoden trotz zeitweiligen Dominierens einzelner Schulen gewahrt. Ihre Ergebnisse werden der dauernden innerwissenschaftlichen Kritik unterworfen. Die sogenannte ›Krise des Historismus‹ und die im nächsten Kapitel zu besprechenden neuen Richtungen der Geschichtswissenschaft bestätigen diese Fragestellung.

Orientierungsdaten zum deutschen Bauernkrieg von 1525

14./15. Jh.	Bäuerliche Aufstände gegen die bestehende Herrschafts- und Gesellschaftsordnung in Flandern (1321), Frankreich (1356), England (1381), Böhmen (Hussitenkriege 1419–36), Franken (1476), Oberdeutschland und Schweiz (1493–1517)
1517	Auslösung der Reformation in Deutschland durch den Thesenanschlag Martin Luthers
1520	Luthers Schrift: ›VON DER FREIHEIT EINES CHRISTENMENSCHEN‹
1521	Reichstag zu Worms. Luther verteidigt seine Lehre vor dem Kaiser (seit 1519 Karl V.), wird in die Reichsacht erklärt, aber von seinem Landesherrn, Kurfürst Friedrich dem Weisen von Sachsen, auf der Wartburg geschützt. Beginn der Bibelübersetzung ins Deutsche.
1522/1523	Ritterkrieg (Franz von Sickingen) gegen die Landesfürsten Südwestdeutschlands. Niederlage des sich auf ›Evangelium, Freiheit und Gerechtigkeit‹ (Ulrich von Hutten) berufenden niederen Adels
Juni 1524	Beginn der Bauernaufstände am Südostrand des Schwarzwaldes
1524	Gründung des ›getreulichen Bundes göttlichen Willens‹ durch Thomas Müntzer in Allstedt
1524/1525	Ausbreitung des Bauernkrieges vom Oberrhein und vom Schwarzwald nach Schwaben, Franken, in den Odenwald, nach Thüringen und Sachsen, in die österreichischen Erblande; Bayern und Norddeutschland bleiben weitgehend verschont
März 1525	Die ›Zwölf Artikel‹ der Bauernschaft in Schwaben
April 1525	Beginn des Bauernkrieges in Thüringen unter der Führung Thomas Müntzers
Mai 1525	Luthers Schrift: ›WIDER DIE RÄUBERISCHEN UND MÖRDERISCHEN ROTTEN DER BAUERN‹
Mai bis Nov. 1825	Niederschlagung der Bauernaufstände durch die Truppen der Landesfürsten und des Adels
1555	Augsburger Religionsfriede als politischer Abschluß der Reformation in Deutschland
17.–18. Jh.	Vereinzelte Bauernaufstände in der Schweiz (1653), in Oberösterreich (1626) und in Bayern (1705/06)

Anmerkungen

1 L. V. RANKE, Deutsche Geschichte im Zeitalter der Reformation. Sämtl. Werke. Bd. 2, Leipzig [4]1909, S. 147.
K. MARX, Zur Kritik der Hegel'schen Rechtsphilosophie. In: K. MARX/A. RUGE, Deutsch-Französische Jahrbücher, Paris 1844 (Nachdr. Darmstadt 1967), S. 80.

2 Übers. aus G. FRANZ (Hg.), Quellen zur Geschichte des Bauernkrieges, Darmstadt 1963, Nr. 43.

3 Übers. aus G. FRANZ (Hg.), Quellen zur Geschichte des Bauernkrieges, Darmstadt 1963, Nr. 180.

4 M. LUTHER, Ausgewählte Werke, hg. v. H. BORCHARDT/G. MENZ. Bd. 4, München [3]1964, S. 148–150.

5 Beide Thesen aus der ›Deutschen Ideologie‹. In: K. MARX, Frühe Schriften. Bd. 2, Darmstadt 1971, S. 4 u. 15.

6 F. MEINECKE, Die Entstehung des Historismus, Stuttgart 1959, S. 1.

7 Das Folgende in RANKE, Deutsche Geschichte im Zeitalter der Reformation, a.a.O., S. 147f, 149 u. 159.

8 F. ENGELS, Der Deutsche Bauernkrieg (1850). In: Marx-Engels-Werke, Bd. 7. Berlin (Ost), S. 531f.
9 Ebd., S. 358.
10 M. STEINMETZ, Positionen der Forschung. Kritische Bemerkungen zur Bauernkriegsforschung in der Bundesrepublik Deutschland. In: P. BLICKLE (Hg.), Revolte und Revolution in Deutschland, München 1975 (= Beiheft 4 der Historischen Zeitschrift), S. 116 f.

Literaturverzeichnis

Bauernkrieg:

P. BLICKLE (Hg.): Revolte und Revolution in Europa. Referate und Protokolle des Internationalen Symposiums zur Erinnerung an den Bauernkrieg 1525 (Memmingen, 24.–27. März 1975). München 1975 (Historische Zeitschrift, Beiheft 4).
Ders.: Die Revolution von 1525. München/Wien 1977.
F. ENGELS: Der Deutsche Bauernkrieg (1850). In: MEW. Bd. 7. Berlin (Ost) 1960.
G. FRANZ: Der deutsche Bauernkrieg. Darmstadt [11]1977 (zuerst 1933).
A. LAUBE/M. STEINMETZ/G. VOGLER (Hrsg.): Illustrierte Geschichte der deutschen frühbürgerlichen Revolution. Berlin (Ost) 1974.
R. WOHLFEIL (Hg.): Reformation oder frühbürgerliche Revolution. München 1972.
Ders. (Hg.): Der Bauernkrieg 1524–26. Bauernkrieg und Reformation. München 1975.
W. ZIMMERMANN: Allgemeine Geschichte des großen Bauernkrieges. Nach handschriftlichen und gedruckten Quellen. 2. Auflage in 2 Bänden. Stuttgart 1856; Neudruck 1939.

Historismus:

O. BRUNNER/W. CONZE/R. KOSELLECK (Hg.): Geschichtliche Grundbegriffe. Historisches Lexikon zur politisch-sozialen Sprache in Deutschland. Bd. 1 ff., Stuttgart 1972ff: hier besonders die Artikel ›Entwicklung‹ und ›Geschichte‹.
K.-G. FABER: Ausprägungen des Historismus. Historische Zeitschrift 228 (1979), S. 1–22.
G. G. IGGERS: Deutsche Geschichtswissenschaft. Eine Kritik der traditionellen Geschichtsauffassung von Herder bis zur Gegenwart. München 1971 (dtv WR 4059), [3]1976.
R. KOSELLECK/W. J. MOMMSEN/J. RÜSEN (Hg.): Theorie der Geschichte. Bd. 1: Objektivität und Parteilichkeit in der Geschichtswissenschaft. München 1977 (dtv WR 4281) (mit Beiträgen über Gervinus, Treitschke und Marx).
G. OESTREICH: Die Fachhistorie und die Anfänge der sozialhistorischen Forschung. Historische Zeitschrift 208 (1969), S. 320–363.
E. SCHULIN: Traditionskritik und Rekonstruktionsversuch. Studien zur Entwicklung von Geschichtswissenschaft und historischem Denken. Göttingen 1979.
H.-U. WEHLER (Hg.): Deutsche Historiker. Göttingen 1973. 5 Bde. (Kleine Vandenhoeck-Reihe).

Marxismus:

W. BLUMENBERG: Karl Marx in Selbstzeugnissen und Bilddokumenten. Reinbek bei Hamburg 1962.
E. ENGELBERG (Hg.): Probleme der marxistischen Geschichtswissenschaft. Beiträge zu ihrer Theorie und Methode. Köln 1972.

E. ENGELBERG/W. KÜTTLER (Hg.): Formationstheorie und Geschichte. Studien zur historischen Untersuchung von Gesellschaftsformationen im Werk von Marx, Engels und Lenin. Berlin (Ost) 1978.

K.-G. FABER: Die geschichtliche Welt und die Marxsche Basis-Überbau-Theorie. In: Th. Schieder (Hg.): Methodenprobleme der Geschichtswissenschaft. München 1974 (Historische Zeitschrift, Beiheft 3).

H. FLEISCHER: Marxismus und Geschichte. Frankfurt [3]1970.

CL. D. KERNIG (Hg.): Sowjetsystem und Demokratische Gesellschaft. Eine vergleichende Enzyklopädie in 6 Bde. Freiburg 1966–72. Als Sonderausgabe in Paperback unter dem Titel: Marximus im Systemvergleich. Frankfurt/New York 1973 ff (grundlegend).

Marx and the Contemporary Scientific Thought. The Hague 1969.

G. MAYER: Friedrich Engels. Bd. 1 (2. Aufl.) und 2. Den Haag 1934 (Neudruck 1971).

D. MCLELLAN: Karl Marx. His Life and Thought. London/New York 1973. Deutsch: Karl Marx. Leben und Werk. München 1974.

H. PELGER (Hg.): Friedrich Engels 1820–1970. Referate, Diskussionen, Dokumente. Internationale wissenschaftliche Konferenz in Wuppertal 1970. Hannover 1971 (Schriftenreihe des Forschungsinstituts der Friedrich-Ebert-Stiftung, Bd. 85).

28. Karl-Georg Faber

Geschichtswissenschaft heute

Voraussetzungen

Zu den Traditionen des Geschichtsdenkens, die noch heute direkt oder indirekt die wissenschaftliche Auseinandersetzung mit der Vergangenheit beeinflussen, gehören als besonders wichtige Traditionen der Historismus und der historische Materialismus. Das sind zwei Varianten der geistigen Reaktion auf die moderne Revolution, die selbst in den Sog des historischen Prozesses gerieten und sich entsprechend verändert haben. Der *Historismus* gehört zeitlich zu der von politischen Revolutionen begleiteten Entstehung der bürgerlichen Gesellschaft seit dem 18. Jahrhundert. Er blieb bis zum Ende des 19. Jahrhunderts den bürgerlichen Lebensidealen verpflichtet. Die Geschichtswissenschaft wurde zu einer eigenständigen Disziplin; ihre Fragestellungen und Methoden wurden auch von anderen Fächern übernommen.
Der *Historische Materialismus* antwortete seinerseits auf die sozialen, politischen und ideologischen Auswirkungen der industriellen Revolution. Deren Resultat war der Industriekapitalismus. Der historische Materialismus analysierte diesen und stellte ihn in den weltgeschichtlichen Zusammenhang, letztlich mit dem politischen Ziel, ihn in einer revolutionären Bewegung zu überwinden. Als Geschichtsforschung und Geschichtsphilosophie besitzt der Marxismus manche Gemeinsamkeiten mit dem Historismus des 19. Jahrhunderts. Darüber hinaus haben vom Marxismus beeinflußte Historiker dazu beigetragen, daß das Untersuchungsfeld der Geschichtswissenschaft um die ökonomische und soziale Dimension, marxistisch gesprochen, um die ›Basis‹ ergänzt wurde.
Die weltanschauliche Grundlage des Historismus, aber auch nicht wenige der politischen Rahmenbedingungen des 19. Jahrhunderts, wurden in den Katastrophen des 20. Jahrhunderts in Frage gestellt. Andererseits hat sich der Industriekapitalismus als anpassungs- und widerstandsfähiger erwiesen, als es von der marxistischen Theorie erwartet worden war. Schließlich hat sich auch die Historie dem allgemeinen Zug zur Verwissenschaftlichung aller Bereiche des gesellschaftlichen Lebens,

ihrer ›Verwerkzeuglichung‹, wie dieser Trend von dem niederländischen Historiker Jan Huizinga (1872–1945) genannt worden ist, nicht entziehen können.
Mit diesem Rückblick sind die wichtigsten äußeren und inneren Voraussetzungen dessen erfaßt, was im Titel dieses Kapitels die ›Geschichtswissenschaft heute‹ heißt. Sie ist eine Disziplin, deren Bindung an die Gegebenheiten und gesellschaftlichen Interessen *unserer* Gegenwart durch eben jenes Wort ›heute‹ ausgedrückt wird. Die Geschichtswissenschaft ändert ihr Gesicht mit dem Wandel der Geschichte selbst; sie steht nicht außerhalb des Prozesses, den sie erforschen soll. Ein Blick auf ihre Fragestellungen, Methoden und Kontroversen, verspricht Aufschlüsse über die geistige Situation unserer Zeit.

Erster Überblick

Was ist an der heutigen Geschichtswissenschaft eigentlich modern? Für eine erste – und natürlich ganz vorläufige – Beantwortung dieser Frage sei ein Bild gewählt. Die Geschichtswissenschaft gleicht heute einem Hochhaus mit vielen Geschossen und zahllosen Zimmern. Sie sind durch Türen, Treppenhäuser, Aufzüge, Rohrpost, Telefon und Fernschreiber horizontal, vertikal und diagonal miteinander verbunden, auch wenn nicht alle Insassen des weitläufigen Gebäudes von diesen Möglichkeiten der Kommunikation Gebrauch machen. Das Haus beherbergt allgemeine und spezielle Fachbibliotheken, Archive, Kartensammlungen und andere Dokumentationen, neuerdings auch ein Rechenzentrum, Fotolabors und andere technische Einrichtungen, die den Forschern zur Verfügung stehen. Mit anderen Worten: Moderne Geschichtsforschung deckt sich nicht mehr mit der einsamen Arbeit des Historikers in der Studierstube, und ihre Ergebnisse werden nicht mehr allein in Quelleneditionen oder Werken der erzählenden Geschichtsschreibung präsentiert. Die Spannweite *und* zugleich die Spannüng zwischen der unverzichtbaren Forscherleistung des einzelnen und der Notwendigkeit, bestimmte Probleme durch Kooperation, in Teamwork, unter Zuhilfenahme komplizierter technischer Geräte zu lösen, ist unübersehbar. Noch größer ist der Abstand zwischen der enormen zeitlichen, regionalen und sachlichen Spezialisierung der Forscher und der Forderung nach Ausarbeitung historischer Synthesen.
Angesichts dieses Sachverhaltes ist es schlechterdings ausgeschlossen, in diesem Kapitel einen annähernd vollständigen

Überblick über das Mammutunternehmen ›Geschichtswissenschaft heute‹ zu geben. Welche Dimensionen es besitzt, mögen die beiden folgenden Angaben zeigen.
Das ›Comité international des sciences historiques‹, die Dachorganisation der nationalen Historikerverbände, veranstaltet alle fünf Jahre einen internationalen Historikerkongreß. Der letzte fand im Jahre 1980 in Bukarest statt. Auf ihm diskutieren jeweils mehrere tausend Historiker aus aller Welt, aus dem Osten und Westen, zunehmend auch aus den Ländern der Dritten Welt, in zahlreichen Sektionen und Kommissionen neue Fragestellungen und Forschungsergebnisse. Das ist ein Vorgang, durch den die weltanschaulich-politischen Vorgaben und Gegensätze in der Beschäftigung mit der Geschichte zwar nicht ausgeräumt, aber in persönlichem und sachlichem Gespräch relativiert werden.
Das zweite Datum: Um einen besseren Überblick über die sich zunehmend spezialisierende Geschichtsforschung zu ermöglichen und Doppelarbeit zu vermeiden, erscheint seit einiger Zeit das ›Jahrbuch der historischen Forschung in der Bundesrepublik Deutschland‹. Der dritte Band aus dem Jahre 1978 verzeichnet unter dem Titel ›Index der Forschung‹ die nach Sachgebieten aufgegliederten laufenden Forschungsvorhaben, die durch Umfragen bei den Forschungseinrichtungen ermittelt wurden. Der Index enthält 8190 Eintragungen. Dabei ist zu berücksichtigen, daß sicherlich nicht alle Arbeitsvorhaben gemeldet worden sind. Dieses Defizit dürfte aber dadurch in etwa ausgeglichen werden, daß nicht alle gemeldeten Projekte erfolgreich zu Ende geführt werden.
Es leuchtet ein, daß die vollständige Beschreibung der gegenwärtigen historischen Forschung kein geeigneter Weg ist, um einen Überblick über ›Geschichtswissenschaft heute‹ zu geben. Auch fehlt es dem Autor an der notwendigen Kompetenz dazu. Es gibt wohl keinen Historiker, der das Ganze der modernen Geschichtswissenschaft überblickt. Es wird deshalb versucht, mit Hilfe bestimmter Fragestellungen eine Auswahl zu treffen. Sie soll ein Urteil darüber erlauben, was den verschiedenen Richtungen und Arbeitsweisen historischer Forschung im letzten Drittel des 20. Jahrhunderts gemeinsam ist.
Eine willkommene Entlastung erfährt dieses Vorhaben dadurch, daß an anderer Stelle dieses Buches schon einige Richtungen der modernen Geschichtswissenschaft vorgestellt wurden; so etwa die Historische Verhaltensforschung, deren Fragestellungen und Methoden in das Kapitel 3 ›Geburt und Tod‹ sowie in das Kapitel 10 ›Das Fremde und das Eigene‹ von August Nitschke eingegangen sind. Probleme und Arbeitswei-

sen der modernen Wirtschafts- und Sozialgeschichte sind in fast allen Kapiteln zur Sprache gekommen, besonders intensiv bei der Behandlung des Themas ›Mangel und Überfluß‹ (Kapitel 6) und bei der Analyse der industriellen Revolution (Kapitel 20). Der Geschichte der Wissenschaften – auch unserer eigenen Disziplin – und der Technik, beides verhältnismäßig junge Arbeitsfelder der historischen Forschung, waren mehrere Kapitel gewidmet (8, 11, 26, 27), und in den Kapiteln 22 und 23, ›Weltpolitik seit 1917‹, standen als Ausschnitt aus der modernen Politikgeschichte die internationalen Beziehungen im Rahmen der sogenannten Zeitgeschichte im Vordergrund des Interesses.
Gerade das zuletzt genannte Beispiel zeigt, daß die ›Geschichtswissenschaft heute‹ nicht einfach aus neuen, bisher unbekannten Forschungsansätzen besteht. Sie ruht, wie übrigens jede Wissenschaft, auf den Ergebnissen der älteren Forschung auf und praktiziert weiterhin deren Methoden, sofern sie sich bewährt haben. Der Glaube, daß mit dem sogenannten Fortschritt der Wissenschaften frühere Einsichten völlig nutzlos werden, trifft am allerwenigsten auf die Geschichtswissenschaft zu. Der Historiker muß, sofern er sich nicht mit einem ganz neuen Thema der Zeitgeschichte befaßt, immer wieder auf jene Einsichten zurückgreifen, nicht aus bloßem wissenschaftshistorischem Interesse, sondern zur Überprüfung des eigenen Tuns. Es ist ein leider verbreitetes Mißverständnis, wenn man meint, die politische Geschichte sei überholt oder die sogenannte Geistesgeschichte veraltet. Allerdings müssen sich solche älteren Zweigdisziplinen ebenso wie jeder neue Ansatz gefallen lassen, an den sich verändernden Maßstäben der Wissenschaft gemessen und daraufhin befragt zu werden, welchen Beitrag sie zur Erkenntnis von Geschichte in einer sich wandelnden Welt leisten können.

Nach dieser ersten Annäherung an das Thema seien die *Gesichtspunkte* präzisiert, unter denen im Folgenden eine Vorstellung von den Fragestellungen und Methoden der modernen Geschichtswissenschaft vermittelt wird. Dazu drei Ergebnisse der sogenannten ›Krise des Historismus‹ seit Beginn dieses Jahrhunderts (vgl. Kapitel 27):

1. Die Erfahrung der wirtschaftlichen und gesellschaftlichen Probleme der industriell-technischen Welt hat die politische Geschichte als *das* bevorzugte Studienobjekt aus dem Zentrum der Geschichtsforschung verdrängt. Bisher übersehene oder vernachlässigte Felder werden in den Forschungsprozeß einbezogen.

2. Die Bindung der Methoden und der Darstellungsweisen – nämlich des Verstehens und des Erzählens – an die Geschichtsphilosophie des Historismus ist gelockert worden. Damit wurde der Weg frei für die Übernahme von Begriffen und für die Verwendung von Theorien der Sozialwissenschaftler in der historischen Forschung.
3. Durch beide Entwicklungen wurde der Abbau künstlicher Grenzen zwischen den Zweigdisziplinen der Geschichtswissenschaft und zu anderen Geistes- und Sozialwissenschaften gefördert. Sie weckten außerdem das Bedürfnis nach einer Integration der verschiedenen Bereiche des historischen Prozesses in eine nicht mehr nur erzählende, sondern darüber hinaus erklärende Synthese.

Zwei gemeinsame Tendenzen sind bei dieser neuen Entwicklung zu beobachten: Zum einen die Hinwendung der Forschung zum Menschen als Träger der Geschichte und zu den von ihm geschaffenen Verhältnissen, und zwar weniger zum Menschen als Individuum als zu den menschlichen Gruppen, ihren institutionalisierten oder spontanen Verhaltensweisen und Lebensformen. Die Institutionen selbst werden ebenso wie die Ideen und individuellen Motive mehr als bisher in ihren sozialen Bezügen untersucht.
Zum anderen wird das Handeln und Leiden historischer Individuen stärker als bisher in die übergreifenden Zusammenhänge der Geschichte selbst, in die ›Strukturen‹ und ›Prozesse‹ eingeordnet, die den Erfahrungshorizont der einzelnen übersteigen.
Wie sich diese Veränderungen auf die Forschung in den klassischen Arbeitsfeldern der Geschichtswissenschaft ausgewirkt haben, wird zunächst am Beispiel der modernen Politikgeschichte und an der Zweigdisziplin der Verfassungsgeschichte demonstriert.

Moderne Politikgeschichte

Die Politikgeschichte war im 19. und frühen 20. Jahrhundert mehr oder weniger deutlich in zwei Forschungsrichtungen geschieden, nämlich in die Erforschung der Außenpolitik der Staaten, das hieß vor allem der Diplomatie- oder der Kriegsgeschichte, und in die Untersuchung der Innenpolitik, das bedeutete primär der Verfassungs- und Verwaltungsgeschichte im institutionellen Sinne. Diese Arbeitsteilung war nicht willkürlich. Sie spiegelte zwei wichtige Ergebnisse der neuzeitlichen

Geschichte selbst wider. Zum einen war seit dem Spätmittelalter in Europa ein System souveräner Staaten entstanden, die sich selbständig gegenüberstanden und ihre Politik gegeneinander nach ihren jeweiligen Interessen, der sogenannten ›Staatsräson‹, gestalteten. Gleichzeitig setzte sich nach innen die geordnete Staatsgewalt gegenüber älteren politischen und religiösen Kräften durch. Sie schuf sich einen leistungsfähigen Behördenapparat und besaß – oder beanspruchte zumindest – das ›Monopol der legitimen Gewaltanwendung‹, um eine Formulierung Max Webers zu gebrauchen. Dieses Monopol wurde seit dem Ende des 18. Jahrhunderts durch Verfassungsurkunden begrenzt und in diesen Grenzen legitimiert.

Die damit vollzogene Trennung von Außen- und Innenpolitik in der Neuzeit prägte das Politik- und Geschichtsverständnis der Historiker des 19. Jahrhunderts und schlug sich in der entsprechenden Differenzierung der Forschung nieder.

Einerseits entstanden – und zwar nicht nur in Deutschland, sondern in allen europäischen Ländern – die großen Sammlungen von diplomatischen Akten zur Außenpolitik der Staaten und ihrer Repräsentanten, der Monarchen und Staatsmänner. Auf ihrer Grundlage wurden die Beziehungen der europäischen Mächte in Krieg und Frieden rekonstruiert.

Andererseits stützte sich die Erforschung der inneren Staatsgeschichte, als Verwaltungs- und Verfassungsgeschichte, auf das in den Archiven aufbewahrte Regierungs- und Behördenschriftgut, auf Verfassungsurkunden, Gesetze und Verordnungen, auf Parlamentsprotokolle und Nachlässe führender Politiker. Beide Forschungsrichtungen stehen auch heute noch in Blüte. Gleichwohl ist eine Veränderung des Fragens nicht zu übersehen. Die Trennung von Außen- und Innenpolitik wird zunehmend relativiert.

Die ›Fischer-Kontroverse‹

Dies läßt sich an der Debatte über die Rolle Deutschlands beim Ausbruch und im Verlauf des Ersten Weltkrieges verfolgen, die unter dem Namen ›Fischer-Kontroverse‹ bekannt ist. Sie war eine Wendemarke in der deutschen Geschichtsforschung nach dem Zweiten Weltkrieg und hat infolge ihres politisch-moralischen Gegenwartsbezuges die Öffentlichkeit stark bewegt. Ausgelöst wurde sie im Jahre 1961 durch das Buch des Hamburger Historikers Fritz Fischer ›Griff nach der Weltmacht. Die Kriegszielpolitik des kaiserlichen Deutschland 1914/18‹. Fischer stellte die in der älteren deutschen Forschung

bestehende Übereinstimmung in doppelter Hinsicht in Frage. Galt bis dahin, nicht zuletzt als Ergebnis der Auseinandersetzung mit dem Kriegsschuldparagraphen des Versailler Vertrages, daß die am Ersten Weltkrieg beteiligten Großmächte, abgesehen von dem kriegswilligen Österreich-Ungarn, infolge der Automatik der Bündnisverträge und der Mobilmachungspläne gewissermaßen in den Krieg ›hineingeschlittert‹ seien, so stellte Fischer die entscheidende Verantwortung der deutschen Reichsleitung, besonders des Kanzlers Theobald von Bethmann Hollweg, für die Auslösung des Krieges heraus, weil er in der sogenannten Julikrise 1914, nach dem Attentat auf den österreichischen Thronfolger Erzherzog Ferdinand, dem Verbündeten Österreich-Ungarn die bedingungslose Unterstützung des Reiches für den Vergeltungskrieg gegen Serbien versprochen habe.
Noch brisanter war die Verknüpfung dieser These mit der Kriegszielfrage. Fischer suchte zu zeigen, daß die deutsche Reichsleitung und nicht nur, wie bekannt war, nationalistische Kreise extrem annexionistische Kriegsziele in West und Ost zum Ausbau der Weltmachtstellung Deutschlands verfolgt und damit den Abschluß eines Verhandlungsfriedens unmöglich gemacht habe. Mit dieser Interpretation wurde eine Kontinuität von der deutschen Weltmachtpolitik im Ersten Weltkrieg zur Kriegspolitik Hitlers nahegelegt.
Hauptkontrahent Fischers in dieser Kontroverse, an der sich viele Forscher beteiligten, war Gerhard Ritter (1888–1967). Der Freiburger Historiker hatte unter der Hitler-Diktatur zu dem liberal-konservativen Widerstandskreis um den ehemaligen Leipziger Oberbürgermeister Carl Goerdeler gehört. Unter dem Eindruck der deutschen Katastrophe hatte er schon in den fünfziger Jahren mit der Erforschung des Militarismus als Konstante der preußisch-deutschen Geschichte seit dem 18. Jahrhundert begonnen. Dieser Militarismus wirkte sich im Ersten Weltkrieg in dem Konflikt zwischen der nach Ritters Auffassung maßvollen Politik der Reichsregierung unter Bethmann Hollweg und der Obersten Heeresleitung unter den Generälen Hindenburg und Ludendorff verhängnisvoll aus. Ritter wies außerdem darauf hin, daß auch bei den Gegnern der Mittelmächte Spannungen zwischen der zivilen und der militärischen Führung bestanden hatten, und zwar in Rüstungsfragen vor dem Kriege und in der Festlegung politischer und militärischer Ziele im Kriege. Damit wurde die deutsche Politik in den Rahmen der europäischen Großmachtpolitik hineingestellt und, wie leicht zu erkennen ist, die Rolle Bethmann Hollwegs anders interpretiert als durch Fischer.

Wie immer in ernsthaften Kontroversen mußten die beteiligten Historiker manche Modifikationen und Differenzierungen an ihren Thesen und Gegenthesen vornehmen. Eine Rückkehr zu dem Forschungsstand vor ihrem Beginn ist aber nicht möglich. Für die Frage nach dem Wandel der Geschichtswissenschaft ist ein anderes Ergebnis wichtig. Wurde die Kontroverse zuerst mit dem Instrumentarium der klassischen politischen Historie, durch Aktenstudium und in biographisch-ideengeschichtlichen Untersuchungen ausgefochten, so führte ihr Verlauf fast zwangsläufig zur Erforschung der gesellschaftlichen Strukturen und Bewußtseinslage im Wilhelminischen Reich, die als Bedingungsfaktoren einer deutschen Weltmachtpolitik in das Zentrum des Interesses rückten. Das wurde schon in Fischers zweitem Buch von 1969 ›Krieg der Illusionen. Die deutsche Politik von 1911 bis 1914‹ deutlich. Hier behandelte er in einem großen Einleitungskapitel nacheinander die Probleme, die sich aus dem Übergang Deutschlands vom Agrarstaat zum Industriestaat, aus der Führungsrolle von Junkern und Großindustrie und aus dem Großmachtdenken weiter Kreise der Bevölkerung für die Außenpolitik des Reiches ergaben. Seither ist die Erforschung der Geschichte des Bismarckreiches unter diesem Gesichtspunkt ein Schwerpunkt der historischen Wissenschaft. Dabei arbeiten die Zweigdisziplinen der Wirtschafts-, Sozial- und Politikgeschichte eng zusammen. Sie mündete in dem Versuch, den deutschen Imperialismus als eine Politik zu interpretieren, mit der die inneren sozialen und ideologischen Spannungen nach außen, in der Form einer aggressiven Weltpolitik abgeleitet wurden. Zur Charakterisierung dieser Politik hat man den schon früher geprägten Ausdruck des ›Sozialimperialismus‹ übernommen, weil sie nämlich der Stabilisierung und Legitimierung innenpolitischer und sozialer Herrschaft gedient haben soll. Prononcierter Vertreter dieser These ist der Bielefelder Historiker Hans-Ulrich Wehler. Er hat sie in zwei Büchern – ›Bismarck und der Imperialismus‹ (1969) und ›Das Deutsche Kaiserreich 1871–1918‹ (1973) – begründet. Die Diskussion über die Tragfähigkeit und Reichweite dieser These, nicht zuletzt über ihre Angemessenheit als Kennzeichen des Bismarckreiches insgesamt, ist in vollem Gange. Sie wird, was hier nicht im einzelnen vorgeführt werden kann, nicht minder heftig geführt als die Fischer-Kontroverse in den sechziger Jahren. Unbeschadet ihres Ausganges ist festzuhalten, daß alle an ihr beteiligten Historiker der Verschränkung von Innen- und Außenpolitik mehr Beachtung schenken, als das in der älteren Geschichtsschreibung über den Imperialismus der Fall gewesen ist.

Geschichte und Sozialwissenschaften

Um seine These von der innenpolitischen, nicht zuletzt gesellschaftlichen und mentalen Bedingtheit der deutschen Außenpolitik im Zweiten Kaiserreich zu untermauern, hat Wehler, der sein zweites Buch eine ›problemorientierte historische Strukturanalyse‹ genannt hat, auf Kategorien und Theorien der modernen Sozialwissenschaften zurückgegriffen. Das ist ein allgemeiner Trend der modernen Geschichtswissenschaft, der es dem Historiker ermöglicht, historische Strukturen und Prozesse präziser zu erschließen und zu erklären, als dies der älteren verstehenden Geschichtsforschung möglich war. Allerdings ist bisher die Annäherung von Geschichts- und Sozialwissenschaft primär der Erforschung der neueren Geschichte zugute gekommen. Mindestens *vier Varianten von historisch-sozialwissenschaftlichen Theorien* lassen sich nach Jürgen Kocka unterscheiden. Einige sind auch in diesem Buch diskutiert worden.

1. Theorien, die sich auf die Geschichte als Ganzes beziehen und deshalb auf einer Geschichtsphilosophie aufruhen; Beispiele: Der Historische Materialismus (vgl. Kapitel 27) oder die Kulturkreislehre, die in den zwanziger Jahren Oswald Spengler in seinem Hauptwerk ›Der Untergang des Abendlandes‹ (1918–1922) und in abgewandelter Form der britische Universalhistoriker Arnold Toynbee in den zwölf Bänden seiner ›Study of History‹ (1934–61) vorgelegt haben.
2. Theorien, die von Historikern unter Verwendung sozialwissenschaftlicher Begriffe zur Beschreibung und Erklärung zeitlich begrenzter Sachverhalte entwickelt worden sind; Beispiele: Die Faschismus- und Totalitarismustheorien zur Erklärung bestimmter Herrschaftssysteme des 20. Jahrhunderts (vgl. Kapitel 27).
3. Theorien, in denen durch die Konstruktion von wiederkehrenden Merkmalskombinationen Struktur- und Prozeßmuster der Geschichte aufgedeckt werden. Hier handelt es sich um das weite Feld der Typenbildung. Genannt seien die ›Typen der Herrschaft‹ (Max Weber), moderne Partei-, Revolutions- und Bürokratietheorien.
4. Theorien, die in den systematischen Sozialwissenschaften, besonders der Ökonomie und der Soziologie entwickelt worden sind, besonders solche, mit denen sich wiederholende längerfristige Prozesse erklärt werden. So hat Wehler in seinen Arbeiten zum Zweiten Kaiserreich unter Rückgriff auf Ergebnisse von Forschungen von Hans Rosenberg (in

dessen Buch ›Große Depression und Bismarckreich‹. 1967) zur Erklärung des Zusammenhangs von Wirtschaft, Gesellschaft und Politik die Konjunkturverlaufstheorie und die Theorie der sektoralen Modernisierung herangezogen.
Die Grenzen der Übernahme sozialwissenschaftlicher Theorien durch den Historiker liegen vorerst in ihrer gegenwartsbezogenen Begrifflichkeit, die eine Übertragung auf vormoderne Sachverhalte erschwert. Es bleibt abzuwarten, ob es gelingt, zeitalterspezifische – d. h. historische – Theorien für die Beschreibung und Erklärung der vorrevolutionären Geschichte zu entwickeln.

Moderne Verfassungsgeschichte

Ein ähnlicher Wandel wie in der Politikgeschichte hat sich in der historischen Zweigdisziplin der Verfassungsgeschichte vollzogen. Der Anstoß dazu ging in Deutschland von der Erforschung des Mittelalters aus. Die ältere verfassungsgeschichtliche Forschung wurde überwiegend von Rechtshistorikern oder Staatsrechtlern geleistet. In ihrem Zentrum standen, in Anknüpfung an das Politikverständnis des 19. Jahrhunderts, die staatlichen Institutionen, ihre Funktionen und ihre rechtliche Legitimation. Die damit verbundenen Begriffe der modernen Staats- und Verfassungslehre wurden oft unbesehen auf die politischen Ordnungen des Mittelalters übertragen; so etwa die Trennung von Staat und Gesellschaft, die Unterscheidung zwischen Macht, Recht und Freiheit in ihrer modernen Bedeutung oder die Trennung zwischen Verfassung und Verwaltung, schließlich die Ableitung aller politischer Instanzen von der als einheitlich aufgefaßten Staatsgewalt.
Dieser staatsbezogenen Interpretation der mittelalterlichen Verfassungsgeschichte hat die jüngere Mittelalterforschung seit den dreißiger Jahren unseres Jahrhunderts energisch widersprochen, am klarsten Otto Brunner mit seinem grundlegenden Buch ›Land und Herrschaft, Grundfragen der territorialen Verfassungsgeschichte Österreichs im Mittelalter‹. Es liegt inzwischen in fünfter Auflage vor. Brunner hat auf zweierlei hingewiesen: erstens darauf, daß man die politischen Ordnungen des Mittelalters, die man zusammengenommen seine Verfassung nennen kann, mit den Kategorien der neuzeitlichen Staatslehre nicht oder nur verzerrt darstellen kann; es sei deshalb notwendig, sie aus ihren eigenen Voraussetzungen heraus zu beschreiben. Zweitens darauf, daß die institutionelle Betrachtungsweise, die von der angeblichen Autonomie des

Staates gegenüber der Gesellschaft ausgeht, das Wesen mittelalterlicher Herrschaft verfehlt. Denn für das Mittelalter gilt die Trennung des mit dem Gewaltmonopol ausgestatteten Staates von einer unpolitischen Gesellschaft nicht, ebensowenig die Vorstellung liberaler Historiker des 19. Jahrhunderts von der ›altgermanischen Freiheit‹ als Ausgangspunkt der mittelalterlich-deutschen Verfassungsgeschichte. Inzwischen hat man die außerordentliche Vielschichtigkeit der unter der anerkannten Herrschaft des überkommenen Rechts stehenden politischen Ordnungen des Mittelalters erkannt: eine Fülle landschafts- und personengebundener Herrschaftskreise, deren jeweiliges Eigenrecht außer Frage stand. Sie reichte von der ›konkreten Lebensordnung‹ der adeligen und kirchlichen – meist klösterlichen – Grundherrschaft über die genossenschaftlich organisierte Verfaßtheit der mittelalterlichen Städte bis hin zur Lehensordnung. Diese war zwar zunächst ein Instrument zur Stärkung der Königsherrschaft gegenüber den landschaftlichen Gewalten. Diese Gewalten haben bis zum Ende des Alten Reiches im Jahre 1806 ihre politischen Funktionen nie ganz eingebüßt. Mit Recht hat deshalb der deutsch-amerikanische Historiker Dietrich Gerhard 1952 vom ›Regionalismus und ständischem Wesen‹ als einem Grundthema europäischer Geschichte gesprochen. Festzuhalten ist: Verfassungsgeschichte – sei es des Mittelalters, sei es der Neuzeit – kann heute nicht mehr ohne Einbeziehung der sozialen Dimension und ihrer wirtschaftlichen Grundlagen betrieben werden. In den jüngsten Auflagen von Gebhardts ›Handbuch der deutschen Geschichte‹, das beansprucht, den jeweils neuesten Forschungsstand zu vermitteln, ist ein großer Abschnitt ›Staat, Gesellschaft, Wirtschaft im deutschen Mittelalter‹ von Karl Bosl eingefügt worden. In dem ersten Paragraphen wird programmatisch festgestellt: »Eine Verfassungsgeschichte kann nur fruchtbar werden in engster Verbindung mit Sozialgeschichte. [...] Das ist freilich nur möglich bei Besinnung auf die allgemeinsten wirtschaftlichen Grundlagen allen sozialen und staatlichen Aufbaus.« Was dies bedeutet, wurde in Kapitel 4 ›Die Gruppe und der einzelne‹ am Beispiel der mittelalterlichen Zunft behandelt. Sie war ein Lebenskreis, in dem ökonomische, soziale, rechtliche, politische und religiöse Aufgaben zu einer umfassenden Ordnung zusammengefügt waren.

Der Wandel der verfassungsgeschichtlichen Betrachtungsweise hat mit einer Folgerichtigkeit, die aus der Sache selbst resultiert, zur Entstehung neuer historischer Zweigdisziplinen beigetragen, die aus der modernen Geschichtswissenschaft nicht mehr wegzudenken sind. Auf zwei möchte ich die Aufmerksamkeit lenken, auf die Geschichtliche Landeskunde und auf die Begriffsgeschichte.

Geschichtliche Landeskunde

Die Geschichtliche Landeskunde – in Frankreich spricht man von der ›Histoire régionale‹ – hat auch ihre Vorstufen. Zu ihnen gehören die auf ehemalige Territorien und ihre Dynastien bezogene Landesgeschichte und die Lokalgeschichte. Beide wurden lange Zeit aus der Sicht der allgemeinen politischen Geschichte eher abschätzig beurteilt. Sie galten als ein Arbeitsfeld, das von örtlichen Archivaren, landschaftlichen Geschichtsvereinen und Heimatforschern bestellt wurde. Ihre Aufwertung und – damit verbunden – die Umwandlung in einen Forschungszweig, in dem verschiedene Disziplinen mit dem Ziel der Rekonstruktion von Geschichtslandschaften zusammenarbeiten, begann um die Jahrhundertwende. In Deutschland gehört Karl Lamprecht (1856–1915) zu ihren Vorreitern. Sein Jugendwerk ›Deutsches Wirtschaftsleben des Mittelalters, Untersuchungen über die Entwicklung der materiellen Kultur des platten Landes auf Grund der Quellen zunächst des Mosellandes‹ – es erschien in den Jahren 1885/86 – war der erste Markstein der neuen Richtung. An dem Ausbau der neuen Disziplin waren neben der älteren Politikgeschichte, diese zeitweilig sogar überflügelnd, unter anderem die Kulturgeographie, Archäologie und Siedlungsgeschichte, die Ortsnamenkunde und historische Sprachwissenschaft, die Volkskunde und Kirchengeschichte, die Wirtschafts- und Sozialgeschichte sowie die Kunstgeschichte beteiligt. Die Geschichtslandschaften oder – wie man auch sagte – die ›Kulturprovinzen‹ – wurden die Versuchsfelder einer historischen Synthese. Ihre Ergebnisse schlugen sich in Buchtiteln wie ›Kulturströmungen und Kulturprovinzen in den Rheinlanden‹ (1926) oder ›Der Raum Westfalen‹ (1931 ff) nieder. Die Anerkennung als eigenständiges Fach erfolgte in der Zwischenkriegszeit. Heute gibt es kaum eine deutsche Universität ohne einen Lehrstuhl oder ein Institut für Geschichtliche Landeskunde.
Der Beitrag, den die Geschichtliche Landeskunde zur Erforschung des Mittelalters und der Frühen Neuzeit, neuerdings auch zur Aufdeckung landschaftlichen Wandels unter dem Einfluß der industriellen Revolution geleistet hat und leistet, ganz allgemein zur Kenntnis des Regionalismus als eines durchgehenden Strukturprinzips der europäischen Geschichte, ist gar

nicht hoch genug einzuschätzen. Die Zusammenarbeit verschiedener Disziplinen, die Vorlage und Verarbeitung von Forschungsergebnissen in Geschichtsatlanten, die Erprobung neuer Verfahren bis hin zum Einsatz der Elektronischen Datenverarbeitung zur Analyse massenhafter Sachverhalte und zu modernen Befragungstechniken machen aus der Geschichtlichen Landeskunde so etwas wie ein Muster einer auf Synthese aller Lebensbereiche zielenden Geschichtswissenschaft, einer Integration, die für die weitaus komplexere allgemeine Geschichte zur Zeit noch Programm ist.

Ludwig Petry hat zur Kennzeichnung der Geschichtlichen Landeskunde die Formulierung ›In Grenzen unbegrenzt‹ gewählt. Das entspricht dem Ideal einer ›histoire totale‹ – einer ›totalen Geschichte‹ –, das ein führender französischer Historiker, Emmanuel Le Roy Ladurie, vertritt. Diesem Ideal suchen französische Regionalhistoriker vor allem in breit angelegten Studien gerecht zu werden, deren Bezugsfeld in der Regel nicht die aus der Französischen Revolution hervorgegangenen Departements sind, sondern die sogenannten ›Pays‹ – die ›Länder‹ – des Ancien Régime. Ihre Namen sind jedem Frankreichkenner und -reisenden besser bekannt als diejenigen der Departements, und sie bieten heute vielfach Ansatzpunkte eines politischen Regionalismus, der sich gegen die Zentralregierung richtet; zu nennen sind hier etwa das Beauvais, das Languedoc, die Bretagne, die Provence, die Gironde.

Auch die moderne Geschichtliche Landeskunde ist ein Beispiel für die Akzentverschiebung der Geschichtswissenschaft von der politischen und Staatsgeschichte hin zu den kulturellen, religiösen, gesellschaftlichen und wirtschaftlichen Zusammenhängen. Durch sie ist auch die Geschichte des europäischen Bauerntums – um mit Karl Lamprecht zu sprechen: des ›platten Landes‹ stärker als bisher in das Blickfeld der Forschung gerückt.

Moderne Begriffsgeschichte

Auf andere Weise antwortet dagegen die moderne Begriffsgeschichte auf die Herausforderung der Krise des Historismus und auf die damit verbundenen Veränderungen der politischen und verfassungsgeschichtlichen Forschung. Nicht zufällig gehört Otto Brunner zu den Begründern der Begriffsgeschichte in Deutschland nach dem Zweiten Weltkrieg. Brunner hatte ja erkannt, daß sich die politischen und juristischen Begriffe des 19. Jahrhunderts nicht dazu eignen, die Verfassungswirklich-

keit des Mittelalters einzufangen. Aus dieser Einsicht ergab sich die These, daß die Begriffe selbst historisch sind, das Produkt von Geschichte und damit veränderlich. Tatsächlich erweist sich die systematische Untersuchung des Wort- und Begriffswandels unserer politisch-sozialen Sprache in mehrfacher Hinsicht als fruchtbar: Sie kann verhindern, daß dem Historiker durch eine unreflektierte Verwendung der eigenen Begriffssprache der Zugang zum Verständnis der Vergangenheit versperrt wird. Sie eignet sich zur Überprüfung der naheliegenden Vermutung, daß sich in den Veränderungen der historisch-politischen Sprache der Wandel der mit ihnen bezeichneten sozialen und politischen Sachverhalte niederschlägt. Sie vermittelt schließlich Einsichten in die – immer an Sprache gebundene – Interpretation der geschichtlichen Welt im Lichte neuer Erfahrungen.
Die Autoren dieses Buches haben schon mehrfach von den Ergebnissen der modernen Begriffsgeschichte Gebrauch gemacht, um historischen Wandel am Beispiel der Sprache sichtbar zu machen (z.B. Kapitel 18, der Begriff der ›Revolution‹). Dabei konnten sie sich auf ein neues begriffsgeschichtliches Werk stützen. Es trägt den Titel: ›Geschichtliche Grundbegriffe. Historisches Lexikon zur politisch-sozialen Sprache in Deutschland‹; es wird herausgegeben von Otto Brunner, Werner Conze und Reinhart Koselleck und erscheint seit 1972. Dieses Lexikon geht von einer inzwischen weitgehend, wenn auch nicht durchweg bestätigten Hypothese aus, die Koselleck in der Einleitung so formulierte:

»Der Vorgriff der Lexikonarbeit besteht in der Vermutung, daß sich seit der Mitte des achtzehnten Jahrhunderts ein tiefgreifender Bedeutungswandel klassischer topoi vollzogen, daß alle Worte neue Sinngehalte gewonnen haben, die mit der Annäherung an unsere Gegenwart keiner Übersetzung mehr bedürftig sind. Alle Begriffsgeschichten zusammen – so heißt es weiter – bezeugen neue Sachverhalte, ein sich veränderndes Verhältnis zu Natur und Geschichte, zur Welt und zur Zeit, kurz: den Beginn der Neuzeit.«

Die epochale Bedeutung der früher behandelten ›Modernen Revolution‹ wird somit von der Begriffsgeschichte bestätigt. Politischer und sozialer Wandel auf der einen, Sprach- und Begriffsveränderungen auf der anderen Seite sind Momente des einen historischen Prozesses. Sie decken sich zwar nicht vollkommen, sind aber aufeinander bezogen, so daß sie sich gegenseitig interpretieren.

Diese Beziehung sei an den Begriffen der Freiheit und der Emanzipation knapp erläutert.

1. *Der Begriff Freiheit*: Die Eigenschaften, die in vormoderner Zeit mit dem deutschen Wort »Freiheit« bezeichnet wurden, waren fast immer an konkrete politische oder soziale Sachverhalte gebunden, sei es an Eigentum, sei es an korporative Rechte oder ständische Qualitäten. Deshalb erscheint das Wort in den Quellen häufig im Plural – ›*die Freiheiten*‹ – und meint damit die Summe von Gerechtsamen und Privilegien, durch die sich die jeweilige Trägergruppe rechtlich von anderen unterschied. Sie hafteten teils an Besitz – sogenannte ›Realfreiheiten‹, am Rechtsstatus der Person – ›Personalfreiheiten‹, oder an politischen Rechten wie etwa die ›Reichsständischen Freiheiten‹. Das waren die Vorrechte, welche die im Reichstag des Heiligen Römischen Reiches sitzenden Kurfürsten, Fürsten und Reichsstädte insgesamt und je einzeln besaßen. So bestand das Wesen dieses Freiheitsbegriffes nicht in seiner Allgemeinheit. Das galt allenfalls vom Verhältnis der Christen zu Gott, gemäß Luthers Schrift ›Von der Freiheit eines Christenmenschen‹ aus dem Jahre 1520. Es bestand vielmehr in der unübersehbaren Mannigfaltigkeit der möglichen Inhalte und der dadurch begrenzten Reichweite. Als solcher spiegelte dieser ältere Freiheitsbegriff den komplizierten rechtlichen Aufbau der altständischen Gesellschaft wider, in der jeder Stand und seine zahlreichen Untergruppen ihre eigenen ›Freiheiten‹ besaßen.
Gegenüber diesem älteren Sprachgebrauch setzte sich seit dem späten 17. Jahrhundert allmählich der moderne Freiheitsbegriff durch, der teils christlich, teils naturrechtlich vorgeprägt und begründet ist. Das war ein Vorgang, der die Entstehung der neuen bürgerlichen Gesellschaft begleitete, durch welche die ständischen Schranken zugunsten einer natürlichen oder/und politischen Autonomie des Individuums beseitigt wurden, zuerst vom Absolutismus, dann in den politischen Revolutionen. Freiheit wurde dadurch zu einer Eigenschaft, die allen Menschen ohne Unterschied zukommt; sie ist, um einen Autor aus dem Jahre 1790 zu zitieren, »das höchste Gut« des Menschen und »in seinem Wesen gegründet«. Sie hat deshalb die Forderung nach rechtlicher und politischer, später nach sozialer Gleichheit zur Voraussetzung. Die Verbindung von ›Freiheit, Gleichheit und Brüderlichkeit‹ in der Losung der Französischen Revolution ist also kein Zufall. Sie ist die Gegenposition zu den auf rechtlicher und sozialer Ungleichheit beruhenden ›Freiheiten‹ der altständischen Gesellschaft. Diese neue, unteilbare Freiheit, die auf das engste mit den Menschen-

rechten verknüpft ist, gehört zu den Grundforderungen modernen Politikverständnisses.

2. *Der Begriff Emanzipation*: Das lateinische Wort *emancipatio* stammt aus der Terminologie des römischen Rechts. Es bedeutet ursprünglich die Entlassung eines Kindes aus der Gewalt des *pater familias*. Das war ein einseitiger Rechtsakt, und diese Bedeutung im Sinne einer Befreiung behielt das Wort in der zivilrechtlichen Terminologie bis zu Beginn des 19. Jahrhunderts. Diese Emanzipation beruhte – ebensowenig wie die ›Freiheiten‹ – nicht auf dem allgemeinen Begriff eines Menschenrechts, sondern betraf den Übergang von einem konkreten Rechtsstatus in einen anderen.
Seit der Frühen Neuzeit kam zunächst in außerrechtlichen Begriffsfeldern der Wortgebrauch ›*sich emanzipieren*‹ im Sinne der Selbstermächtigung oder Selbstbefreiung auf. In dieser bald auf das politische Feld übertragenen Bedeutung wurde Emanzipation seit den dreißiger Jahren des 19. Jahrhunderts – bis hin zur Gegenwart – zu einem Fahnenwort, mit dem die Selbstbefreiung der Juden, der Frauen, des Proletariats und anderer Gruppen gefordert wurde, und zwar wiederum unter Berufung auf die allen Menschen grundsätzlich zukommende Freiheit von Abhängigkeit. So enthält, um nur ein Beispiel zu zitieren, die Präambel der von Marx verfaßten Statuten der Internationalen Arbeiter-Assoziation des Jahres 1864 die folgenden Formulierungen:

> »In Erwägung, daß die Emanzipation der Arbeiterklasse durch die Arbeiterklasse selbst erobert werden muß; daß der Kampf für die Emanzipation der Arbeiterklasse kein Kampf für Klassenvorrechte und Monopole ist, sondern für gleiche Rechte und Pflichten und für die Vernichtung aller Klassenherrschaft, [...] daß die ökonomische Emanzipation der Arbeiterklasse der große Endzweck ist, dem jede politische Bewegung als Mittel unterzuordnen ist [...]« usw.

Zusammenfassend läßt sich sagen: Die älteren Begriffe der ›Freiheit‹ und der ›Emanzipation‹ setzten immer eine rechtlich und sozial gegliederte Gesellschaftsordnung voraus, die in der Vergangenheit entstanden und schon dadurch legitimiert war. Ohne daß sie als Ganzes in Frage gestellt wurde, konnte der einzelne nur durch besondere Rechtsakte – durch Privilegienverleihung oder durch die Emanzipation – von einem Stand in den anderen aufsteigen, so wie er durch den Verlust bestimmter Rechte und Qualitäten in einen niederen Stand absank. Die modernen Begriffe der ›Freiheit‹ und der Selbstbefreiung, der neuen ›Emanzipation‹, meinen dagegen unveräußerliche Rechte, die allen Menschen zukommen und deren vollkommene Verwirklichung in die Zukunft verlegt ist. So spiegelt sich in dem politischen Begriffswandel, wie er sich im Zeitalter der modernen Revolution vollzieht, auch ein neues Verhältnis der Menschen zur Zeit, zur Geschichte, wider.

Auf einen letzten Aspekt der Zweigdisziplin der Begriffsgeschichte ist noch hinzuweisen. Die ältere *Geistes- und Ideengeschichte* hat in der Regel die Entwicklung großer Gedanken sowie philosophischer, politischer und religiöser Ideen und Strömungen durch die Analyse der Hauptwerke ihrer wichtigsten Vertreter und die Fragestellung ihrer Beeinflussung untersucht. Das geschah oft, um Friedrich Meinecke (1862–1954), einen der besten Historiker auf dem Feld der Ideengeschichte, zu zitieren, in der Form einer ›Gratwanderung des Geistes‹. Moderne Begriffsgeschichte bemüht sich dagegen, wie hoffentlich deutlich geworden ist, um eine sozialgeschichtliche Fundierung des Sprach- und Begriffswandels. Deshalb wertet sie neben den Klassikern der politischen Philosophie Texte aus, die möglichst allen Lebensbereichen entstammen, die einen schriftlichen Niederschlag hinterlassen haben: Wörterbücher, Parlamentsprotokolle, Publizistik bis hin zu Flugblättern, Parteiprogramme, Akten, Briefe und Tagebücher. Es ist denn auch nicht zufällig, daß ein in Heidelberg ansässiger ›Arbeitskreis für moderne Sozialgeschichte‹ der Träger des genannten Lexikons ›Geschichtliche Grundbegriffe‹ ist.
Eine Parallele zu dieser Entwicklung, die den allgemeinen Trend der modernen Geschichtsforschung spiegelt, ist im angelsächsischen Sprachbereich die Absetzung der sogenannten ›*Intellectual History*‹ von der zeitlich früheren ›History of Ideas‹; der Ausdruck ›Intellectual History‹ ist schwer ins Deutsche zu übersetzen. Ein Programm dieser Forschungsrichtung fordert die Einbeziehung der sozialen Voraussetzungen eines zu untersuchenden Textes und seines Autors – seines Status, seiner gelehrten oder politischen Beziehungen und Bindungen – in die historische Analyse sowie diejenige der Wirkungsgeschichte seiner Ideen bis hin zu ihrer Popularisierung. Als spezielle Untersuchungsfelder der ›Intellectual History‹ werden, analog zur Begriffsgeschichte in Deutschland, Epochenübergänge bzw. Zeiten des intellektuellen Klimawechsels genannt. Zur ›Intellectual History‹ gehört auch die Theorie des amerikanischen Wissenschaftshistorikers Thomas A. Kuhn über die Struktur wissenschaftlicher Revolutionen, die Armin Hermann im Kapitel 8, ›Technik und Natur‹, vorgestellt hat. Nach dieser Theorie verlangt die Erklärung wissenschaftlicher

Revolutionen nicht nur die Rekonstruktion der rationalen Diskussion innerhalb der Wissenschaften, sondern die Berücksichtigung des sozialen oder gar politischen Umfeldes, in dem sich diese Diskussion abspielt.

Geschichte als integrative Humanwissenschaft

Die bisher vorgestellten Richtungen der modernen Geschichtswissenschaft zielten, um es noch einmal zu wiederholen, auf die erklärende Integration der verschiedenen Sektoren des vergangenen menschlichen Lebensprozesses und damit auf die Überwindung traditioneller Zweigdisziplinen wie der Politischen Geschichte, der Wirtschafts- und Sozialgeschichte und der Geistesgeschichte ab. Von einem anderen Ansatz her wird dasselbe Ziel von einer Historiker-Schule in Frankreich anvisiert, die nach dem Kurztitel der von ihren Begründern seit 1929 herausgegebenen Zeitschrift – heute: ›Annales. Economies, sociétés, civilisations‹ – *die Schule der ›Annales‹* genannt wird. Sie verstand sich als Alternative zur politischen Geschichtsschreibung der Sorbonne-Historiker und gehört mit ihrem Zentrum, der ›Ecole des Hautes Etudes en Sciences Sociales‹ in Paris, zu den einflußreichsten Richtungen einer integrativen Humanwissenschaft, die man mit dem Begriff der ›Strukturgeschichte‹ zu umschreiben pflegt.
Schulebildend wurde vor allem ein im Jahre 1949 erschienenes Buch von Fernand Braudel mit dem Titel ›La Méditerranée et le monde méditerranéen à l'époque de Philippe II‹ (deutsch: Das Mittelmeer und die Mittelmeerwelt zur Zeit Philipps II.). An die Stelle des ursprünglich ins Auge gefaßten Gegenstandes – der Mittelmeerpolitik Philipps II. von Spanien (1556–98) – trat in ihm der Mittelmeerraum als Schauplatz – besser noch: als Subjekt – der Geschichte in der zweiten Hälfte des 16. Jahrhunderts. Das Buch ist nicht mehr chronologisch gegliedert, sondern besteht aus drei Teilen, die jeweils eine Zeitebene der Geschichte (vgl. auch Kapitel 11) repräsentieren, die von Braudel wie folgt charakterisiert wurden:

1. Eine »quasi unbewegliche Geschichte«, die den Menschen in seiner Beziehung zur geographischen Umwelt zeigt und nur ganz allmähliche Veränderungen, meist zyklische Abläufe kennt.
2. Eine »in langsamen Rhythmen verlaufende Geschichte«, d.h. die Geschichte der Kollektivschicksale und -bewegungen, die als »Kräfte der Tiefe« bezeichnet werden. Braudel nennt sie später die »Strukturgeschichte«.

3. Die »traditionelle Geschichte« der Politik und der sich daraus ergebenden, rasch wechselnden Ereignisse, die sich an der Oberfläche der Geschichte abspielen. Braudel spricht von »Ereignisgeschichte«.

Das Interesse Braudels galt bevorzugt den beiden ersten Zeitebenen, weil er der Auffassung ist, daß die sich allmählich wandelnden ›Strukturen‹ von größerer Bedeutung für die Geschichte der Menschen sind als die politischen Ereignisse. Die Gegenüberstellung von ›*Strukturgeschichte*‹ und ›*Ereignisgeschichte*‹ ist inzwischen zu einer gängigen Formel der Historiker geworden. Wichtig ist auch hier, daß mit diesem Ansatz der Themenkatalog der Geschichtsforschung – allerdings unter weitgehender Ausklammerung der politischen Geschichte – erweitert und zugleich neue Verfahren, bis hin zu solchen der Naturwissenschaften, zur Erfassung längerfristiger Strukturen und Prozesse einschließlich ihrer natürlichen Voraussetzungen erprobt worden sind. Einige seien hier genannt: Klimageschichte, Medizingeschichte, historische Psychologie, historische Anthropologie, Geschichte der Mentalitäten, Ernährungsgeschichte, Geschichte des Kindes oder des Sterbens, ganz zu schweigen von dem Ausbau der traditionellen Wirtschafts-, Regional- und Technikgeschichte. Inzwischen sind viele Arbeitsfelder der Annales-Historiker Gemeingut der internationalen Geschichtswissenschaft geworden, teils durch parallele Entwicklungen in der außerfranzösischen Forschung, teils durch bewußte Übernahme. In Deutschland begann diese Rezeption infolge des langen Vorherrschens der politischen Historie zögernd seit Beginn der fünfziger Jahre. Rascher und die Forschungspraxis stärker beeinflussend erfolgte die Übernahme der Geschichtskonzeption der Annales-Historiker in Spanien und Polen. Enge Kontakte bestehen auch zur modernen Wirtschaftsgeschichte in den USA mit ihrem Interesse an quantifizierenden Methoden und der Erforschung der ökonomischen Konjunkturschwankungen. Auf das Ziel einer »histoire totale« auf regionaler Basis, wie sie von einigen Annales-Historikern versucht worden ist, wurde schon aufmerksam gemacht.

Bevor noch etwas über die Kosten, die die Verwissenschaftlichung der Historie mit sich gebracht hat – ›Kosten‹ im übertragenen Sinne –, gesagt wird, sei noch auf einige Arbeitsfelder der historischen Forschung verwiesen, die ihre Aktualität und ihren Aufschwung entweder der veränderten politisch-gesellschaftlichen Konstellation in der zweiten Hälfte des 20.

Jahrhunderts oder der Anwendung neuer Methoden und Arbeitstechniken verdanken.

Geschichte der Arbeiterbewegung und der Arbeiterkultur

Da sind zunächst die nach dem Zweiten Weltkrieg auch in Deutschland sprunghaft angewachsenen Forschungen zur Geschichte der Arbeiterbewegung und der Arbeiterkultur zu nennen. Ihr Bezug zur politischen und gesellschaftlichen Gegenwartserfahrung und zu einem dadurch veränderten Geschichtsbewußtsein ist mit Händen zu greifen. In den kommunistisch regierten Ländern des Ostens ist diese Forschungsrichtung, die mit bewährten Methoden der Geschichtswissenschaft arbeitet, geradezu eine eigene historische Zweigdisziplin geworden. Ihre Ergebnisse sollen der Bildung und der Vergewisserung der politisch-gesellschaftlichen Identität dienen. Im Westen befinden sich die regionalen Schwerpunkte dieser Forschungen in Großbritannien und der Bundesrepublik Deutschland. Sie umfassen nicht nur die Geschichte der Parteien, Gewerkschaften und anderer Organisationen der Arbeiterbewegung, sondern darüber hinaus auch die lange vernachlässigte Erforschung der eigenständigen Gewohnheiten, Wertorientierungen und Lebensformen der Arbeiter im Betrieb, in Familie, Nachbarschaft und Vereinen. Das ist ein Arbeitsfeld, zu dessen Aufhellung die Volkskunde vieles beizutragen vermag, die sich bis vor wenigen Jahrzehnten ziemlich ausschließlich mit den älteren Kulturformen des Bauerntums, des Handwerks und des Bürgertums befaßt hat. So gehört die historische Arbeiterkulturforschung in den größeren Zusammenhang einer ›*Sozialgeschichte des Alltags*‹ hinein, deren Bedeutung zunehmend erkannt wird. Der Bericht über die Familie Naumann im ersten Kapitel versuchte unter anderem, die historischen Bezüge im Alltag einer Arbeiterfamilie deutlich zu machen. Was im fünften Kapitel über ›Arbeit und Freizeit‹ gesagt wurde, steht in diesem Zusammenhang. Der Autor, Hermann Bausinger, ist ein Volkskundler.

Historische Demographie

Als zweite Forschungsrichtung mit Zukunft nenne ich die Historische Demographie, auf deutsch: Bevölkerungsgeschichte. Untersuchungen zur Bevölkerungsgeschichte hat es – wenn auch oft in den sozialwissenschaftlichen Nachbarfächern –

schon immer gegeben. Der Aufschwung, den diese historische Zweigdisziplin in den letzten Jahrzehnten genommen hat – er ging vor allem von Frankreich und den skandinavischen Ländern aus –, beruhte auf zwei Impulsen, die sich ergänzten: zum einen auf der Möglichkeit, die zahlenmäßige Entwicklung vieler Faktoren des Bevölkerungswandels über eine längere Zeit durch den Einsatz der Elektronischen Datenverarbeitung und die Verfeinerung statistischer Methoden auf eine exaktere Grundlage zu stellen. Erst damit kann man die in den Pfarr-, Gemeinde- und Staatsarchiven ruhenden Quellen – Kirchenbücher, Steuerlisten, Standesamtsregister, Unterlagen über Volkszählungen usw. – in größerem Umfang aufarbeiten. Der zweite Impuls war die Ausweitung der Fragestellung auf die sogenannten ›natürlichen‹ Aspekte der Bevölkerungsbewegung und ihre sozialen Voraussetzungen, wie sie vor allem von den Annales-Historikern vorgenommen wurde. Gemeint sind die Fruchtbarkeit und Lebenserwartung, die Probleme der Geburtenbeschränkung, der Kindersterblichkeit, des Heiratsalters, der Kinderzahl, das, was man zusammengenommen die ›generative Struktur‹ der Bevölkerung nennt, schließlich soziale Faktoren wie staatliche Ehebeschränkung, Wanderungsbewegungen, ländliche Erbsitten, Industrialisierung, Frauen- und Kinderarbeit, aber auch schichtenabhängige oder konfessionell bedingte Werthaltungen, um nur einiges zu nennen. Es wird deutlich, welche Möglichkeiten für eine Geschichte, die nicht auf herausragende Ereignisse beschränkt ist, diese neue Forschungsrichtung eröffnet. Sie steht in Deutschland noch in den Anfängen, zumal sie mit einem großen Kostenaufwand verbunden ist.

Mündliche Geschichte

Die sogenannte ›Oral History‹, auf deutsch: ›Mündliche Geschichte‹ wurde bisher besonders in den USA und in Großbritannien betrieben. Natürlich wußte der Historiker schon immer, von welcher großen Bedeutung die mündliche Überlieferung in verhältnismäßig schriftlosen Epochen gewesen ist. Doch hat er von solchen Traditionen meist erst dann Kenntnis genommen, wenn sie in schriftlichen Quellen – älteren Geschichtswerken oder literarischen Texten – einen Niederschlag gefunden hatten. Das gilt vor allem für die germanische Frühzeit und das frühe Mittelalter. Erst die Entwicklung moderner Befragungstechniken und die Möglichkeit, das gesprochene Wort auf Tonträger aufzunehmen und zu konservieren, haben

dazu geführt, daß man die gegenwärtige Erinnerung des Menschen zur Erschließung vergangener Verhältnisse und Wertordnungen nutzbar macht, an die man auf andere Weise nicht mehr herankommt.
Auf der Verwendung der Methoden der ›Oral History‹ beruht das aufschlußreiche Buch des englischen Sozialhistorikers Paul Thompson ›The Edwardians‹ aus dem Jahre 1975. Es stellt das Alltagsleben englischer Arbeiter am Beginn des 20. Jahrhunderts aufgrund der Befragung älterer Personen dar. Noch wichtiger sind die Versuche, mit Hilfe der ›Oral History‹ – das heißt durch die Aufnahme von mündlich überlieferten Traditionen, Sagen, Märchen, Geschichtserzählungen usw. – die ältere, vorkoloniale Geschichte der schriftlosen Völker und Kulturen in Afrika aufzuhellen. Sie ergänzt die spärlichen Nachrichten über die Geschichte dieses Kontinents, die wir seit der Antike oder in den Berichten von Entdeckungsreisenden besitzen, also von Gewährsleuten, die diese Völker durch die Brille ihrer eigenen Kultur gesehen haben. Diese Art ›Oral History‹ wird vorwiegend von der jungen Geschichtswissenschaft in den schwarz-afrikanischen Ländern selbst praktiziert. Sie dient dort auch der Identitätsfindung, so wie seit dem frühen 19. Jahrhundert in manchen west- und südslawischen Völkern die von der Romantik inspirierte Aufwertung der Volkssprachen und der durch sie überlieferten Ursprungslegenden, Sagen und Märchen Ausdruck eines erwachenden nationalen Selbstbewußtseins gewesen sind.

Geschichtsforschung und Geschichtsschreibung

Die Geschichtswissenschaft ist eine Disziplin, deren Existenz an das Gespräch mit einer Öffentlichkeit gebunden ist, die über den Kreis der beteiligten Forscher hinausreicht. Sie empfängt von dieser Öffentlichkeit, von ihren Erfahrungen und Erwartungen, nicht nur die Impulse für die wissenschaftliche Beschäftigung mit der Vergangenheit; sie ist auf die Öffentlichkeit als Adressaten der Ergebnisse ihres Forschens angewiesen. Die Wahrnehmung dieser öffentlichen Aufgabe ist durch den Prozeß der zunehmenden Verwissenschaftlichung der Historie, wie er in diesem Kapitel nur andeutungsweise geschildert wurde, erschwert worden, und das ist eine Hypothek, die nicht so leicht abzutragen ist. Die Klagen in der Presse und in anderen Medien über den ›Verlust der Geschichte‹ hängen damit zusammen; Klagen, die vor allem den Mangel an gut lesbaren Gesamtdarstellungen der Geschichte oder von Biographien bedeutender

Personen herausstellen. Und der Historiker weiß nur zu gut, daß diese Lücke heutzutage oft von Journalisten, Reiseschriftstellern, aber auch Romanautoren geschlossen wird, keineswegs immer zum Nachteil der Geschichte. Ein Blick in die Schaufenster der Buchhandlungen mit dem großen Angebot von optisch gut aufgemachten Geschichtserzählungen, Biographien und reflektierenden oder mit Anekdoten durchsetzten Darstellungen, die im besten Fall die von dem Fachhistoriker gewonnenen Ergebnisse umsetzen, oft aber auch auf einem wissenschaftlich überholten Kenntnisstand beruhen, bestätigt diese Feststellung.

Der Historismus des 19. Jahrhunderts praktizierte die Verbindung einer Methode, die auf das Verstehen der Vergangenheit abstellte, mit dem Erzählen von Geschichte, und schloß so die frühere Kluft zwischen Forschung und Geschichtsschreibung. Die großen Darstellungen eines Leopold von Ranke, eines Theodor Mommsen, eines Heinrich von Treitschke waren viel gelesene Werke und standen in den Bücherschränken des Bildungsbürgertums; sie haben das Geschichtsbewußtsein der bürgerlichen Gesellschaft geprägt. Seit der Krise des Historismus und mit der Einführung analytischer Methoden, die oft nur mit technischen Instrumenten bis hin zum Computer durchzuführen sind, ist die Spannung zwischen Forschung und Darstellung wieder größer geworden. Ein Indiz dafür, daß sich viele Historiker dieser Problematik bewußt sind, ist die Intensität, mit der seit einiger Zeit zwischen ihnen, Philosophen und Sprachwissenschaftlern das Verhältnis von Erklären und Erzählen in der Geschichtswissenschaft diskutiert wird.

Die Geschichtserzählung kann außer Informationen über die Vergangenheit auch etwas von der Heiterkeit oder Traurigkeit und von der moralischen Dimension der Geschichte vermitteln Nur sie vermag dies zu leisten, nicht die erklärende Rückfüh rung historischer Sachverhalte auf ihre Ursachen. Desha bleibt die anschauliche Geschichtserzählung eine unverzichtb re Aufgabe des Historikers, will er nicht Gefahr laufen, daß d was er an Forschung leistet, nicht über den Kreis der Fachle hinausdringt. Gerade weil die Historie – im Unterschied zu d technischen Wissenschaften – keine unmittelbar verwertba Rezepte zur Lösung von Gegenwartsaufgaben liefert, sond durch die Erweiterung des Erfahrungsraumes des Mens seine moralisch-politische Urteilsfähigkeit fördert, kan sich nicht in den Elfenbeinturm der Forschung zurückzie Anders ausgedrückt: Die Investitionen an Kapital und Sc- sinn, die in die Geschichtsforschung gesteckt werden, sin ur gerechtfertigt, wenn die Historiker dafür Sorge tragen daß durch die Umsetzung der Ergebnisse dieser Forschung in eine auch dem Laien verständliche Darstellung der Bedarf der Öffentlichkeit an historischer Aufklärung und an Einsicht in den Zusammenhang von Vergangenheit und Gegenwart gedeckt wird. Daß die Formen einer solchen Umsetzung von Geschichtsforschung in Geschichtsdarstellung sich verändern und deshalb auch von dem Laien die Bereitschaft erwartet werden muß, sich mit neuen, ihm bisher unbekannten Weisen der Vermittlung bekannt zu machen, gehörte zu den Überlegungen, die bei der Planung des Funk-Kollegs Geschichte Pate gestanden haben.

Literaturverzeichnis

Das Literaturverzeichnis ist notwendigerweise etwas ausführlicher als diejenigen zu anderen Kapiteln. Zu jeder der behandelten Forschungsrichtungen werden einige Standardwerke sowie die eine oder andere Beispielstudie genannt.

Allgemein:

Jahrbuch der historischen Forschung in der Bundesrepublik Deutschland. Hg. von der Arbeitsgemeinschaft außeruniversitärer Forschungseinrichtungen in der Bundesrepublik Deutschland. Bd. 1 ff. Stuttgart 1974 ff.

A. ANDERLE u.a. (Hg.): Historische Forschung in der DDR, 1960–1970. Berlin (Ost) 1970 (Sonderband 18 der Zeitschrift für Geschichtswissenschaft).

W. CONZE: Die deutsche Geschichtswissenschaft seit 1945. Bedingungen und Ergebnisse. Historische Zeitschrift 225 (1977), S. 1–28.

B. FAULENBACH (Hg.): Geschichtswissenschaft in Deutschland. Traditionelle Positionen und gegenwärtige Aufgaben. München 1974 (Beck'sche Schwarze Reihe. Bd. 111).

G. G. IGGERS: Neue Geschichtswissenschaft. Vom Historismus zur Historischen Sozialwissenschaft. Ein internationaler Vergleich. München 1978 (dtv Wiss. Reihe. Bd. 4308).

W. J. MOMMSEN: Geschichtswissenschaft jenseits des Historismus. Düsseldorf ^{2}1972.

G. SCHULZ (Hg.): Geschichte heute. Positionen, Tendenzen und Probleme. Göttingen 1973.

F. WAGNER: Moderne Geschichtsschreibung. Ausblick auf eine Philosophie der Geschichtswissenschaft. Berlin ^{2}1977.

H.-U. WEHLER (Hg.): Die moderne deutsche Geschichte in der internationalen Forschung 1945–75. Göttingen 1978 (Geschichte und Gesellschaft. Sonderheft 4).

…litikgeschichte:

…. ELTON: Political History. New York/London 1970.

…ISCHER: Griff nach der Weltmacht. Die Kriegszielpolitik des Kaiserlichen Deutschland 1914/18. Düsseldorf ^{3}1964.

…: Krieg der Illusionen. Die deutsche Politik von 1911 bis 1914. Düsseldorf …69.

Ders.: Der Stellenwert des Ersten Weltkrieges in der Kontinuitätsproblematik der deutschen Geschichte. Historische Zeitschrift 229 (1979), S. 25–53.
A. HILLGRUBER: Politische Geschichte in moderner Sicht. Historische Zeitschrift 216 (1973), S. 529–552.
E. KEHR: Der Primat der Innenpolitik. Hg. von H.-U. WEHLER. Berlin [3]1976.
J. KOCKA: Klassengesellschaft im Krieg. Deutsche Sozialgeschichte 1914–1918. Göttingen 1973 (Kritische Studien zur Geschichtswissenschaft. Bd. 8).
G. RITTER: Staatskunst und Kriegshandwerk. Das Problem des Militarismus in Deutschland. 4 Bde. München 1954–68.
H.-U. WEHLER (Hg.): Imperialismus. Köln [3]1976.
Ders.: Das Deutsche Kaiserreich 1871–1918. Göttingen [2]1975. (= Deutsche Geschichte. Hg. v. J. LEUSCHNER, Bd. 9).
Ders.: Moderne Politikgeschichte oder ›Große Politik der Kabinette‹? Geschichte und Gesellschaft 1 (1975), S. 344–369.

Geschichte und Sozialwissenschaften:

O. BRUNNER: Neue Wege der Verfassungs- und Sozialgeschichte. Göttingen [2]1968.
J. KOCKA: Sozialgeschichte. Begriff – Entwicklung – Probleme. Göttingen 1977 (Kleine Vandenhoeck-Reihe. Bd. 1434).
Ders. (Hg.): Theorien in der Praxis des Historikers. Forschungsbeispiele und ihre Diskussion. Göttingen 1977 (Geschichte und Gesellschaft, Sonderheft 3).
P. CH. LUDZ (Hg.): Soziologie und Sozialgeschichte. Aspekte und Probleme. Opladen 1972 (Kölner Zeitschrift für Soziologie und Sozialpsychologie. Sonderheft 16).
H. ROSENBERG: Große Depression und Bismarckreich. Wirtschaftsablauf, Gesellschaft und Politik in Mitteleuropa. Berlin 1967 (Veröff. d. Histor. Kommission Berlin. Bd. 24). Nachdruck: Berlin 1976 (Ullstein Taschenbuch, mit neuem Vorwort).
R. RÜRUP (Hg.): Historische Sozialwissenschaft. Göttingen 1977 (Kleine Vandenhoeck-Reihe. Bd. 1431).
H.-U. WEHLER (Hg.): Moderne deutsche Sozialgeschichte. Köln/Berlin [5]1976 (Neue Wissenschaftliche Bibliothek. Bd. 10).

Verfassungsgeschichte:

O. BRUNNER: Land und Herrschaft. Grundfragen der territorialen Verfassungsgeschichte Österreichs im Mittelalter. Wien [5]1965.
H.-H. HOFMANN (Hg.): Die Entstehung des modernen souveränen Staates. Köln/Berlin 1967 (Neue Wissenschaftliche Bibliothek. Bd. 17).
H. KÄMPF (Hg.): Herrschaft und Staat im Mittelalter. Darmstadt 1956 (Wege der Forschung. Bd. 2).

Geschichtliche Landeskunde:

H. AUBIN u.a. (Hg.): Der Raum Westfalen. Bd. 1 ff. Münster 1931 ff.
H. AUBIN/TH. FRINGS/J. MÜLLER: Kulturströmungen und Kulturprovinzen in den Rheinlanden. Geschichte, Sprache, Volkskunde. Bonn 1966 [Neudruck].
K.-G. FABER: Geschichtslandschaft – Région historique – Section in History. Ein Beitrag zur vergleichenden Wissenschaftsgeschichte. Saeculum 30 (1979), S. 4–21.
P. FRIED (Hg.): Probleme und Methoden der Landesgeschichte. Darmstadt 1978 (Wege der Forschung. Bd. 492).
D. GERHARD: Regionalismus und ständisches Wesen als ein Grundthema der europäischen Geschichte. Historische Zeitschrift 174 (1952), S. 307–337.

K. LAMPRECHT: Deutsches Wirtschaftsleben im Mittelalter. Untersuchungen über die Entwicklung der materiellen Kultur des platten Landes auf Grund der Quellen zunächst des Mosellandes. 3 Teile in 4 Bdn. Leipzig 1885–86.

Begriffsgeschichte:

O. BRUNNER/W. CONZE/R. KOSELLECK (Hg.): Geschichtliche Grundbegriffe. Historisches Lexikon zur politisch-sozialen Sprache in Deutschland. Bd. 1 ff. Stuttgart 1972 ff.

F. GILBERT: Intellectual History. Its aims and methods. Daedalus 100 (1971), S. 80–97.

Die Schule der Annales:

F. BRAUDEL: La Méditerranée et le monde méditerranéen à l'époque de Philippe II. 2 Bde. Paris [2]1966.

W. CONZE: Die Strukturgeschichte des technisch-industriellen Zeitalters als Aufgabe für Forschung und Unterricht. Köln/Opladen 1957.

M. ERBE: Zur neueren französischen Sozialgeschichtsforschung. Die Gruppe um die »Annales«. Darmstadt 1979 (Erträge der Forschung. Bd. 110).

C. HONNEGER (Hg.): M. BLOCH/F. BRAUDEL/L. FEBVRE u.a.: Schrift und Materie der Geschichte. Vorschläge zur Aneignung historischer Prozesse. Frankfurt a.M. 1977 (wichtige Aufsätze aus dem Umkreis der Annales-Schule).

E. LE ROY LADURIE: Le territoire de l'historien. Paris 1973.

Ders.: Montaillou. Frankfurt/Berlin/Wien 1980.

Arbeiterbewegung und Arbeiterkultur:

W. CONZE/D. GROH: Die Arbeiterbewegung in der nationalen Bewegung. Die deutsche Sozialdemokratie vor, während und nach der Reichsgründung. Stuttgart 1966.

D. DOWE: Bibliographie zur Geschichte der deutschen Arbeiterbewegung, sozialistischen und kommunistischen Bewegung von den Anfängen bis 1863 unter Berücksichtigung der politischen, wirtschaftlichen und sozialen Rahmenbedingungen. Bonn/Bad Godesberg 1976 (Archiv für Sozialgeschichte. Beiheft 5).

D. FRICKE: Die deutsche Arbeiterbewegung 1869–1914. Ein Handbuch über ihre Organisation und Tätigkeit im Klassenkampf. Berlin (Ost) 1976.

K. KLOTZBACH: Bibliographie zur Geschichte der Deutschen Arbeiterbewegung 1914–1945. Bonn/Bad Godesberg 1974.

J. REULECKE/W. WEBER (Hg.): Fabrik, Familie, Feierabend. Beiträge zur Sozialgeschichte des Alltags im Industriezeitalter. Wuppertal 1978.

G. A. RITTER (Hg.): Arbeiterkultur. Königstein 1979.

Historische Demographie und ›Oral History‹:

A. E. IMHOF (Hg.): Historische Demographie als Sozialgeschichte: Gießen und Umgebung vom 17. zum 19. Jahrhundert. 2. Bde. Darmstadt/Marburg 1975 (Quellen und Forschungen zur hessischen Geschichte. Bd. 31).

Ders.: Einführung in die historische Demographie. München 1977.

W. KÖLLMANN/P. MARSCHALCK (Hg.): Bevölkerungsgeschichte. Köln 1972 (Neue Wissenschaftliche Bibliothek Bd. 54).

W. KÖLLMANN: Bevölkerung in der Industriellen Revolution. Studien zur Bevölkerungsgeschichte Deutschlands. Göttingen 1974 (Kritische Studien zur Geschichtswissenschaft. Bd. 12).

L. NIETHAMMER (Hg.): Lebenserfahrung und kollektives Gedächtnis. Die Praxis der »Oral History«. Frankfurt 1980.
Oral History Review. Hg. von der Oral History Association. Jg. 1 ff. New York 1973 ff.
P. THOMPSON: The Edwardians. London 1975.

Geschichtsforschung und Geschichtsschreibung:

R. KOSELLECK/W.-D. STEMPEL (Hg.): Geschichte – Ereignis und Erzählung. München 1973 (Poetik und Hermeneutik, Bd. V).
J. KOCKA/TH. NIPPERDEY (Hg.), Theorie und Erzählung in der Geschichte. München 1979 (Theorie der Geschichte. Beiträge zur Historik. Bd. 3. dtv Wiss. Reihe Nr. 4342).
E. WEIL: Wert und Würde der erzählenden Geschichtsschreibung. Göttingen 1976.

29. Detlef Junker

Wahrheit in der Geschichtswissenschaft

Zur Bedeutung des Wahrheitsproblems und des Begriffs ›Theorie‹

Die Frage nach der Wahrheit in der Geschichtswissenschaft ruft unter den geschichtlich Interessierten in der Regel eine zwiespältige – zwischen Hoffnung, Unsicherheit und Skepsis schwankende – Reaktion hervor. Die Veranstalter des Funk-Kollegs Geschichte zum Beispiel übertrugen die wissenschaftliche Verantwortung für seine Inhalte den Geschichtswissenschaftlern, in der Hoffnung, von ihnen eine begründete und nachprüfbare, rational kontrollierte und methodisch disziplinierte Aufklärung über die Vergangenheit zu erhalten. Diese Hoffnung entspricht einer verbreiteten öffentlichen Erwartung. Man erwartet von den hauptberuflich tätigen, überwiegend aus öffentlichen Mitteln besoldeten Geschichtswissenschaftlern, die nach einer langjährigen und hochspezialisierten Ausbildung die Erforschung der Vergangenheit zu ihrem Beruf gemacht haben, mehr als Vorurteile, mehr als zufällig zusammengetragene, nicht weiter überprüfbare und parteiisch ausgewählte Informationen über die Geschichte. Man erwartet im Gegenteil genau das, was der Begriff ›Wissenschaft‹ zugleich ausschließen und einschließen will: nicht beliebiges Meinen, nicht subjektives Fürwahrhalten, nicht persönlichen Glauben; sondern gesichertes Wissen, gegenstandsbezogene Rationalität, objektive Aussagen und in diesem Sinne Wahrheit.

Neben dieser Hoffnung findet sich Skepsis – nicht selten beides unvermittelt nebeneinander. Die Zweifel an der Möglichkeit objektiver Aussagen in der Geschichtswissenschaft schlagen sich in Wendungen wie den folgenden nieder: Jeder Historiker hat seine eigene Perspektive, sieht die Vergangenheit auf seine Art, wählt anders aus, gewichtet Motive (Ursachen) unterschiedlich, wertet persönlich und urteilt parteiisch. Die Historiker sind ›Kinder ihrer Zeit‹, bei der Erforschung der Vergangenheit geprägt durch und gebunden an ihre Erfahrungen, Interessen, politischen Leidenschaften. Der oft angestellte Vergleich mit den Naturwissenschaftlern fällt für die Geschichtsschreiber schlecht aus. Im günstigsten Fall nimmt man an, daß die besonderen Schwierigkeiten der Historiker bei der Suche nach der Wahrheit an ihrem besonderen Gegenstand, der vergangenen Realgeschichte, liegen; im schlechtesten Fall unterstellt man, daß die Historiker grundsätzlich wissenschaftsunfähiger und in diesem Sinne ›dümmer‹ als die Naturwissenschaftler sind. Während es diesen offensichtlich gelingt, in ihrer Eigenschaft als Wissenschaftler von ihren persönlichen Vorurteilen abzusehen, gleichsam nackt und neutral im Labor zu experimenttieren, scheint dem Historiker diese Rollentrennung unmöglich zu sein, scheint es sein unentrinnbares Schicksal zu sein, sich der Vergangenheit nur vorurteilsbehaftet und ›standortgebunden‹ nähern zu können.

Auch die gegenwärtige Geschichtswissenschaft beantwortet die Wahrheitsfrage nicht einheitlich. Das Objektivitätsproblem ist im Gegenteil eine der am heftigsten diskutierten Fragen in der Grundlagendebatte der deutschen und internationalen Geschichtswissenschaft. Wer sich ein Bild von dem komplizierten und kontroversen Stand der gegenwärtigen Diskussion zum Objektivitätsproblem machen will, dem sei die beigefügte Literaturauswahl zur weiteren Lektüre empfohlen.

Das Engagement vieler Historiker ist verständlich, denn die Frage nach der Wahrheit ist sowohl für die Geschichtsschreiber als auch für die Öffentlichkeit von Bedeutung; für die Historiker, weil sich ohne die Möglichkeit eines sachangemessenen Wahrheitsbegriffs Geschichtsschreibung nicht als Wissenschaft begründen läßt; für die Öffentlichkeit, weil sie Aufklärung darüber erwarten kann, ob und bis zu welchem Grade wahre Aussagen über die Vergangenheit möglich sind. Wenn die Geschichtsforschung ihren Wahrheitsanspruch weder vernünftig begründen noch in der konkreten Forschung einlösen kann, wäre ihr Anspruch auf Wissenschaftlichkeit falscher Schein, naiver Selbstbetrug oder Täuschung der Öffentlichkeit.

Das systematische Nachdenken über das Wahrheitsproblem in der empirischen, d.h. auf Erfahrung gegründeten Geschichtswissenschaft, ist also Teil einer allgemeinen Grundlagendiskussion unter Historikern, an der sich auch Philosophen und Sozialwissenschaftler beteiligen. Diese Debatte pflegt man auch als ›Theoriediskussion‹ zu bezeichnen. Sie hat besonders in den letzten 20 Jahren zu einer solchen Flut geschichtstheoretischer und methodischer Betrachtungen geführt, daß eine im Jahre 1977 erschienene ›Bibliographie zur Geschichtstheorie‹ über 3500 (!) Titel – Bücher und Aufsätze – verzeichnete.[1] Eine der Folgen dieser Publikationsflut ist eine gewisse babylonische Sprachverwirrung über den Begriff ›Theorie‹ selbst. Bedeutungsinhalt und Bedeutungsumfang dieses Begriffes werden unterschiedlich bestimmt. Deshalb erscheint es notwendig, einleitend zu sagen, was mit dem häufig verwendeten Begriff ›Geschichtstheorie‹ und dem Adjektiv ›geschichtstheoretisch‹ gemeint und was nicht gemeint sein soll. Eine solche Klärung hilft uns zugleich, den Wahrheitsanspruch einer empirischen Geschichtswissenschaft zu präzisieren und einzugrenzen. Daher soll zunächst erläutert werden, was hier unter Geschichtstheorie *nicht* verstanden wird:

Unter Geschichts*theorie* soll nicht Geschichts*philosophie* verstanden werden. Theorie als Geschichtsphilosophie ist der Versuch, das Ganze der geschichtlichen Entwicklung – Vergangenheit, Gegenwart und Zukunft – durch einen gültigen Gedanken zu erfassen, dem Ganzen einen übergeordneten ›Sinn‹ zu geben. Kreislauf-, Fortschritts- und Verfallstheorien von der Antike bis zur Gegenwart gehören ebenso dazu wie die dialektischen Systemversuche des deutschen Idealismus und Materialismus (Hegel, Marx). Mit Ausnahme der Kreislauftheorie von der ewigen Wiederkehr des Gleichen setzen alle anderen denknotwendig voraus, daß der soziale Prozeß einen *offenbarten* und/oder *erkennbaren* Richtungssinn besitzt. Das Maximum eines solchen erkennbaren Richtungssinns ist eine materiale Geschichtsteleologie [griech. *telos*: ›Ziel‹], die sowohl Anfang und Ende der Geschichte angibt als auch den bewegenden Grund kennt, der den Prozeß vom Anfang zum Ende treibt (z. B. Gott, der Weltgeist, die Vorsehung, die Dialektik der Vernunft, die Dialektik von Produktivkräften und Produktionsverhältnissen, der Fortschritt).

Dieser mögliche Begriff von Geschichtstheorie soll hier deshalb nicht gemeint sein, weil die auf Erfahrung gegründete Geschichtswissenschaft, mit deren Wahrheitsbegriff wir uns beschäftigen wollen, die möglichen Wahrheitsansprüche geschichtsphilosophischer Aussagen grundsätzlich nicht einlösen kann. Denn Geschichtsphilosophie als materiale Geschichtsteleologie übersteigt die Grenzen einer Erfahrungswissenschaft; sie ist nicht Ergebnis von konkreter Forschung, sondern von Hoffnung, Glaube und Spekulation. Geschichte als empirische Wissenschaft weiß zum Beispiel nichts von jenem Urmodell geschichtsphilosophischen Denkens, das aus dem jüdisch-christlichen Geschichtsbild über die Aufklärung in das marxistische Konzept gelangt ist, wonach der Gang der Geschichte von einem paradiesischen Urzustand über die gefallene, entfremdete Welt zu einem paradiesischen Endzustand führt.

Der zweite Theoriebegriff, der *nicht* gemeint sein soll, ist eng mit dem Siegeszug der neuzeitlichen Naturwissenschaft verbunden. Er kommt meist im Plural vor. ›Theorien‹ in diesem

Sinne sind mehr oder weniger umfangreiche Beweisgefüge, die auf Gesetze, auf jeden Fall auf das Generelle zielen. Oft werden Quantifizierbarkeit, Wiederholbarkeit und die Möglichkeit der Prognose gefordert, wenn überhaupt von Theorien die Rede sein darf. Meint man diesen Sinn von Theorie, dann befindet man sich mitten in der seit 100 Jahren geführten Auseinandersetzung darüber, ob die Geschichtswissenschaft eine auf das Besondere, auf das Historisch-Einmalige, oder auf das Allgemeine, auf Gesetze zielende Wissenschaft sein solle; ob es überhaupt Gesetze in der Geschichte gebe und was das für ein Gesetzesbegriff sei; darüber, bis zu welchem Grade die Generalisierung in den Aussagen der Historiker sinnvollerweise getrieben werden könne, ohne daß sich die Aussagen der Historiker in nichtssagenden Abstraktionen auflösen.
Dieser Theoriebegriff spielt eine wichtige Rolle in der gegenwärtigen Diskussion um das Verhältnis der Geschichtswissenschaft zu den systematischen Sozialwissenschaften, wie der Soziologie, der Psychologie, der Politologie oder den Wirtschaftswissenschaften. Er soll deshalb nicht zum Thema gemacht werden, weil dic Diskussion über die mögliche Wahrheit von Gesetzeswissen in der Geschichtswissenschaft uns nur mit einem Teilaspekt und nicht mit dem Ganzen des Wahrheitsproblems in der Geschichtswissenschaft konfrontiert.
Nur um mögliche Mißverständnisse zu vermeiden, sei angemerkt, daß auch *nicht* Theorien im Sinne konkreter Erklärungsmuster und Hypothesenbündel über einen bestimmten geschichtlichen Gegenstand gemeint sind, etwa Theorien über den Untergang des Römischen Reiches oder der Weimarer Republik, Imperialismustheorien, Totalitarismustheorien, Modernisierungstheorien etc.
Unter dem Begriff ›Geschichtstheorie‹ soll vielmehr folgendes verstanden werden:
›Theorie‹ soll im allgemeinsten, klassischen und seit der Antike herausgebildeten Sinn gemeint sein: als das nach methodischen Regeln angeleitete, denkende und auf den Begriff gebrachte Erkennen von Natur und Geschichte. Diese Bedeutung von Theorie setzt einen gegebenen Gegenstand, ein Objekt, aus dem Bereich ›Natur‹ oder ›Geschichte‹ und ein erkennendes Subjekt voraus. Das Subjekt will ein Objekt erkennen, es aber nicht in praktischer Absicht schaffen oder herstellen. Der immer mitgedachte Gegenbegriff von Theorie in diesem Sinne ist ›Praxis‹ als die willensbestimmte und zwecksetzende Auseinandersetzung mit der sozialen und natürlichen Umwelt. Der allgemeinste und klassische Begriff von Wissenschaft, von ›reiner Wissenschaft‹, ist eng mit diesem Sinn von Theorie

verknüpft: Wissenschaft ist etwas, was – unabhängig vom praktischen Nutzen des Erkannten – auf Wahrheit zielt, also auf Aussagen, die dann objektiv sind, wenn sie mit ihrem Gegenstand ›übereinstimmen‹.

Eine Aussage der theoretischen Atomphysik beispielsweise ist wahr oder ist nicht wahr, unabhängig davon, ob die Erkenntnis zu friedlichen oder zu kriegerischen Zwecken oder überhaupt nicht genutzt werden soll. Eine Aussage über die Ursachen der nationalsozialistischen Machtergreifung ist wahr oder ist nicht wahr, unabhängig davon, welche praktischen politischen Schlüsse wir heute daraus ziehen oder nicht ziehen.

Setzt man diesen Begriff von Theorie voraus, dann ist die Geschichtswissenschaft selbstverständlich eine theoretische Wissenschaft, dann sind alle Aussagen der Historiker – unabhängig von ihrem Abstraktionsgrad – theoretische Aussagen. Sein Gegenstand, zum Beispiel das, was zwischen 1789 und 1815 in Frankreich und Europa oder zwischen 1918 und 1933 in Deutschland geschah, ist zunächst unbestimmt vorausgesetzt und soll mit Hilfe der historisch-kritischen Methode erkannt, nicht aber zugleich – in praktischer Absicht – geschaffen, erzeugt, hergestellt werden. Das letztere wäre eine offensichtlich absurde Idee.

Aus diesem Sinn von Theorie folgen unschwer der gedankliche ›Ort‹ und die Bedeutung von Geschichtstheorie in dem hier gemeinten Sinne: Geschichtstheorie soll verstanden werden als das systematische Nachdenken darüber, ob der Historiker überhaupt ein gegebenes Objekt hat und ob er dieses objektiv erkennen kann. Diese Bedeutung von Geschichtstheorie erscheint für unsere Fragestellung auch deshalb besonders angemessen, weil damit der Kern des großen Streites um Subjektivität und Objektivität in der Geschichtswissenschaft getroffen wird. Denn wer die Möglichkeit von Objektivität in der Geschichtswissenschaft bestreitet, verabschiedet bewußt oder unbewußt den klassischen Begriff von Theorie. Er hält ihn für trügerischen Schein und falsches Bewußtsein, für das »nominalistische Spaltprodukt einer Jahrhunderte währenden Kritik«[2] an der ursprünglichen Einheit von Theorie und Praxis oder für eine »Überschärfung des methodischen Selbstbewußtseins der Wissenschaft«[3]. Er neigt dazu, alle Unterschiede abzuschleifen, zu relativieren, ja sogar aufzuheben, die theoretische Objektivität erst möglich machen, wie die Unterscheidung von Subjekt und Objekt, von Theorie und Praxis, d.h. von theoretischer Erkenntnis und praktischem Handeln, von Sachaussage und Werturteil, von Sein und Sollen. Die beliebte Rede von der ›Einheit von Theorie und Praxis‹ oder von der ›Einheit von

Subjekt und Objekt‹ ist nicht selten Anzeichen für eine solche Denkrichtung. Zu welchen Konsequenzen und gedanklichen Ausweglosigkeiten das führen kann, mag eine selbst erlebte Anekdote illustrieren: Als ein Student in einem Seminar über das Objektivitätsproblem behauptete, man müsse in der Geschichtswissenschaft – anders als in den Naturwissenschaften – von der grundsätzlichen Einheit von Subjekt und Objekt ausgehen, rief ein anderer Student zur allgemeinen Erheiterung spontan aus: »Ich bin Napoleon!« Wer umgekehrt die Möglichkeit historischer Objektivität begründen will, kann das nur, wenn er von der grundsätzlichen Differenz von Subjekt und Objekt ausgeht und wenn er den Historiker für erkenntnisfähig im Sinne der klassischen Theorie hält.

Acht Thesen zur Wahrheitsfrage in der Geschichtswissenschaft

Von dieser Bedeutung von ›Geschichtstheorie‹ ausgehend, sei im folgenden mit Hilfe von *acht Thesen* begründet, daß die moderne, auf Erfahrung gegründete Geschichtswissenschaft ihren Wahrheitsanspruch sowohl vernünftig begründen als auch in der konkreten Forschung einlösen kann. Sie hat keinen Grund, in Resignation zu verfallen und die Forderung sowie das Streben nach Objektivität aufzugeben. Um das Verständnis zu erleichtern, seien die systematischen Überlegungen an einem konkreten Beispiel aus der Forschung veranschaulicht, und zwar an der Erforschung der Ursachen des Unterganges der Weimarer Republik und der Ernennung Adolf Hitlers zum Reichskanzler am 30. Januar 1933. Dazu ist es weder notwendig noch möglich, das außerordentlich angewachsene Wissen zu dieser Frage nach Art eines Handbuches zusammenzufassen. Es werden lediglich einzelne Elemente aus einem konkreten Forschungszusammenhang herausgehoben, die helfen sollen, die Antworten auf zwei Grundfragen zu verdeutlichen und zu veranschaulichen. Erstens: Hat der Historiker überhaupt ein Objekt, einen Gegenstand seiner Erkenntnis? Zweitens: Falls ja, kann der Historiker diesen Gegenstand objektiv erkennen?

Eine konkrete Anschauungshilfe erscheint auch deshalb angebracht, weil die Debatte über das Wahrheitsproblem einen sehr komplizierten und differenzierten Diskussionsstand erreicht hat. Sie wird überdies mit philosophischen und geschichtstheoretischen Begriffen geführt, die zwar in der Regel genauer und der Sache angemessener sind als die Begriffe, die der Historiker sonst in seiner empirischen Arbeit gebraucht; aber für den interessierten Nichtfachmann erscheinen sie zunächst schwer verständlich, weil sie vom Einzelfall konkreter Forschung abstrahieren und auch abstrahieren müssen. Denn das Beispiel zur Veranschaulichung darf nicht mit der Erkenntnis verwechselt werden, für die das Beispiel gegeben wird.

Die Weimarer Republik, die man mit dem 9. November 1918 beginnen lassen kann, als Kaiser Wilhelm II. abdankte und der Mehrheitssozialdemokrat Philipp Scheidemann die Republik ausrief, und die man mit dem 30. Januar 1933 enden lassen kann, als Adolf Hitler in die Reichskanzlei einzog – diese Weimarer Republik ist vergangen. Sie ist so vergangen wie die Französische Revolution, die Reformation, der Investiturstreit, das Römische Reich oder der Peloponnesische Krieg. Der reale historische Prozeß in Deutschland zwischen den Jahren 1918 und 1933 ist einmalig abgelaufen. In der geschichtlichen Folge von Entscheidungssituationen und Handlungszusammenhängen waren zwar jeweils mehrere Alternativen *gleich möglich,* aber sie konnten nicht *zugleich* realisiert werden. Die Abfolge gelebter ›Gegenwarten‹ – der reale historische Prozeß – ist vergangen und nicht wiederherzustellen, die Realgeschichte ist im wörtlichen Sinne tot.
So selbstverständlich diese Tatsache erscheinen mag, so schwerwiegend sind ihre Konsequenzen für das Objektivitätsproblem. Denn sie bedeutet, daß dem Historiker der Gegenstand seiner Forschung nicht als anschauliches Material gegenübersteht – er ist buchstäblich unsichtbar – und daß er auf das entscheidende Prüfungsverfahren der Naturwissenschaften, das Experiment, grundsätzlich verzichten muß.
Dem Historiker fehlt also der unmittelbare Zugang zu seinem Gegenstand. Er bedarf eines Mittlers, um den *Zeitenabstand* zur Vergangenheit überbrücken zu können. Diese Mittler sind die *Quellen,* die heute noch vorhandenen und zugänglichen Zeugnisse einer ehemals gegenwärtigen Realgeschichte. Die Quellen sind das einzige ›Material‹, die einzige empirische Grundlage, die unseren Sinnen, unserem Verstand und unseren Fragen, die wir an die Geschichte richten, gegeben sind.
Die Forschung zur Weimarer Republik z. B. kann sich auf einen außerordentlichen Reichtum an Quellen stützen, die teils in Archiven, teils in wissenschaftlich bearbeiteten Quellensammlungen jedermann in öffentlichen Bibliotheken zugänglich sind. Aus diesen wenigen Jahren sind uns mehr Quellen überliefert als z. B. aus ganzen Jahrhunderten der frühmittelalterlichen oder frühneuzeitlichen Geschichte. Wir haben Quellen zur Wirtschafts-, Sozial-, Verfassungs-, Ideen- und Kulturge-

schichte dieser Zeit, zur Außenpolitik in allen ihren Aspekten, zu den Regierungen und Parlamenten, Parteien, Verbänden und Kirchen, zur Bürokratie, Justiz und zur Armee, zu einzelnen Ereignissen und langfristigen Prozessen, zur Bevölkerungs-, Beschäftigungs-, Konjunktur- und Wahlentwicklung, zu den Zielen, Werthaltungen und Taten von Personen und Gruppen. Es gibt Parlamentsdebatten, Kabinettsprotokolle und Akten zur Außenpolitik, wir haben Nachlässe und Memoiren, Reden und Statistiken, Verträge, Gesetze, Verordnungen und Gerichtsurteile, die veröffentlichte Meinung in Zeitungen und Zeitschriften. Wir besitzen Quellen über die Außenpolitik anderer Staaten gegenüber der Weimarer Republik und zur weltwirtschaftlichen Entwicklung, in die dieser Staat und diese Gesellschaft eingebettet waren.

Quellen sind im besten Fall unmittelbarer, zeitgleicher Niederschlag der jeweiligen Vergangenheit, etwa Urkunden, Akten, Briefe, Parlamentsdebatten, Konferenzprotokolle, Regierungserklärungen usw. Für viele Bereiche der Vergangenheit haben die Historiker der Gegenwart nicht einmal solche *Primärquellen*, sondern sind allein auf Chroniken oder Darstellungen von Geschichtsschreibern vergangener Zeiten – gleichsam auf Informationen aus zweiter, dritter, vierter Hand – angewiesen. Für die Prüfung des Erkenntniswertes gilt in der Quellenkritik der Grundsatz, daß bei ansonst gleichen Bedingungen unmittelbare und zeitgleiche Zeugnisse einen höheren Informationswert haben, weil sie nicht durch nachträgliche Reflexionen ›gefiltert‹ sind.

Diese Überlegungen führen uns bei der Suche nach dem historischen Gegenstand zu unserer ersten These:

These 1: Der Historiker hat keinen unmittelbaren Zugang zu seinem Gegenstand. Erkenntnis von Geschichte erfolgt mittelbar, durch den Umgang über die Quellen.

Es ist also für das historische Denken und Forschen von außerordentlicher Bedeutung, sich immer wieder zu vergegenwärtigen, daß Geschichte als Geschehenes (lat. res gestae) niemals unmittelbar greifbar ist, sondern mit dem Augenblick des Geschehens ganz und für immer vorbei ist. Im realen historischen Prozeß, den wir täglich selbst erleben, wird das Geschehen in jedem Augenblick von neuem Geschehen überholt und verdrängt, wird aus den Geschäften der Gegenwart unablässig Geschichte. Was für die Erforschung und Darstellung dieses Geschehenen (lat. historia rerum gestarum) als ›Material‹ zugänglich bleibt, sind eben nur die Quellen als

Hinterlassenschaft der Realgeschichte; vergleichbar den Trümmern und Überresten zerstörter Städte, die fragmentarisch Zeugnis vom ehemals gegenwärtigen Leben ihrer Einwohner geben.
Was sind diese Quellen im geschichtstheoretischen Sinne? Sie sind Ergebnis menschlicher Praxis und Produktion, soweit sie als Folge von Absichten der Zeitgenossen aus deren Selbstbewußtsein nach ›außen‹ getreten sind und sich in Wort, Bild und Tat niedergeschlagen, in Sprache, Handlung und Arbeit ›materialisiert‹ haben. Quellen sind also *nach außen getretene Zeichen* für das, was die Zeitgenossen – beispielsweise der Jahre 1919 bis 1933 – an Vorstellungen, Wünschen und Plänen zunächst im *Inneren,* in ihrem Selbstbewußtsein, gegenwärtig hatten. Die Quellen sind als Zeichen Ergebnisse eines Sinn-, Handlungs- und Wirkungszusammenhangs der jeweiligen Lebenswirklichkeit der Zeitgenossen, etwa der Menschen in der Weimarer Republik. Sie sind Träger eines Sinnes, übermitteln Informationen etwa über religiöse, wirtschaftliche, politische und persönliche Absichten und Zusammenhänge.
Der Sinn und Zweck aller Menschen*werke,* aller menschlichen Hervorbringungen, sei es einer Burg, einer Maschine, einer Rede oder einer politischen Tat, bildete sich als Vorstellung und Gedanke in den Köpfen der Zeitgenossen und war zunächst innerlich und unsichtbar. Erst dadurch, daß ein Sinn zum Beispiel als Urkunde oder überlieferter Redetext zum materialisierten Zeichen wurde, ist es dem Historiker möglich, den ehemalig gemeinten Sinn, die Absicht der Zeitgenossen, zu verstehen. Die vergangene Realgeschichte ging also vom subjektiv gemeinten Sinn der Zeitgenossen zum Zeichen; der Historiker dagegen schließt im umgekehrten Verfahren vom Zeichen (nämlich der Quelle) auf den ehemals gemeinten Sinn zurück: Das *Verstehen* als ein grundlegender Bestandteil der historischen Methode bedeutet also immer Verstehen von Sinn auf dem Umweg über die Quellen (Zeichen). Der Grundsatz der Zeichenhaftigkeit der Quellen gilt ausnahmslos, wenn man auch zwei Bereiche dessen unterscheiden kann, was diese Zeichen repräsentieren: erstens Zeichen, die Quantitäten ausdrücken, also den ganzen Bereich zählbarer und meßbarer Daten und Fakten, etwa wirtschaftlicher, technischer oder demographischer Art, wie sie dem Historiker für die Geschichte einer Zeit zur Verfügung stehen können. Wichtiger noch sind zweitens jene Zeichen, die eine Nichtquantität repräsentieren, z.B. eine Absicht oder eine Handlung.
Aus diesen Überlegungen ergibt sich unsere zweite These:

These 2: Quellen sind heute noch vorhandene und zugängliche Zeichen einer ehemals gegenwärtigen Lebenswirklichkeit.

Schon diese ersten beiden Thesen machen deutlich, mit welchen besonderen Schwierigkeiten der Historiker auf Grund der besonderen Eigenart seines Gegenstandes fertigwerden muß. Doch wenn man jetzt einen Argumentationsschritt weitergeht und fragt, wie unter solchen Voraussetzungen Erkenntnis von Geschichte möglich ist, wird sich zeigen, daß die Situation des Historikers noch erheblich schwieriger und komplizierter ist. Denn seine Arbeit kann und will sich ja nicht darin erschöpfen, den jeweiligen Sinn der oft zahlreichen Einzelquellen, etwa von Politikerreden oder Aktenstücken, in satzförmigen Aussagen zu reproduzieren; auch nicht darin, endlose Datenreihen, etwa über Produktion und Konsum, Einkommen und Gewinn, Waren und Kapital, Beschäftigung und Arbeitslosigkeit, Geburten und Todesfälle zu erschließen. Auf diese Weise würde er selbst bei optimaler Quellenlage zu keiner einzigen historischen Erkenntnis gelangen. Das kann ein Beispiel verdeutlichen. Gesetzt den Fall, die ungefähr 65 Millionen Einwohner des Deutschen Reiches hätten am 30. Januar 1933, am Tage der Ernennung Hitlers zum Reichskanzler, in genauen Protokollen niedergeschrieben, was sie an diesem Tage dachten und taten, dann besäße der Historiker zwar eine grandiose Fülle quellenfester Informationen, hätte aber noch kein ordnendes Prinzip, das Zusammenhang und Einheit und damit Erkenntnis in die amorphe Fülle dieser Informationen brächte.
Was aber befähigt den Historiker, diese zusammenfassende und gedankliche Ordnung stiftende Erkenntnisarbeit zu leisten? Es ist die besondere Frage, die besondere Perspektive, die der Historiker mitbringen muß, um diese Quellen zum Sprechen zu bringen und überhaupt *etwas* erkennen zu können. Zum Beispiel folgende Fragen: Warum brach im März 1930 die letzte parlamentarische Regierung auseinander? Warum stürzte am 30. Mai 1932 die Präsidialregierung unter dem Reichskanzler Brüning, die zumindest keine Mehrheit im Reichstag *gegen* sich hatte? Warum konnte die NSDAP zur Massenpartei werden? Welchen Einfluß hatte die Weltwirtschaftskrise auf den Untergang der Weimarer Republik? Wurde Hitler von der Industrie finanziert? Ist die Weimarer Republik an außenpolitischen, parteipolitischen, wirtschaftlichen, verfassungsrechtlichen, ideologischen Gründen oder an der Unfähigkeit ihrer führenden Politiker gescheitert?
Erkenntnisse und Antworten auf die allgemeine Frage, warum die Weimarer Republik unterging und Hitler zum Reichskanz-

ler ernannt wurde, erhält man also erst, wenn man diese Grundfrage wieder in verständige Fragen unterteilt, die es gestatten, bestimmte Quellen einer bestimmten Frage zuzuordnen.
Praktisch, das heißt von der Biographie des einzelnen Historikers her gesehen, sind solche erkenntnisproduktiven Fragen in der Regel Ergebnis langer Beschäftigung mit dem bisherigen Forschungsstand. Geschichtstheoretisch entscheidend ist, *daß* der Forscher die Quellen nötigen muß, auf seine Fragen zu antworten, und sich von ihnen nicht am Leitbande gängeln läßt. *Die Qualität eines Historikers zeigt sich in der produktiven Kraft seiner Fragestellung.* Umgekehrt ist eine ›unstrukturierte‹, das heißt nicht durch klare Fragen geordnete Arbeit, die den Leser in der Mannigfaltigkeit ausgebreiteter Quellen ›versinken‹ läßt, ein sicheres Indiz für die Gedanken- und Frageschwäche ihres Autors. Denn Geschichte als Wissenschaft ist ›denkende Ordnung der empirischen Wirklichkeit‹[4].
Auf der anderen Seite bleiben die Quellen stets die materiale Basis seiner Erkenntnis. Der Historiker ist in seiner Suche nach Antworten nicht frei. Er darf die für seine Fragestellung bedeutsamen Quellen weder ignorieren noch darf er nach Art eines historischen Romanschreibers Sachverhalte erfinden. Der alte lateinische Satz »Quod non est in actis, non est in mundo« (Was nicht in den Akten steht, ist nicht in der Welt) meint natürlich nicht, daß es das, was keine Spuren hinterlassen hat, in der Realgeschichte nicht gegeben hat. Dieser Satz will nur sagen, daß es für den Historiker kein *möglicher* Gegenstand der Erkenntnis sein kann.
Die Fähigkeit eines Forschers, durch Fragen Zusammenhang und Einheit in die Mannigfaltigkeit seiner Informationen zu bringen, beruht selbst auf allgemeinen erkenntnistheoretischen Voraussetzungen, über die die Philosophen lange und intensiv nachgedacht haben. Das kann hier nicht zum Thema gemacht werden. Es sei lediglich angemerkt, daß für den Verf. Immanuel Kant in seiner ›Kritik der reinen Vernunft‹ eine überzeugende Antwort darauf gegeben hat, wie es möglich sein kann, daß der Forscher aus der Mannigfaltigkeit der Sinndaten einen *objektiven Zusammenhang* konstruieren kann. Deshalb bedarf es in diesem Sinne auch keiner besonderen ›Kritik der historischen Vernunft‹, und es ist kein Zufall, daß bisher alle Versuche dazu gescheitert sind.
Aus dem Gesagten ergibt sich die dritte These:

These 3: Frage und Quelle sind die beiden Grundlagen historischer Erkenntnis. Wenn die Fragen fehlen, kann der Historiker nichts erkennen; wenn die Quellen fehlen, kann er nichts beweisen.

Der Erkenntnisprozeß des Historikers wird also mit einer Frage eingeleitet. Eine Frage stellen heißt aber zugleich, auszuwählen, eine bestimmte Perspektive zu eröffnen und andere auszuschließen. Wenn ›Die Geschichte‹ auch als Totalität vorausgesetzt und unbestimmt ›gegeben‹ ist, so *erscheint* sie dem Historiker immer nur perspektivisch. Analoges gilt übrigens für ›Die Natur‹. Sowenig wie ›Die Natur‹ darüber Auskunft gibt, ob sie unter physikalischem oder chemischem, unter geologischem, astronomischem oder biologischem Gesichtspunkt zu untersuchen ist, so wenig gibt ›die Geschichte‹ darüber Auskunft, ob der Historiker seine perspektivisch auswählende Frage einem Ereignis oder einem Prozeß, einer Person oder einer ›Struktur‹, einem religiösen, militärischen oder wirtschaftlichen Phänomen zuwenden soll.
Dieser Sachverhalt nun, daß alle Erkenntnisse des Historikers mit Notwendigkeit fragegeleitet, auswählend und in diesem Sinne perspektivisch sind, kann uns helfen, ein verbreitetes Mißverständnis auszuräumen, nämlich die Annahme, daß objektive Erkenntnis gleichbedeutend sei mit totaler Erkenntnis der abgelaufenen Geschichte. In Wirklichkeit versucht der Historiker nie, die Totalität des einmalig abgelaufenen historischen Prozesses in seinen Gedanken und dann in satzförmigen Aussagen ›abbildend‹ zu wiederholen, und sei es nur einen auf einen Tag und einen Ort begrenzten Ausschnitt. Der Historiker ist kein Spiegel oder Fotograf, der die Totalität der Realgeschichte zurückwerfend oder abbildend reproduziert. Er gleicht eher jenem Richter, »der die Zeugen nötigt, auf die Fragen zu antworten, die er ihnen vorlegt«.[5] Totalität ist eine Kategorie, die aller konkreten Forschung *vorausliegt* und von ihr nie eingeholt werden kann. Aus genau diesem Grunde übersteigt auch eine Geschichtsphilosophie, die das ›Ganze‹ zu wissen beansprucht, die Grenzen möglicher menschlicher Erfahrung. Der Historiker wäre Gott, wenn er das könnte.
Die Tatsache, daß ein Subjekt im Erkenntnisprozeß aktiv tätig wird, bedeutet also *nicht,* daß damit alle Erkenntnisse subjektiv sind. Genau das Gegenteil ist richtig. Die Aktivität des erkennenden Subjekts innerhalb der Subjekt-Objekt-Beziehung ist eine Bedingung für die Möglichkeit von Objektivität in der Geschichtswissenschaft.
Wir sind also gezwungen, mit der überholten passiven Abbildtheorie der Erkenntnis zugleich die Annahme zu verabschieden, dem Historiker sei so etwas wie totale Erkenntnis möglich.

Zwar weiß der Historiker, wenn er alle für seine Fragen bedeutsamen Quellen ausgeschöpft und sich mit den bisherigen Forschungsergebnissen zu seinem Thema auseinandergesetzt hat, mehr und besseres als zu Beginn, zwar ist Erkenntnisfortschritt möglich, aber diese Erkenntnisse bleiben immer perspektivische. Daraus folgt:

These 4: Perspektivität und Objektivität schließen sich in der Geschichtswissenschaft nicht aus, sondern objektive Aussagen können nur als perspektivische gedacht werden. Totale Erkenntnis ist der Geschichtswissenschaft wie allen anderen Wissenschaften versagt.

Der Historiker braucht eine besondere Frage, eine besondere Perspektive, um überhaupt seinen Erkenntnisprozeß beginnen zu können, etwa unsere beispielhafte Generalfrage: Warum ging die Weimarer Republik unter und warum wurde Hitler am 30. Januar 1933 zum Reichskanzler ernannt? Es ist für unser Objektivitätsproblem nun wichtig, sich vor Augen zu halten, daß man erst seit dem 31. Januar 1933 beginnen konnte, diese Frage zu stellen und zu beantworten. Denn erst, wenn ein Ereignis oder ein Zustand tatsächlich eingetreten und damit im strengen Sinne Vergangenheit geworden ist, kann die Arbeit des Historikers beginnen. Erst mit dem Eintritt eines Ereignisses ist das Ursachenbündel komplett, das es herbeigeführt hat. Für die Zeitgenossen der Weimarer Republik dagegen war ihre Gegenwart wie jede Gegenwart in die Zukunft hin offen, unbestimmt und unabgeschlossen. An drei, später von der Geschichtsschreibung herausgehobenen Situationen aus den Jahren 1928 bis 1932 sei dies kurz erläutert.
Erstens: Noch in der zweiten Hälfte des Entscheidungsjahres 1932 war die zukünftige Ernennung Hitlers zum Reichskanzler keineswegs unausweichlich. Obwohl die NSDAP zur stärksten Partei geworden war, lehnte es Reichspräsident Paul von Hindenburg zweimal kategorisch ab, den »böhmischen Gefreiten« zum Reichskanzler zu machen. Noch spielten in der verfahrenen politischen Situation die Reichskanzler von Papen und Schleicher nacheinander mit dem Plan eines Verfassungsbruches, d.h. mit dem Plan, das Parlament für längere Zeit verfassungswidrig nach Hause zu schicken, paramilitärische Organisationen wie die SA aufzulösen und eine auf die Autorität des Reichspräsidenten und der Reichswehr gestützte Präsidialdiktatur *gegen* Hitlers Machtansprüche zu errichten.
Zweitens: Im März 1930, als die letzte parlamentarische Regierung der sogenannten Großen Koalition von der Sozial-

demokratie bis zur Deutschen Volkspartei an ihren inneren Gegensätzen zerbrach, war für die Zeitgenossen die 34 Monate später erfolgte Ernennung Adolf Hitlers zum Reichskanzler nicht nur nicht unausweichlich, sondern eine sehr unwahrscheinliche Prognose. Die Politiker, Parteien und Verbände, die diesen Bruch der Großen Koalition im März 1930 herbeiführten, konnten nicht wissen, daß ihre Entscheidung in der zukünftigen Geschichtsschreibung ein wichtiger Faktor innerhalb des Ursachenbündels wurde, das zur Ernennung Hitlers führte.

Drittens: Im 1928 gewählten Reichstag, der vierhunderteinundneunzig Köpfe zählte, saß am äußersten rechten Rand eine lärmende und radikale Minderheit von zwölf nationalsozialistischen Abgeordneten. Zu dieser Zeit nahm fast niemand den Machtanspruch der Hitlerbewegung ernst oder schätzte Hitler als einen entscheidenden Faktor zukünftiger Politik ein.

Es ist für jeden Historiker leicht, im nachträglichen Wissen um das Ende einer Geschichte, etwa der Ernennung Hitlers zum Reichskanzler, Fehleinschätzungen der historischen Entwicklung durch die Zeitgenossen festzustellen. Der seit März 1930 amtierende Reichskanzler Brüning zum Beispiel hoffte, aus der Krankheit der 1929 ausgebrochenen Weltwirtschaftskrise eine Waffe zu machen. Seine krisenverschärfende Wirtschaftspolitik sollte die Totalrevision des Versailler Vertrages erzwingen und zu einer »Reinigungskrise« im Innern führen, um danach einem im Innern konsolidierten und außenpolitisch unabhängigen Deutschland wieder eine Großmachtposition zu verschaffen. Heute kennt der Historiker die Ursachen, die dieses Konzept scheitern ließen und zu seinem Sturz am 30. Mai 1932 führten. Brünings Partei, das katholische Zentrum, hegte nach seinem Sturz und nach den Juliwahlen des Jahres 1932 die Illusion, Hitlers Bewegung durch das Angebot einer Koalition in parlamentarischen Bahnen halten zu können. Die deutschen Kommunisten hatten 1932 auf Anweisung aus Moskau nichts Besseres zu tun, als der angeblich sozialfaschistischen SPD die Arbeiter abzujagen, alle Parteien von der NSDAP bis zur SPD zu Marionetten des Großkapitals zu erklären und im übrigen darauf zu vertrauen, daß eine eventuelle nationalsozialistische Machtergreifung nur ein Vorspiel zur deutschen Oktoberrevolution sein werde. Viele Kommunisten waren später gezwungen, in Hitlers Konzentrationslagern über diese Fehleinschätzung der Situation nachzudenken. Der konservative Franz von Papen, Brünings Nachfolger als Reichskanzler, Hauptakteur im Intrigenspiel um die Ernennung Hitlers zum Reichskanzler und Vizekanzler im ersten Kabinett Hitler, glaubte zuversicht-

lich, daß die Mehrheit der konservativen Minister die drei Nationalsozialisten im Kabinett wirkungsvoll kontrollieren könnten. Papen erklärte selbstbewußt: »In zwei Monaten haben wir Hitler in die Ecke gedrückt, daß er quietscht.«[6]
Diese Beispiele ließen sich leicht vermehren. Sie werden in unserem Zusammenhang aber nicht um ihrer selbst willen genannt. Sie dienen dazu, eine systematische Erkenntnis zu illustrieren: die Erkenntnis nämlich, daß der Historiker in seiner Arbeit grundsätzlich über das Eigenverständnis derjenigen Zeit hinausgeht, deren Zusammenhänge er zu rekonstruieren sucht. Der Historiker ist hinterher allemal klüger, und er kann davon bei seiner Arbeit nicht absehen. Die Eule der Minerva, der Vogel der Weisheit, beginnt in der Tat, wie der Philosoph Hegel wußte, ihren Flug erst in der Dämmerung. Denn die Einsicht in die Vielzahl gleichgerichteter und gegenläufiger Absichts- und Wirkungszusammenhänge kann von den Zeitgenossen eben nicht vollzogen werden. Diese haben den in die Zukunft offenen und zersplitterten Horizont der Gegenwart, in dem bestenfalls ein Teil der zeitgleich ablaufenden Ereignisse überhaupt sichtbar wird. Das Ganze einer Zeit, eben die Geschichte des Untergangs der Weimarer Republik, kann nur für den zurückblickenden Historiker erkennbar werden. Allerdings wissen wir schon, daß diese vom Historiker gedanklich erarbeiteten Bedeutungsganzheiten nicht mit der Totalität der abgelaufenen Geschichte verwechselt werden dürfen.
Damit stehen wir vor einem eigentümlichen Paradox geschichtlicher Erkenntnis. Während das Vergangensein seines Gegenstandes verhindert, daß dem Historiker das Experiment zur Verfügung steht, ist das Vergangensein zugleich Bedingung dafür, daß er überhaupt ein abgeschlossenes Objekt seiner Erkenntnis hat. Nur weil der Historiker weiß, wie die Geschichte ausgegangen ist, kann er vom Ergebnis her *annäherungsweise* gedankliche Einheit in die unendlich vielen, räumlich getrennten und zeitlich hintereinander geschalteten Absichts- und Wirkungszusammenhänge einer Zeit bringen, kann er z. B. zu erklären versuchen, warum die Weimarer Republik unterging und Hitler zum Reichskanzler ernannt wurde.
Der Historiker geht also, wie schon gesagt, über das Eigenverständnis einer Zeit und die geistige Re-Konstruktion der Absichten der Zeitgenossen hinaus. Seine wissenschaftliche Produktion ist damit zugleich eine Neu-Konstruktion, die mehr ist als ein bloßes Abbild der Realgeschichte. *Die Bedeutung einer Zeit ist also als solche nicht gegeben, sondern ein Konstrukt der aktiven Erkenntnisleistung des Historikers.* Die passive Abbildtheorie der Erkenntnis erweist sich wiederum als falsch.

Diese konstruktiv erarbeiteten Bedeutungseinheiten hängen aber nicht als ›Erfindungen‹ gleichsam in der Luft. Sie sind erstens Konstruktionen von etwas, was in der Realgeschichte *latent,* für die Zeitgenossen aber nicht bewußt, *nicht manifest* war. Sie bleiben deshalb – zweitens – immer auf die gegebenen Quellen bezogen, auf die zeichenhaften Spuren der Vergangenheit, die der Historiker nicht auflösen, nicht verändern oder negieren kann.
Daraus wird hoffentlich unsere fünfte These verständlich:

These 5: Der Historiker ist Re-Konstrukteur und Neu-Konstrukteur von Geschichte zugleich.

Nach dieser fünften These sei eine kurze Zwischenbilanz gezogen. Bei der Beantwortung der doppelten Frage, ob der Historiker überhaupt ein Objekt seiner Erkenntnis habe und ob er dieses objektiv erkennen könne, ist das Besondere des historischen Gegenstandes und der Beziehung zwischen dem erkennenden Subjekt und dem zu erkennenden Objekt bewußt geworden. In den ersten beiden Thesen wurde erkannt, daß der Historiker keinen unmittelbaren Zugang zur vergangenen Geschichte hat, sondern auf die Quellen als heute noch zugängliche Zeichen angewiesen ist. Die Quintessenz der Thesen 3 bis 5 war die Einsicht, daß die passive Abbildtheorie der Erkenntnis falsch ist. Der Historiker bildet nicht passiv die Totalität der abgelaufenen Geschichte ab. Es bedarf der fragenden, auswählenden und perspektivischen Aktivität des Subjekts, damit überhaupt etwas erkannt werden kann. Die Aktivität des Historikers ist Re-Konstruktion und Neu-Konstruktion von Geschichte zugleich. Die Tatsache, daß ein Subjekt im Erkenntnisprozeß aktiv tätig wird, bedeutet nicht, daß damit alle Erkenntnisse subjektiv sind. Die Aktivität des erkennenden Subjekts innerhalb der Subjekt-Objekt-Beziehung ist eine Bedingung für die *Möglichkeit* von Objektivität in der Geschichtswissenschaft.
Diese grundsätzliche Möglichkeit bedeutet aber noch nicht, daß Objektivität in der konkreten Forschung tatsächlich erreicht wird. Das Interesse muß sich deshalb dem zweiten Teil der Doppelfrage zuwenden, nämlich ob und bis zu welchem Grade objektive Aussagen in der Geschichtswissenschaft gelingen können. Die Formulierung ›bis zu welchem Grade‹ soll schon auf die Richtung der Antwort hinweisen. Erkenntnis von Geschichte ist nie endgültig, sondern ein fortschreitender Prozeß. Wissenschaft als Prozeß ist fortwährende, verändernde Überarbeitung des einmal Gefundenen, sie ist Revision in

Permanenz. Sie ist die schrittweise und methodische Überprüfung, Ergänzung, Modifizierung und Ersetzung einer begründeten Aussage durch eine besser begründete Aussage. Objektivität ist also keine feststehende Tatsache, sondern eine Norm, ein Ziel, das als oberster Bezugspunkt den *Erkenntnisprozeß* reguliert – unabhängig davon, welche praktischen Konsequenzen die Historiker für sich und die Öffentlichkeit aus ihren historischen Erkenntnissen ziehen. Mit Kant könnte man sagen: Objektivität ist die regulative Idee der Geschichtswissenschaft.

Die Wahrheitsfrage wäre also falsch gestellt, wenn man als Ergebnis historischer Forschung absolute, d.h. unter keinen Bedingungen revidierbare Aussagen erwarten würde. Wie die totale, so überschreitet auch die absolute Erkenntnis die Grenzen einer Erfahrungswissenschaft. Wie jede wissenschaftliche Disziplin muß sich auch die Geschichtswissenschaft mit fragmentarischem und approximativem, d.h. der Wahrheit sich annäherndem Wissen bescheiden. So gut begründet wie eine historische Aussage im Einzelfall auch sein mag, so oft sie auch durch die Quellen bestätigt sein mag, so widersinnig ein Zweifel erscheinen mag, es bleibt doch immer der Vorbehalt der Vorläufigkeit und die Möglichkeit der Korrektur und des Besserwissens. Geschichtswissenschaftliche Erkenntnisse sind Hypothesen von wahrscheinlicher, niemals aber von absoluter Gewißheit. Je besser ihre Begründung, desto mehr verwandelt sich die Hypothese in eine gut bestätigte These. Alle Aussagen der Historiker können grundsätzlich nur *hypothetische Wahrheit beanspruchen*, die der Revision, der Kritik und Diskussion der Forschergemeinschaft offenstehen. Wissenschaft als Prozeß ist Revision in Permanenz. Jeder Historiker weiß, daß die Geschichtsschreibung über ein bestimmtes Thema gleichzeitig neue Quellen erschließen, miteinander konkurrierende Hypothesen über Teilaspekte oder das Ganze eines Themas vorlegen kann, neue Quellen und neue Einzeluntersuchungen zur Formulierung neuer Gesamtdeutungen führen können.

Der hypothetische Charakter historischer Aussagen gilt für alle Ebenen der Forschung, für die Beschreibung und Erklärung sogenannter einfacher Tatsachen ebenso wie für diejenige hochkomplexer Phänomene wie etwa den Untergang der Weimarer Republik. Der wissenschaftliche, und das heißt auch immer der nichtdogmatische Historiker muß sich durch neue Quellenfunde korrigieren lassen, muß bei der Behauptung neuer Erklärungshypothesen prüfen, ob seine neue These der Summe der bekannten Quellen besser entspricht als die bisher

vorgelegten Erklärungen. Die objektivere Aussage ist die jeweils besser begründete, sich an den Quellen besser bewährende Aussage. Wissenschaftlicher Fortschritt wird durch den systematischen Zweifel, durch den Widerspruch gegen das anscheinend gesicherte Wissen herbeigeführt.
Wenn der Platz zur Verfügung stünde, wäre es möglich, eine Reihe von gut bestätigten Hypothesen, also von Thesen, zu unserer Generalfrage, warum die Weimarer Republik unterging, im Detail vorzutragen. Da das nicht möglich ist, seien nur stichwortartig einige strukturelle Schwächen der ersten deutschen Republik genannt. In ihrer Gesamtheit machen sie die immer wieder gestellte Frage annäherungsweise erklärbar, warum die schwerste Weltwirtschaftskrise seit dem Beginn der industriellen Revolution, die 1929 ausgebrochene Weltwirtschaftskrise, in Deutschland zu Hitler und in den Nationalsozialismus führte und nicht zu einer staatsinterventionistischen Reformpolitik im Rahmen eines demokratischen Systems, wie es etwa in den USA unter dem Präsidenten Franklin D. Roosevelt der Fall war. Die Frage, bis zu welchem Grade das Jahr 1933 aus Kontinuitäten der deutschen Geschichte erklärt werden kann, die bis in das Kaiserreich, bis in das Preußen Friedrichs des Großen, bis zu Luther oder gar bis in die Wälder Germaniens zurückreichen, soll dabei ausgeklammert werden. Dasselbe gilt für die Frage, bis zu welchem Grade der Untergang der Weimarer Republik Teil der allgemeinen Krise der europäischen Demokratie nach 1919, also gerade nicht eine besondere deutsche Angelegenheit war. Es folgen also einige gut bestätigte Thesen über Strukturschwächen der Weimarer Republik.

1. Die ausgebliebene soziale Revolution. Die militärische Niederlage des Deutschen Reiches im Ersten Weltkrieg verursachte zwar einen Wechsel im politischen System – aus der konstitutionellen Monarchie wurde eine parlamentarische Republik –, aber die Gesellschafts- und Wirtschaftsstruktur blieb im wesentlichen erhalten. Die Eliten des Kaiserreiches behielten ihre Machtpositionen in der Industrie und im Großgrundbesitz, in der Bürokratie, Justiz und im verkleinerten Heer, standen aber in ihrer Mehrheit der neuen Staatsverfassung entweder ablehnend gegenüber oder nahmen sie widerwillig als gegebene Tatsache hin.
2. Die Geburt der Republik aus der Niederlage und die Belastung durch den von den Siegern diktierten Vertrag von Versailles. Zwar war die außenpolitische Revisionspolitik im ganzen sehr erfolgreich, aber die innenpolitischen Kosten waren hoch. Die innenpolitische Kritik der nationalistischen

Rechten an der friedlichen Revisionspolitik führte zur Dauerkritik an der Republik.

3. Schwächen der Weimarer Verfassung, besonders die beiden folgenden. Erstens: Nach dieser Verfassung befanden sich der Reichskanzler und die Minister in einem labilen Zustand doppelter Abhängigkeit von zwei durch Wahlen legimierten Instanzen, vom Parlament *und* vom Reichspräsidenten. Dieser Reichspräsident besaß anders als der heutige Bundespräsident eine außerordentliche Machtfülle. Die Folgen ihres Gebrauchs hingen von den Umständen und dem politischen Selbstverständnis des Amtsinhabers ab. In der Endphase der Weimarer Republik benutzte Reichspräsident Paul von Hindenburg seine Kompetenzen, um die Präsidialkabinette Brüning, v. Papen, Schleicher und schließlich Hitler zu bilden, die keine aktive Mehrheit im Parlament hatten. Hitler ist nicht über eine parlamentarische Mehrheit, sondern über die Brücke eines sogenannten Präsidialkabinettes Reichskanzler geworden. Zweitens: Die radikaldemokratische und wertneutrale Verfassung räumte grundsätzlich jeder Partei ohne Rücksicht auf ihren Charakter und ihre Ziele die Chance zum Machterwerb ein. Die Verfassung hielt selbst jenen Parteien die Chance offen, die unmißverständlich erklärten, im Falle des Machterwerbs eine Diktatur zu errichten und die gleiche Chance für andere zu zerstören.
Diese beiden verfassungsrechtlichen Schwächen ermöglichten im legalen Sinne erst Hitlers Taktik der Machtergreifung, die sogenannte Legalitätstaktik. Niemand wußte das besser als Hitler selbst. Der Sinn dieser Taktik bestand darin, die legalen Formen der Weimarer Verfassung bis zur Ernennung zum Reichskanzler zu nutzen, um von dieser Position aus dann die Demokratie, den Rechtsstaat, die Gewaltenteilung und die liberalen Grundfreiheiten abzuschaffen.
4. Die Republik ohne Republikaner. Diese gewiß überspitzte Formulierung soll auf die Tatsache verweisen, daß das deutsche Volk den verfassungsloyalen Parteien schon im Juli 1920 nur noch 43% der Stimmen gab. In den letzten freien Reichstagswahlen vom November 1932 optierte nur noch ein Drittel der wahlberechtigten Deutschen für solche Parteien, während die antidemokratischen und staatsfeindlichen Parteien von links und rechts fast 60% der Stimmen auf sich vereinigen konnten.
5. Die Schwäche des Parteiensystems. Die Parteien waren auch aufgrund der Wahlergebnisse zum dauernden Interessenausgleich und zur Mehrheitsbildung unfähig, um sowohl Regierungsverantwortung für vier Jahre zu übernehmen als

auch ein klares Wechselspiel von Regierung und Opposition auf dem Boden einer von allen akzeptierten Gesellschafts- und Staatsverfassung möglich zu machen.

6. Die Schwächen des Wirtschaftssystems. Die deutsche Wirtschaft hatte Anpassungsschwierigkeiten an die veränderte weltwirtschaftliche Lage nach dem Ersten Weltkrieg. Das galt besonders für die Landwirtschaft, die sich in einer Art von Dauerkrise befand. Die Inflation von 1923 enteignete alle Geldvermögen, führte zur Kapitalzerstörung der deutschen Banken und zur Abhängigkeit von ausländischen Krediten. Die deutschen Reparationszahlungen waren eingebunden in ein krisenanfälliges Karussell von deutschen Reparationen an die Alliierten, Schuldverpflichtungen der Alliierten an die USA und amerikanischen Krediten an Deutschland, die wieder zur Bezahlung der Reparationen verwendet wurden. Das Funktionieren der Weltwirtschaft hing in einem gefährlichen Ausmaß von dem ständigen Zufluß amerikanischer, aber auch französischer Kredite ab.
7. Die Person Adolf Hitler. Nach dem mißglückten Putsch von 1923 und nach seiner kurzen Haft in Landsberg gelang es Hitler als Redner und Organisator, eine schlagkräftige, auf ihn als Führer eingeschworene Bewegung aufzubauen, die auf ihre Chance wartete. Die Erfolgsgeschichte des Nationalsozialismus ist auch eine Geschichte der Unterschätzung Hitlers durch die Zeitgenossen.
8. Nur unter Berücksichtigung dieser Faktoren, die keinen Anspruch auf Vollzähligkeit erheben, ist es erklärbar, daß die 1929 einsetzende Weltwirtschaftskrise Deutschland über eine Regierungs- und Verfassungs- zur Staatskrise führte, während es andererseits unübersehbar ist, daß die Weltwirtschaftskrise selbst ein entscheidender Faktor in dem komplexen Ursachenbündel war, das zum 30. Januar 1933 führte. Die Wirtschaftskrise trieb Hitler die Massen zu, besonders aus dem protestantischen, agrarischen und mittelständischen Teil der Bevölkerung. Die Wirtschaftskrise verschärfte die verteilungs- und sozialpolitischen Konflikte. Sie gab den Anstoß zu der schon genannten krisenverschärfenden Wirtschaftspolitik des Reichskanzlers Brüning. Sie erzeugte jene Stimmung der Verzweiflung, des Protestes und der Gewalt, von der die radikalste Alternative zum Bestehenden, eben die NSDAP, am meisten profitierte. Die Wirtschaftskrise ist zwar, wie unsere Hypothesen verdeutlichen sollten, keine hinreichende, aber eine notwendige Erklärung für die Ernennung Hitlers zum Reichskanzler. Das heißt: Sie reicht allein nicht hin, um Hitlers Ernennung

zu erklären; ohne die Krise aber ist die Ernennung nicht zu erklären:

Diese beispielhaft vorgetragenen Erklärungshypothesen müßten ausdrücklich oder indirekt in jeder Geschichte der Weimarer Republik dargestellt werden, die Anspruch darauf erhebt, auf dem Stand der Forschung zu sein. Wenn sie auch alle unter dem letzten Vorbehalt der Vorläufigkeit und des Besserwissens stehen, so sind sie andererseits doch keine subjektiven Beliebigkeiten, sondern beanspruchen zu Recht den Rang gut begründeter und bestätigter Aussagen.
Resümierend lassen sich diese Ausführungen in der sechsten These zusammenfassen:

These 6: Erkenntnis von Geschichte ist ein fortschreitender Prozeß, geleitet vom Streben nach Objektivität. Der Historiker versucht, der Wahrheit näher zu kommen, ohne sie je endgültig zu erreichen. Es gibt Erkenntnisfortschritt, aber keine absolute Gewißheit.

Damit haben wir den Wahrheitsbegriff der Geschichtswissenschaft definiert, ohne den jede Forschung und jede wissenschaftliche Diskussion sinnlos würde: Wo die Möglichkeit der Wahrheit fehlt, kann man nur schweigen; wo andererseits absolute Erkenntnis behauptet wird, ist jede weitere Forschung überflüssig.

Im letzten Teil unserer Argumentation wollen wir uns mit drei Problemen beschäftigen. Wir wollen zunächst nach der Bedeutung des Interesses für das Wahrheitsproblem fragen. Danach soll gezeigt werden, daß Dogmatismus und Parteilichkeit den hypothetischen Charakter der Forschung zerstören, also mit dem hier definierten Sinn von Wahrheit nicht vereinbar sind.
Ein häufig vorgebrachtes Argument gegen die Möglichkeit, sogar gegen die Wünschbarkeit von Objektivität in der Geschichtswissenschaft bezieht seine Überzeugungskraft aus der unleugbaren Tatsache des wechselnden Interesses an Geschichte. Jeder, der sich nur ein wenig mit der Geschichte der Geschichtsschreibung beschäftigt hat, weiß, daß in der Tat das Interesse an unterschiedlichen Epochen und Aspekten der Geschichte aus vielfältigen, meist außerwissenschaftlichen Gründen dem Wandel der Zeiten unterworfen ist. Das galt in der Vergangenheit und gilt in der Gegenwart, gleichermaßen für Berufshistoriker und interessierte Öffentlichkeit.
Diese wechselnden Interessen haben ihren Grund in den unterschiedlichen Motiven, die Menschen dazu bewegen, sich mit bestimmten Bereichen der Geschichte zu beschäftigen,

andere zu vernachlässigen oder aus dem eigenen Fragehorizont ganz auszublenden. In der Regel interessieren sich Menschen besonders für jene Aspekte der Geschichte, von denen sie meinen, daß sie für ihre jeweilige Lebenspraxis von besonderer Bedeutung sind: für die ›Gegenwartsvorgeschichte‹ als prägender Bestandteil der Gegenwart; für Traditionen, in denen sie selbst noch leben; für Persönlichkeiten, die sie als Vorbild anerkennen oder als Schreckbild hassen. Man kann sich als Lutheraner besonders für die Reformation, als Katholik für die Geschichte der Päpste, als Patriot für die deutsche Reichsgründung, als Sozialdemokrat für die Geschichte der Arbeiterbewegung, als bundesrepublikanischer Demokrat für die demokratischen Traditionen in der deutschen Geschichte, als Kommunist für die russische Oktoberrevolution, als Landwirt für den Bauernkrieg, als Japaner für die Meji-Restauration, als Franzose für die Französische Revolution, als Amerikaner für den Unabhängigkeitskrieg, als Afrikaner für den Prozeß der Dekolonisierung interessieren; man kann als Student im Seminar eine Forschungslücke entdeckt haben, sich aus aktuellem Anlaß mit der Judenvernichtung im Dritten Reich beschäftigen wollen oder auch schlicht von historischer Neugierde vorangetrieben werden – alle diese vielfältigen, wechselnden und subjektiven Interessenhorizonte sind für die behauptete Richtigkeit historischer Aussagen allerdings völlig belanglos. Die psychologischen und sozialen Gründe, die einem Forscher einen bestimmten Ausschnitt der Geschichte als interessant und wissenswert erscheinen lassen, sagen nichts über die Gültigkeit der Aussagen. Umgekehrt werden methodisch gesicherte Forschungsergebnisse nicht dadurch falsch, weil sich niemand für sie interessiert. Der Prüfstein für die Gültigkeit historischer Aussagen ist die historisch-kritische Methode, das heißt die Logik der Forschung, und nicht die Psychologie und die soziale Lage des Forschenden. Daraus folgt unsere siebte These:

These 7: Das Interesse des Historikers ist kein Grund für die Wahrheit seiner Aussagen.

Parteilichkeit sei definiert als mehr oder weniger bewußte Verzerrung, Verbiegung und Verkürzung, im Extremfall glatte Verfälschung der Vergangenheit im Dienst oder Auftrag außerwissenschaftlicher Absichten oder Instanzen. Parteilichkeit führt zur Geschichtsklitterung, eben zur parteiischen Deformation der Vergangenheit. Die negative Einschätzung der Parteilichkeit bezieht sich also auf die Anwendung in der Wissen-

schaft. Hier schließen sich Objektivität und Parteilichkeit aus, während andererseits aktives politisches Handeln ohne Parteinahme nicht möglich ist. Der Historiker muß als Historiker einem Liberalen und Marxisten gleichermaßen gerecht werden, in seiner Rolle als politisch Handelnder kann er nicht zugleich Liberaler und Marxist sein.
Als Beispiel für Parteilichkeit sei daran erinnert, daß von 1933 bis 1945 die Interpretation der Weimarer Republik in Deutschland durch Hitler und die nationalsozialistische Propaganda beherrscht wurde, von einer extrem parteiisch verfahrenden Geschichtsklitterung in politischer Absicht, der es nicht um Erkenntnis und Wahrheit, sondern um die agitatorische Instrumentalisierung von Geschichte ging. Ein klassisches Beispiel ist der Beginn der Rede Hitlers im Reichstag am 23. März 1933, in der er die Notwendigkeit des Ermächtigungsgesetzes begründete:

Hitler, Reichskanzler: Männer und Frauen des Deutschen Reichstags! Im Einvernehmen mit der Reichsregierung haben die Nationalsozialistische Partei und die Deutschnationale Volkspartei Ihnen durch einen Initiativantrag ein Gesetz zur Behebung der Not von Volk und Reich zur Beschlußfassung unterbreitet.
Die Gründe für diesen außerordentlichen Vorgang sind folgende.
Im November 1918 rissen marxistische Organisationen durch eine Revolution die vollziehende Gewalt an sich. Die Monarchen wurden entthront, die Reichs- und Landesbehörden abgesetzt und damit die Verfassung gebrochen. Das Gelingen der Revolution im materiellen Sinne sicherte die Attentäter vor dem Zugriff der Justiz. Die moralische Legitimierung suchten sie in der Behauptung, Deutschland beziehungsweise seine Regierungen trügen die Schuld am Ausbruch des Krieges. Diese Behauptung ist wissentlich und sachlich falsch.
In der Folge führte aber diese im Interesse unserer damaligen Feinde liegende unwahre Anschuldigung zu schwersten Unterdrückungen des gesamten deutschen Volkes. Unter Bruch der uns in den 14 Punkten Wilsons gemachten Zusicherungen begann für Deutschland, das heißt für das schaffende deutsche Volk, eine Zeit grenzenlosen Unglücks. Alle die von den Männern des November 1918 gemachten Versprechungen erwiesen sich, wenn schon nicht als bewußte Irreführungen, so doch als nicht minder verdammenswerte Illusionen. Die »Errungenschaften der Revolution« waren im gesamten genommen nur für kleinste Teile unseres Volkes angenehm, für die überwältigende Mehrzahl aber, zumindest aber insoweit sich diese durch ihre redliche Arbeit das tägliche Brot verdienen mußten, unendlich traurige.
Daß hierfür der Selbsterhaltungstrieb der an dieser Entwicklung schuldigen Parteien und Männer tausend Beschönigungen und Ausreden findet, ist verständlich. Der nüchterne Vergleich der durchschnittlichen Ergebnisse der letzten vierzehn Jahre mit den einst proklamierten Versprechungen fällt für diese verantwortlichen Regisseure dieses in

der deutschen Geschichte beispiellosen Verbrechens vernichtend aus.
Unser Volk hat im Verlauf der letzten 14 Jahre auf allen Gebieten des Lebens einen Verfall erlitten, der größer kaum vorstellbar ist. Die Frage, was überhaupt in dieser Zeit noch schlimmer hätte kommen können, ist unter Berücksichtigung der Grundwerte unseres deutschen Volkes sowie der einst vorhanden gewesenen politischen und wirtschaftlichen Erbmasse nicht zu beantworten. Das deutsche Volk selbst hat trotz seiner schweren Beweglichkeit in politischen Empfindungen und Stellungnahmen sich steigend von den in seinen Augen für diese Zustände verantwortlichen Auffassungen, Parteien und Verbänden abgewendet. Die Zahl der innerlich auf dem Boden der Weimarer Verfassung stehenden Deutschen ist trotz der suggestiven Bedeutung und rücksichtslosen Ausnützung der Regierungsgewalt am Ende nur mehr ein Bruchteil der gesamten Nation.
Es ist weiter das charakteristische Merkmal dieser vierzehn Jahre gewesen, daß, abgesehen von natürlichen Schwankungen, die Linie der Entwicklung konstant nach unten führte. Diese deprimierende Erkenntnis war mit eine der Ursachen der allgemeinen Verzweiflung. Sie förderte die Einsicht über die Notwendigkeit einer gründlichen Abkehr von den Ideen, Organisationen und Männern, in denen man mit Recht allmählich die tieferen Ursachen des Verfalls zu erkennen begann.
Die nationalsozialistische Bewegung vermochte daher trotz furchtbarster Unterdrückung immer mehr Deutsche geistes- und willensmäßig zum Abwehrkampf zu erfassen. Sie hat im Verein mit den anderen nationalen Verbänden nunmehr innerhalb weniger Wochen die seit dem November 1918 herrschenden Mächte beseitigt und in einer Revolution die öffentliche Gewalt in die Hände der nationalen Führung gelegt.
Am 5. März hat das deutsche Volk diesem Akte seine Zustimmung erteilt.

Ebenso wie Parteilichkeit zerstört auch der dogmatische Umgang mit Geschichte den hypothetischen Gebrauch der Vernunft. Das Dogma soll in unserem Zusammenhang als nicht weiter prüfbare, durch keine konkrete Forschung zu korrigierende, ja jede weitere Forschung sinnlos machende Setzung verstanden werden. Um mögliche Mißverständnisse auszuräumen. Wie bei der Parteilichkeit geht es auch bei der negativen Einschätzung des Dogmas um seine Rolle in der empirischen Geschichtswissenschaft. Im Rahmen von Kirche und Theologie dagegen kann meines Erachtens auf das Dogma nicht verzichtet werden, wenn der Glaube einen angebbaren Inhalt haben soll.
Ein klassisches Beispiel für einen solchen Dogmatismus ist die Denkfigur der Monokausalität oder der ›eigentlichen‹ Ursache. Wer zum Beispiel dogmatisch behauptet, die Geschichte sei ›letztlich‹ oder ›eigentlich‹ eine Geschichte von Klassenkämp-

fen oder Völkerkämpfen oder Religionskriegen oder eine Geschichte der Unterdrückung der Frau durch den Mann; wer behauptet, das ›in letzter Instanz bestimmende Moment‹ in der Geschichte sei das ökonomische oder das politische oder das religiöse oder das sexuelle; wer die Motive menschlichen Handelns monokausal auf den Erwerbstrieb oder das Machtstreben oder den Aggressionstrieb oder das Sicherheitsbedürfnis reduziert, ohne in der konkreten Forschung sorgfältig zu prüfen, *in welchem Maße und bis zu welchem Grade* die jeweils behauptete Kausalität in dem immer komplexen Ursachen- und Motivationsgeflecht historischer Abläufe tatsächlich eine Rolle gespielt hat, verfehlt den hypothetischen Gebrauch der forschenden Vernunft grundsätzlich. Für einen solchen Dogmatiker ist auch kein Erkenntnisfortschritt möglich, denn er bewegt sich in einem Zirkel. Das, was bewiesen werden soll, hat er immer schon dogmatisch vorausgesetzt.
Aus dem Gesagten ergibt sich die achte These:

These 8: Das Streben nach Objektivität einerseits, Parteilichkeit und Dogmatismus andererseits schließen sich aus.

In der Geschichte der Geschichtsschreibung hat es immer wieder Dogmatismus und Parteilichkeit gegeben. Das wird vermutlich auch in Zukunft so bleiben. Daraus kann man unterschiedliche Schlüsse ziehen. Man kann folgern, daß Wahrheit in der Geschichtswissenschaft ein leerer Wahn, allenfalls ein nobler Traum sei und jeder Versuch, einen sachangemessenen Wahrheitsbegriff für die Geschichtswissenschaft zu begründen, scheitern müsse. Unter dieser Voraussetzung müßte die Geschichtsforschung allerdings ihren Anspruch auf Wissenschaftlichkeit aufgeben, denn Wissenschaft ohne Wahrheit ist reiner Etikettenschwindel.
Dagegen ist hier zu begründen versucht worden, warum diese Skepsis unberechtigt ist und die Geschichtswissenschaft sehr wohl einen Wahrheitsbegriff kennt, der es möglich macht, außerwissenschaftliches Meinen von geschichtlicher Erkenntnis, gute von schlechter Geschichtsschreibung zu unterscheiden. Die vorgetragenen Thesen erheben allerdings nicht den Anspruch, alle Aspekte des Wahrheitsproblems zur Sprache gebracht zu haben. Eine umfassendere Darstellung müßte sich zum Beispiel mit den Problemen auseinandersetzen, ob der Historiker *Werturteile* im Namen einer empirischen Wissenschaft fällen kann, welchen Einfluß die *Sprache* des Historikers auf das Objektivitätsproblem hat und vor allem damit, wie der Historiker als Ersatz für das fehlende Experiment der Natur-

wissenschaften durch ›Gedankenexperimente‹ die verschiedenen *Kausalitäten* im Rückgriff auf Regelwissen undogmatisch zuordnen und gewichten kann.

Anmerkungen

1 H. BERDING, Bibliographie zur Geschichtstheorie, Göttingen 1977.
2 J. HABERMAS, Technik und Wissenschaft als ›Ideologie‹, Frankfurt ^{2}1969, S. 150.
3 H.-G. GADAMER, Wahrheit und Methode, Tübingen ^{4}1975, S. 282.
4 M. WEBER, Gesammelte Aufsätze zur Wissenschaftslehre. Hg. von J. WINCKELMANN, Tübingen ^{4}1973, S. 156.
5 I. KANT, Kritik der reinen Vernunft. Vorrede zur zweiten Auflage, Stuttgart 1966, S. 26.
6 Zit. in: E. VON KLEIST-SCHMENZIN, Die letzte Möglichkeit. In: Politische Studien 10 (1959), H. 106, S. 92.
7 Aus: E. JÄCKEL, D. JUNKER, A. KUHN (Hg.), Deutsche Parlamentsdebatten 1871–1970. 3 Bde., Frankfurt/Hamburg 1970/71, Bd. 2, S. 232 f.

Literaturverzeichnis

K. ACHAM: Analytische Geschichtsphilosophie. Freiburg/München 1974.
H. ALBERT/E. TOPITSCH (Hg.): Werturteilsstreit. Darmstadt 1971.
A. C. DANTO: Analytische Philosophie der Geschichte. Frankfurt/Main 1974 (aus dem Englischen).
W. DILTHEY: Der Aufbau der geschichtlichen Welt in den Geisteswissenschaften. München ^{7}1974 (^{1}1937).
J. G. DROYSEN: Historik. Vorlesungen über Enzyklopädie und Methodologie der Geschichte. Hg. von R. HÜBNER. München ^{7}1974 (^{1}1937).
F. ENGEL-JANOSI/G. KLINGENSTEIN/H. LUTZ (Hg.): Denken über Geschichte. München 1974 (12 Aufsätze).
K.-G. FABER: Theorie der Geschichtswissenschaft. München ^{4}1978.
H.-G. GADAMER: Wahrheit und Methode. Tübingen ^{4}1975.
H.-W. HEDINGER: Subjektivität und Geschichtswissenschaft. Berlin 1969.
D. JUNKER/P. REISINGER: Was kann Objektivität in der Geschichtswissenschaft heißen, und wie ist sie möglich? In: T. SCHIEDER/K. GRÄUBIG (Hg.): Theorieprobleme der Geschichtswissenschaft. Darmstadt 1977. S. 420–471.
D. JUNKER: Über die Legitimität von Werturteilen in den Sozialwissenschaften und der Geschichtswissenschaft. Historische Zeitschrift 211 (1970), S. 1–33.
R. KOSELLECK/W. J. MOMMSEN/J. RÜSEN (Hg.): Objektivität und Parteilichkeit in der Geschichtswissenschaft. München 1977 (21 Aufsätze).
H.-I. MARROU: Über die historische Erkenntnis. Freiburg/München 1973 (aus dem Französischen).
T. NIPPERDEY: Kann Geschichte objektiv sein? Geschichte in Wissenschaft und Unterricht 30 (1979), S. 329–342.
J. RÜSEN (Hg.): Historische Objektivität. Göttingen 1975 (4 Aufsätze).
A. SCHAFF: Geschichte und Wahrheit. Wien/Frankfurt/Zürich 1970 (aus dem Polnischen).
M. WEBER: Gesammelte Aufsätze zur Wissenschaftslehre. Hg. von J. WINCKELMANN. Tübingen ^{4}1973 (^{1}1922).

30. Werner Conze, Karl-Georg Faber, August Nitschke

Wozu Historie?

(Diskussion, unter der Gesprächsleitung von Reinfried Hörl)

Zum Abschluß des Funk-Kollegs Geschichte trafen sich die oben genannten Herren zu einer Diskussion, die wir so, wie sie über den Sender gelaufen ist, wiedergeben.

R. HÖRL:

Meine Damen und Herren, liebe Kollegiaten. Ich begrüße Sie zur letzten Kollegstunde dieses Funk-Kollegs *Geschichte*, das wir mitsammen seit Mitte Oktober letzten Jahres [1979] gehört haben. Es ist die Zeit einer Abschlußbemerkung, einer Bilanz, einer – wenn Sie so wollen – Rechtfertigung. Das wollen die wissenschaftlichen Leiter heute tun. Bei mir im Studio sind also die Herren Professoren Conze, Heidelberg; Faber, Münster und Nitschke, Stuttgart.

Meine Herren, ehe Sie darüber diskutieren, wozu und zu welchem Nutzen der Mensch Geschichte betreibt, möchte ich gerne kurz an den Anfang dieses Unternehmens zurückerinnern. Damals haben wir uns gefragt ›Wozu ein Funk-Kolleg Geschichte?‹ Was soll es für die bedeuten, die zuhören und daran lernen wollen?

Nun, ich darf aus einem Brief an Sie zitieren, den Ihnen der Süddeutsche Rundfunk als federführende Anstalt für dieses Funk-Kolleg schon im Juni 1977 geschrieben hat:

Geschichte als eigener Gegenstand kam bisher im Funk-Kolleg nicht vor. Das Funk-Kolleg hat also teilgenommen an einer jetzt schon fast Jahrzehnte dauernden allgemeinen Distanz zur Geschichte. Offenbar ging und geht man von der Meinung aus, daß die Betrachtung eigener oder fremder Geschichten für die Lösung unserer gegenwärtigen Probleme so gut wie nichts hergeben könne.

Ein Funk-Kolleg *Geschichte* müßte deshalb als erstes danach fragen, inwieweit die geschichtliche Dimension zur Klärung und Bestimmung der gegenwärtigen Position des Menschen beitragen kann. Was kann die geschichtliche Betrachtung für das gegenwärtige Verständnis des Menschen, seiner Entwicklung und seines Verhaltens leisten? Inwieweit kann geschichtliches Denken auch zur Erklärung und Positionsbestimmung unserer individuellen und gesellschaftlichen Situation beitragen?

Bei einer solchen Fragestellung erscheint *Geschichte* nicht als bereits entdecktes und verarbeitetes Bildungsgut, auch nicht als bloßes Wissen, vielmehr als Dimension unserer individuellen und gesellschaftlichen Existenz.

Es kann sich also bei einem Funk-Kolleg *Geschichte* nicht nur um die Darstellung der politischen oder staatlichen Entwicklung innerhalb eines Zeitabschnitts handeln, also nicht etwa nur um ›die Geschichte des Ersten Weltkriegs‹ oder die ›Geschichte der Reformation‹; auch nicht nur um die Geschichte von Institutionen (Geschichte der Demokratie, Geschichte von Parteien, Wirtschaftsgeschichte), ebenso nicht nur um eine Ideengeschichte. Vielmehr sollte auch vom Leben, von der Erfahrung, vom Verhalten des Menschen in seiner geschichtlichen Entwicklung ausgegangen werden.

Wie lebten die Menschen, wie verhielten sie sich und inwieweit wurde solches Verhalten geschichtsträchtig? Wie beispielsweise haben Menschen im Verlauf geschichtlicher Entwicklungen ihre Affekte reguliert, ihre menschlichen Äußerungen strukturiert? Wie haben sie sich in ihren jeweiligen Schichten und in gewissen Zeitspannen zu Grundphänomenen wie Tod, Liebe, Krankheit, Ehe, Familie, Kind verhalten?

Ein Funk-Kolleg *Geschichte* sollte also bestrebt sein, von einem interdisziplinären Ansatz aus nach der Geschichte der Lebens- und Verhaltensweisen des Menschen zu fragen mit dem Ziel, Klärungen für unsere gegenwärtige Existenz zu erkennen und zu erfahren.

Soweit dieses Zitat aus einem Brief vom Juni 1977. Und ich darf heute hinzufügen, daß die gewohnten Zielgruppen des Funk-Kollegs, die Lehrer nicht nur als Lehrer, die Studenten nicht nur als Studenten, die Fachleute nicht nur als Fachleute angesprochen werden sollten. Sie sollten angesprochen werden als Staatsbürger und künftige Staatsbürger, als Menschen, die durch den Umgang mit Geschichte ihr Leben und ihr politisches Handeln bewußter und verantwortlicher gestalten wollen.

Hat das Funk-Kolleg *Geschichte* dies erreicht? Konnte es dies leisten?

Es sind die Fragen an das Selbstverständnis Ihres Tuns, meine Herren, nach Ihrem Selbstverständnis als Historiker, dabei wird es, nach meiner Erfahrung, einigermaßen kontrovers zugehen. Deshalb möchte ich folgenden Vorschlag für das Vorgehen in dieser Kollegstunde machen:

Sie erhalten je 10 Minuten, um Ihre Position zusammenhängend darzustellen, und danach in der zweiten halben Stunde sollen diese Positionen diskutiert werden.

KARL-GEORG FABER:

Geschichtswissenschaft und Geschichtsbewußtsein

Ich möchte, um mein Selbstverständnis als Historiker zu erläutern, an das anknüpfen, was ich in der ersten Sendung des Funk-Kollegs über das Geschichtsbewußtsein gesagt habe. *Geschichtsbewußtsein* ist immer Gegenwartsbewußtsein in historischer Perspektive. Entweder befinden wir uns, um den Titel des großen Romans von Marcel Proust zu zitieren, »auf der Suche nach der verlorenen Zeit«; oder wir erkunden den Weg in eine bessere Zukunft. In beiden Fällen wird die Gegenwart zur Vergangenheit oder zur Zukunft in Beziehung gesetzt. Was kann ein Historiker in unserer Zeit tun, damit jene doppelte Suche nach der vergangenen und künftigen Geschichte weder in Nostalgie noch in ein rein utopisches Denken mündet? Mit dieser Frage sehe ich mich immer wieder konfrontiert, wenn ich über den Sinn meiner Tätigkeit nachdenke.

Ausgangspunkt einer angemessenen Antwort ist für mich die Erfahrung, daß die Geschichte viel von ihrer Funktion als Legitimationsbasis für unser gegenwärtiges Leben und Handeln eingebüßt hat. Die Katastrophen unseres Jahrhunderts haben die Vorstellung von Geschichte als einem kontinuierlichen Sinnzusammenhang gründlich erschüttert. Es ist zu Unterbrechungen oder zu Diskreditierungen von Traditionen gekommen. Wenn wir in der Bundesrepublik Deutschland seit Jahren eine Grundwertediskussion führen, so hängt das damit zusammen, daß viele der aus der Geschichte überkommenen Werte – etwa Nation, Volksgemeinschaft, Vaterland, *die* Geschichte selbst – von den Ideologen des Nationalsozialismus zur Verführung des Bürgertums und der Jugend mißbraucht wurden und deshalb heute für viele nur noch Leerformeln sind. Es kommt hinzu, daß alle Lebensbereiche unserer modernen Welt, die Wirtschaft, die soziale Versorgung, die Umwelt, die Freizeit, die Politik im engeren Sinne, in ihren Verläufen zunehmend geplant werden. Das knüpft nicht nur an die Marxsche Formel an, daß der Mensch durch seine Arbeit die Geschichte selbst macht; dieses Planen und ›Machen‹ ist vielmehr angesichts der Komplexität der Verhältnisse und ihrer globalen und sachlichen Abhängigkeiten voneinander eine notwendige Bedingung für das Überleben der Menschheit. Der einzelne oder kleine Gruppen können sich höchstens vorübergehend Entlastung von jenem Zwang zur Planung verschaffen – etwa durch Singen, Wandern und durch den Rückzug in die Natur. Eine Alternative sind diese komplementären Lebensformen nicht, und es wäre verhängnisvoll, sie zu einer solchen zu stilisieren. Für das Geschichtsbewußtsein bedeutet dies aber, daß sich die Politiker, ob sie nun Ideologen oder Macher sind, für Geschichte oft nur insoweit interessieren, als die von ihr überkommenen Strukturen, Institutionen und Mentalitäten entweder als Bedingungen der Politik in Rechnung gestellt oder als durch politische Maßnahmen zu Überwindendes aufs Korn genommen werden. So wie der Plan selbst nach seiner Verwirklichung oder nach seinem Scheitern aufhört, aktuell zu sein, schnell vergessen wird, so auch die bei seiner Durchführung in Rechnung gestellten oder durch ihn beseitigten geschichtlichen Strukturen und Traditionen. Es sieht fast so aus, als ob durch den nicht aufhebbaren Zwang zur Lenkung der politischen und gesellschaftlichen Prozesse mehr an Geschichtsbewußtsein verzehrt als neu gebildet wird.

Aus dem älteren Geschichtsbewußtsein, wie es sich im Historismus und Marxismus darstellte, lassen sich zwei Reaktionen auf diese Erfahrung ableiten, die, so glaube ich, gleich untauglich sind. Entweder hält man an dem grundsätzlichen Ziel der *einen* Geschichte fest und sucht es durch immer neue Planungen, durch geplante Revolutionen, durch die Aufstellung von Planungskadern zu erreichen. Das bedeutet die weitgehende Funktionalisierung des einzelnen durch den politischen Prozeß. Die oft fatalen Nebenwirkungen erscheinen aus dieser Sicht als notwendige Opfer auf dem Weg zum Ziel der Geschichte. Oder man reduziert sein Verhalten auf ein Leben von der Hand in den Mund; man verdrängt die Probleme durch Freizeit, durch Verinnerlichung, durch die Flucht in eine scheinbar unproblematische Vergangenhcit. Was kann der Historiker zu dieser Situation sagen? Ich glaube zunächst, daß ihm als Wissenschaftler der Rückweg in das Vertrauen des 19. Jahrhunderts auf den Sinn der *einen* Geschichte versperrt ist. Diese Feststellung ist allerdings nicht unbestritten. Nicht nur, daß der Marxismus-Leninismus an dem Ziel der Geschichte festhält. Es gibt auch westliche Historiker, die für eine nach rückwärts kritische und nach vorne emanzipatorische Geschichtswissenschaft plädieren und ihr die Aufgabe einer politischen Pädagogik im normativen Sinne zuschreiben. Das ist nicht meine Position. Zwar können die Menschen, kann eine Gesellschaft, ohne Bindung an überindividuelle Normen und Werte, die sich auch in der Geschichte finden, nicht existieren. Solche Werte sind aber nicht schon für die einen verbindlich oder für die anderen veraltet, weil sie historisch sind, so wie der bloße Fortschritt nicht deshalb schon zu begrüßen ist, weil er eben ›fortschreitet‹. Es bedarf vielmehr immer eines Aktes der Anerkennung von Grundwerten, der dem einzelnen und der Gesellschaft nicht von der Geschichtswissenschaft abgenommen werden kann. Ich wehre mich deshalb auch gegen die Übernahme des Auftrages einer moralischen Ausschlachtung der Geschichte oder gegen eine solche durch andere. Die Rolle des Historikers als Richter ist ein fragwürdiges Amt und führt in der Regel dazu, daß man der Vergangenheit gerade nicht gerecht wird. Der Historiker kann allenfalls, wenn es zu einer Art Prozeß über geschichtliche

Vorgänge kommt, ein Sachverständiger sein, so in dem Prozeß der Bewältigung unserer nationalen Vergangenheit, der ja, richtig verstanden, nicht nur ein Urteilen über andere, sondern immer auch über uns selbst als fehlbare Menschen ist.

Um nicht als jemand mißverstanden zu werden, der sich in den Elfenbeinturm seiner Forschung zurückzieht, noch zwei Bemerkungen darüber, wie ich meine Rolle als Historiker in unserer Gegenwart verstehe. Ich kann erstens, ohne zu einem bloßen Rechtfertiger der Gegenwart zu werden, *Bedingungen der Möglichkeit eines Geschichtsbewußtseins* namhaft machen, das sich von Illusionen freihält. Eine solche Bedingung ist etwa die durch immer neue Analysen vergangener menschlicher Praxis und ihrer Ergebnisse zu gewinnende Einsicht in die Grenzen der Machbarkeit von Geschichte, genauer: in die unaufhebbare Differenz zwischen einem postulierten logischen Zusammenhang der Geschichte und ihrem tatsächlichen Verlauf. In dieser Einsicht kann die Erkenntnis der Determinierung menschlicher Handlungen durch geschichtliche Strukturen und Traditionen mit der Anerkennung der Autonomie der Menschen in der Geschichte verbunden werden.

Damit bin ich bei der zweiten Bemerkung, die sich auf das Problem der Freiheit bezieht. Zu der Annahme, daß wir uns zwischen Alternativen entscheiden können, gehört zwar notwendig die Einsicht, daß unser Handeln in dem offenen Raum zwischen Scheitern und Gelingen angesiedelt ist. Das Scheitern gehört nun einmal zu den Risiken der menschlichen Freiheit wie das Gelingen zu ihren Chancen. Weil aber die Menschen in der Lage sind, über bestehende Strukturen hinaus in Richtung auf eine offene Zukunft zu denken und zu handeln, gehört das Erzählen von Geschichte, *wie* sie dies in der Vergangenheit getan haben, zu den unverzichtbaren Aufgaben des Historikers. So kann die Historie doch so etwas wie ein Stück Hoffnung bereitstellen.

WERNER CONZE:

Ich habe im Funk-Kolleg 13 Vorträge [Kapitel 13–25 dieses Bandes] redigiert. Diese Beiträge haben am stärksten Geschichte im traditionellen Sinne dargeboten. Dies ist in Kreisen der Hörer, soweit Äußerungen vorliegen, vorwiegend begrüßt, z.T. aber auch kritisiert worden. Ich will in aller Kürze noch einmal begründen, was die zeitlich geordnete Darstellung nach Epochen meint, warum wir uns hierzu entschlossen haben und welcher Erkenntniswert in einer solchen Geschichtsbetrachtung liegt.

Zunächst und vor allem ist zu betonen, daß es sich in den Kapiteln 13 bis 25 nicht um eine fortlaufende Erzählung gehandelt hat, weder der Weltgeschichte noch der europäischen, noch auch – in den Studieneinheiten 24, 25 – der deutschen Geschichte. Es gab und gibt bis heute historische Darstellungen mit Titeln wie z. B. ›Weltgeschichte,‹ ›Geschichte Europas‹, ›Deutsche Geschichte‹, ›Bayerische Geschichte‹ oder ›Geschichte der Stadt Königsberg in Preußen‹ u. a. m. In solchen Titeln ist stets zweierlei ausgedrückt: 1. soll es um eine jeweils räumlich begrenzte Geschichte gehen; 2. soll geschichtlich erzählt oder berichtet werden, und da solche Titel keine näher definierte Fragestellung angeben, wird leicht die Erwartung geweckt, daß es sich um *alles* handeln könne oder müsse, was jeweils in der Geschichte der begrenzten räumlichen Einheit (Europa, Deutschland usw.) geschehen ist, und daß dies in chronologischer Abfolge des Vor- und Nacheinander beschrieben werden müsse. Davon kann aber in allen solchen Werken niemals wirklich die Rede sein, da das Wissen über die geschichtlichen Abläufe und Zusammenhänge weit größer ist als die Möglichkcit, dies Wissen in einer einleuchtenden Ordnung in gebotener Umfangsbegrenzung darzustellen. Es ist mehrfach in unserem Funk-Kolleg betont worden, daß *jede* historische Darstellung, auch wenn der Titel keine eingrenzende Fragestellung angibt, auf Auswahl beruht und daß nur nach bestimmten Kriterien ausgewählt werden kann, einerlei, ob dies bewußt oder ausdrücklich oder nur halb bewußt und unausgesprochen stattfindet.

In unseren 13 Beiträgen ist aber bewußt und ausdrücklich sehr viel genauer als in solch allgemeiner, unbestimmter Weise eingegrenzt und thematisiert worden. Es sollte an herausgehobenen Beispielen des geschichtlichen Verlaufs veranschaulicht werden, wie der Historiker mit der Zeit umgcht. Er bedient sich zwar des unentbehrlichen Mittels der Zeitrechnung in der strengen Regelmäßigkeit der korrigierten Sonnenjahre unseres Kalenders, läßt sich aber nicht durch schematische Maßeinheiten bestimmen, nach denen er die Geschichte im Sinne von Annalen, d. h. nach Jahren ordnet, in die er die Vorgänge oder Ereignisse einfügt. Vielmehr sucht er sie nach Sinnzusammenhängen, durch welche die Zeit zur *historischen* Zeit wird, zu gliedern, indem er aufgrund von Fragen, die er an die Geschichte stellt, herausragende geschichtliche Veränderungen, Brüche oder Ereignisse erkennt, erforscht und darstellt, so daß nicht ein Jahr gleichwertig neben jedem anderen steht, sondern sich besondere Jahre oder Jahresgruppen herausheben, durch welche der Fluß der Geschichte gewissermaßen angehalten, zusammengedrängt, beschleunigt und verändert wird. So ist z. B. das Jahr 1917 im Verlauf der russischen und der Weltgeschichte als eine historische Wende erkennbar, auf die entscheidende Linien zuführen und von der gewaltige Strukturveränderungen ausgehen. Dies Jahr gewinnt daher einen weit höheren geschichtlichen Stellenwert als jedes beliebige andere Jahr in den Jahrzehnten zuvor und danach. Es erscheint als eine Hauptaufgabe des Historikers, die Gleichmäßigkeit der Kalenderzeit aus ihrer Monotonie zu reißen und in Konturen zu bringen, die sich aus Fragen an die Geschichte ergeben. Der wichtigste Begriff, mit dem der Historiker dabei arbeitet, ist der der Epoche. Durch diesen werden große Wandlungen oder Umbrüche der Geschichte bezeichnet, sei es, daß sie durch Tage festgelegt werden können, sei es, daß es sich um Zeiträume von längerer oder kürzerer Dauer handelt, in denen sich menschliche Lebensbedingungen oder Lebensordnungen rasch und grundlegend verändert haben, wie dies z. B. für die technisch-wirtschaftlichen Anstöße der Frühindustrialisierung in Europa um die Mitte des 19. Jahrhunderts zutrifft. »Epoche« ist also sowohl auf Ereignis und Entscheidung als auch auf sprunghaft konzentrierten Strukturwandel zu beziehen. Beides ist in den Kapiteln 13 bis 25 getan worden.

Den Wandel menschlicher Kultur durch Epochen deutlich zu machen, das ist die Absicht, die der Konzeption dieser Beiträge zugrunde gelegen hat. Nicht Einzelfragen oder -aspekte – etwa wirtschaftlich-sozialer Strukturen und Trends, oder anthropologischer Grundprobleme wie in den Kapiteln 2 – 9 – sind damit aufgeworfen, sondern die Geschichte als Ganze, wenn auch aus Gründen der Faßbarkeit für Autoren und Hörer vorwiegend auf Europa eingegrenzt, ist in den Blick genommen worden. Dabei ist nicht etwa ›politische Geschichte‹ im eingeengten Sinne dargestellt worden, sondern die Tendenz ist dahin gegangen, Kulturgeschichte weit umfassend zum Thema zu machen. Die politische Blickrichtung sollte und durfte dabei freilich nirgends fehlen. Denn anthropologische Einsicht zwingt dazu, die Kulturgeschichte des Menschen stets politisch zu sehen.

Die Gewichtsverteilung der geschichtlichen Aspekte und Faktoren ist allerdings jeweils verschiedenartig gestaltet worden. Das ist verständlich, ja unumgänglich. Denn jeder Autor hat eine persönliche Leistung dargeboten, die nicht gleichmacherisch eingeebnet werden sollte. Vor allem aber legt jede Epoche, schon aufgrund ihrer Auswahl und in der Art ihrer Formulierung, bestimmte Gewichtungen nahe und schließt Schematisierungen aus. Darin kommen der Reichtum und die Vielfalt der Geschichte und der je individuellen Annäherung an die Geschichte zum Ausdruck. Das heißt aber, mit anderen Worten, auch in *dem* Teil des Funk-Kollegs, der am stärksten Geschichte im traditionellen Sinne gewesen ist, wurde nicht Stoff übermittelt, der so, wie es zu lesen steht, beanspruchen darf, die geschichtliche Wahrheit wiederzugeben und als solche ohne weiteres ›gelernt‹ zu werden. Auch wenn geschichtliche Tatsachen mitgeteilt worden sind, die lernbar sind und gelernt werden sollen, ist das Lernziel im großen keinesfalls zuerst und vor allem Aneignung dieses Stoffes, sondern Anstoß zum weiteren Fragen, das zum weiteren Suchen und damit auch zu weiteren geschichtlichen Kenntnissen und Erkenntnissen führen soll.

Um zu verdeutlichen, was damit gemeint ist, sei abschließend ein Beispiel gegeben. In den 13 Vorträgen wurde mehrfach Weltgeschichte ins Blickfeld gerückt, mehr aber europäische Geschichte behandelt, ohne daß Europa als solches zum Gegenstand einer speziellen Betrachtung gemacht worden wäre; es wurden weiters die politisch-kulturelle Einheit der Nation an einem Beispiel historisch konkretisiert und in Verbindung mit dem Nationsbegriff Phänomene angedeutet, die auf übernationale Zusammenhänge in der Geschichte hindeuten, umgekehrt aber die Lebenskraft kleinerer Bewußtseinseinheiten nachweisen, die historisch durch das Wort Stamm bezeichnet zu werden pflegen. Bemerkenswerterweise hat sich in der Gegenwart sowohl die Tendenz zu übernationaler Großorganisation wie zu unter-nationaler Regionalbewegung erneut als geschichtsmächtig erwiesen.

Die Gliederung und Darstellung nach übergreifenden Epochen erlaubte nicht, diese eben angedeuteten Gesichtspunkte jeweils zu analysieren oder gar systematisch zu behandeln. Aber sie sind geeignet, Anstöße zum Weiterdenken in bestimmten Richtungen zu geben, da Probleme in ihnen enthalten gewesen sind, ohne daß sie als solche hätten voll entfaltet werden können. So könnten im Anschluß an die eben geäußerten Gedanken sich z.B. folgende Fragestellungen, angestoßen durch die Epochendarstellungen, zur Weiterarbeit anbieten.

Möglichkeiten und Grenzen einer Darstellung der Weltgeschichte, die einem weitverbreiteten Bedürfnis entspricht, heutzutage aber nur in großen Sammelwerken vieler Verfasser (Spezialisten) noch zustande gebracht zu werden pflegt; ferner der Begriff Europa und seine Entsprechungen in der Geschichte; die spezifische Bedeutung geschichtlich sich entwickelnder Nationen in Verbindung mit der Geschichte Europas; das Phänomen des Regionalismus in der Geschichte des 20. Jahrhunderts, besonders deutlich an den Beispielen Großbritanniens, Frankreichs und Spaniens.

Wer sich in solcher Richtung leiten läßt, für den ist offenbar die Fragestellung vom Historischen der Epochendarstellungen ins Systematische oder Politikwissenschaftliche verschoben. Darin ist der Nutzen der Geschichte und der spezifisch geschichtlichen Betrachtungsweise zu sehen, daß sie auf derartige systematische Fragestellungen hinführen. Diese aber können nur dann mit Erfolg aufgegriffen und behandelt werden, wenn sie dem geschichtlichen Denken verbunden bleiben. Denn nur das geschichtliche Denken macht sie wirklichkeitsnah und gibt ihren Theorien die erforderliche Sättigung durch Konkretheit. Diese aber ist nur aus der Geschichte zu gewinnen.

AUGUST NITSCHKE:
Wozu Geschichte? Diese Frage läßt sich auf verschiedene Weise verstehen. Sie kann lauten: Kann man aus der Geschichte lernen? Darauf haben Sie, Herr Faber, geantwortet: Ja, bei aller Vorsicht kann man aus den Ergebnissen der Geschichtswissenschaft etwas lernen, etwa über die Grenzen der Machbarkeit. Die Geschichte gibt, sagen Sie, Herr Conze, Anstöße zum Weiterdenken. Wenn ich an den Teil denke, den ich im Funk-Kolleg zu betreuen hatte, den ersten Abschnitt, der von elementaren Erfahrungen und Situationen handelte, möchte ich diese Frage ebenfalls bejahen. Ich kann lernen, daß sich die Beziehungen zwischen Mann und Frau, daß sich die Einstellung zum Sterben, daß sich die Vorstellungen von Fremd und Eigen im Ablauf der Geschichte ändern. Meine eigenen elementaren Erfahrungen und die mir vertrauten elementaren Situationen sind also gesellschaftsgebunden, zeitgebunden. Die Frage läßt sich jedoch auch anders formulieren: Wozu Geschichte? Kann die Geschichte mich dazu veranlassen, mich zu ändern? Zu dieser Frage haben Sie nicht Stellung genommen, und zu ihr möchte ich jetzt etwas sagen.
Nun, die Geschichtswissenschaft könnte mich, könnte einen Kollegiaten, der die Sendung mithört, nur verändern, wenn sie uns unmittelbar betrifft. Die elementaren Situationen der Vergangenheit können mich unmittelbar berühren. So kann ich darauf reagieren. Wenn ich erfahre, daß die Beziehung zwischen Frauen und Männern früher einen völlig anderen Charakter hatte, die Frau in einzelnen Gesellschaften hoch geachtet war, der Mann sich als ihr Diener verstand oder daß die Hilfesuchenden sich an eine Göttin wandten, da ein männlicher Gott ihnen keinen Schutz zu bringen schien, so kann ich diese Situation mit meiner eigenen vergleichen und darüber nachdenklich werden.
Aber was hat dies mit der Geschichtswissenschaft zu tun? Hier

scheint mir ein Problem zu liegen, das auch unser Funk-Kolleg in eine Schwierigkeit gebracht hat. Ehrlich gestanden, ich hatte angenommen, daß die Beziehung zwischen dem ersten großen Block, der allgemein menschliche Erfahrungen darstellte, und dem zweiten großen Block, in dem die Epochen behandelt wurden, enger sein würde. Hier ist eine Lücke geblieben, die sich auch auf unsere heutige Frage: Wozu Geschichte? auswirkt.

Die Epochendarstellungen nämlich betrafen den einzelnen Hörer keineswegs so unmittelbar, daß sie ihn dazu veranlaßt hätten, nachdenklich gestimmt seine eigene Haltung zu überdenken und zu ändern. Sie weckten eher den Eindruck, daß das, was die Geschichtswissenschaft behandelt, zwar zu interessanten Ergebnissen führt, aus denen sich einiges lernen läßt, die Anstöße zum Weiterdenken geben, daß all das jedoch von Menschen geschaffen wird, mit denen einer von uns sich nicht vergleichen kann. Gewiß, die modernen Formen der Epochendarstellung sprechen nicht nur von Schlachten und Kriegen, von Königen und großen Politikern. Doch an die Stelle dieser Politiker, von denen übrigens auch durchaus noch die Rede war, sind sehr häufig andere große Männer getreten. Die griechische Antike wurde von Homer her gedeutet. Die römische Antike war geprägt von Livius. Das Zeitalter der Revolutionen, über dessen Entstehung Sie sprachen, Herr Conze, wurde nach Ihrer Darstellung eingeleitet durch Naturrechtslehrer und Naturwissenschaftler, und die Gegenwart gar wurde bestimmt von Personen wie Lenin oder von Staatsrechtlern, die die liberale Friedenskonzeption entwickelten. Und keiner von uns wird den Anspruch erheben, daß er mit Homer, Livius, den Naturrechtslehrern, den großen Naturforschern des 17. Jahrhunderts, mit den Schöpfern einer Friedenskonzeption oder mit Lenin zu vergleichen sei.

Nach einer solchen Darstellung der historischen Epochen kann ein Hörer, muß ich selber den Eindruck gewinnen: Die Geschichte wird von Personen gestaltet, zu denen ich jedenfalls mich nicht zählen darf. Von vielen elementaren Situationen werde ich zwar betroffen, von der Haltung zur Arbeit und zur Freizeit, zum Mangel und zum Überfluß, von den Beziehungen zwischen Mann und Frau. Hier kann ich Stellung nehmen, mich unter dem Einfluß dessen, was ich aus der Vergangenheit erfahre, ändern und mich neu und anders verhalten. Aber was hat das mit den Epochen zu tun, die von einem Homer oder von Naturrechtslehrern geprägt zu sein scheinen?

Die anthropologischen Grundprobleme sind vielleicht doch nicht nur ein Einzelaspekt, wie Sie gerade sagten, Herr Conze,

vielleicht wird von ihnen her der Wandel menschlicher Kultur durch Epochen überhaupt erst erklärbar.
Da die letzte Stunde auch dazu dienen soll, uns selber etwas vorzustellen, möchte ich dies kurz begründen: Die elementaren Erfahrungen – die Einstellung zur Arbeit, zur Freizeit etwa – spiegeln immer gewisse Erwartungen. Wenn sich eine elementare Situation ändert, eine Ehe mehr als in früheren Jahrhunderten aufgrund persönlicher Gefühle zustande kommt und durch die persönliche Zuneigung der Ehepartner geprägt wird, dann deutet dies auf eine Veränderung der Erwartungen hin. Die einzelnen Epochen nun sind ebenfalls dadurch charakterisiert, daß die Menschen in ihnen besondere Erwartungen hatten – Erwartungen, die sie in den früheren Epochen nicht kannten. Sie schilderten, Herr Conze, den Übergang in das Zeitalter der Revolutionen und wiesen darauf hin, daß die Menschen eine neue Vorstellung vom Naturrecht entwickelten, daraus Menschenrechte ableiteten, gleichzeitig die Natur in neuer Weise beherrschen wollten. Ich hätte denselben Wandel aus einem ganz anderen Aspekte dargestellt. Ich hätte gezeigt, daß die Menschen Erwartungen kennenlernten, die ihnen vorher nicht geläufig waren. Sie hofften auf einen sozialen Aufstieg, sie hofften auf eine Steigerung und Erhöhung der Produktion. Sie rechneten in der Zeit mit einer Entwicklung, einer persönlichen Entwicklung und einer Entwicklung der Gesellschaft. Sie rechneten mit Fortschritten in den verschiedensten Gebieten. All diese Begriffe zeugen von neuen Erwartungen. Diesen neuen Erwartungen gemäß veränderte sich der Stil der Politik, veränderte sich die Verfassungsform, veränderte sich vor allem die Wirtschaft im 18. Jahrhundert. Nun, von den Erwartungen früherer Zeiten bin ich unmittelbar betroffen, genauso wie von elementaren Situationen und Erfahrungen. Andersartige Erwartungen, etwa andersartige Einstellungen zum Tode, können mich dazu veranlassen, meine eigenen Erwartungen nachdenklich zu überprüfen, möglicherweise zu ändern.
Nun könnte man einwenden, gut, die Erwartungen der Menschen, diese werden ja auch von irgendwelchen Dichtern oder Philosophen konzipiert worden sein, und ein Wandel der Erwartungen ist wahrscheinlich vom Wirken dieser Personen her zu erklären. So würde ich wieder in der Geschichte mit einem Personenkreis konfrontiert, mit dem ich mich, mit dem viele unserer Kollegiaten sich nicht ohne weiteres vergleichen werden.
Doch dagegen läßt sich sagen: Der Zusammenhang zwischen den elementaren Erfahrungen und Situationen und den einzel-

nen Epochen beruht nicht nur auf gemeinsamen Erwartungen. Die Erwartungen ihrerseits hängen ganz offenkundig mit dem Bewegungsverhalten der Menschen zusammen. Das Bewegungsverhalten prägt zumindest in der europäischen Geschichte die Menschen so sehr, daß sie in ihren elementaren Erfahrungen von ihm abhängig sind. Gleichzeitig wirkt es sich auch auf ihre Erwartungen aus. Darf ich noch einmal auf Ihr Beispiel, Herr Conze, kommen. Das Zeitalter der Revolutionen im 18. Jahrhundert, so meine ich, wurde von einem Wandel des Bewegungsverhaltens eingeleitet. An die Stelle des barocken Zeremoniells mit seinen Verpflichtungen zu wohlgeordneten, zierlichen, anmutigen Bewegungen, die, wenn es irgend ging, den Gesetzen der Geometrie entsprechen sollten, trat das, was man nun ein natürliches oder bürgerliches Bewegungsverhalten nannte: Die Menschen gaben sich in ihrem Auftreten, in ihren Gesten, in ihrer Mimik so, daß sie damit ihre jeweiligen Gemütsstimmungen, wie sie damals sagten, ihre Gefühle, ihre eigene Natur zum Ausdruck brachten. Der Wandel des Bewegungsverhaltens hatte weitreichende Folgen. Die Kleidung veränderte sich, Zopf und Perücke verschwanden. Die Menschen zeigten – im ›Sturm und Drang‹ – ihre Gefühle. Sie stellten in der Oper – mit einer neuen Musik – diese auf der Bühne dar. Sie ließen sich in ihren Handlungen, sogar wenn sie heirateten, von ihren Gefühlen leiten. Und dieses neue Interesse an der eigenen Individualität war dann die Ursache dafür, so scheint mir, daß die Menschenrechte neu definiert wurden, daß man zur Natur eine andere, wie ich glaube, unmittelbarere Beziehung gewann. Und mit diesem Wandel hängen dann die neuen Erwartungen und all die Veränderungen zusammen, die in der Politik zur Französischen Revolution, in der Gesellschaft zur industriellen Revolution führten.

Wenn mich die Geschichtswissenschaft in dieser Weise darauf aufmerksam macht, daß von meiner Art zu gehen und zu stehen, mich zu bewegen und zu gestikulieren in gleicher Weise meine Erfahrungen und gesellschaftliche Prozesse beeinflußt werden, dann habe ich, dann hat jeder Mensch, meine ich, wirklich Grund, sich mit der Geschichte zu befassen. Die Geschichte zeigt ihm, worauf er in seinem Alltag zu achten hat, was er an sich selber und im Umgang mit seinen Freunden möglicherweise ändern kann. Sie lehrt ihn schließlich, die Angehörigen anderer Völker besser zu verstehen, denn auch diese – die Chinesen, die Araber – sind von ihrem Bewegungsverhalten geprägt, das ihnen Erwartungen erschließt, die sich sehr oft von unseren Erwartungen unterscheiden.

Wozu Geschichte? Ich meine, man kann aus ihr lernen, gewiß.

Aber was mir noch wichtiger erscheint: Ich meine, sie kann jeden von uns dazu veranlassen, sich etwas genauer über die eigene Art, über die eigene Gesellschaft klar zu werden und sich möglicherweise sogar, betroffen von der Eigenart anderer, zu ändern.

REINFRIED HÖRL:

... dies also waren die drei Positionen zur Frage: »Wozu Historie?« und zum Selbstverständnis der hier anwesenden Historiker, also der wissenschaftlichen Leiter dieses Funk-Kollegs *Geschichte*.

Wir wollten diese Position bewußt zusammenhängend und kompakt vorführen. Jetzt aber ist die Zeit der freien Diskussion. Sie merken, liebe Hörer, daß das Funk-Kolleg zwar eine einheitliche Konzeption hatte, daß der Ausgangspunkt bei den drei Historikern aber durchaus unterschiedlich war und ist. Ich betrachte dies als die besondere Leistung dieses Funk-Kollegs, daß trotz der Unterschiedlichkeit der Positionen ein gemeinsames Grundkonzept erarbeitet werden konnte. Allerdings zum Schluß soll die Möglichkeit gegeben sein, diese unterschiedlichen Konzepte deutlicher zu machen, zu diskutieren.

Ich überlasse also jetzt Ihnen das Wort und möchte von mir aus eigentlich nur versuchen, zu garantieren, daß alle notwendigen Gesichtspunkte so weit wie möglich zur Sprache kommen.

Wer möchte beginnen? – Herr Conze, bitte.

WERNER CONZE:

Ja, da ich eben immer vorgenommen worden bin, ist es vielleicht sinnvoll zu beginnen. Ich habe ein etwas schlechtes Gewissen in bezug auf die Aufgabe, die hier vielleicht geleistet werden sollte: nämlich meine Position darzustellen. Ich habe eigentlich mehr erläutert, was ich im Funk-Kolleg getan habe als noch einmal meine Position hier begründet.

Herr Faber hat dies sehr viel stärker getan, und ich bedaure sehr, daß ich nur sagen kann, daß ich dieser Position mich anschließe oder daß es, vielleicht von einigen Kleinigkeiten abgesehen, auch meine Position ist. Wie schade, daß hier nicht ein Historiker anwesend ist, der, wie Herr Faber sich ausdrückte, kritisch nach rückwärts und emanzipatorisch nach vorwärts gerichtet ist und meint, daß die Geschichte volkspädagogisch eingesetzt werden könnte, um die Emanzipation zu gewinnen. Dieser Meinung bin ich nicht, genauso wie Herr Faber.

Was nun Herrn Nitschke anbetrifft, so scheinen hier die Unterschiede der Auffassung größer zu sein als sie sind. Ich will sie aber jetzt nicht vertuschen; denn es wäre schade, wenn hier

nicht zum Schluß des Funk-Kollegs eben auch gezeigt werden sollte, daß es gegensätzliche Auffassungen gibt.
Herr Nitschke, ich will mich nicht dazu äußern, wie weit die Geschichte uns verändern kann. Vielleicht verändern wir uns und sehen daher die Geschichte jeweils neu. Das ist eine große Frage, die ich beiseite lassen möchte. Aber ich frage Sie: Warum haben Sie so einen fürchterlichen Schreck vor den ›großen‹ Männern oder den ›großen‹ Personen; denn ich möchte die Frauen hier nicht ausschließen? Auch schon vor der Frauenemanzipation war die Rolle der Frau in der Geschichte beträchtlich, und zwar auch die Rolle ›großer‹ Frauen. Es könnte scheinen, als ob Sie hier einen Gegensatz konstruieren wollen, der heute mehrfach anklingt in der Diskussion unter Historikern, eine Geschichte des Alltags gegen eine Geschichte großer leitender Persönlichkeiten zu setzen.
Ich glaube, daß ein solcher Gegensatz nicht bestehen darf und bestehen kann, mindestens nicht in der Epoche, auf die Sie angespielt haben, der modernen Revolution. Schon Napoleon hat durchaus revolutionär gesagt: Jeder trägt den Marschallstab im Tornister. Und ich weiß nicht, ob es wirklich zutrifft, daß wir selbst und unsere Kollegiaten sagen werden: Ich fühle mich nicht betroffen von dem, was z. B. Lenin oder Napoleon oder sonst irgendeine große historische Persönlichkeit getan, gedacht und bewirkt haben, im Gegenteil in solchen großen Persönlichkeiten konzentriert sich ja vielfach das, was Sie Erwartungen und Bewegungsverhalten nennen. Solche großen Persönlichkeiten sind Ausdruck ihrer Zeit. Sie können nicht beliebig in eine andere Zeit versetzt werden. Allein dieser Gedanke – sagen wir mal – Lenin in das Jahr 1400 zu setzen, ist absurd, weil hier der Zusammenhang, der da besteht, zwischen einem Fluidum im ganzen, Erwartungshorizonten oder Bewegungsverhalten der Menschen allgemein und dem, was große Repräsentanten der Geschichte tun, zerrissen wird.

REINFRIED HÖRL:
Also – wenn ich das richtig sehe, steht diesen Ausführungen, die Sie jetzt hier gegenüber Herrn Nitschke vorgebracht haben, Herrn Nitschkes Satz gegenüber ›Geschichte wird von Personen gestaltet‹, als Vorwurf gewissermaßen, ›zu denen ich mich nicht zählen darf‹, nicht wahr?
Herr Nitschke, vielleicht nehmen Sie zunächst einmal die Gelegenheit, darauf zu antworten.

AUGUST NITSCHKE:
Mein Ausgangspunkt war ein ganz simpler, pragmatischer. Sie hatten am Anfang zitiert, Herr Hörl, was das Ziel dieses Funk-Kollegs war. Wir wollten Menschen unmittelbar ansprechen, die nicht primär Historiker oder Wissenschaftler sind. Und ich habe mich gefragt dabei: Ist uns dies gelungen? Und dabei wollte ich nun nicht etwas generell über große Persönlichkeiten in ihrer Bedeutung oder Wirkung sagen, sondern nur meinen Eindruck wiedergeben, daß die Hörer ganz sicher sich zu diesem Kreis nicht zählen können und wohl auch nicht zählen wollen, daß sie aber doch spüren sollten, Geschichte bringt und behandelt Veränderungen, die auch in ihrem Bereich sich vollziehen, die von ihnen mitgestaltet werden können.
Nun, das möchte eine Alltagsgeschichte sein, die ohne all zu viel Bedeutung wäre. Aber woran mir lag, war zu sagen, daß diese Veränderungen, die jeder einzelne Kollegiat in seinem Alltagsverhalten mitgestalten kann, daß diese auch Auswirkungen haben, gerade auf epochale Zusammenhänge, wie Sie sie gerne darstellen, Herr Conze. Nur das war's, was ich noch einmal hervorheben wollte.

WERNER CONZE:
Darf ich nur einen Satz –

AUGUST NITSCHKE:
Ja, natürlich!

WERNER CONZE:
Es sind zwei Fragen: erstens, daß der moderne Mensch ja nicht ein Untertan ist, der in dem Gedanken lebt, daß da oben die großen Männer etwas tun, wie in den Shakespeareschen Dramen, und unten ist das Volk, das damit nichts zu tun hat, sondern man ist beteiligt. Man ist potentiell ein großer geschichtlicher Mensch – potentiell! Wie viele sind das, die vielleicht den Gedanken haben, und nicht dazu kommen? Das ist der eine Gesichtspunkt, und der andere ist die Identifizierung mit bestimmten großen Persönlichkeiten. Beispiel: ich habe in Paris erlebt, wie sich zwei Töchter von vierzehn und fünfzehn Jahren in einer Familie einen ganzen Abend darüber stritten, ob Danton oder Robespierre recht gehabt habe. Die eine war Danton, die andere war Robespierre. Das ging sie an. Oder Christus. – Gewiß, Christus konnte nicht in einer anderen Zeit erscheinen; es ist typisch, daß er in dieser Zeit der spätjüdischen Eschatologie wirkte. Aber wie stark ist seine

Wirkung bis heute hin? Die Identifizierung mit Christus ist verbreitet. Und so könnte man fortfahren. Solche Identifizierungen gibt es immer wieder. Große Menschen gehen also offenbar die Menschen allgemein unmittelbar immer wieder an.

AUGUST NITSCHKE:
Mein Problem sind nicht alle die Personen, die sich mit großen Personen identifizieren können, etwa die Christen mit Jesus oder Anhänger von Napoleon mit Napoleon, sondern meine Frage war: Was sollen denn die vielen, die es nun auch gibt, die sich nicht mit einzelnen Personen identifizieren, mit der Geschichte anfangen, und diese anderen wollte ich darauf aufmerksam machen, daß, auch wenn sie sich nicht mit de Gaulle oder Napoleon oder Luther identifizieren, die Art, wie sie auftreten, sich verhalten, die Formen ihrer Erwartungen mitprägt.

REINFRIED HÖRL:
Herr Faber!

KARL-GEORG FABER:
Ich möchte zunächst etwas zu Ihren Ausführungen über die Epochen sagen, Herr Conze. Was mir nicht ganz klar geworden ist, und was ein altes Problem der Geschichtswissenschaft überhaupt ist: Welche Prioritäten werden gesetzt, um Epochen gegeneinander abzugrenzen? Sie haben in Ihrem Beitrag gesagt, und das ist die Erfahrung des Historikers im Umgang mit den Quellen, daß einmal stärker dieser Bereich, das andere Mal jener Bereich prägend für Epochen gewesen ist. Liegt da nicht eine gewisse Beliebigkeit in der Abgrenzung von Epochen? Oder war mein Eindruck falsch, daß nach dem, was Sie sagten, Epochen so etwas wie fest abgegrenzte Gegenstände der Geschichtswissenschaft sind, während sie für mich so etwas wie Hilfskonstruktionen sind, die sich zwar auf Quellen und auf Forschungen stützen, aber doch durch die jeweilige Fragestellung relativiert, ja zum Teil sogar, wie wir aus der Kenntnis der Wissenschaftsgeschichte wissen, geradezu aufgelöst werden können.

WERNER CONZE:
Ja, ich würde Ihnen da vollkommen zustimmen, das habe ich übrigens auch im Studienbegleitbrief ausgeführt: Epochen sind ja nicht vorgegeben, sondern Epochen sind, wenn ich's zugespitzt sage, vom Historiker gemacht oder auch von Politikern

gemacht. Man hebt etwas hervor, entweder weil man es wissenschaftlich aufgrund bestimmter Fragen, die man anlegt, zu erkennen glaubt oder man hebt Epochen auch hervor, als Politiker, um etwas herauszustreichen und damit eine Deutung in die Geschichte hineinzubringen, die man politisch will. Das sind die beiden Möglichkeiten, Epochen zu ›machen‹, wenn ich so sagen soll.
Und da ist es natürlich, wie Sie sagen, so, daß Kontroversen entstehen, daß Revisionen entstehen, beispielsweise, um wieder beim Beispiel der modernen Revolution zu bleiben: die Fixierung auf das Jahr 1789 war ja doch weitgehend eingeführt, bis in die historischen Handbücher durch die ›Epoche des Absolutismus‹ von 1648 bis 1789, und dann kam die nächste Periode bis 1815, und so weiter. Heute neigen wir, weil wir eben nicht auf dieses Ereignis allein uns festlegen wollen, mehr dazu, hier gegen Ende des achtzehnten Jahrhunderts, also einige Jahrzehnte lang, eine Epoche zu sehen, in denen das zum Ausdruck kommt, Herr Nitschke, was Sie wollen, Erwartungen und Bewegungsverhalten, nicht wahr, und damit auch der ganze Stil einer Zeit, in dem das zusammenwirkt, was dann schließlich bestimmte Denker und Politiker zu revolutionärer Zuspitzung treiben, so daß ein Jahr 1789 möglich wird. So erscheint ›1789‹ nicht primär, sondern erst ermöglicht durch eine Epoche, in der sich vieles schon ohne den Anstoß von 1789 verändert hatte.

KARL-GEORG FABER:
Darf ich noch eine kurze Frage anschließen? Sie haben in diesem Zusammenhang vom Zeitproblem gesprochen und die naturale Chronologie abgesetzt von dem, was Sie die »erlebte Zeit« genannt haben. Ich habe Bedenken, ob das bei der Epochen-Abgrenzung gerechtfertigt ist; denn Epochen greifen immer über den Erlebnishorizont des einzelnen hinaus, so daß man also nicht so ohne weiteres sagen kann: Epochen sind Ausdruck der erlebten Zeit, sondern rückblickend von Historikern erforschte Zusammenhänge, die über die Erfahrungen derjenigen, die in dieser Epoche gelebt haben, weit hinausgehen.

WERNER CONZE:
. . . Erlebte Zeit sein, das berühmte Goethewort. Er hat gesagt, von ihr gehe eine neue Epoche der Weltgeschichte aus. Als erlebender Zeitgenosse antizipiert er eine »Epoche«. Aber selbstverständlich sind Epochen darüber hinausgehende Reflexionsergebnisse von Historikern.

KARL-GEORG FABER:
Ja.

AUGUST NITSCHKE:
Herr Conze, Sie haben Herrn Faber jetzt zugestimmt. Ich hätte eigentlich gehofft, Sie hätten da nicht zugestimmt.

WERNER CONZE:
In welcher Hinsicht – in der erlebten Zeit?

AUGUST NITSCHKE:
Von der erlebten Zeit her kann man auch die Epochen bestimmen.

Es fragt sich nur, was man unter erlebter Zeit versteht. Wenn man das Zeiterlebnis so definiert, daß man sagt: Eine Epoche ist dadurch charakterisiert, daß Zeitabläufe generell anders gesehen werden – nicht die Zeit individuell als neu erlebt wird, sondern Zeitabläufe anders gesehen werden – man etwa mit einem Fortschritt rechnet, mit dem eine noch nicht dynamische Gesellschaft nicht gerechnet hat, wenn man es so definiert, dann würde ich meinen: Es ist nicht der Historiker, der nachträglich die Epoche setzt, sondern jeder Zeitgenosse kann sich schon fragen: Wer steht eigentlich in diesen neuen Zeitzusammenhängen von meinen Bekannten und wer nicht? Ein Werther konnte sich fragen: Wer rechnet mit Verbesserungen oder mit Leidenschaften, Veränderungen durch Leidenschaften, und wer von meinen Bekannten lebt noch in der alten höfischen Gesellschaft des Absolutismus, in der wohlgesetzte Ordnungen und klar vorhersehbar ablaufende Zeiteinheiten das Leben gliederten. Somit wäre die Epoche doch objektiver zu bestimmen und nicht nur willkürlich vom Historiker oder gar vom Politiker festzusetzen.

WERNER CONZE:
Ich meine nicht, daß es um Objektivität und Willkürlichkeit geht, wenn ich sage, daß die Epoche die erlebte Zeit übersteigt; damit meine ich, daß wir eine Epoche auch dadurch konstituieren, daß wir Zusammenhänge ausmachen, die den in der Epoche Lebenden überhaupt nicht bewußt waren, und das ist etwas, was über die erlebte Zeit hinausgeht, was man aber doch, etwa durch die Konstruktion von Datenreihen oder so etwas objektiv feststellen kann. Nur das war damit gemeint.

REINFRIED HÖRL:
Gut. Ich glaub', die Gesichtspunkte sind durchsichtig und klar. Aber lassen Sie mich gerade zum Abschluß doch noch eine

Frage stellen, indem ich an den Anfang erinnere. Vermag eigentlich einer, der sich mit Geschichte beschäftigt, und das haben die Kollegiaten nun fast ein ganzes Jahr lang gemacht, vermag eigentlich einer, der sich also mit Geschichte beschäftigt, bewußter zu leben, jetzt in der Gegenwart? Vermag er verantwortlicher, politischer zu handeln? Welche Kräfte spendet eigentlich die Beschäftigung mit der Geschichte? In einem anderen Zusammenhang hat Herr Faber schon eine Kraft genannt, beispielsweise die Toleranz.

KARL-GEORG FABER:
Ja.

REINFRIED HÖRL:
Beispielsweise Tugenden, wie etwa die Hoffnung. Darüber sollten wir vielleicht noch ein wenig sprechen, nicht nur über diese Kräfte, die möglicherweise die Geschichte spendet, sondern auch über die Gegenwart, wenn man sich etwa die Probleme anschaut, vor denen die Menschen heute stehen. Führt die Beschäftigung mit Geschichte zur Beruhigung oder zur Aktivität, zum verantwortlichen Handeln?
Herr Conze?

WERNER CONZE:
Das ist die große, große Frage. Ich meine, Geschichte als Wort und Begriff ist ja auch ein Erzeugnis des ausgehenden achtzehnten Jahrhunderts, und die war verbunden mit großen Zukunftshoffnungen, verbunden mit dem Fortschrittsgedanken und konnte dann zu dem führen, was ich den Glauben an den Trend nenne. Man weiß einen Trend. Man glaubt an ihn und wird dadurch dann ermutigt, sich hineinzustellen in die als richtig angenommene Bewegung.
Heute scheint mir allgemein, jetzt ganz abgesehen von unseren Positionen, hier Skepsis eingetreten zu sein, und es ist die Frage, ob, wenn ein solcher Glaube an einen vorgewußten Trend nicht da ist, was die Geschichte dann vermag, und hier würde ich ganz abgekürzt sagen: Sie vermag zum nüchternen Denken zu erziehen, zu einer Urteilsfähigkeit ohne Illusionen und auch zur Einsicht, daß auch in hoffnungslosen Situationen, wobei ich jetzt nicht nur persönlich hoffnungslose Situationen meine, sondern beispielsweise unser Ökologie-Problem, unser Rohstoff-Problem, es Möglichkeiten gibt, wenn der politische Wille sich realisieren kann. Und solche Situationen können vom Historiker ja historisch aufgeklärt werden.

REINFRIED HÖRL:
Vielen Dank.
Herr Faber, bitte!

KARL-GEORG FABER:
Ja, Sie haben angedeutet, daß ich von der Tugend und von der Hoffnung gesprochen habe. Das wäre allerdings zu wenig. Ein Mensch, der Hoffnung hat, ohne etwas zu tun – damit ist nicht allzuviel anzufangen. Es muß die historische Erfahrung hinzukommen, daß – und damit knüpfe ich mit einer anderen Wendung an das an, was Herr Conze gesagt hat – daß die Hoffnung, bestehende Verhältnisse nach vorne zu öffnen, nicht vergeblich ist, wenn der Mensch den Willen hat, allein oder innerhalb der vorgegebenen oder auch von zu gründenden Gruppen und Gesellschaften aus, Strukturen zu verändern. Ich wiederhole allerdings die in meiner Positionsbestimmung geäußerte Auffassung, daß wir die Richtung solcher Änderungen, beziehungsweise die Werte, die wir durch unser Handeln zu verwirklichen suchen, nicht wissenschaftlich aus der Geschichte ableiten könne, wie das manche Ideologien annehmen, sondern einen Akt der Anerkennung solcher Grundwerte voraussetzen. Wir müssen uns entscheiden. Und das fällt vielleicht auch gar nicht so schwer, weil es so etwas wie einen Grundbestand von Werten gibt, für die sich unsere Gesellschaft schon entschieden hat. Allerdings – sich ihnen einfach anzuschließen, genügt nicht, sondern man muß aus der Erfahrung der Geschichte einsehen, daß es sinnvoll ist, sich für diesen oder jenen Wert einzusetzen und entsprechend zu handeln.

REINFRIED HÖRL:
Herr Nitschke?

AUGUST NITSCHKE:
Ob die Geschichte zur Beruhigung beitragen kann – ich kann nur sagen: ich hoffe, daß sie das nicht tut. Im Gegenteil. Die Geschichte sollte zu unserer Beunruhigung beitragen. Ich stimme Ihnen beiden zu, was Hoffnung und was politische Bindungen angeht, aber ich bleibe bei diesen Formulierungen doch ein klein bißchen skeptisch. Mir führt das allzuleicht zu Äußerungen, die nur – nicht bei Ihnen, selbstverständlich, aber sonst doch häufig – einen Festrede-Charakter haben, der ins Unverbindliche hinübergleitet. Ich meine die Geschichte, und das zeigt sie immer wieder, bringt den Menschen in Situationen, die ihn zutiefst betreffen, und wenn sie ihn betreffen, werfen sie ihn erst einmal aus seiner Bahn heraus und führen ihn nicht

gleich in eine neue Bahn. Sie beunruhigen ihn. Sie machen ihn unsicher. Sie lassen ihn ratlos werden. Und dabei kommt er aber, und das mein' ich, kann man in der Geschichte lernen, auf eine Ebene, in der ihm neue, zentrale und dann prägende, auch gesellschaftsprägende Erfahrungen, etwa Erwartungen, möglich werden.

Ich meine, es ist mit der Geschichte etwa so, wie es mit einem guten Musikunterricht sein kann. Ein nicht-musikalischer junger Mann, ein nicht-musikalisches junges Mädchen kann im Musikunterricht bei einem guten Lehrer erfahren, daß Musik diesen Lehrer sein Leben völlig neu gestalten ließ. Sie spüren, daß sie sich Mühe geben müssen, in diesen Erfahrungsbereich der Musik Einlaß zu finden, bis sie soweit kommen, daß sie geprägt werden von einem musikalischen Werk der Vergangenheit oder der Gegenwart. So ist es auch mit der Geschichte. Die Geschichte kann darauf aufmerksam machen, daß es Bereiche elementarer Erfahrungen gibt, von denen wir abhängen und die wir uns oft mit unserer modernen Lebensform verbauen, dadurch daß wir uns Lebensformen aneignen, die uns zwar das Leben ganz behaglich und angenehm und sensationell machen, aber auf zentrale Erfahrungen nicht mehr hinführen.

REINFRIED HÖRL:

Vielen Dank. Herr Faber?

KARL-GEORG FABER:

Sie haben nicht zu Unrecht gesagt, Herr Nitschke, daß die Antworten der Historiker auf die Frage nach dem Sinn der Beschäftigung mit der Geschichte oft eine gewisse Unverbindlichkeit in sich tragen. Das hängt mit zweierlei zusammen: Wenn so allgemein gefragt wird: Was kann *die* Geschichte lehren?, dann besteht natürlich die Gefahr, daß die Antworten den Charakter des Unverbindlichen an sich tragen, zumal wenn man es (wie ich) ablehnt, absolute Verbindlichkeiten aus der Geschichte abzuleiten. Verbindlich antworten kann man wohl erst dann, wenn gefragt wird: Was willst du in dieser konkreten historischen Situation tun? Ihre Kritik hängt also mit der zu allgemeinen Ebene unserer Diskussion zusammen, und das ist gewiß ein Mangel unseres kurzen Gesprächs gewesen. Ich bedauere das.

REINFRIED HÖRL:

Vielen Dank.

Wir sind am Ende des Funk-Kollegs *Geschichte* und wünschen, daß es weiter bedacht wird, daß es weiter anregt, daß es weiter in vertiefte Fragestellungen bei Ihnen, liebe Kollegiaten, führt.

Ich möchte mich bei Ihnen, liebe Hörer, sehr herzlich für Ihr Interesse bedanken, auch für Ihre Nachsicht, wenn Sie die eine oder andere Sendung nicht am richtigen Platz oder zur rechten Zeit haben hören können. Ich hoffe, daß das Mitmachen am Funk-Kolleg dennoch Spaß gemacht hat.